北京市教育委员会文件选编

2016

北京市教育委员会办公室　编

方志出版社
Publishing House of Local Records
2017年·北京

编辑说明

一、为全面贯彻党的教育方针，依法治教，实现教育管理的科学化、规范化，北京市教育委员会办公室于1996年开始编辑《北京市教育委员会文件选编》，并逐年出版。该书是一部面向北京市教育管理机构、北京地区各级各类学校及教育事业单位的资料性工具书，也是图书馆、资料室收藏的综合性文献资料。

二、《北京市教育委员会文件选编》（2016）编辑工作遵循重要性、指导性和实用性原则，共收录2016年1月1日至12月31日的各类教育工作文件200余份。

三、该书收录的文件以下行文件为主，对于部分上行文件根据需要也作了必要的收录，并附有上级或主管单位的批复或复函。

四、为方便读者使用，该书对于国务院、教育部以及北京市人大常委会、北京市人民政府及有关部门当年颁发的有关教育工作文献也作必要的收录。

五、该书采用分门别类和“先级后类”的编辑体例，设有29个大类。每一大类中的文件以发文时间为序排列，个别重要文件置于该类文件前。

六、该书在编辑过程中，对原文的标题和公文格式作了必要的修订和调整，省略了发文印章等。

七、该书设有分类目录和文件目录。为方便读者使用，在附录中设有文件字拼音索引。

2017年9月

分 类 目 录

文件目录

行政规范

综　　合

法治建设

发展规划

学前教育

基础教育

高等教育

职业与成人教育

学习型城市建设

民办教育

德　　育

体育·卫生

科技与艺术教育

校外教育

民族教育

国防教育

教育科学研究

科　　研

招生·考试

学生管理

教育信息化

人　　事

财　务

学校后勤

安全·保卫

监察·审计

交流合作

语言文字

教育督导

行政规范

北京市教育委员会文件选编

（2016）

北京市人民政府办公厅

关于印发《北京市乡村教师支持计划（2015－2020年）实施办法》的通知

京政办发〔2016〕8号

各区人民政府，市政府各委、办、局，各市属机构：

《北京市乡村教师支持计划（2015－2020年）实施办法》已经市政府同意，现印发给你们，请认真贯彻落实。

2016年1月25日

北京市乡村教师支持计划（2015－2020年）实施办法

为贯彻落实《国务院办公厅关于印发乡村教师支持计划（2015－2020年）的通知》（国办发〔2015〕43号）精神，采取切实有效措施加强本市中小学乡村教师队伍建设，进一步缩小城乡师资水平差距，让每名乡村孩子都能接受公平、有质量的教育，结合本市实际，制定如下实施办法。

一、总体要求

深入贯彻落实党的十八大和十八届三中、四中、五中全会精神，深入学习贯彻习近平总书记系列重要讲话和对北京工作的重要指示精神，围绕促进教育公平、提高教育质量，遵循教育规律和教师成长发展规律，全面提高乡村教师思想政治素质和师德水平，合理优化乡村教师队伍结构，努力提高乡村教师待遇，着力提升乡村教师社会地位，全面加强乡村教师队伍建设，努力造就一支素质优良、结构合理、甘于奉献的乡村教师队伍，为率先实现首都教育现代化提供坚强有力的师资保障。

二、全面提高乡村教师思想政治素质和师德水平

（一）提高乡村教师思想政治素质。积极培育和践行社会主义核心价值观，进一步建立健全乡村教师政治理论学习制度，创新学习方式和载体，增强思想政治工作的针对性和实效性，不断提高教师的理论素养和思想政治素质。切实加强乡村教师队伍党建工作，基层党组织要充分发挥政治核心作用，进一步关心教育乡村教师，加大发展党员力度。

（二）提高乡村教师师德水平。建立健全教育、宣传、考核、监督与奖惩相结合的师德建设长效机制。坚持立德树人，开展多种形式的师德教育，把教师职业理想、职业道德、法治教育、心理健康教育等融入职前培养、准入、职后培训和管理的全过程。加大师德先进典型宣传力度，促进形成重德养德的良好风气。完善乡村教师师德考评制度和方式，把师德建设作为对乡村学校工作考核和办学质量评估的重要指标，把师德表现作为教师资格定期注册、业绩考核、职称评审、岗位聘用、评优奖励的首要内容。完善学生、家长和社会参与的师德监督机制；对有严重失德行为、影响恶劣者，按有关规定予以严肃处理直至撤销教师资格。

三、合理优化乡村教师队伍结构

（一）创新乡村教师编制管理。乡村中小学教职工编制按照城市标准统一核定，其中村小学、教学点编制按照生师比和班师比相结合的方式核定。实行城乡中小学教职工编制区域统筹和动态管理，盘活师资存量，提高使用效益。有关区教育部门在核定的教职工编制总额和岗位总量基础上，按照班额、生源等情况统筹分配乡村学校教职工编制和岗位数量；通过逐年核销工勤和教辅人员编制、分类推进经营类事业单位转企改制、事业编制跨行业调剂、加大政府购买服务力度等途径，腾出编制优先用于乡村教师的统筹调配使用，并报同级机构编制、人力社保、财政部门备案。通过调剂编制、加强人员配备等方式进一步向人口稀少的教学点、村小学倾斜，重点解决教师全覆盖问题，确保乡村学校开足开齐国家规定课程。寄宿制乡村学校要按寄宿学生规模配备生活指导教师，目前尚未配备的，应合理计算教师兼任生活指导教师的工作量并相应增加绩效工资总量。严禁在有合格教师来源的情况下“有编不补”、长期使用临时聘用人员，严禁任何部门和单位以任何理由、任何形式占用或变相占用乡村中小学教职工编制。

（二）拓展乡村教师补充渠道。建立乡村学校师资缺口与师范院校招生计划联动机制，在总体控制市属高校招生规模的基础上，统筹调整招生计划结构，引导市属师范院校及相关学校增加师范生培养数量。结合乡村学校的特点和需求，创新乡村教师培养模式，构建政府、师范院校、中小学校协作培养体系，并进一步完善课程体系，确保每名师范生毕业前至少有半年时间到优质中小学校进行教育教学实践。根据本市乡村教育实际需求加强本土化培养，探索通过师范院校招生指标定向到区，相关师范生享受免费师范教育和乡村师范生年度奖学金，就业 3 至 5 年后可定向免费直读教育硕士学位等多种措施，定向培养“一专多能”的乡村教师；同时，探索通过增设高等学校两年制教育硕士专业，定向培养乡村教师。对综合性院校毕业生和师范院校非师范生取得教师资格并到乡村学校任教的，满 5 年后给予 4 万元一次性补助。采取有效措施鼓励城镇退休教师到乡村学校支教讲学。

（三）推动城镇优秀教师向乡村学校流动。全面推进义务教育教师队伍“区管校聘”管理体制改革，完善激励机制，不断健全绩效工资、职称评定、职务晋升等方面的倾斜政策，为推动城镇优秀教师到乡村学校任教提供制度保障。采取挂职交流、跨校竞聘、学区化管理、学校联盟、城乡一体化管理、对口支援、乡镇中心学校教师走教等途径和方式，重点引导优秀校长和骨干教师向乡村学校合理流动，并逐步实现制度化和常态化。区范围内重点推动城区学校教师到乡村学校交流轮岗，乡镇范围内重点推动乡镇中心学校教师到村小学、教学点交流轮岗。探索建立优秀教师跨校兼职制度，鼓励教师多劳多得、优绩优酬。

四、大力提升乡村教师能力素质

实施“乡村教师素质提升计划”，在2020年前，对全市乡村教师校长进行360学时的培训。把乡村教师培训纳入基本公共服务体系，保障经费投入。完善分层、分类、分岗培训机制，整合高等学校、市级教师培训机构、区教师研修机构和中小学校优质资源，建立乡村教师校长专业发展支持服务体系，并搭建教师网络研修服务云平台。全面提升乡村教师信息技术应用能力，积极利用远程教学、数字化课程等信息技术手段，破解乡村优质教学资源不足的难题。按照乡村教师的实际需求改进培训方式，采取跟岗研修、网络研修、送教下乡、专家指导、校本研修等多种形式，增强培训的针对性和实效性。按照高于普通教师20％的标准上浮乡村教师培训经费保障水平，以满足其培训需求。鼓励乡村教师在职学习深造，提高学历层次。

五、积极完善乡村教师激励机制

（一）职称（职务）评聘和骨干教师评选向乡村学校倾斜。全面落实中小学教师职称制度改革，逐步提高乡村教师高级职称（职务）的比例，实现区内城乡中小学教师职称（职务）和岗位结构比例总体平衡。进一步完善乡村教师职称（职务）评聘办法，切实向乡村教师倾斜；乡村教师评聘职称（职务）对外语成绩（外语教师除外）、发表论文等不作刚性要求，坚持育人为本、德育为先，注重师德素养，注重教育教学工作业绩，注重教育教学方法，注重教育教学一线实践经历。本市特级教师、学科教学带头人和骨干教师评选向乡村教师倾斜，以鼓励优秀教师从事乡村教育工作，提高乡村基础教育水平。中小学校教师晋升高级教师职称（职务），应有在乡村学校或一般学校任教1年以上的经历。

（二）提高乡村教师生活待遇。进一步提高乡村教师待遇，建立市级财政对乡村教师岗位实施生活补助政策，各有关区依据不同乡村学校实际情况、教师不同岗位和任教年限实行差别化的补助标准，提高乡村教师岗位的吸引力，稳定乡村骨干教师队伍。市住房城乡建设委、市国土局、市规划委、市发展改革委等部门要统筹研究，积极支持在合适地点集中建设乡村教师周转宿舍。合理提高乡村教师伙食补贴，妥善解决山区乡村教师往返学校的交通问题，改善乡村教师生活，确保教师安全方便出行。各有关区要依法为乡村教师缴纳住房公积金和养老保险、医疗保险等各项社会保险费，并按照每人每年不低于800元的标准保障乡村教师享受一次免费常规体检，同时做好乡村教师重大疾病救助工作。

（三）建立乡村教师荣誉制度。大力倡导尊师重教的社会风气，努力提高乡村教师的社会地位。市委、市政府对在乡村学校从教20年以上的教师颁发荣誉证书；各有关区对在乡村学校从教10年以上的教师建立相应的荣誉制度，并建立乡村教师子女享受本区优质教育的相关政策。在“北京市人民教师奖”和北京市优秀教师、先进工作者以及各有关区开展的相应评选表彰工作中，要向乡村教师倾斜。鼓励和引导社会力量建立专项基金，对长期在乡村学校任教的优秀教师给予物质奖励。广泛宣传乡村教师坚守岗位、默默奉献的崇高精神，在全社会大力营造关心支持乡村教师和乡村教育的浓厚氛围。

六、切实做好组织实施工作

（一）加强组织领导。建立本市乡村教师队伍建设协调机制，由主管市领导牵头，市教委、市发展改革委、市财政局、市编办、市人力社保局、市国土局、市规划委、市住房城乡建设委、市农委等相关部门参加，定期研究乡村教师队伍建设的重大事项，及时协调解决工作中遇到的重点难点问题。各有关区政府要进一步加强组织领导，把本办法实施工作列入重要议事日程，实行一把手负责制，细化任务分工，明确责任，切实把各项工作落到实处。市有关部门、有关区政府要加强乡村教师遴选、表彰和待遇落实工作的信息公开，主动接受社会监督，提高教育公共政策的透明度。

（二）加强经费保障。市、区财政要积极调整支出结构，加大投入力度，大力支持乡村教师队伍建设。要把资金用在乡村教师队伍建设最薄弱、最迫切需要的领域，提高资金使用效益，促进教育资源均衡配置。要制定严格的经费监管制度，规范经费使用，加强经费管理，强化监督检查，坚决杜绝截留、克扣、虚报、冒领等违法违规行为的发生。

（三）加强监督检查。将实施乡村教师支持计划情况纳入市政府相关部门和区政府工作考核指标体系，加强考核和监督。市政府教育督导室要会同有关部门每年组织开展对乡村教师支持计划实施情况的专项督导检查，及时通报督导情况并适时公布。

各有关区政府要按照本实施办法并结合实际，进一步健全工作机制，制定乡村教师队伍建设实施细则，并于2016年6月底前报市教委备案，同时向社会公布，接受社会监督。

北京市人民政府办公厅
关于加强学校美育工作的实施意见

京政办发〔2016〕29号

各区人民政府，市政府各委、办、局，各市属机构：

为认真贯彻落实《国务院办公厅关于全面加强和改进学校美育工作的意见》（国办发〔2015〕71号），进一步强化美育育人功能，推进学校美育改革发展，经市政府同意，现提出如下实施意见。

一、总体要求

（一）指导思想

全面贯彻党的教育方针，落实中央文艺工作座谈会精神，以立德树人为根本任务，围绕实现首都教育现代化的目标，把培育和践行社会主义核心价值观、传承和弘扬中华优秀传统文化融入学校美育全过程，培养造就眼界开阔、情趣高雅、文化自信、富有民族情怀和创新精神的德智体美全面发展的社会主义建设者和接班人。

（二）基本原则

坚持育人为本，面向全体。遵循美育特点和学生成长规律，以美育人、以文化人，进一步夯实学校美育工作基础，加快促进美育均衡发展，注重加强全员美育，充分保障每个学生都享有美育的权利。

坚持改革创新，协同推进。加强美育综合改革，统筹学校美育发展，促进德智体美有机融合。利用北京丰富的美育资源，构建学校、家庭、社会互联互动的美育机制，形成全社会关心支持美育发展和学生全面成长的良好氛围。

坚持问题导向，科学发展。聚焦学校美育工作相对薄弱的环节，有针对性地提出措施，强化课程、师资等要素在学校美育工作中的基础性作用，推动学校美育工作可持续发展。

坚持精益求精，优质引领。充分发挥艺术特色学校、精品课程、品牌活动和高水平社团的引领作用，建立结对帮扶机制，带动学校美育工作水平整体提升。

（三）总体目标

通过不断完善美育体系，进一步丰富教学内容、改进教学方式、加强师资建设、统筹社会资源，以艺术教育为主线建设一批特色学校，改善一批薄弱学校，推出一批精品课程，编制一批校本教材，培养一批优秀教师，打造一批品牌活动和社团，凝聚一批社会力量。到2018年，实现美育资源配置逐步优化，管理机制进一步完善，各级各类学校开齐开足上好美育课程；到2020年，形成学校美育内涵有效提升、区域美育均衡发展、大中小幼美育相互衔接、学校美育和社会家庭美育相互联系的具有首都特色的现代化美育体系。

二、完善学校美育课程体系

（一）拓宽美育课堂主渠道

丰富以艺术课程为主的美育课程体系，在加强音乐、美术课程建设的基础上，开设好舞蹈、戏剧、戏曲、书法等课程，逐步完善美育课程体系，鼓励有条件的学校将舞蹈、戏剧优先纳入课程。全面推进义务教育阶段学校艺术学科地方课程和校本课程建设、普通高中艺术课模块化教学及职业院校拓展美育课程建设。全面加强中华优秀传统文化的传承和弘扬，鼓励各级各类学校开设具有民族特色或地域特色的丰富多彩的艺术课程。挖掘不同学科所蕴含的丰富美育资源，推进艺术学科与其他学科相融合，促进艺术学科之间相互渗透、各学段相互衔接，切实把美育融入学校教育教学全过程。

（二）确保艺术课程课时

义务教育阶段学校逐步实现按照教育部义务教育课程设置方案总课时数的11％开设艺术课程，初中阶段艺术课程课时不低于义务教育阶段艺术课程总课时的20％。普通高中按照《普通高中课程方案（实验）》的规定，保证6学分用于艺术类必修课程。中等职业学校按照《中等职业学校公共艺术课程教学大纲》要求，将艺术课程纳入公共基础必修课，并确保72学时。普通高校按照《全国普通高等学校公共艺术课程指导方案》要求，面向全体学生开设艺术课程，并纳入学分管理。

（三）拓展美育实践活动项目

在继续推广和普及教育部体育艺术“2＋1”项目的基础上，以班级为基础广泛开展合唱、校园集体舞、儿童歌舞剧等群体性活动，因地制宜开展戏剧、戏曲、民间艺术以及视觉艺术等实践活动，实现学生每学年至少参加一项艺术活动，在校期间培养一至两项艺术技能的目标。发挥艺术院校、文化艺术团体等社会单位和少年宫等校外教育机构艺术教师专业化、活动多样化的优势，为中小学生参加丰富多彩的艺术实践活动提供服务。充分利用重要纪念日、民族传统节日等时间节点，开展主题鲜明、形式多样的美育实践活动。完善中小学生艺术素质测评内容和评价体系，逐步建立中小学生艺术素养档案，满足学生个性发展和全面成才的需要。

三、深化美育教育教学改革

（一）促进美育均衡发展

围绕公平普及、全面育人的目标，挖掘潜力，结合教育资源布局调整，合理配置美育资源，促进美育科学、均衡、协调发展。通过政府购买服务等方式，支持农村地区学校艺术教育发展。积极落实农村艺术教育计划，推进顺义、平谷、密云、延庆等区农村学校艺术教育综合改革实验有关工作，向农村地区学校输送优质课程，每年组织农村地区中小学生观看高水平演出，不断提升农村地区中小学艺术学科教学质量。各级各类学校要充分利用信息化手段，统筹整合学校现有资源，联合社会单位建立开放、灵活的美育资源共享平台及网络学习平台，扩大优质美育资源覆盖面。

（二）加强美育教研科研工作

加强美育教研科研，研究制定《北京市加强中小学艺术学科教学指导意见》。在全市教育科学规划课题和相关研究项目中设立美育专题。设立北京市学校美育研究中心，加强学校美育工作的理论和实践研究，注重成果转化，为学校美育工作发展提供决策咨询和智力支撑。加强艺术学科教研员队伍建设和管理，实行教研员准入制度，严格考核要求，充分发挥学科带头人和骨干教师在美育教学研究上的引领作用，促进美育教学质量稳步提升。利用北京资源优势，联合或委托国内外专业院校、科研院所、文化艺术团体和机构开展学校美育教研科研工作。

（三）发挥优质美育资源的典型引领作用

打造北京学生艺术节、北京国际青少年艺术周等品牌学生活动，并着重为农村地区学校、学生提供更多的艺术实践机会。充分发挥北京市学生金帆艺术团、北京大学生艺术团的示范和引领作用，鼓励和支持各级各类学校广泛发展学生艺术社团，满足学生艺术实践需要。引导艺术教育特色学校和优质社团承办学校与艺术教育薄弱学校建立结对帮扶机制，带动其不断提升美育教育教学质量。开展多种形式的国际交流与合作，多渠道搭建青少年对外文化交流平台，鼓励各级各类学校根据自身条件和特点积极参与中外人文交流。

（四）注重校园文化环境的育人作用

各级各类学校要充分利用广播、电视、网络、教室、走廊、宣传栏、微博、微信、移动客户端等媒介和载体，营造格调清新、优美高雅、充满活力的校园文化环境，以美感人、以景育人。要让社会主义核心价值观、中华优秀传统文化基因通过校园文化环境浸润学生心田，引导学生发现自然之美、生活之美和心灵之美。抓好艺术教育特色学校、中华优秀文化传承学校、非物质文化遗产传承学校建设，培育一批体现正确育人导向、具有丰富文化内涵的美育环境示范学校。

四、加强美育师资队伍建设

（一）着力配齐美育教师

要把师资队伍建设作为美育工作的重中之重，努力建设一支师德高尚、业务精湛、结构合理、充满活力的高素质美育教师队伍。配齐中小学音乐、美术教师，有条件的学校配备舞蹈、戏剧等教师。通过区域交流、社会兼职、网络授课等方式，缓解农村地区美育师资短缺问题。普通高校要根据美育课程开设需要，加快公共艺术教师队伍建设。在本市教育系统评优中，加大对艺术教育先进单位和个人的表彰力度，鼓励优秀人才投身学校美育事业。

（二）推进美育教师职业化建设

完善艺术教师的准入标准和培训体系，将加强职业道德建设与提升教学能力并重，不断提升艺术教师队伍职业化水平。对相关学科教师开展美育能力拓展培训，切实推进美育融入各学科教育教学全过程。完善中小学教师职称评定政策，将舞蹈、书法等艺术学科教师职称评定纳入单独序列范围。在职称评聘、奖励等方面，确保艺术教师与其他学科教师同等待遇，艺术教师承担学校安排的课外活动辅导等相关工作计入教师工作量。

（三）加强美育教师培训交流

搭建不同层次的美育课堂教学交流、技能培训、理论研究平台，积极支持教师参加国内外培训交流，培养更多能够胜任艺术学科教学任务的复合型教师。启动农村学校艺术学科教师专项培训计划，切实提高农村学校美育师资水平。依托高等院校、科研院所、文化艺术团体和机构等社会资源，创新和改进艺术教师专业培训工作。

五、健全美育协同育人机制

（一）推动社会力量全方位支持学校美育发展

积极推动高等学校和社会力量参与本市小学美育发展工作，通过高质量实施义务教育阶段中小学生课外活动计划，不断提高美育工作水平。支持高等院校、科研院所、校外教育机构、文化艺术团体和机构、社团组织等采取对口衔接、结对帮扶等方式建立中小学艺术教育基地，参与艺术教育薄弱学校的教育教学。推动艺术家进校园工作，支持创建艺术家校园工作室。高质量开展民族艺术进校园、高雅艺术进校园、非物质文化遗产进校园等艺术教育活动。根据学校美育教学的实际需要，通过政府购买服务的方式，广泛征集适合青少年特点的优秀艺术作品及教学课程。

（二）促进专业艺术教育发展和美育普及相结合

鼓励和支持艺术类高校和开设艺术专业的高校充分发挥人才培养和社会服务职能，通过结对帮扶等方式促进中小学美育发展。艺术类高校和开设艺术专业的高校要积极推动美育内涵发展，突出办学特色，紧密结合本市经济社会文化发展需要，努力建设专业领域内的一流学校和一流学科，培养品学兼优、素质全面的艺术专门人才，为学校美育发展提供优质师资来源。鼓励和引导高校艺术专业教师、艺术院团专家和社会艺术教育专业人士到中小学校担任兼职艺术教师，开展“结对子、种文化”活动。

（三）营造美育协同育人氛围

建立教育与宣传、文化等部门合力育人的长效工作机制，共同营造立德树人、崇德向善、以美育人、清新高雅的氛围。宣传、文化等部门要统筹整合各类美育资源，加强对社会美育的引导，强化社会文化环境治理，营造有利于青少年健康成长的社会文化环境。各级各类学校要积极发挥家庭美育在少年儿童成长过程中的重要作用，吸纳学生家长参与学校艺术教育的志愿服务、活动组织和相关决策，促进学生健康成长和全面发展。

六、保障学校美育健康发展

（一）加强组织领导

各区要将美育作为实现首都教育现代化的一项重要任务纳入政府议事日程，加强组织领导，结合实际制定具体实施方案，明确工作部署，切实抓紧抓好。建立健全教育部门牵头负责、有关部门协同配合、学校积极落实、全社会广泛参与的美育工作机制，按照职责分工，落实好推进学校美育改革发展的各项任务。

（二）加大经费投入和资源共享

各区政府、市有关部门、各级各类学校要通过多种方式筹措资金，完善经费管理制度，提高资金使用效益，保障美育发展基本需求。鼓励个人、企业和其他社会组织通过捐赠方式支持学校美育发展。各区政府要把义务教育阶段美育教学设施设备建设优先纳入推进义务教育均衡发展规划，新增文化项目建设优先布点在学校，同时充分利用学校场馆等设施设备，促进学校和社会美育资源共建共享。

（三）探索建立学校美育评价制度

研究制定北京市中小学生艺术素养评价标准，不断探索和完善本市中小学生艺术学科学业水平考查有关工作。实施中小学校美育工作自评制度，学校每学年要进行一次美育工作自评，自评工作实行校长负责制，纳入校长考核内容，并通过教育部门官方网站向社会公示自评结果。建立学校美育发展年度报告制度，市、区教育部门每年要编制本地区各级各类学校美育工作年度报告。

（四）建立健全美育质量督导制度

将中小学校美育课程开课率作为对学校评价、考核的重要指标，纳入教育督导评价指标体系。市、区教育督导部门要定期对学校美育工作开展情况进行专项督导，加大对各级各类学校执行国家课程标准、开齐开足艺术课程情况的检查力度，坚决杜绝挤占艺术课程现象。

2016 年 6 月 8 日

中共北京市委教育工作委员会
北　京　市　教　育　委　员　会
北京市人民政府教育督导室

关于印发建立健全北京市中小学师德建设长效机制实施意见的通知

京教人〔2016〕4号

各区教委：

《关于建立健全北京市中小学师德建设长效机制实施意见》已经市委教工委2015年第29次工委委员会、市教委第24次主任办公会审议通过，现印发给你们，请结合实际，认真贯彻落实。

2016年1月28日

关于建立健全北京市中小学师德建设长效机制实施意见

为深入贯彻党的十八大、十八届三中、四中、五中全会和习近平总书记系列重要讲话精神，落实教育部《关于建立健全中小学师德建设长效机制的意见》《中小学教师违反职业道德行为处理办法》《严禁教师违规收受学生及家长礼品礼金等行为的规定》《严禁中小学校和在职中小学教师有偿补课的规定》等文件的部署要求，建立健全北京市中小学师德建设长效机制，现结合本市中小学实际，制定本实施意见。

一、充分认识建立健全中小学师德建设长效机制的重要意义、总体目标和工作思路

（一）充分认识建立健全中小学师德建设长效机制的重要意义。教师是教育的根本，师德是教师的灵魂。长期以来，首都教育坚持以德为先的基本导向，把师德建设摆在教师队伍建设的首位，把提高师德水平作为全面提高教师队伍整体素质的基础，持之以恒加强师德建设。首都广大中小学教师立德树人，敬业奉献，涌现出一大批师德高尚的先进典型和教书育人楷模，树立了首都教师的良好形象，为首都教育事业改革和发展做出了重要贡献，赢得了全社会的广泛赞誉和普遍尊重。但是，近年来极少数教师理想信念模糊、育人意识淡薄、学风浮躁、职业倦怠、言行失范、以教谋私等师德失范现象时有发生，在一定程度上损害了首都教师队伍的整体形象。进一步加强和改进首都中小学师德建设，建立健全师德建设的长效机制，以社会主义核心价值观为引领，充分尊重教师主体地位，大力弘扬高尚师德，积极引导广大中小学教师做有理想信念、有道德情操、有扎实学识、有仁爱之心的党和人民满意的好老师，创新师德建设方式方法，增强师德建设的针对性、实效性，切实提高中小学师德建设水平，全面提升中小学教师师德素养，是培育和践行社会主义核心价值观的内在要求，是全面贯彻党的教育方针的根本保证，是进一步加强和改进首都青少年学生思想道德建设和思想政治教育的迫切需要，对于全面提高教育质量、推进首都教育事业科学发展，培养中国特色社会主义事业的建设者和接班人、实现中华民族伟大复兴的中国梦，具有重大而深远的意义。

（二）师德建设工作的总体目标和工作思路。总体目标是：把师德建设摆在教师队伍建设首位，以社会主义核心价值观为引领，努力建设一支师德高尚、业务精湛、结构合理、充满活力的中小学教师队伍。工作思路是：充分尊重教师主体地位，建立健全教育、宣传、考核、监督与奖惩相结合的师德建设长效机制，引导教师自尊、自强、自省、自律。健全完善师德表现的激励、约束和惩戒制度，用制度规范师德行为，引导教师立德树人，为人师表，不断提升人格修养和学识修养，强化法律意识，做遵纪守法的模范。

二、加强制度建设，建立健全中小学师德建设长效机制

（三）深化师德教育，引导教师树立远大职业理想。依据教师专业发展不同阶段，建立健全师德教育课程体系。将师德教育作为重要内容贯穿于中小学教师培养培训全过程，师范生培养必须开设师德教育课程，新任教师岗前培训开设师德教育专题，班主任培训、在职教师日常培训要把师德教育作为重要内容。重点加强社会主义核心价值观教育，弘扬中华传统美德，把教师理想信念教育、职业道德教育、文明礼仪教育、法治教育、心理健康教育和民族团结教育纳入师德教育内容。创新师德教育内容、模式和方法，增强师德教育的针对性和实效性。采取实践反思，师德典型案例评析，情景教学等丰富师德教育形式，建立师德建设专家库，把教书育人楷模、一线优秀教师等请进课堂，用优秀教师的感人事迹诠释师德内涵。建立新教师入职宣誓制度和教师师德承诺制度。结合教育教学、社会实践活动开展师德教育，切实增强师德教育效果。

（四）加强师德宣传，营造尊师重教社会氛围。把握正确舆论导向，坚持师德宣传制度化、常态化，将师德宣传作为宣传思想工作的重要组成部分，列入教育部门和中小学校工作重点。有效宣传教育法律法规和文件中有关师德的要求，宣传普及《中小学教师职业道德规范》，大力宣传教师的地位和作用，使全社会广泛了解教师工作的重要性和特殊性。把培育良好师德师风作为中小学校园文化建设的核心内容，挖掘和提炼优秀教师为人为学为师的典型经验和感人事迹，通过征文、寻找身边的好老师、师德先进报告等活动形式，宣传报道献身教育事业并做出突出贡献的优秀教师，充分展现当代教师的精神风貌。充分利用教师节等重大节庆日、纪念日的契机，依托电视、广播、报纸、网络等多种媒体，广泛宣传优秀教师先进事迹，努力营造尊师重教的良好舆论环境和社会氛围。

每年9月，各中小学要集中开展以立德树人、教书育人为核心的师德建设主题宣传教育月活动，引导广大教师自觉培育和践行社会主义核心价值观，加强师德修养，弘扬新时期人民教师的高尚师德和奉献精神，提升教师的责任感、使命感和荣誉感。定期举办师德论坛，促进师德建设的理论创新、制度创新和管理创新，推动师德建设科学化、制度化、常态化。

（五）严格师德考核，促进教师自觉加强师德修养。各级教育行政部门要把师德建设情况作为学校和教师考核评价的重要指标，制定师德考核办法。各中小学校要成立师德考核小组，把师德考核作为教师年度考核的核心内容，注重考核教师爱国守法、爱岗敬业、关爱学生、教书育人、为人师表和终身学习等方面的表现，制定师德考核实施细则。师德考核应充分尊重教师主体地位，符合教师职业性质，促进教师专业发展；坚持公平、公正、公开原则，加大社会参与的力度，采取教师自评、家长和学生参与测评、同事互评、单位考评等多种方式进行。师德考核结果一般分为优秀、合格、基本合格、不合格四个等次。师德考核基本合格的人员，年度考核结果不能评为合格及以上等次；师德考核不合格的人员，年度考核为不合格。考核结果应通知教师本人，考核优秀者予以公示表彰，确定考核不合格者应向教师说明理由，听取教师本人意见，提出改进建议，坚持正面引导。对于师德考核不合格的教师，在教师资格定期注册、职务（职称）评审、岗位聘用、评优奖励和特级教师、骨干教师、学科教学带头人评选等环节实行一票否决。师德考核结果存入教师档案。

（六）突出师德激励，促进形成重德养德良好风气。大力倡导尊师重教的社会风气，努力提高教师的社会地位，进一步完善师德表彰奖励机制。各级教育行政部门要大力表彰师德建设中的先进学校和个人，定期评选表彰北京市师德标兵和师德先进个人，各区和学校要定期评选表彰区级和校级师德标兵和师德先进个人。树立中小学教师学习的榜样，塑造教师师德形象，把师德表现作为各级教师表彰奖励的必要条件，在同等条件下，师德表现突出的，在各种教师评优表彰、晋升职务（职称）、特级教师、学科教学带头人和骨干教师评选时优先考虑。

（七）强化师德监督，有效防止失德行为。建立健全教育行政部门、中小学校、教师、学生、家长和社会多方参与的师德监督体系。建立健全师德建设年度评议制度，每学年对本校的师德建设情况进行评议，健全完善学生、家长评教机制，充分发挥教职工大会、教职工代表大会、工会等组织在师德评议中的作用。建立健全师德重大问题报告制度，对教师中出现违法违纪行为，以及出现违反师德行为并造成一定影响的事件，及时向上级主管部门报告。建立健全师德状况定期调查分析制度，调查分析师德建设中存在的主要问题，及时研究加强和改进师德建设的对策措施。建立健全师德舆情快速反应机制，各级主管部门要完善师德投诉举报平台，引导公众合理投诉、内容真实。及时掌握师德信息动态，发现并纠正不良倾向和问题，努力将各类违反师德的行为消除在萌芽状态。对师德问题做到有诉必查，有查必果，有果必复，遇到影响较大的突发性师德违规事件，要及时调查、处置，及时与宣传部门和新闻媒体加强沟通，确保应急处置工作有力、有序、有效开展。同时，畅通教师申诉渠道，对不实举报进行澄清，必要时追究责任，坚决维护教师尊严和正面形象。建立健全师德建设工作的督导评价制度，将中小学师德建设工作纳入区政府教育工作、中小学校全面实施素质教育工作督导评价范围，不断加大督导评估力度，定期发布督导报告。

（八）规范师德惩处，发挥制度规范约束作用。建立健全违反师德行为的惩处制度。对于违反师德的行为，要发现一起，查处一起。对于发现教育部《中小学教师违反职业道德行为处理办法》

（以下简称《处理办法》）中明确提出的师德禁行性行为的教师，应及时核实有关事实，由教育行政部门组织师德专家和有关人员进行调查取证，听取陈述。对于事实确凿，存在违反《处理办法》中规定的失范行为的教师，视情节轻重分别给予警告、记过、降低专业技术职务等级、撤销专业技术职务或者行政职务一定期限，开除或者解除聘用合同不同等级的处分。教师受处分期间暂缓教师资格定期注册。教师受降低专业技术职务等级处分期间不能申报高一级专业技术职务。教师受撤销专业技术职务处分期间不能重新申报专业技术职务。对涉及违法犯罪的要及时移交司法机关。

各区教育行政部门和学校要严格执行教育部印发《严禁教师违规收受学生和家长礼品礼金等行为的规定》（教监〔2014〕4号）和《严禁中小学校和在职中小学教师有偿补课的规定》（教师〔2015〕5号）文件精神和要求。加强组织领导，落实主体责任；强化宣传教育，注重正面引导；强化监督检查，对于发现违反相关规定的教师要严格追究责任。

三、完善师德建设体系，全面提高师德建设整体水平

（九）明确师德建设工作责任主体，将师德建设工作落到实处。区教育行政部门要高度重视师德建设，纳入教育事业总体规划，加强领导，统筹部署。加强中小学校师德建设工作的指导和监管，建立师德建设领导责任制度，主要负责人是师德建设工作第一责任人，有关职责要落实到具体的职能机构和人员，学校基层党组织、广大党员教师要充分发挥政治核心和先锋模范作用，学校教代会和群团组织紧密配合，形成加强和推进师德建设合力。中小学校要把师德建设摆在教师工作首位，体现在教书育人、管理育人、服务育人的各项工作过程中。建立一岗双责的责任追究制度，对教师严重违反师德行为监管不力、拒不处分、拖延处分或推诿隐瞒，造成不良影响或严重后果的，要追究学校或教育行政主管部门分管负责人直至主要负责人的责任。

（十）完善师德建设保障体系，提高师德建设工作水平。完善教师准入制度，在教师资格认定、教师招聘、教师资格定期注册中注重考察其思想政治素质、职业素养和道德品行，把好教师入职师德关。充分激发中小学教师加强师德建设的自觉性，充分尊重中小学教师主体地位、自律意识和自我修养的觉悟，注重引导广大中小学教师充分认识到所承担的工作具有庄严而神圣的使命，发扬主人翁精神，自觉捍卫职业尊严，珍惜教师声誉，提升师德境界。关爱、尊重每一位教师，采取有效措施，促进教师的专业发展，切实改善教师的学习、生活和工作条件，为教师教书育人，履行职责和自身的专业发展搭设更加多元的平台，创造更加和谐的环境。依法建立健全教师权益保护机制，维护教师合法权益，充分保障教师的知情权、参与权、表达权和监督权，保护教师正当的申辩、申诉权利。给予教师处分，应当坚持公正、公平和教育与惩处相结合的原则；应当与其违反职业道德行为的性质、情节、危害程度相适应；应当事实清楚、证据确凿、定性准确、处理恰当、程序合法、手续完备。教育行政部门和学校要设立专项经费，为师德建设提供有力保障。

各区教育行政部门要根据《中小学教师职业道德规范》及本实施意见，制订具体的实施办法，并于2016年5月31日前报市教委人事处备案。各区教育行政部门和中小学校要定期总结建立健全师德建设长效机制情况，并注重培育、挖掘师德先进典型，报送优秀教师先进事迹。

北京市教育委员会
北 京 市 公 安 局

关于印发《北京市学校消防安全标准化管理规定》的通知

京教勤〔2016〕5号

各区教委、公安分局，各高等学校、中等专业学校，各直属单位：

为深入贯彻落实消防安全法律法规和《国务院关于进一步加强和改进消防工作的意见》（国发〔2011〕46号）、《市政府关于进一步加强和改进消防工作的意见》（京政发〔2012〕22号）、《教育部、公安部关于加强中小学、幼儿园消防安全管理工作的意见》（教督〔2015〕4号），认真履行消防安全管理职责，提高学校消防安全管理水平，督促全市校园落实消防安全主体责任，切实保证全市广大师生的人身和财产安全，北京市教育委员会、北京市公安局联合制定了《北京市学校消防安全标准化管理规定》，现印发给你们，自2016年5月1日起施行，请认真贯彻落实。

2016年3月24日

北京市学校消防安全标准化管理规定

第一章　总　则

第一条　为规范和加强学校消防安全管理，督促落实消防安全工作责任，有效预防和减少火灾事故，根据国家及本市消防法律、法规和规章，制定本规定。

第二条　本市高等学校、中等职业学校、中小学校、幼儿园及经教育部门审批的民办学校和教育机构（以下简称“学校”）消防安全标准化管理，适用本规定。

第三条　学校应依法建立并落实逐级消防安全责任制，严格遵守消防法律、法规及相关标准规范。学校是消防安全责任主体，学校法定代表人是学校消防安全责任人，分管学校消防安全的校领导是学校消防安全管理人。

学校应设立消防安全工作的机构（以下简称“学校消防机构”），配备专兼职消防管理人员，明确岗位职责，建立健全学校消防安全组织，并设立消防工作专项资金。

学校应制定消防安全管理制度和消防应急预案，明确校园内消防安全重点部位和重点岗位，制定落实年度消防工作计划，组织开展防火巡查和检查、火灾隐患整改、消防安全宣传教育培训、灭火和应急疏散演练等，认真填写并妥善保存消防档案资料，随时备查。

第四条　校内各单位（部门）主要负责人是本单位（部门）消防安全责任人；驻校内其他单位主要负责人是该单位消防安全责任人，负责本单位的消防安全工作。

第二章　工作档案标准化

第五条　学校应建立健全日常消防安全管理工作档案。

包括下列内容：

（一）学校基本情况档案。包括学校地理位置、建筑性质情况；消防安全重点部位数量、位置、使用性质情况；消防设施和灭火器材的种类、数量、规格情况等。

（二）人员组织制度档案。包括学校消防安全组织管理机构；各类消防安全规章制度及责任书；各级消防安全责任人和与消防安全有关的重点工种人员情况；消防奖惩情况等。

（三）消防法律文书档案。包括学校消防审核、验收情况、日常监督检查等法律文书；消防产品、防火材料的合格证明材料等。

（四）工作部署落实档案。包括上级文件传达及学校消防工作部署等文件资料档案等。

（五）宣传教育培训档案。包括学校宣传活动、集中培训、员工岗前培训及灭火和应急疏散演练的文字、图片、视频资料等。

（六）隐患排查整改档案。包括消防安全巡查检查记录；消防中控室及重点部位值班记录；隐患整改记录等。

（七）灭火疏散演练档案。包括消防应急预案；学校志愿消防队员名册、岗位职责、个人装备配备情况等。

（八）“户籍化”管理档案。包括学校消防安全管理人员报告备案档案；消防设施维护保养及检测报告备案档案；消防安全自我评估报告备案档案；火灾记录等。

第三章　消防设施标识化

第六条　学校应将下列单位（部位）列为学校消防安全重点单位（部位）：

（一）学生宿舍、食堂（餐厅）、教学楼、校医院、体育场（馆）、会堂（会议中心）、超市（市场）、宾馆（招待所）、托儿所、幼儿园以及其他文体活动、公共娱乐等人员密集场所。

（二）学校网络、广播电台、电视台等传媒部门和驻校内邮政、通信、金融等单位。

（三）车库、油库、加油站等部位。

（四）图书馆、展览馆、档案馆、博物馆、文物古建筑。

（五）供水、供电、供气、供热等系统。

（六）易燃易爆等危险化学物品的充装、储存、供应、使用部门。

（七）实验室、计算机房、电化教学中心和承担国家重点科研项目或配备有先进精密仪器设备的部位，监控中心、消防控制中心。

（八）学校保密要害部门及部位。

（九）高层建筑及地下室、半地下室。

（十）建设工程的施工现场以及有人员居住的临时性建筑。

（十一）其他发生火灾可能性较大以及一旦发生火灾可能造成重大人身伤亡或者财产损失的单位（部位）。

重点单位（部位）应设置防火标志，实行严格消防安全管理。

第七条　学校应按要求规范设置消防安全标志、标识；消防设施、器材应设置规范、醒目的标识，并用文字或图例标明操作使用方法；建筑物疏散通道、安全出口和消防安全重点部位等处应设置消防警示、提示标识；主要消防设施设备上应张贴记载维护保养、检测情况的卡片或者记录。

第四章　宣传培训常态化

第八条　学校应建立消防安全宣传教育制度，列入年度工作计划，纳入日常管理。

学校应在校园显著位置设置消防安全宣传教育专栏，在学生宿舍、食堂（餐厅）、教学楼、校医院、体育场（馆）、会堂（会议中心）、超市（市场）、宾馆（招待所）等消防安全重点单位（部位）张贴消防安全须知和疏散示意图，通过网站、校园电视、广播、板报、校报定期刊播消防安全常识。

第九条 高等学校应对每届新生进行不低于4学时的消防安全教育培训；中小学校要保证一定课时，对学生开展消防安全教育，并针对学龄阶段特点，确定不同的消防安全教育形式和内容；幼儿园应采取寓教于乐的方式对儿童进行消防安全常识教育。

学校应按照相关法律、法规、规章的要求和制定的预案，至少每半年组织教师、学生开展一次消防应急演练；小学和幼儿园应落实疏散引导、保护学生、儿童的措施。

学校应建立校外辅导员制度，公安消防官兵、公安派出所民警定期对学校消防安全宣传教育工作进行指导。

第十条 学校应每年对教职员工开展一次消防安全培训，重点加强对消防安全管理人员、消防安全重点单位（部位）相关工作人员的消防安全培训，并组织新上岗和进入新岗位的员工进行上岗前消防安全培训。

第五章 预案演练正规化

第十一条 学校应制定消防应急预案，应包括下列内容：

（一）组织机构，包括：指挥协调组、灭火行动组、通讯联络组、疏散引导组、安全防护救护组、媒体家长接待组等。

（二）报警和接警处置程序。

（三）应急疏散的组织程序和措施。

（四）扑救初起火灾的程序和措施。

（五）通讯联络、安全防护救护的程序和措施。

（六）信息报告程序和措施。

（七）媒体、家长接待处置程序和措施。

（八）后续事务处理措施等。

第十二条 学校制定的消防应急预案，应明确校园内各岗位人员及其报警、疏散、扑救初起火灾职责，并每学期至少演练一次。

举办重要节庆、文体等活动时，应制定有针对性的消防应急预案。疏散演练时，应设置明显标识并事先告知演练范围内的所有人员。

第六章 隐患查改规范化

第十三条 学校应制定火灾隐患自查整改操作规程，并按下列要求开展防火巡查检查：

（一）学校消防安全重点单位（部位）应每日组织开展防火巡查，加强夜间巡查，并明确巡查人员、内容、部位和频次。食堂（餐厅）、体育场（馆）、会堂（会议中心）等场所在使用期间应至少每两个小时巡查一次。其他单位（部位）可以根据需要组织防火巡查。内容包括消防设施器材和消防安全标志外观、数量是否缺损，是否有吸烟、违规用火用电等动态隐患问题，疏散通道、安全出口、消防车通道是否畅通，常闭式防火门是否处于关闭状态，防火卷帘下是否堆放物品影响使用，重点岗位人员是否在岗在位。

（二）高等学校每季度至少进行一次防火检查，校内各单位及驻校内其他单位、中小学校及幼儿园每月至少进行一次防火检查，并在开学、放假和重要节庆活动等期间开展有针对性的防火检查，对发现的消防安全问题，应及时整改。重点检查以下内容：一是消防安全制度落实情况；二是日常防火检查工作落实情况；三是教职员工、重点工种人员消防知识掌握情况；四是消防安全重点单位（部位）管理情况，特别是易燃易爆、有毒有害等危险物品场所防火防爆措施落实情况以及其他重要物资防火安全情况；五是消防设施、器材完好有效情况（安全出口、疏散通道、消防车通道、疏散指示标志、应急照明、消防水源情况）；六是厨房或食堂烟道定期清洗情况；七是电器线路、燃气管道定期检查情况，用火、用电有无违章情况；八是消防设施设备维护保养情况，消防（控制室）值班情况和设施设备运行、记录情况；九是火灾隐患整改和防范措施落实情况；十是消防安全宣传教育情况。防火检查应填写检查记录，检查人员和被检查部门负责人应在检查记录上签名，检查记录纳入学校消防安全档案管理。

（三）学校应按照国家、北京市的法律法规及行业标准配置消防设施、器材，并依照规定进行维护保养和检测，确保完好有效。设有自动消防设施的，可以委托具有相应资质的消防技术服务机构进行维护保养，每月维保并记录，每年至少全面检测一次。

（四）消防安全标识被遮挡、覆盖、损坏的，应立即恢复正常状态。

（五）在检查、整改、复查等环节落实责任。检查人、被检查部门（岗位）负责人、整改责任人、复查审核人应履行签名手续。

第十四条 学校应加强消防安全值守，对值班巡查发现不能立即整改的隐患问题，要立即报告值班领导，由值班领导组织落实防范措施，并逐级上报。

第十五条 学校对发现的隐患问题应立即整改，对不能当场改正的火灾隐患，消防工作归口管理职能部门或者专兼职消防管理人员应根据学校管理分工，及时将存在的火灾隐患向学校消防安全管理人或者消防安全责任人报告，提出整改方案。消防安全管理人或者消防安全责任人应确定整改措施、期限以及负责整改部门、人员，并落实整改资金。在火灾隐患未消除之前，应落实防范措施，保障消防安全。

第七章 考核奖惩制度化

第十六条 学校应制定消防安全奖惩制度，将消防安全工作纳入内部检查、考评内容，对在消防安全工作中成绩突出的部门和个人，学校应给予表彰奖励；对未依法履行消防安全职责或违反消防安全制度并造成严重后果的，学校应依照有关规定给予责任人员相应处理。

学校违反消防安全管理规定或发生重特大火灾的，除依据有关法律法规规定进行处罚外，对有关主管人员和责任人员依法追究责任。

第十七条 市教育行政部门将区教育行政部门和高等学校消防安全工作纳入相关考核考评内容，区教育行政部门应建立本区中小学校、幼儿园考核奖惩制度。

第八章 特定管理

第十八条 学校举办文艺、体育、会展、招生和就业咨询等大型活动，应依法履行报批手续，确定专人负责消防安全工作，明确并落实消防安全职责和措施，保证消防设施和消防器材设置齐全、完好有效，活动场所符合消防安全规范要求，并制定消防应急预案。

第十九条 学校应对动用明火实行严格的消防安全管理。禁止在具有火灾、爆炸危险场所吸烟、使用明火；因特殊原因确需进行电、气焊等明火作业的，动火单位和人员应向学校消防机构申办相关手续，落实现场监管人，采取相应消防安全措施。作业人员应遵守消防安全规定。

第二十条 学校进行新建、改建、扩建、装修、装饰等施工，应执行工程建设相关消防安全法律法规和技术标准，并依法办理建设工程许可。驻校各单位和校内各项工程消防设施招标和验收，应有学校消防机构参加。施工单位负责施工现场的消防安全，并接受学校消防机构的监督、检查。

第二十一条 地下室、半地下室和用于生产、经营、储存易燃易爆、有毒有害等危险物品场所的建筑不得用作学生宿舍。

学生宿舍、教室和礼堂等人员密集场所，禁止违规使用大功率电器，在门窗、阳台等部位不得设置影响逃生和灭火救援的障碍物。

第二十二条 利用地下空间开设公共活动场所，应符合国家和北京市有关规定，并报学校消防机构备案。

第二十三条 学校消防控制室应配备专职值班人员，持证上岗。消防控制室不得挪作他用。

第二十四条 学校购买、储存、使用和销毁易燃易爆等危险品，应按照有关规定严格管理、规范操作，并制定应急处置预案和防范措施。

学校管理和操作易燃易爆等危险品的人员，必须进行上岗前培训，持证上岗。

第二十五条 学校有出租房屋的，应加强对出租房屋的消防安全管理，明确强化消防安全责任，加强对出租房屋的防火检查和隐患排查。

第九章 附 则

第二十六条 学校应依据本规定，结合本校实际，制定完善本校消防安全管理办法。

第二十七条 直属单位结合实际参照执行。

第二十八条 本规定自 2016 年 5 月 1 日施行。

北京市教育委员会

关于做好2016年高级中等学校考试招生工作的意见

京教计〔2016〕8号

各区教委，有关委办局（总公司），有关高等学校、中专学校：

为贯彻落实国务院《关于深化考试招生制度改革的实施意见》（国发〔2014〕35号）精神，促进教育公平，提高教育质量，积极探索高中阶段教育考试招生改革，现就做好2016年本市高级中等学校考试招生工作提出如下意见。

一、指导思想

认真贯彻落实十八大及十八届三中、四中、五中全会精神和市委市政府有关工作部署要求，以推进基础教育公平、优质、均衡发展为出发点，突出问题导向，改革计划分配方式；采取多种形式，扩大优质教育资源，满足人民群众对优质教育资源不断增长的需求；创造多种途径，搭建人才成长“立交桥”，为各类学生提供适合的发展通道。通过进一步深化改革，促进教育公平、提升教育质量，保证招生工作规范有序进行，满足人民群众的需求，促进首都和谐社会建设。

二、招生计划编制和招生政策

（一）2016年本市各类高级中等学校招生规模为8.3万人，其中普通高中招生规模约5.5万人，中等职业教育招生规模约2.8万人。中等职业教育招生规模中，五年制高等职业教育招生规模0.9万人，普通中等专业学校招生规模0.7万人，职业高中招生规模0.6万人，技工院校招生规模0.6万人。

（二）高级中等学校招生计划的编制按市、区两级管理权限和工作程序进行。市教委负责对全市各类高级中等学校招生计划的宏观管理、统筹和指导；市教委、市发展改革委联合下达五年制高职和中专学校分学校招生计划；市人力社保局负责安排技工院校分学校招生计划；区教委负责安排本区普通高中和职业高中分学校招生计划。各类学校招生计划需经市及区教育部门或相关部门审核后以文件形式下达，并刊登招生简章。

（三）普通高中招生要统筹安排，适度规模。公办普通高中计划要依据《北京市中小学校办学条件标准》（京教策〔2005〕8号），每班不超过45人。各区要加强高中阶段教育资源的统筹规划和布局结构调整，逐步提高示范高中招收一般初中校毕业生的比例，从而扩大优质教育资源的覆盖程度，进一步满足人民群众日益增长的对于优质教育的需求。

（四）各区要加强对普通高中中外合作办学项目、艺术、体育、科技特长生招生项目、特色高中改革试验项目的管理，不得随意增加项目招生规模和变更项目招生方式。

（五）2016年继续开展市级优质高中教育资源统筹（以下简称市级统筹）工作。优质高中部分招生计划和市级统筹计划继续实行分配到初中校，“名额分配”比例提高到50%左右。

（六）部分示范高中可适当编制跨区招生计划，跨区招生计划重点向优质高中教育资源比较短缺的区和一般初中学校倾斜，并逐年减少跨区招生计划。城乡一体化学校可申请在资源输出区适当编制跨区招生计划。民办高中可在全市范围招生，并根据学校实际情况编制不分区计划指标。普通中等专业学校、技工院校和获得“国家级、省部级重点中等职业学校”称号的职业高中可根据学校办学实际在全市范围招生，不对各区分配计划指标。

（七）为贯彻落实市政府关于加快发展现代职业教育的实施意见，积极推进我市现代职业教育体系建设，加大职业教育高端技术技能人才培养，2016 年我市将继续开展高端技术技能人才贯通培养试验项目，丰富试验项目形式，打造中等职业教育、高等职业教育和本科层次职业教育贯通式培养立交桥。继续推进职业高中开办综合高中班改革试验。

（八）按照《北京市人民政府办公厅关于转发市教委等四部门制订的〈进城务工人员随迁子女接受义务教育后在京参加升学考试工作方案〉的通知》（京政办发〔2012〕62 号）精神，认真做好进城务工人员随迁子女报考我市中等职业学校的资格审查工作。在规定时间内提出升学申请且通过资格审核的随迁子女考生，可参加 2016 年北京市中等职业学校的考试录取。

（九）在部分中等职业学校继续开展招收未升学的应、往届高中毕业生进行中等职业教育试点工作，各试点学校要从社会人才需求、学生特点和就业需要出发，确定好招生专业，并有针对性地开展职业教育。

（十）各区招生计划管理部门负责编制普通高中和职业高中分学校的招生计划，市人力社保局编制技工院校的分学校招生计划，各高等学校、中专学校根据市教委下达的招生计划建议规模编制分省分专业招生计划。请各相关部门和学校将编制的招生计划于 2016 年 4 月 8 日前报市教委和北京教育考试院。

三、考试工作

2016 年本市继续将初中毕业会考和高级中等学校招生考试分开进行。所有高级中等学校招收的学生必须参加 2016 年北京市高级中等学校招生考试。

（一）高级中等学校招生文化课考试由北京教育考试院统一命题。文化课考试科目为语文、数学、外语、物理和化学。其中，语文、数学、外语满分均为 120 分，物理满分为 100 分，化学满分为 80 分。

（二）2016年体育考试成绩满分40分，按照市教委《关于做好2016年初中毕业升学体育考试工作的通知》（京教体艺〔2015〕15号）文件执行。

（三）高级中等学校招生文化课考试日期为2016年6月24日至26日，具体时间由北京教育考试院另行通知。

四、评卷工作

2016年北京市高级中等学校招生考试坚持“统一命题、统一制卷、统一考试、分区评卷”的原则并继续采取网上评卷方式，评卷工作由各区负责组织实施。各区教委要高度重视，加强对本区评卷工作的组织领导和管理，统一协调安排评卷教师和服务人员，从资金设备、技术保障等多方面给予支持，确保2016年全市网上评卷工作的顺利进行。

五、招生录取

（一）从2016年起，高级中等学校招生录取考生填报志愿方式调整改为考后知分填报，具体时间及安排以北京教育考试院工作布置为准。

（二）2016年高级中等学校招生录取分为提前招生录取、“名额分配”录取和统一招生录取三个阶段进行录取。

1. 提前招生录取。经市教委批准的中外合作办学项目、贯通培养试点项目等按照批复文件的精神，可参加提前招生录取。中等职业学校按照本校专业设置和招生要求，可将本校招生总规模的30%列入提前招生。未经批准，任何学校不得擅自进行提前招生录取。

2. “名额分配”录取。“名额分配”具体志愿填报和录取办法按北京教育考试院相关文件执行。

3. 统一招生录取。按照考试成绩，从高分到低分，依照志愿顺序，择优录取。凡被提前招生录取和“名额分配”录取的考生，不再参加统一招生录取。

4. 在统一招生录取结束后，未完成招生计划的各类高级中等学校可按照市中招办规定的程序进行补录工作。补录只录取参加全市高级中等学校招生考试且未被任何学校录取的考生。

六、组织管理

（一）教育公平是社会公平的重要基础。高级中等学校考试招生工作涉及广大人民群众的切身利益，各区有关部门和招生学校要高度重视，统筹兼顾高中阶段各类学校的发展，切实加强对中考中招工作的领导，精心组织、严格程序、严肃纪律，确保中考中招工作平稳顺利进行。

（二）市教委将继续加强对全市各类高级中等学校招生计划的宏观管理、统筹和指导，切实加大信息公开力度。各区和招生学校要维护招生计划的严肃性，不得擅自调整招生计划和变更招生方式，严格依照北京教育考试院中招办备案后的新生名册为新生建立学籍，有关部门将以招生简章和市教委的批文为依据进行监督检查。

（三）各区要本着对人民群众和教育事业高度负责的精神，加强对所属招生学校和初中学校的管理，认真做好中考中招及学籍管理工作，维护广大考生的权益。

各高级中等学校要按照招生工作有关规定，实事求是地做好招生宣传工作，引导考生从首都经济社会发展和个人实际出发，合理选择升学目标。严禁各高级中等学校违规提前到初中校进行各种招生及宣传活动。对于违规招生、影响招生秩序的学校，经查证核实后在全市进行通报，情节严重的按照有关规定严肃处理。各类中等职业学校要按照《教育部办公厅关于进一步完善招生工作机制规范中等职业学校招生秩序的通知》（教职成厅〔2014〕4号）的要求规范招生行为，按照招生计划在规定范围内开展招生工作。

各初中学校要规范办学行为，鼓励学生积极参加中考；尊重学生的志愿选择，杜绝出现强迫或代替学生填报志愿的情况。

2016年3月31日

北京市教育委员会

关于做好2016年高级中等学校招收体育艺术科技特长生工作的通知

京教体艺〔2016〕2号

各区教委：

为进一步推进素质教育，促进学生全面发展，根据市教委《关于做好2016年高级中等学校考试招生工作的意见》（京教计〔2016〕8号），现就本市高级中等学校招收体育、艺术、科技特长生工作有关事项通知如下：

一、可招收特长生学校

具有招收特长生资格的学校包括三类：

（一）体育类：北京市体育传统项目学校、国家级体育传统项目学校、北京奥林匹克教育学校体育后备人才培养基地学校。

（二）艺术类：北京市中小学艺术教育特色学校、北京市学生金帆艺术团承办学校。

（三）科技类：北京市中小学科技教育示范学校、北京市学生金鹏科技团承办学校。

可招收特长生学校名单请登录北京市教委网站查询。（网址：www.bjedu.gov.cn）

二、招生范围

北京奥林匹克教育学校体育后备人才培养基地学校、国家级体育传统项目学校、北京市学生金帆艺术团承办学校、北京市学生金鹏科技团承办学校可面向全市招生。

北京市体育传统项目学校、北京市中小学艺术教育特色学校、北京市中小学科技教育示范学校在本区范围内招生。

三、招生比例及报考资格

（一）招生比例

招收体育、艺术、科技其中一类特长生的学校，特长生招生计划原则上不得超过本校当年招生计划总数的5%；招收其中两类特长生的学校不得超过本校当年招生计划总数的10%，招收全部三类特长生的学校不得超过本校当年招生计划总数的15%。

其中，具有全市招生资格的首都功能核心区和城市功能拓展区（东城区、西城区、朝阳区、海淀区、丰台区、石景山区）的学校，须按照可面向全市招收特长生计划15%的比例，面向城市发展新区和生态涵养区进行名额分配。

（二）报考资格

考生须按学籍所在区（注：往届生按初三毕业学校所在区）参加特长生招生，学籍信息最终以北京市中小学学籍管理系统（CMIS）内的信息确定。

学籍和户籍不在同一区的考生，如回户籍参加全市特长生招生的，其学籍和户籍须同属城区（首都功能核心区和城市功能拓展区）或者同属于郊区（城市发展新区和生态涵养区）。

四、工作程序

（一）体育特长生

1. 学校测试

各学校依据体育专项测试成绩，并结合《北京市高级中等学校招生简章》招生计划数，按照1∶1的比例上报参加市级统一测试的名单，名单在校内公示5日。公示结束后向合格的学生发放市级统一测试报名表。

2. 市级测试

通过学校测试的体育特长生须参加全市统一测试，测试工作由北京教育考试院组织实施，报名及测试办法另行通知。全市统一测试合格学生名单在北京教育考试院官方网站上公示5日。

测试项目包括：田径、足球、篮球、排球、棒球、垒球、游泳、乒乓球、跆拳道、武术、手球、羽毛球、健美操、艺术体操、射击、射箭、定向越野以及舞龙、舞狮、空竹、珍珠球、毽球民族传统体育项目。

（二）艺术、科技特长生

1. 市教委制定艺术、科技特长生的测试标准，各区参照执行。

2. 各区根据全市安排的测试时间统一组织测试，并制定本区的艺术、科技特长生统一测试工作方案，方案包括测试时间、地点、测试项目、组织机构、安全预案等内容。各区将测试方案于5月5日前上报我委体卫艺处备案。

3. 各区须将统一测试合格学生名单上报市教委，并在市教委官方网站公示5日。公示结束后将合格学生名单纳入特长生招生数据库，作为学校录取的依据。

五、工作要求

（一）各区要加强对特长生测试、选拔工作的科学化和规范化管理。要及时向招生学校、考生和家长宣传解读特长生招生政策，确保组织严密、程序规范、严谨实施。

（二）特长生选拔要坚持公平、公正、公开的原则，各区和学校要认真为符合报考条件的学生办理相关手续，防止漏报。

（三）招收特长生的学校要严格按照《北京市高级中等学校招生简章（2016年）》公布的招生项目、招生范围和招生计划招生。

（四）各学校要严谨、周密地组织好本校的测试工作，同时，做好各项安全保障工作，制定应急预案，确保测试工作有序进行。

（五）本通知自2016年5月5日起实施。

2016年4月5日

北京市教育委员会

关于2016年义务教育阶段入学工作的意见

京教基二〔2016〕3号

各区教委，燕山教委：

根据教育部关于义务教育免试就近入学工作的总体部署，为依法保障本市适龄儿童少年接受义务教育权益，经市政府批准，现就2016年本市义务教育阶段入学工作提出如下意见，请各区结合实际认真贯彻执行。

一、指导思想

2016年本市义务教育阶段入学工作，要全面贯彻党的教育方针，深入贯彻落实党的十八大、十八届三中、四中、五中全会精神，依据相关法律法规要求，落实《国务院关于深入推进义务教育均衡发展的意见》（国发〔2012〕48号），继续坚持巩固成果、完善制度、推进改革的总体思路，深化义务教育领域综合改革，大力促进教育公平，统筹城乡义务教育资源均衡配置，全面实施素质教育，努力提高义务教育质量和学校办学水平，着力完善义务教育入学规则，积极推行学区制和九年一贯对口招生，保持政策的连续性和稳定性，确保本市义务教育阶段入学各项工作有效推进。

二、工作原则

（一）坚持政府统筹，将义务教育阶段入学工作作为政府行为予以保障。

（二）坚持区级为主，组织实施本区义务教育阶段入学工作。

（三）坚持免试、就近，确保适龄儿童少年接受义务教育。

（四）坚持程序规范，把义务教育阶段入学工作作为规范办学的重要环节，做到公平、公正、公开。

三、入学条件及工作要求

（一）坚持免试就近入学。凡年满6周岁（2010年8月31日以前出生）的本市户籍适龄儿童均须按区教委划定的学校服务片参加学龄人口信息采集，免试就近入学。

完成小学教育的学生，应当进入初中继续接受并完成义务教育。各区教委要在市教委统筹指导下，根据适龄学生人数、学校分布、所在学区、学校规模、交通状况等因素，合理进行单校划片或多校划片。单校划片学校采用对口直升方式招生，即一所初中对口接收片区内所有小学毕业生入学。多校划片学校，先征求入学志愿，对报名人数少于招生人数的初中，学生直接入学；对报名人数超过招生人数的初中，以随机派位的方式确定学生。随机派位工作由区教委统一组织，邀请相关单位和家长代表参与。

全市使用统一的小学和初中入学服务系统，将每一个学生入学途径和方式全程记录，教育行政部门依据权限进行查询和监控。各区要公布学校的服务片区。

（二）做好非本市户籍适龄儿童少年入学工作。持有区教委开具的《台胞子女就读批准书》、全国博士后管理部门开具的《博士后研究人员子女介绍信》及其父（或母）的《进站函》、部队师（旅）级政治部开具的随军家属证明及现役军人证件、区侨务部门开具的《华侨子女来京接受义务教育证明信》等证明的适龄儿童少年按本市户籍对待。

非本市户籍的适龄儿童少年，因父母或其他法定监护人在本市工作或居住，需要在本市接受义务教育的，由其父母或其他法定监护人持本人在京务工就业证明、在京实际住所居住证明、全家户口簿、在京暂住证、户籍所在地街道办事处或乡镇人民政府出具的在当地没有监护条件的证明等相关材料，到居住地所在街道办事处或乡镇人民政府审核，通过审核后参加学龄人口信息采集，并到居住地所在区教委确定的学校联系就读；学校接收有困难的，可申请居住地所在区教委协调解决。各区政府按照北京市非本市户籍适龄儿童少年接受义务教育证明证件材料审核指导要求，结合实际制定并公布实施细则。各区应建立非本市户籍适龄儿童少年接受义务教育证明证件材料联合审核机制。

（三）进一步规范特长生入学工作。除市教委批准的可招收体育、艺术和科技特长生的学校原则上面向本区招收特长生以外，其他学校一律不得以特长生的名义招收学生。特长生招生项目和数量要向中华优秀传统文化、非物质文化遗产方向倾斜。各区教委要向社会公布特长生招生计划并统一组织特长生入学。2016 年各区招收特长生比例要降到各区初中招生总人数的 5%以内。

（四）凡属区级以上人民政府人才引进计划的海外归国人员、各类引进人才的子女入学，按相关规定，由区教委协调解决。

对持有烈士子女、台籍学生、华侨子女、现役军人子女、全国劳动模范子女身份证明的学生，按相关规定，在同等条件下给予照顾。

民办学校、寄宿学校等其他入学由区教委根据市教委有关文件精神制定具体入学方案。

（五）实行计划管理。义务教育阶段入学实行计划管理。各区要加强入学需求前瞻预测，按照学龄人口数量、小学毕业生数量和中小学校办学规模等制定小学、初中招生计划并报市教委备案。各学校未经批准不得擅自调整招生计划。

（六）加强学籍管理。北京市中小学管理信息系统将依据小学和初中入学服务系统建立新生学籍。

（七）杜绝违规操作。各区教委严格执行市教委统一规定的时间表和入学工作程序；坚决治理乱收费；坚决禁止公办学校单独或与社会培训机构联合或委托举办各类以选拔生源为目的的培训班；坚决禁止学校私自招生；坚决禁止在义务教育阶段入学工作中组织任何形式的考试、测试和面试选拔学生，严禁将各种竞赛成绩、奖励证书作为入学依据；坚决禁止初中校违规在小学非毕业年级提前招生。认真接受群众监督，认真对待群众来信来访，依法严肃处理违规违纪事件。对违规违纪事件在依法处理前要及时通报。

各区教委是本区义务教育阶段入学主责单位，要统一组织入学工作，加强对本区义务教育学校入学工作的指导、监督和检查，会同乡镇人民政府、街道办事处组织和督促适龄儿童少年在新学年开学时入校就读，防止义务教育阶段学生辍学。

市区教委和教育督导室将继续对义务教育阶段入学工作开展重点督导检查。

（八）各区教委要依据本意见精神制定本区义务教育阶段入学工作实施细则，报区政府批准后向社会公布实施。要及时公布当年义务教育学校（含民办）学校性质、办学规模、经费来源、招生计划及接收学生的结果等信息。各区要加强统筹规划，做好入学工作宣传，提前让学生家长了解小升初及升入优质高中机会，明确升学预期，推进义务教育就近入学顺利实施。义务教育入学工作期间，各区要建立特殊情况会商机制和突发事件报告制度，平稳推进入学工作。

本意见自 2016 年 4 月 20 日起实施。

附件：2016 年义务教育阶段入学工作时间安排表

2016 年 4 月 14 日

附件

2016年义务教育阶段入学工作时间安排表

时间	工作内容
4月29日前	完成本市小学毕业生信息核对工作
5月1日起	开通义务教育入学服务平台入学政策宣传门户
5月9日至31日	完成小学和初中入学信息采集工作
5月9日至5月13日	区教委受理回户口所在区和到家庭实际居住地所在区初中入学申请、审核、登记工作
5月14日至5月24日	完成初中特长生招生工作
5月15日前	各区启动非本市户籍适龄儿童少年接受义务教育证明证件材料审核工作
6月10日前	民办学校、寄宿制学校在小学和初中入学服务系统中完成跨区招生工作
6月18日至19日（周六、日）	小学审核入学相关材料
7月1日前	区教委将各初中校新生名单审核下发
7月4日起	各中小学发放新生入学通知书
9月1日至15日	建立小学和初中新生学籍档案

北京市教育委员会

关于印发《北京高校标准化公寓、食堂和物业标准（2016版）》进一步推进高校后勤标准化建设工作的通知

京教勤〔2016〕6号

各高等学校：

为进一步深化高校后勤改革，持续推进高校后勤标准化建设，提高高校后勤现代化管理服务水平，市教委在认真总结以往后勤标准化建设成功经验和有益做法的基础上，组织有关科研院所和业内专家对《北京高校标准化公寓和标准化食堂标准（2008版）》《北京高校标准化物业服务标准（2009版）》内容进行了修订和调整完善，现将修订后的《北京高校标准化公寓、食堂和物业标准（2016版）》印发给你们，请认真贯彻执行。

一、提高思想认识，认清后勤标准化建设的重要意义

实现首都教育现代化，学校后勤保障须先行。高校后勤标准化建设是深化高校后勤改革的重要抓手，是促进高校后勤现代化的重要途径，是实现高校后勤管理服务规范化、精细化和科学化的重要手段，是提高高校后勤管理水平和服务质量的重要保证。各高校要进一步提高对后勤标准化建设重要性的认识，认清后勤标准化建设对学校改革发展、师生学习生活和维护校园安全稳定的重要意义，通过抓后勤标准化建设促进后勤工作的规范化、精细化和科学化发

展，提高后勤整体工作水平。

各高校要以推进后勤标准化建设工作为契机，坚持以问题为导向，深入领会深化高等教育改革和人才培养对后勤工作提出的新任务、新要求，找准学校后勤工作在实现教育现代化进程中的功能定位，切实增强做好学校后勤工作的责任感、紧迫感和使命感，把握工作规律，总结以往经验，创新工作思路，不断提高学校后勤保障水平。

二、加强组织领导，构建后勤标准化建设工作新格局

各高校要切实加强对后勤标准化建设工作的领导，将深化后勤改革和加强后勤标准化建设纳入学校“十三五”发展规划和重要议事日程，健全组织机构，完善管理体制，理顺工作机制，强化职责分工，加大经费投入，改善设施条件，形成主要领导负总责、分管领导具体抓、部门联动协作、师生共同参与的学校后勤标准化建设工作新格局。

各高校要大力组织开展后勤标准化创建达标工作，研究制定后勤标准化创建达标规划计划，将创建达标与学校教育教学活动有机结合，营造师生员工共同参与创建的浓厚氛围。要坚持以创促建、以创促改、以创促提高、以创促发展为导向，对照标准化公寓、食堂、物业标准，认真查找自身存在的问题和不足，采取切实有效措施持续改进完善，不断提高后勤标准化建设水平，让广大师生实实在在感受到后勤标准化建设的成果。

三、开展达标验收，完善后勤标准化建设考评机制

高校后勤标准化建设已列入本市“十三五”教育发展规划和市政府绩效考核项目，市教委将利用今后三至五年时间，集中力量组织开展高校后勤标准化建设达标验收工作，并加强对高校的指导、检查和培训。“十三五”期间，除特殊情况外，对所有尚未通过后勤标准化建设达标验收的高校都要完成达标验收；对已通过达标验收 5 年的高校要进行复验。

各高校要制定本校后勤标准化建设达标验收（复验）工作计划

方案，开展自检自查，具备条件的应及时向市教委提出达标验收（复验）申请，市教委将组织专家及时入校开展达标验收（复验）检查。要强化后勤标准化建设达标验收结果的运用，将达标验收情况作为对市属各高校后勤管理工作的重要考核评价内容，并作为核定学校招生规模和对学校进行绩效考核拨款的重要依据。

四、建立长效机制，实现后勤标准化建设工作常态化

高校标准化公寓、食堂、物业标准作为教育标准体系的组成部分之一，是实施高校后勤管理的基本标准，是加强高校后勤工作的重要指导。各高校要将加强后勤标准化建设和达标验收工作作为今后一个时期学校后勤工作的重点，建立后勤标准化建设长效机制，固化后勤标准化建设的经验成果，强化组织机构建设，形成部门联动机制，加大经费保障力度，提高制度建设水平，实现后勤标准化建设工作的常态化。

各高校要紧紧抓住当前影响和制约后勤工作的瓶颈问题和关键环节，以后勤标准化建设为抓手，以办好师生满意的后勤为目标，深化后勤改革，突出创新发展，用发展的办法解决工作中存在的问题，推进后勤服务保障体系、治理体系和治理能力的现代化。

附件：1.《北京高校标准化公寓、食堂和物业标准（2016版）》修订说明
2. 北京高校标准化学生公寓验收标准（2016版）
3. 北京高校标准化学生食堂验收标准（2016版）
4. 北京高校标准化物业验收标准（2016版）

2016年5月26日

附件 1

《北京高校标准化学生公寓、学生食堂和物业验收标准（2016 版）》修订说明

一、对原《北京高校标准化公寓和标准化食堂标准（2008 版）》和《北京高校标准化物业服务标准（2009 版）》中的部分条款和内容进行了增补、删减、调整、完善和细化。修订后的新版标准进一步增强了普适性，更加适应当前高校后勤形势和改革发展需要，更加科学、完善、规范。

二、节能工作标准和住宅小区标准不再纳入标准化物业标准。即原《北京高校标准化物业服务标准（2009 版）》由包括教室（学）楼标准、校园环境标准、设施设备运行标准、节能工作标准、住宅小区标准共 5 个分项标准，变为由包括教学楼标准、校园环境标准、设施设备运行标准等 3 个分项标准组成的新版标准。原因如下：

1. 鉴于国家近年对高校节能减排有总体规划和推进标准，全国教育后勤协会又有专门机构开展相关标准的推进工作，原节能工作标准不再纳入新标准化物业标准。

2. 鉴于目前只有部分高校内有家属住宅小区管理建制，大部分高校家属住宅小区属于松散管理且归属不一，不适合推进和开展标准化评估验收工作，原住宅小区标准不再纳入新标准化物业标准。

附件 2

北京高校标准化学生公寓验收标准（2016 版）

项目及分值	项目内容	单项分值	验收方法
（一）条件设施（18 分）	1. 学生公寓室内生均使用面积：本（专）科生不少于 3 平方米，每室 4～6 人；硕士生不少于 4 平方米，每室 2～4 人；博士生不少于 6 平方米，每室 1～3 人。	—	听取汇报 现场查看
	2. 男女生必须分区分楼居住。如无法分楼居住，需设隔断分段管理，设立隔断须符合消防及应急疏散要求。禁止安排学生及其他人员在地下室或半地下室住宿。学生公寓不得兼作为学生生活服务用途之外的其他用途。禁止有危及学生治安消防安全、食品安全及其他安全的生活服务用途。	—	
	3. 室内家具符合国家质量和安全标准。床、桌、椅、衣柜、书架等配置齐全完好，方便学生生活与学习需求（1）。有纱窗和蚊帐悬挂装置（0.5），有脸盆、毛巾、暖瓶等放置处（0.5）。每生至少一个电源插座（1），一个网络终端接口或公寓楼实现无线网络覆盖，信号畅通（1）。	4	
	4. 公寓楼或公寓区有方便的饮用开水装置，热水供应正常（1）。配备洗衣机（1）。有方便足够的晾晒衣物场所（1）。配备公用电吹风插座或一定比例的公用电吹风（0.5）。有自行车存放场所（1）。公寓楼内设有垃圾集中投放处或公寓楼外设立垃圾集中投放点，配置足够数量的垃圾桶。寝室内配置垃圾筐（1）。	5.5	
	5. 公寓楼内设有公寓管理值班室（1）。公寓楼内设有会客室或会客区域，配备基本家具及设施设备，环境整洁温馨（1）。	2	
	6. 公寓楼或公寓区设有住宿学生文体活动或学习交流场所，配备基本家具及设施设备（1）。	1	
	7. 公寓楼内设有辅导员室，方便入驻辅导员开展工作及住宿（1）。	1	
	8. 公寓楼或公寓区有热水淋浴场所（1）。	1	
	9. 寝室或公寓内设置足够的储物空间，基本满足学生存放大件行李等物品（1）。	1	

续表1

项目及分值	项目内容	单项分值	验收方法
	10. 公寓区设置方便伤、病、残疾学生生活的专用寝室（1）。	1	听取汇报 现场查看
	11. 校外公寓设有饮水、餐饮、商业等生活服务场所及设施（1）。	1	
	12. 各类指示牌、标识齐全，位置安放正确醒目。安全标识规范清晰，形象直观（0.5）。	0.5	
（二）组织机构与管理人员（9.5分）	13. 学校建立学生公寓管理委员会，主任由学校主管校领导担任，成员由后勤、学工、保卫、财务等部门及院系代表、学生代表共同组成，负责本校学生公寓的组织领导工作。每学期至少开会一次（1），研究决策学生公寓建设管理的重大事项及问题（1）。	2	听取汇报 查阅文件资料人员名册 询问管理人员学生
	14. 设立学生公寓管理服务部门，负责学生公寓的日常管理服务。管理服务人员不少于住宿学生数的1.2%（0.5），经岗前培训合格上岗（0.5）。公寓管理服务部门负责人具有大专及以上学历，有较强事业心和责任感，熟悉业务，管理经验丰富（0.5）。楼长、值班员有一定的文化素质和管理经验，工作认真负责，有较好的组织协调和处理问题能力（0.5）。公寓服务人员热爱公寓管理工作，有为学生服务的思想，具有一定的文化素质（0.5）。按岗位统一着装，佩戴工牌。精神面貌良好，服务用语规范（0.5）。特殊工种持证上岗。	3	
	15. 依法用工，签订劳动（劳务）合同，缴纳社会保险。	—	
	16. 建立学生辅导员入驻公寓管理制度。入驻数量不少于住宿学生人数的2‰。履行公寓内学生的思想教育和日常行为管理职责（1）。学校应制定辅导员在学生公寓开展工作的职责及管理、考核办法（1），辅导员在学生公寓开展工作有记录（0.5）。	2.5	
	17. 建立学生公寓自律组织机构（1）。在学生公寓管理委员会领导下有效参与、监督公寓管理工作，收集反映学生意见。会议记录和开展活动的资料齐全（1）。	2	

续表 2

项目及分值	项目内容	单项分值	验收方法
（三）制度与执行（16.5 分）	18. 管理制度健全。主要包括： ①校级制度（2） 由学校及公寓管理委员会制定并印发的文件。包括本校学生公寓管理办法、学生公寓管理委员会成立与成员变更的通知及其他学生公寓建设与管理的校级文件。 ②职能部门制度（2） 由后勤、学工、保卫、财务等部门制定并印发的职能部门文件。包括后勤（物业）管理、学生管理、辅导员管理、安全管理、财务管理、各类预案等及其他需要相关职能部门制定发布的与学生公寓管理相关的文件。 ③公寓管理服务部门制度（2） 由公寓管理服务部门制定并印发的部门规章制度。主要包括学生公寓的值班、保洁、维修、水电、安全、成本核算等制度，公寓管理服务部门各岗位职责、聘任制度、培训制度、考核制度及其他制度。 以上三级制度层次清晰，内容有效衔接。主要制度装订成册（2）。	8	听取汇报 查阅文件资料 询问管理人员学生
	19. 学生在公寓内的表现与个人、寝室、班级、院系等相关评优资格挂钩，并纳入综合测评、品德鉴定、推优评先及奖学金评定等工作中（2）。	2	
	20. 各级管理服务人员熟知本岗位职责及相关制度，并认真执行（0.8）。定期进行消防治安、《北京高校标准化公寓验收标准》、岗位知识技能等培训与考核（0.7）。	1.5	
	21. 各项制度的执行记录和资料齐全完整（2）。	2	
	22. 学校或学校授权的学生公寓管理方与入住学生签署住宿协议，明确双方权利义务（0.5）。入住学生熟知与学生相关的公寓管理制度，并自觉遵守执行（0.5）。	1	
	23. 学校对学生公寓管理的经费投入应能够保证学生公寓正常管理服务运行（1），并随着每年住宿人数规模和服务内容变化进行调整（1）。公寓管理服务部门应年初有预算，年终有决算。建立成本核算制度。	2	

续表 3

项目及分值	项目内容	单项分值	验收方法
（四）管理与服务（8.5 分）	24. 公寓楼实行 24 小时值班制度（1）。值班、会客、维修、晚归等记录规范齐全完整（1）。充分运用信息化管理手段（1）。	3	听取汇报 现场查看 查阅文件资料 询问管理人员学生
	25. 楼门厅悬挂公示本楼楼长、值班员、入驻本楼辅导员等人员的照片、姓名、电话、房间号及服务监督电话（1）。	1	
	26. 建立住宿学生档案资料信息库。每月对学生入住情况进行汇总，对空寝室、空床位加强管理（0.5）。	0.5	
	27. 提供不少于 5 项便民服务项目（0.5）。及时向学生公布各类安全提示、天气预报、健康知识、生活信息和常识等（0.5）。编印有学生公寓服务手册或服务指南（0.5）。	1.5	
	28. 有住宿学生晚归及夜不归宿的登记记录及通报管理系统（0.5）。无留宿非本公寓或非本室人员现象（0.2）。公寓楼内无社会人员或学生入楼上门推销现象（0.3）。	1	
	29. 为保障安全和节约资源，建立寒暑假期间留校学生集中住宿制度（0.5）。	0.5	
	30. 有定期主动征求和收集学生意见的公开渠道（0.5），并及时处理和反馈（0.5）。	1	
（五）安全管理（20 分）	31. 出具公安机关消防机构的《建筑工程消防验收意见书》。	—	
	32. 消防设施、器材配置齐全完好有效，摆放到位。设置消防安全和应急疏散指示标识。火灾自动报警系统、火灾事故广播系统、消防供水系统、消火栓系统、自动喷水灭火系统、防排烟系统、防火卷帘、防火门、应急照明等系统运行正常。聘请具有专业资质的公司对学生公寓建筑消防设施每年至少进行一次全面检测，确保完好有效。检测记录应当完整准确，有档备查。	—	
	33. 所在校区学生公寓验收前两年内无安全责任事故。学校安全保卫部门每月定期对学生公寓消防设施设备进行安全检查（1）。公寓管理服务部门每日进行学生公寓安全隐患检查和消防巡视（1）。建立夜间巡查制度（1）。节假日和特殊时间节点增加检查巡视频次（1）。留存检查记录。	4	

续表 4

项目及分值	项目内容	单项分值	验收方法
	34. 建有消防中控、烟感报警、视频监控、智能限电和电子门禁等系统，保持完好有效。逐步建立集以上系统为一体的安全监管信息化平台。	—	听取汇报 现场查看 查阅文件资料 询问并现场考察管理人员学生
	35. 使用安全疏散电磁门，应急状态下 1 分钟内打开，有效疏散学生（1）。	1	
	36. 每年对管理服务人员及学生进行 1 次以上安全防范意识教育和安全知识技能培训（1）。	1	
	37. 制定学生公寓治安、消防、自然灾害等各类突发事件安全应急预案。定期对各类预案开展演练，并有记录。应急预案可操作性强，责任到人，并结合演练不断完善。	—	
	38. 管理服务人员了解本单位、本岗位发生火灾的危险性，具备基本的火灾预防知识和消防安全检查知识及相关能力。熟知报警报案电话及处置程序（1）。熟练使用消防器材，具备扑救初起火灾和自救互救技能（1）。掌握基本逃生方法，能够组织引导住宿学生疏散逃生（1）。	3	
	39. 寝室内严禁使用大功率电器和酒精炉、煤气炉、蜡烛等（2），严禁存储易燃易爆危险品（1），禁止私拉电线和无人充电等现象（1）。	4	
	40. 住宿学生了解消防知识，熟知报警、报案电话（1）。熟练使用灭火器，具备扑救初起火灾和自救逃生能力（1）。	2	
	41. 学校建有公寓学生义务消防组织，能够配合楼管员引导学生消防疏散逃生及报警（1）。	1	
	42. 高层公寓相关部位安装有防止人员坠楼的安全防护设施（1）。	1	
	43. 公寓楼内、寝室内无吸烟现象，无烟蒂、无烟味（1）。在醒目位置设置禁烟标识和禁烟监督举报电话。利用学生公寓安装的视频监控、烟感报警等装置监控吸烟行为（1）。建立健全规章制度，将履行禁烟职责纳入学生公寓管理服务人员考核和学生评价体系（1）。	3	

续表 5

项目及分值	项目内容	单项分值	验收方法
（六）卫生与环境（9.5 分）	44. 门厅、楼道、楼梯地面整洁，无卫生死角；电梯轿厢清洁（1）。墙面洁净，无严重印痕污迹（1）。	2	听取汇报 现场查看
	45. 卫生间、盥洗间设施设备及卫生洁具完好洁净（1）。地面清洁无积水，门窗、墙面、屋顶清洁，通风良好无异味（1）。	2	
	46. 室内地面、墙面、台面整洁无灰尘，室内物品摆放整洁有序（1）。床铺整洁，被子枕头统一一侧摆放（1），无床帏（0.5）。门、窗、纱窗、窗帘、电扇、空调等洁净完好（0.5）。室内通风良好无异味（0.5）。阳台整洁，物品摆放有序（0.5）。	4	
	47. 楼内无蚊蝇、蟑螂、臭虫、鼠害（0.5）。建立定期消杀制度并有记录（0.5）。	1	
	48. 公寓楼周围环境及绿化美化养护良好、整洁无杂物。无乱搭建、堆放、贴画现象（0.5）。	0.5	
（七）维修与节能（11 分）	49. 有学生公寓年度大中修计划，公寓楼整体维护良好，无安全隐患（0.5）。定期对学生寝室进行全面检修与粉刷，每轮周期不得超过 4 年（0.5）。楼内墙面除按计划定期粉刷外，还应及时对墙面出现的印痕污迹进行局部粉刷，保持日常干净整洁（0.5）。设施设备维修保养有制度、有计划、有记录（0.5）。	2	听取汇报 现场查看 查阅文件资料 询问管理人员学生
	50. 设置 24 小时报修服务，能够通过电话、网络或移动终端等方式报修。报修渠道畅通、手续简便（0.5）。水电暖、门锁等急修 15 分钟到位，其他非急修约时解决，在承诺时间内完成（1）。接报修、维修和回访记录规范齐全（0.5）。	2	
	51. 公寓楼外立面定期维护保洁（0.5）。加强日常巡视，在明显部位张贴防坠物警示标识，无高空坠物等安全隐患（0.5）。	1	
	52. 室内地面无破损，天花板、墙面无破损或掉墙皮现象，纱窗无破损（0.5）。家具维修及时，无损坏（0.5）。	1	
	53. 卫生间、盥洗室设施设备齐全完好有效、镜面无破损（0.5）。供水系统无跑冒滴漏现象（0.5），下水无堵塞、无积水，地漏封盖齐全、排水顺畅（0.5）。房屋无渗漏（0.5）。有规整醒目的节约警示牌（0.5）。	2.5	
	54. 每栋公寓楼有水电计量装置，用水、用电实行分楼计量（0.5）。有节水、节电措施（0.5）。每室独立配置电表（0.5）。有水电消耗记录（0.5）。水电限额使用（0.5）。	2.5	

续表 6

项目及分值	项目内容	单项分值	验收方法
（八）文化建设（7 分）	55. 公寓楼门厅、楼道、走廊布置整洁美观（1），体现校园文化内涵和育人功能（1）。	2	听取汇报 现场查看 查阅资料 询问管理人员学生
	56. 公寓楼及公寓区设置学生公寓专用公告栏、文化宣传栏、橱窗等，有管理制度（1）。保持日常整洁美观，定期更新，内容健康（1）。	2	
	57. 有公寓文化年度计划（0.5），定期开展公寓文化活动（1）。定期编印公寓报刊或建有公寓管理服务部门与学生互动交流沟通的平台（0.5）。	2	
	58. 寝室内布置整洁、健康、温馨、高雅（1）。	1	

说明：

1. 申报范围包括校内、校外学生公寓。

2. 标准中黑体字条款均为强制性标准，此项条款不合格不能通过达标验收。

3. 总分为 100 分，90 分以上为达标。

4. 新建学生公寓正常运行 1 年后应申报标准化公寓验收。

5. 标准化学生公寓挂牌 5 年需重新复验，拆除的标准化学生公寓即注销其标准化公寓称号。

北京高校标准化学生公寓验收标准（2016 版）部分条款解释

一、条件设施

1. 第 1 条，在计算学生室内“生均使用面积”时，应按内墙尺寸测量计算。如室内有卫生间或封闭阳台，可纳入使用面积，未封阳台按一半使用面积计算。

2. 第 2 条，关于“公寓楼内不能兼作其他用途”，如学生食堂

或涉及学生公寓管理与服务的功能与学生公寓设计建设为一体的，不算“兼作其他用途”。

二、组织机构与管理人员

1. 第13条，公寓管理委员会成员变更后应在学期内印发校级文件及时调整。检查时，需查看学生公寓管理委员会两年内召开会议的会议记录，且会议研究内容应为本校学生公寓建设和管理的重大事项及问题。

2. 第14条，“管理服务人员”是指本楼楼长、值班员、保洁员、保安员、维修人员、电梯工、辅导员及其他直接管理服务于学生公寓的工作人员，学校后勤、学生工作等职能部门直接主管人员及学生公寓办公室人员按学校公寓楼总数折算。

3. 第16条，检查时需查看辅导员在学生公寓内开展工作的相关记录，学校应提供辅导员在学生公寓内开展工作的职责及管理、考核办法等文件。学生能熟知辅导员房间号及开展工作情况。

三、制度与执行

关于第18条：

1. 校级制度中，校级学生公寓管理办法为本校学生公寓管理纲领性文件，除应有内容外，应特别明确规定后勤部门、学生工作部门、保卫部门及其他职能部门各自职责。

2. 在查看校级、处级、公寓中心三级制度文件时，既要求层次清晰，还要查看三级制度在执行时内容是否有效衔接。

3. 三级制度文件均应提供正式印发文件，文头、文号、发文单位和发文日期缺一不可。验收时如无法提供原件，可用原件复印件代替。

四、管理与服务

第27条，便民服务项目可包括自行车打气筒、五金工具、针线、雨具、微波炉、煎药、体重计等。

五、安全管理

1. 第33条，应提供每日、夜间、节假日及重点时段安全检查

记录。

2. 第 35 条，检查时，现场检查值班人员是否能够操作安全疏散电磁门在 1 分钟内打开，有效组织疏散学生。

3. 第 40 条，检查时现场询问学生灭火器使用、报警熟悉程度及火灾逃生方法。

六、卫生与环境

第 46 条，学校除为学生寝室提供必要的家具外，也应设计和提供学生脸盆、暖瓶、鞋、大件行李及其他杂物放置处，要求学生按位置摆放，以免室内物品摆放杂乱。

七、维修与节能

1. 第 50 条，“报修手续简便”是指管理人员和学生不用出楼，通过电话、网络、移动终端或值班室等就可以通知维修人员进行维修。报修记录要完整，维修单主要内容：报修方式，报修时间，报修房间，报修项目，维修人员，维修人员到达时间、维修完成时间，维修结果（修好或说明不能维修原因及处理办法）。

2. 第 51 条，从楼内无法安全擦到的玻璃，应在对公寓楼外立面进行定期保洁时清洁。

3. 第 54 条，“用水、用电实行分楼计量”，要求提供每楼每月用电、用水记录表。

八、文化建设

1. 第 55 条，楼内文化建设除购买或制作格言、宣传画、绘画等方式，也可采用本校师生摄影、书画等作品。

2. 第 56 条，公寓公告栏不得与其他部门宣传橱窗混用，至少一季度更新一次内容，定期清理，保持干净整洁。

3. 第 57 条，“开展公寓文化活动”可以由学生公寓中心独立组织开展，也可由学生公寓中心或后勤管理部门与学校相关部门共同开展，或者是学校部、处、学生会、团委、院系等专门组织学生在学生公寓开展的活动。

4. 第 58 条，寝室内张贴物需大小适中，内容健康。

附件 3

北京高校标准化学生食堂验收标准
（2016 版）

一、基础设施标准（44 分）

项目及分值	项目内容	单项分值	验收方法
（一）布局与面积（5.5 分）	1. 食堂选址合理（0.4），交通方便（0.3），周围 30 米内无蚊蝇孳生地（0.3）等污染源。	1	听取汇报 查阅资料 现场查看
	2. 食堂生均建筑面积为 1.1～1.3 平方米（0.8），餐厅与操作间（含非食品处理区）面积比为（1∶1～1∶1.2）（0.7）。	1.5	
	3. 食堂建筑结构布局合理、功能齐全（1），符合按原材料进入、半成品加工、成品供应单一流向的生产流程卫生要求（1）。	2	
	4. 食堂建筑结构坚固耐用，易于维修（0.4），易于保洁（0.4），能避免有害动物的侵入和栖息（0.2）。	1	
（二）餐厅（9 分）	5. 餐厅净高度不低于 3.5 米（0.5），配置餐桌椅，就餐座位数不少于就餐学生人数的 1/3（0.5）。	1	听取汇报 现场查看
	6. 餐厅通风采光良好（0.5），无油烟和蒸汽，空气清新（0.5）。建筑或装饰材料无毒环保（0.5），地面为瓷砖以上标准且有良好防滑性能（0.5）。	2	
	7. 售饭台面为不锈钢或石材贴面（0.5），有饭菜保温（0.5）及防止饭菜污染设施（0.5）。	1.5	
	8. 餐厅入口有门帘或风幕机、避风阁，设有餐具回收处及就餐人员洗手池。有暖气、灯光、电视、带地封地漏、吊扇或空调，照明充足，环境优雅。（缺一项扣 0.3 分）	2	
	9. 采用明厨亮灶方式展示食品加工制作过程（1）。	1	
	10. 有挂牌服务监督窗（0.3），设置公平秤及微波炉（0.2）。	0.5	
	11. 有免费汤和免费调料供应点，设置安全防护措施（1）。	1	

续表 1

项目及分值	项目内容	单项分值	验收方法
(三) 操作间和库房(13分)	12. 地面为防滑通体砖，有一定坡度便于排水（0.4）。粗加工间、主副食热加工间、洗碗间均应有排水明沟（0.2）。清洁操作区内不得设置明沟（0.2）。地漏带地封（0.2）。	1	听取汇报 现场查看
	13. 通风良好（0.3），有足够照明（0.3），墙面瓷砖到顶（0.2），天花板采用环保防火且防霉不易剥脱材料（0.2）。	1	
	14. 全部使用天然气、煤气等清洁燃料（0.5），使用隔热不锈钢或瓷砖贴面灶具（0.5），设有油烟净化装置、油烟蒸汽机械排风排气及送风设施（0.5），按规定定期清洗烟道（0.5）。	2	
	15. 无蒸汽、油烟（0.5），无地面积水（0.5），下水排放通畅（0.3）。烹饪场所安装可燃气体检测系统（0.2）。	1.5	
	16. 独立设置餐具洗消间（面积不低于操作间面积的10%）（0.5）、粗加工间（0.4）、主副食热加工间（0.4）、备餐间（有空调）（0.4）、风味排档（0.4）。配有洗涤、消毒池（0.4）。	2.5	
	17. 肉类、鱼类、蔬菜类粗加工间分类专设，内设与之相对应的水池、操作台及专用冰箱。（缺一项扣0.2分）	1	
	18. 冷荤间应专人、专室、专冰箱、专消毒、专用具。设计为制售分开的全封闭独立隔间，外门能自动关闭，售饭窗口开合式，原材料洗净进入。入口处应设置有洗手、消毒、二次更衣设施的预进间。安装空调、紫外线消毒灯、净水装置及温度计。确保室内温度低于25摄氏度。（缺一项扣0.1分）	1	
	19. 独立设置主食库（0.4）、副食库（0.4）、杂品库（0.4）。货架（柜）储缸（桶）齐全（0.2）。货物离地离墙，上架分类码放，标识清楚（0.6）。	2	
	20. 通风、采光、防潮、防尘、防鼠、防蝇、防蟑螂、防投毒、防盗设施完善，库房有温湿度计。（缺一项扣0.3分）	1	

续表 2

项目及分值	项目内容	单项分值	验收方法
（四）配套设施（6.5 分）	21. 分别设置男女更衣室（0.7），室内有更衣柜和穿衣镜（0.3）。	1	听取汇报 现场查看
	22. 建有食堂从业人员专用卫生间（0.5）及洗澡间（0.5）。卫生间设在非食品处理区，设置有效排气装置，卫生间外门能自动关闭（0.5）。	1.5	
	23. 食堂门窗完好（0.5）。设有值班室，值班室内有电话及报警号码表（0.5）。	1	
	24. 食堂水电气计量设施齐全有效并实现智能化（1），双路供电供水（0.5）。	1.5	
	25. 食堂有垃圾桶（内置塑料垃圾袋并加盖）（0.3），封闭垃圾车（0.3）及存放处（0.2）。垃圾日产日清（0.2）。	1	
	26. 楼层食堂应设有运货电梯和垃圾专用电梯（0.3），内设报警电话和视频监控装置（0.2）。	0.5	
（五）炊具及机械设备（7 分）	27. 食堂配有不锈钢主副食蒸箱、和面机、压面机、切肉机、铰肉机、电饼铛等电气化、机械化设备，安装位置符合安全及操作流程。（缺一项扣 0.3 分）	2	听取汇报 现场查看
	28. 各种操作台柜、贮存柜、货架、水池、生熟食盆、刀箱、菜盆、菜盘均不锈钢化。小炊具齐全，定位摆放。（缺一项扣 0.2 分）	2	
	29. 食堂应配备足量的不锈钢生食冰箱、半成品冰箱及熟食冰箱（1）。按就餐人员规模配置相适应的冷库（0.3），冷库中配置温度计并使用防爆灯（0.2）。	1.5	
	30. 全部使用公用餐具（0.5），有自动洗碗机（0.4）、消毒柜（0.3）及公用餐具保洁柜（0.3）。	1.5	
（六）售饭系统（3 分）	31. 实行校园一卡通智能化售饭管理（0.3），有足够售饭窗口及终端机（0.4），就餐排队时间不超过 5 分钟（0.3）。	1	听取汇报 现场查看 查阅资料
	32. 售饭系统线路安全，数据库专用，原始数据和报表不可修改，数据库双备份。配备有不间断电源和防雷设施，具有断电、断网应急响应方案。（一项不合格扣 0.2）	1	
	33. 售饭系统稳定实用（0.4），功能齐全（0.3）。能提供相应数据进行数据分析（0.3）。	1	

二、队伍建设标准（10分）

续表3

项目及分值	项目内容	单项分值	验收方法
（七）岗位设置及人员素质（10分）	34. 食堂从业人员与就餐人员的比例为1：（50～60）（编制不足扣0.5～1分）。清真食堂少数民族厨师数不少于厨师总数的20%（比例不足扣0.3～0.5分）。	1.5	听取汇报 查阅资料证件 现场查看
	35. 依法用工，签订劳动（劳务）合同，缴纳社会保险。	—	
	36. 设置经理、采购员、保管员、厨师长、核算员、维修员、炊事员、保洁员、值班员及财会人员等岗位，具有专业技能。（缺一个岗位扣0.2分）	2	
	37. 餐饮中心主任应具有大专（含大专）以上文化程度（0.5）及中级以上烹饪水平（0.5），熟练使用计算机等电子设备，具有较强的经营管理能力（0.5）。	1.5	
	38. 食堂经理具有高中（含）以上文化程度（0.3）和技师或高级工厨师证书（0.2），具有较丰富的管理经验（0.3）和成本核算能力（0.2）。其他从业人员应具有初中以上文化程度（1）。	2	
	39. 等级厨师人数不少于操作间人员总数的30%（0.5）。	0.5	
	40. 主管会计应具有助理会计师（含）职称（0.3），其他财务人员受过专业培训并获得会计证（0.2）。	0.5	
	41. 所有食堂工作人员经岗前培训合格上岗（0.5）。定期进行《食品安全法》、治安消防、《北京高校标准化食堂验收标准》、岗位知识技能、职业道德等培训与考核（0.5）。以上培训活动记录齐全完整（0.5）。	1.5	
	42. 服务程序规范，操作准确，用语文明，统一挂牌，微笑服务。开餐中及时对餐桌保洁。与就餐者无争吵打闹现象（0.5）。	0.5	

三、管理标准（46分）

项目及分值	项目内容	单项分值	验收方法
（八）食堂资质（1分）	43. 食堂应取得《食品经营许可证》并在有效期内经营，不得超项目经营。许可资质证明应悬挂在食堂显著位置。	—	听取汇报 现场查看 查阅资料
	44. 食堂应达到《食品安全监督量化分级评定等级》年度B二星（含）以上标准。	—	
	45. 尊重少数民族饮食习惯，设有清真食堂或符合要求的清真专用窗口，严格执行《高等学校清真食堂管理办法（试行）》（中后协〔2015〕7号）。	1	

续表 4

项目及分值	项目内容	单项分值	验收方法
（九）制度建设（8分）	46. 餐饮中心建立了本标准第36条设定的各岗位责任制。（缺一个岗位责任制度扣0.2分）	2	听取汇报 查阅资料
	47. 建立人事管理（含非学校编制人员管理）、财务管理、资产管理（含低值易耗品管理）、清真食堂管理、学习培训制度及薪酬管理办法。（缺一项管理制度扣0.3分）	2	
	48. 建立服务、安全、卫生、核算、劳保、考勤、廉洁、民主管理制度（1）。制定伙食质量指标要求（1）。	2	
	49. 编制印发员工手册（0.2），内容规范齐全（0.3）。	0.5	
	50. 建立检查考核奖惩制度（0.5），并有严格执行的支撑材料（0.5），各种记录真实齐全（0.5）。	1.5	
（十）民主管理（3.5分）	51. 建立有学生代表参与的伙食民主管理委员会（应有少数民族学生代表）（0.5）。伙委会有制度、有活动、有记录、有成效，定期测评学生满意度（0.5）。	1	听取汇报 现场查看 查阅资料
	52. 食堂定期公布主副食原材料价格（0.3）及相关安全信息（0.2），供学生监督。食堂饭菜全部明码标价（1）。	1.5	
	53. 有定期、主动征求和收集学生意见的公开渠道，并及时处理和反馈（0.5）。	0.5	
	54. 在食堂设值班经理（食堂人员与学生），在开餐时段确保与就餐学生有效沟通（0.5）。	0.5	
（十一）节能降耗（2.5分）	55. 广泛使用电磁炉、蒸汽发生器、节能灶等节能环保厨具设备，淘汰高能耗设备，节能措施有效（1）。食堂水电气成本不超过食堂营业额的8%（0.5）。	1.5	听取汇报 现场查看
	56. 勤俭办伙，计划生产，精细加工，杜绝浪费，提高物料利用率（0.5）。开展节能、节约宣传，提高就餐“光盘”率（0.5）。	1	
（十二）伙食质量（9分）	57. 食堂设有大众主食（0.5）、大众副食（0.5）等“基本伙”。同时设有冷荤（0.2）、饮料（0.3）、风味小吃（0.5）及中炒（0.5）。	2.5	听取汇报 现场查看 询问品尝
	58. “基本伙”炒菜高、中、低档比例为3∶5∶2（1）。确保低价菜供应（0.5）。	1.5	
	59. 早餐主食品种10种以上（0.5），副食品种5种以上（0.5）。中晚餐主食品种15种以上（0.5），副食品种30种（0.5）以上。	2	
	60. 主副食加工和烹饪制作规范，色、香、味、形达到相应要求，保证热饭菜供应。（一项不达标扣0.5分）	3	

续表 5

项目及分值	项目内容	单项分值	验收方法
（十三）成本核算（6.5 分）	61. 自办食堂和引入社会企业承办食堂（或档口）的食品原材料采购均应统一由学校负责。	—	听取汇报 现场查看 查阅材料
	62. 集中采购的食品原材料应确保质量，并低于市场正常零售价 5%以上（0.5）。	0.5	
	63. 实行规范的成本核算。“基本伙”间接成本（以销售毛利率体现）控制在 25～35%（0.5），风味食品控制在 35～45%（0.5）。	1	
	64. 在单菜核算基础上制定食堂标准指导菜谱，规范菜名、投料、数量及售价（0.5）。有主辅料投料标准核算表（1）。坚持食堂日核算（0.5），适时进行严格的单菜核算（0.5），保持饭菜价格相对稳定（0.5）。	3	
	65. 食品原材料的采购、索证、验收、保管、发放制度健全并执行规范（1）。实行库房统一管理并定期盘点（1）。	2	
（十四）财务管理（2.5 分）	66. 食堂设有独立账户或分户核算（0.5），有专职会计和出纳（0.3），财务工作实行电算化（0.2）。	1	听取汇报 查阅资料
	67. 会计科目设置符合高校办伙要求，会计核算符合会计法要求，管理符合财务规范，定期上交财务报表（0.5）。	0.5	
	68. 财务人员每月到总库及食堂参加盘库，做到账实相符（0.5）。	0.5	
	69. 对固定资产进行建档管理，登记内容规范明细，账物相符（0.5）。	0.5	
（十五）消防安全	70. 出具公安机关消防机构的《建筑工程消防验收意见书》。	—	听取汇报 查阅资料 现场查看
	71. 消防设施、器材配置齐全完好有效，摆放到位。设置消防安全和应急疏散指示标识。火灾自动报警系统、火灾事故广播系统、消防供水系统、消火栓系统、自动喷水灭火系统、防排烟系统、防火卷帘、防火门、应急照明等系统运行正常。聘请具有专业资质的公司对学生食堂建筑消防设施每年至少进行一次全面检测，确保完好有效。检测记录应当完整准确，有档备查。	—	
	72. 食堂视频监控全覆盖。操作间全面实行门禁管理。非食堂从业人员不得进入操作间，值班员工作到位。	—	
	73. 制定了治安、消防、自然灾害、食物中毒、公共疫情、学生罢餐等各类突发事件应急预案。有临时停电、停水、停气等应对措施。定期对各类预案开展演练，并有记录。应急预案可操作性强，责任到人，并结合演练不断完善。	—	

续表 6

项目及分值	项目内容	单项分值	验收方法
（十六）食品安全（13分）	74. 验收前两年内无安全责任事故，包括食物中毒或学生罢餐等群体事件。	—	听取汇报 查阅资料 现场查看证件 询问相关人员 检查记录
	75. 严格执行《食品安全法》。有专职（或兼职）食品卫生巡检安全员，进行定期检查并实施奖惩（0.5）。	0.5	
	76. 进行了ISO9001质量管理体系和食品安全控制体系（HACCP）认证，并有效运行（1）。	1	
	77. 实行“五T现场管理”或“五常法”管理。各类房屋、设备、用具、原料必须标识清楚，有名有家、定位存放，确保完好高效（1）。	1	
	78. 盛放生食、半成品、熟食的炊餐具严格分开，标识清楚、离地上架，及时消毒，分类码放，保持洁净。洗涤、消毒剂有固定存放场所并有明显标记。(一项不合格扣0.3分)	2	
	79. 炊事机械、用具使用完毕应清洗干净（0.5），摆放整齐（0.5）。	1	
	80. 机械设备完好（0.5），使用规程制度就近上墙（0.2）。按要求专人操作，重要设备定期检查保养，并做好记录（0.3）。	1	
	81. 保持食堂内外环境整洁，划分卫生区（0.2），责任到人（0.2）。每餐后清扫（0.2），每周一次大扫除（0.2）。做到内外环境干净、物见本色（0.2）。	1	
	82. 设置食堂从业人员专用洗手消毒设施，有洗手消毒方法标识（0.3）。操作间、卫生间的洗手池水龙头宜采用脚踏式、肘动式或感应式等非手触动式开关（0.2）。	0.5	
	83. 按要求进行食品留样。建立食品安全检测制度，落实《北京教育系统食品安全快检设备使用管理办法》有关要求（1）。	1	
	84. 食品添加剂应专人采购、专人保管、专人领用、专人登记、专柜保存。	—	
	85. 食堂从业人员每年进行健康体检，持有效健康证。每日上岗进行身体晨检并有记录（0.5）。	0.5	
	86. 食堂从业人员上岗穿戴统一工装，衣帽整洁（0.4）。操作前后洗手（0.4），售饭时使用售饭工具并配戴口罩手套（0.2）。	1	
	87. 食品原材料包装袋上应有《食品安全法》规定内容的标签（0.3）。食堂和库房均不准存放有毒有害物品（0.2）。	0.5	
	88. 外带食品应使用食品级塑料包装（0.5）。	0.5	

续表 7

项目及分值	项目内容	单项分值	验收方法
	89. 不得出售剩饭菜（0.5）及加工制作不熟易引发群体食物中毒的食品（0.5）。	1	
	90. 食堂餐厨废弃物应由经相关部门许可或备案的单位或个人处理，签订合同并索取其经营资质证明（0.5）。	0.5	

说明：

1. 总分 100 分，80 分（含）以上为标准化食堂。90 分（含）以上并同时满足以下条件的为标准化示范食堂。

（1）实施了“五 T 现场管理”或“五常法”管理，效果明显。

（2）食品安全量化分级评定等级为 A 二星（含）或 B 三星（含）以上标准。

（3）食堂视频监控全覆盖。操作间全面实行门禁管理。

（4）建立食品安全检测制度，落实《北京教育系统食品安全快检设备使用管理办法》有关要求。

（5）采用明厨亮灶方式展示食品加工制作过程。

2. 标准中黑体字条款均为强制性标准，此项条款不合格不能通过达标验收。

3. 新建投入使用的食堂和按《市教委进一步规范高校引入社会餐饮企业承办学生食堂》（京教勤〔2013〕9 号）要求，引进社会餐饮企业承办的学生食堂，正常运行 1 年后应申请标准化食堂达标验收。拆除的标准化及标准化示范食堂，注销其标准化食堂及标准化示范食堂称号。

4. 已达标的社会企业承办的标准化食堂或标准化示范食堂，在更换经营管理者运行 1 年后，应重新申报验收达标。

北京高校标准化学生食堂验收标准（2016版）部分条款解释

一、第2条，关于“食堂生均建筑面积”和“餐厅与操作间面积比”的计算方法和评分标准

1. 计算食堂就餐人数

以400元营业额计为1个就餐学生月消费额，则：

正常月份该食堂营业额/400元＝就餐学生数

2. 计算食堂生均建筑面积

食堂建筑面积/食堂就餐学生数＝食堂生均建筑面积

3. 食堂生均建筑面积评分标准

生均建筑面积不足扣分为：生均建筑面积1平方米扣0.2分；0.9平方米扣0.3分；0.8平方米扣0.4分；0.7平方米及以下扣0.5分。

4. 餐厅与操作间面积比

操作间面积的认定：食堂中除餐厅、增款室、办公室、卫生间、洗澡间、值班室及会议室以外的房屋均计入操作间的面积。如系总库集中管理和加工配送的，其面积按比例分摊到各食堂。

5. “餐厅与操作间面积比”的评分标准

操作间面积占食堂总面积40%～30%的扣0.2分；29%～20%的扣0.3分。

二、第5条，关于“就餐座位数不少于就餐学生人数的1/3”的评分标准

座位数占就餐人数的32～26%扣0.1分；25～20%扣0.2分；占20%以下扣0.3分。

三、第34条，关于“食堂从业人员与就餐人员的比例”的评分标准

食堂从业人员与就餐人员的比例为1∶61～1∶70扣0.5～0.7分；1∶71～1∶80扣0.8～1分。

四、第38条，关于“食堂经理具有高中（含）以上文化程度和技师或高级工厨师证书”评分标准

食堂经理仅为初中文化扣0.1分；没有高级工厨师证扣0.1分。

五、第49条，关于“编制印发员工手册，内容规范齐全”

“员工手册内容规范齐全”指手册应包括餐饮中心简介、目标宗旨、组织机构、员工聘用、员工的权利与义务、薪酬与福利、考勤、培训与考核、劳动纪律、奖惩规定、安全与卫生、文明服务制度等。

六、第62条，关于“低于市场正常零售价”

指社会上大超市供应的价格。

七、第63条，关于“间接成本”

计算间接成本时，水、电、气计入直接成本。

八、第64条，关于“适时进行严格的单菜核算”

指定期对所有饭菜品种的核算，并在推出新菜品种或原材料价格大幅变动时，对相应单菜品种进行核算。

九、第66条，关于“食堂设有独立账户或分户核算”

食堂财务实行独立账户、会计委派制或后勤财务统管方式均可。但必须分户核算管理，有专职会计及出纳。

十、第78条，关于“盛放生食、半成品、熟食的炊餐具严格分开”评分办法

发现一例生食与半成品炊具用具未分开扣0.2分，生食与熟食或半成品与熟食的炊具用具未分开扣0.3分。

十一、第89条，关于“不得出售剩饭菜”

“出售剩饭菜”指米饭不过夜，炒菜及凉菜中的蔬菜不过夜，茶鸡蛋不过夜。

十二、关于“说明部分”第4条，已达标的社会企业承办的标准化食堂或标准化示范食堂，在更换经营管理者运行1年后，应重新申报验收达标

“更换经营者”系指将该食堂全部交由其他院校托管经营或交由引进的、具独立法人资质的社会餐饮公司经营的。

附件 4

北京高校标准化物业教学楼验收标准
（2016 版）

<table>
<tr><th>项目
及分值</th><th>项目内容</th><th>单项
分值</th><th>验收
方法</th></tr>
<tr><td rowspan="8">（一）组织机构与制度建设（24 分）</td><td>1. 学校建立相应管理协调机制，负责组织协调本校教学楼管理工作（1）。每年至少开会一次，研究学校教学楼的建设和管理工作（1）。</td><td>2</td><td rowspan="8">听取汇报

查阅资料人员名册

询问管理人员学生</td></tr>
<tr><td>2. 教学楼楼管员应具有大专（含）以上学历（1）。管理服务人员应具有较强的事业心和责任感，有一定的文化素质和管理经验（1）。人员经岗前培训合格上岗（1）。</td><td>3</td></tr>
<tr><td>3. 依法用工，签订劳动（劳务）合同，缴纳社会保险。</td><td>—</td></tr>
<tr><td>4. 师生能够有效参与、监督教学楼管理工作。有定期征求、收集师生对教学楼管理意见建议的渠道（1.5），有记录并定期反馈（1.5）。定期开展师生满意度调查（2）。</td><td>5</td></tr>
<tr><td>5. 管理制度健全。主要包括：
①校级制度（2）
有校级教学楼管理工作文件及相关会议纪要等。包括本校教学楼管理条例、教学事故处理办法、教学楼及教室管理办法以及其他需要学校制定发布的关于教学楼建设与管理的文件。
②职能部门制度（2）
教学、后勤、学工、保卫等职能部门制定印发的文件。包括教学管理、物业管理、安全管理、各种应急预案等由学校相关职能部门制定发布的与教学楼管理相关的文件。
③教学楼管理部门制度（2）
教学楼管理部门制定印发的文件。主要包括针对教学楼管理的保洁、维修、值班、水电、安全等制度；各岗位职责、聘任制度、工作规范、培训制度、考核制度等。
以上三级制度层次清晰，有效衔接（2）。主要制度装订成册（1）。</td><td>9</td></tr>
<tr><td>6. 各级管理服务人员熟知并认真执行本岗位职责及相关制度（2）。</td><td>2</td></tr>
<tr><td>7. 执行制度的记录及相关资料齐全完整（1）。</td><td>1</td></tr>
<tr><td>8. 课桌椅、书写板等教学设备设施实行规范的招标采购（1），其质量符合安全和环保标准（1）。</td><td>2</td></tr>
</table>

续表 1

项目及分值	项目内容	单项分值	验收方法
（二）基础设施（17 分）	9. 教室照明应符合 GB50034－2013《建筑照明设计标准》，桌面照度达到 300LX（2），黑板面照度达到 500LX（2）。	4	听取汇报 现场查看 实地检测
	10. 课桌椅、教师椅、书写板、教学铃、门窗、窗帘等配置齐全完好（2）。有钟表等计时装置，并走时准确（0.5）。有教师衣帽架或衣帽放置处（0.5）。	3	
	11. 每间教室安装风扇或空调等防暑降温设备（1）。	1	
	12. 教学楼内设有值班室或值班台（1）。	1	
	13. 教学楼内设有教师休息室，根据实际配备沙发桌椅、写字板、电源、网络接口、饮用水等。环境整洁优雅，满足教师休息需要（2）。	2	
	14. 教学楼内有方便的饮用开水装置（1）。	1	
	15. 有满足师生基本需求的通讯和网络设施（1）。	1	
	16. 楼内地面材质不低于水磨石或瓷砖标准（1）。盥洗室、厕所墙面瓷砖到顶，盥洗室安装镜子（1）。	2	
	17. 各类指示牌、标识齐全，位置安放正确醒目（1）。安全标识清晰形象，易学易懂（1）。	2	
（三）维修与设备维护（16 分）	18. 对教学楼外立面进行定期检查维护，无高空坠物等安全隐患（1）。	1	听取汇报 现场查看 查阅资料 询问管理人员学生
	19. 室内地面、墙面、天花板破损率不超过 2%（1）。	1	
	20. 楼内墙面按计划定期粉刷（1），同时及时对墙面出现的印痕污迹进行局部粉刷（1）。	2	
	21. 教室门无掉漆和裂纹（1）。	1	
	22. 厕所、盥洗室设施设备齐全完好有效、镜面无破损（1）。供水系统无跑冒滴漏现象（0.5），下水无堵塞、无积水，地漏封盖齐全、排水顺畅（0.5）。房屋无渗漏（0.5）。有规整醒目的节约警示牌（0.5）。	3	
	23. 设置 24 小时报修服务，报修渠道畅通、手续简便（1）。水电暖等急修 15 分钟到位，其他非急修约时解决，在承诺时间内完成（1）。接报修、维修和回访记录规范齐全（1）。	3	
	24. 设施设备维护保养有制度、有计划，记录齐全（1），运行状况良好（1）。	2	
	25. 电梯按规定定期检验并保存记录（2）。中央空调按规定定期清洗并保存记录（1）。	3	

续表 2

项目及分值	项目内容	单项分值	验收方法
（四）安全管理与服务（12 分）	26. 出具公安机关消防机构的《建筑工程消防验收意见书》。	—	听取汇报 现场查看 查阅资料 询问及现场考察管理人员学生
	27. 消防设施、器材配置齐全完好有效，摆放到位。设置消防安全和应急疏散指示标识。火灾自动报警系统、火灾事故广播系统、消防供水系统、消火栓系统、自动喷水灭火系统、防排烟系统、防火卷帘、防火门、应急照明等系统运行正常。聘请具有专业资质的公司对教学楼建筑消防设施每年至少进行一次全面检测，确保完好有效。检测记录应当完整准确，有档备查。	—	
	28. 验收前两年内无安全责任事故。	—	
	29. 门厅、楼道、走廊、教室等公共部位实现视频监控、烟感报警系统全覆盖。	—	
	30. 制定教学楼治安、消防、自然灾害等各类突发事件安全应急预案。定期对各类预案开展演练，并有记录。应急预案要做到可操作性强，责任到人，并结合演练不断完善。	—	
	31. 学校保卫部门和教学楼管理部门每月定期对消防设施设备进行安全检查，并有检查记录（2）。	2	
	32. 每年对管理服务人员定期进行安全防范意识教育和安全知识、技能培训，记录齐全完整（2）。	2	
	33. 管理服务人员了解本单位、本岗位发生火灾的危险性，具备基本的火灾预防知识和消防安全检查知识及相关能力（2）。熟知报警报案电话及处置程序（1）。熟练使用消防器材，具备扑救初起火灾和自救互救技能（1）。掌握基本逃生方法，能够组织引导在场人员疏散逃生（1）。	5	
	34. 教学楼实行 24 小时值班制度（1），值班记录齐全完整（1）。各种应急预案和制度上墙（1）。	3	

续表 3

项目及分值	项目内容	单项分值	验收方法
（五）环境卫生与文化建设（31分）	35. 教学楼外窗每学期至少清洁 1 次（1），玻璃幕墙每年至少清洗 1 次（1），有记录。	2	听取汇报 现场查看 询问学生
	36. 教学楼外自行车停放整齐（1），不阻塞安全通道（1）。	2	
	37. 室内地面、墙面、台面、桌椅、黑板整洁无灰尘（2）。课桌椅摆放整齐有序（1）。门窗保洁到位，无污迹印痕，玻璃清洁明亮（2）。	5	
	38. 教室通过开窗通风、空气置换等方式保持空气清新（2）。	2	
	39. 楼道、楼梯、地面、电梯间和电梯轿厢清洁，无卫生死角（1）。楼外墙面干净整洁，无乱张贴，门前及周边整洁（1）。	2	
	40. 厕所、盥洗室地面清洁无积水，门窗、墙面洁净（1）。通风良好无异味（1）。洗手液等基本卫生用品配备齐全（1）。	3	
	41. 教学楼内设置够用的垃圾桶，垃圾根据需求定时清理（0.5）。设置废旧电池回收桶（0.5）。	1	
	42. 定期进行环境消毒和四害消杀，有记录（1）。楼内无蚊蝇、蟑螂、鼠害（1）。	2	
	43. 教学楼无推销等闲杂人员（1），无乱张贴、发放广告现象（1）。	2	
	44. 教学楼无吸烟现象，无烟头、无烟味（1）。在醒目位置设置禁烟标识和禁烟监督举报电话（1）。利用教学楼视频监控、烟感报警等装置监控吸烟行为（1）。	3	
	45. 教学楼内有绿植摆放（1）。	1	
	46. 教学楼门厅、楼道、走廊环境整洁美观（1），教学楼内文化建设突出学校内涵和育人功能（1）。	2	
	47. 教学楼内设有专用公告栏、宣传栏、橱窗等，并定期更新内容（1），无商业广告，保持日常整洁美观（1）。	2	
	48. 开展教学楼文明行为宣传活动每学期不少于 2 次，有记录（1）。加强对喧哗、占座、刻画等不文明行为的管理（1）。	2	

说明：

1. 验收以单体教学楼为单位，不以学校的全部教学区为单位。

2. 教学楼教室总面积不少于全楼面积的 70%；或教室设在综合楼内的，

教室相对集中且教室面积不少于1000平方米。

3. 标准中黑体字条款均为强制性标准，此项条款不合格不能通过达标验收。

4. 满分为100分，90分以上为达标。

5. 新建教学楼正常运行1年后须申报标准化教学楼验收。

6. 标准化教学楼挂牌5年需重新复验，拆除或变更用途的标准化教学楼即注销其标准化教学楼称号。

7. 学校其他建筑内单体教室管理，均应参照本标准。

北京高校标准化物业教学楼验收标准（2016版）部分条款解释

一、组织机构与制度建设

1. 第1条，检查时，需查看学校相应管理协调部门在教学楼管理方面开展工作的相关记录和会议纪要，工作内容应涉及本校教学楼建设和管理的重大事项及问题。

2. 第5条，校级教学楼管理工作文件为本校教学校管理工作的纲领性文件。除应有内容外，应特别明确规定教务、后勤、学工、保卫等部门各自职责。

在查看校级、处级、中心（科室）三级制度文件时，既要求层次清晰，还要查看三级制度在执行时内容是否有效衔接。

三级制度文件均须提供正式印发文件，文头、文号、发文单位和发文日期缺一不可。验收时如无法提供原件，可用原件复印件代替。

二、基础设施

第9条，测量教室照度时使用照度计，并取平均值。

三、维修与设备维护

1. 第23条，“手续简便”是指管理人员和学生不用出楼，通过电话、网络、移动终端或值班室等就可以通知维修人员进行维修。维修记录规范齐全，是指维修单主要内容应包括：报修方式、报修时间、报修项目、维修人员、维修人员到达时间、维修完成时间、维修结果（修好或说明不能维修原因及处理办法），每个栏目均应填写清楚。

2. 第25条，查看电梯张贴的检验合格证及检验报告，查看中央空调定期检测的相关资料。

四、安全管理与服务

第33条，检查时现场询问、考察工作人员是否熟知报警、报案电话及处置程序。是否掌握基本逃生方法，熟练使用消防器材，具备扑救初起火灾和自救互救技能。是否具备组织引导在场人员疏散逃生的能力。

五、环境卫生与文化建设

1. 第46条，教学楼内文化建设除购买或制作格言、宣传画、绘画等方式，也可采用本校师生摄影、书画等作品。

2. 第47条，公告栏不得与其他院系宣传橱窗混用，至少一季度更新一次内容，保持日常整洁美观。

3. 第48条，“开展文明行为宣传活动”可以由教学楼管理部门单独组织开展；也可与学校相关部门共同开展；或是学校相关部（处）、学生会、团委、院系等专门组织学生在教学楼开展的活动。

北京高校标准化物业校园环境验收标准（2016版）

项目及分值	项目内容	单项分值	验收方法
（一）组织机构与制度建设（27分）	1. 有校绿委会、爱卫会或相应的组织机构（1）。有定期研究工作和检查工作制度（1），每年至少开会一次，布置工作任务、研究校园环境建设与管理工作（1）。	3	听取汇报 查阅资料
	2. 有与学校总体建设规划相一致的校园环境规划（2）。	2	
	3. 管理人员配备齐全，园林园艺专业人员不少于1人（1）。有足够的绿化养护队伍、清扫保洁队伍和垃圾清运队伍。绿化养护人员按每人养护面积不超过8000平方米标准配置（1.5）。保洁人员按每人清扫面积不超过5000平方米标准配置（1.5）。	4	
	4. 依法用工，签订劳动（劳务）合同，缴纳社会保险。	—	
	5. 有校园绿化环境卫生管理制度（1），及管理措施（1）。	2	
	6. 有检查考核制度（1），科室（中心）或班组每天现场巡查一次（1），记录资料齐全（1）。	3	
	7. 岗位责任制度健全（1.5）落实到位（1）。各班组分工明确，配合良好（1.5）。	4	
	8. 有岗前（1）、岗位（1）培训制度，有培训记录资料（1）。	3	
	9. 有奖励（0.5）和处罚（0.5）制度，以奖为主，以罚为辅，执行效果明显并有相应记录（1）。	2	
	10. 验收前两年内无安全责任事故。	—	
	11. 工作人员着装统一（0.5），作业行为规范（1），个人卫生符合要求（0.5）。	2	
	12. 组织师生员工开展植绿护绿活动（1）和清洁校园活动（1）。	2	

续表 1

项目及分值	项目内容	单项分值	验收方法
（二）设施设备（10 分）	13. 有环境保洁和绿化养护所需要的工具及设备（1）。有封闭式绿化保洁三轮车、清扫车、扫雪铲冰及相应配套的设备（1），定期维修保养有记录，使用状况良好（1）。	3	听取汇报 现场查看
	14. 垃圾桶、果皮箱外观整洁完好（0.5），箱内无陈积垃圾（0.5），无异味（0.5）、无蚊蝇孳生（0.5）。垃圾桶、绿地标牌等配置及摆放合理（0.5），使用状况良好（0.5）。	3	
	15. 垃圾站设施设备完好（1），无杂物堆积（0.5），无火灾隐患（0.5）。	2	
	16. 园林设施维修保养及时，栏杆、园路、水井盖、绿地标牌等使用正常、无损坏（0.5）。座椅外观整洁，坐靠舒适，无损坏（0.5）。草坪灯、庭院灯、路灯等照明设施整洁完好（0.5）。园林景观道路铺装面、侧石、台阶、无障碍设施等应保持平整完好（0.5）。	2	
（三）环境保洁（27 分）	17. 校门前责任地段整洁，无乱堆（0.5）、乱放（0.5）、乱扔（0.5）、乱贴（0.5）等现象。	2	听取汇报 现场查看 查阅资料
	18. 道路、广场、停车场清扫及时，全天保持整洁（0.5），无遗撒（0.5）、无痰迹污垢（0.5）、无纸屑果皮（0.5）、无烟头（0.5）、无小广告（0.5）等。冬季扫雪铲冰及时到位（0.5），雨季无明显积水（0.5）。	4	
	19. 建筑外立面、灯杆、设备箱及树干整洁、无明显污迹（1）、无小广告无残标（1）、无乱写乱画乱张贴现象（1）。有专用广告栏和宣传橱窗（1）。	4	
	20. 公共设施定期擦拭，保持整洁，包括门面（0.5）、道路标识（0.5）、雕塑（0.5）、亭廊（0.5）、桌凳椅（0.5）、果皮箱桶（0.5）等。	3	
	21. 水池每天清捞一次，每季换水一次，保持水面清洁、水质清澈、喷泉等设备良好（1）。雨水井每年雨季前清掏一次（1），雨水篦子每两周至少清理一次，保持无杂物、无堵塞（1）。	3	
	22. 检查督促施工单位搞好施工现场周围环境卫生（1），减少遗撒或污染路面现象（1）。	2	
	23. 定期开展校园环境美化净化整治活动，有计划（0.5）、有方案（0.5）、有预算（0.5）、有实施、有记录且效果明显（0.5）。	2	

续表 2

项目及分值	项目内容	单项分值	验收方法
	24. 定期开展灭蚊蝇鼠蟑工作（0.5），有消杀制度和记录（1）。使用符合国家、地方法律法规规定的低残留环保制剂（0.5）。	2	
	25. 严格执行化学危险品管理条例，保管和使用农药必须做到“专人、专管、专库、专用”（2）。	2	
	26. 根据实际按相关比例和有关要求喷洒布药（1），消杀效果明显（1）。	2	
	27. 校园内无卫生死角（1）。	1	
（四）绿化养护（27分）	28. 绿化覆盖率达到标准。三环路以内的校园，绿化垂直投影总面积占校园面积比例不低于35%，三环路以外的校园占比不低于45%（3）。	3	听取汇报 现场查看
	29. 绿化充分，花草树木配置合理，三季有花，四季常绿（1）。有一定规模的集中绿地（1）。	2	
	30. 有高大乔木遮荫（1），乔、灌、草比例配置合理（1）。	2	
	31. 立体绿化形式多样，绿化效果明显（1）。	1	
	32. 500亩以上的学校至少有4处景观设置，500亩以下的学校至少有2处景观设置（1）。	1	
	33. 精心栽培，苗木成活率95%以上（1），景观效果好（1）。	2	
	34. 树木树冠基本完整，主侧枝分布均匀，数量适宜，修剪合理，通风透光（1）。花灌木生长正常，形态优美，花后及时修剪（0.5）。绿篱、色块整齐（0.5）。	2	
	35. 花坛、花带轮廓清晰，整齐美观（1），无残缺（1）。	2	
	36. 园林植物适时浇水、施肥、修剪和锄草等（0.5）。养护措施到位，有记录且效果明显（0.5）。无明显草坪斑秃（0.5），无干枝死杈（0.5）等。	2	
	37. 草坪及地被植物整齐（0.5），覆盖率95%以上（0.5），观赏性草坪杂草率不超过2%（0.5）。草坪绿期冷季型草不低于270天，暖季型草不低于180天（0.5）。	2	
	38. 园林植物病虫害预防措施科学合理（0.5），防治及时（0.5），树木有蛀干害虫的株数比例不超过1%（1）。	2	

续表3

项目及分值	项目内容	单项分值	验收方法
	39. 绿地整洁，无杂物、无白色污染（1）、无树挂（0.5）。绿化垃圾日产日清（0.5）。绿地内、行道树下距树干2米范围内无堆物堆料、无搭建（0.5），树干无钉拴刻画等影响树木生长、养护的现象（0.5）。	3	
	40. 爱护花草树木，无人为损坏（0.5），无违反园林绿化法规的事件发生（0.5）。古树名木保护养护科学有效（1）。	2	
	41. 除建筑工地外，校园基本实现黄土不露天（1）。	1	
（五）文化特色（9分）	42. 有建设节约型、生态型、绿色校园的理念与举措（2）。	2	听取汇报 查阅资料 现场查看
	43. 突出植物造景，有体现本校园林特色的植物景观（1）。	1	
	44. 有体现教育意义的景点，如纪念亭、纪念柱、纪念碑、人物雕像等（1.5），维护完好（0.5）。	2	
	45. 校园景观体现学校文化底蕴和办学特色（1）。户外营造有与景观融为一体的师生员工交流、讨论、学习、休闲的场所（2）。	3	
	46. 每年定期开展环境育人特色工作和活动（1）。	1	

说明：

1. 标准中黑体字条款均为强制性标准，此项条款不合格不能通过达标验收。

2. 总分为100分，90分以上为达标。

3. 标准化校园环境单位挂牌5年须重新复验。

北京高校标准化物业设施设备运行验收标准（2016版）

项目及分值	项目内容	单项分值	验收方法
（一）组织机构与制度建设（23分）	1. 建立健全各类设施设备运行和维护的规章制度。包括：配电安全运行制度（0.5）、电梯安全运行管理制度（0.5）、锅炉及供暖系统运行管理制度（0.5）、给排水运行管理制度（0.5）、制冷与空调系统运行管理制度（0.5）、茶浴设备运行管理制度（0.5）、中水站运行管理制度（0.5）、道路及附属设施管理制度等（0.5）。	4	听取汇报 查阅文件资料人员名册 询问管理和工作人员
	2. 学校明确设施设备运行与维护部门的职责，经费保障到位（2）。责任部门建立成本核算机制，年初有预算，年终有决算（1）。	3	
	3. 有设备更新年度购置计划（1）。有完备的设备购置、报废制度和手续（1）。设施设备运行维护部门有维修计划和实施记录（1）。	3	
	4. 配备专业技术人员。其中暖通、给排水与强弱电各配备一名初级职称及以上专业技术人员（2）。	2	
	5. 按要求配备各类具有相关资格的技术工人（2）。	2	
	6. 依法用工，签订劳动（劳务）合同，缴纳社会保险。	—	
	7. 制定设施设备维护保养人员岗位职责及工作流程（2），定期培训，有记录（2）。	4	
	8. 供电、供热、给排水、中水、通讯等地下管网图齐全（2），并每年更新（1）。	3	
	9. 建有维修材料采购供应制度（1）。建立工程、维修、设施设备保养外包招投标制度（1）。	2	
（二）安全管理	10. 建立设施设备运行安全生产、消防、防汛及其他自然灾害等各类突发事件安全应急预案。定期对各类预案开展演练，并有记录。应急预案要做到可操作性强，责任到人，并结合演练不断完善。	—	听取汇报 查阅资料 现场查看
	11. 验收前两年内无安全责任事故。	—	
	12. 消防设施、器材配置齐全完好有效，摆放到位。设置消防安全和应急疏散指示标识。火灾自动报警系统、火灾事故广播系统、消防供水系统、消火栓系统、自动喷水灭火系统、防排烟系统、防火卷帘、防火门、应急照明等系统运行正常。	—	

续表 1

项目及分值	项目内容	单项分值	验收方法
（三）设施设备管理（26 分）	13. 各类设施设备标识齐全，位置安放正确醒目（1）。各种安全警示齐全、清晰、醒目（1）。	2	听取汇报 现场查看 查阅文件资料 询问管理和工作人员
	14. 主要设施设备建立台账（2）。	2	
	15. 配电室、锅炉房、二次供水设备间等各类设施设备运行环境整洁有序，严格执行国家和北京市行业安全管理标准规范（2）。	2	
	16. 每年年初制定设施设备维修保养计划（2），对高压设施设备及工具定期检测（1）。建立配电室、弱电间等场所巡检制度（1）。有维修保养档案，年底完成设施设备维修与保养执行情况报告（2）。	6	
	17. 开水龙头有计费装置，无跑冒滴漏现象（1）。定期进行水质化验并有记录（1）。浴室安装计费装置，有确保水温稳定的控制装置（1）。开水锅炉及电开水器定期除垢，有记录（1）。	4	
	18. 供暖锅炉房、热交换站设备完好（1）。每年对供暖锅炉、热交换器、水泵、电机、阀门、控制设备、供热管网、制冷设备、给水设备等进行检修，重要设备建立检修档案（2）。	3	
	19. 室外道路路面维护及时，完好率 99.5%（1）。路灯完好率 95%（1）。各种井盖、雨水篦子保持完好，及时维修率 100%，做好检修记录（1）。	3	
	20. 楼宇设施设备完好，定期检修并做好检修记录（1）。屋面及外墙完好率 95%，公共照明完好率 95%，门窗玻璃完好率 99%，各种水龙头完好率 99%，其他设备完好率 100%（3）。	4	
（四）运行与操作（51 分）	21. 保障学校供电安全运行，认真执行电气操作规程（3）。主配电室 24 小时双岗专人值守，认真填写运行记录（1）。无人值守变电所设专人每日巡查，填写巡检记录（1）。	5	听取汇报 现场查看 查阅文件资料 询问管理和工作人员
	22. 二次供水设备定期保养，建立保养记录（1）。二次供水水箱按有关规定进行清洗，并取得卫生监管部门合格证（2）。	3	
	23. 学校供水管网定期进行水平衡测试（2）。单体建筑用水计量 100%（1）。每年有分析报告（1）。	4	
	24. 锅炉有运行记录（1）。锅炉每年进行运行检验一次、水质化验一次、每两年炉体内部检测一次，有检测报告（2）。锅炉烟气排放符合最新标准，有检测报告（1）。锅炉的安全设备定期送检，并有检测报告（1）。	5	

续表 2

项目及分值	项目内容	单项分值	验收方法
	25. 供暖期间锅炉房、大型交换站 24 小时双岗专人值守（1）。按规定配备锅炉安全管理员（1）。供暖管网定期巡视并保有记录（1）。对管网跑水进行管控，日补水率控制在每万平方米 1 吨以下（1）。在每个交换站供暖区域建立不少于 5 个观察点（或每万平方米不少于一个监测点），每天统计，室内温度达标率 97%以上（1）。	5	听取汇报 现场查看 查阅文件资料 询问管理和工作人员
	26. 电梯定期保养，建立保养档案（2）。电梯维保单位或部门具备相关资质，建立电梯维保方监管制度（2）。完成电梯年检，配备对讲和监控系统（1）。每校区至少配备一名电梯安全管理员（1），每日对运行电梯进行巡检，建立巡检记录（1）。	7	
	27. 制冷机组运行双岗专人值守，定期巡查制冷站和空调终端，建立巡查记录（1）。定期进行检修清洗及维保，有记录及合格证（1）。空调开启温度符合国家规定（1）。	3	
	28. 浴室及开水设备（包括：卡机、喷头、墙砖、地砖等）完好率 90%（2），环境卫生良好，有维护保洁等记录（1）。	3	
	29. 中水生产按规范要求运行，做好运行记录（1）。中水水质达标（1）。根据工作环境为工作人员配备相应的防护装置（0.5）。中水管道和设施设备有专用标识（0.5）。	3	
	30. 保障学校下水管网畅通，无污水溢出、无雨污合流现象（1）。定期清掏化粪池（1）。每月检查一次污水井，保持井内无杂物堆积，有检查记录（1）。符合水污染物排放标准，具备排污许可证（1）。	4	
	31. 设 24 小时维修值班电话，提供全天候维修服务（1），按时到位（1）。维修人员统一着装，佩戴胸卡，修完清场，规范填写维修任务单（1）。	3	
	32. 小修合格率 100%（1）。水电维修不过夜，土建维修三日有反馈结果并保有记录（2）。	3	
	33. 接报修、维修和回访记录规范齐全（1）。每年对维修进行满意度调查测评，服务满意率不低于 90%（1）。维修有效投诉不超过维修工单数 3%（1）。	3	

说明：

1. 标准中黑体字条款均为强制性标准，此项条款不合格不能通过达标验收。

2. 总分为100分，90分以上为达标。

3. 标准化设施设备运行单位挂牌5年须重新复验。

北 京 市 教 育 委 员 会
北京市人民政府教育督导室

关于印发《北京市人民政府教育督导室关于委托第三方机构开展教育评估监测工作暂行办法》的通知

京教督〔2016〕10号

各区教委、区政府教育督导室，各高等学校，各直属单位：

为进一步贯彻落实《北京市人民政府办公厅关于深化教育督导改革的实施意见》（京政办字〔2016〕21号），推进管办评分离，规范第三方机构参与组织实施教育评估监测工作，我们研究制定了《北京市人民政府教育督导室关于委托第三方机构开展教育评估监测工作暂行办法》，现印发给你们，请遵照执行。

2016年5月30日

北京市人民政府教育督导室关于委托第三方机构开展教育评估监测工作暂行办法

第一章 总则

第一条 为贯彻落实《国家中长期教育改革和发展规划纲要（2010—2020年）》和《中共中央关于全面深化改革若干重大问题的决定》精神，推进教育管办评分离，规范实施第三方机构教育评估监测，保障政府购买服务质量，根据《政府采购法》《招标投标法》《教育部关于深入推进教育管办评分离促进政府职能转变的若干意见》（教政法〔2015〕5号）和《国务院教育督导委员会办公室关于印发深化教育督导改革转变教育管理方式意见的通知》（国教督办〔2014〕3号）等相关法律和文件规定，制定本办法。

第二条 北京市人民政府教育督导室（以下简称市政府教育督导室）委托开展教育评估监测，适用本办法。

第三条 本办法所称第三方机构是指与市政府教育督导室和被评估监测方均无直接经济利益关系的组织机构，主要包括具有教育评估监测专业能力的高等院校、科研院所等事业单位和社会团体等社会组织。

第四条 本办法所称教育评估是指根据特定教育目标，按照一定的标准，通过一定的程序和方法，对教育活动、人员、管理和条件的状态与绩效进行事实判断和价值判断的过程。

第五条 本办法所称教育监测是指根据特定目的和指标，通过一定的程序和方法，系统收集和分析有关教育政策和项目进展的各项指标的数据和信息，追踪政策项目实施、资源分配与落实情况，监控预期目标达成程度等方面的过程。

教育监测主要是对教育政策、项目实施过程的客观描述和事实判断。

第六条 市级教育评估监测实行由市政府教育督导室归口管理。

第七条 市政府教育督导室委托第三方机构开展教育评估监测，应当遵循归口管理、严格程序、规范透明、公平公正、开放公开的原则。

第三方机构接受委托开展教育评估监测，应当遵循客观公正、科学规范、诚实信用及利害关系回避原则。

第八条 市政府教育督导室应根据开展教育评估监测工作需要，将委托第三方机构的费用列入年度部门预算。

第二章 评估资质认定

第九条 参与市级教育评估监测的第三方机构除具备政府采购法对供应商资质规定的条件外还应具备下列基本条件：

（一）依法设立并具有独立的法人资格；

（二）具有开展教育评估监测的专业能力；

（三）具有一定规模且结构合理的专业团队；

（四）在教育评估监测领域具有良好的业绩和信誉，近三年内无不良记录。

第十条 凡符合本办法第九条规定条件的第三方机构，可自愿参加评估资质认定。

市政府教育督导室最终确认第三方机构资质条件是否符合纳入北京市教育评估监测第三方机构库要求；认定合格的第三方机构在市政府教育督导室纳入本市教育评估监测第三方机构库的同时向社会公示。

第三章　委托管理

第十一条　以下事项可以委托第三方机构：

（一）研制评估监测指标、标准、工具和工作规程；

（二）评估监测各级各类教育发展状况；

（三）评估监测各级各类教育教学质量状况；

（四）评估监测市、区教育规划实施情况；

（五）评估监测各级各类教育改革政策实施情况；

（六）评估监测各级各类教育布局与资源配置情况；

（七）评估监测教育热点、难点、重点问题及舆情；

（八）需要评估监测的其他重要事项。

第十二条　参与市级教育评估监测的第三方机构，须入选本市教育评估监测第三方机构库。

第十三条　市政府教育督导室以政府购买服务方式开展教育评估监测，应优先采用公开招标、邀请招标、竞争性谈判等方式，并严格按照政府采购的有关规定执行。

特殊情况下，市政府教育督导室也可采取单一来源采购方式，并将委托事项、第三方机构信息以适当方式向社会公开，接受社会监督。

第十四条　市政府教育督导室（以下简称委托方）可就本办法第十一条所列的一个事项单独招标或委托，也可对多个事项打包招标或委托。

第十五条　参与市级教育评估监测的第三方机构不受地区限制。

符合资质要求的国际组织、国外教育机构可以第三方机构身份参与市级教育评估监测。

第十六条　参与市级教育评估监测的第三方机构确定后，委托方应与其签订委托协议，明确双方权利与义务。

第十七条　委托方的主要权利和义务如下：

（一）就开展教育评估监测工作提出具体要求；

（二）对第三方机构开展评估监测进行过程管理；

（三）审核第三方机构的评估监测实施方案和成果；

（四）为第三方机构提供评估监测所需的信息和资料；

（五）协调第三方机构与被评估监测方之间的关系；

（六）对第三方机构提供的服务进行评鉴；

（七）支付委托费用。

第十八条 第三方机构的主要权利和义务如下：

（一）制订委托项目评估监测实施方案，并报委托方审核；

（二）独立开展评估监测；

（三）对评估监测成果的质量负责；

（四）及时向委托方报告评价工作方案、指标体系、样本选择、数据来源与计算、结果分析等事项；

（五）对评估监测数据、结果、报告及被评估监测方负有保密义务，未经委托方同意或授权，第三方机构不得将评估监测数据、结果、报告等对外公布或发表；

（六）建立委托项目档案管理制度，及时收集、整理业务资料并造册、建档，并在项目结束后按时将项目档案完整移交委托方；

（七）不得以该委托项目为由，向被评估监测方另行收取费用或报酬；

（八）不得将委托项目以各种方式分包或转包给其他单位或个人；

（九）收取委托费用。

第十九条 被评估监测方的主要权利和义务如下：

（一）全力配合第三方机构的工作；

（二）根据评估监测工作需要，提供相关报表、情况介绍和自评报告等材料，并对其真实性负责；

（三）有权拒绝第三方机构提出的与本评估监测事项无关的要求。

第四章　工作程序

第二十条　市政府教育督导室或受委托第三方机构依照法律、法规以及北京市的有关规定组织开标、评标并确定中标人，依照下列程序进行：

（一）发布招标公告；

（二）符合资质要求的第三方机构参加投标；

（三）委托方组织开标、评标并确定中标人；

（四）出现流标时，委托方可重新招标，也可采取单一来源采购方式选定第三方机构；

（五）中标人确定后，委托方向中标人发出中标通知书，并同时将中标结果通知所有未中标的投标人；

（六）因出现流标或废标等情况，需要重新委托第三方机构的，委托方须将委托决定通知所有投标人。

第二十一条　第三方机构开展教育评估监测，依照下列程序进行：

（一）成立评估监测项目组，确定项目负责人；

（二）制定评估监测实施方案，报委托方审核、确认；

（三）根据评估监测工作需要，研制相关工具；

（四）采集评估监测相关信息；

（五）对评估监测信息进行分类、汇总、统计、分析；

（六）提交评估监测报告；

（七）移交委托项目档案。

第五章　监管和评鉴

第二十二条　委托方应在第三方机构提交评估监测成果后一个月内，组织专家组对委托项目进行验收。验收结果分为“通过”

“不予通过”两种。

专家组验收结果将作为委托方对第三方机构服务质量进行评鉴的重要依据。

第二十三条 第三方机构对验收结果有异议的，应当自收到验收结果7个工作日内向委托方书面申请复评。

委托方应在收到第三方机构的书面申请后的一个月内，重新组织专家组对评估监测报告进行验收。

专家组的复评结论为终评结果。

第二十四条 委托方应在验收工作结束后的一个月内，对第三方机构提供的教育评估监测服务质量进行评鉴。评鉴结果分为“优秀”“合格”“不合格”三个等级。评鉴结果连续两次为“不合格”的，市政府教育督导室将取消其入选本市教育评估监测第三方机构库的资格。

第二十五条 市政府教育督导室每年定期向社会公示第三方机构评鉴结果。

第二十六条 有下列情形之一的，视情节轻重，给予核减委托经费、终止委托业务、取消委托资格等处理。

（一）在投标过程中有舞弊行为或通过不正当方式取得委托项目的；

（二）应当回避而未回避的；

（三）项目实施过程中索取、收受不当利益的；

（四）报告弄虚作假，与事实严重不符的；

（五）未在协议规定时间或委托方认可时间内完成委托业务的；

（六）未经委托方允许，擅自公开、发布评估监测数据、信息或结论的；

（七）委托项目进行验收结果为“不予通过”的。

第二十七条 第三方机构在参与教育评估监测活动中有违法违规行为的，按照有关法律法规和规定处理。

第六章　附则

第二十八条　本办法由市政府教育督导室负责解释。

第二十九条　本办法自印发之日起施行。

北京市教育委员会

关于印发《关于进一步推进义务教育学校校长教师交流轮岗的指导意见》的通知

京教人〔2016〕15号

各区教委：

现将《关于进一步推进义务教育学校校长教师交流轮岗的指导意见》印发给你们，请结合实际，认真贯彻执行。

2016年6月8日

北京市教育委员会
关于进一步推进义务教育学校
校长教师交流轮岗的指导意见

为贯彻落实党的十八届三中全会提出的“统筹城乡义务教育资源均衡配置，实行公办学校标准化建设和校长教师交流轮岗”的要求，深入推进本市义务教育优质均衡发展，建立和完善义务教育学校校长教师交流轮岗制度，制定本指导意见。

一、指导思想和基本原则

全面贯彻党的十八届三中、四中、五中全会和习近平总书记系列重要讲话精神，贯彻落实五大发展理念，深入实施人才优先发展战略和市委关于深化教育领域综合改革的决策部署，以缩小区域、城乡、校际教育发展差距，促进义务教育优质均衡发展为目标，以着力加强供给侧结构性改革，促进区教育行政部门均衡配置区域内师资力量为重点，遵循“以人为本、政策引导、多元开放、提高质量、因地制宜”的原则，推进校长教师交流轮岗制度化建设，创新交流形式和机制，加强政策支持和保障，推动义务教育校长教师在区域、城乡、校际间合理有序流动，统筹实施校长教师交流轮岗、义务教育学校标准化建设、义务教育学校免试就近入学、乡村教师支持计划等改革举措，形成整体推进义务教育优质均衡发展的合力。

以人为本：坚持以教师为本，刚性流动与柔性流动相结合，实行人性化管理。坚持将交流与干部教师培养和发展结合起来，将交流轮岗的要求贯穿于校长教师成长发展的全过程，使参加交流成为校长教师的内在需求。

政策引导：坚持政策支持，统筹协调，在编制核定、岗位设置、职务（职称）晋升、聘用考核、培养培训、薪酬待遇、评优评先等方面制定优惠政策，保障校长教师交流工作的顺利开展。

多元开放：坚持多种方式，鼓励优秀教师和管理骨干在学区内（教育集团、教育联盟等）、跨学区、跨区域的校际间交流轮岗；鼓励城区学校通过参与综合改革项目为更多的学生提供优质教育机会；鼓励乡村学校教师、校长到城镇学校去顶岗交流、跟岗培训，提升教育教学实践和管理能力；鼓励优秀教师通过联网平台等途径为教师和学生自主选择教学实践活动提供开放的指导服务，探索在移动互联网背景下政府基本公共服务方式转型升级。

提高质量：坚持质量标准，以提高教育质量为核心，推动优质教育资源共享，不断扩大优质教育资源和优质教育机会的覆盖面，不断优化优质师资力量均衡配置，不断缩小区域、城乡和校际差距。

因地制宜：坚持立足实际，各区从本区域经济社会和教育发展水平实际出发，统筹各类学校发展需要与交流对象的需求，科学制定交流轮岗方案，明确推进交流轮岗的路线图、任务书、时间表、责任人，精心设计、周密部署、稳慎实施，推动合理有序流动。

二、交流对象

校长交流轮岗的对象为义务教育阶段公办学校正、副校长，以优秀正、副校长为主。每次交流的年限按照校长管理权限，由区干部主管部门确定。凡男 55 周岁、女 50 周岁以下，在同一所学校任职满 6 年的正、副校长原则上应进行交流轮岗。如有特殊情况不能交流轮岗，可以暂缓，但一般不得超过 9 年。

教师交流轮岗的对象为义务教育阶段公办学校在编在岗教师。教师每期交流轮岗的期限原则上为 1～3 年。凡男 50 周岁、女 45 周岁以下，且在同一所学校连续工作 6 年及以上的教师，原则上均应进行交流轮岗。城镇学校每学年教师交流轮岗的比例一般不低于符合交流轮岗条件教师总数的 10%，其中校级及以上骨干教师交流轮岗应不低于交流总数的 20%。如有特殊情况不能交流轮岗，经学校申请，区教育行政部门批准，可以暂缓。

对可不纳入交流轮岗范围的校长教师，经学校申报和教育行政部门同意可不纳入交流轮岗范围。

各区也可根据实际情况将非义务教育学校校长教师纳入交流轮岗范围。

三、交流形式

1. 校长教师交流轮岗的重点是推动优秀校长和骨干教师在校际间任职任教并发挥示范带动作用。要从缩小区域、城乡、校际差距的实际需要出发，郊区以城乡学校之间交流轮岗为主，城区以学区（教育集团、教育联盟等）内校际间交流轮岗为主。各区也可结合本区域实际，在学区化管理、学校联盟、集团化办学、名校办分校等办学模式内，以多种形式开展校长教师交流轮岗（包括全职交流轮岗、跨校兼职兼课、名校长教师工作室等）工作；有条件的区可以统筹本区教育资源推进校长教师跨学区（教育联盟、教育集团等）交流轮岗；鼓励城区学校承担市级统筹改革项目、贯通培养项目、跟岗脱产培训项目、跨区域办学、与乡村学校开展对口支援与手拉手帮扶支教等，选择优秀校长教师承担相应改革任务；鼓励优秀教师承担初中学生开放性科学实践活动项目、中小学教师开放型教学实践活动项目、教师培训创新项目（送教上门）、教师在线辅导项目等学生学习实践、教师教学实践的指导任务。参与交流轮岗的教师，是否随迁人事关系由各区教育行政部门确定。

2. 在确定交流人员时，由学校根据实际情况，推荐本校参加交流轮岗的人员。

3. 对于从乡村学校交流到城镇学校的教师，接收校要安排教育教学岗位，要创设条件，采取导师制等多种办法，帮助交流教师学习先进教育理念和提高教学技能，尽快熟悉新的教学环境，胜任新的岗位要求。

四、政策措施

1. 提高乡村学校高级教师职称结构比例，专项用于乡村学校教师的职称评定，为促进优秀教师向乡村学校流动创造有利条件。

2. 校长教师在晋升高级专业技术职务时原则上应具有1年以上的交流轮岗经历（跨校兼职兼课、承担市级综合改革任务3年以上）。对于表现突出的，在同等条件下优先。对于具有两所以上学校任职经历的副校长，在提任正校长时可优先任用。

3. 切实保障参加交流轮岗校长教师的工资待遇，在绩效工资分配中予以适当倾斜，具体标准由各区根据实际情况确定。

4. 在评选区级及以上骨干教师、学科带头人、北京市特级教师以及综合表彰奖励等称号工作中，具有1年以上交流轮岗经历（或跨校兼职兼课、承担市级综合改革任务3年以上）的在同等条件下优先。

5. 各区编制部门可通过逐年核销工勤和教辅人员编制、分类推进经营类事业单位转企改制、事业编制跨行调剂、切实加大政府购买服务力度等途径，腾退出机动编制，在优先用于乡村教师的统筹调配使用的基础上，实行教职工编制城乡、区域统筹和动态管理，盘活师资存量，提高使用效益，保证教师交流轮岗工作的顺利开展。

6. 鼓励城六区优秀校长、教师（区级及以上骨干教师）跨区域到乡村学校任职、任教，时间为1～3年，主要任务是发挥示范带动作用，帮助培养、指导所在学校教师提升管理水平和教育教学水平，并承担相应的管理、教学工作等。不转人事关系，工资福利待遇由原学校发放，交流期满结束后回原学校工作。交流轮岗期间可以享受乡村教师岗位生活补助政策。

7. 鼓励各区建立城镇学校与乡村学校新聘教师对岗交流，帮助培养培训新教师。

8. 承担市级综合改革任务、名校长名师工作室任务3年以上校长教师视同具有交流轮岗经历。赴西藏、新疆、青海等西部地区支教、对口支援1年以上的校长教师视同具有交流轮岗经历，并按有关政策享受相应的待遇。

五、工作要求

1. 加强组织领导。校长教师交流轮岗实行“市级统筹、以区为主”的领导体制，市级教育行政部门加强统筹规划和政策指导。区级教育行政部门根据区域实际，科学编制校长教师交流轮岗规划和计划，落实到学校和教师；要建立校长教师交流轮岗政策的信息公开制度，切实维护参与交流轮岗校长教师的合法权益。要将校长教师交流轮岗工作纳入区政府和学校教育工作督导评价范围，作为各区推进全面实施教育现代化、义务教育优质均衡发展、教师队伍建设、全面实施素质教育督导评价的重要指标。

2. 在试点基础上，积极推进义务教育教师队伍“区管校聘”管理改革。学校受教育行政部门委托，依法与教师签定聘用合同，负责教师的使用和日常管理，使教师由“学校人”变为“系统人”，打破教师交流轮岗的体制障碍。按照义务教育优质均衡发展的要求，逐步统一学校教师编制标准、岗位结构比例、招聘录用、培养培训、工资待遇等。

3. 营造校长教师交流的良好氛围。切实做好校长教师交流轮岗工作的政策宣传和思想工作，妥善处理好教师交流轮岗与学校办学特色传承的关系、教师交流轮岗与教师队伍整体稳定的关系、教师个人意愿与事业发展需要的关系，防止简单化和形式主义倾向，确保校长教师交流轮岗工作积极、稳妥、有序实施，取得实效要加强新闻宣传，总结推广各地各校行之有效的好经验好做法，宣传在校长教师交流轮岗工作中涌现出来的先进集体和个人，努力用先进典型推动交流工作。要着力形成正确的舆论导向和良好的工作氛围，进一步激发校长教师的积极性、主动性，确保校长教师交流轮岗在平稳顺利推进中取得扎扎实实的成效。

北 京 市 教 育 委 员 会
北京市人力资源和社会保障局
北 京 市 财 政 局

关于印发《北京市支持乡村学校发展若干意见》的通知

京教人〔2016〕17号

各相关区教委、人力社保局、财政局：

现将《北京市支持乡村学校发展若干意见》印发给你们，请结合实际，认真贯彻执行。本意见自2016年8月1日起正式施行。

2016年6月16日

北京市支持乡村学校发展若干意见

为落实《北京市中长期教育改革和发展规划纲要（2010—2020年）》《北京市关于推进义务教育优质均衡发展的意见》《北京市乡村教师支持计划（2015—2020年）实施办法》等文件精神和要求，采取切实有效措施加大对本市乡村学校的支持力度，进一步缩小城乡学校发展水平差距，让每一名乡村孩子都能接受公平、有质量的教育，结合本市实际，特制定本意见。

一、总体要求

深入贯彻落实党的十八大和十八届三中、四中、五中全会精神，深入学习贯彻习近平总书记系列重要讲话和对北京工作的重要指示精神，深化首都教育领域综合改革，坚持问题导向，坚持精准支持，加大对乡村学校学科教学的指导力度，提升每一名乡村教师的教学能力和水平；加大政策倾斜力度，丰富乡村学生的实际获得；建立健全激励机制，提升乡村教师岗位的吸引力；优化资源配置，切实缩小城乡差距，努力办好每一所乡村学校，着力推进义务教育优质均衡发展，着力助推首都教育现代化进程。

二、加大对乡村学校学科教学的指导力度，提升每一名乡村教师的教学实践能力和水平

（一）支持乡村教师参加开放型教学实践活动。鼓励市级以上骨干教师（正高级教师、特级教师、市级学科带头人和骨干教师）开放课堂和研修活动，乡村义务教育阶段教师通过北京市中小学教师开放型教学实践活动管理服务平台自主选修，通过体验式随堂听课、参加研修活动和做研究课等方式参加教学实践活动，每位乡村义务教育阶段教师应参加2～4次开放型教学实践活动，为乡村义务教育阶段教师提供个性化、多样化的教学实践服务，全面提升乡村义务教育阶段教师的教学实践能力。设立开放型教学实践活动专项经费，主要用于授课教师的课时费和选课教师教学实践能力提升补助，由市级资金保障。

（二）支持义务教育乡村教师参加跟岗脱产培训。选择部分城区的优质资源校承担跟岗脱产培训任务，支持乡村教师到城区优质资源校参加免费的跟岗脱产培训，全方位体验城区优秀教师的教学实践和研修过程。每所培训学校每期培训20名乡村教师，培训时间为4～5个月，每年举办两期培训。建立相应的绩效奖励激励机制，鼓励培训学校优秀教师充分发挥引领示范和辐射带动作用。

（三）实施乡村学校教师培训创新计划。由市级教师培训机构牵头，通过市、区、校三级紧密合作，统筹培训资源，联合组建培训项目指导专家团队，以送培训到乡村学校的方式，深入乡村学校开展整校或整学科推进的研修活动，全面提高乡村教师的教育教学水平，促进乡村教师的专业发展。“十三五”期间，针对全市295所乡村学校分批次开展为期一年的培训。

（四）支持骨干教师送教下乡。组织市级以上骨干教师（以退休的特级教师、市学科带头人、市骨干教师为主）到乡村学校支教，重点指导乡村教师开展教学改革、实践和研修。由相关区教委协调乡村学校提出需求，市教委协调组织相关培训师资，并纳入北京市中小学教师开放型教学实践活动计划，所需经费支持参照执行。

（五）支持乡村学校聘请外教。将相关区为乡村学校聘请外教纳入外籍教师参与中小学学科教学改革项目，推进乡村学校英语教学改革，帮助培训乡村英语教师，提升乡村学校英语教学水平。乡村学校提出聘用需求；相关区教委统筹聘请计划，制定具体实施办法，做好外教聘请及管理工作，市教委协调相关部门丰富外教资源供给，所需资金由市级财政给予支持。

三、加大政策倾斜力度，丰富乡村学生的实际获得

（六）高端技术技能人才贯通培养项目招生政策向乡村学校倾斜。在贯通培养项目招生计划安排上，重点向远郊区倾斜，特别是向乡村学校倾斜。

（七）市级统筹项目招生政策向乡村初中学校倾斜。在市级高中统筹项目招生计划的基础上，为边远山区乡村初中学校学生提供更多优质高中学校就读的机会。2016—2017年中考成绩超过530分的学生和50％的中考成绩在500～529分的学生，录取到优质高中学校就读。

（八）加大对乡村学校课外活动支持力度。在实施中小学生课外活动计划过程中，进一步加大经费投入力度，支持乡村学校开展更加丰富多彩的体育、艺术、科技等活动，促进每一名乡村学生健康成长。提高义务教育阶段乡村学校实际在校生课外活动补助标准。

（九）支持乡村学校学生走进社会大课堂。在组织学生参加中小学生综合素质提升工程相关活动及“四个一”活动的基础上，拓展活动内容，增加活动次数，优化活动组织，提高乡村学校中小学生综合素质提升工程补助标准，为乡村学生提供更多外出参加学习实践活动的机会。

（十）支持乡村学校学生参加“游学”活动。在组织远郊区学生到城区优质学校参加游学活动过程中，进一步创造条件，精心组织，重点支持乡村学校初中学生参加游学活动，适应初中教育“宽”的要求，拓展乡村学生的视野。

四、建立健全激励机制，提升乡村教师岗位吸引力

（十一）提高乡村学校教师高级职称的比例。落实《关于调整北京市普教系统职称结构比例的通知》（京人社专技发〔2014〕141号）的精神和要求，提高乡村学校教师高级职称的比例，乡村小学副高职称比例不低于10%，高、中级职称合计不低于75%；乡村中学副高职称比例不低于30%，高、中级职称合计不低于80%。进一步完善乡村教师职称（职务）评聘办法，切实向乡村教师倾斜，相关区不得挤占乡村学校职称指标。

（十二）为乡村学校设置市级骨干教师专项指标。进一步完善北京市骨干教师的评选办法，在北京市级骨干教师评选指标分配的基础上，为每一所乡村学校设置一名市级骨干教师专项指标，并进一步完善乡村学校市级骨干教师评选办法，保证每一所乡村学校至少有一名市级骨干教师，以鼓励优秀教师从事乡村教育工作，提高乡村基础教育水平。

（十三）支持有关区为乡村教师租赁周转房。支持有关区在本区的城区租赁周转房，由有关区政府采取多种方式提供周转房的房源，区教委制定周转房租赁与管理的具体实施办法，将周转房租给无房的乡村教师居住，帮助乡村教师解决住房困难。

（十四）义务教育学段招生政策向乡村教师子女倾斜。各相关区在制定本区义务教育学段招生政策过程中，要结合本区实际，建立乡村教师子女享受本区优质教育的相关政策，为乡村教师子女提供优质教育服务，帮助乡村教师解决子女教育的后顾之忧。

（十五）鼓励优秀教师到乡村学校交流轮岗。相关区进一步完善校长教师交流轮岗政策，城区、镇区优秀教师到乡村学校全职交流轮岗（不少于一年），享受当地乡村教师同等待遇，鼓励优秀教师支持乡村教育发展。

（十六）探索建立乡村教师物质奖励机制。鼓励和引导社会力量建立专项基金，对优秀乡村教师给予物质奖励，每年从在乡村学校任教满30年的乡村教师中评选出100名优秀乡村教师，从在乡村学校任教满20年的乡村教师中评选出200名优秀乡村教师，并给予一定的物质奖励。

五、优化资源配置，切实缩小城乡学校差距

（十七）加大对乡村学校课外活动设备支持力度。根据乡村学校的实际需求，由市区两级教育行政部门帮助配备相关课外活动设备，鼓励乡村学校结合实际广泛开展丰富多彩的课外活动，创新学校文化建设，培养乡村学校学生兴趣爱好，实现个性有差异的发展。

（十八）优化乡村学校图书馆建设和应用。加强乡村学校图书馆在实物图书、数字图书资源、阅读场所等方面的建设，优化师生的阅读体验，营造良好的书香校园氛围。建立校园阅读促进机制，搭建阅读交流平台，丰富学生阅读活动。

（十九）深入推进乡村学校文化建设。参照《北京市中小学校文化建设示范校建设与评估指标体系》，加强专家支持和实践指导，进一步推进乡村学校加强学校文化建设。加强乡村学校的学校文化建设成果展示、交流和宣传。

（二十）支持相关区建立边远地区的其他农村教师岗位生活补助政策。相关区依据《北京市乡村教师岗位生活补助发放办法》，结合本区实际，研究制定本区边远地区的其他农村教师岗位生活补助政策。各区具体落实方案可参照《北京市乡村教师岗位生活补助发放办法》实施差别化的生活补助。对于积极落实乡村教师支持计划和支持乡村学校发展的区，市级有关部门加大对该区教育事业发展支持力度。

六、切实做好组织实施工作

各有关区政府要进一步加强组织领导，把本意见实施工作列入重要议事日程，实行一把手负责制，细化任务分工，明确责任，切实把各项工作落到实处。市、区财政要积极调整支出结构，加大投入力度，大力支持乡村学校发展。将支持乡村学校发展情况纳入区政府工作考核指标体系，加强考核和监督；市政府教育督导室要会同有关部门适时组织开展对支持乡村学校发展若干意见实施情况的专项督导检查，及时通报督导情况并适时公布。

各有关区政府要按照本意见并结合实际，进一步健全工作机制，制定支持乡村学校发展若干意见的实施办法，并于2016年8月底前报市教委备案，同时向社会公布，接受社会监督。

北京市教育委员会

关于印发加强和改进初中学生综合素质评价工作实施意见（试行）的通知

京教基一〔2016〕5号

各区教委：

按照北京市深化基础教育综合改革的总体部署，市教委研究制定了《关于加强和改进初中学生综合素质评价工作的实施意见（试行）》（以下简称《实施意见》），已经市教委2016年第13次主任办公会审议通过，现印发给你们，自 2016 年 8 月 5 日起施行，请认真落实。

《实施意见》落实过程中的有关情况请及时反馈市教委基础教育一处。

2016 年 7 月 5 日

关于加强和改进初中学生综合素质评价工作的实施意见（试行）

按照北京市深化基础教育综合改革的总体部署，为进一步加强和改进初中学生综合素质评价工作，在总结以往工作基础上，结合初中工作实际，制定本意见（以下简称《实施意见》）。

一、指导思想

全面贯彻党的教育方针，遵循学生身心发展规律和教育规律，以社会主义核心价值观为引领，适应教育综合改革的新任务新要求，适应北京城市功能定位对高素质人才的需求，充分发挥评价的导向作用，树立正确的育人观和质量观，促进学校育人质量提升，促进初中学生健康成长、全面发展。

二、基本原则

（一）坚持育人为本。从德、智、体、美等方面全面评价学生发展情况，重点关注学生的社会责任感、创新精神和实践能力，引导学生全面健康成长，形成适应终身发展和社会发展需要的必备品格和关键能力。

（二）坚持过程积累。尊重学生成长规律和教育规律，在初中学生的成长过程中全程进行综合素质评价，积累初中阶段的成长体验，反映学生的成长进步，引导学生和学校认知、把握成长需求和成长规律。

（三）坚持客观记录。真实客观记录学生成长过程中的发展状况和实际表现，采取定性与定量相结合的方式进行综合评价。

（四）坚持有效应用。在对学生进行全面评价的基础上，提炼评价重点，优化评价方式，注重增强学生综合素质评价在引导学生发展、学校办学和考试招生改革方面的应用性和实效性。

三、内容与方式

（一）评价内容

按照《教育部关于加强和改进普通高中学生综合素质评价的意见》（教基二〔2014〕11号）和《教育部关于推进中小学教育质量综合评价改革的意见》（教基二〔2013〕2号）精神，落实北京市深化考试招生制度改革的要求，在《北京市初中学生综合素质评价指标体系》（2012年修订）基础上，既关注共同基础，又关注个性差异，形成《北京市初中学生综合素质评价指标框架（试行）》（附件1），确定思想道德、学业水平、身心健康、艺术素养、社会实践和个性发展等6个方面的评价内容。

1. 思想道德。主要考察学生爱党爱国、理想信念、社会责任、集体意识、遵纪守法、诚实守信、仁爱友善等践行社会主义核心价值观方面的表现；重点记录学生参与团队活动、主题教育活动和志愿服务等活动的次数和表现。

2. 学业水平。主要考察学生掌握知识技能及学习能力、学业态度等方面的情况；重点记录学生课堂表现、作业完成等日常学习情况和学业水平考试成绩，掌握并运用学科基本思想、方法，运用信息手段获取新知识、解决新问题的实践能力和创新意识，以及学习兴趣、学习态度、学习习惯等方面的表现和成果。

3. 身心健康。主要考察学生身体机能、健康生活方式、体育锻炼习惯、运动技能和心理素质等方面的情况；记录学生《国家学生体质健康标准》测试数据，参与体育运动的习惯、效果，掌握体育运动技能情况，以及自我认识、人际交往、应对困难和挫折等心理健康方面的情况。

4. 艺术素养。主要考察学生对艺术感受、理解、鉴赏的表现情况和能力发展情况；重点记录学生参与市、区、学校、社区和乡村开展的文化艺术活动，特别是在传承中华优秀传统文化方面的表现情况。

5. 社会实践。主要考察学生在社会实践中动手操作、体验经历等情况；重点记录学生到社会大课堂等实践基地，高等院校、科研院所等企事业单位，社区和乡村等场所参与社会实践活动的次数、时间，成果及心得体会等。

6. 个性发展。主要考察学生在某些方面的兴趣、爱好及突出表现；记录学生在自己感兴趣的领域参与活动的表现情况，在该领域的发展目标和已经取得的成果等情况。

（二）评价方式和主体

初中学生综合素质评价依托学生综合素质评价管理服务平台进行管理、记录和评价，以客观记录反映学生综合素质的代表性、关键性事实为主要方式。鼓励学生本人、同学、班主任、任课教师、家长、资源单位等多主体参与评价，评价结果最终由学校确认。

（三）评价结果应用

初中学生综合素质评价结果以《北京市初中学生综合素质评价报告册（试行）》（附件2，略）的形式呈现。评价结果主要应用在三个方面：一是改进教育教学。为学校、教师、家长有针对性地教育引导和学生自我反思改进提供依据。二是明确发展目标。为学生进行初步生涯规划，确立长远发展目标提供参考。三是纳入中考评价。初中学生综合素质评价结果将作为初中升学的重要参考和依据。

（四）工作程序

1. 制定实施细则。各学校根据《北京市初中学生综合素质评价指标框架（试行）》制定实施细则及评价标准，征求学生、家长、教师及有关人员的意见，并在校内公示。

2. 记录。以《北京市初中学生综合素质评价指标框架（试行）》中明确的记录要点为主，按照学校制定的实施细则和评价标准，记录有关数据、事实等材料。根据不同记录要点的需要，分别由学生、教师、家长等有关人员进行评价和记录填报。由学生填报的记录材料，需经老师、资源单位等确认后方可认定为有效记录。记录应在每学期学习过程中及时进行，学校每学期应对学生综合素质评价记录内容进行核实确认。

3. 汇总。自 2019 年起，每年 4 月 30 日前，学校汇总整理当年每名初中毕业学生的综合素质评价材料，形成《北京市初中学生综合素质评价报告册（试行）》。

4. 公示。每名学生的《北京市初中学生综合素质评价报告册（试行）》，必须在校内进行公示，公示期不少于 7 天，对有异议的结果重新进行核实确认。

5. 存档。公示结果无异议后，由学生、班主任等有关人员签字确认，记入学生档案。

（五）适用范围

本《实施意见》自 2016 年 9 月起在七年级全体学生中适用，并逐步向上滚动至全体初中学生。2016 年 9 月以前入学的初中学生仍适用 2012 年印发的《北京市初中学生综合素质评价方案（修订）》。

四、实施与管理

（一）市教委负责顶层设计、整体规划。制定完善初中学生综合素质评价指标框架；负责研究制定初中学生综合素质评价相关政策；指导督查各区教委、学校做好初中学生综合素质评价工作，会同市政府教育督导室开展工作调研、检查和评估；建立服务保障机制，会同北京教育科学研究院等单位加强研究、指导和培训，委托北京教育网络和信息中心提供管理服务平台的开发、维护、更新等信息技术支持。

（二）区教委负责区域内工作的统筹协调。建立组织管理机构，明确主管领导、主责部门和具体人员负责此项工作；制定本区域落实《实施意见》的实施方案，并报市教委备案；准确把握和传达市级政策，加强对学校的培训；指导学校制定本校的初中学生综合素质评价实施细则和评价标准；组织协调区域内教育督导部门、教科研部门加强对学生综合素质评价工作的研究、管理和督导评估；及时收集、反馈实施情况，积极搭建学校研讨交流平台，发现和宣传典型经验。

（三）学校负责初中学生综合素质评价的具体实施。成立领导小组，指定牵头部门，明确校内分工，合理分配任务；根据学校实际，研究制定本校的学生综合素质评价实施细则和评价标准，并报区教委备案；根据评价主体对评价对象的了解程度，科学、合理地分配不同评价主体的评价内容和权限；完善初中学生综合素质评价纳入中考评价的具体实施办法；负责记录、汇总、公示等具体流程的组织实施，加强对教师、学生的诚信教育，建立健全复核制度，对记入电子平台的事实材料真实性负责。

五、工作要求

（一）加强组织领导。初中学生综合素质评价事关学生切身利益和健康发展，各区教委和学校要高度重视此项工作，把加强初中学生综合素质评价作为深化改革、提高质量的重要工作纳入议事日程，加强组织领导，完善配套措施，建立健全工作机制和保障体系，确保工作顺利推进。

（二）确保有效实施。各区教委和学校要做好《实施意见》的学习，组织开展政策解读和专题培训，加强分层分类指导和管理监督。要充分调动干部教师的主动性和创造性，科学制定标准，精心部署安排，落实工作责任，做好必要的准备工作，确保《实施意见》在2016年9月新学期顺利实施。2016—2019年期间，做好新旧方案同时实施的组织管理工作。

（三）坚持公平公正。把握评价标准，严格评价程序，确保评价过程公开透明，评价结果真实可信。建立诚信承诺制度和公示制度，学生、教师、学校对评价材料真实性负责。建立监督机制，畅通监督渠道，加大督查力度，区教委每年抽查学校比例不低于35%，对初中学生综合素质评价过程中出现的违规、违背诚信等情况，及时纠正，对有关责任人严肃处理。

附件1

北京市初中学生综合素质评价指标框架（试行）

<table>
<tr><th>一级指标</th><th>二级指标</th><th>考察点</th><th>记录要点</th><th>评价主要依据</th></tr>
<tr><td rowspan="2">一、思想道德</td><td>道德品质</td><td>爱党爱国、理想信念、社会责任、集体意识等践行社会主义核心价值观方面的表现情况。</td><td rowspan="2">A1. 参与团（队）、班级活动及班级、校级等服务工作的表现情况；
A2. 参加天安门广场升旗仪式，走进国家博物馆、首都博物馆、抗战纪念馆等情况；
A3. 参加“三爱、三节”等主题教育活动的表现情况；
A4. 参与志愿服务活动的主题、次数、时长和表现情况；
A5. 遵守《中小学生守则（2015年修订）》和《北京市中小学生行为规范》的表现情况。</td><td rowspan="2">教育部：《关于全面深化课程改革落实立德树人根本任务的意见》《关于培育和践行社会主义核心价值观进一步加强中小学德育工作的意见》《中共教育部党组共青团中央关于在各级各类学校推动培育和践行社会主义核心价值观长效机制建设的意见》《中共教育部党组关于在全国各级各类学校深入开展“爱学习、爱劳动、爱祖国”教育的意见》《关于深入开展节粮节水节电活动的通知》《关于切实做好中小学节粮教育和管理工作的通知》《中小学生守则（2015年修订）》《中小学文明礼仪教育指导纲要》；
北京市：《北京市人民政府办公厅关于印发〈北京市中小学培育和践行社会主义核心价值观实施意见〉的通知》、北京市教委、北京市民政局等4家单位《关于北京市中小学开展志愿服务工作的意见》《北京市中小学生行为规范》及其他相关规范性文件。</td></tr>
<tr><td>公民素养</td><td>遵纪守法、诚实守信、仁爱友善，文明礼貌、勤俭节约、爱护环境，尊重差异、珍爱生命、国际视野等方面的表现情况。</td></tr>
</table>

续表 1

<table>
<tr><th>一级指标</th><th>二级指标</th><th>考察点</th><th>记录要点</th><th>评价主要依据</th></tr>
<tr><td rowspan="2">二、学业水平</td><td>知识技能</td><td>理解和掌握各学科课程标准要求的基础知识和基本技能的情况。</td><td rowspan="2">B1. 课堂表现、作业完成等日常学习情况；
B2. 学业水平达到学业质量标准情况；
B3. 课外阅读的主题、数量、体会和交流表达等情况；
B4. 参加学科实践活动的主题、时间、次数、承担任务和表现等情况；
B5. 研究性学习的主题、次数、表现和成果等情况。</td><td rowspan="2">教育部：《关于印发义务教育语文等学科课程标准（2011 年版）的通知》；
北京市：《北京市实施教育部〈义务教育课程设置实验方案〉的课程计划（修订）》《关于印发北京市基础教育部分学科教学改进意见的通知》及其他相关规范性文件。</td></tr>
<tr><td>学习能力和学业态度</td><td>掌握并运用学科基本思想、方法，运用信息手段获取新知识、解决新问题的实践能力和创新意识。
学习兴趣、学习态度和学习习惯等表现情况。</td></tr>
<tr><td rowspan="4">三、身心健康</td><td>体质健康</td><td>身体机能和运动能力、体育锻炼习惯情况。</td><td rowspan="4">C1. 《国家学生体质健康标准》测试数据；
C2. 学习掌握至少两项体育运动技能情况；
C3. 学期发展目标制定与应对困难和挫折等情况；
C4. 在学习和生活中人际交往与合作的表现情况。</td><td rowspan="4">国务院：《国务院办公厅关于强化学校体育促进学生身心健康全面发展的意见》；
教育部：《国家学生体质健康标准（2014 年修订）》《教育部办公厅关于在义务教育阶段中小学实施“体育、艺术 2＋1 项目”的通知》《中小学心理健康教育指导纲要（2012 年修订）》；
北京市：《北京市中小学心理健康教育工作纲要（修订）》以及其他相关规范性文件。</td></tr>
<tr><td>运动技能</td><td>学习掌握运动技能情况。</td></tr>
<tr><td>自我认识</td><td>了解自我、自我反思、自我规划及应对困难和挫折等情况。</td></tr>
<tr><td>人际交往</td><td>师生关系、同伴关系、亲子关系等情况。</td></tr>
<tr><td rowspan="2">四、艺术素养</td><td>感知能力</td><td>对艺术感受、理解、鉴赏的表现情况和能力发展情况。</td><td rowspan="2">D1. 参与市、区、学校以及社区、乡村文化艺术活动的表现情况；
D2. 学习掌握至少一项艺术技能，特别是传承中华优秀传统文化方面的艺术技能表现情况。</td><td rowspan="2">国务院：《国务院办公厅关于全面加强和改进学校美育工作的意见》；
教育部：《关于推进学校艺术教育发展的若干意见》《教育部办公厅关于在义务教育阶段中小学实施“体育、艺术 2＋1 项目”的通知》《关于印发〈中小学生艺术素质测评办法〉等三个文件的通知》《完善中华优秀传统文化教育指导纲要》及其他相关规范性文件。</td></tr>
<tr><td>技能表现</td><td>学习掌握艺术技能及参与艺术活动的情况和表现。</td></tr>
</table>

续表 2

一级指标	二级指标	考察点	记录要点	评价主要依据
五、社会实践	参与意识	关注现实生活、勤于实践、积极劳动的态度、习惯和情感表现情况。	E1. 参与市、区社会大课堂基地实践体验的次数、时间、成果及心得体会等情况； E2. 参加学校、家庭和社区劳动实践的次数、时间、技能表现、成果及心得体会等情况。	教育部：《关于培育和践行社会主义核心价值观进一步加强中小学德育工作的意见》《中共教育部党组共青团中央关于在各级各类学校推动培育和践行社会主义核心价值观长效机制建设的意见》《教育部共青团中央全国少工委关于加强中小学劳动教育的意见》； 北京市：《北京市人民政府办公厅关于印发〈北京市中小学培育和践行社会主义核心价值观实施意见〉的通知》、北京市委宣传部等 12 家单位《关于进一步加强中小学生社会大课堂工作的意见》《关于加强中小学劳动教育的实施意见》《关于开展初中综合社会实践活动的通知》《北京市教育委员会北京市人民政府教育督导室关于开展初中开放性科学实践活动的通知》《北京市初中科学类学科教学改进意见》及其他相关规范性文件。
	实践能力	学生在社会实践中动手操作、体验经历等表现及成果情况。		
六、个性发展	兴趣爱好	对某些知识、事物和现象的好奇心、求知欲，独立思考、专注、与探求情况。	F1. 在文学、科学、体育、艺术等自己感兴趣的领域参与活动、付出努力以及成效等情况； F2. 获得校级及以上荣誉及成果的情况。	教育部：《关于推进中小学教育质量综合评价改革的意见》； 北京市：《北京市教育委员会关于在义务教育阶段推行中小学生课外活动计划的通知》及其他相关规范性文件。
	特长和成果	在文学、科学、体育、艺术等领域的特长和成果等。		

北 京 市 教 育 委 员 会
北京市发展和改革委员会
北　京　市　财　政　局
北京市新闻出版广电局
北　京　市　体　育　局
共青团北京市委员会

关于加快发展北京市青少年校园足球工作的实施意见（2016—2020年）

京教体艺〔2016〕17号

各区教委、发展改革委、财政局、新闻出版广电局、体育局、团委、各高等学校：

加快发展青少年校园足球是贯彻党的教育方针、促进青少年身心健康的重要举措，也是扩大足球人口和实现足球中国梦的基础工程。全国青少年校园足球工作开展以来，北京市积极加强顶层设计，不断理顺体制机制，深入广泛开展调研，稳步推进政策落实，在丰富课程内容、完善竞赛活动体系、提高师资水平、加强场地设施建设上取得了一定进展，为青少年校园足球工作发展奠定了良好基础。从目前看，我市青少年校园足球工作依然面临普及面不广泛、育人功能发挥不充分、竞赛体系不完备、师资力量不充足等问题。为全面贯彻《中国足球改革发展总体方案》和全国青少年校园足球电视电话会议精神，深入落实教育部等6部门《关于加快发展青少年校园足球的实施意见》（教体艺〔2015〕6号）和国家发展改革委等4部门《关于印发中国足球中长期发展规划（2016—2050年）的通知》（发改社会〔2016〕780号），不断推进教育领域综合改革，促进校园足球可持续发展，现就加快发展本市青少年校园足球工作提出以下意见：

一、指导思想和基本原则

1. 指导思想。发展青少年校园足球是落实立德树人根本任务、培育和践行社会主义核心价值观的重要举措，是推进素质教育、引领学校体育改革的重要突破口。发展青少年校园足球的首要任务是培育阳光向上的校园足球文化氛围，通过普及校园足球，促进青少年身心健康、体魄强健，发挥足球育人功能。在此基础上，扩大青少年足球人口，为推动足球事业发展，建设世界城市做出贡献。

2. 基本原则。

一是坚持育人为本，普及为先。发展青少年校园足球要面向全体学生，遵循学校育人规律，根据学生身心发展的特点，科学设计课程、比赛和活动的内容与形式，注重激发学生对足球运动的兴趣与爱好，培养学生积极参与体育锻炼的习惯，充分发挥校园足球的育人功能。

二是坚持统筹协调，开放发展。要坚持以政府主导，完善支持政策，学校为主体，广泛开展足球活动，鼓励社会参与，整合多种资源，完善支持政策，形成青少年校园足球发展合力。积极借鉴国外足球发达地区的成功经验和做法，推动校园足球跨越发展。

三是坚持改革创新，因地制宜。树立科学发展理念，深化体制机制改革，强化政策、标准和项目引导，在重点领域和关键环节取得突破，带动青少年校园足球健康发展。充分利用现有基础，不断创造良好条件，鼓励探索多样化的青少年校园足球发展模式。

二、完善组织协调机制

3. 充分发挥北京市青少年校园足球工作领导小组的统筹作用，协调各成员单位协同推进校园足球发展。教育部门负责校园足球的统筹规划和宏观管理，组织、指导学校落实校园足球工作。体育部门发挥专业优势，在人力资源、场地设施和技术指导等方面给予支持。发展改革部门负责安排政府固定资产投资支持场地设施建设。财政部门负责制定推动校园足球工作的经费支持政策。宣传部门加大宣传力度，营造积极的社会舆论氛围。共青团系统负责组织或者参与开展校园足球文化活动。教育督导部门要将校园足球发展纳入教育督导指标体系，制定校园足球专项督导办法，定期开展专项督导，特别要加强对校园足球特色学校的督导。其他单位按照各自职责认真做好相关工作。

4. 成立北京市校园足球运动协会、北京市校园足球志愿者联盟、北京市校园足球运动发展研究中心、北京市校园足球文化研究与传播中心、北京市校园足球专家、学者顾问团，统筹社会资源支持校园足球发展。

5. 各区要把发展青少年校园足球纳入政府重要工作日程。成立区级青少年校园足球工作领导小组，统筹本区青少年校园足球工作。各区领导小组办公室要配齐配强工作人员，做好日常管理工作，协调成员单位落实领导小组决策，确保各项任务落地。

6. 市、区校园足球领导小组办公室要加强青少年校园足球工作质量监测，定期发布青少年校园足球发展水平报告。

三、推进教育教学改革

7. 强化中小学体育课足球教学。把足球纳入体育课教学内容，小学阶段结合实施“小足球计划”重点培养学生对足球运动的兴趣爱好和基本技术，中学阶段重点提高学生在比赛中体能和足球技术运用的水平，培养良好的战术素养。

8. 鼓励小学每周为学生安排 1 节足球课，校园足球特色学校要适当加大足球课学时比重，每周至少安排学生上 1 节足球课。

9. 研究制定《北京市中小学校园足球教学指南》，探索小学、初中、高中 3 个学段相互衔接的足球教学内容和方法；支持各区和学校因地制宜研发足球地方课程和校本课程；鼓励有条件的学校开展以足球为特色的“一校一品”体育教学改革。

10. 把足球活动作为学校大课间和课外活动的重点内容，与义务教育阶段课外活动计划相结合，利用各种优质社会资源推进校园足球普及发展。鼓励大、中、小学校大力发展学生足球社团，引导广大学生“走下网络、走出宿舍、走向操场”，积极参加校内外足球运动。

11. 研制北京市中小学校园足球教学质量标准及评价办法，定期开展校园足球教学交流与展示，不断提高足球教学质量。发挥评价机制的导向作用，从2016年起，将足球项目纳入中考体育考试的选测项目，探索在高中体育学业水平考试中增加足球项目测试。

四、完善足球竞赛机制

12. 开展以强身健体和快乐参与为导向的校园足球比赛活动。构建班级、校级、区级、市级四级竞赛模式，完善小学、初中、高中、大学的四级联赛体系，形成“校内有比赛、校际有联赛、市级有选拔”的校园足球竞赛活动新格局。

13. 鼓励中小学以学区为单位举办校际足球邀请赛、对抗赛等竞赛交流活动。高等学校要组织开展院系学生足球联赛和校际交流活动等。

14. 每两年举办一届北京国际青少年足球邀请赛，每两年在京津冀三地举办校园足球“梦想杯”联赛。利用周末和寒暑假，举办学生自由组队报名参加的“百队杯”比赛、校园足球积分挑战赛等活动。

15. 完善竞赛监督管理制度，有效落实裁判员公正执法、教练员和运动员严守赛风赛纪的约束机制。编制《北京市中小学生校园足球竞赛活动守则》，强化校园足球竞赛文明礼仪的规范建设。

16. 加强足球后备人才培养。充分发挥各级校园足球特色学校、高校高水平足球运动队的引领和辐射作用，注重发现、选拔和重点培养足球后备人才，开展形式多样的集训、比赛和交流活动。组织开展校园足球后备人才训练营，聘请国内外高水平足球教师和教练员开展集中训练，以北京市足球运动协会为专业支撑，选拔组建本市各年龄段学生足球代表队，提高本市校园足球竞技水平。建立教育、体育和社会相互衔接的人才输送渠道，拓宽学生进入本市和国家足球后备人才梯队、国内外足球职业俱乐部的通道。

17. 把学生参与足球竞赛和活动的情况计入学生档案，纳入学生综合素质评价体系。

五、营造足球文化氛围

18. 举办北京市校园足球文化节等活动，在学生中广泛征集校园足球的口号、标语、绘画、徽标、歌曲等文化作品，积极编创以校园足球为主题的艺术作品，使足球成为倡导健康生活，传播正能量的重要载体。

19. 在中小学中开展“校园足球之星”“校园足球小使者”“北京市十佳足球少年”等评选活动，在学生中树立榜样，发挥示范、引领作用。对在校园足球工作中成绩突出的集体和个人进行表彰。

20. 利用寒暑假及周末组织各种校园足球活动，广泛开展足球夏令营、冬令营、校园足球嘉年华和足球知识竞赛等活动，让学生在活动中育兴趣、学知识、练技术、提素质、交朋友，逐步培育社会、学校、家庭共同参与的校园足球环境。

六、强化师资培养管理

21. 建立并完善市级、区级和校级三级校园足球师资培训机制，实施体育教师足球专项培训计划。选派部分优秀青少年校园足球工作管理人员、教师、教练员、裁判员到国外参加专业培训和交流活动。

22. 每年在中小学体育教师中培训 100 名 D 级足球教练员和 200 名裁判员；在中小学生中培养 200 名具有基本裁判知识和技能的“足球小裁判员”。

23. 制定《北京市校园足球兼职教师管理办法》。为退役运动员转岗成为体育教师或校园足球兼职教师创造条件。鼓励专业能力强、思想作风好的足球教练员、裁判员，有足球特长的其他学科教师和志愿人员担任校园足球兼职教师。聘请国内外足球专家、高校教授、高级足球教练和优秀退役足球运动员等参与校园足球发展。

24. 加强高等学校体育教育专业建设，鼓励学生主修、辅修足球专项，培养更多的足球专业教师。在具备条件的市属高等院校设立足球学院。鼓励有条件的高校选派优秀体育教师参与中小学校园足球文化建设。

七、加强各项服务保障

25. 加大经费投入。各级财政要加大资金统筹力度，会同教育、体育、发展改革等部门在资金安排上对校园足球改革发展给予必要倾斜。在市级教育资金中安排专项经费用于支持校园足球发展。各区要优化教育投入结构，加大对校园足球发展的经费保障力度，支持校园足球工作的开展。

26. 加强场地设施建设。在校园内外因地制宜建设充气式、网式和笼式等特色足球场地，利用社区空间、郊野公园、公共绿地及空置场所等建设足球场地。创造条件为校园足球特色学校改、扩建足球场地，有条件的高等院校要建设 1 块以上标准足球场。鼓励社会资本支持足球场地建设，并按规定给予土地、税收、金融等方面的优惠政策。

27. 推进公共足球场地共享。建立补奖机制，推进公共足球场地低价或免费向学校开放。通过购买服务等方式租用社会场所，与驻京部队开展共建，免费为学校提供足球活动场地。鼓励各区依托学区建立青少年足球活动中心，同步推进学校足球场地向青少年开放和社会体育场地设施向学校开放，形成教育与体育、学校与社会、学区与社区共建共享场地设施的有效机制。

28. 完善校园足球风险防范机制。加强校园足球运动伤害风险管理，制定安全防范规章制度，加强运动安全教育、检查和管理，增强学生的运动安全和自我保护意识，提升校园足球安全保障水平。

29. 加强宣传引导。通过广播、电视、平面媒体和互联网，以及各种新媒体宣传方式扩大校园足球影响，在广大青少年中掀起爱足球、看足球、踢足球的热潮，在全社会营造关心、支持校园足球发展的良好氛围。建立北京校园足球网站和校园足球通讯社，开展校园足球“小记者”专项培训，培育一批校园足球“小记者”。

30. 鼓励社会力量参与。依托社会资源，建立 3 至 5 个北京市校园足球培训基地，面向全市师生开展足球专项教学与训练培训。鼓励有条件的体育俱乐部、企业及其他社会组织联合开展有利于校园足球发展的公益活动。完善相关政策，引导社会资本进入校园足球领域。创新校园足球利用外资方式，有效利用境外直接投资、国际组织、外国政府以及其他组织的支持。

2016 年 9 月 9 日

北 京 市 教 育 委 员 会
北京市机构编制委员会办公室
北京市人力资源和社会保障局
北 京 市 财 政 局

关于印发《北京市关于加强和改进师范生培养与管理的意见》的通知

京教人〔2016〕22 号

各相关市属高校、直属单位，各区教委、编办、人力社保局、财政局：

现将《关于加强和改进师范生培养与管理的意见》印发给你们，请结合实际，认真贯彻执行。

本意见自 2016 年 11 月 1 日起施行。

2016 年 9 月 19 日

北京市关于加强和改进师范生培养与管理的意见

为贯彻党的十八大、十八届三中、四中、五中全会精神以及习近平总书记系列重要讲话精神，落实《国务院关于加强教师队伍建设的意见》《教育部国家发展改革委财政部关于深化教师教育改革的意见》《教育部关于进一步加强免费师范毕业生履约管理工作的通知》等文件要求，加强和改进师范生的培养与管理，推进师范生培养内涵式发展，全面提高师范生培养质量，建立健全师范生管理机制，培养高素质专业化教师队伍，现提出如下意见。

一、深化教师教育改革，提高师范生培养质量

（一）构建开放灵活的师范生培养体系。进一步发挥师范院校在师范生培养中的主体作用，重点建设好市属师范院校。结合本市中小学、幼儿园在校（园）生规模快速增长、学科教学和招生考试制度改革等因素，通过调整师范院校招生指标结构，扩大师范生的培养规模，适度调整师范专业的结构。鼓励相关高校通过与普通高中贯通培养、调整专业结构等方式，重点加强中小学和幼儿园教师培养。改革师范专业的招生方式，将师范专业纳入提前批次招生，在招生过程中应增加面试、教师职业能力倾向与心理人格测试环节，择优选拔热爱教育事业，具备良好潜质，有志于长期从教的优秀高中毕业生报考。

（二）深化教师教育教学改革。要以《教师专业标准》《教师资格考试标准》为基础，调整师范专业的培养方案，依据《教师教育课程标准（试行）》，编写教育教学类课程教材，优化课程结构，深化师范专业的综合改革。坚持以能力为导向，设计模块化的课程，培养师范生为学生学习与发展提供咨询的能力、课程开发与实施的能力，教学研究创新与专业发展的能力和终身学习的能力。加强师资配备，大力推进师范专业的小班化教学，改进教学方法与手段，提高课堂教学效率。加强师德教育和养成教育，着力培养师范生的社会责任感、创新精神和实践能力。

（三）创新师范生培养模式。按照“教育部卓越教师培养计划”要求，推进师范生培养模式的改革，建立高等院校与区政府、中小学（幼儿园、中等职业学校）联合培养师范生的新机制，发挥好行业企业在培养“双师型”教师中的作用。建设好长期稳定的师范生教育实践基地，充分满足师范生教育实践需要，建立完善师范院校与实践基地在师范生教育实践、教师培训、教育研究、学校改进等方面合作共赢的可持续发展工作机制。支持师范院校与综合大学、科研院所、行业企业、区政府深度合作，建立师范生培养协同创新中心。

（四）强化师范生教育实践。市属师范院校要统筹规划教育实践课程，系统设计，构建包括师德体验、观摩见习、教学实践、班级管理实践、教研实践等全方位的教育实践内容体系。要建立健全教育实践课程标准、实践计划、实践手册、实践评价等教育实践工作规范，严格教育实践过程管理。探索建立师范院校和中小学教师共同指导师范生教育实践的“双导师制”，强化中小学教师对师范生教育实践的指导，提高教育实践的质量水平。建立健全以指导教师评价为主，兼顾同伴评价、自我评价、学生评价和实践基地负责人评价的多主体参与评价制度，全方位评价师范生的教育实践表现，全面提升师范生教育实践能力和水平。

（五）探索师范生的国际化培养模式。支持师范院校构建师范生国际化培养平台，坚持“引进来”与“走出去”相结合，形成具有北京特色、辐射区域、影响全国的师范生国际化培养模式。积极探索本科师范生与教育硕士境外培养、师范生境外教学研修、境外高水平大学教师驻校教学、教育硕士在职培养等多种途径，培养更多具有国际视野的、求真务实的、专业化的优秀教师。

二、完善师范生就业办法，加强就业指导和服务

（一）完善师范生就业办法。在市政府领导下，由市教育行政部门主动沟通协调，全力配合市人力资源社会保障部门、机构编制部门，确保师范生到中小学任教有编有岗，按照事业单位新进人员公开招聘制度的要求，组织用人学校与毕业生在需求岗位范围内双向选择，帮助师范毕业生落实任教学校。

（二）加强师范生就业指导和服务。师范院校要加强就业指导课程和学科建设，积极聘请专家学者、市区人力社保部门相关人员、优秀校长担任就业指导老师，加强师范毕业生就业教育、指导和服务，采取多种方式，营造良好氛围，引导师范毕业生坚定教师职业信念，并全力配合市教育行政部门做好师范毕业生履约管理相关工作。加强网络信息服务平台建设，为用人单位招聘和师范毕业生求职提供高效便捷的就业信息服务。积极开展师范毕业生就业服务进校园活动，为师范毕业生送政策、送指导、送信息。

三、鼓励教师提升学历，支持教师专业发展

（一）鼓励教师结合教育教学工作实际积极参加学历提升。通过本科师范生培养（包含成人教育的专科毕业教师续本科学历和本科毕业的教非所学教师再续任教学科的本科学历）、教育硕士研究生的培养，促进教师专业发展，使教师具备先进的教育理念，扎实的专业知识基础，较强的教育教学实践反思能力，良好的职业道德和创新意识，为将来成长为优秀教师和教育家奠定坚实基础。

（二）到中小学、幼儿园任教满两年，表现突出的本科毕业的教非所学教师可申请免试续任教学科的本科学历，招生院校根据工作考核结果、本（专）科学习成绩和综合表现考核录取。支持优秀教师攻读在职教育硕士学历和专科毕业教师续本科学历。

（三）教师续所教学科本科学历和攻读教育硕士学历采取在职学习方式，学习年限一般为2～3年，实行学分制。课程学习主要通过远程教育和寒暑假集中面授方式进行。创新本科师范生、教育硕士研究生培养模式，采取师范院校与市、区政府、中小学校合作培养

本科师范生、教育硕士研究生的新机制。选择具备条件的学校建立本科师范生、教育硕士研究生培养基地，实行师范院校和中小学的双导师制，共同研究和实施本科师范生、教育硕士研究生培养方案。

（四）本科师范生、教育硕士研究生培养要进一步加强教师职业道德教育，树立长期从教的职业理想和信念；坚持理论联系实际，面向基础教育，注重教师专业素质养成，注重教育教学能力训练，注重教育研究能力培养。

（五）加强本科师范生、教育硕士研究生导师队伍建设，选择责任心强、熟悉中小学教育、教学经验丰富的高校优秀教师和培养基地的中小学优秀教师组成双导师指导组，实行“双导师制”。

（六）认真组织远程教育课程学习，认真开展教育实践活动，制订严格的考核标准，采取科学有效的考核方法，全面提高培养质量。

四、完善免费教育制度，建立健全师范毕业生履约管理机制

（一）市属高等学校招收的师范生实行免费教育。师范生在校四年修读年限内免除学费，并补助生活费，所需经费由市级财政安排。市属高等学校的招生简章中要明确说明师范生的招生、培养和就业等方面的政策要求，并向社会和考生做好宣传工作。有志从教并符合条件的非师范专业优秀学生，在入学两年内，可在教育行政部门和学校核定的计划内按照相关规定转入师范专业，并由学校按标准返还学费，并发放生活补助。按照学校规定，师范生可在师范专业范围内进行二次专业选择。

（二）签订免费教育协议。师范生入学前与学校和本市教育行政部门签订《师范生免费教育协议书》（见附件1），承诺毕业后从事本市中小学校、幼儿园教育教学工作（含教育行政及相关部门审批注册的中等及中等以下的学历教育机构）满五年以上，在协议规定服务期内，可在学校间流动或从事教育管理工作。鼓励免费师范毕业生长期从教、终身从教。师范生违反教育协议的需要缴纳在校期间的专业奖学金和培养费用（含免缴的学费、取得的生活补助等），具体标准参照《关于对违反师范毕业生服务期制度者追缴专业奖学金和培养费若干问题的通知》(京教财〔1998〕018号)执行。收缴在校期间的专业奖学金和培养费用应使用北京市行政事业单位资金往来结算票据，于每年10月25日前上缴市教委，专项用于补充教育经费，作为其他收入纳入财政预算管理。

(三)师范生有下列情形之一的，不视为违约：

1. 因身体原因不能完成学业或继续任职的(需经所在学校指定的二级甲等(含)以上医院认定)，可终止协议；

2. 因健康状况未达教师资格认定体检标准，不适宜从事教师职业的(需经市教育行政部门指定的二级甲等医院(含)以上，按照教师资格认定体检标准进行确认)，可终止协议；

3. 因父母户口迁移至外省(区、市)，需跨省到父母户口所在地的教育系统中小学校、幼儿园任教的，可跨省就业；

4. 需跨省到配偶所在地教育系统中小学校、幼儿园任教的，可跨省就业；

5. 外省(区、市)生源的免费师范毕业生回户籍所在地教育系统中小学校、幼儿园任教的，可跨省就业；

6. 志愿到西部地区、边远、贫困、少数民族地区中小学校、幼儿园任教的，可跨省就业；

7. 报考本市全日制教育硕士，并承诺硕士毕业后继续履行协议的，可以延长协议。

(四)师范生有下列情形之一的，属于违约，教育行政部门和所在学校与其解除协议，自解除协议之日起，一个月内一次性缴纳在校期间的专业奖学金和培养费：

1. 在校学习期间，自动放弃学籍的；

2. 因触犯刑律或违反校纪被开除学籍或被学校给予退学处理的；

3. 毕业后未按规定从事中小学校、幼儿园教育工作的；

4. 服务期限未满五年的(服务年限自报到之日起开始计算)，收缴在校期间的专业奖学金和培养费按已服务年限以每年递减20%的比例计算；

5. 其他违约情形。

（五）终止协议、跨省就业、延长协议、违约解除协议办理流程：

1. 免费师范生终止协议办理流程：由免费师范毕业生本人提出书面申请，填写《北京市免费师范生终止协议登记表》（见附件2，略），提交相关证明材料原件及复印件，并按照相关程序办理。

2. 免费师范生跨省就业办理流程：由免费师范毕业生本人提出书面申请，填写《北京市免费师范毕业生跨省就业登记表》（见附件3，略），提交相关证明材料原件及复印件，并按照相关程序办理。

3. 免费师范生延长协议办理流程：由免费师范毕业生本人提出书面申请，填写《北京市免费师范生延长协议登记表》（见附件4，略），提交相关证明材料原件及复印件，并按照相关程序办理。

4. 免费师范生违约解除协议办理流程：由免费师范毕业生本人提出书面申请，填写《北京市免费师范毕业生违约登记表》（见附件5，略），提交相关证明材料原件及复印件，缴纳在校期间的专业奖学金和培养费后，按照相关程序办理。

五、健全跨部门工作机制，保障各项工作落到实处

各有关部门和学校要深刻认识加强和改进师范生培养与管理的重要意义，切实加强领导，明确分工，密切合作，抓好落实。教育行政部门牵头负责师范生招生、培养、就业指导、落实工作岗位、办理派遣和履约管理工作；人力资源社会保障部门负责已履行完缴纳专业奖学金和培养费用义务的未就业师范毕业生人事档案接转和报到工作；机构编制部门负责在核定的中小学教师编制总额内落实师范毕业生到中小学任教的编制；财政部门负责落实相关经费保障。师范院校要加强师范生职业理想和师德教育，专业知识和专业能力教育，确保培养质量；协助市教育行政部门负责师范生毕业前的履约管理工作，建立免费师范生履约管理服务平台，督促毕业前违约的免费师范生到北京市教育系统人才交流服务中心缴纳在校期间的专业奖学金和培养费用；负责将未就业毕业生档案转至北京市教育系统人才交流服务中心并告知毕业生及时办理个人档案管理信息登记。各区教育行政部门和相关用人单位要协助市教育行政部门负责免费师范生的履约管理工作，督促服务期内违约的免费师范生办理相关手续前到北京市教育系统人才交流服务中心缴纳在校期间的专业奖学金和培养费用。

附件：1. 师范生免费教育协议书（略）
2. 北京市免费师范生终止协议登记表（略）
3. 北京市免费师范生跨省就业登记表（略）
4. 北京市免费师范生延长协议登记表（略）
5. 北京市免费师范生违约处理登记表（略）

北京市教育委员会

关于印发政府购买公共教育服务实施方案（试行）的通知

京教财〔2016〕26 号

市教委机关各处室，各市属高等学校、中等职业学校，各直属单位：

为贯彻中央和我市关于政府购买服务相关文件精神，按照《北京市财政局关于制定重点领域政府购买服务工作实施方案的通知》（京财综函〔2016〕76 号）要求，进一步推进我委政府购买公共教育服务工作，经市教委 2016 年第 20 次主任办公会研究，制定了《北京市教育委员会关于政府购买公共教育服务的实施方案（试行）》，现印发给你们，请遵照执行。

执行中如有问题，请及时向我委反馈。

本通知自 2016 年 11 月 9 日起施行。

2016 年 9 月 27 日

北京市教育委员会关于政府购买公共教育服务的实施方案（试行）

为贯彻落实国务院、北京市关于向社会力量购买服务有关文件精神，推进我委政府购买公共教育服务工作，加强政府购买公共教育服务资金管理、规范政府购买公共教育服务工作的实施，结合我委工作实际，经研究制定北京市教育委员会政府购买公共教育服务的实施方案（试行）。

一、工作目标

进一步转变政府工作职能，创新公共服务供给模式，自 2016 年起，逐步推进我委政府购买公共教育服务工作，根据实际情况，逐步加大政府购买公共教育服务支出比例，扩大政府购买公共教育服务的范围和规模，更好地发挥市场在资源配置中的决定作用；逐步完善和规范政府购买公共教育服务工作机制和工作程序，提高财政资金的使用效益。到 2020 年，基本建立政府购买公共教育服务工作体系，形成与经济社会发展水平相适应的、符合我市教育事业改革发展方向和社会公众对公共教育服务需求的政府购买公共教育服务的工作机制，不断提升政府购买公共教育服务质量。

二、购买主体

购买主体包括北京市教育委员会机关和教委所属参照公务员法管理的事业单位，其他市教委所属预算单位使用财政性资金购买公共教育服务参照执行。

三、承接主体

承接主体包括依法在民政部门登记成立或经国务院批准免予登记的社会组织，按事业单位分类改革应划入公益二类或转为企业的事业单位，以及依法在工商管理或行业主管部门登记成立的企业、机构等社会力量。

四、购买公共教育服务的主要内容

根据市财政局《北京市2016—2017年市级政府向社会力量购买服务指导性目录》内容，结合我委工作实际，“十三五”期间市教委机关和各预算单位政府购买公共教育服务的内容是：符合我市教育事业改革发展方向和社会公众对教育服务的需求，适合采取市场化提供、社会力量能够承担的公共教育服务，具体包括以下内容：

（一）特色教育教学课程开发、引入与实施。

指挖掘、整合高校、科研机构、企业等社会资源单位的各类教育教学资源，为学生提供更丰富的教育教学课程和活动，包括：

1. 初中开放性科学实践活动课程的组织与实施；

2. 中小学引入民办学校特色、优势课程的组织与实施；

3. 基础教育特色校本课程资源开发与实施；

4. 高校、社会力量参与中小学体育美育发展工作的组织与实施；

5. 学生健康教育工作的组织与实施；

6. 学生国防教育和军训教育教学工作的组织与实施；

7. 中小学创新型阳光体育运动推广工作的组织与实施；

8. 优秀连环画和少儿影片等德育课程资源开发与实施；

9. 中高职学生创新创业教育课程的组织与实施；

10. 职业院校引进国外先进国家职业教育课程的组织与实施；

11. 学生法治教育培训课程开发和组织实施。

（二）学生体育、艺术等校外竞赛和活动的组织和实施。

1. 大中小学生运动会、篮球、排球等阳光体育运动项目的竞赛及活动的组织与实施；

2. 大中小学生校园足球、冰雪运动的竞赛及活动的组织与实施；

3. 民族艺术进校园、高雅艺术进校园、大中小学生艺术节、学生演出季、国际青少年艺术周等活动的组织与实施；

4. 学生科技节、科普进校园、中小学创客秀等学生科技竞赛及活动的组织与实施；

5. 学生法治教育竞赛、活动的组织与实施；

6. 阳光少年等校外系列活动的组织与实施；

7. 中小学生语言能力提升竞赛、活动的组织与实施。

（三）教育政策宣传与推广。

指利用各类新闻媒体和各种宣传形式对北京市重大教育改革政策、方案、教育教学方式方法、教育管理体制改革等进行宣传、发布，包括：

1. 重大教育改革方案的宣传推广；

2. 重大教育教学方式方法的宣传推广；

3. 重大教育管理政策的宣传推广；

4. 教育服务信息、教育资讯的发布等。

（四）国际教育交流活动的组织和实施。

1. 大中小学生（含外籍和港澳台侨学生）在中国境内的中国文化体验活动的组织与实施；

2. 境外及港澳台师生来京交流活动的组织与实施；

3. 赴境外开展学生体育、艺术、科技等国际交流活动；

4. 赴境外参加中外学生技术技能大赛等文化交流活动。

（五）学生就业创业服务。

1. 大学生创业园综合运营管理服务；

2. 大学生创建企业初期及运转所需的法律、金融、社会保险、财务等咨询服务；

3. 中高职、大学生就业创业培训、指导服务；

4. 高校毕业生档案托管服务。

（六）公益性教育活动组织和实施。

指面向社会的、不以营利为目的的各类教育活动的组织与承办实施，包括向社会公众提供的语言文字教育活动，如市民语言文化大讲堂等。

（七）其他适宜由社会力量承担的公共教育服务事项。

五、购买计划

各单位开展公共教育服务中适合采取市场化提供、社会力量能够承担的公共教育服务均应做到“应买尽买”。对于新增的公共教育服务内容，凡适于以购买服务实现的，原则上都应通过政府购买服务方式提供。对应当由单位直接提供、不适合社会力量承担的公共教育服务，以及不属于政府职责范围的公共教育服务项目，不得向社会力量购买。

六、购买方式

按照《中华人民共和国政府采购法》《中华人民共和国招投标法》等管理办法的相关规定，达到政府采购限额标准的政府购买公共教育服务项目，应采用公开招标、邀请招标、竞争性谈判、单一来源采购、竞争性磋商等方式确定承接主体，严禁转包行为。对于未达到政府采购限额标准的政府购买公共教育服务项目，可以按照“公平、竞争、择优”的原则，按照单位内部采购管理规定执行。各购买主体单位要按照合同管理要求，与承接主体签订合同，明确所购买公共教育服务的范围、标的、数量、质量等要求，以及服务期限、资金支付方式、权利义务和违约责任等。

达到公开招标限额标准的，须履行公开招标程序；未达到公开招标数额标准以及经批准采用非招标方式采购的项目，按照市财政局《政府采购非招标采购方式管理办法》等规定进行采购。

七、资金管理

政府购买公共教育服务所需资金坚持“以事定费”的原则，按照现行预算管理办法列入各购买主体单位的部门预算，统筹管理。各预算单位应加强政府购买公共教育服务资金的管理，提高政府购买公共教育服务资金的使用效益，按照市财政局关于《北京市市级政府向社会力量购买服务预算管理办法》的要求，认真开展政府购买公共教育服务资金的预算编制、预算执行等各项工作。

八、信息公开

对于政府购买公共教育服务项目，除按政府采购有关规定公开采购信息外，各单位还应就确定购买公共教育服务的采购需求在中国政府采购网、北京市政府采购网上征求公众意见，并将验收结果于验收结束之日起 2 个工作日内向社会公告。

九、监督检查和绩效评价

各单位应建立健全监督检查机制，做好对政府购买公共教育服务工作的全过程监督。

各单位应按照绩效评价管理有关规定对本单位政府购买公共教育服务项目实行绩效评价，并将绩效评价结果由单位内部逐步向社会公布，接受单位内部人员和社会的监督。

各单位要配合市财政局、市审计局对政府购买公共教育服务重点项目的监督检查和绩效评价，并将监督检查和绩效评价结果作为以后年度选定政府购买公共教育服务项目承接主体、安排项目预算资金的依据。

北京市教育委员会
北 京 市 财 政 局

关于印发《北京市初中开放性科学实践活动项目管理办法》的通知

京教财〔2016〕27 号

各区教委、财政局，各有关单位：

为进一步深化教育领域综合改革，市教委市财政局制定了《北京市初中开放性科学实践活动项目管理办法》，现印发给你们，请遵照执行。

2016年10月31日

北京市初中开放性科学实践活动项目管理办法（试行）

第一章　总则

第一条　为进一步深化教育领域综合改革，落实教育部《关于全面深化课程改革落实立德树人根本任务的意见》（教基二〔2014〕4号）、《北京市中小学培育和践行社会主义核心价值观实施意见》（京政办发〔2014〕52号）、《北京市实施教育部〈义务教育课程设置实验方案〉的课程计划（修订）》（京教基二〔2015〕12号）和《关于本市中考中招与初中教学改进工作的通知》（京教计〔2015〕35号）等文件精神，构建开放的教与学模式，为学生提供更加精准、个性化学习服务，设立北京市初中开放性科学实践活动（以下简称开放科学活动）。为确保活动规范实施，制定本办法。

第二条　开放科学活动立足北京市丰富的科技教育资源，构建无边界、跨学科的开放学习服务平台，为全市七、八年级学生提供优质、多元、丰富、生动的合作探究式实践活动，满足学生个性化、多样化的发展需求。

第三条　七、八年级学生每学期应参加5次开放科学活动，按任务单要求完成1次活动计1分，2学年累计应参加20次活动，满分为20分。学生参加活动累计分数，中考时计入物理、生物（化学）科目原始成绩。

第四条 本办法适用于组织管理开放科学活动的市区教委、学校等单位，参加活动的教师、学生，承担活动资源开发与实施的资源单位以及其他相关单位。

第二章 组织管理

第五条 市教委负责开放科学活动宏观管理和政策制定，指导各区教委、学校开展活动；市教委成立开放科学活动工作小组（以下简称工作小组），具体负责资源建设、标准规范制定、网络平台开发运维、活动安全与质量建设、活动督查等工作。工作小组办公室设在北京青少年科技创新学院办公室。积极探索委托社会第三方管理开放科学活动具体事务的有效机制。

第六条 资源单位法定代表人是开放科学活动第一责任人，要全力保障本单位活动实施的安全和质量。资源单位要组织专业团队开发好活动资源、实施好现场教学、服务好学生学习。

第七条 各区教委、教育督导室应建立工作机构，加强活动安全和质量管理；指导学校制定好工作方案及安全预案；组建督导团队，对本区学生参与活动情况、区域内资源单位工作情况进行全面督导。

第八条 各学校应建立工作机构，指导督促学生预约、参加、评价活动，服务好学生参加活动的全过程。要抓好安全教育，努力保证学生身心健康；要上好开放科学活动指导课，努力实现校内科学课程与校外活动有机融合。

第三章 活动资源建设

第九条 开放科学活动定期面向社会公开征集活动资源。符合征集条件的高等院校、科研院所、科普场馆与博物馆、企业、社会团体、中小学等企事业单位均可参与申报。资源单位要组建专业团队，根据学生身心特点、教育规律、科学活动规律开发并申报活动项目。

第十条 活动项目开发应结合物理、化学、生物等学科课程标准，立足主流前沿科学领域，采用实验探究、动手制作、实践体验等方式实施。活动应设计具有不同难度、复杂度，分别符合七、八年级学科课程标准和学生认知能力水平。

活动项目设计以任务单为核心，任务单是资源单位提供给学生的活动指导和结果呈现载体，是认定学生分数的重要凭证。

第十一条 活动项目设计要聚焦科学实践活动主题，具有创新性和实践性，避免成为单一的生产、劳动技能型活动。每次活动时间按 2 小时（计 3 学时）设置，应有不少于 2/3 的时间用于学生动手实践。

第十二条 开放科学活动严格执行政府采购程序，对根据相关规定不得进行对外经营的单位（如中小学、少年宫等），由市教委按照下达工作任务的方式组织项目申报，通过同等标准评审，可以作为资源单位，提供活动服务。

市教委负责将通过政府采购程序、评审程序确定的活动项目发布到网络平台供学生选择。工作小组按照实际需要，对开放科学活动资源单位和活动项目进行调控管理，包括：确定资源单位每学期运行活动项目的数量上限、资源单位每学期累计接待学生人次上限、学生每学期参加自主选课类型活动的次数等。

第四章 活动实施与评价

第十三条 开发运行初中实践活动管理服务平台（http：//kfsj. bjedu. cn，以下简称网络平台），承担开放科学活动管理功能。学生、教师通过网络平台预约活动项目，记录、评价活动情况；区教委、学校通过网络平台监控、分析学生参加活动情况；资源单位利用网络平台进行活动项目发布、考勤、任务单上传等工作。

第十四条 资源单位要建立专门团队和工作机制，在师资、场地、设备设施和材料等方面精心准备，安排专人做好学校、学生活动咨询，做好活动实施、管理和改进，确保活动高质量实施。资源单位应始终将安全放在活动的首要位置，严格按照相关安全管理规定开展活动，做好安全预案和应急预案，采取多种措施确保学生参加活动安全。

第十五条 开放科学活动采用以下两种方式实施：

自主选课。资源单位按照要求在网络平台发布活动课程，学生根据兴趣自主选择，每次参加活动学生来自不同区、学校，单个项目每次活动一般不超过 30 人。活动时间主要为周末、假期。

送课到校。资源单位按照要求在网络平台发布活动课程，学校管理教师在征求学生意愿基础上，统一为学生预约活动，一般应打乱原班级建制组织活动，单个项目每次活动一般不超过 30 人。资源单位组织师资，携带设备、材料，到学校为学生提供活动服务，活动时间由学校和资源单位协商确定。

第十六条 学生参加开放科学活动时间原则上为每学期开学初至寒暑假开始后第一周。

第十七条 为培养学生团队合作能力，每个活动项目均应开设一定数量的自主选课类型活动。为保证资源丰富性和多元性，学生每学年参加同一资源单位活动原则上不超过 3 个，同一活动项目不得重复参加。为让学生能够和不同班级、学校的同学交流学习，原则上一次活动中来自同学校同班级的学生人数不超过 6 人。鼓励资源单位在郊区设立活动场所，开设自主选课类型活动。

第十八条 特殊教育学生、中途由外地转入北京学生或其它由于不可抗力无法按要求参加开放科学活动的学生，应采取后继学期补课的方式补足活动分数。如确实无法按要求完成开放科学活动任务，可以采取校本科学实践活动替代的方式补足活动分数，由所在学校申报，区、市两级认定。

第十九条 资源单位要严格保证活动时间和质量，不得安排商业性内容，不得干预学生选课。资源单位要指导学生完成任务单设置的活动任务，完整体现学生合作探究全过程。

第二十条 活动结束后，学校要督促学生、教师实事求是对活动进行网上评价。工作小组按照学生网上评价、教师网上评价、督查评价等情况定期对资源单位、活动项目进行动态评估。

第五章 经费管理

第二十一条 开放科学活动项目经费包括实施经费和管理经费两部分。

实施经费用于支持资源单位提供活动服务，按照活动项目评定级别、实施费用标准、活动实施质量、服务人次据实核算。通过政府采购程序确定的资源单位，每学期活动结束后由各区教委与资源单位据实结算实施经费。通过承担市教委下达工作任务确定的资源单位，纳入各区财政预算管理。实施经费原则上由市级财政通过市对区转移支付方式给予各区资金补助。

管理经费用于工作小组成员单位实施管理、网络平台开发运维、开展研究等工作，纳入市教委年度部门预算管理。

第二十二条 开放科学活动每人次实施经费标准按照两类三级划分，一类为财政供养单位，分为 275 元、241 元、194 元三级；二类为非财政供养单位，分为 334 元、291 元、234 元三级。

对于到延庆、密云、平谷、怀柔以及河北迁安首钢矿业公司职工子弟学校等地送课到校活动，按照每次活动每人次 35 元给予交通补贴。

第二十三条 对资源单位申报的活动项目，综合考虑成本、质量等因素，评审确定具体实施经费标准。

第二十四条 在评审确定的活动项目实施经费标准基础上，向下设定约 10%浮动区间（30 元）。每学期活动实施结束后，根据每个活动项目实施质量确定具体支付标准。

实施质量由工作小组动态评估确定，计算原则如下：动态评估分数＝学生评价平均值×80％＋学校评价平均值×20％。在动态评估最高分和最低分之间分出四个等次，各等次分别相差10元。

第二十五条 通过承担市教委下达工作任务确定的资源单位（如中小学、少年宫等）实施经费支出范围包括：

（一）专家费：指外聘专家咨询或指导科学实践活动时发生的费用。

（二）培训费：指活动项目实施中因授课或项目组织管理培训等发生的场地费、讲课费、伙食费、住宿费、资料费等，活动项目送课到校等过程中产生的食宿费用。

（三）劳务费：指为活动项目的组织管理或实施临时或长期外聘人员发生的劳务性支出。

（四）资料费：指项目实施中给学生、教师提供必要参考资料的翻译、速录、复印、印刷等费用，零星图书资料购置费用。

（五）印刷费：指活动项目实施过程中印制任务单、活动项目介绍等发生的费用。

（六）材料费：指在活动项目开发和实施中所需的耗材、实验材料等低值易耗品的购买费用。

上述各项支出标准根据市区相关预算管理规定执行，符合政府采购条件的，要执行政府采购政策。

第二十六条 开放科学活动项目经费一经批复，不得自行调整。经费执行过程中，因项目发生终止、撤销、变更，确需预算调整的，根据经费来源渠道及预算管理要求履行报批程序。

第二十七条 各区财政局、区教委于每年9月底前编制上报下一年度项目预算，经市教委、市财政局审核后列入下一年度市对区教育专项转移支付，并明确实施开放科学活动的具体金额。该项目资金专款专用，不得挪用截留。

第二十八条 根据预算绩效管理相关规定，对活动项目加强预算绩效的管理工作。

第二十九条 项目结余资金，按照我市结余结转资金管理有关规定执行。各区财政局、区教委，项目单位要加强对结余资金的管理，提高财政资金使用效益。

第六章 监督检查

第三十条 资源单位应按照要求及时备案活动方案、场地、师资等情况，据实记录活动项目的实施情况，定期上报工作计划、实施方案、工作总结等材料，履行安全承诺，接受并配合相关部门进行全过程的监督和评价。

第三十一条 建立开放科学活动督查机制，市、区两级组织专门督查团队，采用多种方式对开放科学活动各环节进行全方位、全过程监督。

第三十二条 对于督查中发现问题的资源单位和活动项目，暂停其服务、责令限期整改，如逾期仍未达标，终止活动项目、资源单位服务。定期公布开放科学活动开展情况和市、区两级督查情况。

第三十三条 市区财政部门和教育部门应当加强对项目资金使用的监督检查。对弄虚作假、截留、挪用、挤占专项经费等违反财经纪律的行为，财政部门会同相关部门按照《中华人民共和国预算法》《财政违法行为处罚处分条例》（国务院令第 427 号）等法律、法规进行严肃处理，依法追究相关责任人的行政责任。

第七章 附则

第三十四条 本办法由市教委、市财政局按照各自职责分工进行解释。

第三十五条 本办法自 2016 年 11 月 30 日起施行。

北京市教育委员会

关于切实做好普通高等学校学生转学工作的实施意见（试行）

京教学〔2016〕2号

各普通高等学校、研究生培养单位：

为规范北京地区普通高等学校和研究生培养单位（以下简称“各高校”）学生转学工作，深入贯彻《普通高等学校学生管理规定》（教育部令第21号）、《教育部办公厅关于进一步规范普通高等学校转学工作的通知》（教学厅〔2015〕4号）要求，切实维护高等教育公平公正和学生合法权益，结合北京实际，特提出如下意见，请认真遵照执行。

一、转学条件

（一）转学理由。学生一般应当在被录取学校完成学业，如患病或者确有特殊困难，无法继续在本校学习的，可申请转学。其中患病学生需提供经转出学校、拟转入学校指定医院检查证明。特殊困难一般指因家庭有特殊情况，确需学生本人就近照顾的；研究生因导师工作调动或健康原因不能继续指导的，以及符合学校规定的其他情形。

（二）条件要求。申请转学的本专科学生高考分数应达到拟转入学校相关专业在生源地相应年份的高考录取分数；申请转入学校不高于转出学校的层次、类型、学科专业水平；申请转学的研究生需通过拟转入学校学位评定委员会组织的专业考核或学业水平评估。

（三）学生有下列情形之一，不得转学：

1. 入学未满一学期的；

2. 高考分数低于拟转入学校相关专业在生源地相应年份最低录取分数的；

3. 由低学历层次转为高学历层次的；

4. 通过定向就业、艺术类、体育类、高水平艺术团、高水平运动队等特殊招生形式录取的；

5. 未通过普通高等学校招生全国统一考试或未使用高考成绩录取入学的（含保送生、单独考试招生、政法干警、第二学士学位、专升本、五年一贯制、三二分段制等）；

6. 拟转入学校与转出学校在同一城市的；

7. 拟转入非生源地区高校的（研究生因导师调动的除外）；

8. 研究生二区招生单位录取的转入一区招生单位的；

9. 跨学科门类的；

10. 应予退学的；

11. 其他无正当理由的。

二、转学程序

本着规范、公开的原则，市教委转学确认程序如下：

（一）学校在规定时间内到北京市政务服务中心（地址：北京市丰台区西三环南路1号）报送学生转学材料；

（二）工作人员对照材料清单对学校提交的转学材料进行初审，材料不全的不予受理。材料齐全的由经办人签字后转市教委学生处；

（三）市教委学生处对学生基本信息（包括姓名、就读学校、专业、层次、入学年份、录取分数等）、转学理由、转学条件、转学材料等进行复核，复核不合格的，不予受理，将材料退回北京市政务服务中心受理窗口；

（四）复核合格的，由市教委相关责任人在《高等学校学生转学申请（确认）表》上签署意见；

（五）市教委学生处将复核合格的拟转学汇总名单（见附件 2，略）在北京市教委网站公示 5 个工作日，公示期间如有异议可向市教委学生处反映；

（六）公示没有异议的，经市教委主管领导同意后，提交市教委主任办公会研究（每年两次）；

（七）经市教委主任办公会研究同意转学的，加盖“北京市教育委员会中高等教育学籍管理专用章”，予以确认。不同意转学的，将材料退回北京市政务服务中心受理窗口。

（八）确认转学的结果在北京市教委网站予以公告。

三、转学材料

普通高等学校学生申请转学应由转出或转入学校学籍管理部门报送转学材料，学校要认真审核并提交如下材料（一式五份）：

（一）《北京地区普通高等学校学生转学申请（确认）表》（转出学校、转入学校、转出省、市、自治区教育行政部门签署意见，此表可在市教委网站下载）；

（二）学生转学申请；

（三）普通高等学校录取新生名册复印件（在转学学生姓名处加盖学校招生部门或学籍管理部门印章）；

（四）转学学生在校成绩单；

（五）转入学校同意学生转入的校长会议纪要；

（六）转出学校对转学学生相关信息公示的情况说明，同时说明该生无法继续在本校学习；

（七）转入学校对转学学生相关信息公示的情况说明；

（八）因病申请转学需提交转出、转入学校认可的医疗机构的证明材料；

（九）研究生转学需附拟转入学校人事部门出具的导师调入证明；

（十）转入学校提供相关材料证明拟转入专业的学科水平不高于转出学校的专业学科水平；

（十一）其他相关证明材料。

四、具体要求

（一）为遵循教育规律，维护正常的教育教学秩序，市教委在每学期期末集中受理学生转学事项，时间为每年的 1 月（工作日）和 7 月（工作日），其他时间不受理。

（二）各高校要建立健全转学信息公示和公开机制，对转学政策、程序、结果进行公开，接受学生、社会的监督。要进一步严肃工作纪律，对转学中的违规行为零容忍，严肃追究相关责任人员的责任。

（三）各高校要站在维护高等教育公平、公正的高度重视学生转学工作，根据教育部及本通知要求，制定本校的学生转学实施办法，并严格执行。

五、其他事项

（一）本通知自 2017 年 1 月 1 日起执行；

（二）本实施意见由市教委负责解释。

附件：1. 北京地区普通高等学校学生转学申请（确认）表（略）

2. 北京地区普通高等学校学生拟转学情况公示（模板，略）

3. 北京市教育委员会关于北京地区普通高等学校学生转学结果的公告（模板，略）

2016 年 11 月 10 日

北京市教育委员会
北 京 市 财 政 局

关于印发《北京市外国留学生“一带一路”奖学金项目管理办法（试行）》的通知

京教外〔2016〕8号

各有关高等学校、科研院所：

为贯彻落实《关于做好新时期教育对外开放工作的若干意见》（中办发〔2016〕10号）和教育部《推进“一带一路”教育行动》，更好地服务于北京建设国际交往中心的需要，吸引更多“一带一路”沿线国家优秀青年来北京学习，市教委联合市财政局制定了《北京市外国留学生“一带一路”奖学金项目管理办法（试行）》，现印发给你们，请遵照执行。

2016年11月18日

北京市外国留学生“一带一路”奖学金项目管理办法（试行）

第一章 总则

第一条 为贯彻《关于做好新时期教育对外开放工作的若干意见》（中办发〔2016〕10号）关于实施“一带一路教育行动”推进沿线国家教育合作的战略部署，以及全国留学工作会议关于“加快留学生事业”精神，落实国家“一带一路”发展战略和北京市建设“四个中心”的总体部署，依据北京市教育委员会、北京市财政局《北京市外国留学生奖学金管理暂行办法》（京教外〔2007〕11号），在北京市外国留学生奖学金基础上特设立“一带一路”奖学金。

第二条 “一带一路”奖学金是指北京市人民政府向“一带一路”沿线国家来京进行本科及以上全日制学历学习的留学生提供的资助，经费主要用于支付外国留学生的学费。

第三条 通过设立奖学金，吸引更多优秀的“一带一路”沿线国家学生来京学习，推动北京市与“一带一路”沿线国家教育交流与合作，服务“一带一路”教育共同体建设，促进互联互通和民心相通，提升北京教育对构建“一带一路”教育共同体的贡献力。

第二章 项目内容

第四条 适用范围

“一带一路”奖学金适用于北京市实施本科及以上学历教育的具有招收外国留学生资质的普通高等院校及科研院所。

第五条 支持对象

（一）“一带一路”沿线国家来京学习的全日制本科生或研究生。

（二）已经申请到中国政府奖学金、中国其他奖学金或类似奖学金资助的留学生，原则上不再享受本奖学金项目的资助。

第六条 实施方式

“一带一路”奖学金采取项目评审方式，即符合条件的学校每年向北京市外国留学生“一带一路”奖学金项目建设领导小组提出项目申报，项目建设领导小组每年评出 32 个项目，每个项目资助一个完整学段。

第七条 资助期限

自 2016 年起，每年新增资助 32 个项目，共资助 5 届学生，直到学段结束。

第八条 资助标准

入选项目每年资助 25 万元，直至该项目一个完整学段结束。

第九条 原则上按以下标准进行学费资助：

（一）博士生奖学金 40000 元人民币/人/学年；

（二）硕士生奖学金 30000 元人民币/人/学年；

（三）本科生奖学金 20000 元人民币/人/学年。

具体金额按学校实际学费标准进行支付。

第十条 鉴于学费标准存在可能高于或低于奖学金标准的情况，允许学校申报项目和实际执行过程中，根据实际情况，对奖学金进行拆分使用，以使更多的“一带一路”沿线国家学生受益，从而吸引更多外国留学生来京学习。

第十一条 项目评审原则

（一）统筹考虑奖学金在“一带一路”沿线国家的国别分布；

（二）优先支持英文授课项目；

（三）优先支持我市高校重点学科与特色专业发展项目；

（四）优先支持联合培养和校际交流项目。

第十二条 项目申请材料

（一）《“一带一路”专项奖学金项目申报书》；

（二）项目可行性分析材料；

（三）校际交流协议等支撑性材料；

（四）经费支出细目。

以上材料按照规范格式和顺序装订成册（一式两份）。

第十三条 项目实施程序

（一）每年4月底前，高校需报送上一年度奖学金实施情况报告和下一年度奖学金项目的申请报告。

（二）每年5月至6月，市教委召开上一年度的项目总结会，并组织专家评审奖学金项目；

（三）每年7月至8月，市教委确定本年度项目评审结果，按要求列入部门年度预算。

第三章 实施与管理

第十四条 北京市教育委员会和北京市财政局组成北京市外国留学生“一带一路”奖学金项目建设领导小组（以下简称“项目建设领导小组”），负责奖学金项目建设的协调、指导、监督、检查和验收工作。该领导小组的办事机构是北京市教育委员会国际合作与交流处，负责奖学金标准的制定、奖学金项目的立项、相关管理制度建设；组织项目评审，下达奖学金项目金额；指导高校检查、监督项目经费的预算管理、验收和绩效考评等工作。

第十五条 高校负责受理并审核学生奖学金申请、向项目建设领导小组报送奖学金年度项目申请、奖学金发放、校内预算管理、监督和验收。高校应加强对本校奖学金项目的领导，按照有关要求，组织好项目的规划和论证，监督管理项目实施过程，保证项目目标如期完成。

第十六条 奖学金项目由高校外事部门归口管理。各高校须将负责奖学金项目工作的外事机构名称、负责人和联系人上报市教委国际合作与交流处备案。

第十七条 项目经费实行按年度申请，核定后拨款的方式进行。项目经费由学校财务部门独立建账，单独核算，专款专用。各高校必须严格执行国家相关财经法规和本办法执行，加强对项目经费使用的监督管理，专款专用，不得挪用及随意改变项目支出内容。同时接受主管机关、财政、审计、纪检、监察等部门的检查和监督。

第十八条 北京市教育委员会将“一带一路”奖学金项目列入部门预算，申请北京市财政局拨付专项资金。

第十九条 项目实施过程中，项目内容一般不予调整，如确需进行调整，需报项目建设领导小组。

第二十条 年度执行过程中，如有结余资金，依据《北京市市级行政事业单位财政性结余资金管理办法》的有关规定执行。

第二十一条 项目纳入部门绩效管理范围。

第四章 验收与监督

第二十二条 高校负责本校项目经费执行情况验收。对项目的完成情况以及经费使用情况等进行验收。项目验收要列入学校的绩效管理范围并在项目建设领导小组规定的时间内完成。

第二十三条 项目建设领导小组对学校验收情况进行抽查。对项目的总体效益和有关项目的实施情况进行评估，并以评估结果作为第二年项目评审的重要依据，以保证项目经费使用效益和设立目标的实现。

第五章 附则

第二十四条 本办法由北京市教育委员会和北京市财政局负责解释。

第二十五条 本办法自 2016 年 12 月 29 日起施行。

综　合

北京市教育委员会办公室

关于为第三批北京市“百年学校”授牌的通知

京教办发〔2016〕2号

各区教委：

经专家评议，市教委审批，北京市东城区分司厅小学等19所学校入选第三批北京市“百年学校”。现将名单予以公布，并对入选学校予以授牌。

希望北京市“百年学校”要认真贯彻落实十八大关于“建设优秀文化价值体系、弘扬中华优秀传统文化”的精神，认真做好校史整理与研究等相关后续工作，继续传承学校优秀文化，为促进首都教育科学发展发挥作用。

各区教委要指导辖区学校积极学习借鉴“百年学校”优秀文化研究成果，探索先进的教育思想和教育理念，传播优秀的教育思想、教育理念，提高学校文化建设水平，为北京率先实现教育现代化和繁荣社会主义文化做出贡献。

自第三批“百年学校”起，全市不再举办集中性“百年学校”评选。今后，对于近现代学制具有百年历史、校园文化建设成果突出的学校，依据学校申请，北京教育志编纂委员会办公室采取一校一议的方式评选“百年学校”。

附件：第三批北京市“百年学校”名单

2016年5月6日

附件

第三批北京市“百年学校”名单

（19 所）

东城区

1. 北京市东城区分司厅小学
2. 北京市东城区黑芝麻胡同小学

西城区

3. 北京市西城区洁民幼儿园

石景山区

4. 北京市石景山区麻峪小学

海淀区

5. 北京市海淀区民族小学
6. 清华大学附属小学
7. 清华大学附属中学
8. 首都师范大学附属中学
9. 北京市第十九中学

门头沟区

10. 北京市门头沟区东辛房小学
11. 北京市门头沟区三家店小学

房山区

12. 北京市房山区良乡小学
13. 北京市房山区城关小学
14. 北京市房山区琉璃河镇琉璃河中心小学

通州区

15. 北京通州区中山街小学
16. 北京市通州区第二中学

顺义区

17. 北京市顺义区牛栏山第一小学

昌平区

18. 北京市昌平区城北中心小学

19. 北京市昌平区昌盛园小学

北京市教育委员会办公室

关于印发 2016—2017 学年度各级各类学校校历的通知

京教办发〔2016〕3 号

各区教委，各普通高等学校、普通中等职业学校、成人学校：

现将 2016—2017 学年度北京市各级各类学校校历印发给你们，请结合本地区、本学校实际情况执行。

一、普通中小学、职业高中（职业中专）

第一学期：

2016 年 9 月 1 日（星期四）开学；

2017 年 1 月 20 日（星期五）结束本学期工作，共 20 周零 2 天；

2017 年 1 月 21 日（星期六）至 2 月 19 日（星期日）放寒假，共 4 周零 2 天。

第二学期：

2017 年 2 月 20 日（星期一）开学；

2017 年 7 月 12 日（星期三）结束本学期工作，共 20 周零 3 天；

2017 年 7 月 13 日（星期四）至 8 月 31 日（星期四）放暑假，共 7 周零 1 天。

二、北京市校外教育机构

第一学期：

2016 年 9 月 1 日（星期四）至 2016 年 12 月 20 日（星期二）活动 15 周零 6 天；2016 年 12 月 21 日（星期三）至 2017 年 1 月 3 日（星期二）放寒假 2 周。

2017 年 1 月 4 日（星期三）至 2017 年 1 月 22 日（星期日）活动 2 周零 5 天；2017 年 1 月 23 日（星期一）至 2017 年 2 月 7 日（星期二）放寒假 2 周零 2 天。

第二学期：

2017 年 2 月 8 日（星期三）至 2017 年 6 月 6 日（星期二）活动 17 周；2017 年 6 月 7 日（星期三）至 7 月 11 日（星期二）放暑假 5 周。

2017 年 7 月 12 日（星期三）至 2017 年 8 月 15 日（星期二）活动 5 周；2017 年 8 月 16 日（星期三）至 2017 年 8 月 31 日（星期四）放暑假 2 周零 2 天。

三、如遇市政府应急办发布空气重污染红色预警及其他极端天气红色预警，经各区政府同意，区教委可根据本地区实际天气情况调整教育教学活动安排，并指导中小学校做好相关工作。

四、各普通中等职业学校、成人高等学校、成人中等职业学校可根据教育部有关规定和主管部门要求，结合本校实际制定校历或参照上述日期执行。

五、各普通高等学校可根据教育部有关规定，结合本校实际制定校历。

附件：1. 北京市中小学 2016—2017 学年度第一学期校历

2. 北京市中小学 2016—2017 学年度第二学期校历

2016 年 6 月 17 日

附件 1

北京市中小学 2016—2017 学年度 第一学期校历

星期/月/日/周期	一	二	三	四	五	六	日	说明
1				1/9	2	3	4	一、2016年9月1日开学。 二、本学期自2016年9月1日至2017年1月20日，共20周零2天。 三、2017年1月21日至2月19日放寒假，共4周零2天。
2	5	6	7	8	9	10	11	
3	12	13	14	15	16	17	18	
4	19	20	21	22	23	24	25	
5	26	27	28	29	30	1/10	2	
6	3	4	5	6	7	8	9	
7	10	11	12	13	14	15	16	
8	17	18	19	20	21	22	23	
9	24	25	26	27	28	29	30	
10	31	1/11	2	3	4	5	6	
11	7	8	9	10	11	12	13	
12	14	15	16	17	18	19	20	
13	21	22	23	24	25	26	27	
14	28	29	30	1/12	2	3	4	
15	5	6	7	8	9	10	11	
16	12	13	14	15	16	17	18	
17	19	20	21	22	23	24	25	
18	26	27	28	29	30	31	1/1	
19	2	3	4	5	6	7	8	
20	9	10	11	12	13	14	15	
21	16	17	18	19	20			

附件 2

北京市中小学 2016—2017 学年度
第二学期校历

<table>
<tr><th>星期 月 日 周期</th><th>一</th><th>二</th><th>三</th><th>四</th><th>五</th><th>六</th><th>日</th><th>说明</th></tr>
<tr><td>1</td><td>2/20</td><td>21</td><td>22</td><td>23</td><td>24</td><td>25</td><td>26</td><td rowspan="21">一、2017 年 2 月 20 日开学。
二、本学期自 2017 年 2 月 20 日至 7 月 12 日，共 20 周零 3 天。
三、2017 年 7 月 13 日至 8 月 31 日放暑假，共 7 周零 1 天。</td></tr>
<tr><td>2</td><td>27</td><td>28</td><td>1/3</td><td>2</td><td>3</td><td>4</td><td>5</td></tr>
<tr><td>3</td><td>6</td><td>7</td><td>8</td><td>9</td><td>10</td><td>11</td><td>12</td></tr>
<tr><td>4</td><td>13</td><td>14</td><td>15</td><td>16</td><td>17</td><td>18</td><td>19</td></tr>
<tr><td>5</td><td>20</td><td>21</td><td>22</td><td>23</td><td>24</td><td>25</td><td>26</td></tr>
<tr><td>6</td><td>27</td><td>28</td><td>29</td><td>30</td><td>31</td><td>1/4</td><td>2</td></tr>
<tr><td>7</td><td>3</td><td>4</td><td>5</td><td>6</td><td>7</td><td>8</td><td>9</td></tr>
<tr><td>8</td><td>10</td><td>11</td><td>12</td><td>13</td><td>14</td><td>15</td><td>16</td></tr>
<tr><td>9</td><td>17</td><td>18</td><td>19</td><td>20</td><td>21</td><td>22</td><td>23</td></tr>
<tr><td>10</td><td>24</td><td>25</td><td>26</td><td>27</td><td>28</td><td>29</td><td>30</td></tr>
<tr><td>11</td><td>1/5</td><td>2</td><td>3</td><td>4</td><td>5</td><td>6</td><td>7</td></tr>
<tr><td>12</td><td>8</td><td>9</td><td>10</td><td>11</td><td>12</td><td>13</td><td>14</td></tr>
<tr><td>13</td><td>15</td><td>16</td><td>17</td><td>18</td><td>19</td><td>20</td><td>21</td></tr>
<tr><td>14</td><td>22</td><td>23</td><td>24</td><td>25</td><td>26</td><td>27</td><td>28</td></tr>
<tr><td>15</td><td>29</td><td>30</td><td>31</td><td>1/6</td><td>2</td><td>3</td><td>4</td></tr>
<tr><td>16</td><td>5</td><td>6</td><td>7</td><td>8</td><td>9</td><td>10</td><td>11</td></tr>
<tr><td>17</td><td>12</td><td>13</td><td>14</td><td>15</td><td>16</td><td>17</td><td>18</td></tr>
<tr><td>18</td><td>19</td><td>20</td><td>21</td><td>22</td><td>23</td><td>24</td><td>25</td></tr>
<tr><td>19</td><td>26</td><td>27</td><td>28</td><td>29</td><td>30</td><td>1/7</td><td>2</td></tr>
<tr><td>20</td><td>3</td><td>4</td><td>5</td><td>6</td><td>7</td><td>8</td><td>9</td></tr>
<tr><td>21</td><td>10</td><td>11</td><td>12</td><td></td><td></td><td></td><td></td></tr>
</table>

北京市教育委员会

关于做好2016年秋季开学工作的通知

京教办〔2016〕22号

各区教委，各高等学校、中等职业学校：

根据教育部和市委、市政府有关要求，现将做好2016年秋季开学工作的有关事项通知如下。

一、高度重视开学准备工作，确保顺利开学

（一）做好市教育系统防汛及在建工程施工安全工作。自2016年6月1日入汛以来，北京地区降雨呈持续久、雨强大的特点，全市教育系统校舍在经历整个暑期降雨后，存在部分校舍屋面漏雨、围墙基础松软等情况。同时，各区教委利用暑期对部分校舍实施了修缮改造工作，请各区教委根据市政府办公厅《关于转发市教委等部门关于建立北京市中小学校舍安全保障长效机制意见的通知》（京政办发〔2014〕49号）精神，按照《北京市中小学校舍安全保障长效机制年检工作指南》（京教建〔2015〕10号）要求，结合在建工程施工安全检查，对全区范围内中小学、幼儿园校舍和设施、设备进行安全排查，做好检查记录和信息上传，发现问题及时整改。特别是地处地质灾害易发区、河道周边及采空区的学校，要会同国土、水务部门加强巡查，确保校园安全。请各高等学校、中等职业学校也要做好相关工作。

（二）开展校园安全隐患排查和安全教育，加强校园治安防范及学校入冬前的准备工作。各区教委和学校在开学前后全面开展一轮安全隐患排查，对发现的安全隐患立即进行整改，对一时难以整改到位的要向主要领导和主管领导汇报，并加强安全防护措施，防止整改期间发生安全事故。结合本区和本校实际，针对师生进行“开学第一课”安全教育活动，教育内容包括交通安全、消防安全、饮食安全、预防拥挤踩踏、预防溺水等方面，确保教育效果。

做好开学期间学校食品安全工作，会同属地政府组织符合条件的餐饮服务单位替代未取得合法办学资质的无照无证的学校和幼儿园食堂。切实做好改善校园餐饮供给，杜绝在校就餐浪费现象。配合属地综治部门治理开学期间高校周边或校内非法游商销售现象，维护高校迎新现场秩序。

（三）按照本区教育事业规划做好2017年市对区转移支付准备工作。根据年初市级经费预算批复，加快预算项目执行。

二、深入开展开学教育工作，上好开学第一课

利用秋季开学时间节点，在新学期开学教育、新生入学教育中，开展以纪念红军长征胜利80周年为主题的爱国主义教育和革命传统教育。通过多种方式通知到每一所中小学校和每一位学生及时收看2016年9月1日晚8点央视一套由教育部、中央电视台制作播出的大型公益电视节目“开学第一课”。

三、做好有关“问题操场”等敏感问题的相关工作

（一）请各区教委结合自身情况，按照市政府办公厅要求，对本区内中小学、幼儿园塑胶操场进行再次摸排，存在隐患要坚决处置。

（二）按照市教委《关于中小学塑胶运动场地铲除后过渡性措施及暑期装修改造工作的通知》要求，各区教委对铲除后的操场要及时进行过渡性恢复，确保开学后广大师生的正常教育教学和活动，9月1日开学前需恢复到位。

（三）各区教委应指导学校加强对教师的安全使用培训和对学生的安全教育工作，科学合理组织教育教学活动，保障学生安全。

四、做好秋季开学工作和年度重点工作落实情况专项督导迎检工作

根据《国务院教育督导委员会办公室关于开展2016年秋季开学暨年度重点工作落实情况专项督导检查的通知》（国教督办函〔2016〕53号）要求，为扎实推进2016年各项重点工作，确保2016年秋季开学工作顺利有序进行，拟于近期组织开展秋季开学暨年度重点工作落实情况专项督导检查工作。督查范围涵盖各级教育行政部门，兼顾义务教育阶段学校、幼儿园和高中阶段教育学校、高等院校，特别关注寄宿制学校、乡镇学校、村小和教学点。请各区按照国务院督导办要求，积极做好迎检工作。督查重点内容如下：

（一）开学条件保障

1. 组织师生按时返校情况。教职员工是否及时到岗；学生是否按时返校；高校是否按照国家招生政策规定和学籍管理规定开展新生入学资格复查。

2. 落实学生资助政策情况。是否积极落实国家资助政策；是否出现学生因家庭经济困难而辍学。

3. 教材和教辅材料符合国家规定要求情况。是否及时在开课前将课本发放到学生手中；是否违背自愿原则强制学生订购教辅材料。

4. 教学设备和资源保障情况。学校网络、多媒体设备、教学终端等各种教学设施设备是否检修到位；是否有与教材配套的数字教育资源供师生使用；是否按照《教育部办公厅等4部门关于开展基础教育装备产品质量专业检查行动的通知》《教育部办公厅关于开展合成材料面层跑道专项整治工作的通知》要求，对学校塑胶跑道进行排查和整改。

5. 后勤保障情况。学校生活设施设备是否经过检修；饮食、住宿、用水、用电等各项后勤保障工作是否到位。

6. 城乡义务教育经费保障机制落实情况。是否统一城乡义务

教育学校生均公用经费基准定额并落实资金；是否对学生规模不足100人的村小学和教学点按100人核定公用经费；是否存在经费截留问题；是否落实城乡义务教育教师工资政策。

7. 职业教育生均拨款制度建立落实情况。是否落实高职生均拨款制度；是否建立中职生均拨款制度。

8. 开学教育开展情况。是否开展爱学习、爱劳动、爱祖国“三爱”教育活动；是否开展节粮、节水、节电“三节”、节约型校园教育活动。

（二）党建和思想政治工作

9. 党建工作开展情况。是否充分发挥了大中小学党组织政治核心作用；是否健全完善了大中小学生党建管理体制和工作制度；是否把党组织工作融入各级各类学校教育教学各项工作中；是否按照要求认真开展“三严三实”专题教育和“两学一做”学习教育；是否将党的路线、方针、政策切实融入学校思想政治教育，进教材、进课堂、进头脑；党风廉政建设是否得到认真落实。

10. 德育工作情况。是否深入了解师生秋季开学思想动态，掌握学生个体思想动态；是否做好新生心理健康状况普查和心理危机排查工作，对心理危机事件做到早发现、早干预；是否将社会主义核心价值观作为大中小学生日常学习生活的基本遵循；是否普遍开展了理想信念教育、优秀传统文化教育和革命传统教育、公民意识教育、生态文明教育、心理健康教育、法制教育。

11. 维护高校校园安全稳定工作情况。是否落实反恐怖工作责任制要求，强化应急处突工作准备，加强网络安全和舆情引导，确保高校安全稳定；是否加强校园安全管理，防止社会人员进入校园滋事和干扰校园秩序，防止别有用心的人进入校园煽动串联非法聚集活动。

（三）规范办学行为

12. 义务教育学校规范办学情况。免试、就近入学是否落实到位；是否消除超大班额；课程安排是否符合国家和省级规定；是否落实学生每天锻炼一小时要求；是否存在组织学生补课行为；是否存在区分重点班的情况；是否落实责任督学挂牌督查制度。

13. 校务公开情况。校务公开的内容、形式是否符合国家规定要求；是否严格执行教育收费公示制度；服务性收费和代收费收取是否符合规定。

14. 治理乱收费情况。治理择校乱收费、补课乱收费、幼儿园乱收费等有关规定落实情况；是否存在违规乱办学、乱办班和乱收费等社会高度关注、群众反映强烈的突出问题。

15. 随迁子女就学和留守儿童关爱情况。是否落实“两为主、两纳入”政策，保障随迁子女入学；是否实现与户籍学生混合编班和统一管理；是否不收取有别于户籍学生的额外费用；留守儿童教育关爱政策是否落实到位；是否建立留守儿童档案；是否建立结对帮扶机制；是否优先保障留守儿童寄宿、营养和交通需求。

（四）教师队伍建设

16. 教师配备情况。是否按要求配备教职工；音体美教师是否满足教学需要。

17. 师德师风建设情况。是否建立师德建设长效机制；是否存在违反教师职业道德行为；是否存在违规收受家长礼品情况；是否存在有偿补课情况。

18. 教师权益保障情况，教师的合法权益是否落实到位；教职工的工资待遇是否落实到位并按时发放；乡村教师补助是否发放到位。

（五）学校安全工作

19. 校园安全隐患排查情况。是否对重点区域和人员密集场所安全隐患进行全面排查整改；是否加强危险化学品及特种设备的管理，及时消除安全隐患；是否有完善的食品安全管理制度和应急措施；是否对学生之间矛盾纠纷等苗头性问题进行排查化解；是否采取有效措施防范校园暴力、校园欺凌行为。

20. 校舍隐患排查情况。中小学是否建立校舍安全年检制度，并将排查信息录入全国中小学校校舍信息管理系统；中小学校是否已消除所有D级危房。是否开展高校危房隐患排查整治专项活动；高校是否对需要维修、改造和加固的危房落实改造实施方案；高校是否已对鉴定为D级的危房予以封存停用，并落实拆除时间和台账。

21. 学校“三防”建设落实情况。学校是否配齐必要的安全防护、应急处置装备；校园重点部位是否安装视频监控；寄宿制校园是否设专职宿舍管理员；校园安全管理制度是否完善；是否制定地震、火灾、食物中毒、拥挤踩踏等突发安全事件应急预案并按照规定组织演练。

22. 校园周边防控情况。校园周边公安机关高峰勤务、“护学岗”和群防群治机制是否健全；警校联动机制是否建立，校园周边警务室民警是否经常到校沟通联系、指导工作；是否开展校园及周边治安集中专项整治行动，净化校园及周边治安环境。

23. 学生上下学交通安全和校车安全管理情况。是否存在使用拼装车、报废车、未取得校车使用许可车辆接送学生，以及未取得校车驾驶资格人员驾驶校车、超速、超员、不按许可路线行驶等违法行为；学校门口道路是否设置警示牌、减震带；是否按照要求设置校车站点；校车运营是否按照要求落实各项安全管理制度。

24. 安全教育开展情况。是否将安全教育纳入日常教育教学内容之中；是否定期开设安全教育课；是否突出安全教育重点，加强防溺水、交通安全、消防安全、应对自然灾害、防范校园伤害等方面教育；是否通过多种方式告知家长认真落实监护人职责，承担起学生脱离学校管理后的监护责任；是否按照要求做好教育部基础教育一司防溺水《致全国中小学生家长的一封信》发放和回执回收保管工作。

（六）国际学生管理服务工作

25. 学校对国际学生开展法律法规和规章制度教育情况。学校是否依照相关法律法规制定、更新学校的管理规定；是否组织国际学生学习各项法律法规和学校规章制度。

26. 学生按时返校情况。学校是否全面准确地掌握国际学生返校情况，了解学生未返校原因；是否按照相关规定及时对未返校国际学生进行有效管理。

27. 安全教育和安全隐患排查情况。学校是否有效开展国际学生交通、消防和人身财务等安全教育；对国际学生公寓的管理情况；对安全隐患的排查情况；是否建立国际学生突发事件应急处理机制。

（七）义务教育均衡发展

28.《国务院关于深入推进义务教育均衡发展的意见》（国发〔2012〕48号）贯彻执行情况。义务教育巩固率是否达到省级规定标准；义务教育发展基本均衡县（市、区）评估工作完成情况是否符合义务教育均衡发展备忘录要求；是否按照要求开展义务教育均衡发展监测和复查工作；“十三五”期间义务教育均衡发展工作进度安排等。

五、认真组织开展自查

请各区教委、各高校、各中等职业学校按照通知要求，结合工作职责，撰写自查报告，包括基本情况、做法经验、困难问题和意见建议等，字数不超过1500字，于9月2日（星期五）12时前报市教委：

请东城、西城、石景山、门头沟、房山、通州、顺义、昌平区教委报送基础教育一处；

请朝阳、海淀、丰台、大兴、平谷、怀柔、密云、延庆区教委报送基础教育二处；

请各高等学校（不含高职）报送高等教育处；

请各高等职业院校、中等职业学校报送职业教育与成人教育处。

2016年8月23日

北京市教育委员会办公室

转发教育部办公厅关于深入落实高校信息公开清单做好高校信息公开年度报告工作文件的通知

京教办函〔2016〕26号

市属各高等学校：

现将教育部办公厅《关于深入落实高校信息公开清单做好高校信息公开年度报告工作的通知》（教办厅函〔2016〕74号）转发给你们，请按通知要求做好相关工作。

各校信息公开年度报告应于10月31日前在学校网站首页信息公开专栏向社会发布，报告电子版（注明网址链接地址）于11月18日前发送至市教委政府信息公开工作办公室电子信箱备案。

2016年10月27日

教育部办公厅

关于深入落实高校信息公开清单做好高校信息公开年度报告工作的通知

教办厅函〔2016〕74号

各省、自治区、直辖市教育厅（教委），各计划单列市教育局，新疆生产建设兵团教育局，有关部门（单位）教育司（局），部属各高等学校：

为深入贯彻《政府信息公开条例》和中共中央办公厅《关于全面推进政务公开工作的意见》精神，严格落实《高等学校信息公开办法》和《教育部关于公布〈高等学校信息公开事项清单〉的通知》（教办函〔2014〕23号，以下简称清单）要求，做好高校信息公开年度报告编制和发布工作，进一步深化高校信息公开，提高教育透明度，现将有关要求通知如下：

一、各高校要牢固树立创新、协调、绿色、开放、共享的发展理念，继续坚持“以公开为常态、不公开为例外”的原则，对照清单内容逐项检查，全面、及时、准确地公开每项信息，将清单落实推向深入，确保不打折扣。同时，进一步加强信息发布、解读和回应工作，充分运用数字化、图表图解、音频视频等解读方式，切实增强公开实效。

二、各高校要进一步完善主动公开目录，明确公开范围，细化公开事项，做好动态更新。深入推进招生、财务等重点领域信息公开，主动接受外部监督。招生信息公开方面，深化录取程序、咨询及申诉渠道、重大事件违规处理结果、录取新生复查结果、考试加分考生资格公示等信息公开。自主招生试点高校要及时公开参加考核的考生名单、入选资格考生名单、录取考生名单及相关信息。财务信息公开方面，深入实施“阳光财务”，做好财务预决算 8 张表的发布与解读，及时公开校办企业财务信息和受捐赠财产使用管理信息，依法依规做好依申请公开工作。各省级教育行政部门要进一步加强对地方高校财务公开工作的指导与管理，切实提高财务透明度。

三、各高校要将编制和公布年度报告作为落实清单的重要内容和推动信息公开工作的重要抓手，认真开展总结和数据统计分析，按时保质做好年度报告的编制和公布工作。年度报告应包括下列内容：

（一）概述（主要反映本学年度学校信息公开工作开展的总体情况，包括推动清单落实情况、完善制度机制情况、开展宣教培训情况等）；

（二）主动公开情况（主要反映通过学校网站、校报校刊、新闻发布会、微博、微信等形式主动向校内和社会公开信息的情况及相关统计数据，其中通过信息公开专栏公开清单所列事项的情况要逐项说明并附相关链接，高校招生、财务等人民群众广泛关注的重点领域信息要详细说明公开情况和特色做法）；

（三）依申请公开和不予公开情况（主要反映学校受理信息公开申请的数量、分类及答复情况，依申请公开的收费、减免情况）；

（四）对信息公开的评议情况（主要反映本校师生员工和社会公众对学校信息公开工作进行的评价情况）；

（五）因学校信息公开工作受到举报、复议、诉讼的情况；

（六）信息公开工作的主要经验、问题和改进措施；

（七）其他需要报告的事项；

（八）清单事项公开情况表（逐项列明清单 50 条事项的网址链接，若无相关事项，需作出说明）。

四、年度报告的编制应注重内容的丰富性和条理性，数据资料的真实性和完整性，确保信息真实及时。报告中统计数据的起止时间为上一年 9 月 1 日至当年 8 月 31 日。同时，鼓励高校采用丰富多样的年度报告编制和发布形式，方便公众阅读和获取。

五、年度报告应于10月31日前在学校网站首页信息公开专栏向社会公布。部属各高校需将报告纸质版（加盖学校公章）和电子版报送教育部备案。其他高校需报学校所在地省级教育行政部门和主管部门备案。教育部将在部门户网站开设专栏汇总展示部属高校年度报告，并适时组织督查。

六、各省级教育行政部门负责组织本地高校信息公开年度报告编制和发布工作，对各高校信息公开工作开展督查，并于11月30日前将上一学年本地高校信息公开工作总体情况报送教育部备案。

2016年10月14日

北京市教育委员会

关于印发《北京市教育委员会空气重污染应急预案》（2016年修订）的通知

京教办〔2016〕25号

各区教委，各高等学校、中等职业学校：

根据市政府《关于印发〈北京市空气重污染应急预案〉（2016年修订）的通知》，特制定《北京市教育委员会空气重污染应急预案》（2016年修订）（以下简称《预案》）。现印发给你们，请结合实际，认真组织实施。

《预案》自2016年12月15日起实施，《关于印发〈北京市教育委员会空气重污染应急预案〉》（京教办〔2015〕4号）同时废止。

2016年11月24日

北京市教育委员会空气重污染应急预案
（2016年修订）

一、适用范围

本预案适用于本市辖区内所有中小学校及幼儿园（含中等职业学校、外籍人员子女学校、驻华使馆学校、少年宫及校外教育机构）。当空气重污染预警分级达到一级时，本预案适用北京地区高等院校。

二、空气重污染预警分级

根据《环境空气质量指数（AQI）技术规定（试行）》（HJ633—2012）分级方法，按照环境保护部关于统一京津冀城市重污染天气预警分级标准有关规定，依据空气质量预测结果，综合考虑空气污染程度和持续时间，将空气重污染预警分为4个级别，由轻到重依次为蓝色预警（四级）、黄色预警（三级）、橙色预警（二级）和红色预警（一级）。

（一）蓝色预警（四级）：预测全市空气质量指数日均值（24小时均值，下同）＞200将持续1天，且未达到高级别预警条件时。

（二）黄色预警（三级）：预测全市空气质量指数日均值＞200将持续2天及以上，且未达到高级别预警条件时。

（三）橙色预警（二级）：预测全市空气质量指数日均值＞200将持续3天，且出现日均值＞300时。

（四）红色预警（一级）：预测全市空气质量指数日均值＞200将持续4天及以上，且日均值＞300将持续2天及以上时；或预测全市空气质量指数日均值达到500及以上，且将持续1天及以上时。

三、空气重污染应急措施

根据空气重污染预警级别，分别采取相应的应急措施。主要有：

（一）蓝色预警（四级）

中小学、幼儿园、少年宫及校外教育机构减少户外活动。

（二）黄色预警三级（三级）

中小学、幼儿园、少年宫及校外教育机构停止体育课、课间操、运动会、体育考试等户外活动。

（三）橙色预警二级（二级）

中小学、幼儿园、少年宫及校外教育机构停止户外课程和活动。

（四）红色预警一级（一级）

小学、幼儿园、少年宫及校外教育机构停课。中学（含初、高中、中等职业学校）实施弹性教学方式，由区教委、学校根据所在区域空气质量状况灵活掌握。可采取三种弹性模式：一是学校不停文化课，缩短学生在校时间；二是学校实施半日制上课的模式；三是学校实施停课，可利用与邻近的周六或周日进行调休安排。

停课期间，中小学、幼儿园应按照“停课不停学”的原则，通过网络、通讯等途径与家长和学生保持联系，提出可参考的合理化学习建议；应提示家长在家对孩子进行生活和安全教育，对家中无照看条件，需送到学校、园所的学生，学校、园所要妥善安排好到校学生的学习、生活，确保有人监管。教师要合理调整教学方式，灵活安排学习内容，指导学生充分利用北京数字学校网络平台和数字化资源开展自主学习。

在空气重污染期间，如遇特殊情况，学校可以根据所在地区及周边情况，做出相应调整，报区教委同意后实施。

高等院校要严格落实红色预警指令的有关措施要求，指导学生安排好在校的学习和生活，减少户外活动，停止户外体育活动、社团活动、社会实践等活动。

四、预警发布与解除

市教委成立空气重污染应急领导小组（以下简称“领导小组”），下设办公室负责日常工作。领导小组办公室设在市教委办公室。

领导小组办公室接收市空气重污染应急专项指挥部（办公室）预警发布与解除指令后，报领导小组组长、副组长，并按照领导小组要求，通过市教委门户网站、信息安全传播平台、短信平台、即时通讯、电话传真等方式向各区教委发布和解除预警信息。

各区教委负责组织辖区内中小学、幼儿园（含职业高中、外籍人员子女学校、驻华使馆学校、少年宫及校外教育机构）启动和解除预警响应预案。

五、工作要求

（一）加强组织领导

各成员单位要高度重视空气重污染应急工作，从切实保护中小学生和幼儿园儿童身体健康的实际出发，加强对此项工作的领导，各区教委要成立空气重污染应急工作领导小组，建立健全工作制度，研究制定科学可行的应急预案，保证应急措施落到实处。

（二）加强责任落实

空气重污染应急工作社会影响面广，责任重大，各成员单位要根据空气重污染应急工作需要抓好各项任务落实，明确职责分工，保证任务到位、责任到位、人员到位，各环节要专人负责，做到有迹可循、件件留痕、事事留迹，保证空气重污染应急工作体系平稳有序运转，确保万无一失。

（三）加强宣传教育

各成员单位要加强对此项工作的宣传教育，使全体干部师生及家长了解空气重污染应急预案内容，掌握一定的防护知识与技能；加强对舆情的引导，及时做好网络舆情的应对工作。

（四）加强信息报送

各成员单位要加强应急值班，保证通讯联络畅通，及时接收和报送信息，在每次预警发布与解除半小时内按规定上报落实情况。

附件：1. 北京市教育委员会空气重污染应急领导小组及办公室成员名单

2. 北京市教育委员会空气重污染应急职责分工

附件 1

北京市教育委员会空气重污染应急领导小组及办公室成员名单

一、市教委空气重污染应急领导小组成员名单

组　长：刘宇辉　市教委主任

副组长：付志峰　市教委副主任

叶茂林　市教委副主任

李奕　市教委副主任

黄侃　市教委副主任

王定东　市教委委员

冯洪荣　市教委委员

冯义国　市政府教育督导室副主任

成　员：周彤　市教委办公室主任

王达品　市委教育工委宣教处处长

姚林修　市教委发展规划处处长

张小红　市教委学前教育处处长

张凤华　市教委基础教育一处处长

徐建姝 市教委基础教育二处处长
王东江 市教委职业教育与成人教育处处长
邵文杰 市教委高等教育处处长
王军 市教委体育卫生与艺术教育处处长
潘芳芳 市教委国际合作与交流处处长
龙梅 市政府教育督导室学校督导处处长
聂荣 市政府教育督导室专项督导处处长
牛晓亮 市教委办公室副主任
周玉玲 东城区教委主任
丁大伟 西城区教委主任
肖汶 朝阳区教委主任
陆云泉 海淀区教委主任
张洋 丰台区教委主任
郝显军 石景山区教委主任
李永生 门头沟区教委主任
顾成强 房山区教委主任
张绍武 通州区教委主任
刘克祥 顺义区教委主任
李成旺 昌平区教委主任
荣俊艳 大兴区教委主任
李学东 平谷区教委主任
李连鑫 怀柔区教委主任
杨华利 密云区教委主任
魏旭斌 延庆区教委主任
曾辉 燕山地区教委主任

二、市教委空气重污染应急领导小组办公室成员名单

牛晓亮 市教委办公室副主任
王攀 市委教育工委宣教处副处长、新闻中心主任
刘锦震 市教委发展规划处副处长

李强　　市政府教育督导室专项督导处副处长
任军　　市教委国际交流与合作处副调研员
彭兴蕊　市教委学前教育处主任科员
王昱人　市教委基础教育一处主任科员
尤立文　市教委基础教育二处
巫梅琳　市教委职业教育与成人教育处主任科员
段磊　　市教委高等教育处主任科员
张志华　市教委体育卫生与艺术教育处主任科员
张磊　　市政府教育督导室学校督导处
姜华　　市教委办公室
詹伟华　北京教育科学研究院基教研中心副主任
陈昊　　北京教育网络和信息中心电子政务与网络主任
各区教委主管主任

附件 2

北京市教育委员会空气重污染应急职责分工

一、市教委职责

（一）办公室

负责接收市空气重污染应急专项指挥部预警发布、解除指令；负责组织发布、解除预警信息；负责信息报送及有关协调工作。

（二）宣教处、教育新闻中心

负责与市宣传部门联系，通过公众媒体和教育政务微博发布预警信息，分析有关舆情，并做好宣传应对工作。

（三）发展规划处

负责指导民办高校、民办教育机构制定预警响应预案；负责民办高校、民办教育机构预警响应，提出预警信息发布内容；负责协调处理群众和媒体举报事项并收集反馈有关信息。预警指令下达后，负责监督检查全市民办高校、民办教育机构应急预案启动及应急响应措施的落实情况，并及时向领导小组办公室反馈。

（四）体育卫生与艺术教育处

负责指导各区教委制定减少学生户外活动、停止体育课及各类竞赛和活动的预警响应预案；负责市教委主办或支持的市级中小学生体质健康监测、运动会等各类竞赛和活动的预警响应并负责收集反馈有关信息。预警指令下达后，负责全面监督检查市教委主办或支持的中小学生各类竞赛、活动及市级校外教育机构应急预案启动及应急响应措施的落实情况，并及时向领导小组办公室反馈。

（五）基础教育一处、基础教育二处

负责指导各区及中小学校制定停课预警响应预案；负责全市中小学停课应对安排的预警响应，提出预警信息发布内容；负责协调处理群众和媒体举报事项并收集反馈有关信息。预警指令下达后，基础教育一处负责督促检查东城、西城、朝阳、海淀、丰台、石景山区教委应急预案启动及应急响应措施的落实情况，并及时向领导小组办公室反馈；基础教育二处负责督促检查门头沟、房山、通州、顺义、昌平、大兴、平谷、怀柔、密云、延庆、燕山地区教委及北京市盲人学校、北京西藏中学应急预案启动及应急响应措施的落实情况，并及时向领导小组办公室反馈。

（六）学前教育处

负责指导各区及幼儿园制定停园预警响应预案；负责全市幼儿园停园应对安排的预警响应，提出预警信息发布内容；负责协调处理群众和媒体举报事项并收集反馈有关信息。预警指令下达后，负责全面督促检查幼儿园应急预案启动及应急响应措施的落实情况，并及时向领导小组办公室反馈。

（七）职业教育与成人教育处

负责指导高职院校、中等专业学校制定预警响应预案；负责高职院校、中等专业学校预警响应，提出预警信息发布内容；负责协调处理群众和媒体举报事项并收集反馈有关信息。预警指令下达后，负责督促检查全市高职院校、中等专业学校（含市教委直属中等专业学校）应急预案启动及应急响应措施的落实情况，并及时向领导小组办公室反馈。

（八）高等教育处

负责指导高校制定预警响应预案；负责高校预警响应，提出预警信息发布内容；负责协调处理群众和媒体举报事项并收集反馈有关信息。预警指令下达后，负责监督检查全市高校应急预案启动及应急响应措施的落实情况，并及时向领导小组办公室反馈。

（九）国际合作与交流处

负责指导外籍人员子女学校、驻华使馆学校制定预警响应预案；负责外籍人员子女学校、驻华使馆学校预警响应，提出预警信息发布内容；负责协调处理群众和媒体举报事项并收集反馈有关信息。预警指令下达后，负责监督检查外籍人员子女学校、驻华使馆学校应急预案启动及应急响应措施的落实情况，并及时向领导小组办公室反馈。

（十）北京教育科学研究院基教研中心、北京教育网络和信息中心

负责在市教委门户网站、北京数字学校同步发布有关预警信息；制定空气重污染红色预警时学校停课的应对措施，通过北京数字学校网站推送中小学同步课程，指导学生在家开展自主学习，保证中小学生“停课不停学”。

二、市政府教育督导室职责

（一）专项督导处

负责协调区教育督导部门，督促检查预警指令发布后，中小学校（幼儿园）应急预案启动及应急响应措施的落实。并及时向领导小组办公室反馈。

（二）学校督导处

负责协助专项督导处，协调区教育督导部门，督促检查预警指

令发布后，中小学校（幼儿园）应急预案启动及应急响应措施的落实。并及时向领导办公室反馈。

三、区教委职责

（一）各区教委应根据《北京市教育委员空气重污染应急预案》制定分预案，指导辖区内中小学校及幼儿园（含中等职业学校、外籍人员子女学校、驻华使馆学校、少年宫及校外教育机构）做好预案制定工作，确保预案的可操作性，并在接到预警指令后组织实施。

（二）各区教委应在预警响应期间督促检查辖区内中小学校及幼儿园（含中等职业学校、外籍人员子女学校、驻华使馆学校、少年宫及校外教育机构）预案的落实情况，统筹协调红色预警停课后课程调整和本级组织的学生体育竞赛、体育考试、体质健康测试延期调整等工作，努力降低因天气情况对学生学习和锻炼的影响。

（三）各区教委根据所在区域空气质量状况以及预警分级情况，可差别化实施弹性教学方式（即三种弹性模式），并将组织实施情况报市教委。

（四）各区教委应在预警响应期间确保主管领导、主责部门负责人24小时通讯畅通，并及时收集汇总有关情况上报市教委。

四、中小学校及幼儿园（含中等职业学校、外籍人员子女学校、驻华使馆学校、少年宫及校外教育机构）职责

（一）中小学校及幼儿园（含中等职业学校、外籍人员子女学校、驻华使馆学校、少年宫及校外教育机构）应在区教委指导下，制定空气重污染应急预案，并在接到预警指令后启动实施。

（二）中小学校及幼儿园（含中等职业学校、外籍人员子女学校、驻华使馆学校、少年宫及校外教育机构）应根据预警级别减少或停止学生户外运动，组织学生在室内上好体育课或开展体育活动，并通过布置家庭体育作业指导学生开展体育锻炼。

（三）中小学校及幼儿园（含中等职业学校、外籍人员子女学校、驻华使馆学校、少年宫及校外教育机构）应在停课期间，及时通过校园网、班级博客、校讯通、手机短信平台等形式，为家长提供学生在线学习指导，并提示家长控制学生上网时间，做好学生看护工作，保证学生在家安全。

（四）中小学校及幼儿园（含中等职业学校、外籍人员子女学校、驻华使馆学校、少年宫及校外教育机构）应在预警响应期间确保领导干部、教师24小时通讯畅通，注意了解掌握有关情况并及时上报区教委。

（五）中小学校及幼儿园（含中等职业学校、外籍人员子女学校、驻华使馆学校、少年宫及校外教育机构）应通过多种形式，加强对空气重污染应急、健康防护等方面科普知识的宣传。

2016年11月24日

北京市教育委员会

关于做好北京教育年鉴2017卷编纂工作的通知

京教函〔2016〕603号

各区县教委、各高等学校、市教委直属单位、机关各处室：

《北京教育年鉴》（以下简称“年鉴”）是市教委主持编纂的年度性大型资料工具书。为做好2017卷年鉴编辑组稿工作，现将有关要求通知如下：

一、年鉴编纂组织工作在市委教育工委、市教委的领导下，由北京教育年鉴编辑部（以下简称“编辑部”）主持。编辑部负责稿件的审定、编辑、出版和总发行，各单位办公室或综合管理部门指派专人负责提供年鉴文字、图片、影像以及年鉴的发行工作，市教委办公室负责协调、检查。

二、2017 卷年鉴是《北京教育年鉴》编纂出版的第 21 卷年鉴，按照北京教育年鉴常务编委会第 32 次会议决定，进行全面改版，从装帧设计到内容编写均有调整，力求全面、客观、真实记录全市各级各类教育改革发展情况。

三、2017 卷年鉴出版规模控制在 120 万字以内，比上年略有压缩，出版形式仍为纸质图书和光盘版。光盘版与纸质版同时出版。

四、2017 卷年鉴将采用新的装帧设计，对图片提出更高要求，各单位、各部门要全面提高报送图片的质量。图片要求为原始版，分辨率在 300DPI 以上，像素不低于 1800×1200，格式为 JPEG 或者 TIFF，图片内容要突出工作场景。

五、控制文字数量、提高文字质量，是本年组稿工作的重点。各单位、各部门要努力将稿件的数量优势转化为质量优势，全面提高稿件质量。

六、进一步提高年鉴条目写作水平，要做到重点突出、资料翔实、层次清晰。条目既要体现先进的教育教学理念，反映某一领域、某一单位的全局情况，又要通过局部细节记载，生动反映改革创新的具体内容。

七、各单位、各部门要以文字、图片、影像资料 3 种形式报送稿件。上报稿件需经各单位年鉴特约编辑审改，并经领导审核后于 2017 年 3 月 15 日前报送编辑部。

请各单位、各部门严格落实年鉴编纂方案要求，按时完成 2017 卷年鉴组稿和编纂工作。编写工作中的有关具体问题请及时与编辑部联系。

2016 年 12 月 13 日

法治建设

北京市教育委员会文件选编

（2016）

北京市教育委员会

转发教育部《依法治教实施纲要（2016—2020年）》的通知

京教策〔2016〕3号

各区教委，各市属高等学校、中等专业学校，市教委直属单位：

现将教育部《依法治教实施纲要（2016—2020年）》转发给你们，请按照以下要求，做好学习贯彻工作。

一、大力学习宣传。《依法治教实施纲要（2016—2020年）》（以下简称《纲要》）是贯彻落实党的十八大和十八届三中、四中、五中全会精神，全面推进依法治教的重要指导性文件。学习贯彻《纲要》对加强和改进首都教育法治工作、推进首都教育治理体系和治理能力现代化具有重要意义。各单位要广泛深入开展多种形式的学习宣传活动，纳入理论中心组学习内容和干部教师培训计划，积极参加教育部、市教委举办的相关培训，确保学习宣传实效，使广大干部教师全面熟悉相关内容，准确领会相关精神，进一步增强依法行政、依法办学、依法执教的责任感和紧迫感。

二、认真分解落实。《纲要》内容丰富、涉及全面、任务繁重、周期较长，在贯彻落实过程中，各单位要紧密结合实际，对《纲要》内容进行细致梳理与分解，分阶段、分部门、分步骤、分责任将工作任务具体细化，加强协调，创新推进，保证《纲要》各项任务按时间节点，高标准顺利落实，推动依法治教工作不断前进，为建设法治中国首善之区做出应有贡献。

三、做好重点工作。各区教委要重点做好依法行政，指导推进中小学校依法治校，推动社会依法支持和参与教育治理工作。学校要积极主动做好依法治校工作，以制定落实学校章程为抓手，加强现代学校制度建设，不断完善内部治理体系。要着力推进法治机构和法律顾问制度建设，打造过硬的教育法治工作队伍，创新工作方式，增强工作力量。要注重在增强法治宣传教育实效上用功着力，积极主动加强软硬件建设，提高青少年学生法治素养，引导干部教师带头尊法学法守法用法。

四、加强贯彻保障。各单位要加强《纲要》学习贯彻的组织领导，明确负责部门与人员，制定落实好学习宣传方案。要根据《纲要》提出的目标要求，结合实际，制定完善本单位法治工作制度和工作规划，认真组织实施，实践中形成的具有示范意义的典型和经验，请及时报市教委政策研究与法制工作处（法制办公室）。

2016 年 2 月 26 日

依法治教实施纲要（2016—2020 年）

党的十八届四中全会提出建设中国特色社会主义法治体系，建设社会主义法治国家的总目标。教育领域是全面依法治国系统工程的重要组成部分。为全面推进依法治教，促进教育治理体系和治理能力现代化，实现到 2020 年基本实现教育现代化的目标，制定本纲要。

一、总体要求

（一）指导思想。高举中国特色社会主义伟大旗帜，全面贯彻落实党的十八大和十八届三中、四中、五中全会精神，以马克思列宁主义、毛泽东思想、邓小平理论、“三个代表”重要思想、科学发展观为指导，深入学习贯彻习近平总书记系列重要讲话精神，坚持党的领导、人民当家做主、依法治国有机统一，坚定不移走中国特色社会主义法治道路，坚决维护宪法法律权威，牢固树立创新、协调、绿色、开放、共享的发展理念，全面贯彻党的教育方针，依法维护人民受教育权益、维护教育领域的公平正义、保障教育秩序的安全稳定，为深化教育综合改革，加快推进教育现代化提供有力法治保障。

（二）总体目标。到2020年，形成系统完备、层次合理、科学规范、运行有效的教育法律制度体系，形成政府依法行政、学校依法办学、教师依法执教、社会依法评价、支持和监督教育发展的教育法治实施机制和监督体系。青少年学生法治教育体系健全完备，教育部门领导干部、校长、教师法律素质与依法办事能力显著提升，在全社会尊法守法的进程中发挥表率和模范带头作用。

（三）基本原则。坚持党的领导，坚持人民主体地位，坚持法律面前人人平等，坚持依法治国与以德治国相结合，坚持从中国实际出发，切实加强党对教育工作和学校工作的领导，坚持依法行政、依法治校，坚定不移走中国特色社会主义教育发展道路，将教育事业改革发展全面纳入法治轨道。

二、构建完善的教育法律及制度体系

坚持教育立法和改革决策相衔接，做到重大改革于法有据，以法律规范引领和推动教育改革、促进和保障教育发展。坚持立、改、废、释并举，及时修订、完善教育法律法规和规章、规范性文件；恪守以人为本、立法为民理念，建立健全公开听证、公众参与、专家顾问咨询、委托第三方起草等制度，形成公开、民主、科学的立法程序和工作机制，着力提高教育法律法规和规章、规范性文件的制定质量。

（一）大力加强教育立法工作。配合立法机关尽快完成《民办教育促进法》修订案的审议，做好相关法规、规章的修订、调整工作。加快推进《职业教育法》修订、《学前教育法》起草、《学位条例》修订以及《终身学习法》等法律草案的起草工作，适时启动《教师法》修订工作，配合做好《家庭教育法》起草工作。积极推动教育行政法规建设，完成《残疾人教育条例》修订、《国家教育考试条例》《学校安全条例》等法规的起草工作。到2020年，在国家层面，基本形成适应实践需要、内容完备的教育法律、行政法规。

（二）积极推动教育地方性法规规章建设。支持各地结合本地教育发展特点和实践需要，制定有针对性的地方性法规。设立地方教育立法改革试点项目，建立专家咨询和经费支持机制，鼓励各地在终身学习、学前教育、普通高中教育、营利性教育机构监管、校企合作、家庭教育等教育法律规范尚存空白的领域，先行先试，以教育立法推动教育改革，为全国性教育立法积累经验。

（三）全面提高规章及规范性文件质量。建立教育规章、重要规范性文件制定规划制度，年初由法治工作机构汇总提出年度立法计划，统筹安排立法资源。优先在招生考试、师生权益维护、学校管理、教材管理、教学科研行为规范等领域，制定或者修订综合性规章。根据法定职权，抓紧制定出台各类教育标准、规范、程序。按照公开、公正、民主、科学的原则，进一步健全规章、规范性文件起草程序，涉及群众切身利益或者重大利益调整的，要采取座谈会、论证会、听证会等方式广泛听取意见。规范性文件出台前须由法治工作机构进行合法性审查，并不得设定或变相设定行政许可、行政处罚、行政强制等规定。凡规范、限制管理相对人行为、增加其义务或者涉及相关方权益的规章和规范性文件，一般应由法治工作机构组织起草或者独立审核，并按照法定要求和程序予以公布。

（四）建立规章和规范性文件清理长效机制。建立规章、规范性文件的解释和实施评估制度，对执行中出现歧义或者需要进一步明确的问题，制定机关要及时予以解释。要根据深化教育改革发展实践需要，以及上位法制定、修改、废止情况，及时清理有关规章、规范性文件。2017年底前，各级教育部门要完成对现行规章、规范性文件的清理工作，清理结果向社会公布。要建立规章、规范性文件目录和文本动态化、信息化管理，及时向社会公布立改废情况。

三、深入推进教育部门依法行政

按照职能科学、权责法定、执法严明、公开公正、廉洁高效、守法诚信的要求，遵循管办评分离的总体思路，加快形成法治化的教育行政管理体制，健全法律规范的实施与监督机制。

（一）依法全面履行教育行政管理职能。深入推进扩大省级政府教育统筹权改革，强化省级政府依法统筹推进区域内基本教育公共服务均等化职责，强化市县政府的执行职责。各级教育部门要依法进一步明确职能权限与责任，制定并公布权力清单、责任清单。切实按照法定职责必须为、法无授权不可为的原则，依法清理、精简行政权力，重点梳理在行政许可、行政处罚、学校管理等方面的职责。进一步推进教育行政审批制度改革，简政放权，建立规范、高效的审批制度流程，实行一个窗口受理，网上集中预受理和预审查，创造条件推进网上审批。加快推进内部机构的整合、调整，优化运行流程，提高运行效率，加强权力运行风险防控，切实提高监管能力和服务水平。

（二）推进决策科学化、民主化、法治化。健全依法决策机制，在重大决策中，全面落实公众参与、专家论证、风险评估、合法性审查和集体讨论决定的程序要求，确保决策制度科学、程序正当、过程公开、责任明确。事关教育发展全局和涉及群众切身利益的重大决策事项，应当广泛听取意见，建立重大教育决策事项的民意调查制度。提高专家论证和风险评估质量，建立教育决策咨询论证专家库，鼓励专家、专业机构长期跟踪研究重大教育问题。

（三）深化教育行政执法体制机制改革。适应教育管理需要，建立权责统一、权威高效的教育行政执法体制机制，着力解决教育领域执法不力问题，保证教育法律法规规章得到严格实施，推动教育管理的重心和方式向依靠行政执法等方式实施依法监管转变。加快建立教育综合执法机制，鼓励有条件的地方教育行政部门，调整内部机构设置和人员编制、整合执法力量，设立专门的执法机构、充实执法人员，实现相对集中行使执法权，对学校违规办学、违规招生、不执行国家课程标准、侵犯学生权益以及违背师德规范、违规有偿补课等行为开展综合执法。探索建立联合执法机制，积极会同财政、公安、工商、民政等部门，针对教育经费法定增长不到位、非法办学办班、义务教育学生辍学、教育辅导（服务）市场混乱等现象，按照属地管理原则，开展联合执法。对校园欺凌、性侵犯学生等违法犯罪行为建立“零容忍”机制，加强部门合作，会同政法部门依法严肃查处。积极创新执法体制与方式，鼓励地方根据教育管理的实践与需要，探索建立市县一体化的行政执法体制。积极利用信息化手段，创新执法方式，增强对教育违法行为及时发现、实时纠正的能力。制定教育行政执法手册，完善行政执法程序，规范教育行政许可、行政处罚、行政强制、行政检查的操作流程、执法文书等，建立健全行政裁量权基准制度。严格执行重大行政执法决定法制审核制度，未经法制审核或者审核未通过的，不得做出决定。推行行政执法公示制度，建立行政执法案卷归档、评查制度，建立行政执法责任制和责任追究制度。

（四）全面推进教育领域信息公开。坚持以公开为常态、不公开为例外原则，严格落实《政府信息公开条例》，积极推进教育行政部门、学校的决策、执行、管理、服务的信息公开，探索信息公开的新途径、新方式，重点推进教育经费预算、教育公共资源配置、入学规则与招生政策、重大教育建设项目批准和实施、重要改革事项等方面的信息公开。指导、监督学校全面履行信息公开义务。

（五）构建多元参与的教育治理体制。进一步依法健全教育督导制度，切实发挥教育督导机构和督学的作用。加快国家教育标准体系建设，改革、完善教育标准起草与审查机制，到2020年形成系统、完善的国家教育标准体系。完善教育领域的第三方评估机制，建立健全教师资格、学位、学业水平、教育质量、课程等领域的专业评价制度。加强对社会化教育活动规律特点的研究，健全市场监管标准、体制，发挥好市场机制在教育资源配置中的作用，形成多元参与的教育治理格局。完善体现教育系统特点的惩治和预防腐败制度体系和有效机制，营造风清气正的教育生态。

（六）健全教育领域纠纷处理机制。积极探索建立在法治框架内的多元化矛盾纠纷解决机制，引导公民、法人和其他社会组织通过法治途径，合法合理表达诉求，妥善处理各类教育纠纷。建立健全教育系统的法律顾问制度，依法积极应对诉讼纠纷，尊重司法监督。完善教育行政复议案件处理机制，规范办案流程，加大公开听证审理力度，依法加强对下级教育行政部门的层级监督。制定《教师申诉办法》《学生申诉办法》，健全教师和学生申诉制度。建立健全学生伤害事故调解制度，鼓励在市（地）或者县（区）设立由司法、教育部门牵头，公安、保监、财政、卫生等部门参加的学校学生伤害事故调解组织，吸纳具有较强专业知识和社会公信力、知名度，热心调解和教育事业的专业人员、家长代表等，组成调解委员会，发挥人民调解在学校学生伤害事故认定和赔偿中的作用。在招生、职务评聘、学术评价、学术不端行为认定等领域，探索试行专业裁量或者仲裁机制。创新信访工作机制，建立重大案件协商制度，积极运用法治方式处理信访案件。

四、大力增强教育系统法治观念

教育系统广大干部、师生特别是领导干部牢固树立社会主义法治观念，自觉办事依法、遇事找法、解决问题靠法，自觉守法、抵制违法，成为社会主义法治的忠实崇尚者、自觉遵守者、坚定捍卫者。

（一）实施教育系统法治观念提升工程。以多种形式，对教育系统全体干部、学校管理者、教师进行全员法治培训，着重增强法治观念，树立依法治教、依法执教的意识。分别研究制订教育部门领导干部、执法人员、学校管理者及教师的法治培训大纲，明确必修内容和考核办法。创新培训考核办法，建立依法治教案例库和教育系统领导干部法治能力评测工具。建立专项培训计划，着力抓好部门和学校主要负责人的法治能力培训，加强任职前的法治思维和法治素养考核评价，切实增强教育系统党员领导干部的纪律意识和规矩意识。到2020年，完成全员培训，实现领导干部全员考核。

（二）全面加强学生法治教育。要把加强青少年学生法治教育、培养学生法治观念，放在教育工作的突出位置，强化规则意识，倡导契约精神，弘扬公序良俗，实践法治的育人功能。编制《青少年法治教育大纲》，明确从基础教育到高等教育，各学段法治教育的目标、任务、内容和要求，切实将法治教育纳入国民教育体系。在中小学（含中等职业学校，下同）设立法治知识课程。鼓励各地积极探索以法治教育整合各类专项教育，编写地方法治教育教材，利用地方课程、校本课程，社会实践、班队会等课时，加强法治教育，并将义务教育阶段法治教育纳入教育经费保障范围。到2020年，建立科学、系统的学校法治教育课程、教材、师资体系。

（三）积极推进青少年法治教育实践基地建设。整合各种社会资源，争取财政专项支持，积极推动青少年法治教育实践基地建设。实践基地要建设成为集实践性、参与性、趣味性为一体的综合性校外法治教育场所，以相对集中的方式，为区域内的中小学校实施法治教育提供支持和服务。教育部将建设若干示范性基地，研制标准化的实践基地教学内容、课件资源和管理办法等，逐步加以推广。到2020年，争取在每个地级市至少建立1个实践基地。采取政府购买服务等方式，推动中小学生以多种方式参加法治教育社会实践。

（四）健全青少年法治教育支持体系。加大以教育部全国青少年普法网为核心的各级教育普法网建设，充分利用网络手段，促进优质法治教育资源的普及与推广，到2020年，做到全面覆盖。持续开展青少年法治教育课件大赛、青少年法治知识网络大赛，创办青少年法治教育专业期刊，支持创办大学生法治文化节等活动。建立青少年法治教育协同创新机制，大力推动对青少年法治教育的研究与资源开发，支持高等学校设立青少年法治教育方面的专业学位。积极利用中外人文交流机制等平台，推动青少年法治教育的国际交流与合作。完善与人大、司法及有关行政部门、社会组织的合作机制，健全青少年法治教育的社会支持网络，加强学校法治副校长、法治辅导员、法治教育志愿者队伍建设。

（五）着力提升中小学法治教育教师专业素质。采取多种措施，提高中小学法治教育教师的法律素质和教学能力。实施国家、省、市、县四级法治教育教师专业素质专项培训计划，实施中小学法治教育名师培育工程，建设若干师资培训基地。到2020年，每所中小学至少有1名教师接受100学时以上的系统法律知识培训，能够承担法治教育教学任务，协助解决学校相关法律问题。

五、深入推进各级各类学校依法治校

依法治校是依法治教的重要内容，也是推进法治社会建设，构建多层次、多形式法治创建活动的重要组成部分。要抓住重点，进一步深化落实2012年教育部发布的《全面推进依法治校实施纲要》，将各级各类学校的依法治校工作推向深入。

（一）大力推进学校依章程自主办学。全面完成高等学校章程制定与核准工作。在此基础上，健全章程核准后的执行和监督评价机制建设，督促学校以章程为统领，完善内部治理结构和规章制度。地方教育部门要结合实际，对普通中小学、中等职业学校章程建设提出指导意见，健全核准制度，加快推进章程建设。到2020年，全面实现学校依据章程自主办学。

（二）积极推进现代学校制度建设。按照法治原则和法律规范，加快建设依法办学、自主管理、民主监督、社会参与的现代学校制度，构建政府、学校、社会之间的新型关系。在高等学校深入落实《坚持和完善党委领导下的校长负责制的实施意见》《高等学校学术委员会规程》《学校教职工代表大会规定》《普通高等学校理事会规程（试行）》等文件、规章，推动党委会、校长办公会议事规则的完善，推动学术委员会、教职工代表大会以及理事会等制度的完善落实。加强中小学党组织建设，发挥基层党组织在中小学治理中的核心作用，健全校长负责制。制定出台《中小学家长委员会规程》，以健全家长委员会制度为重点，加强家长、社区对中小学事务的参与和监督。依法健全各类社团、协会以及其他社会组织在学校组织及开展活动的规则与要求，完善监督机制。

（三）完善师生权益保护机制。研究制定《关于加强学校安全风险防控机制的意见》，健全学校安全风险防控机制，探索建立学校安全风险顾问制度，形成妥善预防和解决学校安全问题的法治化框架，完善学校保险机制，进一步提高学校应对安全问题的能力。制定《未成年人学校保护规定》，与有关专业机构合作，探索建立青少年学生权益保护中心，依法健全学校未成年学生的权利保护机制。鼓励依托教职工代表大会、学生代表大会制度，健全完善学校的学生申诉、教师申诉制度，设立师生权益保护、争议调解委员会、仲裁委员会等机构，吸纳师生代表，公平、公正调处纠纷、化解矛盾。

（四）全面启动依法治校示范校创建活动。教育部制定发布依法治校评价体系和考核办法，指导各地全面启动依法治校考核机制和各级依法治校示范校创建活动。创新考核办法，建立学校自查、专家评审、行政部门复查以及第三方评估、社会评价等多元考核机制。到2020年，学校要全面达到依法治校的基本要求，形成一批高标准的依法治校示范校。

六、健全组织保障和落实机制

党的领导是全面推进依法治国的根本保障。推进依法治教必须坚持党总揽全局、协调各方，发挥教育部门、学校党组织的领导核心作用。各级教育部门和各级各类学校要切实增强依法治教的使命感、紧迫感和责任感，加强组织领导，强化工作责任，切实抓好落实。

（一）加强对依法治教的组织领导。各级教育部门要切实加强对依法治教工作的组织领导，将推进依法治教摆在工作全局的重要位置，制订年度工作要点和实施规划，明确任务、落实责任、切实推进。要积极推动党委、政府及有关部门建立依法治教领导小组或者协调机制，将依法治教纳入地方法治创建活动的整体框架，落实有关部门在依法治教中的法定职责，形成综合推进机制。要把依法治教、依法治校的情况纳入绩效考核和教育现代化评估等综合评价体系。完善领导干部选拔任用标准和机制，切实把法治思维和法治能力强、意识突出干部选拔到教育行政部门、学校的领导岗位上来。要在部门预算中列支教育法治专项经费，为推进依法治教提供必要的经费与条件保障。

（二）健全教育法治工作队伍。各级教育部门要通过职能调整、机构重组，明确和加强法治工作机构职能，充实法治机构人员力量。省和计划单列市教育部门要加强法治工作机构建设，鼓励市、县（区）级教育部门根据实际，整合相关职能，设立负责法治工作的综合性机构，条件许可的，设立专门性机构。要充分发挥法治工作机构在推进依法行政中的核心作用，明确其在推进法治政府建设、重大行政决策合法性审查、立法和重要规范性文件制定、统筹教育行政执法、综合处理法律纠纷、普法宣传等方面的职能。积极推行并规范法律顾问制度，逐步建立以法治工作机构人员为主体、吸收专家和律师参加的法律顾问队伍，保证县级以上教育行政部门至少有 1 名法律顾问。

（三）建立学校法律服务和支持体系。各级教育部门要积极推动建立健全学校法律顾问制度。高等学校要有机构专门负责法律事务和依法治理工作，要聘任专任的法律顾问，建立健全面向师生的法律服务体系。中小学可视情况和需要配备法律顾问。地方教育部门可以采取政府购买服务、与律师协会开展合作、借助高校和研究机构力量等方式，为所辖区域内的中小学校配备法律顾问，建立未成年学生法律救助机制。

（四）构建教育法治智力支持体系。要大力加强教育法治的理论与实践研究，教育部和省级教育部门要探索设立教育法治研究基地或者专业智库，培育教育法治方面的专业研究力量；鼓励和推动教育法学学科建设，设立专业硕士学位。要围绕重要法律、法规、规章及规范性文件起草设立专门研究课题，采用年度招标、购买服务等模式，让研究机构、专业人员、社会组织等第三方广泛深入参与，提高教育立法的科学性、民主性。在教育科研课题设置中，要保留专门的教育法治内容，促进教育法学的繁荣与发展。推动教育法治专业学会的建设与发展。

（五）实施要求。全面依法治教是一项长期任务，涉及教育行政管理和学校内部治理的全过程和各环节，各地、各高校要将落实本纲要作为深化教育综合改革的重要途径，高度重视、认真实施，确保纲要的目标要求得以落实。

落实实施路径，创新工作方法。实施本纲要，要以试点引领，推动试点区域、单位，积极探索实践、积累经验，为全面推广奠定基础；要与各级政府法治建设的整体要求、部署相结合，遵循教育的规律、特点，借助各方合力；要注重顶层设计与基层实践相结合，调动、保护基层和学校的积极性和主动性；既要循序渐进，夯实基础，又要针对教育实践出现的典型案例、热点问题，积极运用法治思维和法治方式寻求破解办法。

明确目标要求，制定实施规划。各地要根据本纲要提出的目标要求等，结合本地实际和地方政府提出的要求，制定或者修订完善本地方依法治教实施规划，明确提出时间进度和可检验的成果形式，分阶段、分步骤组织实施。省级教育行政部门的实施规划要报教育部备案。

完善工作机制，加强评估指导。各地、各高校要围绕本纲要要求，在部门、学校内部建立分工负责、合力推进的工作机制，健全推进举措。教育部和省级教育行政部门要建立依法治教资源共享平台和信息发布平台，及时总结依法治教的经验做法，推广成功经验；选择若干市、县作为依法治教的改革试点单位，指导、支持试点地方、单位创新依法治教的体制机制。教育部组织制订依法治教评价指标体系，分阶段对地方各级教育行政部门和学校依法治教、依法治校的情况进行评估，树立一批依法治教的示范区域和经验典型，推动纲要的全面贯彻实施。

北京市教育委员会

转发教育部关于宣传贯彻实施新修订的教育法和高等教育法文件的通知

京教策〔2016〕5号

各区教委，市属各高等学校，各直属单位：

现将教育部《关于宣传贯彻实施新修订的教育法和高等教育法的通知》（教政发〔2016〕7号）转发你们，请按照通知要求做好学习贯彻工作。

各单位学习宣传和贯彻实施“两法”修正案工作中的好经验、好做法及问题、建议，请及时报送我委政策研究与法制工作处。

2016年3月16日

教育部

关于学习宣传贯彻实施新修订的教育法和高等教育法的通知

教政法〔2016〕7号

各省、自治区、直辖市教育厅（教委），计划单列市教育局，新疆生产建设兵团教育局，部属各高等学校，部内各司局、各直属单位：

2015年12月27日，第十二届全国人大常委会第十八次会议审议通过了《全国人大常委会关于修改〈中华人民共和国教育法〉的决定》和《全国人大常委会关于修改〈中华人民共和国高等教育法〉的决定》。两法修正案将于2016年6月1日起施行。为做好新修订教育法和高等教育法的学习贯彻工作，现就有关要求通知如下。

一、充分认识教育法和高等教育法修订的重要意义

修订教育法和高等教育法是贯彻落实党的十八大和十八届三中、四中、五中全会精神，深入实施《国家中长期教育改革和发展规划纲要（2010—2020年）》，完善中国特色社会主义现代教育制度，全面推进依法治教的具体体现和重要成果，标志着我国教育事业依法治理的能力和水平步入新阶段。

两法修正案贯彻全面建成小康社会对教育事业提出的新任务、新要求，着重对两部法律中有关教育方针、教育基本制度、办学体制、管理体制和法律责任等内容，做了修订、补充和完善，着力解决当前教育改革发展的重大问题。两法修正案的发布和实施，将为深化教育综合改革、促进教育公平、提高教育质量、加快推进教育现代化提供有力的法律支撑。

各地、各高校和部机关各司局、有关直属单位要深刻认识在全面依法治国进程中，修订和完善教育法律对于依法促进和保障教育改革与发展的必要性与重要性，牢固树立依法治教、依法行政、依法办学的意识与观念，切实增强运用法治思维和法治方式推进教育改革与发展的能力。要将学习宣传和贯彻实施两法修正案作为推进依法治教的一项重要工作，切实提高自觉性与主动性，加强领导，认真部署，抓紧抓好。

二、认真组织学习宣传新修订的教育法和高等教育法

各地、各高校要将两部法律的学习宣传纳入普法工作规划，与贯彻落实《依法治教实施纲要（2016—2020 年）》相结合，采取多种方式，大力开展新修订两部法律及相关教育法律法规的学习宣传活动。要利用多种媒体，组织专家、相关方面代表等，深入解读两法修正案的内容，同时向社会全面宣传两部法律发布实施以来我国教育事业取得的历史成就，为推进依法治教营造良好氛围。

教育行政部门、高校的领导干部要利用党委中心组学习等机会，带头学习新修订的两部法，特别要结合自身工作实践，深入学习相关的法律内容，提高依法行政和依法治校的能力和水平。各级教育行政部门要通过举办培训班、研讨会和专题讲座等方式，在教育系统分期分批开展新修订两部法律的相关培训，切实提高教育系统依法治理的能力和水平。

三、抓住重点，切实贯彻落实好新修订的教育法和高等教育法

各地、各高校和部内各司局、有关直属单位要把贯彻落实两法修正案作为当前推进依法治教、依法行政的一项重要工作。当前，要注重开展以下工作：

1. 认真清理、修订完善相关的法规文件。各地、各高校和部内各司局、有关直属单位要根据两法修正案，全面清理相关的法规、规章和规范性文件，对与两法修正案的规定存在不一致的，要抓紧启动修订程序，及时进行修改或者废止，保证两法修正案实施后，相关法规文件的规定与法律保持一致。

2. 进一步完善各级各类学校的办学宗旨和培养目标。两法修正案对教育方针、培养目标做出了重要修订。各级教育行政部门、各级各类学校要据此进一步完善教育教学的内容与方式，全面贯彻党的教育方针，着力加强社会主义核心价值观教育，增强学生的社会责任感、创新精神和实践能力，培养德智体美等方面全面发展的社会主义建设者和接班人。

3. 加快推动相关领域的改革与发展。两法修正案根据教育改革发展实践的进展与需要，提出了现代国民教育体系、教育现代化、双语教育、继续教育、教育信息化、国际化人才等一系列新的重要教育法律概念，完善了办学体制、高等学校经费筹措机制等法律制度与要求，为进一步深化教育改革、促进发展提供了法律保障。各级教育行政部门、各高校要结合自身实际，在法律规定的框架内，统一思想认识，完善相关制度，依法深化相关改革，使法律规定切实得到贯彻落实。

4. 深入推进依法行政，理顺政府与学校关系。两法修正案明确了国家及各级政府在促进教育公平、普及学前教育、推进教育信息化等方面的职责，完善了高等学校设立审批制度、评估制度，健全了依法行政的法律规范。各地教育行政部门要积极推动同级人民政府和政府有关部门，落实相关法定职责，健全配套制度。要依法建立健全设立实施专科教育的高等学校和其他高等教育机构的许可程序；改革对高等学校的评估与管理方式，切实做到依法行政。

5. 完善高校内部治理结构，健全学术委员会制度。各地、各高校要依据高等教育法修正案的规定，结合教育部发布的《高等学校学术委员会规程》，进一步完善高校学术委员会制度，保障其依法履行职责，充分发挥作用。同时，高等学校要落实法律要求，建立健全办学水平、教育质量的评价制度，完善公开机制。在2016

年年底前，要组织开展对高等学校学术委员会及评价制度建设与运行情况的全面评估，督促高等学校依法办学，完善内部治理结构。

6. 改革完善教育行政执法体制，加强对教育领域违法行为的查处力度。教育法修正案进一步明确了多种教育领域违法行为的法律责任，强化了教育部门的执法职责。各级教育行政部门要适应法律规定的变化，切实加强自身执法能力建设，积极会同相关部门，健全行政执法的体制机制，保证能够切实依法履行职责，有效维护教育法律秩序。

各地、各高校要及时总结学习宣传和贯彻实施两法修正案工作中的好经验、好做法。学习宣传和贯彻实施中反映出的问题和有关工作建议，请及时报送我部政策法规司。

2016 年 2 月 23 日

北京市教育委员会
北京市司法局
北京市法制宣传教育领导小组办公室

关于转发《青少年法治教育大纲》的通知

京教策〔2016〕10 号

各区教委、司法局、法宣办，各市属高等学校、直属单位、中等专业学校：

现将教育部、司法部、全国普法办近日印发的《青少年法治教育大纲》转发给你们，请认真学习宣传，全面贯彻落实。

《青少年法治教育大纲》是贯彻落实党的十八届四中全会精神，全面推动法治教育纳入国民教育体系、提高青少年法治教育系统化、科学化水平的重要指导性文件。学习贯彻《青少年法治教育大纲》对加强和改进青少年法治教育工作具有重要意义。各单位要广泛深入开展多种形式的学习宣传活动，确保学习宣传实效，进一步增强做好青少年法治教育工作的责任感和紧迫感。各区教委、司法局、法宣办要按照《青少年法治教育大纲》要求，加强组织领导，做好条件保障，切实推进青少年法治教育工作；协调、组织各有关部门，构建政府、学校、社会、家庭共同参与的青少年法治教育新格局。

各学校要结合本校实际，将《青少年法治教育大纲》贯彻落实到教育教学管理各环节，推动形成全员育人、全方位育人、全过程育人的良好局面。各单位贯彻落实《青少年法治教育大纲》的情况，实践中形成的具有示范意义的典型和经验，请及时报市教委政策研究与法制工作处（法制办公室）、市司法局法宣处。

2016 年 8 月 9 日

青少年法治教育大纲

为深入贯彻党的十八届四中全会关于“将法治教育纳入国民教育体系，从青少年抓起，在中小学设立法治知识课程”的要求，在国民教育体系中系统规划和科学安排法治教育的目标定位、原则要求和实施路径，制定本大纲。

一、青少年法治教育的重要性和紧迫性

青少年是祖国的未来、民族的希望。加强青少年法治教育，使

广大青少年学生从小树立法治观念，养成自觉守法、遇事找法、解决问题靠法的思维习惯和行为方式，是全面依法治国、加快建设社会主义法治国家的基础工程；是在青少年群体中深入开展社会主义核心价值观教育的重要途径；是全面贯彻党的教育方针，促进青少年健康成长、全面发展，培养社会主义合格公民的客观要求。

长期以来，各有关部门、各级各类学校通过多种途径开展了形式多样的青少年法治宣传教育，广大青少年法律素质明显提高。但从总体上看，青少年法治教育仍存在着对其重要地位和作用认识不深刻、定位不够准确；法治教育缺乏整体规划，方式方法有待创新；学校法治教育的评价体系不健全，教育针对性和实效性不强；学校、社会、家庭多元参与的青少年法治教育网络还没有形成；师资、教育资源的保障机制尚不健全等问题。

建设社会主义法治国家的宏伟目标，对加强和改善青少年法治教育提出了现实而迫切的要求，当前和今后一段时间，要高度重视青少年法治教育工作，加快完成法治教育从一般的普法活动到学校教育的重要内容，从传授法律知识到培育法治观念、法律意识的转变，完善工作机制，加大工作力度，将法治教育全面纳入国民教育体系，创新青少年法治教育的形式与内容，着力提高系统化、科学化水平，切实增强教育的针对性与实效性。

二、青少年法治教育的指导思想和工作要求

（一）指导思想

开展青少年法治教育，要高举中国特色社会主义伟大旗帜，以邓小平理论、“三个代表”重要思想、科学发展观为指导，深入贯彻习近平总书记系列重要讲话精神，全面贯彻党的教育方针，以培育和践行社会主义核心价值观为主线，以宪法教育为核心，把法治教育融入学校教育的各个阶段，全面提高青少年法治观念和法律意识，使尊法学法守法用法成为青少年的共同追求和自觉行动。

（二）工作要求

——以社会主义核心价值观为主线。法治教育要与道德教育相

结合，注重以法治精神和法律规范弘扬社会主义核心价值观，以良法善治传导正确的价值导向，把法律的约束力量、底线意识与道德教育的感化力量、提升精神紧密结合，使青少年理解法治的道德底蕴，牢固树立规则意识、诚信观念、契约精神，尊崇公序良俗，实现法治的育人功能。

——以宪法教育为核心，以权利义务教育为本位。法治教育要以宪法教育和公民基本权利义务教育为重点，覆盖各教育阶段，形成层次递进、结构合理、螺旋上升的法治教育体系。要将宪法教育贯穿始终，培养和增强青少年的国家观念和公民意识；将权利义务教育贯穿始终，使青少年牢固树立有权利就有义务、有权力就有责任的观念。

——以贴近青少年实际、提高教育效果为目的。法治教育要遵循青少年身心发展规律，贴近青少年生活实际，科学安排教学内容，合理确定教学重点和方法，注重知行统一，坚持落细落小落实；要更多采取实践式、体验式、参与式等教学方式，与法治事件、现实案例、常见法律问题紧密结合，注重内容的鲜活，注重学生的参与、互动、思辨，创新形式，切实提高法治教育的质量和实效。

——以构建系统完整的法治教育体系为途径。法治教育要从小抓起，贯穿学校教育的各个阶段。要充分发挥课堂教学的主渠道作用，深入挖掘各门学科蕴含的法治教育内涵，注重发挥课外活动、社会实践和网络文化的重要作用，加强政府部门、学校、社会、家庭之间的协调配合，形成校内校外、课内课外、网上网下相结合的教育合力。

三、青少年法治教育的目标

（一）总体目标

以社会主义核心价值观为引领，普及法治知识，养成守法意识，使青少年了解、掌握个人成长和参与社会生活必需的法律常识和制度、明晰行为规则，自觉尊法、守法；规范行为习惯，培育法治观念，增强青少年依法规范自身行为、分辨是非、运用法律方法维护自身权益、通过法律途径参与国家和社会生活的意识和能力；践行法治理念，树立法治信仰，引导青少年参与法治实践，形成对社会主义法治道路的价值认同、制度认同，成为社会主义法治的忠实崇尚者、自觉遵守者、坚定捍卫者。

（二）阶段目标

1. 义务教育阶段。使学生初步了解公民的基本权利义务、重要法治理念与原则，初步了解个人成长和参与社会生活必须的基本法律常识；初步树立法治意识，养成规则意识和尊法守法的行为习惯，初步具备依法维护自身权益、参与社会生活的意识和能力，为培育法治观念、树立法治信仰奠定基础。

其中，小学阶段，着重普及宪法常识，养成守法意识和行为习惯，让学生感知生活中的法、身边的法，培育学生的国家观念、规则意识、诚信观念和遵纪守法的行为习惯。初中阶段，使学生初步了解个人成长和参与社会生活必备的基本法律常识，进一步强化守法意识、公民意识、权利与义务相统一观念、程序思维，初步建立宪法法律至上、民主法治等理念，初步具备运用法律知识辨别是非的能力，初步具备依法维护自身合法权益、参与社会生活的能力。

2. 高中教育阶段。使学生较为全面地了解中国特色社会主义法律体系的基本框架、基本制度以及法律常识，强化守法意识，增强法治观念，牢固树立有权利就有义务的观念，初步具备参与法治实践、正确维护自身权利的能力。

3. 高等教育阶段。进一步深化对法治理念、法治原则、重要法律概念的认识与理解，基本掌握公民常用法律知识，基本具备以法治思维和法治方式维护自身权利、参与社会公共事务、化解矛盾纠纷的能力，牢固树立法治观念，认识全面依法治国的重大意义，坚定走中国特色社会主义法治道路的理想和信念。

四、青少年法治教育的内容

（一）总体内容

青少年法治教育要以法律常识、法治理念、法治原则、法律制度为核心，围绕青少年的身心特点和成长需求，结合青少年与家庭、学校、社会、国家的关系，分阶段、系统安排公民基本权利义务、家庭关系、社会活动、公共生活、行政管理、司法制度、国家机构等领域的主要法律法规以及我国签署加入的重要国际公约的核心内容；按不同的层次和深度，将自由、平等、公正、民主、法治等理念，宪法法律至上、权利保障、权力制约、程序正义等法治原则，立法、执法、司法以及权利救济等法律制度，与法律常识教育相结合，在不同学段的教学内容中统筹安排、层次递进。

（二）分学段的教学内容与要求

1. 义务教育阶段

以基础性的行为规则和法律常识为主，侧重法治意识、尊法守法行为习惯的养成教育。要注重教学内容和方式的形象、生动，贴近学生实际，利用案例教学、实践教学，从生活实践中提炼案例，注重将核心理念、重要概念与学生生活实践能够接触的事件相结合，与学生的理解能力相适应。主要分阶段实施以下内容：

小学低年级（1～2 年级）

认知国家象征及标志。初步建立国家、国籍、公民的概念，初步建立对家庭关系的法律认识。初步建立规则意识，初步理解遵守规则、公平竞争、规则公平的意义与要求。初步建立法律面前人人平等的观念。了解消防安全知识、基本交通规则，知晓常用公共服务电话。初步了解自然，爱护动植物，为节约资源、保护环境做力所能及的事。

小学高年级（3～6 年级）

建立对宪法的法律地位和权威的初步认知。了解人民代表大会制度，初步认知主要国家机构，国家主权与领土，认知国防的意义，增强民族团结意识。

初步了解公民的基本权利和义务，简要认知重要民事权利，了解法律对未成年人的特定保护；初步理解权利行使规则，树立依法维权意识，树立有权利就有义务的观念，建立对校园欺凌行为的认知和防范意识。

了解制定规则要遵循一定的程序，进一步树立规则意识，遵守公共生活规则。初步了解合同以及合同的履行，理解诚实守信和友善的价值与意义。

初步了解消费者权益保护、道路交通、环境保护、消防安全、禁毒、食品安全等生活常用法律的基本规则。

初步认知未成年人能够理解和常见的违法和犯罪行为及其危害和要承担的法律责任。

初步了解司法制度，了解法院、检察院、律师的功能与作用。

知道我国加入的一些重要国际组织和国际公约。

初中阶段（7～9年级）

进一步深化宪法教育。了解国家基本制度，强化国家认同。初步了解政府依法行政的基本原则，了解重要国家机构的职权。认知国家尊重和保障人权的意义。加深对公民基本权利和义务的认识。

了解民事法律活动的基本原则。了解合同和违约责任，树立诚信意识和契约精神。初步了解物权的概念，加深对知识产权的认识，理解保护知识产权的意义。了解有关民事侵权行为的法律规范和基本原则，认识与学生生活实践相关的民事侵权行为（校园伤害事故等）。了解劳动权利及其保障原则，以及教育、社会保险等相关方面的法律规定。

初步了解政府运行的法治原则，了解治安、道路交通、消防、环境保护、国家安全、公共卫生、教育、税收等公共事务的法律原则，初步形成依法参与社会公共事务的意识。

加深对社会生活中常见违法行为的认知，强化法律责任意识，巩固守法观念。了解犯罪行为的特征、刑罚种类，建立对校园暴力等青少年常见违法犯罪行为的防范意识和应对能力；初步认知罪刑法定、无罪推定等原则，正当防卫、紧急避险等概念。

初步了解我国司法制度的基本原则，建立尊重司法的意识。初步理解程序正义在实现法治中的作用，建立依法处理纠纷，理性维护权利的意识。

2. 高中教育阶段

在义务教育阶段教学内容的基础上，根据学生成长需要和认知能力的发展，全面拓展法律常识、法律制度的内容，有针对性地增加重要的法律知识；加大法治原则、法律理念的教学深度，注重增加教育教学的实践性、参与性和思辨性，结合现实案例、法治实践，着重引导学生理解、认同法律背后的价值、宗旨，注重法治意识的培养。主要实施以下内容：

了解我国社会主义法律体系的构成；理解法的特征与作用，法治的内涵与精神，初步形成对中国特色社会主义法治道路的认同。加深对宪法的地位、功能和价值的认识，明晰宪法原则，深入理解宪法所确立的国家基本制度，加深对公民基本权利与基本义务的认知，加深对重要法治原则的理解，了解选举制度和重要法律规定，认知法治与民主的关系。了解宪法实施及其监督的程序与机制。

理解民事活动的基本法律原则和核心概念，了解物权的法律概念与基本规则，树立尊重所有权的观念，进一步了解合同订立与履行的法律规则，深化对诚信原则的认识。了解知识产权保护的意义和法律规则。简要了解侵权责任的原则、概念。全面认知家庭、婚姻、教育、劳动、继承等与学生个人成长相关的法律关系。了解与生活密切相关的行政法律中的重要规则，认知和理解政府行政管理的法治原则，建立权力受法律制约，有权力就有责任的观念。理解刑法的运行规则，了解犯罪构成以及罪刑法定等基本原则。了解保障人权的重要性及其含义，理解法治与权利保障的关系。

认知民事、行政、刑事方面的法律责任，深化守法意识。了解诉讼制度的基本原则，以及调解、仲裁、行政复议等多元化纠纷解决机制，建立对正当程序原则的认识，树立理性表达诉求、依法维护权益的意识。了解人民法院、人民检察院的机构设置与职能，理解法官、检察官对维护司法公正的价值。了解律师的资格条件、业务范围和权利义务，理解律师维护社会正义的价值。

了解国际法的基本原则，我国签署加入儿童权利公约、残疾人权利公约等主要国际公约的基本内容。

3. 高等教育阶段

在义务教育和高中阶段教育的基础上，针对非法律专业的学生，根据高等教育阶段法治教育的目的，系统介绍中国特色社会主义法学理论体系的基本内涵；掌握法治国家的基本原理，知晓法治的中西源流；明确全面推进依法治国的战略目标、道路选择和社会主义法治体系建设的内容与机制；了解法治的政治、经济、文化、社会和国情基础，理解法治的核心理念和原则；掌握宪法基本知识，了解中国特色社会主义法律体系中的基本法律原则、法律制度及民事、刑事、行政法律等重要、常用的法律概念、法律规范；增加法治实践，提高运用法律知识分析、解决实际问题的意识和能力。

五、青少年法治教育的实施途径

青少年法治教育要充分发挥学校主导作用，与家庭、社会密切配合，拓宽教育途径，创新教育方法，实现全员、全程、全方位育人。

（一）学校教育

1. 专门课程

法治教育要与德育课程紧密结合，要适时、相应修订中小学德育课程标准，完成本大纲要求的教学内容。小学低年级要在道德与法治课中设置专门课时，安排法治教育内容；小学高年级要加大法治教育内容在道德与法治课中的比重，原则上不少于1/3；初中阶段，采取道德与法治课中设置专门教学单元或者集中在某一学期以专册方式实施教学，保证法治教育时间。高中教育阶段，思想政治课要设置专门的课程模块，可以采取分册方式，将法治教育作为思想政治课的独立组成部分，或者加大法治教育选修课的课时。高等教育阶段要把法治教育纳入通识教育范畴，开设法治基础课或者其他相关课程作为公共必修课。鼓励具备条件的地方、学校根据本大纲要求编写法治教育教材，在地方课程或者校本课程中设置法治知识课（必修或选修），完成本大纲要求的教育内容。

2. 教学方式

在课程建设和课程标准修订中要强化法治教育内容，并将法治教育内容落实到各学科课程的教育目标之中。要综合采用故事教学、情境模拟（如法庭模拟）、角色扮演、案例研讨、法治辩论、价值辨析等多种教学方法，必要时，可根据学生认知特点，将真实法治案例引入课堂教学，注重学生法治思维能力的培养。有条件的学校，要充分利用信息技术手段，将多种法治教育资源、形式予以整合、提升，形成以学习者为中心的教育环境，引导学生自主学习，培养学生学习法律的兴趣。

3. 多学科协同

要在各学科课程中挖掘法治教育因素，如：语文教学要充分利用文学作品中的人物形象和典型事件，向学生进行公平正义、违法责任等方面的教育；历史教学要关注法治发展史的教育，要重点讲述依法治国的历史范例；生物教学要对学生进行保护环境、热爱生命、尊重人权的教育；体育教学要对学生进行遵守规则、崇尚公正的教育，等等。

4. 主题教育

要充分利用主题教育、校园文化、党团队活动、学生社团活动、社会实践活动等多种载体，全过程、全要素开展法治教育。要将安全教育、廉政教育、民族团结教育、国防教育、交通安全教育、禁毒教育等专题教育，与法治教育内容相整合，一体化设计教学方案。深入开展“法律进学校”活动。充分利用国家宪法日、国防教育日、国家安全教育日、全国消防日、全国交通安全日、国际禁毒日、世界知识产权日、消费者权益日等，普及相关法律知识，开展形式多样、丰富多彩的主题教育活动。在入学仪式、开学典礼和毕业典礼、成人仪式等活动中，融入法治教育，积极引导学生自主参与，体验感悟。

5. 校园法治文化建设

要全面落实依法治校要求，把法治精神、法治思维和法治方式落实在学校教育、管理和服务的各个环节，建立健全学校章程、相关规章制度，完善学生管理、服务以及权利救济制度，实现环境育人。广泛开展模拟法庭、法律知识竞赛、法律情景剧展演、辩论会、理论研讨、法治社会实践、志愿服务等法治实践活动。中小学图书馆要选配符合青少年学生认知特点的普法读本、影视、动漫作品等，引导学生阅读、观看、讨论。在校园建设中要主动融入法治元素，利用宣传栏、招贴画、名言警句等校园文化载体，宣传法律知识、法治精神，营造校园法治教育氛围。

6. 学生自我教育

在法治教育中要注重发挥学生的主体作用。要根据学生实际，引导、支持学生自主制定规则、公约等，逐步培养学生参与群体生活、自主管理、民主协商的能力，养成按规则办事的习惯，引导学生在学校生活的实践中感受法治力量，培养法治观念。具备条件的，要积极支持学生组建法治兴趣小组、法治实践社团等，加以正确引导，使学生以适当方式研究法治问题、参与法治实践。

（二）社会教育

1. 社会实践教育

各级教育部门和学校要积极组织学生参加法治社会实践活动。各地要根据实际，积极建设综合性的青少年法治教育实践基地，在司法机关、相关政府部门或者有关组织、学校建立专项的法治教育基地。在统一组织的学生社会实践活动中，要安排相当比例的法治实践内容，让学生在真实的法治实践情景中进行学习。学校要充分利用各种社会资源，加强与社区的合作，组织学生进行社区法治服务活动。有条件的高等学校可以设立大学生法律援助中心，利用“三下乡”活动，组织学生进入社区、街道开展法治宣传，普及法律知识，在实践中学法、用法。

2. 国家机关和社会力量参与

要广泛组织和动员国家机关和社会力量支持和参与青少年法治教育工作，建立社会法治教育网络。法院、检察院、公安机关、司法行政机关等国家机关、律师协会等社会组织，要深入学校开展法治宣传教育，与教育部门、学校合作开发法治教育项目；有关行政部门要按照“谁执法、谁普法”的原则，利用学校法治教育平台，为学校提供相应的法治教育资源和实践机会。要切实加强针对有不良行为青少年的专门法治教育工作。鼓励法律工作者、研究人员以各种形式参与青少年法治教育，为学校开发法治教育课程、开展专题法治教育活动提供支持。宣传、文化、新闻出版广电、网信等相关主管部门要加强对报刊、广播电视、网络等媒体的引导和管理，积极鼓励弘扬法治精神的图书、期刊、网络游戏、动漫作品、少儿节目等文化产品以及创意作品的创作和传播，鼓励设立提供青少年法治教育服务的专业化教育机构，形成法治教育的社会合力和良好氛围。

3. 开发利用网络资源

要充分利用网络上的优质法治教育资源，丰富教学的形式和内容，建立学校、社会、家庭共同参与的立体教育网络。利用学校网站、官方微博、微信等平台及教师、班主任或辅导员的个人社交平台进行法治宣传，增强网络法治教育的吸引力，引导学生正确理解法律规范，理性思考和正确认识法治事件、现实案例。

（三）家庭教育

推动家庭与学校形成开展青少年法治教育的合力。积极引导家长重视家庭美德和家庭文化的建设，成为子女学法、守法、用法的榜样。要办好家长学校，完善家校合作机制，大力宣传推广家庭文化建设和家庭教育的成功经验，制定家长法治教育手册，提高家长对孩子进行法治教育的意识和能力，指导家长及时督促改正青少年的不良行为，预防产生违法行为。同时，要发挥学生法治教育对家长的作用，了解家长需求，拓展学校法治教育的影响。

六、青少年法治教育的保障

（一）组织与制度保障

各地要在党委、政府的统一领导下，建立由教育部门牵头，司法部门、共青团和有关部门、组织等共同参与的青少年法治教育工作机制，联合制定青少年法治教育工作规划，明确责任分工，确定工作步骤，协同推进青少年法治教育。

各级教育部门要积极协调相关部门，整合资源，完善保障机制，健全青少年法治教育效果评价机制，推广法治教育的先进经验。要将学校法治教育实施情况作为依法治校的重要方面，纳入学校年度考核的内容；作为预防青少年违法犯罪和“平安校园”创建工作内容，纳入综合（平安建设）工作考评。县级以上各级人民政府教育督导机构要将学校法治教育实施情况纳入教育督导范围，帮助学校推进法治教育工作。

各级各类学校是实施法治教育的主体，要将法治教育纳入学校总体发展规划和年度工作计划，重点在师资配备、课程实施、经费支持、制度机制等方面予以保障，做好法治教育的落实工作。

（二）师资队伍建设

要大力加强法治教育师资队伍建设，逐步建设高水平的法治教育教师队伍。通过多种途径，保证每所中小学要至少有 1 名受过专业培养或者经过专门培训，可以胜任法治教育任务的教师。建立中小学法治教育骨干教师培养机制，完善对法治教育教学成果的支持和奖励制度。提高全体教师的法治素养和法治教育能力，充分挖掘各学科教学内容的法治内涵，提升教师群体的法治意识。完善法治副校长（辅导员）制度，进一步明确职责，完善相关工作机制，充分发挥法官、检察官、律师、高校法律院系教师等法律工作者的力量，健全高校学生法治教育志愿者制度，建设稳定的兼职法治教育师资队伍，为中小学法治教育提供支持。

鼓励高校探索青少年法治教育方向研究生培养。创新机制吸引法律专业毕业生到中小学任教，培养专业化的中小学法治教育师资。完善法治教师继续教育制度，充分利用高校、社会的力量，为中小学法治教育教师培训提供支持。

（三）健全评价机制

要建立健全科学的青少年法治教育评价机制。评价要全面考察青少年法治教育效果，有利于激发青少年学习法治知识、发展法治能力、提高法治素养、参与法治实践的自觉性；有利于激发学校、教师开展法治教育的主动性和创造性，促进青少年法治教育形式与内容的不断改进和创新。评价要基于本大纲确定的青少年法治教育的目标和内容要求，将必要的法律常识纳入不同阶段学生学业评价范畴，在中、高考中适当增加法治知识内容，将法治素养作为学生综合素质的重要组成部分。要注重结合青少年的学习和生活，将反映法治思维、法治观念的行为、态度和实践作为评价的重要方面，增强评价的科学性和有效性。要结合社会诚信体系建设、精神文明创建等机制，探索建立综合性的青少年法治素养评价机制。教育部门可以联合司法部门组织或者委托第三方对学校、区域的青少年法治教育的整体情况进行评价。有条件的高等学校、科研组织可以开展青少年法治教育评价的研究与实践。

（四）教育教学资源保障

整合网络教育资源，加强教育部全国青少年普法网等专业网站建设，提供形式生动多样，内容鲜活丰富的网络优秀法治教育资源，支持中小学开展法治教育。积极推进综合性青少年法治教育实践基地建设，把基地建设纳入各地校外教育机构建设的整体规划。教育、司法行政部门要会同有关部门，加强组织协作，鼓励在政府部门、高等学校、相关社会组织，设立各类法治教育基地，为学校组织学生参观各类国家机关、观摩司法活动、体验法治实践提供便利。

鼓励和支持各种社会组织开发青少年法治教育读本及相关产品，编写出版符合青少年认知特点和接受意趣的法治教育期刊、课件、音像资料等教育教学资源。鼓励各地将法治教育教材、读本纳入免费教科书范围，积极创造条件向中小学特别是农村和边远贫困地区的学校，免费提供优质法治教育资源。

要充分利用高等学校、研究机构的相关科研力量，深入开展青少年法治教育理论研究，为法治教育教学提供理论基础和学理支撑。要加大对青少年法治教育研究扶持力度，设立专项科研课题，特别要设立面向一线教师的法治教育研究课题，鼓励中小学教师与专业研究人员开展合作研究，及时总结、交流和推广研究成果。

要引导大众传媒切实承担起法治教育的社会责任，把青少年学生作为法治宣传教育的重点人群，通过多种形式，开展适合青少年学生特点的公益法治宣传活动。

（五）经费保障

各级教育部门和有关部门要统筹安排相关经费，支持青少年法治教育，支持法治教育实践基地、教育普法网站建设和教师法治培训、法治教育教学研究等工作。具备条件的地方，可以通过政府购买服务等方式，为学校开展青少年法治教育提供优质的教学、实践资源。学校要将法治教育纳入学校工作总体规划和年度计划，将所需经费纳入年度预算。要积极动员全社会力量，鼓励企业、事业组织和公民个人设立公益性基金或者专门基金会，支持青少年法治教育工作。

北京市教育委员会

关于转发《高等学校预防与处理学术不端行为办法》的通知

京教研〔2016〕6 号

各市属高校：

现将《高等学校预防与处理学术不端行为办法》（教育部令第 40 号）转发你们，请认真学习，并遵照执行。

2016 年 9 月 7 日

中华人民共和国教育部令

第 40 号

《高等学校预防与处理学术不端行为办法》已于 2016 年 4 月 5 日经教育部 2016 年第 14 次部长办公会议审议通过，现予发布，自 2016 年 9 月 1 日起施行。

2016 年 6 月 16 日

高等学校预防与处理学术不端行为办法

第一章 总则

第一条 为有效预防和严肃查处高等学校发生的学术不端行为，维护学术诚信，促进学术创新和发展，根据《中华人民共和国高等教育法》《中华人民共和国科学技术进步法》《中华人民共和国学位条例》等法律法规，制定本办法。

第二条 本办法所称学术不端行为是指高等学校及其教学科研人员、管理人员和学生，在科学研究及相关活动中发生的违反公认的学术准则、违背学术诚信的行为。

第三条 高等学校预防与处理学术不端行为应坚持预防为主、教育与惩戒结合的原则。

第四条 教育部、国务院有关部门和省级教育部门负责制定高等学校学风建设的宏观政策，指导和监督高等学校学风建设工作，建立健全对所主管高等学校重大学术不端行为的处理机制，建立高校学术不端行为的通报与相关信息公开制度。

第五条 高等学校是学术不端行为预防与处理的主体。高等学校应当建设集教育、预防、监督、惩治于一体的学术诚信体系，建立由主要负责人领导的学风建设工作机制，明确职责分工；依据本办法完善本校学术不端行为预防与处理的规则与程序。

高等学校应当充分发挥学术委员会在学风建设方面的作用，支持和保障学术委员会依法履行职责，调查、认定学术不端行为。

第二章 教育与预防

第六条 高等学校应当完善学术治理体系，建立科学公正的学术评价和学术发展制度，营造鼓励创新、宽容失败、不骄不躁、风清气正的学术环境。

高等学校教学科研人员、管理人员、学生在科研活动中应当遵循实事求是的科学精神和严谨认真的治学态度，恪守学术诚信，遵循学术准则，尊重和保护他人知识产权等合法权益。

第七条　高等学校应当将学术规范和学术诚信教育，作为教师培训和学生教育的必要内容，以多种形式开展教育、培训。

教师对其指导的学生应当进行学术规范、学术诚信教育和指导，对学生公开发表论文、研究和撰写学位论文是否符合学术规范、学术诚信要求，进行必要的检查与审核。

第八条　高等学校应当利用信息技术等手段，建立对学术成果、学位论文所涉及内容的知识产权查询制度，健全学术规范监督机制。

第九条　高等学校应当建立健全科研管理制度，在合理期限内保存研究的原始数据和资料，保证科研档案和数据的真实性、完整性。

高等学校应当完善科研项目评审、学术成果鉴定程序，结合学科特点，对非涉密的科研项目申报材料、学术成果的基本信息以适当方式进行公开。

第十条　高等学校应当遵循学术研究规律，建立科学的学术水平考核评价标准、办法，引导教学科研人员和学生潜心研究，形成具有创新性、独创性的研究成果。

第十一条　高等学校应当建立教学科研人员学术诚信记录，在年度考核、职称评定、岗位聘用、课题立项、人才计划、评优奖励中强化学术诚信考核。

第三章　受理与调查

第十二条　高等学校应当明确具体部门，负责受理社会组织、个人对本校教学科研人员、管理人员及学生学术不端行为的举报；有条件的，可以设立专门岗位或者指定专人，负责学术诚信和不端行为举报相关事宜的咨询、受理、调查等工作。

第十三条 对学术不端行为的举报，一般应当以书面方式实名提出，并符合下列条件：

（一）有明确的举报对象；

（二）有实施学术不端行为的事实；

（三）有客观的证据材料或者查证线索。

以匿名方式举报，但事实清楚、证据充分或者线索明确的，高等学校应当视情况予以受理。

第十四条 高等学校对媒体公开报道、其他学术机构或者社会组织主动披露的涉及本校人员的学术不端行为，应当依据职权，主动进行调查处理。

第十五条 高等学校受理机构认为举报材料符合条件的，应当及时作出受理决定，并通知举报人。不予受理的，应当书面说明理由。

第十六条 学术不端行为举报受理后，应当交由学校学术委员会按照相关程序组织开展调查。

学术委员会可委托有关专家就举报内容的合理性、调查的可能性等进行初步审查，并作出是否进入正式调查的决定。

决定不进入正式调查的，应当告知举报人。举报人如有新的证据，可以提出异议。异议成立的，应当进入正式调查。

第十七条 高等学校学术委员会决定进入正式调查的，应当通知被举报人。

被调查行为涉及资助项目的，可以同时通知项目资助方。

第十八条 高等学校学术委员会应当组成调查组，负责对被举报行为进行调查；但对事实清楚、证据确凿、情节简单的被举报行为，也可以采用简易调查程序，具体办法由学术委员会确定。

调查组应当不少于 3 人，必要时应当包括学校纪检、监察机构指派的工作人员，可以邀请同行专家参与调查或者以咨询等方式提供学术判断。

被调查行为涉及资助项目的，可以邀请项目资助方委派相关专业人员参与调查组。

第十九条　调查组的组成人员与举报人或者被举报人有合作研究、亲属或者导师学生等直接利害关系的，应当回避。

第二十条　调查可通过查询资料、现场查看、实验检验、询问证人、询问举报人和被举报人等方式进行。调查组认为有必要的，可以委托无利害关系的专家或者第三方专业机构就有关事项进行独立调查或者验证。

第二十一条　调查组在调查过程中，应当认真听取被举报人的陈述、申辩，对有关事实、理由和证据进行核实；认为必要的，可以采取听证方式。

第二十二条　有关单位和个人应当为调查组开展工作提供必要的便利和协助。

举报人、被举报人、证人及其他有关人员应当如实回答询问，配合调查，提供相关证据材料，不得隐瞒或者提供虚假信息。

第二十三条　调查过程中，出现知识产权等争议引发的法律纠纷的，且该争议可能影响行为定性的，应当中止调查，待争议解决后重启调查。

第二十四条　调查组应当在查清事实的基础上形成调查报告。调查报告应当包括学术不端行为责任人的确认、调查过程、事实认定及理由、调查结论等。

学术不端行为由多人集体做出的，调查报告中应当区别各责任人在行为中所发挥的作用。

第二十五条　接触举报材料和参与调查处理的人员，不得向无关人员透露举报人、被举报人个人信息及调查情况。

第四章　认定

第二十六条　高等学校学术委员会应当对调查组提交的调查报告进行审查；必要的，应当听取调查组的汇报。

学术委员会可以召开全体会议或者授权专门委员会对被调查行

为是否构成学术不端行为以及行为的性质、情节等作出认定结论，并依职权作出处理或建议学校作出相应处理。

第二十七条 经调查，确认被举报人在科学研究及相关活动中有下列行为之一的，应当认定为构成学术不端行为：

（一）剽窃、抄袭、侵占他人学术成果；

（二）篡改他人研究成果；

（三）伪造科研数据、资料、文献、注释，或者捏造事实、编造虚假研究成果；

（四）未参加研究或创作而在研究成果、学术论文上署名，未经他人许可而不当使用他人署名，虚构合作者共同署名，或者多人共同完成研究而在成果中未注明他人工作、贡献；

（五）在申报课题、成果、奖励和职务评审评定、申请学位等过程中提供虚假学术信息；

（六）买卖论文、由他人代写或者为他人代写论文；

（七）其他根据高等学校或者有关学术组织、相关科研管理机构制定的规则，属于学术不端的行为。

第二十八条 有学术不端行为且有下列情形之一的，应当认定为情节严重：

（一）造成恶劣影响的；

（二）存在利益输送或者利益交换的；

（三）对举报人进行打击报复的；

（四）有组织实施学术不端行为的；

（五）多次实施学术不端行为的；

（六）其他造成严重后果或者恶劣影响的。

第五章 处理

第二十九条 高等学校应当根据学术委员会的认定结论和处理建议，结合行为性质和情节轻重，依职权和规定程序对学术不端行为责任人作出如下处理：

（一）通报批评；

（二）终止或者撤销相关的科研项目，并在一定期限内取消申请资格；

（三）撤销学术奖励或者荣誉称号；

（四）辞退或解聘；

（五）法律、法规及规章规定的其他处理措施。

同时，可以依照有关规定，给予警告、记过、降低岗位等级或者撤职、开除等处分。

学术不端行为责任人获得有关部门、机构设立的科研项目、学术奖励或者荣誉称号等利益的，学校应当同时向有关主管部门提出处理建议。

学生有学术不端行为的，还应当按照学生管理的相关规定，给予相应的学籍处分。

学术不端行为与获得学位有直接关联的，由学位授予单位作暂缓授予学位、不授予学位或者依法撤销学位等处理。

第三十条 高等学校对学术不端行为作出处理决定，应当制作处理决定书，载明以下内容：

（一）责任人的基本情况；

（二）经查证的学术不端行为事实；

（三）处理意见和依据；

（四）救济途径和期限；

（五）其他必要内容。

第三十一条 经调查认定，不构成学术不端行为的，根据被举报人申请，高等学校应当通过一定方式为其消除影响、恢复名誉等。

调查处理过程中，发现举报人存在捏造事实、诬告陷害等行为的，应当认定为举报不实或者虚假举报，举报人应当承担相应责任。属于本单位人员的，高等学校应当按照有关规定给予处理；不属于本单位人员的，应通报其所在单位，并提出处理建议。

第三十二条 参与举报受理、调查和处理的人员违反保密等规定，造成不良影响的，按照有关规定给予处分或其他处理。

第六章 复核

第三十三条 举报人或者学术不端行为责任人对处理决定不服的，可以在收到处理决定之日起30日内，以书面形式向高等学校提出异议或者复核申请。

异议和复核不影响处理决定的执行。

第三十四条 高等学校收到异议或者复核申请后，应当交由学术委员会组织讨论，并于15日内作出是否受理的决定。

决定受理的，学校或者学术委员会可以另行组织调查组或者委托第三方机构进行调查；决定不予受理的，应当书面通知当事人。

第三十五条 当事人对复核决定不服，仍以同一事实和理由提出异议或者申请复核的，不予受理；向有关主管部门提出申诉的，按照相关规定执行。

第七章 监督

第三十六条 高等学校应当按年度发布学风建设工作报告，并向社会公开，接受社会监督。

第三十七条 高等学校处理学术不端行为推诿塞责、隐瞒包庇、查处不力的，主管部门可以直接组织或者委托相关机构查处。

第三十八条 高等学校对本校发生的学术不端行为，未能及时查处并做出公正结论，造成恶劣影响的，主管部门应当追究相关领导的责任，并进行通报。

高等学校为获得相关利益，有组织实施学术不端行为的，主管部门调查确认后，应当撤销高等学校由此获得的相关权利、项目以及其他利益，并追究学校主要负责人、直接负责人的责任。

第八章 附则

第三十九条 高等学校应当根据本办法，结合学校实际和学科特点，制定本校学术不端行为查处规则及处理办法，明确各类学术不端行为的惩处标准。有关规则应当经学校学术委员会和教职工代表大会讨论通过。

第四十条 高等学校主管部门对直接受理的学术不端案件，可自行组织调查组或者指定、委托高等学校、有关机构组织调查、认定。对学术不端行为责任人的处理，根据本办法及国家有关规定执行。

教育系统所属科研机构及其他单位有关人员学术不端行为的调查与处理，可参照本办法执行。

第四十一条 本办法自 2016 年 9 月 1 日起施行。

教育部此前发布的有关规章、文件中的相关规定与本办法不一致的，以本办法为准。

中共北京市委教育工作委员会
北　京　市　教　育　委　员　会
北京市人民政府教育督导室

关于调整北京教育系统法治宣传教育工作领导小组的通知

京教策〔2016〕12 号

各区委教育工委、区教委、区政府教育督导室，各高等学校、中等专业学校，各直管直属单位：

北京教育系统法治宣传教育领导小组是我市教育系统推进法治宣传教育工作的领导机构。为进一步贯彻落实国家、市委市政府关于做好法治宣传教育工作的相关部署，继续深入推进教育系统法治宣传教育工作，根据工作需要，现对领导小组成员进行调整、补充。经2016年第23次工委委员会讨论通过，现将领导小组工作职责和新的领导小组组成人员名单通知如下：

一、工作职责

认真贯彻国家和市委市政府关于加强法治宣传教育的精神和要求，落实法治宣传教育工作规划，统筹领导教育系统法治宣传教育工作。负责研究、制定教育系统法治宣传教育五年工作规划、年度工作计划。组织开展法治宣传教育工作的实施、检查和调查研究，推动教育系统法治宣传教育工作深入开展，不断提高教育行政人员和广大师生员工的法治观念和法律意识。

二、组成人员名单

组　长：刘宇辉　市委教工委副书记、市教委主任
张雪　市委教工委常务副书记
唐立军　市委教工委副书记、市政府教育督导室主任
副组长：郑登文　市委教工委副书记、机关党委书记
李奕　市委教工委委员、市教委副主任
王文生　市委教工委市教委委员、市教育纪工委书记
关国珍　市政府教育督导室副主任
成　员：王艳霞　市委教工委市教委政策法制处处长
周彤　市教委办公室主任
王栋　市委教工委市教委机关党办主任
全志　市委教工委干部处副调研员
王达品　市委教工委宣教处处长
杨江林　市教委人事处处长
李艳春　市教委财务处处长
张凤华　市教委基础教育一处处长

徐建姝　市教委基础教育二处处长

王东江　市教委职业教育与成人教育处处长

邵文杰　市教委高等教育处处长

王军　　市教委体育卫生与艺术教育处处长

龙梅　　市政府教育督导室学校督导处处长

三、领导小组办公室设置及其职责

领导小组办公室设在市委教育工委市教委政策法制处（法制办公室），王艳霞同志兼任办公室主任。办公室主要负责起草法治宣传教育工作规划、年度工作计划、总结等相关文件材料；围绕首都教育发展大局和教育法治工作重点，协调落实北京教育系统法治宣传教育工作任务及领导小组交办的其他事项。

四、各成员处室职责

领导小组成员所在处室为领导小组成员处室。各成员处室要学习贯彻中央、教育部和北京市关于法治工作的部署和要求，认真落实北京教育系统七五普法规划、年度工作计划和领导小组的各项决定，加强干部教师法治教育培训，落实《青少年法治教育大纲》，推动法治教育与德育、智育、体育、美育有机结合，保障法治宣传教育工作经费，加强学校法治教育工作督导，圆满完成处室职责领域的法治宣传教育任务。

如需调整领导小组成员，由成员处室提出调整意见，经领导小组办公室报组长批准后，由领导小组办公室发文通知。

2016 年 10 月 24 日

中共北京市委教育工作委员会
北京市教育委员会
北京市人民政府教育督导室

关于印发《北京教育系统法治宣传教育第七个五年规划（2016—2020年）》的通知

京教策〔2016〕13号

各区委教育工委、区教委、区政府教育督导室，各高等学校、中等专业学校，各直管直属单位：

为贯彻落实全国教育系统和北京市法治宣传教育第七个五年规划任务要求，进一步做好北京市教育系统法治宣传教育工作，全面推进依法治教、依法治校，我们研究制定了《北京教育系统法治宣传教育第七个五年规划（2016—2020年）》，现印发给你们，请结合实际，认真贯彻落实。

2016年10月24日

北京教育系统法治宣传教育第七个五年规划（2016—2020年）

为学习贯彻中共中央、国务院转发的《中央宣传部、司法部关于在公民中开展法治宣传教育的第七个五年规划（2016—2020年）》，全面落实全国教育系统和北京市法治宣传教育第七个五年规划提出的普法教育要求，切实做好本市教育系统第七个五年法治宣传教育工作，进一步提升广大干部、师生员工的法治观念和法律素养，制定本规划。

一、总体要求

（一）指导思想

全面贯彻党的十八大和十八届三中、四中、五中、六中全会精神，深入贯彻习近平总书记系列重要讲话精神，坚持“四个全面”战略布局，牢固树立创新、协调、绿色、开放、共享的新发展理念，落实全面推进依法治国和建设法治中国首善之区的新要求，深入开展法治宣传教育，深入推进依法治教、依法治校，大力弘扬社会主义法治精神，切实提升教育治理体系和治理能力的现代化水平，为推动实现首都教育现代化和建设国际一流和谐宜居之都营造良好的法治环境。

（二）主要目标

首都教育系统法治宣传教育机制进一步健全，载体和形式不断丰富创新，法治教育全面纳入国民教育体系，青少年法治教育的实施与支持体系不断完善，实效性和针对性进一步提升，广大干部、师生员工的社会主义法治观念和党员党章党规意识明显增强，教育系统尊法学法守法用法的氛围更加浓厚，依法治理的能力和水平显著提升。

（三）工作原则

1. 坚持围绕中心，突出重点。紧紧围绕首都教育改革发展稳定的中心任务，以青少年法治教育全面纳入国民教育体系和提升教育系统领导干部法治理念为重点，着力推进法治宣传教育各项工作，为全面实现首都教育现代化提供良好法治基础。

2. 坚持系统规划，全面推进。立足首都教育实际，系统安排、科学规划法治宣传教育主要任务，大力弘扬法治精神，强化树立宪法意识，全面宣传法律知识，全面提升教育行政部门和广大师生员工的法治意识和法律素养。

3. 坚持分类指导，学用结合。适应本市教育行政部门、学校及广大师生员工依法治教、依法治校、依法从教和成长发展需求，针对不同群体特点，科学设置法治宣传教育目标和内容，选取适当的途径与形式，推动学以致用、以用促学。

4. 坚持开拓创新，注重实效。深刻把握法治宣传教育的特点和规律，创新工作理念，改进工作方法，加强新媒体新技术运用，深入开展参与式、交互式、趣味式法治宣传教育实践，不断提高针对性和实效性，进一步开创法治宣传教育工作新局面。

二、主要任务

（一）贯彻落实国家和北京市七五普法规划任务要求，准确把握七五法治宣传教育的主要内容

深入学习宣传习近平总书记关于全面依法治国的重要论述，深刻领会讲话中提出的新思想新观点新论断新要求，进一步增强走中国特色社会主义道路的自觉性和坚定性。坚持把学习宣传宪法摆在首要位置，认真组织好“12·4”国家宪法日暨全国教育系统宪法学习日学习宣传教育活动，健全完善宪法日教育仪式和内容，弘扬宪法精神，树立宪法权威，提高宪法意识。深入宣传中国特色社会主义法律体系，大力宣传宪法相关法、民商法、行政法、经济法、社会法、刑法、诉讼与非诉讼程序法。大力宣传教育法、义务教育法、职业教育法、高等教育法、教师法、民办教育促进法等教育法律法规，以及未成年人保护法、预防未成年人犯罪法、国家通用语言文字法等与教育相关的法律法规，及时学习宣传好新制定修订的教育法律法规，不断增强践行法治的积极性和主动性。切实加大党内法规学习宣传力度，突出学习宣传党章，大力宣传《中国共产党廉洁自律准则》、《中国共产党纪律处分条例》、《中国共产党问责条例》等各项党内法规，教育引导广大党员做党规党纪和国家法律的自觉尊崇者、模范遵守者和坚定捍卫者。

（二）切实将法治教育全面纳入国民教育体系，不断提高学生法治观念和法律意识

坚持将法治教育作为学校教育的重要内容。全面贯彻落实《青

少年法治教育大纲》要求，统筹规划各学段法治教育的目标任务、主要内容和实施途径，扎实推进青少年法治教育系统化、规范化。以培育和践行社会主义核心价值观为主线，以宪法教育为核心，把法治教育融入学校教育的各个阶段，全面提高学生法治观念和法律意识。坚持法治教育与道德教育相结合，注重以法治精神和法律规范弘扬社会主义核心价值观，以倡导自由、平等、公正、法治、诚信、友善等理念为重点，坚持把规则教育、习惯养成与法治实践相结合，积极挖掘中华传统文化中的法治内涵，培育学生养成自觉尊法学法守法用法的良好态度和行为习惯。坚持将宪法教育和公民基本权利义务教育贯穿始终，使学生增强国家观念、公民意识，树立有权利就有义务、有权利就有责任的观念。要遵循教育规律和学生身心发展规律，坚持落细落小落实，坚持课堂教学和社会实践相结合，创新方式方法，切实提高法治教育质量和实效。

（三）进一步加强校长教师法治教育培训，全面提高依法治校、依法从教意识

结合学校依法治理的需要，贴近工作生活实际，服务教育改革发展大局，切实加强教师法治教育培训，使广大教师正确理解、全面掌握所必需的法律法规，进一步树立民主法治、自由平等、公平公正的法治精神，切实增强遵纪守法和尊重爱护、平等对待学生的意识，不断提高广大教师依法从教、依法参与学校管理、依法维护自身和学生合法权益的能力。特别要提高校长和管理人员队伍的法律素质和运用法律思维、法治方式解决学校改革发展中各种问题的能力。要重点加强中小学教师的法治教育，着力培养一批法治观念强、法律素养高、法律技能强的中小学校法治教育教师，使他们成为青少年法治教育和依法维护学校、师生合法权益的骨干队伍。高等学校要加强法治基础课教师配备，按照中央和北京市关于加强思想政治理论课教师队伍建设的有关精神和要求，不断提升队伍整体水平。

（四）全面推进教育系统法治文化建设，积极营造尊法守法学法用法的法治氛围

加强市区两级教育行政机关法治文化建设，全面落实领导干部学法用法制度，广泛开展机关法治文化活动，引导机关工作人员牢固树立权由法定、权依法使等基本法治理念，做到在法治之下想问题办事情，不断提高以法治思维和法治方式深化改革、推动发展、化解矛盾、维护稳定的能力。加强校园法治文化建设，把法治精神、法治思维和法治方式落实在学校教育、管理和服务的各个环节，广泛开展丰富多彩的校园法治实践活动，积极进行法治文化作品创作，在学校图书馆选配符合青少年学生认知特点的普法资料，在校园建设中融入法治元素，利用校园传媒广泛宣传法律知识、法治精神，充分发挥法治文化的引领和熏陶作用。健全守法信用纪录，完善教育领域守法诚信褒奖机制和违法失信惩戒机制。

（五）坚持法治宣传教育与法治实践相结合，不断提升依法治理水平

学习贯彻教育部《依法治教实施纲要（2016—2020年）》，大力推进依法治教、依法治校。深入推进教育依法行政，按照职能科学、权责法定、执法严明、公开公正、廉洁高效、守法诚信的要求，遵循管办评分离的总体思路，制定落实权力清单、责任清单，依法清理、精简行政权力，加强权力运行风险防控，切实提高监管能力和服务水平。健全依法决策机制，重大决策全面落实公众参与、专家论证、风险评估、合法性审查和集体讨论决定的程序要求。深化教育行政执法体制机制改革，构建多元参与的教育治理体制。大力推进依法治校，积极推进现代学校制度建设，完善学校根据章程依法自主办学的治理结构，完善师生权益保护和救济机制。建立健全教育法律顾问制度，完善学校法律服务支持体系。建立健全社会依法评价、支持和监督教育发展的机制。

三、工作举措

（一）发挥课堂教育主渠道作用

认真落实《青少年法治教育大纲》中各学段法治教育的目标、任务、内容和要求。小学低年级在道德与法治课中设置专门课时，小学

高年级法治教育内容占道德与法治课的比重原则上不少于1/3。初中阶段，采取道德与法治课中设置专门教学单元或者集中以专册方式实施教学。高中教育阶段，思想政治课要设置专门的课程模块，可以采取分册方式，将法治教育作为思想政治课的独立组成部分，或者加大法治教育选修课的课时。高等教育阶段把法治教育纳入通识教育范畴，开设法治基础课或者其他相关课程作为公共必修课。鼓励各区、学校在地方课程或者校本课程中设置法治知识课（必修或选修）。积极开展“法治知识进课堂”基地校建设，加强专门课程建设的经验总结和交流。充分运用法治教育软件、教学课件、音像制品、微课、慕课等多种形式和手段，更多采取实践式、体验式、参与式等教学方式，贴近学生实际，提升教学效果。注重挖掘语文、历史、生物、体育等各学科课程中法治教育因素，推进多学科协同开展法治教育。

（二）积极开展丰富多彩的法治教育活动

坚持和完善模拟法庭教育形式，实现模拟法庭教育全市各级各类学校全覆盖，确保每所学校每学期至少组织1次模拟法庭教育。充分利用开学第一课、班队会、社会实践、毕业仪式等时机，有机融入法治教育内容。结合学生认知特点，有针对性地开展交通、消防、防控校园欺凌、禁毒、反恐、国防、知识产权等专题教育。积极开展“法治进校园”巡讲活动，有条件的学校每学期要举办1次法治讲座。充分利用社会大课堂、法治教育实践基地等社会法治教育资源，积极开展校外法治教育，每所学校每学期要开展1次法治实践教育活动，初中学生每学期综合社会实践活动中至少安排1次法治教育活动。定期举办全市教育系统法治文艺大赛、普法微视频展映、法治教育优秀多媒体课件征集、法治知识网络大赛等活动，推荐优秀选手和作品参加北京市和全国比赛，引导各级各类学校开展丰富多彩的法治教育活动，提升法治教育的吸引力和感染力。

（三）实施法治教育人才队伍建设工程

深入实施中小学校长教师法治培训计划，纳入市、区两级教师培训工作体系，按照教育部法治培训大纲，进行全员法治培训。配齐法治教育课教师，在核定的编制总额内，每所中小学要配备 1 至 2 名专任或兼任法治教育课教师，鼓励有条件的学校录用法学专业本科及以上毕业生担任法治教育专任教师。实施中小学法治教育教师专业素质提升计划，确保全市每所中小学至少有 1 名教师接受 100 学时以上的系统法律知识培训。实施法治教育名师培育计划，通过国家和市级选拔培训，七五期间培养 50 名优秀中小学法治教育教师。充分利用法治研究培训基地和依法治教案例库，创新采用开放研修、实践研修等方式，提升培训效果。积极开展教师法律知识竞赛、教学基本功大赛和精彩教案、课件、案例评选等活动，激发教师自觉提升专业能力的积极性。加强学校法治副校长、法治辅导员、法治教育志愿者队伍建设，优化教师结构，提升专业化水平。实施高校法律卓越人才培养计划，加强法律专门人才培养。

（四）落实教育管理部门学法用法制度

坚持将领导干部带头尊法学法作为教育系统增强法治观念的关键，全面落实领导干部学法用法要求，以习近平总书记依法治国重要论述、中国特色社会主义法律体系、党章和党内法规为对象，列入党委中心组学习内容，采取集中学习和个人自学相结合的方式，提升领导干部运用法治思维和法治方式履职尽责的能力。市区教育行政机关每年安排办公会会前学法不少于 4 次，每年举办领导干部依法行政培训班不少于 1 期、时间不少于 24 学时，每年举办领导干部法治讲座不少于 2 次。领导班子和领导干部在年度考核述职中进行述法，把能不能遵守法律、依法办事作为考核的重要内容。把法治教育纳入公务员初任和任职培训的必训内容，定期开展社会主义法治理念、教育法律法规和行政法律法规培训，把尊法学法守法用法情况列入公务员年度考核重要内容。到 2020 年，依照教育系统领导干部法治培训大纲和法治能力评测工具，完成全员培训，实现领导干部全员考核。

（五）不断拓展法治宣传教育资源

加强新媒体新技术在普法中的运用，充分利用全国青少年普法网、北京市青少年法制教育资源网、北京数字德育网、北京数字学校等网络教育资源，丰富教育形式和内容，搭建法治宣传教育资源共建共享平台。编好《法治与校园》普法读物，建设“法治与校园”微信公众号。建立教育公益普法制度，积极推动新闻媒体参与教育系统公益法治宣传教育。落实教育部、司法部《关于加强青少年法治教育实践基地建设的意见》，实施青少年法治教育实践基地建设工程，整合社会资源，创新服务方式，在每个区至少建立1所符合标准的市级法治教育实践基地。各区要加强区级法治教育实践基地建设，在乡镇校外活动站增加法治教育资源，支持各区利用实践基地的资源，在中小学设立具备一定实践性、互动性教学功能的“法治教育教室”。采取政府购买服务等方式，支持中小学校以多种方式组织学生参加法治教育社会实践活动。加强普法志愿者队伍建设，鼓励高校开展便民法律咨询，继续推动大学生法律志愿服务与青少年法治教育有机融合，健全工作体系，开展好“青春船长，法治起航”活动。开展跨区域法治宣传教育工作联动，推进京津冀三地法治宣传教育工作互助、资源共享。

（六）深入开展依法治理创建活动

按教育部统一部署，组织开展依法治教示范区创建活动，推动各区教育行政部门积极建设依法治教示范区。建立权责统一的教育行政执法体制，不断提高教育系统依法治理能力。进一步完善各级各类学校依法治理的制度与机制，研究制定推进中小学章程建设的指导意见，2017年年底前完成全市所有公办学校的章程核准，实现一校一章程。以学校章程建设为抓手，贯彻落实中央和北京市关于完善学校内部治理结构的新精神新要求，健全符合法治精神和法律规定的学校内部管理机制，全面提高依法治校水平。组织开展依法治校示范校创建活动，制定实施依法治校考核指标体系，健全依法治校考核评估办法，探索建立学校自查、专家评审、行政部门检查、第三方评估与社会评价等多元考核机制。力争到2020年，全市学校全面达到依法治校的基本要求，创建百所依法治校示范校。

（七）健全法治宣传教育支持体系

建立健全法治宣传教育部门协调机制，完善与人大、公检法司及有关行政部门、工会、共青团、妇联等群众组织、教育学会、法学会等学术团体的合作机制，发挥家长学校、家长委员会、社区等组织的法治教育力量，健全社会支持网络，充分利用整合各部门和社会的法治教育资源，建立政府部门、学校、社会和家庭协调配合开展法治教育的机制，形成青少年法治教育的新格局。鼓励师范院校、政法院校等高等学校设立法治教育及相关专业学位。依托高校和科研院所，建立若干教育法治研究培训基地，承载专业智库建设、教育法治研究、教育法治人才培养、依法治教相关培训等任务。加大对法治教育研究的扶持力度，设立专项科研课题，重点支持一线教师与专业研究人员开展合作研究。积极利用中外人文交流机制等平台，推动青少年法治教育的国际交流与合作。

四、保障措施

（一）强化组织领导

市区两级教育行政部门和各级各类学校要从全面推进依法治国、全面建成小康社会的战略高度，充分认识和深刻理解教育普法的重要性和紧迫性，切实将法治宣传教育摆在工作的重要位置，抓紧抓好。在市委市政府的统一领导下，建立由市委教工委市教委牵头，市司法局、市法宣办、团市委、未保委等部门和组织参加的青少年法治教育联席会议制度，共同研究确定年度重点工作，协同推进青少年法治教育。继续设立北京市教育系统法治宣传教育领导小组，及时调整完善领导小组组成人员，发挥好领导小组的统筹协调作用，领导小组办公室设在市委教工委市教委政策研究与法制工作处（法制办公室）。各区教委要健全和完善主要领导任组长、相关职能部门参加的法治宣传教育工作领导小组，明确法治宣传教育工作机构。各级各类学校应成立依法治校及法治宣传教育领导小组，指定工作机构和专人负责法治宣传教育。

（二）强化经费保障

市区两级教育行政部门要设立七五法治宣传教育工作专项经费，纳入年度部门预算，切实予以保障，并根据工作需要建立动态调整机制。要统筹安排相关经费，积极支持青少年学生法治教育、购置编印法治读本、法治教育实践基地和普法网站建设，深入推进教师法治教育培训、教育教学研究，大力开展依法治教、依法治校示范单位创建等工作。要将法治宣传教育列入政府购买服务指导性目录，通过政府购买服务的方式，为开展法治宣传教育提供优质的教学、实践资源。学校要将法治教育纳入学校总体发展规划和年度工作计划，在年度预算中安排专项经费，重点在教师培训、课程实施、校本研究、开展活动等方面予以保障，抓好法治教育落实工作。创新工作机制，鼓励引导社会资金支持青少年学生法治教育。

（三）强化考核评估

将学生法治教育综合情况作为对学校年度考核的重要内容，与校长任期考核、教师业绩考核、学生操行评定等挂钩。在中、高考中适当增加法治知识内容，将宪法知识、社会主义法治理念、法治素养和法治实践纳入学生知识和综合素质评价范围。认真落实《北京教育系统法治宣传教育工作考核评估指标》、《北京高校法治宣传教育工作基本标准》、《北京市中小学法治宣传教育工作考核评价标准》，加强年度工作监督检查。将法治宣传教育工作情况纳入依法治教示范区、依法治校示范校评选和素质教育综合督导，开展"七五"普法规划落实情况中期检查，切实推动"七五"法治宣传教育工作深入开展。

本规划自2016年开始实施，2018年进行中期检查，2020年开展总结验收。各单位要根据规划的要求，结合实际，制定本单位的法治宣传教育五年规划或工作实施方案，并建立工作责任制，确实做到有计划、有部署、有落实、有检查。市委教工委市教委将进一步加强法治宣传教育工作交流、典型宣传和经验推广，请各单位将七五法治宣传教育工作情况及时报送至市教育系统法治宣传教育领导小组办公室。

发展规划

北京市教育委员会文件选编

（2016）

北 京 市 教 育 委 员 会
北京市发展和改革委员会

关于印发《北京市“十三五”时期教育改革和发展规划》的通知

京教计〔2016〕21号

各区人民政府，市政府有关部门，各高等学校：

《北京市“十三五”时期教育改革和发展规划》已经市政府批准，现印发你们，请认真贯彻执行。

2016年9月9日

北京市“十三五”时期教育改革和发展规划（2016—2020年）

“十三五”时期是首都实现教育现代化的决胜阶段。根据《国家教育事业发展第十三个五年规划》和《北京市国民经济和社会发展第十三个五年规划纲要》精神，为进一步明确2016—2020年首都教育改革发展的主要目标和任务，特制定本规划。

一、发展基础与形势要求

（一）发展基础

“十二五”时期，首都教育坚持优先发展、统筹协调、优质育人、改革创新，全面深化教育领域综合改革，在一系列重点领域和关键环节取得突破，顺利完成了“十二五”规划确定的主要目标和任务，进一步提高了首都教育现代化水平。

教育普及水平进一步提升。0～3 岁婴幼儿家庭教育指导网络进一步健全，学前三年毛入园率达到 95%，义务教育毛入学率超过 100%，高中阶段教育毛入学率达到 99%，高等教育毛入学率达到 60%。就业人员受教育程度为大专及以上的比例超过 50%。从业人员继续教育年参与率超过 60%。

教育公平取得新突破。优质均衡的“北京教育新地图”初步形成，人民群众教育的实际获得感明显提升。2015 年小学就近入学比例达到 94.1%，初中就近入学比例达到 90.6%。16 个区全部通过国家义务教育发展基本均衡县评估。覆盖全市基础教育阶段全学科的信息资源库建成，“北京数字学校”提供全天候在线服务。优质教育资源的覆盖面不断扩大。

教育质量持续提高。坚持以社会主义核心价值观为引领，素质教育持续深化。中小学生减负工作取得明显进展，基层创新经验不断涌现。创新创业人才培养机制在探索中推进，技术技能型人才和创新型人才培养能力显著提升。课程和教材建设持续推进，教育教学模式不断创新优化。教育质量保障体系和监测评估机制更加健全。学生全面发展和个性发展需求进一步得到满足，综合素养不断提高。

教育综合改革向纵深发展。改革招生计划分配方式和考试录取方式，统筹拓展基础教育优质资源，推进职业教育高端技术技能人才贯通培养，实施高等学校高水平人才交叉培养、高质量就业创业和高精尖创新中心建设等计划。调整市政府教育督导室机构编制和职能，推进建立督政、督学和评估监测三位一体的教育督导体系，教育治理体系和治理能力现代化水平得到有效提升。

教育保障能力全面提升。教育系统党建和思想政治工作不断加强，教育督导职能有效发挥，学校章程建设取得进展。教育投入显著增长，新建改扩建幼儿园843所，新建改扩建中小学校200所，增建城乡一体化学校65所。教师遴选、引进、管理和发展服务体系进一步完善。教育信息化基础环境与运行机制更加健全，形成了以中小学生学籍信息管理系统为代表的新型信息化教育管理服务模式。

教育开放和辐射影响力不断扩大。首都教育培养高素质、国际化人才的能力不断增强，与国际优质教育资源交流合作的平台进一步拓展。国际学生教育体系持续优化，2015年在京国际学生规模近12万人次。以孔子学院（课堂）建设和北京教育国际宣传为依托，教育对外影响力持续扩大。京港、京澳、京台教育交流日益频繁，京津冀教育协同发展稳步推进，教育对口帮扶任务高质量完成。

“十二五”时期首都教育改革与发展取得的成就，为满足人民群众日益增长的教育需求，推进首都经济社会持续健康发展奠定了坚实基础。首都教育现代化建设站在了新的历史起点上。

（二）形势要求

“十三五”时期是北京市深入贯彻“四个全面”战略布局，落实首都城市战略定位，推进京津冀协同发展，率先全面建成小康社会，建设国际一流的和谐宜居之都的关键时期。首都教育要主动适应新形势、新要求，全面加强教育系统党的建设，全面深化教育领域综合改革，全面推进依法治教，全面提高服务经济社会发展能力。

要主动服务国家重大发展战略，加强统筹协调，为全面建成小康社会强基固本。以习近平为总书记的中央领导集体提出了“四个全面”战略布局，推进实施创新驱动发展、“一带一路”建设、京津冀协同发展、世界一流大学和一流学科建设等重大战略部署。北京作为全国科技创新中心、京津冀协同发展核心、高等学校聚集地，教育需要发挥更加积极的作用。要加强资源统筹和政策协调，稳步推进部分教育功能疏解，优化调整教育结构布局，大力创新高等学校发展机制，成为区域教育协同发展的领头羊、国家战略发展的助推器、国际教育竞争的主力军，为全面建成小康社会、实现中华民族伟大复兴做出新贡献。

要精准立足首都城市战略定位，服务核心功能，更好发挥教育基础性、先导性、全局性作用。中央明确了首都北京“四个中心”的城市战略定位。紧密结合首都产业、就业、人口等布局调整，积极适应经济发展新常态，是首都教育改革与发展的新课题。要从强化首都核心功能出发，主动把握，精准定位，在各类人才培养和国际人才聚集、思想价值引领和文化传承弘扬、全国教育示范和国际教育合作、科技自主创新和科技成果转化等方面取得新进展，为建设国际一流的和谐宜居之都做出新贡献。

要积极回应人民群众教育期待，深化综合改革，全面推进实现教育现代化。随着首都经济社会快速发展和人民生活水平日益提升，人民群众的教育需求呈现出多层次、多样化、个性化、高质量等特点。满足人民群众教育需求，解决教育热点难点问题，是首都教育改革发展的重要方向。始终以办人民满意教育为宗旨，坚持问题导向，深化综合改革，强化内涵发展，维护稳定环境，全面推进实现教育现代化，不断增强人民群众对教育改革成果的实际获得感，提高人民群众对首都教育的满意度。

要更好顺应国际教育发展潮流，创新发展方式，不断提升首都教育的内涵和水平。当前世界各国和国际组织都将教育作为促进智慧增长、可持续增长与包容性增长的基石，强调从“全民教育”向“全民学习”转变，更加突出教育公平与卓越，更加突出教育国际化和竞争力。“互联网＋”深刻影响着教育资源的配置和整合，放大了优质教育资源的作用，为实现教育公平与卓越创造了有利条件。要以新的理念、新的策略，更好顺应时代潮流，积极推动信息技术与教育教学的全面深度融合，不断提升首都教育发展水平，切实打造首都教育的好形象与好品牌。

面对新形势、新要求，必须清醒认识到首都教育还存在一些问题，包括：教育资源供给还不适应学龄人口总量快速增长带来的新需求；教育资源配置还不能跟上城市人口分布的新变化；科学的育人观、人才观、用人观还未普遍树立；人才培养模式还不能完全适应国家和首都创新驱动发展的需要；教师队伍建设还不能满足全面提升教育质量的要求；教育对外开放与区域合作还不适应新的首都城市战略定位；教育管办评分离改革还不适应教育治理体系和治理能力现代化的需要。

二、指导思想和主要目标

（一）指导思想

深入贯彻党的十八大、十八届三中、四中、五中全会和习近平总书记系列重要讲话精神，按照“四个全面”战略布局，牢固树立和贯彻落实创新、协调、绿色、开放、共享的发展理念，牢牢把握首都城市战略定位，巩固教育优先发展地位，坚持立德树人，紧紧围绕提高教育质量这一战略主题，以促进学生健康成长和全面发展为根本，以加强党的领导为坚强保证，深化教育综合改革，全面推进首都教育事业科学发展和京津冀教育协同发展，不断提高人民群众的教育满意度和获得感，为建设国际一流的和谐宜居之都提供强有力的人才支持、智力支持和创新支持。

（二）主要目标

到2020年，建成公平、优质、创新、开放的首都教育和先进的学习型城市，全面完成《北京市中长期教育改革和发展规划纲要（2010—2020年）》确定的各项任务，实现教育现代化。

——教育事业发展全国领先。学前三年毛入园率巩固在95%，义务教育毛入学率不低于100%，高中阶段教育毛入学率超过99%，高等教育毛入学率超过60%，新增劳动力平均受教育年限超过15年，主要劳动年龄人口受过高等教育的比例超过48%，从业人员继续教育年参与率达到80%。

——基本公共教育服务更加公平。公共教育资源配置更加均衡，区域、校际差距进一步缩小，受教育权利依法平等享有。按照确保公平和就近入学原则，科学划定每所义务教育学校片区范围，100%公办学校实现就近入学。逐步实施12年免费基础教育。城乡教育一体化发展格局形成，家庭经济困难群体资助全覆盖制度更加完善，残疾儿童接受义务教育的需求全面满足，来京务工人员随迁子女接受义务教育的保障机制更加健全。

——优质教育供给显著增加。坚持立德树人，强化理想信念教育，素质教育全面实施。教师的数量、结构和专业化水平进一步优化，义务教育专任教师中本科及以上学历人员比例超过95%，职业教育“双师型”教师比例超过80%。高等学校优势特色学科建设进一步增强。政府向社会力量购买教育服务的工作稳步推进，优质、特色教育资源的覆盖面进一步扩大，教育的可选择性更加丰富，优质教育、个性教育的需求得到较好满足。“北京教育新地图”进一步完善。

——人才培养模式灵活多样。基础教育课程改革全面深化，职业教育与普通教育相互渗透，高等学校实现分类发展。不同类型学习成果的互认与衔接机制和转换认定制度更加完善。终身学习条件更加完备，灵活开放、选择多样的人才培养“立交桥”建成，可持续发展教育理念深入人心。崇尚专业的教育氛围更加浓厚，新时期工匠精神广泛弘扬。学生的社会责任感、法治意识、创新精神和实践能力显著增强，应用型人才和创新型人才培养能力进一步提高。

——教育治理体系规范高效。教育领域中政府、学校、社会的新型关系基本形成，市级政府教育统筹力度得到加强，学校依法自主办学权利得到更好保障，社会广泛参与支持教育的机制、渠道更加完善。依法治校机制形成，教育行政权力更加公开透明。学校章程和制度建设得到加强，学校内部治理结构更加完善。机制健全、职能完善、方法科学、手段先进、权威高效的现代教育督导体系初步形成，教育督导的法制化、专业化、现代化水平进一步提高。教育财政保障体系更加健全，公共财政教育支出占公共财政支出的比例保持在17%左右。

——教育辐射影响力持续提高。教育的开放程度和国际竞争力显著增强，教育在吸引和聚集国际化高端人才中的作用更加突出。

2020年在京国际学生规模达到15万人次，质量和层次明显提高。部分教育功能疏解取得明显成效，京津冀区域教育协同发展机制逐步完善，首都教育的辐射带动作用明显提升。信息化助推教育现代化的能力增强，中小学建网学校比例达到100%，建成与“智慧北京”相适应的，功能齐全、服务高效的智能化教育服务体系，数字教育资源更加开放与共享。

教育事业发展与人力资源开发主要指标

	指标		2015年	2020年
1	学前三年毛入园率（%）		95	95
2	义务教育毛入学率（%）		＞100	≥100
3	高中阶段教育毛入学率（%）		99	＞99
4	高等教育毛入学率（%）		60	＞60
5	新增劳动力平均受教育年限（年）		15	＞15
6	主要劳动年龄人口受过高等教育的比例（%）		40	＞48
7	从业人员继续教育年参与率（%）		＞60	80
8	义务教育专任教师中本科及以上学历人员比例（%）		91.4	＞95
9	职业教育“双师型”教师比例（%）	中等职业教育	57	＞80
		高等职业教育	65	＞80
10	公共财政教育支出占公共财政支出比例（%）		16.8	17
11	在京国际学生规模（万人次）		12	15
12	中小学建网学校比例（%）		95.4	100

三、主要任务

（一）全面深入实施素质教育，提高学生综合素养

以社会主义核心价值观落细落小落实为指针，把德育贯穿到育人的全过程，树立和倡导科学的教育观、学习观和成才观，营造有利于学生全面成长和个体最优发展的育人环境，着力提升学生的综合素养，为每一位学生的成长、成人、成功奠定良好基础。

加强中小学生社会主义核心价值观教育。将社会主义核心价值观的育人目标和内容融入到学科教学中，强化课堂教学主渠道育人，提升综合育人效果。继续实施中小学生培育和践行社会主义核心价值观“一十百千”工程。开展中小学文明校园创建活动，实施中小学中华优秀传统文化素养提升工程，推进中华优秀传统文化特色校建设，强化青少年学生文化认同和文化自信。深化“中国梦”主题教育，开展感恩励志教育。实施“七五”普法规划，贯彻《青少年法治教育大纲》，在中小学设立法治知识课程，着力推动法治教育基地和支持体系建设。深入推进民族团结进步教育，充分发挥民族团结教育示范学校的典型示范作用。

加强和改进大学生思想政治教育。以理想信念教育为核心，以“勤学、修德、明辨、笃实”为方向，不断提升大学生思想政治教育质量。推进思想政治理论课教育教学综合改革，成立高等学校思想政治理论课程资源共享联盟，打造高质量教学资源库，切实提高教学质量。深入实施新生引航工程，构建大学生服务保障体系，深入开展深度辅导和学业辅导，建设学业辅导示范中心，提高大学生心理素质教育和危机干预的水平。进一步加强和改进高等学校辅导员队伍建设，实施专业素养提升计划，评选建设一批辅导员工作室，凝练推广优秀成果。发挥关工委在培育和践行社会主义核心价值观、加强高等学校意识形态领域工作中的配合补充作用。

加强体育美育工作。坚持面向全体、全面普惠，以完善人格、增强体质、提升技能、培养兴趣为目标，强化体育教学和课外锻炼。全力推广校园足球和冰雪运动，深入推进体育后备人才培养。坚决遏制中小学生视力不良检出率和肥胖检出率的增长趋势。开展平衡膳食校园健康促进行动。完善美育机制，改进美育教学，提高学生的审美情趣和人文素养。完善科技教育体系，注重培养学生的科学思想、科学精神、创新能力与合作探究能力。大力开展体育节、艺术节、科技节、高雅艺术进校园等品牌活动。充分调动高等学校和社会力量持续支持中小学体育、美育优质均衡发展。深入推进义务教育阶段课外活动计划，实现义务教育阶段学生基本掌握2项运动技能和1项艺术爱好的目标。

完善实践育人体系。树立广义的校外教育观，加强教育资源统筹，促进校外教育发展。持续推进社会大课堂建设和常态化应用，深化资源单位课程开发，丰富资源类型。继续实施初中开放性科学实践活动，为学生提供丰富、多元、优质、创新的科学实践活动课程。继续推进初中综合社会实践活动，完善组织管理和评价机制。完善大中小学生志愿服务长效机制，进一步拓展少先队活动教育阵地。加强中小学劳动教育，在中小学普遍开展学农实践体验活动，组织郊区学生到城区学校游学活动。扎实开展学校军训，进一步提升国防教育水平。加强可持续发展教育，推进可持续教育发展示范区建设，建设可持续发展学校和可持续发展教育基地，培育学生可持续发展素养。

（二）拓展基础教育优质资源，办好百姓身边学校

立足人民群众期盼有更好、更公平教育的需求，持续巩固义务教育均衡发展成效，不断扩大优质教育资源供给，努力办好每一所中小学校和幼儿园，全面提升育人质量。

提升学前教育服务保障能力。扎实推进第二期学前教育三年行动计划及后续行动。多种形式扩大学前教育资源，构建以公办幼儿园和普惠性民办园为主体、公办民办并举的学前教育服务网络。做好0～3岁社区早期教育指导工作，提供多种形式的学前教育指导服务，建设一批学前教育社区办园点。不断完善学前教育保障机制，鼓励支持社会力量多形式办园，农村地区实施以财政为主的投入方式，落实好保育教育费减免政策，资助家庭困难儿童及残疾儿童接受教育。推进幼儿园内涵发展，坚决防止“小学化”倾向，加

强对各级各类幼儿园的监督管理，加强学前教育师资培养，确保幼儿园相关人员配足配齐。

推进义务教育优质均衡发展。初步建立涵盖学校办学条件标准、校长发展专业标准、教师教学基本功标准、学生核心素养体系、教育教学质量标准等内容的义务教育基本公共服务标准体系，推进义务教育基本公共服务均等化。加大教育资源整合力度，支持推进集团化办学、学区制改革、教育集群发展和九年一贯制办学探索，形成有效的配套管理机制。加强城乡教育资源统筹，精准支持乡村学校发展。加强课程教材建设，进一步给予区、学校课程自主权，构建符合现代教育理念、具有北京特色的义务教育课程体系。落实北京市义务教育部分学科教学改进意见的精神，提升学科教学质量。做好符合条件的来京务工人员随迁子女义务教育工作，加强自办学校分类治理。

促进普通高中多样化特色发展。加大学校办学自主权，支持学校特色发展，为不同潜质的学生提供更多选择空间。深入推进课程改革，加强高中与初中、高等学校的衔接，探索多样化人才培养模式和贯通途径。完善市级优质高中教育资源统筹工作机制，加大对经费、编制、教育用地、招生等工作的统筹力度，进一步扩大优质高中教育资源，惠及更广大学生。促进办学体制多样化，鼓励城区公办优质高中寄宿部、国际部外迁，探索民办机制。全力做好内地民族班的教育管理服务工作，提升内高班的教育水平。

保障特殊人群受教育权利。实施特殊教育提升计划，提升特殊教育普及水平、教育质量和保障条件。推进全纳教育和特殊教育学校个别化教育，满足各类残疾学生的特殊教育需求。加强对孤独症儿童有针对性的教育训练研究与资源开发。完善融合教育支持保障体系，发挥特殊教育支持中心的功能，研究与开发符合通用学习设计理念的融通课程，提升融合教育质量。

（三）完善现代职业教育体系，畅通学生成才通道

坚持资源统筹、协同创新、高端培养、服务发展的原则，形成

适应首都城市功能定位和经济社会发展需要，产教深度融合、中职高职衔接、职业教育与普通教育相互沟通、学历教育与职业培训有机结合的现代职业教育体系，不断提高技术技能人才培养水平。

完善职业教育体系。逐步压缩中等职业教育规模，稳定专科层次高等职业教育规模，积极发展本科层次职业教育，稳步扩大以职业需求为导向、以能力培养为重点、以产学结合为途径的专业学位研究生教育。引导职业学校按照首都功能定位进行转型，结合京津冀产业布局调整相关专业。推动中等职业学校、高等职业院校、成人高等学校及本科院校资源整合，实施中高职一体化办学。继续做好“3＋2”中高职衔接改革工作，深化“五年一贯制”高职改革。开展中、高职与本科教育贯通培养、联合培养改革试点，探索推进高端技术技能人才贯通培养项目。建立灵活多样的职业教育学制，发展职业培训。

深化办学模式改革。坚持政府推动、市场导向、学校主体、企业参与、骨干带动，以产业或专业（群）为纽带，加快建设一批服务新兴产业和主导产业的职业教育集团，促进产教深度融合。推动政府、学校、行业、企业联动，合作共建研发中心，共享实习实训基地和技术技能大师工作室。

提高教育教学质量。推动人才培养方案与产业人才需求标准相衔接、人才培养链和产业链相融合。探索现代学徒制试点，开展订单培养、工学交替、顶岗实习、校企合作等培养模式改革。改革专业课程体系，建设一批与生产一线真实应用和最新发展紧密结合的优质品牌课程。加强职业院校与职业技能鉴定机构、行业企业的合作，积极推行“双证书”制度。加强和改进公共基础课教学，注重培养学生的人文素质、科学素养、综合职业能力和可持续发展能力，着力培养爱岗敬业、精益求精、重视传承、敢于创业的工匠精神。

（四）强化高等教育内涵发展，提升办学综合实力

按照统筹资源、改革创新、提高质量、彰显特色、服务发展的原则，引导高等学校分类发展，在各自类型和层次上办出特色，争创一

流，更好地发挥人才培养、科技创新、社会服务和文化传承的作用。

整体提升学校办学水平。加强统筹协调，进一步优化北京高等教育结构和布局，促进高等学校科学定位、强化优势、突出特色。支持世界一流大学和一流学科建设，鼓励高等学校瞄准“世界一流”优化学科结构，凝练发展方向，吸引重点领域领军人才主导学科建设，积极发展新兴学科和交叉学科，打造更多优势特色学科。深化市属高等学校与国内外知名高等学校、科研院所、行业企业的合作交流，汇聚优势资源，紧密结合首都发展需求，强化特色学科专业建设。引导部分市属本科高等学校向应用型转变，重点培养服务城市建设的应用型、复合型、技能型人才。统筹首都高等教育资源，深化在京中央高等学校与市属高等学校合作共建机制。

全面提高人才培养质量。健全人才培养体系，鼓励高等学校结合实际分层次培养国际化拔尖创新人才、复合型行业领军人才和应用型专业技术人才。加强人才培养模式创新，引导高等学校结合经济社会发展需求，大力推动国内外、产学研联合培养基地建设。以一流专业建设为抓手，进一步深化本科教育教学改革，促进优质教育资源开放共享，完善高校协同育人机制，推动科教产教融合，深入实施“高水平人才交叉培养计划”，着力打造一流本科教育。深化研究生教育综合改革，促进学术学位与专业学位研究生教育协调发展。开展学位授权点动态调整。

大力增强科技创新能力。服务于建设全国科技创新中心和构建高精尖经济结构，加强基础研究，在战略性、全局性、前瞻性问题研究上取得一批标志性成果，着力提升解决重大问题能力和原始创新能力，以基础性突破带动全局性创新。集中力量建设一批高精尖创新中心，实施一批高精尖创新项目。继续加强北京实验室、协同创新中心、北京市重点实验室等科研基地建设，完善成果转化和技术转移机制。支持高校探索建立基于互联网的科研组织模式，开展跨学校、跨学科、跨领域、跨国界的协同创新。完善高等学校科研人员成果转化收益分配机制，探索科技创新评价机制改革。加强新型高等学校智库建设，推进以问题为导向的研究体系、学术话语体系和科研组织管理体系创新，推动高等学校积极建设具有中国特色、中国风格、中国气派的哲学社会科学。

促进高质量就业创业。落实“高质量就业创业计划”，完善多形式、立体化就业创业服务体系。完善大学生创业园孵化体系，形成“中关村大学生创业一条街”与中关村、沙河、良乡三个大学生创业园为代表的市校两级创新创业服务基地。深化大学生职业发展教育改革，积极营造大众创业、万众创新的良好氛围，把创新创业教育融入人才培养全过程，加强创新创业课程和队伍建设，切实提高指导水平。发挥大学生就业创业专项资金引导作用，建设一批高等学校示范性创业中心，鼓励大学生创新创意实践，支持初创优秀团队建设，不断提升大学生就业创业能力。

（五）健全终身教育服务体系，提供便捷学习平台

倡导终身学习理念，完善灵活开放、衔接互通的终身教育体系，推动学习型组织建设实践创新，加强学习型城市建设，满足人民群众更新知识、提高能力和全面发展的需要。

完善终身教育体系。建立不同类型学习成果的互认与衔接机制和转换认定制度，构建市民终身学习“立交桥”。探索试行普通高等学校、高等职业院校、成人高等学校之间学分转换，建立“学分银行”、“市民终身学习卡”等终身学习制度，拓宽终身学习通道。制定非学历教育资格标准，依托学分银行平台，打通学历、非学历、职业资格证书之间的转换通道，实现学分互认。加强语言文化建设，不断提高语言文字社会应用规范化的治理与服务能力。加强市民语言能力和母语素养的培养，传承与弘扬中华优秀语言文化。建设北京市语言文字工作委员会科研基地。

建设终身学习服务平台。整合教育、文化、科技、体育等现有优质资源，建成覆盖全市的终身学习网络和区域性学习中心，为市民提供丰富多样的学习交流平台，注重为老年人、残疾人等特殊需求群体提供学习服务。建设一批有特色、受社区群众欢迎的“市民

终身学习示范基地”，发挥其核心辐射作用。依托北京开放大学建好终身学习系统——京学网。

（六）依法促进民办教育发展，满足多样教育选择

依法依规加强民办教育分类管理和分类指导，按照扶需扶特、促优促强的原则，鼓励引导民办教育适应首都城市战略定位，把握发展方向，寻找发展空间，转变发展方式，提升发展内涵，为人民群众提供丰富多样的教育选择。

加强分类指导。以教育需求为导向，针对不同学段、不同类型民办教育加强顶层设计，制定差异化扶持与规范管理的配套措施。大力支持举办普惠性幼儿园，鼓励举办特色高端幼儿园，加大学前教育资源供给，就近满足社区居民多样化托幼需求。鼓励民办中小学在教育理念、学校文化、特色课程、人才培养等方面探索创新，为学生提供优质教育选择。鼓励民办高等教育适应首都产业转型升级需要，向特色化、精品化、高水平方向发展，支持 3～5 所民办应用型大学建设。支持民办教育培训机构品牌化、集团化发展，充分发挥其在共建教育资源、满足教育需求、推动中小学教育教学改革方面的积极作用。

完善建设机制。畅通社会资金和优质资源进入渠道，鼓励发展适应需求的民办教育，建立健全民办教育准入、预警和退出机制。进一步健全政府补贴、购买服务、助学贷款、基金奖励和捐资激励制度，加大对非营利性民办学校的支持力度。坚持加强外部监督与健全内控制度相结合，完善民办教育公共财政扶持和资金使用政策。推进落实民办学校法人财产权，依法健全资产与财务管理制度，进一步规范和完善民办学校法人治理结构。加强民办学校师资队伍建设，建立保障其教师地位和专业发展机会的长效机制。加强民办学校办学活动监管，完善相关行政执法机制，探索市级审批、区级监管的民办教育管理体系。积极发挥行业协会在行业自律、交流合作、协同创新、履行社会责任等方面的作用。

（七）有序疏解部分教育功能，促进区域协同发展

落实京津冀协同发展战略，服务首都城市战略定位，以控制总量、限制增量、优化存量为原则，完善教育协同发展工作机制，形成目标同向、政策协调、优势互补、合作共赢的教育格局，引导教育资源布局不断优化，整体提升区域教育发展水平。

有序疏解部分教育功能。控制在京高等学校办学规模，逐步压缩中等职业教育和成人教育规模。推动在京部分普通高等学校本科教育有序迁出，老校区向研究生培养基地、研发创新基地和重要智库转型。支持有条件的北京普通高等学校、中等职业学校通过部分院系搬迁、办分校、联合办学等方式由中心城区向外疏解。引导东城区、西城区中等职业学校向郊区疏解。

服务保障首都核心功能。适应城市内部功能重组和城乡区域协调发展的需要，推动城六区教育布局优化提升，加大平原地区新城和山区新城的公共教育保障力度。服务北京城市副中心建设，通过重点扶持、联合办学、加强培训等方式，增加优质教育资源供给，提升教育配套保障水平。

推动教育合作发展。完善区域教育合作机制，积极发挥优质教育资源辐射带动作用。支持在京高等学校在京津冀区域内合作办学、学科共建，成立学校联盟，促进优质教学科研资源共建共享。支持职业学校合作办学、组建联盟等，实现京津冀职业教育统筹发展。推进优质基础教育资源向郊区和周边地区辐射，实现一体化学校、集团学校、联盟学校在课程教学、文化建设、师资队伍等方面共建共享。加强教育对口支援新疆、西藏、青海和南水北调水源区等地工作，建好北京教育对口支援与合作网，落实教育精准扶贫。

（八）积极扩大对外交流合作，提升教育国际影响

进一步做好教育对外开放工作，形成全方位、多层次、宽领域、高水平、有影响的首都教育对外交流与合作新格局。以体质增效为重点，充分发挥教育在吸引国际高端人才、弘扬中华优秀传统文化等方面的作用，服务首都“国际交往中心”建设。

加大教育交流合作力度。探索中外合作办学新机制和新模式，

引导中外合作办学向高质量、规范化方向发展。支持高等学校加强与国外院校在教育、教学、科研等方面的深层次交流与合作，加强学生、教师、管理队伍的国际化视野培养。鼓励支持高校与世界一流大学和学科开展高水平人才联合培养和科研攻关，促进国际协同创新。支持职业教育借鉴和引进国际权威的职业资格证书体系、办学模式和考核标准，推进国际化应用技能型人才培养。鼓励中小学开展多种形式的对外交流。加强与港澳台地区交流合作。

提升国际化人才培养水平。重点抓好拔尖创新人才、非通用语种人才、国际组织人才、国别和区域研究人才、来华青年杰出人才等五类人才的培养。学习借鉴国外素质教育和均衡发展的办学理念和模式，加强中小学国际理解教育和多元文化教育，提升跨文化沟通能力。积极与海外知名高等学校、职业院校建立联系，为“外培计划”和“高端技术技能人才贯通培养计划”搭建平台。服务2022年冬奥会，在各级各类学校开展形式多样的奥林匹克文化教育活动，加强冬奥会后备人才的培养。

大力推进双向留学工作。研究探索在境外设立教育合作联络、教师培训、学生交流基地，提高汇聚和整合优质境外资源、推进务实合作交流的能力。深入推进“留学北京行动计划”，更加注重国际学生质量，提高学历生和研究生层次学生比例。完善国际学生服务体系和教育培养质量保证体系，设立“一带一路”沿线国家留学生奖学金。提高北京学生赴境外学习、交流、研修的规模和质量，面向全球引进高层次人才参与高校教学管理。稳妥开展汉语国际教育，进一步统筹首都院校孔子学院（课堂）建设布局，扩大教师和志愿者境外任教规模。

四、深化教育领域综合改革

（一）深化管理体制改革，提升教育治理能力

持续推进简政放权，明确政府管理权限和职责，优化管理流程，提高管理效能，形成政事分开、权责明确、统筹协调、规范有序的管理体制，提升政府教育治理能力。

加强市级政府统筹。落实中央关于扩大省级政府教育统筹权的精神，加强市级政府教育统筹力度，完善市政府统筹推进、教育管理部门牵头、相关职能部门协作、各区政府联动的教育统筹工作机制，建立部市联席会议制度和年度会商机制，统筹教育改革发展稳定，统筹推进首都教育现代化。

建立清单管理制度。切实转变政府教育管理职能，依法细化市、区两级政府发展教育的职责权力，明晰各政府部门的教育职责，建立权力清单和责任清单，规范权力运行程序，确保教育责任履行到位，发挥政府保障教育事业优先发展、科学发展的主导作用。探索实施负面清单管理制度，更有效地激发各教育主体的积极性、主动性、创造性，提升市场配置教育资源的有效性。

提升教育治理能力。创新政府教育管理和服务方式，综合运用法律、标准、规划、拨款、信息服务、政策指导等方式，拓宽家长、社会组织等主体参与教育管理、评价和服务的渠道，完善多元参与、平等协商、合作共治机制。改变直接管理学校的单一方式，减少行政干预，加强公共服务，提高管理和服务绩效。坚持以公开为常态、不公开为例外原则，全面推进教育领域信息公开。加强与社会各界、新闻媒体的沟通协调，引导形成支持教育改革创新的良好氛围。

（二）深化办学体制改革，激发学校发展活力

创新政府服务方式，依法落实和保障学校办学自主权，以学校章程建设为核心，推进学校各项制度建设，完善学校治理结构，形成依法办学、自主管理、民主监督、社会参与的现代学校制度，促进学校提升质量、办出特色。

落实学校办学主体地位。推进学校章程建设，依法确立和落实学校办学主体地位，保障学校依章程自主办学。加强政府对学校办学的支持和服务，减少政府对学校的检查评估。简除烦苛，切实落实和扩大学校办学自主权。深化校务公开，确保学校办学自主权在阳光下运行。

完善学校内部治理结构。坚持和完善普通中小学和中等职业学

校校长负责制，建立健全校务委员会、教职工大会和家长委员会等制度，进一步推进学校内部精细化管理。坚持和完善公办高等学校党委领导下的校长负责制，建立健全学术委员会、理事会制度，加强教职工代表大会和学生代表大会建设。完善大学校长选拔任用办法，推进高等学校行政管理人员职员职级制改革。建立完善各级各类学校内部督导制度。依法健全民办学校和中外合作办学机构议事决策机制。建立健全学校法律顾问制度。

推动公办学校办学机制改革。完善面向社会开放办学的机制，积极探索利用社会资源促进学校特色发展，促进教育资源和社会资源融通共享，激发学校办学活力。扩大政府购买教育服务的范围和规模，深化委托办学、合作办学等试点，继续推动在京高等学校、教学研究与教育科研部门、社会机构参与和支持中小学发展。

（三）深化教育督导改革，促进教育科学发展

加强统筹协调，强化政府教育督导，着力推进体系、体制、机制建设，为促进教育改革政策落实和教育事业科学发展提供坚强保障。

建立现代教育督导体系。按照“政府统筹、强化职能、多元参与、权威高效”的总体思路，坚持教育决策、执行、监督既相互协调又相互制约，统筹有力的原则，深化管办评分离，创新教育督导体制机制与模式，建立与首都教育治理体系和治理能力现代化相适应的现代教育督导体系，全面提升教育督导的法制化、专业化和现代化水平，不断增强支持保障首都教育事业科学发展的能力。

全面推进督政、督学、评估监测三位一体的督导工作。建立健全市级政府相关部门、区级政府及其相关部门依法履行教育职责的督导评价制度，督促切实履行教育职责，提高教育公共服务能力和水平。建立健全各级各类学校（机构）教育教学工作督导评价制度，监督、指导、促进学校依法自主办学，规范办学行为，全面实施素质教育，努力提高教育质量。建立健全政府、学校、专业机构和社会组织等多元参与的督导评估与质量监测体系，强化政府教育督导部门归口管理和统筹组织实施的职能，建立第三方教育评估监

测机制，全面提升教育评估监测水平。

着力加强教育督导保障。将教育督导改革纳入全市教育领域综合改革统筹深入推进，充分发挥市、区两级教育督导委员会作用，协调指导政府有关部门及时研究解决教育督导改革发展中遇到的困难和问题，切实推动各项改革任务落实。加快教育督导政策、规划、标准、工具、规程研制和教育督导理论研究，推动区域交流合作，建立充分合作、高效开放的跨区域教育督导体系和工作机制。

（四）深化考试招生改革，引导学生健康发展

认真落实《北京市深化考试招生制度改革的实施方案》，稳妥推进考试招生制度改革，到2020年基本建立符合首都实际的现代教育考试招生制度，形成分类考试、综合评价、多元录取的考试招生模式。

深化制度改革。义务教育阶段坚持免试就近入学，积极推行学区制和九年一贯对口招生。完善优质高中招生名额统筹分配办法，推动实现每所初中校学生升入优质高中的机会基本均等。调整中考科目和分值，改革考试内容与形式，加大招生政策向高中资源比较短缺的区域和一般初中倾斜。实施高中学业水平考试，完善综合素质评价办法，探索普通高等院校基于统一高考和高中学业水平考试成绩、参考综合素质评价的多元录取机制。调整统一高考科目，改革考试内容与形式，改进招生计划分配方式，扩大本科农村专项招生计划，稳步调整高考录取批次，不断完善高校招生选拔机制，减少和规范招生加分项目。加快推进高职分类考试，逐步提高通过分类考试录取考生占高职院校招生的比例。探索职业院校招收初中毕业生改革试验。推进成人高考改革试点。

完善配套措施。及时制定完善全市初中和高中学业水平考试、学生综合素质评价、高等职业教育分类考试、普通高等学校考试招生、来京务工人员随迁子女在京接受义务教育后升学等方面的具体实施办法和年度工作方案，给考生和社会明确、稳定的预期。加快完善中学课程计划，改革教学内容，丰富教学形式和方法，逐步推广走班制。加强中学生学业规划指导，增强学生自主选择考试科目

和升学目标的能力。保障学校教学、实验等资源配置，加强教师和教学管理队伍配备和培训。完善考试招生技术设备配备，做好命题中心和标准化考点建设。

（五）深化人事制度改革，提升教师综合素质

坚持以德为先、能力为主，健全教师队伍建设长效机制，全面提升教师综合素质，打造一支有理想信念、有道德情操、有扎实学识、有仁爱之心的高素质专业化教师队伍。

全面加强师德建设。坚持把师德建设摆在教师队伍建设的首位，加强教师职业理想、职业道德、法治和心理健康教育，增强广大教师教书育人的责任感和使命感，全面提高师德水平。健全教师职业道德教育、宣传、考核、监督与奖惩相结合的师德建设长效机制，将师德教育列为教师教育的必修内容，将师德表现作为教师资格认定、定期注册、业绩考核、职称评审、岗位聘用、评优奖励的首要内容，并接受学生、家长和社会的监督和评议。

加强高素质专业化师资队伍建设。深化师范生教育改革，扩大师范生培养规模，健全师范生管理机制，全面提高师范生教育质量。实施中小学干部教师培训计划，完善分层分类培训体系，整合培训资源，优化培训内容，创新培训模式，强化教师培训的针对性和实效性。重点实施“首都名师、名校长（园长）、教育家培养计划”、“乡村教师素质提升计划”和“中小学教师开放型教学实践活动计划”，大力提升中小幼教师素质。探索名校长培养机制，完善校长选拔任用制度和任期目标责任制度。继续实施“职业院校教师素质提升计划”，加快“双师型”教师队伍建设。深化高层次人才引进、长城学者培养、青年拔尖人才培育、创新团队建设与提升等项目，推进高等学校高层次人才培养。

保障教师地位和待遇。完善教师绩效工资，探索按岗位、任务、业绩确定报酬的公平合理的收入分配制度，调整绩效工资结构，提高绩效工资的激励作用。完善职称（职务）评聘、骨干教师评选向乡村学校倾斜政策，建立乡村教师岗位生活补助制度，切实

提高乡村教师的社会地位和待遇。建立教育人才生活需求调查制度，以养老保险、医疗和住房等保障为重点，优化教育人才发展的生活环境。将符合条件的教师纳入住房保障范围，支持乡村学校建设周转宿舍，帮助乡村教师解决工作和生活困难。探索建立乡村教师荣誉制度，鼓励优秀教师到乡村从教。继续做好“北京市人民教师奖”和北京市优秀教师、先进工作者表彰工作。

健全教育人事管理制度。逐步实行城乡统一的中小学教职工编制标准，对乡村学校实行倾斜政策。实施幼儿园教师配备标准，探索推进高等学校教师不再纳入编制管理。探索教育系统编制统筹管理新机制，完善学校编制管理办法，实现编制动态管理、盘活编制资源，提高使用效益，切实解决中小学校缺编问题。全面实施教师资格“国考”和定期注册制度，完善教师的考评体系和退出机制。推进教师校长的交流轮岗，增强教师队伍活力。推进教育系统职称制度改革，完善高等学校职称改革的配套政策和流程，规范职业院校和成人学校职称制度，全面实施中小学职称制度改革，强化岗位聘任，探索灵活多样的弹性用人机制。

五、保障措施

（一）落实从严治党责任，提高党建工作水平

深入贯彻落实习近平总书记系列重要讲话精神和中央、市委重要会议精神，坚持从严从实，坚持首善标准，紧密围绕首都教育改革发展大局和立德树人根本任务，进一步加强和改进教育系统党建和思想政治工作，保持党的先进性和纯洁性，切实为全面深化首都教育综合改革、落实“十三五”规划任务提供坚强保证。

加强思想理论建设。深入开展中国特色社会主义理论和中国梦学习教育，推进习近平总书记系列重要讲话精神“进教材、进课堂、进头脑”，不断坚定党员干部和师生员工中国特色社会主义道路自信、理论自信、制度自信、文化自信。坚持以马克思主义为指导，推动高校哲学社会科学繁荣发展。完善党委理论中心组和党支部理论学习制度，提高理论学习质量。创新理论学习形式和载体，

善于运用新媒体开展理论宣传教育，不断增强理论学习的吸引力和实效性。加强宣传理论阵地建设和管理，落实意识形态工作责任制，健全舆情研判、信息通报、事件处置、督查指导工作机制，牢牢把握党对高校意识形态工作的领导权。建立一批中国特色社会主义理论研究协同创新中心，努力打造一流理论研究高地、决策咨询智库和人才培养基地。开展“中国特色社会主义 50 问”系列重大课题研究，透彻回答师生思想理论困惑。加强马克思主义理论青年骨干、学科带头人和专家名师的培养，创办高水平理论刊物，资助出版“北京高校马克思主义理论研究文库”。

加强领导班子和干部队伍建设。贯彻执行《党政领导干部选拔任用工作条例》《事业单位领导人员管理暂行规定》等文件精神，不断加强教育系统领导班子和干部队伍建设。贯彻落实《2014—2018 年全国党政领导班子建设规划纲要》，突出以德修身、以德立威、以德服众，做到人岗相适，严格条件程序、严守纪律要求，选优配强各级领导班子特别是一把手。按照重德才、重实绩、重基层的用人导向，加强优秀年轻干部、后备干部以及各年龄段干部的培养使用。健全干部教育培训工作体系，坚守“三严三实”，加快知识更新，加强实践锻炼。强化干部管理监督，健全完善考核评价机制，强化干部问责，研究建立干部能上能下的工作机制。全面做好离退休干部工作。

加强基层党组织建设。统筹学习型、服务型、创新型党组织建设，实施高校党建难点项目支持计划、学生党员先锋工程，强化基层党组织的政治属性和服务功能，完善院（系）党组织和党支部发挥作用机制，增强基层党组织生机活力和战斗力。加强党员队伍建设，完善发展党员质量保证体系，落实党员教育培训规划，加强党内政治生活，突出政治性、时代性、原则性、战斗性，从严管理党员，充分发挥党员先锋模范作用。健全党建责任体系，完善党建工作述职评议考核制度。健全基层党建经费保障制度和基层党务干部激励机制。加强中小学党的建设，提高党建工作针对性和实效性。加强民办学校党的建设，探索民办学校党组织发挥作用的途径和方法。

加强党风廉政建设。坚持全面从严治党、依纪依规治党，严明党的政治纪律和政治规矩，加强纪律建设。贯彻执行《中国共产党廉洁自律准则》和《中国共产党纪律处分条例》，切实把纪律和规矩挺在前面，实践好“四种形态”。严格落实党风廉政建设责任制，层层明确责任传导压力，建立和完善考核结果运用制度，按照《中国共产党问责条例》，强化责任追究，落实党风廉政建设党委主体责任和纪委监督责任。加强惩治和预防腐败体系建设，深化廉政风险防控，加强对重点领域和关键环节的监督，规范权力运行，加强监督执纪问责，持续保持遏制腐败的高压态势，努力构建起“不敢腐、不能腐、不想腐”的有效机制。弛而不息落实中央八项规定精神，防止“四风”反弹，做到真管真严、敢管敢严、长管长严。加强廉政教育和廉政文化建设，进一步增强党员干部廉洁自律意识，树立良好政风行风，坚决整治和查处侵害群众利益的不正之风和腐败问题，切实加强基层党风廉政建设，培育清廉、阳光、公正的廉洁环境。

维护教育系统安全稳定。完善基本标准，推广特色成果，实施高校“平安校园”建设提升工程，推进中小学校“平安校园”建设。加大校园安全物防、技防建设力度，完善校园安防基础设施设备，推动技防系统整合，建设信息化管理平台。推动建设“课堂教育、日常宣传、专题活动、实践体验”四位一体的学生安全教育体系，提高安全教育整体水平与效果。完善高校网格化、等级化安全管理模式，进一步提升校园安全管理与防范的规范化、精细化水平。完善队伍培训机制，健全高校安全稳定处级干部培训、新任干部培训和专项业务培训三者结合的培训体系。加大校园及周边综合治理力度，营造良好校园及周边育人环境。

全面加强统一战线与群众工作。完善高校党委统一领导、统战部牵头协调，相关部门和院（系）基层各负其责、协调配合的大统战工作格局。制定实施《关于加强新形势下北京高校统战工作的意见》。深入推进“123”工程、“心桥工程”、“三个10%”计划，加强党外代表人士队伍建设，分层分类加强党外知识分子思想政治引导。加强对民主党派基层组织的政治领导。落实党的民族宗教政策，加强民族团结进步教育，抵御和防范校园传教渗透。做好港澳台侨学生工作。加强党对群众工作的领导，发挥群团组织在学校民主管理、民主监督中的作用。

（二）全面推进依法治教，提高教育法治水平

贯彻落实《依法治教实施纲要（2016—2020年）》，着力提升教育系统法治观念，大力推进首都教育法治体系建设，形成系统完备、层次合理、科学规范、运行有效的首都教育法规体系，构建政府依法行政、学校依法治校、教师依法执教、社会依法参与和监督评价教育发展的教育法治实施机制和法治监督保障体系。

健全教育法规体系。积极推进地方性法规和规章的修订工作，不断完善首都教育法规体系。推进《北京市教育督导条例》和《北京市终身学习促进条例》的立法工作。积极跟进《民办教育促进法》《职业教育法》《学前教育法》等国家教育法律法规制定修订工作，适时修订北京市实施办法。定期清理、修订规范性文件，增强制度体系的一致性和规范性。

完善重大教育决策制度。建立公众参与、专家论证、风险评估、合法性审查和集体讨论决定的重大决策程序，确保决策制度科学、程序正当、过程公开、责任明确。加强重大决策跟踪反馈和责任追究。加强和改进教育系统调查研究工作，提升科学、民主、依法决策能力和水平。重视教育科学研究，不断完善科研体制机制，加强教育科研机构、学会组织和科研队伍建设，建设中国特色、北京特点的新型教育智库。完善群众利益表达和建言献策平台，切实保障人民群众对教育的知情权、参与权、表达权和监督权。

切实严格依法行政。深化教育行政审批制度改革，强化事中事后监管，提高教育行政监管效能。推动建立教育法律事务中心，着力加强执法队伍和能力建设，推进教育行政综合执法，依法建立规

范教育秩序的长效常态管理机制。强化行政程序规范，健全教育纠纷处理机制，依法通过行政诉讼、行政复议、行政调解、教师申诉、学生申诉、信访等途径妥善处理各类教育纠纷。充分发挥教育系统法律顾问在推进依法行政中的作用。

全面推进依法治校。构建完善依法治校制度体系，明确依法治校责任，建立学校、师生权益保护机制，推行依法治校评价指标体系和达标考核办法，加大依法治校能力培训，推动法治教师培训基地和依法治教研究基地建设，全面开展依法治校示范校创建活动和督导，增强学校厉行法治的积极性和主动性。

（三）保障教育经费投入，提高管理使用效益

加强教育经费保障，完善教育公共财政管理体制机制，确保教育投入总量与教育事业发展的实际需求相适应、教育投入结构与教育布局结构变化及教育发展规律相适应、经费使用效益与实现首都教育现代化目标需求相适应。

完善多渠道筹措教育经费机制。依法增加政府投入，各类学生生均公共财政预算教育事业费支出、生均公共财政预算公用经费支出逐步增长。完善转移支付制度，增强市级教育经费统筹能力。增量经费主要向财力薄弱区、人口导入区域、薄弱学校倾斜。完善税收减免、金融扶持和政府奖励等政策，鼓励和引导社会力量捐资、出资办学。发挥政府资金的引导作用，鼓励社会积极捐赠，提高高等学校积极争取社会捐赠的意识和能力。

提高教育经费管理使用效益。坚持依法理财，严格执行国家财政资金管理法律制度和财经纪律。探索创新经费投入方式，进一步提升经费投入政策的科学性和资金使用的效益。加强预算管理规划性，根据重大项目规划建立教育经费中期财政规划。加强预算编制质量管理，提高预算编制质量和水平，提高预算执行效率。完善教育财政咨询制度，增强经费分配的科学性。建立健全学校内部财务管理制度，强化内部控制建设，规范学校经济行为，防范财务风险。在高等学校试行设立总会计师职务，提升经费使用和资产管理

专业化水平。完善内部审计制度。完善经费和资产管理使用效益的绩效评价体系。完善绩效拨款制度，强化绩效导向的经费分配和管理制度。实施学校“阳光财务”工程，建立财务信息公开制度，继续推行收费规范公示制度。落实和完善各级各类教育资助政策，精准帮扶家庭经济困难学生完成学业。

（四）优化教育空间布局，提高资源配置效益

统筹中心城与新城、城市与农村、市域与区域教育发展，通过教育资源空间布局调整，支撑城市功能优化提升和引导人口合理分布。

基础教育均衡配置。适应首都城市空间布局和学龄人口变化趋势，在重点区域、重点阶段有步骤地扩大基础教育办学规模，切实满足适龄学生接受教育的需要。加强城乡公办幼儿园建设，引导民办幼儿园合理布局。加强新建小区早期教育基地和幼儿园建设。强化市、区政府科学统筹配置力度，促进中小学教育资源在区域内和区域间均衡配置。继续推进名校办分校，在平原地区新城和山区新城新建改建一批办学条件好、教育质量高的学校。严格执行办学条件标准，确保城市新建小区配套中小学建设达标。

职业教育协调配置。促进职业学校布局与产业布局相协调，推进职业学校与行业、企业合作。加强职业教育实训基地建设。

高等教育优化配置。形成与京津冀区域空间布局相协调，与产业结构相适应，与首都城市发展需求相结合的首都高等教育资源空间布局。推进北京城市学院、北京建筑大学、北京工商大学、北京信息科技大学、北京电影学院等市属高等学校新校区建设。推进部分中专学校与市属高等学校、部分市属高等学校与在京中央高等学校的资源整合。加快推进沙河和良乡高教园区建设。

（五）构建互联网＋教育，提高融合创新能力

强化数据资源统筹管理、采集和共享，优化教育管理水平，强化应用能力建设，创新教育教学模式，建立开放、多元的在线教育管理与公共服务体系，促进教育与互联网深入融合，培育“互联网＋教育”新型发展形态。

提升教育管理服务的信息化水平。持续优化首都教育信息化基础网络环境，实现无线教育网络全覆盖，加强信息安全保障能力。整合优化已有业务系统，建成贯通市区，衔接各级各类教育机构，集政务公开、在线互动、资源服务等多种功能于一体的首都教育信息公共服务平台，提升首都教育信息管理与服务水平。加强和改进教育统计，建设教育大数据体系，强化数据资源共建共享，为教育研究和决策提供强有力的数据支撑。

推进信息技术与教育教学融合创新。持续推进北京数字学校、数字化资源共享交换平台建设，继续整合中小学名校名师资源、电子教材及各类企业优质资源，进一步丰富完善市级数字教育资源供给体系。鼓励企业和其他社会力量开发数字教育资源，培育社会化的资源服务市场。全面构建数字化教育资源的融通供给与常态化应用新模式，推动优质资源快速便捷地向外扩散，服务学校特色发展。引导支持各级教育教师应用信息技术改进教学实践。支持各级各类学校建设智慧校园，综合利用互联网、大数据、人工智能和虚拟现实技术探索未来教育新模式。

六、重大项目

结合首都教育改革和发展中的重大问题，实施一系列重大项目。

（一）学前教育服务保障项目。通过新建改扩建、以租代建等方式建设一批公办幼儿园或普惠性民办园。在入园压力大、土地资源紧张的中心城区及城乡结合部地区，建设一批学前教育社区办园点。

（二）义务教育优质资源扩大整合项目。通过市级扩优改革项目带动，进一步整合教育资源，优化义务教育优质资源布局。持续推进高等学校、教科研部门、民办教育机构及其他社会力量支持中小学发展，引进外籍教师参与中小学英语教学改革。支持推进集团化办学、学区制改革、教育集群发展和九年一贯制办学探索。

（三）高中多样化特色化发展项目。鼓励学校自主探索多样化办学模式，构建优质多样、特色鲜明、资源共享的普通高中课程体系，完善综合素质评价体系。

（四）市级统筹优质教育资源项目。完善市级优质高中教育资源统筹机制，新建10所市级统筹优质高中，发挥优质高中的带动作用，扩大优质教育资源数量和覆盖范围。继续安排部分优质高中招生计划跨区分配到校。

（五）高端技术技能人才贯通培养项目。支持部分职业院校与示范高中、本科院校、国内外大企业合作，选择契合首都产业转型和发展需求的优势专业招收初中毕业生，完成高中阶段基础文化课学习后，接受高等职业教育和本科专业教育。

（六）高等学校高水平人才交叉培养项目。强化在京高等学校之间、在京高等学校与海（境）外名校之间、在京高等学校与科研院所和企事业单位之间的合作，实现专业学科的交叉融合和优质教育资源的充分共享，深化在京高等学校人才培养机制改革，推进实施“双培计划”、“外培计划”和“实培计划”。

（七）一流学科和特色学科建设项目。加大世界一流大学建设的支持力度。重点建设一批国内领先、国际一流的优势学科和领域。支持市属高等学校特色学科发展。

（八）高等学校高精尖创新中心建设项目。深化科研管理改革，优化科研组织模式，创新科技人才激励机制，完善科技评价体系和开放评价机制，建设一批高精尖创新中心，实施一批高精尖创新项目。

（九）高等学校高质量就业创业项目。构建以“一街三园”为载体的北京高等学校大学生创业园孵化体系，力争入孵500个左右大学生创新创业实践项目和优秀创业团队。

（十）大学生教育服务项目。深化思想政治理论课教育教学改革，构建大学生学业、心理、就业等服务保障体系。加强高校辅导员队伍建设。完善大学生资助体系。加强高校后勤标准化建设。

（十一）民办学校支持鼓励项目。支持举办非营利性民办学校。支持普惠性民办幼儿园发展，支持建设优质民办中小学，支持高水平应用型大学建设。加强民办学校师资队伍建设。

（十二）终身教育特色实践基地与平台建设项目。加大开发与整合适应社会需求的终身教育课程体系，探索宽进严出、自主学习的开放教育制度，建立学习成果认证体系和“学分银行”制度。建成京学网。

（十三）社会主义核心价值观引领项目。开展中小学生“四个一”活动，优秀影片、连环画进校园，经典诵读，非物质文化进校园，中华优秀传统文化特色学校建设等。强化可持续发展教育，建设示范区和学习创新基地，深入开展节能减排和节约型校园建设。建设实践育人体系。全面开展初中开放性科学实践活动。推进青少年法治教育基地建设。

（十四）学校体育美育工作改进项目。实施北京市青少年校园足球计划、冬季校园冰雪项目计划，在小学阶段推广“小球计划”。研究实施体育技能提升计划。深入推进高等学校和社会力量支持中小学体育、美育发展，高质量开展义务教育阶段课外活动，实施校外教育公益行动计划。

（十五）教师队伍建设和综合素质提升项目。多种方式扩大师范生培养规模，加强和改进师范生教育和管理。重点实施“乡村教师素质提升计划”。推进高等学校高层次人才培养，在市属高等学校中遴选一批创新团队，增强其竞争国家级创新团队的能力。

（十六）扩大教育国际交流与合作项目。支持高等学校引进优质教育资源和人才，支持职业学校引进国际权威的职业资格证书体系，推动高水平中外合作办学发展。深入推进“留学北京行动计划”，设立“一带一路”沿线国家留学生奖学金。完善教育国际交流服务体系。

（十七）教育督导与评价专业化建设项目。充实教育督导专职队伍，完善教育督导队伍的培训制度。完善教育督导和监测评估结果使用制度。

（十八）京津冀教育协同发展项目。有序疏解部分教育功能，加快向外疏解的市属高等学校新校区建设。完善区域教育合作机制，推动高等学校联盟建设、职业教育集团发展、基础教育优质资源共享共建。

（十九）北京城市副中心教育配套建设项目。通过重点扶持、联合办学、加强培训等方式，拓展优质教育资源，服务北京城市副中心建设，提升教育配套保障水平。

（二十）数字化教育资源建设与服务项目。推进北京教育信息网的升级换代与优化整合，建成教育信息化安全保障体系，建设教育云与教育大数据支撑与服务体系。推进中小学数字校园示范建设工程。利用信息技术，促进中小学校实施多模式的开放式学习、混合式学习，构建极端天气应对及日常教育教学在线教育服务与分享体系。

规划实施

《北京市“十三五”时期教育改革和发展规划》是指导全市教育改革与发展的纲领性文件，必须周密部署、精心组织、落实责任、强化监督，确保规划内容落到实处。各区、各部门、各级各类学校要从实际出发，制订本区、本部门、本学校实施规划的具体方案、年度计划和政策措施，分阶段、分步骤组织实施。各区、各部门要把规划作为项目审批和安排资金的重要依据。

《北京市“十三五”时期教育改革和发展规划》确定的各项指标要纳入市政府，以及各部门、各区的综合评价和绩效考核体系。市教委对《北京市“十三五”时期教育改革和发展规划》实施年度监测，发布年度监测报告。市政府教育督导部门定期开展《北京市“十三五”时期教育改革和发展规划》重大任务实施情况的督导，并向社会公布督导检查报告。

配合市人大、政协定期开展《北京市“十三五”时期教育改革和发展规划》实施情况的监督检查。要建立法定程序和渠道，使社会公众能够有效参与对《北京市“十三五”时期教育改革和发展规划》实施情况的监督。

学前教育

北京市教育委员会文件选编

(2016)

北京市教育委员会办公室

转发教育部办公厅关于开展2016年全国学前教育宣传月活动文件的通知

京教办函〔2016〕15号

各区教委：

现将教育部办公厅关于开展2016年全国学前教育宣传月活动的通知（教基二厅函〔2016〕8号）转发给你们，请认真贯彻执行。

2016年5月20日

教育部办公厅

关于开展2016年全国学前教育宣传月活动的通知

教基二厅函〔2016〕8号

各省、自治区、直辖市教育厅（教委），新疆生产建设兵团教育局：

今年5月20日至6月20日是第五个全国学前教育宣传月，主题是：幼小协同科学衔接。为做好今年全国学前教育宣传月的各项宣传工作，现就有关要求通知如下：

1. 精心组织。各地要高度重视，切实把学前教育宣传月活动纳入年度工作重要内容，围绕宣传月的主题，精心制定宣传月活动方案，全面部署并认真组织实施。

2. 幼儿园和小学同步行动。各地要组织幼儿园和小学广泛参与，同步宣传。幼儿园要指导家长为幼儿做好生活常规、学习品质、社会交往等方面的入学准备，宣传提前学习、片面准备的危害。小学要坚持“零起点”教学，采取多种方式帮助幼儿适应小学生活。幼儿园和小学应双向衔接，相互配合，有效缓解家长“跟不上”的担忧，营造良好的社会氛围。

3. 创新宣传方式。教育部将举办宣传月启动仪式，组织制作主题公益宣传片，拍摄系列专家电视访谈节目，并在有关电视频道和“微言教育”平台循环推送，支持各地开展宣传活动。各地教育行政部门应结合本地实际，创新宣传方式，充分利用多种传媒，搭建宣传平台，组织专家、园长、校长和有经验的教师为家长答疑解惑，提供有针对性的指导。

4. 确保科学规范。各地要坚持科学导向，充分发挥教研和专家的力量，对宣传内容要精心策划，严格把关。严禁任何单位和个人借宣传月名义搭车开展商业性活动，确保宣传活动的科学性和公益性。

2016 年 3 月 28 日

北　京　市　教　育　委　员　会
北京市人力资源和社会保障局

关于开展第三届北京市“辛勤育苗”学前教育工作先进集体和先进个人评选表彰活动的通知

京教函〔2016〕220号

各区教委、人力社保局：

为了总结“十二五”期间学前教育管理和保育教育成绩，激励学前教育系统广大教师和教育工作者爱岗敬业，鼓励社会各界人士关心支持学前教育事业发展，进一步推动本市学前教育事业发展，北京市教育委员会、北京市人力资源和社会保障局决定在全市学前教育系统开展第三届北京市“辛勤育苗”学前教育工作先进集体和先进个人评选表彰活动。现将有关评选、表彰事项通知如下：

一、评选范围

（一）北京市“辛勤育苗”学前教育工作先进个人的评选范围

1. 全市学前教育系统的所有工作人员。包括行政干部、园长、业务园长、保教主任、教师、保育员、保健医及其他在幼儿园工作的工作人员。

2. 关心、扶持学前教育事业发展的其它行业人员。包括幼儿园的举办者、相关机构的研究人员等。

（二）北京市“辛勤育苗”学前教育工作先进集体的评选范围

本市行政区域内各种形式的学前教育机构以及关心、扶持学前教育事业发展的相关部门。

副局级（含）以上单位和个人不参加评选；处级以上领导干部原则上不超过参评人数的20%；如全市推荐人选中，处级人员所占比例超过20%，由市评选表彰领导小组办公室对处级人员统一排序，择优表彰。

二、表彰名额

北京市“辛勤育苗”学前教育工作先进个人共计评选500名，各区推荐名额按照2015—2016学年度教育事业统计幼儿园教职工人数确定。

北京市“辛勤育苗”学前教育工作先进集体共计评选150个，各区推荐名额按照各区2015—2016学年度独立法人园所数确定。

各区推荐名额具体见附件2。各区、各单位要严格按评选条件和本区推荐名额进行推荐、评选、上报。

三、评选条件

（一）北京市“辛勤育苗”学前教育工作先进个人的评选条件

热爱祖国，坚持党的基本路线，忠诚人民的教育事业，遵纪守法，模范履行职责，具有良好的职业道德，并具备下列条件之一：

1. 模范执行《幼儿园工作规程》《幼儿园管理条例》和《北京市学前教育条例》等法律法规，全面贯彻《3～6岁儿童学习与发展指南》《幼儿园教育指导纲要（试行）》，热爱幼儿，关心幼儿的全面成长，为人师表，在培养人才方面成绩显著；

2. 认真完成教育工作任务，在学前教育课程改革、提高保育教育质量方面成绩突出；

3. 在学前教育研究、科学研究、技术推广等方面有创造性的成果，具有较大的科学价值或者显著的经济效益、社会效益；

4. 在幼儿园建设、管理、服务等方面有突出成绩；

5. 关心扶持学前教育事业发展，为推动学前教育事业发展做出突出贡献。

（二）北京市“辛勤育苗”学前教育工作先进集体的评选条件

模范执行国家的法律、法规，关心、扶持、推动学前教育事业发展，为学前教育事业做出突出贡献的单位。

四、评选程序

（一）推荐：评选表彰工作要坚持公开、公平、公正原则，严格按照自下而上、逐级推荐。推荐对象由所在单位民主推荐，领导班子集体研究决定，并在本单位公示5个工作日。公示内容包括推荐对象的基本情况和主要事迹。

推荐机关事业单位干部，须按照干部管理权限征求组织人事、纪检监察、计划生育等部门的意见。推荐企业和企业负责人的，须征求工商、税务、审计、纪检监察、环境保护、计划生育、安全生产、行业主管等有关部门意见。

公示无异议后，各区教委汇总本区推荐材料，报评选表彰工作领导小组办公室。

（二）初审：评选表彰工作领导小组办公室对推荐材料进行初审，确定拟表彰人选名单，报评选表彰工作领导小组审定。

（三）审定：评选表彰工作领导小组召开会议，对评选表彰工作领导小组办公室报送的拟表彰人选名单进行审定。

（四）公示：对评选表彰领导小组审定的名单在北京市教育信息网进行为期5个工作日的公示。

（五）表彰决定：公示无异议后，由北京市教育委员会起草表彰决定，并会同北京市人力资源和社会保障局会签表彰决定。

五、奖励形式

对评选出的先进集体授予“北京市‘辛勤育苗’学前教育工作先进集体”荣誉称号，颁发奖牌。

对评选出的先进个人授予“北京市‘辛勤育苗’学前教育工作先进个人”称号，颁发证书和奖金。

六、组织领导

北京市教育委员会与市人力资源和社会保障局相关领导组成评选表彰工作领导小组，负责评选表彰工作的组织实施。领导小组下设办公室，办公室设在北京市教育委员会学前教育处，负责评选表彰工作的组织实施。

七、工作要求

（一）提高认识，加强领导。坚持把评选表彰与促进发展结合起来，切实使评选表彰活动成为有效推动学前教育事业发展的有效抓手。

（二）公开透明，加强监督。推荐、评选过程要注重充分发扬民主，广泛听取基层党政领导和教职员工的意见。评选表彰工作要始终坚持公开、公平、公正的原则，做到推荐、评选、表彰全过程程序合规、流程严谨。

（三）按时做好材料申报工作。被推荐的集体和个人填写《北京市系统表彰奖励先进集体登记表》（附件4，一式二份，呈报单位意见栏加盖所在单位及区教委公章，略）和《北京市系统表彰奖励先进个人登记表》（附件3，一式二份，呈报单位意见栏加盖所在单位及区教委公章，略）及《机关事业单位干部征求意见表》（附件7，略）、《企业负责人征求意见表》（附件8，略）、《企业征求意见表》（附件9，略）。

先进个人推荐人选和先进集体推荐单位除了填写上述表格外，要另附一份事迹材料。材料要求准确、生动、翔实，具有代表性、典型性、时代感，篇幅在1000～2000字。

各区教委对本区推荐人选及单位情况进行汇总（附件5、附件6，略），并于6月30日前将相关表格和材料（附电子版，其中附件7、附件8、附件9只需纸质版）报送至评选表彰领导小组办公室（市教委学前处）。

附件：1. 北京市“辛勤育苗”学前教育工作先进个人和先进集体评选表彰工作领导小组及办公室成员名单
2. 北京市“辛勤育苗”学前教育工作先进个人、先进集体各区推荐名额分配表
3. 北京市系统表彰奖励先进个人登记表（略）
4. 北京市系统表彰奖励先进集体登记表（略）

5. 北京市“辛勤育苗”学前教育工作先进个人推荐名册（略）
6. 北京市“辛勤育苗”学前教育工作先进集体推荐名册（略）
7. 机关事业单位干部征求意见表（略）
8. 企业负责人征求意见表（略）
9. 企业征求意见表（略）

2016 年 5 月 20 日

附件 1

北京市“辛勤育苗”学前教育工作先进个人和先进集体评选表彰工作领导小组及办公室成员名单

一、领导小组成员

组　长：线联平　市委教工委副书记、市教委主任
副组长：杨晋京　市人力社保局巡视员
　　　　付志锋　市教委副主任
　　　　李奕　　市教委副主任
成　员：高永辉　市人力社保局考核奖惩处处长
　　　　张小红　市教委学前教育处处长
　　　　杨江林　市教委人事处处长

二、领导小组办公室

领导小组办公室设在市教委学前教育处。

办公室主任由市教委学前教育处处长张小红、市人力社保局考核奖惩处处长高永辉兼任。

附件2

北京市“辛勤育苗”学前教育工作先进个人、先进集体各区推荐名额分配表

区	先进个人（人）	先进集体（个）
东城区	20	5
西城区	25	7
朝阳区	100	22
海淀区	80	16
丰台区	52	14
石景山区	18	5
门头沟区	7	3
大兴区	24	8
房山区	34	10
通州区	35	14
顺义区	22	10
昌平区	38	11
怀柔区	11	6
平谷区	10	6
延庆区	7	5
密云区	15	7
燕山地区	1	1
合计	500	150

基础教育

北京市教育委员会文件选编

（2016）

北京市教育委员会

关于在城六区一般初中校实施1+3培养试验的通知

京教基二〔2016〕5号

各有关区教委：

为促进义务教育优质均衡发展，促进小升初就近入学，推动教育公平，在城六区一般校初二年级结束后提前给予当年就近入学的学生一次升入优质高中的选择机会，并探索高中人才培养方式，2016年起，我市将开展1+3培养试验。学生在初二年级结束后进入试验学校，在试验学校连续完成初三及高中共四年学习。现将有关工作通知如下：

一、1+3培养试验学校分为两类，一是市级统筹类学校，计划面向城六区一般公办初中，计划分配到校（北师大实验华夏女中、工美附中、徐悲鸿中学计划不分配）。二是区级普通类学校，计划面向本区。

二、具有普通高中升学资格且在同一学校具有连续两年学籍等条件的初二学生可报名参加本试验。

三、市级统筹类学校推荐录取流程为：

（一）学生自愿报名。学生选择一所试验学校向所在初中校报名。

（二）初中校推荐。初中校将分配到校的名额平均分配到各自然班，按1∶3比例推荐并在校内公示（报名北师大实验华夏女中、工美附中、徐悲鸿中学的学生不受推荐比例限制，需总量控制），汇总推荐名单经区教委交试验学校。

（三）试验学校面试。试验学校组织获得推荐资格的学生面试，不得进行笔试，面试结果在初中校公示。

四、区级普通类学校推荐录取流程为：

（一）学生报名。学生选择一所区级普通类学校向所在初中校报名。初中校汇总名单经区教委交试验学校。

（二）试验学校面试。试验学校组织面试，不得进行笔试，面试结果在初中校公示。

五、面试要突出素质教育导向，突出宽与活，避免学生参加各种培训班增加学习负担。严禁试验学校进行文化课笔试。

六、进入本试验的学生不需参加中考，直升高中。

七、允许进入本试验的学生在初三退出试验，退出的学生可参加当年中考，但不再参加名额分配和市级统筹类招生。

附件：1. 2016 年 1+3 市级统筹类学校计划

2. 2016 年 1+3 区级普通类学校计划

3. 2016 年 1+3 培养试验工作时间表

2016 年 4 月 14 日

附件 1

2016 年 1+3 市级统筹类学校计划

学校	计划（人）	范围
清华附中（将台路校区）	400	城六区
北大附中（惠新东街校区）	400	城六区

续表

学校	计划（人）	范围
首师大附中（首师大二附中校区）	200	城六区
总计	1000	

学校	计划（人）	范围	备注
北师大实验华夏女中	70	城六区	与北京舞蹈学院联合培养，毕业时经艺术素养测试合格，高考考入有外培计划的市属高校后，可申请转入该校外培计划；只招女生。
工美附中	60	城六区	与清华大学美院联合培养，毕业时经艺术素养测试合格，高考考入有外培计划的市属高校后，可申请转入该校外培计划。
徐悲鸿中学	50	城六区	与中央美术学院联合培养，毕业时经艺术素养测试合格，高考考入有双培计划的市属高校后，可申请转入该校双培计划。
总计	180		

附件 2

2016 年 1+3 区级普通类学校计划

区	学校	计划	范围
西城	北京市鲁迅中学	35	本区
	月坛中学	70	本区

续表

区	学校	计划	范围
朝阳	北京市第二外国语学院附属中学	50	本区
	北京化工大学附属中学	30	本区
	北京青年政治学院附属中学	25	本区
	中国科学院附属实验学校	25	本区
海淀	北京市第五十七中学	90	本区
	北方交通大学附属中学（东校区）	70	本区
	北京科技大学附属中学	60	本区
	中国人民大学附属中学翠微学校	80	本区
	海淀实验中学	80	本区
	北京实验学校（海淀）	60	本区
丰台	北京市大成学校	25	本区
	北京师范大学第四附属中学	25	本区
石景山	北京大学附属中学石景山学校	30	本区
	北京市古城中学	20	本区
总计	775		

附件 3

2016 年 1+3 培养试验工作时间表

时间	工作
4 月	公布计划
6 月 13—15 日	学生报名市级统筹类学校

续表

时间	工作
6 月 20—24 日	初中校推荐
7 月 10 日（星期日）	市级统筹类学校面试
7 月 11 日（星期一）	市级统筹类学校公布学生名单
7 月 14 日（星期四）	学生报名区级普通类学校
7 月 17 日（星期日）	区级普通类学校面试
7 月 18 日（星期一）	区级普通类学校公布学生名单
8 月 15 日前	在学籍系统中完成转学

北 京 市 教 育 委 员 会
北京市人民政府教育督导室

关于开展初中开放性科学实践活动的通知

京教基二〔2016〕7 号

各区教委、区政府教育督导室：

为全面落实党的十八届三中、四中、五中全会精神、习近平总书记系列讲话以及市委市政府有关会议精神，进一步深化教育领域综合改革，构建开放性教学模式，培养学生创新精神和实践能力，市教委面向全市初中学生开展初中开放性科学实践活动（以下简称

“开放科学活动”），现将有关事项通知如下：

一、充分认识开放科学活动重要意义

（一）开放科学活动是深化教育领域综合改革的重要抓手

通过实施开放科学活动，整合社会力量构建教育改革与发展统一战线，积极推动基础教育供给侧结构性改革，着力解决优质教育资源供给方式相对单一与学生个性化发展需求日趋多样之间的矛盾，全面提升学生综合素质。

（二）开放科学活动是深化课程改革的重要举措

深入落实《北京市基础教育部分学科教学改进意见》（京教基二〔2014〕22号）《北京市实施教育部〈义务教育课程设置实验方案〉的课程计划（修订）》（京教基二〔2015〕12号）等文件精神，在开放科学活动实施中，渗透物理、化学、生物等学科知识和能力培养，有效提升学生科学素养水平。

（三）开放科学活动是中考改革的配套措施

开放科学活动是落实市教委《关于本市中考中招与初中教学改进工作的通知》（京教计〔2015〕35号）精神，推出的中考及教学改革配套措施，努力实现学生科学素养培养与考试评价改革相融合。

（四）开放科学活动是提升教育公共服务水平的重要途径

开放科学活动通过构建无边界、跨学科开放性学习平台，满足不同层次学生个性化、多样化发展需求，关注学生实际获得，促进教育优质均衡发展，全面提升教育基本公共服务水平。

二、全面把握开放科学活动工作原则

（一）坚持安全第一

开放科学活动始终将安全摆在首要位置，各区、学校要加强学生安全教育并采取多种措施，确保师生参加活动的身心健康安全。

（二）坚持尊重兴趣

开放科学活动根据学生兴趣爱好、身心特点设计实施，各学校要开好开放科学活动指导课，充分尊重学生个性、激发学生兴趣，认真指导学生参加活动。

（三）坚持开放多元

开放科学活动的设计实施，整合社会科技教育资源，追踪先进科学技术发展，鼓励学生通过团队协作、合作探究，发展创新精神和实践能力。采取多种方式对学生活动情况进行有效评价。

（四）坚持实践导向

坚持实践育人，鼓励学生走出校园与不同区域、学校同伴在实践中学习。关注学生参与活动积极性、主动性和创造性，淡化结果导向，更加注重学生在实践过程中的能力提升。

三、开放科学活动的内容与形式

市教委组织高校、科研院所、科普场馆、企业、教育系统重点实验室、社会团体等单位（以下简称“资源单位”）作为主体面向初中学生开发、提供科学实践活动服务。开放科学活动自 2015 年 10 月启动实施，2015—2016 学年度第一学期为试运行阶段，参与对象为全市七年级学生，逐年向上滚动至七、八年级学生。

（一）活动方式

全市七、八年级学生每学期应参加 5 次开放科学活动，每次活动 2 小时，其中不少于三分之二的时间用于学生动手实践。活动类型分为两种：

自主选课。资源单位按照要求在网络平台发布活动课程，学生根据兴趣自主选择，每次参加活动学生来自不同区、学校，单个项目每次活动不超过 30 人，学生在家长带领下或自行前往资源单位参加活动，活动时间主要为周末、假期。

送课到校。资源单位按照要求在网络平台发布活动课程，学校管理教师在征求学生意见基础上，统一为学生预约活动，一般应打乱原有班级建制组织学生参加活动，单个项目每次活动不超过 30 人。资源单位组织师资携带设备、材料，到学校为学生提供活动服务。活动时间由学校和资源单位协商确定。

（二）活动资源

市教委面向社会公开征集开放科学活动资源单位，组织资源单位立足自身优势，围绕物理、化学、生物等学科课程标准，开发活动项目。通过评审的活动项目，面向全市初中学生提供服务，活动项目数量、内容不断更新，形成动态资源库，确保活动项目质量满足学生学习需求。

（三）评价方式

依托“北京市初中实践活动管理服务平台”（kfsj. bjedu. cn）对学生参加活动情况进行管理、记录和考核。每学期活动时间从学期初至寒、暑假开始后第一周。七、八年级学生每学期应参加 5 次活动，每次活动计 1 分，2 学年累计应参加 20 次活动，满分为 20 分。学生参加活动累积分数，中考时计入物理、生物（化学）科目原始成绩。

四、切实加强开放科学活动组织管理

开放科学活动按照市级统筹、分级负责、过程督导、协同推进的原则，建立市、区、校三级管理体系。

（一）市教委、市政府教育督导室负责整体统筹

根据全市基础教育综合改革和中考改革方案，制定开放科学活动政策措施和实施方案；指导各区教委、区政府教育督导室、学校开展好开放科学活动；成立开放科学活动工作小组，协调市青少年科技创新学院办公室、市教育信息与网络中心、市教育技术设备中心等部门负责资源单位与活动项目的准入、实施细则与标准规范制定、网络平台运维、活动安全与质量建设等工作。

（二）区教委、区政府教育督导室负责区域内活动监督管理

各区教委、区政府教育督导室要建立组织机构，指定部门、人员负责；协调本区教研、信息、装备等部门做好工作保障；指导学校制定好工作方案及安全预案；建立完善工作网络，确保工作信息传达及时可靠；加强活动安全和质量管理，建立督导团队，对本区学生参与活动情况、区域内资源单位工作情况进行全面督导；搭建工作交流平台，及时发现和宣传典型经验；抓住开放科学活动契机，推动建好一批校内外综合实践活动基地。要将工作成果、经验建议及时反馈市教委基础教育二处。

（三）学校负责活动具体管理

各学校要成立领导小组，建立包括管理教师、指导教师、班主任在内的工作团队，在尊重学生意愿基础上，指导学生预约活动；抓好安全教育，努力保证学生身心健康；指导教师要开好开放科学活动指导课，努力实现校内科学课程与校外活动有机融合，不断提升学生科学素养；积极与市、区配合，推动建好一批校内外综合实践活动基地；做实做细工作，确保学生实际获得。

2016 年 5 月 24 日

北京市教育委员会

关于印发 2016 年秋季北京市普通中小学教学用书目录的通知

京教基二〔2016〕8 号

各区教委、燕山教委：

现将《2016 年秋季北京市普通中小学教学用书目录》印发给你们，并将有关事项通知如下，请认真贯彻执行。

一、请按照教育部《中小学教科书选用管理暂行办法》（教基二〔2014〕8 号）、教育部办公厅《关于 2016 年中小学教学用书有关事项的通知》（教基二厅函〔2016〕12 号）和市教委有关教材管理的文件要求，认真做好 2016 年秋季中小学教学用书选用工作。

二、本书目包括三部分内容。附件 1 是北京市普通中小学自编及实验教学用书目录；附件2是经教育部初审通过、本市选用的普通高中课程改革实验教材；附件3为教育部审定通过的义务教育教学用书目录。

三、为贯彻落实党的十八届四中全会关于在中小学设立法治知识课程的要求，从2016年起，将义务教育小学和初中起始年级“品德与生活”“思想品德”教材名称统一更改为“道德与法治”。

四、义务教育品德、语文、历史学科起始年级使用新编、修订教材，上述学科因后序册次教材正在审定中，仍沿用原出版社出版的教材，不得更换其他版本。

五、普通高中国家课程各学科教材选用请一并参考教育部办公厅印发的《2011年中小学教学用书目录（变动部分）》（教基二厅函〔2010〕20号）、《2009年基础教育课程标准实验教学用书目录》（教基厅〔2008〕6号）。

六、各区在教材选用过程中要严格执行有关规定，进一步加强和规范中小学教学用书管理。需调整教材版本的区，要及时报市教委基础教育二处。各区在教材选用工作完成后，要及时将教材选用情况统一报送市教委基础教育二处。

七、各区应加强教材使用情况的检查，对未按相关规定更换教材、使用未经审定教材学校要严肃处理，责令纠正。

附件：1. 2016年秋季北京市普通中小学自编及实验教学用书目录（略）

2. 2016年秋季北京市普通高中课程改革实验教材目录（略）

3. 2016年秋季义务教育教学用书目录（略）

2016年6月2日

北京市教育委员会

关于开展2016年度中小学“一师一优课、一课一名师”活动的通知

京教函〔2016〕256号

各区教委：

为贯彻《教育部办公厅关于开展2015－2016年度“一师一优课、一课一名师”活动的通知》（教基二厅函〔2016〕5号）文件精神，进一步提高我市教师利用信息技术推进教学改革、提高教学质量的能力，市教委将继续面向我市中小学开展“一师一优课、一课一名师”活动。

根据教育部的统一要求，本次活动主要目标是充分调动各学科教师在课堂教学中应用信息技术的积极性和创造性，使每位教师能够利用信息技术和优质数字教育资源至少上好一堂课；建设一支善用信息技术和优质数字教育资源开展教学活动的骨干教师队伍，使每堂课至少有一位优秀教师能够利用信息技术和优质数字教育资源授课。

为保障本次活动顺利进行，市教委基础教育二处牵头整体推进，北京教育网络和信息中心（北京电教馆）和北京教科院基础教育研究中心负责具体组织实施并提供技术支持。活动主要包括教师网上“晒课”与“优课”评选两个阶段。

一、网上“晒课”

各区应结合本地实际，利用国家教育资源公共服务平台提供的

“晒课”功能，组织教师在2016年7月12日前完成国家教育资源公共服务平台进行实名制网上“晒课”工作。

二、“优课”评选

在网上“晒课”的基础上，采取区、市和国家分级评选的方式，对年度各年级各学科各版本的资源开展逐级推荐评选。各区教委在9月10日前完成本区优课的推荐活动。市级评选在9月30日之前完成，并将所推荐的市级“优课”报送教育部参加国家级“优课”评选。

为鼓励教师广泛参与，原则上每个年级每个学科每个教材版本每堂课推荐1节“优课”参与推荐评选，同一教师原则上只推荐1节“优课”。

教师所提交的网上“晒课”内容应包括一堂完整课堂教学的教学设计、所用课件及相关资源（或资源链接）、课堂实录（可选，拟参加教育部组织的“优课”评选者必选）和评测练习（可选）等。“晒课”版本为教育部审定的中小学教材，以教育部公布的2015年度教学用书目录为准（教基二厅〔2015〕1号）。

各区教委要负责本地区活动的组织领导工作，统筹制定活动方案，落实开展活动所需的各项经费；协调相关部门，明确工作职责，加强部门协作；做好活动的宣传工作，充分调动中小学校和广大教师参与活动的积极性。区电教部门要做好活动的组织条件保障工作，为教师在学校创建“优课”提供技术和资源支持。区教研部门要为教师利用信息技术和数字教育资源转变教学方式、创新教学方法、改变课堂教学提供理论和实践指导，牵头完成区级“优课”的评选推荐活动。

2016年6月8日

北 京 市 教 育 委 员 会
首都精神文明建设委员会办公室

关于认定首批北京市中小学文明校园的通知

京教函〔2016〕470号

各区教委、文明办：

为落实教育部、中央文明办关于深入开展文明校园创建活动的工作部署，北京市教育委员会、首都精神文明建设委员会办公室于2015年在全市中小学启动了北京市文明校园创建活动，并发布了北京市中小学文明校园创建标准及评价细则。

一年来，我市广大中小学校紧紧围绕“四个全面”战略布局，围绕立德树人根本任务，坚持价值引领、贴近师生、注重实效、广泛参与的创建原则，深入开展文明校园创建活动，大力夯实校园文明根基，学校精神文明建设取得显著成绩，涌现出一批工作扎实、成绩突出、影响广泛的创建工作先进典型，有力地促进了师生文明素质和学校文明程度的提升。

为发挥先进典型的示范引领作用，推动文明校园创建活动蓬勃开展，经学校自主申报、区教委及区文明办联合考核推荐、北京市教育委员会及首都精神文明建设委员会办公室审核验收、社会公示等程序，现认定北京第一师范学校附属小学等344所中小学校为首批北京市中小学文明校园（名单附后）。

文明校园创建活动是“十三五”时期首都教育的重点工作，各区教委、文明办要进一步提高认识，做好统筹规划，强化过程管理，加强指导和监督，及时总结推广创建活动中的好经验好做法，不断改进和完善创建工作措施，提高创建活动实效。希望被认定为首批北京市中小学文明校园的学校珍惜荣誉，发扬成绩，再接再厉，充分发挥示范带头作用，当好全市创建工作标杆，为推进首都教育事业科学发展和京津冀教育协同发展、建设国际一流的和谐宜居之都做出新贡献。

附件：首批北京市中小学文明校园名单

2016 年 10 月 13 日

附件

首批北京市中小学文明校园名单

（排名不分先后）

东城区

北京市第一中学

北京市第二中学

北京市第五中学

北京市第十一中学

北京市第五十中学

中央工艺美术学院附属中学

北京市东直门中学

北京市广渠门中学

北京宏志中学

北京景山学校

北京市东城区史家胡同小学

北京第一师范学校附属小学

北京光明小学

北京市崇文小学

北京市东城区灯市口小学

北京市东城区东交民巷小学

北京市东城区分司厅小学

北京市东城区府学胡同小学

北京市东城区和平里第一小学

北京市东城区和平里第四小学

北京市东城区景泰小学

北京市东城区史家实验学校

西城区

北京市第三中学
北京市第七中学
北京市第八中学
北京市第十三中学
北京市第十五中学
北京市第四十三中学
北京市第四十四中学
北京市第五十六中学
北京市第一五六中学
北京市第一五九中学
北京市育才学校
北京师范大学实验华夏女子中学
北京市月坛中学
北京市徐悲鸿中学
北京市三帆中学
北京师范大学附属中学
北京师范大学第二附属中学
北京市启喑实验学校
北京小学红山分校
北京第二实验小学广外分校
北京第一实验小学前门分校
北京第一实验小学
北京市西城区实验小学
北京市西城区陶然亭小学
北京市西城区新世纪实验小学
北京小学
北京小学走读部
北京市西城区康乐里小学
北京市西城区进步小学
北京市西城区复兴门外第一小学
北京第二实验小学玉桃园分校
北京市西城区师范学校附属小学
北京第二实验小学
北京市西城区培智中心学校
北京市西城区宏庙小学
北京市西城区什刹海小学
北京市西城区黄城根小学
北京市西城区奋斗小学
北京雷锋小学
北京市西城区柳荫街小学
北京市西城区自忠小学
北京市西城区阜成门外第一小学
北京市西城区北礼士路第一小学
北京市西城区三里河第三小学

朝阳区

北京市和平街第一中学
中国人民大学附属中学朝阳学校
北京市日坛中学
北京市朝阳区教育研究中心附属学校

北京市第十七中学
北京市华侨城黄冈中学
北京第二外国语学院附属中学
北京市东方德才学校
北京师范大学朝阳附属中学
对外经济贸易大学附属中学
清华大学附属中学朝阳学校
北京市陈经纶中学
北京市五路居第一中学
北京市朝阳师范学校附属小学
北京市朝阳区双桥第二小学
北京市星河实验学校
首都师范大学附属实验学校
北京市朝阳区白家庄小学
北京市润丰学校
北京市朝阳区高碑店中心小学
北京市朝阳区酒仙桥中心小学
北京市朝阳区楼梓庄小学
北京市朝阳区芳草地国际学校远洋小学
北京市朝阳区垂杨柳中心小学
北京市第八十中学枣营分校
北京市朝阳区万子营民族小学
北京市望京实验学校
北京市朝阳区黑庄户中心小学
北京市朝阳区芳草地国际学校世纪小学
北京市朝阳区八里庄中心小学
府学胡同小学朝阳学校
北京市朝阳区芳草地国际学校富力分校
北京市第九十四中学机场分校
北京市朝阳区十八里店小学
北京市朝阳区王四营中心小学
北京师范大学朝阳附属小学
北京市陈经纶中学分校
北京市朝阳区劲松第四小学
北京市朝阳区劲松第三小学
北京拔萃双语学校

海淀区

首都师范大学附属中学
北京市第一零一中学
北京市中关村中学
清华大学附属中学
北京市十一学校
北京市二十一世纪国际学校
北京市育英学校（含航天校区）
北京航空航天大学实验学校
北京科技大学附属中学
北京市玉渊潭中学
北京市知春里中学
北京市海淀区教师进修学校附属实验学校
北京市第二十中学
人大附中西山学校
北京市第十九中学
北京市第五十七中学

中国矿业大学（北京）附属中学
北京市十一学校一分校
首都师范大学附属中学第一分校
北京市上地实验学校
北京市育英中学
北京农业大学附属中学
北京市海淀区实验小学
北京市海淀区五一小学
北京市海淀区民族小学
北京市海淀区中关村第三小学
北京市海淀区七一小学
北京市海淀区第二实验小学
首都师范大学附属小学（含玉泉学校）
北京石油学院附属实验小学
北京市海淀区翠微小学
首都师范大学实验小学
北京市海淀区中关村第二小学
北京市海淀区中关村第一小学
北京林业大学附属小学
北京市海淀区东北旺中心小学
北京市海淀区羊坊店第四小学
中国农业大学附属实验小学
北京市海淀区上庄中心小学

丰台区

北京市第十中学
北京市第十二中学洋桥学校
北京市第十八中学
清华大学附属中学丰台学校
北京市丰台区长辛店学校
北京市第十二中学
北京市芳星园中学
首都师范大学附属丽泽中学
北京市赵登禹学校
北京市丰台区新发地小学
北京市丰台区西罗园第六小学
北京市丰台区芳古园小学
北京市丰台区卢沟桥第一小学
北京市丰台区东高地第三小学
北京小学丰台万年花城分校
首都医科大学附属小学
北京市丰台区纪家庙小学
北京市丰台区师范学校附属小学
北京市丰台区丰台第五小学
北京市丰台区东铁匠营第一小学
北京市丰台区长辛店第一小学
北京市丰台区丰台第二小学
北京市丰台区丰台第一小学
北京市丰台区东铁匠营第二小学
北京市丰台区丰体时代小学
北京市丰台区丰台第八小学

石景山区

北京市第九中学

北京市京源学校
北京市石景山区实验中学
首都师范大学附属苹果园中学
首钢矿业公司职工子弟学校
北京市石景山区古城第二小学分校
北京市石景山区红旗小学
北京市石景山区广宁村小学
北京大学附属小学石景山学校
北京市石景山区爱乐实验小学
北京市石景山区金顶街第二小学

门头沟区

北京市大峪中学
北京市大峪中学分校
北京市育园中学
北京市王平中学
北京市新桥路中学
北京市门头沟区大台中心小学
北京市门头沟区龙泉小学
北京市门头沟区妙峰山民族学校
北京市门头沟区大峪第二小学
北京市门头沟区大峪第一小学
北京市门头沟区东辛房小学
北京第二实验小学永定分校

房山区

北京师范大学良乡附属中学
北京市房山区良乡中学
北京市房山区房山中学
北京市房山区实验中学
北京市房山区坨里中学
北京市房山区良乡第二中学
北京市房山区岳各庄中学
北京市房山区良乡第三中学
北京市房山区交道中学
北京市房山区北潞园学校
北京市房山区窦店中心小学
北京市房山区城关第二小学
北京市房山区良乡第二小学
北京市房山区良乡第三小学
北京市房山区良乡小学
北京市房山区良乡行宫园学校
北京市房山区良乡中心小学
北京市房山区琉璃河中心小学

通州区

北京市通州区潞河中学
北京市通州区第四中学
北京市通州区第六中学
北京市通州区运河中学
北京理工大学附属中学通州校区
北京市通州区马驹桥学校
北京市育才学校通州分校
北京市通州区潞河中学附属学校
北京市通州区芙蓉小学
北京市通州区中山街小学

北京市通州区培智学校
北京市通州区宋庄镇中心小学
北京市通州区东方小学
北京市通州区漷县镇中心小学
北京教科院通州区第一实验小学
北京市通州区张家湾镇中心小学
北京市通州区永顺镇中心小学
北京市通州区后南仓小学
北京市通州区南关小学
北京市通州区民族小学
通州区教师研修中心实验学校

顺义区

北京市顺义牛栏山第一中学
北京市顺义区杨镇第一中学
北京市顺义区仁和中学
北京市顺义区第十三中学
北京市牛栏山一中实验学校
北京市顺义区杨镇中心小学校
北京市顺义区后沙峪中心小学校
北京市顺义区南法信中心小学校
北京市顺义区木林中心小学校
北京市顺义区张镇中心小学校
北京市顺义区马坡中心小学校
北京市顺义区西辛小学
北京市顺义区第一中学附属小学

昌平区

北京市昌平区第一中学
北京市昌平区第二中学
北京市昌平区第四中学
北京市昌平实验中学
北京市昌平区回龙观中学
北京市昌平区南邵中学
北京市昌平区前锋学校
北京市昌平区天通苑学校
首都师范大学附属回龙观育新学校
北京市昌平区城北中心小学
北京市昌平区城关小学
北京市昌平区二毛学校
北京市昌平区昌盛园小学
北京市昌平区回龙观第二小学
北京市昌平区南口镇小学
北京市昌平区马池口中心小学
北京市昌平实验小学
北京市昌平区天通苑小学
北京市昌平区崔村中心小学

大兴区

北京市大兴区德茂中学
北京市大兴区兴华中学
北京市大兴区魏善庄中学
北京市大兴区第一中学
北京市第二中学亦庄学校
北京市大兴区榆垡中学

北京市大兴区第七中学
北京师范大学大兴附属中学
北京市大兴区采育中学
北京市大兴区第二小学
北京市大兴区第三小学
北京市大兴区第五小学
北京市大兴区第六小学
北京市大兴区第七小学
北京市大兴区第八小学
北京市大兴区第九小学
北京市大兴区滨河小学
北京小学大兴分校
北京小学翡翠城分校
北京师范大学大兴附属小学
北京市大兴区旧宫镇第二中心小学
北京市大兴区亦庄镇第一中心小学
北京市大兴区榆垡镇第二中心小学
北京市大兴区庞各庄镇第二中心小学
北京市大兴区安定镇中心小学

平谷区

北京绿谷小香玉艺术学校
北京师范大学附属中学平谷第一分校
北京市平谷区第三中学
北京市平谷区峪口中学
北京市平谷区第八小学
北京市平谷区大兴庄中心小学
北京市平谷区第七小学
北京第二实验小学平谷分校
北京市平谷区第二小学
北京实验学校附属小学

怀柔区

北京市怀柔区第一中学
北京市怀柔区第二中学
北京市怀柔区第三中学
北京市怀柔区第四中学
首都师范大学附属红螺寺中学
北京市怀柔区职业学校
北京市第一〇一中学怀柔分校
北京市怀柔区桥梓中学
北京市怀柔区渤海中学
北京市怀柔区庙城学校
北京市怀柔区雁栖学校
北京市怀柔区第一小学
北京市怀柔区第六小学
北京市怀柔区培智学校
北京市怀柔区九渡河镇中心小学
北京市怀柔区长哨营满族乡中心小学
北京市怀柔区喇叭沟门满族乡中心小学

密云区

北京市密云区东邵渠中学

首都师范大学附属密云中学
北京市密云区第三中学
北京市密云区不老屯中学
北京市密云区季庄小学
北京市密云区南菜园小学
北京市密云区第二小学
北京市密云区巨各庄镇中心小学
北京市密云区太师屯镇中心小学
北京市密云区北庄镇中心小学

延庆区

北京市延庆区第一中学
北京市延庆区十一学校
北京市延庆区第二中学
北京市延庆区井庄中学
北京市延庆区香营学校
北京市延庆区康庄中学
北京市延庆区第三小学
北京市延庆区第一小学
北京市延庆区大柏老小学
北京市延庆区大榆树小学
北京市延庆区井庄小学
北京市延庆区八里庄小学

燕山地区

北京市燕山星城中学
北京市燕山前进中学
北京市房山区燕山星城小学
北京市房山区燕山羊耳峪小学
北京市燕山东风小学

北京市教育委员会

关于做好2016—2017学年度基础教育课程教材改革实验工作的意见

京教基二〔2016〕15号

各区教委、燕山教委：

为全面深化教育领域综合改革，扎实落实立德树人根本任务，进一步贯彻《北京市基础教育部分学科教学改进意见》（以下简称《意见》）、《北京市实施教育部〈义务教育课程设置实验方案〉的课程计划（修订）》（以下简称《课程计划（修订）》），促进基础教育构建“公平、立德、改革、质量”的发展新常态，现就2016—2017学年度基础教育课程教材改革实验工作提出如下意见：

一、指导思想和工作目标

（一）指导思想

深入贯彻党的十八届三中、四中、五中、六中全会精神和北京市“十三五”教育规划，落实立德树人根本任务，大力培育和践行社会主义核心价值观，深刻体现基础教育的奠基性，推动教育公平，深化课程改革，全面提升基础教育质量。

（二）工作思路

坚持核心素养导向。进一步关注学生应具备的能够适应终身发展和社会发展需要的必备品格和关键能力，以“全面发展的人”为核心，在改革指向上突出学生的文化基础、自主发展、社会参与三个方面。

全面深化课程改革。始终以办人民满意教育为宗旨，坚持课程育人导向，扎实推进课程建设的整体性、丰富性、选择性和学生适切性，形成适合学生的课程体系。

切实转变教与学方式。扎实推进生态课堂建设，以学科教学改进为切入点，推动减负增效的扎实落实；以综合实践活动为支撑点，着力培养学生的创新精神和实践能力。

持续提升教育质量。努力改善基础教育供给结构，突破单一结构的课程供给、资源供给、考试评价供给，形成丰富、多元、可选择的新供给结构。

（三）工作目标

加强学生发展核心素养和学科核心素养的指导、引领作用，积极推进师生转变教与学方式，增强学生在必备品格和关键能力上的实际获得感。

进一步扩大区域和学校课程建设自主权，研究推动学区化课程整体建设和小初高一体化课程整体建设，进一步提升校长的课程领导力、教师的课程理解力和学生的学习力。

深入落实《课程计划（修订）》，梳理、凝练一批区域、学校优秀课程改革成果进行推广与宣传。坚持信息技术与教育教学实践深度融合理念，引导学生多元化、开放式学习。

以社会主义核心价值观为指导，切实加强首善意识、政治意识、阵地意识，建立完善国家课程、地方课程、校本课程三级课程教材管理与监督机制，进一步提升中小学教材质量。

二、主要任务

（一）全面落实立德树人根本任务

全面贯彻党的教育方针，坚持立德树人，是进一步深化基础教育综合改革，全面实施素质教育的根本保证。要深入落实教育部《关于加强和改进中小学品德课教学工作的意见》《北京市义务教育阶段学科德育指导纲要（修订版）》等文件精神，将社会主义核心价值观的育人目标和内容融入课堂教学、校园文化、社会实践、学校管理等各个环节。

继续实施中小学生培育和践行社会主义核心价值观“一十百千”工程。实施中小学中华优秀传统文化素养提升工程，推进中华优秀传统文化特色校建设。实施“七五”普法规划，开展多种形式的法治教育活动，提升师生法治素养。

（二）研究落实学生发展核心素养

结合北京实际，研究学生发展核心素养在教育教学过程中的落实方案。各区、学校要以核心素养为导向，丰富素质教育内涵，结合办学特色，进一步明晰育人目标，优化学校课程结构，在达到课程标准要求的基础上，满足不同学生的发展需求。

要按照学生素养发展需求和学习领域，完善学校课程设置。加强课程实施的自主性和灵活性，强调学习方式的体验性、探究性和实践性。有条件学校可以探索不同学段学生发展核心素养的具体表现，探索与课程目标对应的评价标准，努力构建各学段学生能力培养体系，开发各学科能力目标体系和教学改进体系。

（三）深入落实《课程计划（修订）》

各区要在总结经验基础上，进一步优化义务教育阶段课程计划的区域落实方案，加大对学校指导力度。各学校要进一步优化课程结构，以学生需求为出发点，统筹课程要素，探索学区化、集团化、学校联盟、小初高一体化等背景下的课程整体建设。

各学校要加强课程顶层设计，围绕学校办学理念和培养目标，合理设置课程门类，增强课程适应性，凸显课程实践与创新特征，增强学校课程与学校文化的衔接。市、区将进一步凝练、推广课程建设成功经验，努力营造课程改革良好局面。

（四）全面推进高中课程改革工作

按照高考招生制度改革要求，落实国家课程标准和课程方案，为学生身心健康全面发展提供适合课程，形成具有首都特色的普通高中课程实施方案、学业水平考试实施办法、综合素质评价实施办法。改革教学形式与方法，坚持因材施教，推进走班制，满足学生成长发展需求。加强学生学业规划指导，培养学生自主选择能力。

（五）持续提升课程领导力建设

市、区、校三级要结合全面深化课程改革的要求，进一步创新培训方式，加强对校长、教师、教研员培训力度，要进一步提升市区两级学科教研员的课程指导水平；真正提高校长的课程领导力，带动学校基于自身特点推进课程建设，构建有利于学生全面而有个性发展的课程系统；切实加强教师的学科课程理解力、开发力、执行力及落实综合实践活动课程的创造力；切实提升课程管理者在课程设计、课程实施、课程评价及课程管理过程中的综合能力。

（六）切实推进教与学方式转变

各区、学校要切实转变育人观念，深刻理解和真正尊重学生的独立价值，积极推进教与学方式转变，努力构建生态课堂。要摆脱单调乏味，体现师生共同成长的快乐；要拒绝一言堂，体现师生平等相处；要营造和谐愉悦的课堂氛围，体现师生相互尊重；教师要宽容学生不足和无心之失，学生之间也要相互宽容，体现师生彼此欣赏；要不唯书、只唯实，教师不照本宣科，学生不盲目跟从，体现对学生批判思维的培养；要体现教与学的多元化和个性化，鼓励教师提升教学水平，形成特色教学风格；要认真研究学生学习过程，努力关注每一个孩子的学习样态。

（七）不断丰富教育教学资源

构建利用信息化手段扩大优质教育资源覆盖面的有效机制，推进信息技术与教育教学深度融合。做好课程教材数字化配套资源体系建设和应用，利用中小学课程教材资源网为广大师生提供优质数字化资源。建好数字教育资源管理和共享交换平台，整合市、区优质数字化资源，为学生构建多元开放的泛在学习机制。

继续实施初中综合社会实践活动、开放性科学实践活动，完善组织管理和评价机制，为学生提供丰富、多元、优质的实践活动。继续推进初中学农教育实践，鼓励各区和中小学探索建立劳动教育基地，因地制宜开展中小学劳动教育。立足北京市丰富的社会教育资源，构建无边界、跨学科的开放学习服务平台，满足不同层次学生个性化、多样化的学习和发展需求，努力培养学生的社会责任感、创新精神和实践能力。

（八）积极推进教育教学评价改革

按照中高考改革安排，进一步完善初中、高中学生综合素质评价方案。以综合素质评价为基础，面向学生构建多元化、发展性的评价体系。要体现社会主义核心价值观培育和践行，积极传递向上的正能量。要关注学生知识面广度，联系课堂、家庭和社会实践，加大考试选择性，让不同水平、不同层次的学生都能充分发挥。要突出实践能力培养，考查学生用所学知识解释现象、解决问题的能力。

（九）切实加强教材监督管理机制

以社会主义核心价值观为指导，建立完善的国家、地方、校本三级课程教材管理与监督机制。各区要严格落实教育部《中小学教科书选用管理暂行办法》，保证选用过程规范、有序。完善地方教材行政许可机制、实验使用监督机制、退出机制。建立校本教材审核监督机制。在学生、家长、学校、社会、教科研、教育行政部门等各层面建立多渠道的教材监督反馈机制，及时进行问题收集和修订。

三、工作要求

《北京市"十三五"时期教育改革和发展规划（2016—2020年）》已经制定实施，"十三五"时期是首都实现教育现代化的决胜阶段。各区、学校要坚持立德树人，紧紧围绕提高教育质量主题，促进学生健康成长和全面发展，结合区域实际，制定本区域2016—2017学年度课改实验工作意见，实施有效举措，努力营造我市课程改革新局面。市政府教育督导室将开展全市课程改革督导工作，各区教委和督导室要加强工作力度，保证课程改革工作落到实处。

2016年12月7日

北京市教育委员会

关于印发2017年春季北京市普通中小学自编及实验教学用书目录的通知

京教基二〔2016〕16号

各区教委、燕山教委：

现将《2017年春季北京市普通中小学自编及实验教学用书目录》印发你们，请按照教育部《中小学教科书选用管理暂行办法》

（教基二〔2014〕8号）、教育部办公厅《关于2016年中小学教学用书有关事项的通知》（教基二厅函〔2016〕12号）、《北京市教育委员会关于印发2016年秋季北京市普通中小学教学用书目录的通知》（京教基二〔2016〕8号）要求，认真做好2017年春季中小学教学用书选用工作。

各区在教材选用过程中要严格执行有关规定，切实加强和规范中小学教学用书管理。教材选用中出现的问题，请及时与市教委基础教育二处联系。各区教材选用工作完成后，要及时将教材选用情况报基础教育二处。

附件：2017年春季北京市普通中小学自编及实验教学用书目录

2016年12月7日

附件

2017年春季北京市普通中小学自编及实验教学用书目录

第一部分　教科书

一、小学自编及实验教科书

序号	使用年级	书名	出版社	备注
小1	一年级	*语文一年级下册	北京出版社	
小2	一年级	九年义务教育小学实验教科书·语文一年级下册	人民教育出版社	相关实验学校用
小3	一年级	数学一年级下册	北京出版社	
小4	一年级	九年义务教育小学实验教科书·数学一年级下册	人民教育出版社	相关实验学校用
小5	一年级	英语一年级下册	北京出版社	

续表 1

序号	使用年级	书名	出版社	备注
小 6	一年级	*道德与法治一年级下册	首师大出版社	
小 7	一年级	*音乐一年级下册（修订版）	人民音乐出版社	
小 8	一年级	*美术一年级下册（修订版）	人民美术出版社	
小 9	二年级	语文第四册	北京出版社	
小 10	二年级	九年义务教育小学实验教科书·语文二年级下册	人民教育出版社	相关实验学校用
小 11	二年级	数学二年级下册	北京出版社	
小 12	二年级	九年义务教育小学实验教科书·数学二年级下册	人民教育出版社	相关实验学校用
小 13	二年级	品德与生活二年级下册	首师大出版社	
小 14	二年级	英语二年级下册	北京出版社	
小 15	二年级	*音乐二年级下册（修订版）	人民音乐出版社	
小 16	二年级	*美术二年级下册（修订版）	人民美术出版社	
小 17	三年级	语文第六册	北京出版社	
小 18	三年级	九年义务教育小学实验教科书·语文三年级下册	人民教育出版社	相关实验学校用
小 19	三年级	数学三年级下册	北京出版社	
小 20	三年级	九年义务教育小学实验教科书·数学三年级下册	人民教育出版社	相关实验学校用
小 21	三年级	英语三年级下册	北京出版社	
小 22	三年级	品德与社会三年级下册	首师大出版社	
小 23	三年级	科学第二册	北京出版社	
小 24	三年级	科学第二册	首师大出版社	

续表 2

序号	使用年级	书名	出版社	备注
小 25	三年级	＊音乐三年级下册（修订版）	人民音乐出版社	
小 26	三年级	＊美术三年级下册（修订版）	人民美术出版社	
小 27	三年级	＊劳动技术（下）（修订版）	北京出版社	
小 28	四年级	语文第八册	北京出版社	
小 29	四年级	九年义务教育小学实验教科书·语文四年级下册	人民教育出版社	相关实验学校用
小 30	四年级	数学四年级下册	北京出版社	
小 31	四年级	九年义务教育小学实验教科书·数学四年级下册	人民教育出版社	相关实验学校用
小 32	四年级	英语四年级下册	北京出版社	
小 33	四年级	品德与社会四年级下册	首师大出版社	
小 34	四年级	科学第四册	北京出版社	
小 35	四年级	科学第四册	首师大出版社	
小 36	四年级	＊音乐四年级下册（修订版）	人民音乐出版社	
小 37	四年级	＊美术四年级下册（修订版）	人民美术出版社	
小 38	四年级	＊劳动技术（下）（修订版）	北京出版社	
小 39	五年级	语文第十册	北京出版社	
小 40	五年级	九年义务教育小学实验教科书·语文五年级下册	人民教育出版社	相关实验学校用
小 41	五年级	数学五年级下册	北京出版社	
小 42	五年级	九年义务教育小学实验教科书·数学五年级下册	人民教育出版社	相关实验学校用

续表 3

序号	使用年级	书名	出版社	备注
小 43	五年级	英语五年级下册	北京出版社	
小 44	五年级	品德与社会五年级下册	首师大出版社	
小 45	五年级	科学第六册	北京出版社	
小 46	五年级	科学第六册	首师大出版社	
小 47	五年级	*音乐五年级下册（修订版）	人民音乐出版社	
小 48	五年级	*美术五年级下册（修订版）	人民美术出版社	
小 49	五年级	*劳动技术（下）（修订版）	北京出版社	
小 50	六年级	语文第十二册	北京出版社	
小 51	六年级	数学六年级下册	北京出版社	
小 52	六年级	英语六年级下册	北京出版社	
小 53	六年级	品德与社会六年级下册	首师大出版社	
小 54	六年级	科学第八册	北京出版社	
小 55	六年级	科学第八册	首师大出版社	
小 56	六年级	*音乐六年级下册（修订版）	人民音乐出版社	
小 57	六年级	*美术六年级下册（修订版）	人民美术出版社	
小 58	六年级	*劳动技术（下）（修订版）	北京出版社	

二、初中自编及实验教科书

序号	使用年级	书名	出版社	备注
中 1	七年级	*语文七年级下册	北京出版社	
中 2	七年级	义务教育实验教科书·语文七年级下册	开明出版社	相关实验学校用

续表 4

序号	使用年级	书名	出版社	备注
中 3	七年级	数学七年级下册	北京出版社	
中 4	七年级	*英语七年级下册（修订版）	北师大出版社	
中 5	七年级	*道德与法治七年级下册	首师大出版社	
中 6	七年级	*历史七年级下册	北京出版社	
中 7	七年级	生物七年级下册	北京出版社	
中 8	七年级	*地理七年级下册（修订版）	中国地图出版社	
中 9	七年级	*地理图册七年级下册（修订版）	中国地图出版社	经教育部审查通过
中 10	七年级	*美术七年级下册（修订版）	人民美术出版社	
中 11	七年级	*音乐七年级下册（修订版）	人民音乐出版社	
中 12	八年级	语文第十六册	北京出版社	
中 13	八年级	义务教育实验教科书·语文八年级下册	开明出版社	相关实验学校用
中 14	八年级	数学八年级下册	北京出版社	
中 15	八年级	*英语八年级下册（修订版）	北师大出版社	
中 16	八年级	思想品德第四册	首师大出版社	
中 17	八年级	历史第四册	北京出版社、北师大出版社	
中 18	八年级	生物八年级下册	北京出版社	
中 19	八年级	*地理八年级下册（修订版）	中国地图出版社	
中 20	八年级	*地理图册八年级下册（修订版）	中国地图出版社	经教育部审查通过
中 21	八年级	*美术八年级下册（修订版）	人民美术出版社	

续表 5

序号	使用年级	书名	出版社	备注
中 22	八年级	* 音乐八年级下册（修订版）	人民音乐出版社	
中 23	九年级	语文第十八册	北京出版社	
中 24	九年级	义务教育实验教科书·语文九年级下册	开明出版社	相关实验学校用
中 25	九年级	数学九年级下册	北京出版社	
中 26	九年级	化学九年级下册	北京出版社	
中 27	九年级	* 美术九年级下册（修订版）	人民美术出版社	
中 28	九年级	* 音乐九年级下册（修订版）	人民音乐出版社	

第二部分　教师用书

一、小学自编及实验教材教师用书

序号	使用年级	书名	出版社	备注
小 59	一年级	英语教师用书一年级下册	北京出版社	
小 60	一年级	英语生词卡片（教师用）一年级下册	北京出版社	
小 61	一年级	英语课堂活动手册一年级下册	北京出版社	
小 62	一年级	* 语文教师用书一年级下册	北京出版社	
小 63	一年级	* 语文生字卡片一年级下册	北京出版社	
小 64	一年级	九年义务教育小学实验教科书·语文教师用书一年级下册	人民教育出版社	相关实验学校用
小 65	一年级	数学教师用书一年级下册	北京出版社	

续表 6

序号	使用年级	书名	出版社	备注
小 66	一年级	九年义务教育小学实验教科书·数学教师用书一年级下册	人民教育出版社	相关实验学校用
小 67	一年级	*道德与法治教师用书一年级下册	首师大出版社	
小 68	一年级	*音乐教师用书一年级下册（修订版）	人民音乐出版社	含光盘
小 69	一年级	*美术教师用书一年级下册（修订版）	人民美术出版社	含光盘
小 70	一年级	常识教师用书第二册	北京出版社	
小 71	一至九年级	*中小学音乐教学挂图（修订版）	人民音乐出版社	
小 72	二年级	语文教师用书第四册	北京出版社	
小 73	二年级	语文第四册生字卡片	北京出版社	
小 74	二年级	九年义务教育小学实验教科书·语文教师用书二年级下册	人民教育出版社	相关实验学校用
小 75	二年级	数学教师用书二年级下册	北京出版社	
小 76	二年级	九年义务教育小学实验教科书·数学教师用书二年级下册	人民教育出版社	相关实验学校用
小 77	二年级	英语教师用书二年级下册	北京出版社	
小 78	二年级	英语生词卡片（教师用）二年级下册	北京出版社	
小 79	二年级	英语课堂活动手册二年级下册	北京出版社	
小 80	二年级	品德与生活教师用书二年级下册	首师大出版社	
小 81	二年级	*音乐教师用书二年级下册（修订版）	人民音乐出版社	含光盘
小 82	二年级	*美术教师用书二年级下册（修订版）	人民美术出版社	含光盘

续表 7

序号	使用年级	书名	出版社	备注
小 83	二年级	常识教师用书第四册	北京出版社	
小 84	三年级	语文教师用书第六册	北京出版社	
小 85	三年级	九年义务教育小学实验教科书·语文教师用书三年级下册	人民教育出版社	相关实验学校用
小 86	三年级	数学教师用书三年级下册	北京出版社	
小 87	三年级	九年义务教育小学实验教科书·数学教师用书三年级下册	人民教育出版社	相关实验学校用
小 88	三年级	英语教师用书三年级下册	北京出版社	
小 89	三年级	英语生词卡片（教师用）三年级下册	北京出版社	
小 90	三年级	英语课堂活动手册三年级下册	北京出版社	
小 91	三年级	品德与社会教师用书三年级下册	首师大出版社	
小 92	三年级	科学教师用书第二册	北京出版社	
小 93	三年级	科学教师用书第二册	首师大出版社	
小 94	三年级	*音乐教师用书三年级下册（修订版）	人民音乐出版社	含光盘
小 95	三年级	*美术教师用书三年级下册（修订版）	人民美术出版社	含光盘
小 96	四年级	语文教师用书第八册	北京出版社	
小 97	四年级	九年义务教育小学实验教科书·语文教师用书四年级下册	人民教育出版社	相关实验学校用
小 98	四年级	数学教师用书四年级下册	北京出版社	
小 99	四年级	九年义务教育小学实验教科书·数学教师用书四年级下册	人民教育出版社	相关实验学校用
小 100	四年级	英语教师用书四年级下册	北京出版社	

续表 8

序号	使用年级	书名	出版社	备注
小 101	四年级	英语课堂活动手册四年级下册	北京出版社	
小 102	四年级	品德与社会教师用书四年级下册	首师大出版社	
小 103	四年级	科学教师用书第四册	北京出版社	
小 104	四年级	科学教师用书第四册	首师大出版社	
小 105	四年级	*音乐教师用书四年级下册（修订版）	人民音乐出版社	含光盘
小 106	四年级	*美术教师用书四年级下册（修订版）	人民美术出版社	含光盘
小 107	五年级	语文教师用书第十册	北京出版社	
小 108	五年级	九年义务教育小学实验教科书·语文教师用书五年级下册	人民教育出版社	相关实验学校用
小 109	五年级	数学教师用书五年级下册	北京出版社	
小 110	五年级	九年义务教育小学实验教科书·数学教师用书五年级下册	人民教育出版社	相关实验学校用
小 111	五年级	英语教师用书五年级下册	北京出版社	
小 112	五年级	英语课堂活动手册五年级下册	北京出版社	
小 113	五年级	品德与社会教师用书五年级下册	首师大出版社	
小 114	五年级	科学教师用书第六册	北京出版社	
小 115	五年级	科学教师用书第六册	首师大出版社	
小 116	五年级	*音乐教师用书五年级下册（修订版）	人民音乐出版社	含光盘
小 117	五年级	*美术教师用书五年级下册（修订版）	人民美术出版社	含光盘
小 118	六年级	语文教师用书第十二册	北京出版社	

续表 9

序号	使用年级	书名	出版社	备注
小 119	六年级	数学教师用书六年级下册	北京出版社	
小 120	六年级	英语教师用书六年级下册	北京出版社	
小 121	六年级	英语课堂活动手册六年级下册	北京出版社	
小 122	六年级	品德与社会教师用书六年级下册	首师大出版社	
小 123	六年级	科学教师用书第八册	北京出版社	
小 124	六年级	科学教师用书第八册	首师大出版社	
小 125	六年级	*音乐教师用书六年级下册（修订版）	人民音乐出版社	含光盘
小 126	六年级	*美术教师用书六年级下册（修订版）	人民美术出版社	含光盘
小 127	小学通用	小学书法课本教师用书（下册）	人民美术出版社	小学六个年级用
小 128		*小学语文毕业考试说明（修订版）	北京科学技术出版社	六年级用
小 129		*小学数学毕业考试说明（修订版）	北京科学技术出版社	六年级用
小 130		*小学英语毕业考试说明（修订版）	星球地图出版社	六年级用

二、初中自编及实验教材教师用书

序号	使用年级	书名	出版社	备注
中 29	七年级	语文教师用书七年级下册	北京出版社	
中 30	七年级	义务教育实验教科书·语文教师用书七年级下册	开明出版社	相关实验学校用
中 31	七年级	数学教师用书七年级下册	北京出版社	
中 32	七年级	*英语教师用书七年级下册（修订版）	北师大出版社	含光盘

续表 10

序号	使用年级	书名	出版社	备注
中 33	七年级	* 英语课堂活动手册七年级下册（修订版）	北师大出版社	
中 34	七年级	* 道德与法治教师用书七年级下册	首师大出版社	
中 35	七年级	* 历史教师用书七年级下册	北京出版社	
中 36	七年级	生物教师用书七年级下册	北京出版社	
中 37	七年级	* 地理教师用书七年级下册（修订版）	中国地图出版社	含光盘
中 38	七年级	* 美术教师用书七年级下册（修订版）	人民美术出版社	含光盘
中 39	七年级	* 音乐教师用书七年级下册（修订版）	人民音乐出版社	含光盘
中 40	八年级	语文教师用书第十六册	北京出版社	
中 41	八年级	义务教育实验教科书·语文教师用书八年级下册	开明出版社	相关实验学校用
中 42	八年级	数学教师用书八年级下册	北京出版社	
中 43	八年级	* 英语教师用书八年级下册（修订版）	北师大出版社	含光盘
中 44	八年级	* 英语课堂活动手册八年级下册（修订版）	北师大出版社	
中 45	八年级	思想品德教师用书第四册	首师大出版社	
中 46	八年级	历史教师用书第四册	北京出版社、北师大出版社	含光盘
中 47	八年级	生物教师用书八年级下册	北京出版社	
中 48	八年级	* 地理教师用书八年级下册（修订版）	中国地图出版社	含光盘
中 49	八年级	* 美术教师用书八年级下册（修订版）	人民美术出版社	含光盘

续表 11

序号	使用年级	书名	出版社	备注
中 50	八年级	*音乐教师用书八年级下册（修订版）	人民音乐出版社	含光盘
中 51	九年级	语文教师用书第十八册	北京出版社	
中 52	九年级	义务教育实验教科书·语文教师用书九年级下册	开明出版社	相关实验学校用
中 53	九年级	数学教师用书九年级下册	北京出版社	
中 54	九年级	化学教师用书九年级下册	北京出版社	
中 55	九年级	*音乐教师用书九年级下册（修订版）	人民音乐出版社	含光盘
中 56	九年级	*美术教师用书九年级下册（修订版）	人民美术出版社	含光盘

第三部分　选用教材

一、小学自编及实验选用教材

序号	使用年级	书名	出版社	备注
小 131	一年级	*书法二（修订版）	人民美术出版社	北京市实验
小 132	一年级	*语文读本一年级下册	北京出版社	
小 133	一年级	常识第二册	北京出版社	
小 134	二年级	*书法四（修订版）	人民美术出版社	北京市实验
小 135	二年级	语文读本第四册	北京出版社	
小 136	二年级	常识第四册	北京出版社	
小 137	三年级	书法六	人民美术出版社	北京市实验
小 138	三年级	语文读本第六册	北京出版社	
小 139	三年级	科学实验活动册第二册	北京出版社	与北京版科学第二册配合使用

续表 12

序号	使用年级	书名	出版社	备注
小 140	三年级	科学课观察实验报告册第二册	首师大出版社	与首师大版科学第二册配合使用
小 141	四年级	书法八	人民美术出版社	北京市实验
小 142	四年级	语文读本第八册	北京出版社	
小 143	四年级	科学实验活动册第四册	北京出版社	与北京版科学第四册配合使用
小 144	四年级	科学课观察实验报告册第四册	首师大出版社	与首师大版科学第四册配合使用
小 145	五年级	书法十	人民美术出版社	北京市实验
小 146	五年级	语文读本第十册	北京出版社	
小 147	五年级	科学实验活动册第六册	北京出版社	与北京版科学第六册配合使用
小 148	五年级	科学课观察实验报告册第六册	首师大出版社	与首师大版科学第六册配合使用
小 149	六年级	语文读本第十二册	北京出版社	
小 150	六年级	书法十二	人民美术出版社	北京市实验
小 151	六年级	科学实验活动册第八册	北京出版社	与北京版科学第八册配合使用
小 152	六年级	科学课观察实验报告册第八册	首师大出版社	与首师大版科学第八册配合使用

二、初中自编及实验选用教材

序号	使用年级	书名	出版社	备注
中 57	初一	房山区地理	中国地图出版社	房山区实验
中 58	七年级	*语文读本七年级下册	北京出版社	

续表 13

序号	使用年级	书名	出版社	备注
中 59	七年级	生物实验报告册七年级下册	北京出版社	
中 60	七年级	*地理填充图册七年级下册（修订版）	中国地图出版社	
中 61	七年级	*中国历史地图册七年级下册	中国地图出版社	
中 62	七年级	*大兴区地理	中国地图出版社	大兴区实验全一册
中 63	八年级	语文读本第十六册	北京出版社	
中 64	八年级	生物实验报告册八年级下册	北京出版社	
中 65	八年级	*地理填充图册八年级下册（修订版）	中国地图出版社	
中 66	八年级	*历史地图册第四册（修订版）	中国地图出版社	
中 67	八年级	*中学生阅读素养读本	北京出版社	房山区实验全一册
中 68	初三	*新编初中总复习道德与法治（修订版）	北京出版社	
中 69	初三	*新编初中总复习物理（修订版）	北京出版社	
中 70	初三	*新编初中总复习化学（修订版）	北京出版社	
中 71	初三	*新编初中总复习语文（修订版）	北京出版社	
中 72	初三	*新编初中总复习数学（修订版）	北京出版社	
中 73	初三	*新编初中总复习英语（修订版）	北京出版社	
中 74	初三	*新编初中总复习历史	北京出版社	
中 75	初三	*新编初中总复习地理	北京出版社	

续表 14

序号	使用年级	书名	出版社	备注
中 76	初三	*新编初中总复习生物	北京出版社	
中 77	九年级	语文读本第十八册	北京出版社	
中 78	九年级	化学实验报告册九年级下册	北京出版社	
中 79	初中	探索丰台	北京出版社	丰台区实验
中 80		*北京市中考考试说明	北京理工大学出版社	供 2017 年初中毕业生用

北京市教育委员会

关于认定第三批中小学学校文化建设示范校的通知

京教基一〔2016〕10 号

各区教委、燕山教委：

根据《北京市教育委员会关于评选第三批中小学学校文化建设示范校的通知》（京教函〔2015〕579 号）要求，在学校自主申报、区教委初评推荐的基础上，市教委组织专家，依据创建标准，结合各区初评意见，对申报北京市第三批中小学学校文化建设示范校的学校进行了评审。根据专家组意见，经研究，认定北京市东城区黑芝麻胡同小学等 208 所中小学为北京市第三批中小学学校文化建设示范校（名单附后）。

学校文化建设是促进学校内涵发展和质量提升的重要途径。各区教委要进一步加强学校文化建设，坚持文化育人，推进学校特色建设，促进学校办学品质和育人质量提升。学校文化建设示范校要发挥示范辐射作用，结合学校实际，进一步完善学校文化体系，丰富学校文化内涵，创新育人模式，创建学校品牌，为办好北京基础教育做出新的贡献。

附件：北京市第三批中小学学校文化建设示范校名单

2016 年 12 月 8 日

附件

北京市第三批中小学学校文化建设示范校名单

（排名不分先后）

北京市东城区黑芝麻胡同小学
北京市东城区史家小学分校
北京市东城区板厂小学
北京市东城区和平里第一小学
北京市东城区革新里小学
北京市东城区定安里小学
北京市东城区新鲜胡同小学
北京市第五中学分校
北京市第五十五中学
北京宏志中学
北京市第二中学分校
北京市第一六五中学
北京市东直门中学
北京市第六十五中学
北京师范大学附属中学
北京市第三十五中学
北京市第十四中学
北京市第三中学
北京市徐悲鸿中学
北京市西城区五路通小学
北京市西城区三义里小学
北京市西城区红莲小学
北京市西城区北长街小学
北京市西城区育民小学

北京市西城区中古友谊小学
北京市西城区陶然亭小学
北京市西城区白纸坊小学
北京市西城区厂桥小学
北京市西城区宏庙小学
北京第一实验小学前门分校
北京市樱花园实验学校
北京师范大学三帆中学朝阳学校
北京市朝阳区教育研究中心附属学校
东北师范大学附属中学朝阳学校
首都师范大学附属实验学校
北京市第八十中学管庄分校
华中师范大学第一附属中学朝阳学校
北京市望京实验学校
北京市华侨城黄冈中学
中国人民大学附属中学朝阳学校
北京市第八十中学实验学校温榆河分校
北京市五路居第一中学
北京市朝阳区日坛小学
北京市朝阳区团结湖第二小学
北京市朝阳区芳草地国际学校世纪小学
北京市朝阳区楼梓庄小学
北京市朝阳区新源里第四小学
北京市朝阳区酒仙桥第二小学
北京师范大学朝阳附属小学
首都师范大学附属朝阳实验小学
北京市朝阳区劲松第三小学
北京市朝阳区柏阳学校
北京市海淀区育鹰小学
北京市海淀区教师进修学校附属实验小学
首都师范大学第二附属中学
北京石油学院附属小学
北京邮电大学附属小学（北京市海淀区今典小学）
北京实验学校（海淀）
北京理工大学附属中学
北京市海淀区第四实验小学
首都师范大学附属中学第一分校
北京市十一学校一分校
中央民族大学附属中学
中国农业大学附属小学
首都师范大学附属中学
北京市海淀区花园村第二小学
北京师范大学第三附属中学
北京石油学院附属中学
清华大学附属中学
北方交通大学附属小学
北方交通大学附属中学第二分校
北京医学院附属中学
北方交通大学附属中学分校
北京市海淀区双榆树中心小学
中国人民大学附属中学第二分校
北京市丰台第八中学

北京教育科学研究院丰台实验小学
北京市丰台区丰台第八小学
中国教育科学研究院丰台实验学校
北京市丰台区太平桥第二小学校
清华大学附属中学丰台学校
北京市海淀区实验小学丰台分校
北京市丰台区丰台第七小学校
北京市丰台区草桥小学
北京舞蹈学院附中丰台实验小学
北京市右安门外国语学校
北京市丰台区芳城园小学
北京市丰台区人民村小学
北京教育科学研究院丰台第二实验小学
北京教育学院附属丰台实验学校
首都师范大学附属云岗中学
北京四中璞瑅学校
北京景山学校远洋分校
北京市石景山区苹果园第二小学
北京市同文中学
北京市石景山区麻峪小学
北京市高井中学
北京市石景山区电厂路小学
北京市石景山外语实验小学
北京市石景山区五里坨小学
北京市石景山区金顶街第四小学
北京市大峪中学分校
北京市门头沟区大峪第一小学
北京市门头沟区龙泉雾小学
北京市门头沟区妙峰山民族学校
北京市门头沟区京师实验小学
北京市门头沟区潭柘寺中心小学
北京市门头沟区三家店小学
北京市房山区良乡小学
北京小学长阳分校
北京市房山区良乡第三小学
北京市房山区城关小学
北京市房山区昊天学校
北京市房山区良乡行宫园学校
北京市房山区长阳镇长阳中心小学
北京市房山区南窖乡南窖中心校
北京市房山区四〇一学校
北京市房山区长沟中学
北京市房山区窦店中学
北京市房山区良乡第四中学
北京市房山区房山第四中学
北京四中房山校区
北京市房山区良乡第五中学
北京市房山区良乡第三中学
北京市房山区岳各庄中学
北京市通州区芙蓉小学
北京市通州区贡院小学
北京市通州区教师研修中心实验学校
北京市通州区永顺镇中心小学

北京市通州区临河里小学
北京第二实验小学通州分校
北京市通州区培智学校
北京市通州区民族小学
北京市通州区马驹桥镇中心小学
北京市通州区永顺小学
北京市通州区马驹桥学校
北京市通州区玉桥中学
北京理工大学附属中学通州校区
中国人民大学附属中学通州校区（北京市通州区第三中学）
北京市通州区龙旺庄中学
北京市通州区第四中学
北京市顺义区第一中学
北京市顺义区第十三中学
北京市顺义区第十一中学
北京市顺义区南法信中心小学校
北京市顺义区双兴小学
北京市顺义区李遂中心小学校
北京市顺义区石园小学
北京市顺义区西辛小学
北京市顺义区北小营中心小学校
北京市昌平第三实验小学
北京市昌平区城南中心小学
北京市昌平区七里渠中心小学
北京市昌平区南邵中心小学
北京市昌平区平西府中心小学
北京市昌平区小汤山中心小学
北京市昌平区阳坊中心小学
北京市昌平区崔村中心小学
北京市昌平区大东流中心小学
北京市昌平区流村中心小学
北京市昌平区马池口中学
北京市昌平区中滩中学
北京市昌平区南口铁道北中学
北京市第十五中学南口学校
北京市昌平区天通苑学校
首都师范大学附属回龙观育新学校
北京市大兴区第三小学
北京市大兴区亦庄镇第一中心小学
北京市大兴区滨河小学
北京市大兴区亦庄镇第二中心小学
北京市大兴区庞各庄镇第一中心小学
北京市大兴区第八小学
北京市大兴区团河小学
北京市大兴区瀛海镇第一中心小学
北京市大兴区第六小学
北京印刷学院附属小学
北京市大兴区第七中学
北京市大兴区兴华中学
首都师范大学大兴附属中学
北京市大兴区亦庄中学
北京市大兴区青云店中学

北京市第八中学大兴分校
北京市大兴区第三中学
北京市平谷区放光中心小学
北京市平谷区南独乐河中心小学
北京绿谷小香玉艺术学校
北京市平谷区第六小学
北京市平谷区山东庄中学
北京师范大学附属中学平谷第一分校
北京市怀柔区杨宋中学
北京市怀柔区九渡河中学
北京市怀柔区杨宋镇中心小学
北京市怀柔区第一小学
北京市怀柔区第三小学
北京市密云区檀营满族蒙古族乡中心小学
北京市密云区水库中学
北京市密云区河南寨镇中心小学
北京市密云区第一小学
北京市密云区北庄镇中心小学
北京市密云区东邵渠中学
北京市延庆区永宁学校
北京市延庆区沈家营中学
北京市延庆区第二小学
北京市延庆区八里庄中心小学
北京市延庆区大榆树中心小学
北京市房山区燕山羊耳峪小学
北京市燕山东风小学
北京市燕山星城中学

高等教育

北京市教育委员会文件选编

(2016)

北京市教育委员会

关于公布2015年北京高等学校示范性校内创新实践基地建设单位名单的通知

京教函〔2016〕15号

各有关高校：

根据市教委《关于开展北京高等学校校内创新实践基地建设的通知》（京教函〔2011〕702号）及《关于开展2015年北京高等学校示范性校内创新实践基地建设工作的通知》（京教函〔2015〕514号），我委组织开展了2015年北京高等学校示范性校内创新实践基地立项评审工作。经学校申报、专家评审、答辩考察、市教委审核，决定认定清华大学互联网创新实践基地等34个基地为2015年北京高等学校示范性校内创新实践基地建设单位。现将名单予以公布。

各高校对立项基地要给予专项经费投入，完善运行机制，积极探索创新性人才培养的有效模式，按照“突出创新、注重特色、开放共享”的原则，不断推进校内创新实践基地建设，为高校创新人才培养工作起到示范和辐射作用。

2016年1月8日

附件

2015年北京高等学校示范性校内创新实践基地建设单位名单

序号	学校名称	基地名称
1	清华大学	互联网创新实践基地
2	中国人民大学	商科创新创业教育基地
3	中国农业大学	涉农工程类大学生创新实践基地
4	北京航空航天大学	先进航空发动机校内创新实践基地
5	北京科技大学	信息工程创新实践基地
6	北京交通大学	电气工程创新实践基地
7	北京理工大学	大学生软件科技创新创业基地
8	北京中医药大学	开放性中医临床前人才培养创新实践基地
9	北京林业大学	农林经济管理类人才培养校内创新实践基地
10	华北电力大学	电力经济管理人才培养创新实践基地
11	中国传媒大学	传媒艺术人才培养创新实践基地
12	中国地质大学（北京）	宝石学创新实践基地
13	中国矿业大学（北京）	机械创新实践基地
14	北京化工大学	“高分子材料与工程人才培养”校内创新实践基地
15	北京邮电大学	数字媒体创新实践基地
16	中国人民公安大学	校内创新警务实践基地

续表

序号	学校名称	基地名称
17	中央音乐学院	现代音乐创作与表演联合培训与发展创新基地
18	中央财经大学	龙驹传播校内创新实践基地
19	北京工业大学	土建类校内创新实践基地
20	首都经济贸易大学	特大城市智慧管理人才培养创新实践基地
21	首都医科大学	医学化学与药学校内创新实践基地
22	北方工业大学	电子电气类校内创新实践基地
23	北京建筑大学	建筑类专业设计创新实践基地
24	北京工商大学	食品类人才培养创新实践基地
25	北京联合大学	艺术类校内创新实践基地
26	北京石油化工学院	机械工程综合创新教育实践基地
27	北京物资学院	商务运作管理创新实践基地
28	北京农学院	食品类专业校内创新实践基地
29	中国音乐学院	中国民族音乐实践教学
30	北京舞蹈学院	舞蹈教学创新实践基地
31	北京电影学院	动画创新实践基地
32	北京印刷学院	印刷包装综合创新实践基地
33	北京第二外国语学院	“外语＋”复合型人才培养创新实践基地
34	北京邮电大学世纪学院	机电与信息融合应用创新实践基地

北京市教育委员会

关于公布2015年度市属普通高等学校本科专业备案和审批结果的通知

京教函〔2016〕103号

各市属普通高等学校：

根据教育部高教司关于《2015年度普通高等学校本科专业设置工作有关问题的说明》（教高司函〔2015〕24号）要求，我委组织市属普通高等学校开展了2015年度本科新设专业申报工作。根据教育部《关于公布2015年度普通高等学校本科专业备案和审批结果的通知》（教高函〔2016〕2号）精神，现将2015年度市属普通高等学校本科专业备案和审批结果予以公布。请各校充分利用现有办学条件，加强新增本科专业建设，切实保证人才培养质量，推进高校特色发展。

附件：2015年度市属普通高等学校本科专业备案和审批结果

2016年3月16日

附件

2015年度市属普通高等学校本科专业备案或审批结果

一、新增备案本科专业名单

学校名称	专业名称	专业代码	学位授予门类	修业年限
北京工业大学	数学与应用数学	070101	理学	四年
北京工业大学	微电子科学与工程	080704	工学	四年
北方工业大学	经济与金融	020307T	经济学	四年
北京服装学院	艺术与科技	130509T	艺术学	四年
北京印刷学院	物流工程	120602	工学	四年
北京印刷学院	艺术与科技	130509T	艺术学	四年
北京石油化工学院	人力资源管理	120206	管理学	四年
北京第二外国语学院	波兰语	050228	文学	四年
北京第二外国语学院	捷克语	050229	文学	四年
北京第二外国语学院	匈牙利语	050237	文学	四年
北京第二外国语学院	拉脱维亚语	050252	文学	四年
首都经济贸易大学	商务经济学	020105T	经济学	四年
首都经济贸易大学	法语	050204	文学	四年
中国戏曲学院	文化产业管理	120210	艺术学	四年
北京电影学院	作曲与作曲技术理论	130203	艺术学	四年
北京电影学院	产品设计	130504	艺术学	四年
北京电影学院	数字媒体艺术	130508	艺术学	四年

续表

学校名称	专业名称	专业代码	学位授予门类	修业年限
北京电影学院	艺术与科技	130509T	艺术学	四年
北京城市学院	翻译	050261	文学	四年
北京城市学院	物联网工程	080905	工学	四年
北京城市学院	风景园林	082803	工学	四年
北京城市学院	广播电视编导	130305	艺术学	四年
北京吉利学院	网络与新媒体	050306T	文学	四年
北京吉利学院	财务管理	120204	管理学	四年
北京吉利学院	电子商务	120801	管理学	四年
北京吉利学院	艺术设计学	130501	艺术学	四年
北京工业大学耿丹学院	物联网工程	080905	工学	四年
北京工业大学耿丹学院	城乡规划	082802	工学	四年
北京第二外国语学院中瑞酒店管理学院	汉语言	050102	文学	四年

二、新增审批本科专业名单

学校名称	专业名称	专业代码	学位授予门类	修业年限	备注
首都师范大学	文化遗产	060107T	历史学	四年	新专业

北京市教育委员会

关于组建第三届北京高等学校继续教育工作指导委员会的通知

京教高〔2016〕1号

各普通高等学校，独立设置成人高等学校：

当前，北京高等学校继续教育保持着一定的办学规模。有近百所高校（包括11个部委在京36所普通高校和60余所市属普通高校和独立设置成人院校）通过函授、夜大学、网络教育（开放教育）等形式，为社会提供多样化的学历和非学历继续教育服务。参加各种形式的学历继续教育在读学生规模超过百万。

北京高等学校继续教育以其整体优质的教育资源在为社会提供教育服务的同时，在坚持办学宗旨、落实自主办学、加强事中事后监管、推进管办评分离、整合教育资源、规范办学行为、提高教育质量等方面进行探索和实践。尤其是在明确办学定位、突出办学特色、转变治理方式、创新工作机制、构建多元化服务平台、推进信息化建设、加强教学管理骨干队伍建设、优质资源共享、开展理论研究等方面的工作中发挥了良好的引领和辐射作用。

自2013年第二届北京高等学校继续教育工作指导委员会组成以来，在北京市教育委员会的领导下，紧紧围绕继续教育宏观政策咨询与指导、质量体系构建、机制创新、评估检查、专业和信息化建设等方面，充分发挥专业智库作用，圆满完成了本届任期（2013—2015年）各项工作任务，为进一步提升高等学校继续教育管理水平和教育质量、办好人民满意的继续教育做出了重要努力。

按照“三年一届，到期换届”规定，根据工作需要，经研究，决定组建第三届北京高等学校继续教育工作指导委员会（以下简称“第三届委员会”）。有关事项通知如下：

一、委员会组成

第三届委员会由主任委员、副主任委员、委员、秘书长和副秘书长组成（见附件）。

第三届委员会秘书处设在北京市教育委员会高等教育处。负责经常性工作统筹、组织和协调。

二、委员条件和任期

第三届委员会委员按照下面的资格条件进行聘任：全面了解北京高校高等继续教育（含网络教育、开放教育）情况，具有较高的政策和理论水平；教学管理和专业建设经验丰富，有参与教育教学检查评估的经历；组织管理能力强，能够在做好本职工作同时完成委员会的各项工作；坚持原则，公道正派，甘于奉献；一般应当具有副高或以上专业技术职务；重点从高校分管继续教育工作的校领导或现任继续教育（网络教育）学院主要领导中聘任。

委员经单位推荐，由北京市教育委员会根据工作需要和综合条件予以聘任，并颁发聘任证书。

按照规定，第三届委员会任期自 2016 年 4 月至 2019 年 3 月，任期三年。

三、委员会主要职责

北京高等学校继续教育工作指导委员会是为北京教育行政部门对高校继续教育工作进行统筹决策和组织实施提供咨询的专家智库团队。主要职责包括：

（一）根据国家和北京市关于高校继续教育政策和规划，为北京高校继续教育（含网络教育、开放教育）、高等教育自学考试等提供政策咨询和宏观指导。

（二）根据经济社会发展的新常态和高校继续教育综合改革的

新趋势，对继续教育改革创新、自主办学、质量保障、教育服务模式、信息化建设、资源共享、理论研究等方面工作提出咨询建议。

（三）按照市教委授权或委托，参加组织实施有关专项工作。指导和参与北京高校继续教育质量保障体系建设、高校继续教育质量建设年度报告研究编辑、高校继续教育状态数据平台建设、微课程平台建设和以在线学习资源开发、教学支持服务平台建设为重点的信息化建设等。

（四）及时向教育行政部门反映高校继续教育业内方向性、倾向性问题，并提出针对性建议。

四、委员会工作机制

北京高等学校继续教育工作指导委员会在北京市教育委员会领导下开展工作，北京高等学校对第三届委员会按照市教委授权或委托组织开展的工作要给予积极配合和切实支持。

第三届委员会每学期召开一次全体委员会议。全体委员会议根据经济社会发展形势，结合国家和北京市对高校继续教育（含网络教育、开放教育）的要求，研究北京高校继续教育工作，为决策提供咨询和工作建议。

根据形势发展和工作要求，适时召开专题会议，重点在宏观统筹、政策法规、综合管理、专业（课程）建设、教育技术和信息化建设、互联网公共教育服务、教育教学检查、绩效考评、创新研究、专题调研等方面进行专题研究。

适时安排工作会议，对相关委员接受委托开展工作情况交流研究等。

委员因故不能参加专项工作或出席工作会，在接到相关通知后，应主动通过秘书处说明情况，经同意，可由所在部门（单位）相关专业人士等临时代其参加。

附件：第三届北京高等学校继续教育工作指导委员会组成人员

2016 年 4 月 6 日

附件

第三届北京高等学校继续教育工作指导委员会

主任委员：	叶茂林	北京市教育委员会
副主任委员：	黄侃	北京市教育委员会（常务）
	赵忠秀	对外经济贸易大学
	周建设	首都师范大学
	刘承邠	北京市教育委员会
委员：	刘力平	北京大学
	邓丽曼	清华大学
	李海彬	中国人民大学
	王文静	北京师范大学
	程波	北京航空航天大学
	李小平	北京理工大学
	吴加志	中国农业大学
	曾钢	对外经济贸易大学
	刘守仁	中国政法大学
	司银涛	北京交通大学
	王鲁滨	中央财经大学
	王航宇	中国人民公安大学
	党杰	北京工业大学
	付丽	首都医科大学
	钟宁	北京舞蹈学院
	史学伟	北京服装学院
	蒋璐	北京第二外国语学院
	张燕农	北京市东城区职工业余大学
	宋辉	北京医药集团职工大学

孟欣　北京教育学院（宣武分院）
郭海生　北京金航学校
赵敏　奥鹏远程教育中心
张林师　北京教育考试院
秘书长：刘承邠（兼）
副秘书长：陈雷　北京市教育委员会
李洋　首都师范大学
张魁元　北京大学

北京市教育委员会

关于公布2015年入选北京高等学校高水平人才交叉培养毕业设计（创业类）支持计划项目的通知

京教函〔2016〕143号

各有关高校：

根据北京市教育委员会、北京市财政局《关于实施北京高等学校高水平人才交叉培养毕业设计（创业类）支持计划的通知》（京教高〔2015〕17号）和《关于印发〈北京高等学校高水平人才交叉培养“实培计划”项目管理办法（试行）〉的通知》（京教高〔2015〕11号）精神，市教委组织开展了北京高等学校高水平人才交叉培养毕业设计（创业类）支持计划项目的征集遴选工作，经学校申报、市教委遴选等环节，现将2015年首批入选毕业设计（创业类）支持计划项目名单予以公布，并将有关事项通知如下：

一、项目高校要严格按照《北京高等学校高水平人才交叉培养“实培计划”项目管理办法（试行）》（京教高〔2015〕11号）要求，强化组织管理、规范经费使用、加强绩效考核、提高使用效益，确保项目开展取得预期效果。

二、项目高校要根据文件要求，制定适合毕业设计（创业类）特点的管理办法，规范项目遴选、过程管理、成绩评定等环节，做好相关知识产权保护，并结合本次项目实施，不断完善相应运行机制，充分调动入选项目学生及校内外指导教师的积极性及主动性，为项目实施提供有力支撑。

三、项目院校要充分发挥毕业设计（创业类）支持计划的导向性作用，重点支持具有一定的实践应用价值及市场转化前景的项目，做好项目培育、管理、跟踪及后续支持服务工作。

四、项目院校要加强对入选项目的考核管理，依据管理办法及程序做好相关资料的留存备案，市教委每年将组织专家对项目运行情况进行验收检查，并将把检查验收结果作为下一年度项目分配的重要依据。

五、为加强院校间交流，市教委将通过多种形式展示各院校毕业设计（创业类）项目成果，项目院校应对本年度项目开展整体情况进行总结，对体现院校办学特色、形成创业示范效应的成果应提炼成案例，每年6月30日前将总结及案例报市教委联系人。

各高校要充分认识深化创新创业教育改革的重要性和紧迫性，将毕业设计（创业类）支持计划作为推动创新创业人才培养的有效抓手，以项目为纽带加强与众创机构、行业企业的合作交流，创新人才培养机制、改革考核方式、强化创新创业实践，有效提升学生的社会责任意识、创新精神及创新创业能力。

附件：2015年北京高等学校高水平人才交叉培养毕业设计（创业类）支持计划项目汇总表（略）

2016年4月13日

北京市教育委员会

关于公布2016年度北京市属高等学校学历继续教育新增设专业的通知

京教函〔2016〕272号

各有关普通高等学校、独立设置成人高等学校：

根据市教委《关于进一步加强北京成人高等教育和继续教育管理提高教育质量的意见》（京教高〔2008〕23号），经有关学校申报，北京高等学校学历继续教育专业设置评议委员会评议、我委批准，现将2016年度北京市属高等学校学历继续教育新增设及撤销专业公布如下：

一、按照北京高等学校学历继续教育新增设专业相关要求，新增设北京石油化工学院环境监测与控制技术等22个专业（见附件1），其中本科专业5个，专科（高职）专业17个。

二、各高等学校要根据北京城市功能定位和产业结构调整要求，结合社会需求和专业教学条件，进一步将学历继续教育的专业结构调整纳入学校整体专业建设。

三、各高等学校要主动研究在首都经济社会发展新常态下的专业建设规律，努力创造条件，创新学历继续教育专业建设、管理的新模式，加强继续教育教学团队建设和学科带头人培养，制定可行有效的质量保障监管措施，不断提高学历继续教育的教学质量。

附件：2016 年度北京市属高等学校学历继续教育新增设专业

2016 年 6 月 15 日

附件

2016 年度北京市属高等学校学历继续教育新增设专业

学校序号	学校名称	专业序号	专业名称	专业代码	学历层次	修业年限	学习形式
1	北京石油化工学院	1	环境监测与控制技术	520801	专科	2.5	业余
		2	城市热能应用技术	530202	专科	2.5	业余
2	首都师范大学	3	财务管理	120204	专升本	2.5	业余
3	首都经济贸易大学	4	商务英语	670202	专科	2.5	业余
4	北京服装学院	5	数字媒体艺术设计	650104	专科	2.5	业余
5	北京信息科技大学	6	电气自动化技术	560302	专科	2.5	业余/函授
6	首都体育学院	7	运动训练	040202K	专升本	2.5	函授
		8	运动训练	670401	专科	2.5	函授
7	北京印刷学院	9	会计	630302	专科	2.5	业余/函授
		10	财务管理	120204	高起本	5	业余/函授
		11	物流管理	630903	专科	2.5	业余/函授
		12	计算机科学与技术	080901	高起本	5	业余/函授
8	北京物资学院	13	计算机应用技术	610201	专科	2.5	业余
		14	物流管理	120601	高起本	5	业余/函授
9	首钢工学院	15	社会体育（健身方向）	670403	专科	2.5	业余
10	北京财贸职业学院	16	人物形象设计	650122	专科	2.5	业余

续表

学校序号	学校名称	专业序号	专业名称	专业代码	学历层次	修业年限	学习形式
11	北京市朝阳区职工大学	17	摄影与摄像艺术	650124	高职	2.5	业余
		18	美术	650125	高职	2.5	业余
12	北京市石景山区业余大学	19	医学影像技术	620403	高职	2.5	业余
		20	保险（金融保险）	630205	高职	2.5	业余
13	北京医药集团职工大学	21	康复治疗技术	620501	专科	2.5	业余
14	北京市总工会职工大学	22	计算机信息管理	610203	高职	2.5	业余

北京市教育委员会

转发教育部关于印发《高等学历继续教育专业设置管理办法》的通知

京教高〔2016〕9号

各有关高等学校：

现将教育部《关于印发〈高等学历继续教育专业设置管理办法〉的通知》（教职成〔2016〕7号）转发给你们，请按照文件要求，及时做好高等学历继续教育专业备案相关准备工作。我委将于近期召开会议，组织学习文件精神，并对利用全国高等学历继续教育专业管理和公共信息服务平台备案专业进行培训。

2016年12月21日

教育部

关于印发《高等学历继续教育专业设置管理办法》的通知

教职成〔2016〕7号

各省、自治区、直辖市教育厅（教委）、高等教育自学考试委员会，新疆生产建设兵团教育局，有关部门（单位）教育司（局），部属各高等学校，解放军高等教育自学考试委员会，国家开放大学、考试中心：

为加强对高等学历继续教育专业设置的统筹规划与宏观管理，进一步扩大省级政府教育统筹权和高校办学自主权，促进各类高等学历继续教育健康、有序、协调发展，我部研制了《高等学历继续教育专业设置管理办法》（以下简称《管理办法》）。现将《管理办法》印发给你们，并就有关事项通知如下：

一、各地各高校要认真落实《管理办法》要求，对照现行《普通高等学校本科专业目录》《普通高等学校高等职业教育专科专业目录》和《高等学历继续教育补充专业目录》，对现设的本、专科专业进行梳理、调整和规范。2017年，各地各高校要通过全国高等学历继续教育专业管理和公共信息服务平台做好拟招生专业的申报工作（平台启用事项另行通知），自2018年起，新入学的学生全部按照目录内专业进行招生。按照“老人老办法、新人新办法”的原则，现在籍学生仍按原专业培养至毕业。

二、各地各高校要按照成人学习特点和教学规律，做好专业与课程体系建设，完善人才培养方案，增强人才培养的针对性和适用性，不断提高人才培养质量。

三、高等教育自学考试开考专业相关规定由全国高等教育自学考试指导委员会依据《管理办法》另行发布。

四、《管理办法》是教育部规范高等学历继续教育专业设置的首份文件，对于统一各类高等学历继续教育专业设置管理政策，转变管理方式，明确责任和管理程序，加强信息服务与过程监管具有重要意义。希望各省级教育行政部门、高等教育自学考试委员会要加强领导，认真组织宣传、学习和贯彻工作，确保《管理办法》的顺利实施。

实施过程中的情况和问题请及时报我部职业教育与成人教育司。

2016 年 11 月 18 日

高等学历继续教育专业设置管理办法

第一章　总则

第一条　为加强对高等学历继续教育专业设置的统筹规划与宏观管理，促进各类高等学历继续教育健康、有序、协调发展，根据《中华人民共和国高等教育法》《中华人民共和国行政许可法》《高等教育自学考试暂行条例》《国务院对确需保留的行政审批项目设定行政许可的决定》（国务院令第 412 号）等规定，制定本办法。

第二条　普通本科高校、高等职业学校、开放大学、独立设置成人高等学校（以下简称高校）举办的各类高等学历继续教育专业设置和管理，高等教育自学考试开考专业的管理，适用本办法。

第三条　高校设置高等学历继续教育专业要根据学校自身办学能力，发挥办学优势和特色，主动适应国家战略和经济社会发展需要，坚持终身学习理念，以满足学习者学习发展需求为导向，以学习者职业能力提升为重点，遵循高等教育规律和职业人才成长规律，培养具有较高综合素养、适应职业发展需要、具有创新意识的应用型人才。

第四条 教育部负责高等学历继续教育专业设置、高等教育自学考试开考专业设置的政策制定和宏观管理。

省级教育行政部门负责本行政区域内高校高等学历继续教育专业设置的统筹指导和监管服务。

高校依照相关规定自主设置和调整高等学历继续教育专业。

全国高等教育自学考试指导委员会（以下简称全国考委）负责制订高等教育自学考试开考专业清单和基本规范。

受教育部委托，国家行业主管部门、行业组织负责对本行业领域相关高等学历继续教育专业设置进行指导。

第五条 教育部组织设立高等学历继续教育专业设置评议专家组织。省级教育行政部门、高校设立相应的专业设置评议专家组织，或在现有专家组织中增加高等学历继续教育专业设置评议职能。充分发挥专家组织在高等学历继续教育专业设置、建设、监督与评估方面的政策研究、论证审议和决策咨询作用。

第六条 教育部建立全国高等学历继续教育专业管理和公共信息服务平台（以下简称信息平台），对高等学历继续教育专业设置实行全程信息化管理与服务。

第二章 专业目录

第七条 高等学历继续教育本、专科专业目录由《普通高等学校本科专业目录》《普通高等学校高等职业教育专科专业目录》和《高等学历继续教育补充专业目录》（见附件）组成。《高等学历继续教育补充专业目录》由教育部制定、发布，适时调整，实行动态管理。

第八条 全国考委、国家行业主管部门、行业组织、开放大学和独立设置的成人高校可对《高等学历继续教育补充专业目录》提出增补专业的建议。材料内容包括：相关行业（职业）人才需求报告、专业设置必要性和可行性论证报告、专业简介等。省级教育行政部门对本行政区域内高校提出的增补专业建议进行评议汇总，于每年11月30日前上报信息平台。全国考委、国家行业主管部门、行业组织可直接向教育部提交建议材料。教育部组织专家确定增补、撤销或更名的专业名单，适时向社会发布。

第九条 高等学历继续教育国家控制专业为现行《普通高等学校本科专业目录》《普通高等学校高等职业教育专科专业目录》中已经明确的国家控制专业。

第三章 专业设置的基本条件和程序

第十条 高校设置高等学历继续教育专业，应同时具备以下基本条件：

（一）符合学校的办学定位和发展规划。

（二）适应经济社会发展和产业结构调整需要，满足学习者多样化终身学习需求。

（三）有科学、规范、完整的专业人才培养方案及其所必需的教师队伍及教学辅助人员。

（四）具备开办专业所必需的经费、教学设施、图书资料或数字化学习资源、仪器设备、实习实训场所等办学条件，有保障专业可持续发展的相关制度和必要措施。

第十一条 普通本科高校、高等职业学校须在本校已开设的全日制教育本、专科专业范围内设置高等学历继续教育本、专科专业，并可根据社会需求设置专业方向，但专业方向名称不能与高等学历继续教育本、专科专业目录中已有专业名称相同，不能涉及国家控制专业对应的相关行业。具体程序为：

（一）各高校通过信息平台填报当年拟招生专业及相关信息。

（二）省级教育行政部门统筹汇总本行政区域内高校提交的专业信息，并通过信息平台提交教育部。

（三）教育部对各地上报的专业信息进行汇总并向社会公布。

第十二条 开放大学和独立设置的成人高校根据自身办学条件可在高等学历继续教育本、专科专业目录中设置高等学历继续教育专业，并可根据社会需求设置专业方向，具体要求同第十一条。具体程序为：

（一）对于拟设置的新专业，学校要组织校内有关专业设置评议专家组进行审议，通过信息平台提交人才需求报告、专业论证报告和人才培养方案等申请材料。信息平台将面向社会公示一个月，学校官方网站应同步公示。公示期满后，学校对公示期间收到的意见进行研究处理，及时将意见处理情况及修改后的申请材料提交信息平台。

（二）对于已开设的专业，各校通过信息平台填报当年拟招生专业及相关信息。

（三）省级教育行政部门根据本省（区、市）实际，对本行政区域内开放大学和独立设置的成人高校提交的新设专业申请材料和当年拟招生专业信息进行统筹汇总，通过信息平台提交教育部。

（四）教育部对各地上报的专业信息进行汇总并向社会公布。

第十三条 开放大学和独立设置的成人高校设置高等学历继续教育国家控制专业，具体程序为：

（一）学校通过信息平台填报当年拟招生国家控制专业及相关信息。

（二）省级教育行政部门在取得相关行业主管部门意见后，将本省（区、市）内拟新设国家控制专业的申请材料报送教育部。

（三）教育部按照现有国家控制专业审批办法管理。

第十四条 各类高校拟招生专业及相关信息须于当年1月31日前通过信息平台填报；省级教育行政部门对本行政区域内各类高校提交的专业信息统筹汇总后，须于当年3月31日前通过信息平台提交教育部；教育部对各地上报的专业信息进行汇总，于当年5月31日前向社会公布专业备案或审批结果。

第十五条 全国考委在高等学历继续教育本、专科专业目录范围内，确定高等教育自学考试开考专业清单，制订相应专业基本规范，并于当年5月31日前通过信息平台公布。各省（区、市）高等教育自学考试委员会、军队高等教育自学考试委员会在清单范围内选择开考专业。

第四章 监督与评估

第十六条 教育部和全国考委将充分运用信息平台监测高等学历继续教育专业设置的工作运行，全面掌握专业设置整体情况和动态信息，及时公布全国高等学历继续教育专业设置和调整情况。推动建立教育行政部门、行业组织、第三方机构、高校等多方参与的监管制度和评价机制。

第十七条 省级教育行政部门要充分运用信息平台掌握本行政区域内的高校继续教育专业设置情况，制订高等学历继续教育专业检查和评估办法，加强对高校高等学历继续教育专业建设的监督与评估，评估结果作为该专业继续招生、暂停招生的依据。对存在人才培养定位不适应社会需求、办学条件严重不足、教学（考试）管理严重不规范、教育质量低下等情况，省级教育行政部门要视情节责令有关高校对相应专业进行限期整改，完成整改前，该专业暂停招生，且高校不得设置新专业；情节严重且拒不整改的，省级教育行政部门应建议高校主管部门停止该专业招生。

第十八条 对未按本办法设置的高等学历继续教育专业，高校不得进行宣传和组织招生。对违反本办法擅自设置专业或经查实申请材料弄虚作假的高校，教育部和省级教育行政部门将予以公开通报批评并责令整改，情节严重的，三年内不得增设高等学历继续教育专业。

第十九条 高校应加强高等学历继续教育专业建设，建立和完善自我评价机制。鼓励引入专门机构或社会第三方机构对学校高等学历继续教育专业办学水平和质量进行评估及认证。

第五章 附则

第二十条 全国考委、省级教育行政部门依据本办法制订实施细则，报教育部备案后实施。

第二十一条 本办法自发布之日起实施。

附件：高等学历继续教育补充专业目录

附件

高等学历继续教育补充专业目录

本科（13个专业）

序号	学科门类	专业类	专业代码	专业名称
1	经济学	经济学类	320101	区域经济开发与管理
2	法学	法学类	330101K	监所管理
3	教育学	教育学类	340101	教育管理
4	教育学	教育学类	340102	心理健康教育
5	教育学	教育学类	340103	双语教育
6	文学	中国语言文学类	350101	维吾尔语言文学
7	文学	中国语言文学类	350102	哈萨克语言文学
8	文学	中国语言文学类	350103	蒙古语言文学
9	文学	中国语言文学类	350104	朝鲜语言文学

续表 1

序号	学科门类	专业类	专业代码	专业名称
10	文学	中国语言文学类	350105	藏语言文学
11	医学	护理学类	401101	社区护理学
12	管理学	工商管理类	420201	网络营销与管理
13	管理学	公共管理类	420401	城市公共安全管理

专科（17 个专业）

序号	专业大类	专业类	专业代码	专业名称
1	农林牧渔大类	农业类	810101	家庭农场经营管理
2	资源环境与安全大类	煤炭类	820501	采矿工程
3	资源环境与安全大类	煤炭类	820502	煤矿安全技术与管理
4	装备制造大类	机械设计制造类	860101	机械电子工程与管理
5	生物与化工大类	生物技术类	870101	生物技术
6	生物与化工大类	化工技术类	870201	应用化学
7	电子信息大类	电子信息类	910101	信息系统开发与维护
8	财经商贸大类	财政税务类	930101	区域经济开发与管理
9	文化艺术大类	民族文化类	950301	维吾尔语言文学
10	文化艺术大类	民族文化类	950302	哈萨克语言文学
11	文化艺术大类	民族文化类	950303	蒙古语言文学
12	文化艺术大类	民族文化类	950304	朝鲜语言文学
13	文化艺术大类	民族文化类	950305	藏语言文学

续表 2

序号	学科门类	专业类	专业代码	专业名称
14	新闻传播大类	新闻出版类	960101	新闻学
15	教育与体育大类	教育类	970101K	双语教育
16	教育与体育大类	语言类	970201	汉语言文学
17	教育与体育大类	语言类	970202	英语

注： 1. 补充本科目录中学科门类、专业类划分依据《普通高等学校本科专业目录（2012 年）》。

2. 补充专科目录中专业大类、专业类划分依据《普通高等学校高等职业教育（专科）专业目录（2015 年）》。

3. 补充目录中本、专科国家控制专业在专业代码后加“K”表示，参照《普通高等学校本科专业目录（2012 年）》《普通高等学校高等职业教育（专科）专业目录（2015 年）》而确定。

北京市教育委员会

关于组建西葡语专业群的通知

京教高〔2016〕10 号

各有关高等学校：

为深化专业建设内涵，提高高等教育质量，市教委分两批开展了专业群建设。第一批专业群建设于 2013 年启动，第二批专业群建设于 2014 年启动。为进一步推进专业群建设，提高北京高校西葡语专业人才培养质量，经研究，我委决定启动北京高校西葡语专业群建设工作。

现将西葡语专业群专家组织名单予以公布（见附件）。各高校要为专业群专家委员会及教学协作委员会开展工作提供必要条件，切实发挥专业群及其专家组织在提高学校教学和人才培养质量方面的重要作用。

附件：西葡语专业群专家委员会及教学协作委员会名单

2016 年 12 月 21 日

附件

西葡语专业群专家委员会及教学协作委员会名单

一、西葡语专业群专家委员会名单

主任委员：	北京外国语大学	刘建
副主任委员：	北京第二外国语学院	张珂
委员：	北京外国语大学	常福良
	北京大学	王军
	对外经济贸易大学	赵雪梅
	中国传媒大学	宋海莲
	北京外国语大学	张晓非
	北京大学	闵雪飞
	对外经济贸易大学	文卓君
秘书长：	北京外国语大学	史青
	北京外国语大学	张剑波
	北京第二外国语学院	董杨
	北京第二外国语学院	李沁雪

二、西葡语专业群教学协作委员会名单

主任委员：	北京第二外国语学院	张珂
副主任委员：	北京外国语大学	刘建
委员：	北京大学	卜珊
	对外经济贸易大学	郑皓瑜
	中国传媒大学	张晴
	北京第二外国语学院	高源
	外交学院	姜曙
	北京语言大学	周钦
	首都师范大学	陈浩
	北京交通大学	刘莹
	北京理工大学	曾艳
	中国人民大学	韦妮斯
	北京城市学院	刘莹
	中国政法大学	李蕴
	北京大学	闵雪飞
	中国传媒大学	张方方
	北京语言大学	李黄
	北京交通大学	王程序
	北京第二外国语学院	赵京剑
秘书长：	北京外国语大学	史青
	北京外国语大学	张剑波
	北京第二外国语学院	董杨
	北京第二外国语学院	李沁雪

北京市教育委员会

关于公布首批北京市深化创新创业教育改革示范高校名单的通知

京教高〔2016〕11号

各有关高等学校：

根据北京市教育委员会《关于开展首批深化创新创业教育改革示范高校认定工作的通知》（京教函〔2016〕10号）文件精神，我委组织了首批深化创新创业教育改革示范高校申报，经专家评审及公示，现将首批北京市深化创新创业教育改革示范高校名单予以公布（见附件）。

各高校要以示范校认定为契机，继续深化学校创新创业教育改革，进一步更新理念、统筹资源、健全机制、加大投入、强化实践，不断增强学生的创新精神、创业意识和创新创业能力。发挥示范引领作用，加强校企间、院校间交流合作，共同推动北京高校创新创业教育改革走向深入，为国家及北京市培养更多富有创新精神、具备创业素质、勇于投身实践的创新创业人才。

附件：首批北京市深化创新创业教育改革示范高校名单

2016年12月21日

附件

首批北京市深化创新创业教育改革示范高校名单

北京大学
中国人民大学
清华大学
北京交通大学
北京科技大学
北京邮电大学
中国农业大学
对外经济贸易大学
北京航空航天大学
北京理工大学
北京工业大学
北京服装学院
北京信息科技大学

北京市教育委员会

关于做好《2016年度北京高校继续教育发展报告》工作的通知

京教函〔2016〕628号

各普通高等学校、独立设置成人高等学校（含开放大学）、公共服务体系：

高等继续教育是高等教育重要组成部分，北京高校继续教育在市教委领导下，主动服务国家战略和首都经济社会发展需要，从

2009年起，北京已连续7年组织《高校继续教育质量年度报告》，以质量建设为核心，坚持立德树人，坚持规范办学，坚持提高质量，坚持创新发展，为北京高校继续教育的持续健康发展发挥了积极作用。进入“十三五”，国家对高等学校继续教育工作更加重视。当前，面对“放、管、服”的新常态、新要求，为进一步提升北京高校继续教育管理水平和教育质量，努力办好人民满意的继续教育，从2016年度起，北京高校继续教育质量建设报告定位更名为北京高校继续教育发展报告，现将做好2016年度北京高校继续教育发展报告的有关事项通知如下：

一、要以党的十八大和十八届三中、四中、五中、六中全会以及习近平总书记系列讲话精神为指导，在认真梳理继续教育质量年报制度实施以来学校继续教育改革发展的基础上，结合“十二五”规划完成情况，重点总结2016年度继续教育的主要工作进展和成效。

二、全面、客观、准确做好2016年度高校继续教育发展（工作）报告和相关数据填报工作。梳理总结学校继续教育工作办学主体和责任主体的落实情况，以及在办学定位、管理体制改革、规范办学、质量建设、混合式教学、信息化及资源建设、社会服务、改革创新等方面的举措和成效。

建议将学校“十三五”规划中关于继续教育的内容在报告中单独作为一部分予呈现。

三、工作报告应简明扼要，突出重点，数据详实，案例充分，原则上不超过4000字。

四、各高校要根据学校2016年度在继续教育领域进行的改革、创新、探索及取得的成效等，另行撰写继续教育特色报告（2000字左右），具体要求见附件1。

五、各高校要进一步明确本校继续教育发展（工作）报告工作机制，落实由主管校长牵头负责的学校继续教育发展年报的责任人制度，统筹协调学校继续教育各有关部门，确定年度报告工作的责任部门和主要负责人，按时完成学校继续教育发展报告、特色报告和数据汇总。

六、根据工作需要，我委组成编委会工作组（成员见附件2），负责《2016年度北京高校继续教育发展报告》的汇总、分析、编辑等工作。有关高校要为编委会工作组成员开展工作创造条件并给予必要支持。

七、北京高校继续教育状态数据平台开放时间为2017年1月3日至2017年3月15日。各高校应于1月13日前通过数据平台填报《北京高校继续教育发展报告责任人情况表》（附件3），3月15日前上传本校发展报告、特色报告和状态数据；上述文件还需通过数据平台打印、加盖校章后，将扫描件（PDF格式）上传至数据平台。

附件：1. 关于报送2016年度北京高校继续教育发展报告和特色报告的说明
2. 2016年度北京高校继续教育发展报告编委会工作组
3. 2016年度北京高校继续教育发展报告责任人情况表（略）

2016年12月30日

附件1

关于报送2016年度北京高校继续教育发展报告和特色报告的说明

一、继续教育发展（工作）报告基本要点

（一）学校继续教育的办学定位和管理体制，及两个主体责任（办学主体和责任主体）落实情况；

（二）学校学历继续教育基本现状和工作进展，重点突出专业开设、教学计划如何落实、教育教学改革、规范管理等质量建设方面的举措和成效；

（三）学校非学历继续教育基本现状和工作进展，重点突出主动服务国家战略和首都经济社会发展需要以及推进学习型城市建设等方面的举措和成效；

（四）学校继续教育信息化建设的进展情况，重点突出混合式教学以及数字化资源建设、信息化平台建设在教育教学和管理中的应用和成效；

（五）2016年度学校继续教育工作存在的主要问题和思考；

（六）2017年度学校继续教育发展和创新的基本思路和重点工作。

二、特色报告内容参考

（一）贯彻党的十八大和十八届三中、四中、五中、六中全会以及习近平总书记系列讲话精神，坚持立德树人，加强学生思想政治教育方面的举措和成效；

（二）主动服务国家服务教育方面和“互联网＋”等战略的主要思考及举措；

（三）主动适应北京新的功能定位和京津冀协同发展、疏解非首都核心功能的主要思考及举措；

（四）质量保障体系建设方面的改革创新举措及成效等；

（五）人才培养模式、专业建设、教育教学改革等方面的措施和成效；

（六）混合式教学、数字化资源、信息化平台和学习资源开发与共享等方面所取得的进展；

（七）探索搭建终身学习“立交桥”，促进各级各类教育纵向衔接、横向沟通的终身教育体系建设方面的举措和成效；

（八）继续教育研究成果（含调研报告）介绍。

注：特色报告要有别于常规性工作总结，重点围绕1～2个专题撰写，力求数据详实，案例充分。

三、格式要求

（一）纸张及装订：A4 纸打印，左侧装订，封面加盖学校公章；

（二）字体：题目用小二号黑体，一级标题用 3 号黑体，二级标题用小 3 号黑体，正文用 4 号仿宋体；

（三）行距：正文行距 25 磅。

附件 2

2016 年度北京高校继续教育发展报告编委会工作组

主　编： 叶茂林

副主编： 邵文杰　刘承郊（常务）　曾钢

编　委： 李国斌　顾宗连　胡建生　蔡晓东　文书锋　李洋
赵丽红　田小梅　孟欣　张魁元　赵丽莉　李福德
王黎明　文然　韩景华　蒋再斌　吉莉莉　钟莹
韩仪　孙静　安歌昕　张黎黎　杨琦　徐中林

职业与成人教育

北京市教育委员会文件选编

（2016）

北京市教育委员会

关于公布中等职业学校 2016年新增专业备案的通知

京教函〔2016〕58号

各区教委、各有关职业院校：

根据《北京市中等职业学校专业设置管理办法实施细则（试行）》（京教职成〔2010〕13号）和市教委《关于做好2016年中等职业学校专业申报备案的通知》（京教函〔2015〕601号）精神，我委组织专家对部分学校申报的2016年新增专业（技能方向）进行了综合评议，经研究确定对22所学校49个新增专业（技能方向）进行备案（附件1），从2016年起列入招生计划；同时撤销6所学校15个专业（附件2）。

各学校要及时办理新增专业收费许可手续，填写《北京地区中等职业学校收取学费标准申报表》（附件3，略）一式3份，并加盖校章于2016年4月底前报送至市教委职成处（西城区前门西大街109号）。民办中等职业学校收费按相关规定办理。

附件：1. 北京市中等职业学校2016年新增专业备案一览表

2. 北京市中等职业学校2016年撤销专业备案一览表

3. 北京地区中等职业学校收取学费标准申报表（略）

2016年2月2日

附件 1

北京市中等职业学校 2016 年新增专业（技能方向）备案一览表

学校名称	专业类别	专业名称	专业技能方向	专业代码	学制（年）	备注
北京市供销学校	文化艺术类	演艺设备安装与调试	舞台灯光系统、音响调音系统安装与调试	143811	三	目录外
	信息技术类	计算机网络技术		090500	三	改学制
	交通运输类	城市轨道交通运营管理		080700	三	改学制
	交通运输类	铁道运输管理		080100	三	改学制
北京市经济管理学校	信息技术类	计算机网络技术	网络信息安全	090500	四	
	信息技术类	计算机网络技术	物联网技术应用	090500	四	
	财经商贸类	会计	税务事务	120100	四	
北京市商务科技学校	交通运输类	航空服务	民航安全检查、航空地面服务、空中乘务	082300	四	
北京市商业学校	信息技术类	互联网信息技术服务		092111	四	目录外
	财经商贸类	航空物流服务与管理		122311	四	目录外
	财经商贸类	市场营销	汽车服务与管理	121000	四	
北京商贸学校	文化艺术类	文物保护技术	装裱	140700	三	

续表 1

学校名称	专业类别	专业名称	专业技能方向	专业代码	学制（年）	备注
北京金隅科技学校	文化艺术类	现代雕刻艺术	雕刻与雕塑	143911	三	目录外
北京市自动化工程学校	信息技术类	物联网技术应用		091911	四	目录外
	加工制造类	模具制造技术	3D打印及数字建模	051500	四	
	加工制造类	数控技术应用	逆向造型与制造	051400	四	
北京城市学院	医药卫生类	护理		100100	三	
	医药卫生类	中药		101800	三	
	教育类	学前教育	保育员	160100	三	
	文化艺术类	工艺美术		142000	三	
北京城市建设学校	土木水利类	铁道施工与养护	城市轨道施工与养护	041400	三	
北京市园林学校	土木水利类	古建筑修缮与仿建		040300	三	
北京市丰台区职业教育中心学校	信息技术类	通信技术	移动互联网技术应用	091500	三	
	信息技术类	互联网安全防御		092211	三	目录外
	信息技术类	新能源电子技术		092311	三	目录外
北京市房山区房山职业学校	旅游服务类	中餐烹饪与营养膳食		130700	三	
	文化艺术类	社会文化艺术	社会文化美术、社会文化音乐	140100	三	

续表 2

学校名称	专业类别	专业名称	专业技能方向	专业代码	学制（年）	备注
北京市大兴区第一职业学校	交通运输类	飞机维修	飞机电子维修方向	082200	三	
	交通运输类	飞机维修	飞机与发动机维修	082200	三	
	信息技术类	计算机与数码产品维修	产品售后服务及维修	091100	三	
北京市大兴区第二职业学校	财经商贸类	电子商务		121100	三	
	资源环境类	环境监测技术	水与废水监测技术	021800	三	
北京市昌平职业学校	加工制造类	无人机应用技术	多旋翼无人机飞行与控制	053611	三	目录外
	农林牧渔类	宠物养护与经营		012100	三	
	体育与健身类	休闲体育服务与管理	冰雪运动	150200	三	
	体育与健身类	休闲体育服务与管理	现代马术	150200	三	
	交通运输类	汽车运用与维修	新能源电动汽车检测与维修	082500	三	
	旅游服务类	西餐烹饪	西点烘焙	130800	三	
北京市信息管理学校	文化艺术类	影像与影视技术		140400	三	
北京市外事学校	旅游服务类	旅游外语	旅游服务英语、韩语、日语	130300	三	
	交通运输类	城市轨道交通运营管理	城市轨道交通客运服务	080700	三	
北京新城职业学校	旅游服务类	旅游服务与管理	旅行社导游、计调、外联	130200	三	

续表 3

学校名称	专业类别	专业名称	专业技能方向	专业代码	学制（年）	备注
北京市门头沟区中等职业学校	信息技术类	电子技术应用	物联网	091300	三	
	财经商贸类	电子商务		121100	三	
北京市求实职业学校	财经商贸类	金融事务	互联网金融	120400	三	
北京市农业广播电视学校	体育与健身类	休闲体育服务与管理	休闲体育	150200	三	
	土木水利类	给排水工程施工与运行	给水排水运行与维护	041100	三	
	农林牧渔类	农村经济综合管理	家庭农场	013100	三	
北京市九华旅游职业学校	医药卫生类	中医康复保健	推拿按摩、中医美容	101700	三	

附件 2

北京市中等职业学校
2016 年撤销专业备案一览表

学校名称	专业类别	专业名称	专业代码	学制（年）	备注
首都铁路卫生学校	加工制造类	医疗设备安装与维护	052600	三	
北京市供销学校	公共管理与服务类	物业管理	180700	三	
	公共管理与服务类	人力资源管理事务	180600	三	

续表

学校名称	专业类别	专业名称	专业代码	学制（年）	备注
北京市信息管理学校	文化艺术类	数字影像技术	141900	三	
	文化艺术类	戏剧表演	141200	三	
	文化艺术类	舞蹈表演	140900	三	
	文化艺术类	工艺美术	142000	三	
	司法服务类	保安	170300	三	
	加工制造类	电子电器应用与维修	053200	三	
	公共管理与服务类	办公室文员	180100	三	
北京市电气工程学校	加工制造类	机电设备安装与维修	051600	三	
	交通运输类	铁道车辆运用与检修	080400	三	
北京市门头沟区中等职业学校	信息技术类	计算机应用	090100	三	
北京市农业广播电视学校	公共管理与服务类	工商行政管理事务	180500	三	
	教育类	学前教育	160100	三	

北京市教育委员会

关于公布2016年新增“3+2”中高职衔接办学改革试验项目的通知

京教职成〔2016〕1号

各区教委，各有关职业院校：

为贯彻落实《北京市人民政府关于加快发展现代化职业教育的实施意见》（京政发〔2015〕57号）精神，深化“3+2”中高职衔接改革，拓宽职业人才发展通道，我委对2016年申报增设“3+2”中高职衔接办学改革试验项目进行了论证评议。经专家小组集中评审、评委会评议、领导小组审议，现将2016年新增“3+2”中高职衔接办学改革试验项目名单予以公布，并就下一步有关工作通知如下：

一、合作院校要在“转型升级、系统设计、凝练特色”的原则下开展改革试验，充分研究各学段的内在联系，重构课程结构，以课程衔接为纽带，发挥中高职院校集成优势，做好专业教学、课程内容的统筹和衔接，实现衔接创新。

二、合作院校要注重文化基础和综合素质培养，按照学生综合素养和可持续发展职业能力递进规律研究制定课程体系，公共基础课程开齐开好，学时不少于总学时的1/3。

三、合作院校要统筹教育资源、管理力量、师资力量，精心组织开展试验工作，加强教师队伍建设，不断总结和改进教学方法手段，加强质量监控，做好学生录取、培养、转段等各阶段学籍管理工作。

附件：2016年新增“3+2”中高职衔接办学改革试验项目名单

2016年2月3日

附件

2016年新增“3+2”中高职衔接办学改革试验项目名单

序号	中职学校	中职专业	高职学院	高职专业
1	北京水利水电学校	机电技术应用	北京劳动保障职业学院	机电一体化技术
2	北京水利水电学校	给排水工程施工与运行	北京劳动保障职业学院	安全技术与管理（给排水工程方向）
3	北京市商务科技学校	航空服务	北京财贸职业学院	空中乘务
4	北京市商务科技学校	数字媒体技术应用	北京信息职业技术学院	数字媒体应用技术
5	北京市自动化工程学校	计算机网络技术	北京信息职业技术学院	移动通信技术
6	北京市环境与艺术学校	工艺美术（首饰设计与制作方向）	北京经济管理职业学院	宝玉石鉴定与加工
7	北京市环境与艺术学校	动漫游戏	北京信息职业技术学院	影视动画（动漫方向）
8	北京市环境与艺术学校	产品质量监督检验	北京城市学院	食品营养与检测

续表 1

序号	中职学校	中职专业	高职学院	高职专业
9	北京市经济管理学校	电子商务	北京经济管理职业学院	电子商务
10	北京市经济管理学校	计算机平面设计	北京信息职业技术学院	广告设计与制作
11	北京市园林学校	旅游服务与管理	北京财贸职业学院	导游
12	北京金隅科技学校	机电设备安装与维修	北京交通运输职业学院	城市轨道交通机电技术
13	北京金隅科技学校	电子商务	北京信息职业技术学院	电子商务
14	北京市对外贸易学校	国际商务	北京劳动保障职业学院	国际商务
15	北京市对外贸易学校	学前教育	北京城市学院	学前教育
16	北京市商业学校	物流服务与管理	北京交通运输职业学院	航空物流
17	北京市商业学校	旅游服务与管理	北京财贸职业学院	旅游管理
18	北京市商业学校	学前教育	北京城市学院	学前教育
19	北京商贸学校	金融事务（证券专门化方向）	北京财贸职业学院	证券与期货
20	北京商贸学校	电子商务	北京信息职业技术学院	电子商务
21	北京市供销学校	计算机网络技术	北京信息职业技术学院	卫生信息管理
22	北京铁路电气化学校	城市轨道交通信号	北京信息职业技术学院	通信技术
23	北京铁路电气化学校	电气技术应用	北京工业职业技术学院	电气自动化技术
24	北京市海淀卫生学校	护理	北京北大方正软件技术学院	护理

续表 2

序号	中职学校	中职专业	高职学院	高职专业
25	北京市昌平卫生学校	护理	北京卫生职业学院	护理
26	北京市昌平卫生学校	药剂	北京卫生职业学院	药学
27	北京市实美职业学校	数字媒体技术应用	北京信息职业技术学院	图文信息处理
28	北京市实美职业学校	法律事务	北京政法职业学院	法律事务
29	北京市实验职业学校	计算机应用	北京经贸职业学院	计算机应用技术
30	北京市实验职业学校	计算机应用	北京培黎职业学院	数字媒体应用技术
31	北京市外事学校	城市轨道交通运营管理	北京交通运输职业学院	城市轨道交通运营管理
32	北京市外事学校	旅游外语	北京青年政治学院	旅游英语
33	北京市财会学校	金融事务	北京财贸职业学院	投资与理财
34	北京市财会学校	文秘	北京政法职业学院	法律文秘
35	北京国际职业教育学校	航空服务	北京北大方正软件技术学院	民航运输
36	北京国际职业教育学校	计算机网络技术	北京信息职业技术学院	信息安全与管理
37	北京国际职业教育学校	学前教育	北京汇佳职业学院	学前教育
38	北京市电气工程学校	制冷和空调设备运行与维修	北京电子科技职业学院	供热通风与空调工程技术
39	北京市电气工程学校	楼宇智能化设备安装与运行	北京劳动保障职业学院	建筑智能化工程技术

续表 3

序号	中职学校	中职专业	高职学院	高职专业
40	北京市劲松职业高中	高星级饭店运营与管理	北京经济技术职业学院	酒店管理
41	北京市劲松职业高中	美发与形象设计	北京财贸职业学院	人物形象设计
42	北京市求实职业学校	民航运输	北京北大方正软件技术学院	民航运输
43	北京市求实职业学校	金融事务（银行方向）	北京经济管理职业学院	金融管理
44	北京市求实职业学校	文秘	北京政法职业学院	法律文秘
45	北京市信息管理学校	会计	北京工业职业技术学院	会计（会计电算化）
46	北京市信息管理学校	网站建设与管理	北京信息职业技术学院	移动应用开发
47	北京市丰台区职业教育中心学校	物联网技术应用	北京信息职业技术学院	物联网应用技术
48	北京市丰台区职业教育中心学校	计算机网络技术	北京经济管理职业学院	计算机网络技术
49	北京市丰台区职业教育中心学校	影像与影视技术	北京北大方正软件技术学院	影视编导
50	北京市黄庄职业高中	计算机网络技术	北京信息职业技术学院	物联网应用技术
51	北京市黄庄职业高中	计算机动漫与游戏制作	北京工业职业技术学院	动漫制作技术
52	北京市门头沟区中等职业学校	汽车运用与维修	北京交通运输职业学院	汽车检测与维修技术
53	北京市门头沟区中等职业学校	动漫游戏	北京汇佳职业学院	影视动画
54	北京市房山区第二职业高中	平面媒体印制技术	北京信息职业技术学院	图文信息处理
55	北京市房山区第二职业高中	建筑工程施工	北京经济管理职业学院	工程造价

续表 4

序号	中职学校	中职专业	高职学院	高职专业
56	北京市房山区房山职业学校	会计	首钢工学院	会计
57	北京市昌平职业学校	汽车运用与维修	北京交通运输职业学院	汽车检测与维修技术
58	北京市昌平职业学校	电子商务	北京信息职业技术学院	电子商务
59	北京市昌平职业学校	金融事务	北京财贸职业学院	金融管理
60	北京市大兴区第一职业学校	计算机网络技术	北京北大方正软件技术学院	计算机网络技术
61	北京市大兴区第一职业学校	飞机维修（飞机电子维修方向）	北京电子科技职业学院	飞机电子设备维修
62	北京市大兴区第一职业学校	飞机维修（飞机与发动机维修方向）	北京电子科技职业学院	飞机机电设备维修
63	北京市大兴区第二职业学校	计算机网络技术	北京交通职业技术学院	计算机应用技术
64	北京市大兴区第二职业学校	生物技术制药	北京电子科技职业学院	药品生物技术
65	北京新城职业学校	旅游服务与管理	北京财贸职业学院	旅游管理
66	北京市怀柔区职业学校	计算机网络技术	北京信息职业技术学院	通信技术
67	北京市延庆区第一职业学校	计算机网络技术	北京信息职业技术学院	计算机网络技术
68	北京市密云区职业学校	汽车运用与维修	北京交通运输职业学院	汽车检测与维修技术
69	北京市密云区职业学校	旅游服务与管理	首都经济贸易大学密云分校	旅游管理
70	北京市密云区职业学校	客户信息服务	北京信息职业技术学院	软件技术（信息服务方向）

北京市教育委员会

关于同意成立北京城市建设与管理职业教育集团的批复

京教函〔2016〕147号

北京工业职业技术学院：

你院《关于组建北京城市建设与管理职业教育集团的请示》(北工职院政文〔2016〕5号）收悉。经我委研究，现批复如下：

一、根据《教育部关于深入推进职业教育集团化办学的意见》(教职成〔2015〕4号)、《北京市中长期教育改革和发展规划纲要(2010—2020年)》和《北京市人民政府关于加快发展现代职业教育的实施意见》，同意由你院牵头，联合相关院校、行业企业、科研机构等单位，共同组建北京城市建设与管理职业教育集团（以下简称城市建设与管理职教集团)。城市建设与管理职教集团内部成员原有行政隶属关系、产权属性和法人地位不变。

二、城市建设与管理职教集团成立后，应充分发挥集团资源优势，围绕北京城市建设与管理的发展及高端技术技能人才培养需求，形成资源共享、优势互补、良性互动的产学研用共同体，创新人才培养模式，提高人才培养质量，提升职业教育服务北京经济社会发展的能力。

三、城市建设与管理职教集团应主动接受我委的指导、管理和监督，尽快召开成立大会、落实集团组织架构、完善内部管理机制，积极开展集团化办学工作。

四、希望城市建设与管理职教集团积极探索集团化办学的规律，完善集团内部管理和运行机制，创新职教办学体制和机制，推动多元合作的职业教育集团化办学，积极开展中高等职业教育衔接、高端技术技能人才贯通培养等改革试验，总结积累集团化办学经验，为全市职业教育改革发展提供宝贵经验。

2016 年 4 月 13 日

北京市教育委员会

关于印发《2016 年北京市中等职业学校英语课程学业水平测试工作方案》的通知

京教函〔2016〕149 号

各区教委，各中等专业学校：

为落实《教育部办公厅关于建立职业院校教学工作诊断与改进制度的通知》（教职成厅〔2015〕2 号）和《教育部关于深化职业教育教学改革全面提高人才培养质量的若干意见》（教职成〔2015〕6 号）及《北京市人民政府关于加快发展现代职业教育的实施意见》（京政发〔2015〕57 号）等文件精神，探索建立我市中等职业学校公共基础课程教学工作诊断与改进制度，提高我市中等职业学校公共基础课程教学质量，我委在 2015 年试点开展北京中等职业学校英语课程学业水平测试的基础上，决定组织开展2016年北京市中等职业学校英语课程学业水平测试工作。

中职英语课程学业水平测试是我市推动建立和完善职业院校内部质量监测评价的一项重要工作，是构建以人文素质、技术技能水平和可持续发展能力为核心的职业教育质量评价体系的重要组成，测试评价结果将纳入我市职业教育人才培养质量年度报告，面向社会公开发布。具体实施工作委托北京教育科学研究院职业教育与成人教育教学研究中心承担。

现将《2016年北京市中等职业学校英语课程学业水平测试工作方案》印发给你们，请各区教委、中等专业学校根据方案做好相关工作。

2016年4月15日

2016年北京市中等职业学校英语课程学业水平测试工作方案

为落实《教育部办公厅关于建立职业院校教学工作诊断与改进制度的通知》（教职成厅〔2015〕2号）、《教育部关于深化职业教育教学改革全面提高人才培养质量的若干意见》（教职成〔2015〕6号）与《北京市人民政府关于加快发展现代职业教育的实施意见》（京政发〔2015〕57号）等文件精神，逐步建立北京市中职学校公共基础课程教学工作诊断与改进制度，提高中等职业学校公共基础课程教学质量，北京市教委决定组织开展2016年北京市中等职业学校英语课程学业水平测试工作。工作方案如下：

一、测试目的及意义

通过开展北京市中等职业学校英语课程学生学业水平测试工

作，对北京市中等职业学校英语课程教学进行诊断，充分发挥评价的引导和激励作用，切实促进北京市中等职业学校英语课程教学改革和学生学习质量提升，推动建立和完善职业院校内部质量监测评价工作。

二、测试工作安排

（一）测试内容与方式

本次测试内容为教育部颁行的《中等职业学校英语课程教学大纲》（2009 年版）要求的基础模块教学内容。

本次测试采用纸笔测试方式。全市统一命题、统一测试时间、统一阅卷。

（二）测试时间

2016 年 6 月的第 4 周，具体时间按照测试通知执行。

（三）测试工作程序

1. 测试前培训

测试前由北京教育科学研究院组织《北京市中等职业学校英语课程学业评价标准》培训。

2. 测试报名

各有关中等职业学校根据要求完成《北京市中等职业学校英语课程学业水平测试报名表》填写，并于 2016 年 5 月 13 日前将报名表（详见附件 1 和附件 2）电子版与纸质版上交。

3. 试卷领取

测试前一天下午，各学校由专门负责人到指定地点领取试卷；试卷取回学校后，按要求放保密室保存试卷。

4. 测试工作

各学校测试工作，实行校长负责制。安排好人员，在规定时间，按照要求组织开展好本校英语课程学业水平测试，确保测试顺利进行。

测试办公室将安排人员进行考场巡视。

5. 试卷密封与送卷

各学校在测试完成后按照要求对试卷进行回收、装袋，填写记录单，密封，并在规定时间内交回。

6. 阅卷工作

由北京教科院与高等教育出版社共同组织相关教师，开展英语课程学业水平测试试卷的阅卷工作。

（四）测试成绩应用

本次中等职业学校英语课程学业水平测试成绩将为全面了解我市中等职业学校英语课程教学质量提供有效数据支撑，测试评价结果拟纳入我市职业教育人才培养质量年度报告，面向社会公开发布，为我市中等职业学校英语课程教学改革与质量提升提供参考。

三、测试学校及测试对象

（一）测试学校

北京市独立设置的公办中等职业学校（不含技工学校、成人中专和艺术、体育类中等专业学校）

（二）测试对象

各学校在本校完成基础模块教学的年级中，自主选取不少于30%的学生作为测试对象。各专业参加测试的学生比例原则上不低于本专业年级学生总人数的30%。

四、测试工作要求

各区教委、各中等职业学校要高度重视此项工作，认真落实相关工作安排，确保本年度英语课程学业水平测试工作圆满完成。

附件：1. 2016年北京市中等职业学校英语课程学业水平测试报名表（略）

2. 2016年北京市中等职业学校英语课程学业水平测试报名汇总表（略）

北京市教育委员会

关于2016年开展高端技术技能人才贯通培养试验的通知

京教职成〔2016〕5号

各区教委，各有关高等院校、中等职业学校，教育考试院、教育科学研究院：

为深入推进教育领域综合改革，探索培养高端技术技能人才的新路径，根据《北京市关于加快发展现代职业教育的实施意见》(京政发〔2015〕57号）精神，在2015年部分职业院校开展高端技术技能人才贯通培养试验的基础上，经市教委2016年第9次主任办公会和市委教育工委第10次委员会研究通过，决定2016年进一步扩大试验范围，现将有关事项通知如下：

一、指导思想

坚持立德树人、全面发展，深化职业教育教学改革，探索实施素质教育的新途径；打破体制机制障碍，整合融通各级各类优质教育资源，探索优质高效育人的教育发展新模式；促进教育公平，完善职业教育体系，构建人才培养“立交桥”，为学生成长成才提供更多更好的发展机会；对接首都经济社会发展和产业转型升级需要，改革专业设置，调整教学计划，全面加强校企合作，培养高端技术技能人才；提升职业院校办学水平和教育质量，增强职业教育对首都经济社会发展的贡献力和影响力。

二、项目类别及培养模式

（一）高端技术技能人才贯通培养项目

支持部分职业院校与优质高中、本科高校、国内外企业协作，选择对接产业发展的优势专业开展高等职业教育和本科专业教育（其中本科教育通过专升本转段录取）。

1. 高等职业院校招生。前2年在高等职业院校接受基础文化课程教育，中间3年在高等职业院校接受专业课程及职业技能教育，后2年对接市属高校接受本科专业教育。

2. 中等职业学校招生。前3年在中等专业学校接受基础文化课程和专业基础课程教育，中间2年在市属高校（护理专业为3年）接受高等职业教育，后2年接受本科专业教育。

（二）高级外语人才培养项目

以北京第二外国语学院为招生单位，与职业院校和市属本科高校协作，培养高层次、高素质的高级翻译人才（其中本科教育通过专升本转段录取）。

1. 非通用语及高级翻译。前3年中等职业教育阶段和中间2年高等职业教育阶段由二外进行培养，后2年本科阶段由二外和国外大学进行联合培养。

2. “外语＋”项目。由北京第二外国语学院与各高等职业院校联合培养。

（三）学前教育与基础教育师资培养项目

以北京城市学院、首都师范大学、北京联合大学、北京第二外国语学院为招生单位，培养学前教育与基础教育教师（其中本科教育通过专升本转段录取）。

前3年中等职业教育阶段由市属本科高校与普通高中进行联合培养，学习高中课程及相关职业教育课程。中间2年高等职业教育阶段和后2年本科阶段由市属高校进行培养。

（四）高精尖创新人才培养试验项目

以北京电子科技职业学院为招生单位，与市属高校、中央高校的高精尖创新中心合作，培养高精尖创新应用型人才（其中本科教育通过专升本转段录取）。

前3年在电子科技职业学院接受基础文化课程教育及相应职业教育，后4年由高职院校、市属高校及各高校高精尖创新中心联合培养。中间2年保留电子科技职业学院学籍，最后2年保留市属高校学籍。

（五）中外国际学院贯通培养项目

以北京电子科技学院为招生单位，与市属高校、中央高校国际学院合作，培养高水平技术技能人才（其中本科教育通过专升本转段录取）。

前3年在电子科技职业学院接受基础文化课程教育及相应职业教育，后4年由高职院校、市属高校及各中央高校国际学院联合培养。中间2年保留电子科技职业学院学籍，最后2年保留市属高校学籍。

三、招生管理

（一）招生对象

具有本市正式户籍且具有同一学校连续三年正式学籍的应届初中毕业生（须参加2016年中考）。学籍信息依据北京市中小学信息管理系统（CMIS）确定。往届生、外省回京报名考生、回户籍报考考生不能报考。

（二）招生计划（见附表）

第一类包括，高端技术技能人才贯通培养项目外培班、非通用语和高级翻译项目、高精尖创新人才培养项目、中外国际学院贯通培养项目（以下简称“贯通一”），招生计划共1460人；

第二类包括，高端技术技能人才贯通培养项目内培班、北京第二外国语学院“外语+”项目（以下简称“贯通二”），招生计划共4950人；

第三类包括，学前教育与基础教育师资培养项目（以下简称“贯通三”），招生计划共1412人。

（三）招生录取

贯通一和贯通二招生计划按专业大类分区下达，名额分配到初中校，接收贯通项目名额的初中校由各区教委确定（原则上与名额分配一致）。贯通三招生计划按专业大类下达到各区。

招生计划全部通过提前招生的方式进行，按项目和专业类别设置最低录取分数线。具体招生录取方式参见考试院当年招生管理办法。

（四）学校推荐生工作

学校可推荐在文艺、体育及社会综合活动等方面表现突出的学生参加贯通一和贯通二的录取，贯通一和贯通二招生计划的20%用于招收学校推荐生。各初中校要做好推荐生的确定工作，按本校名额的20%自行确定本校的推荐生，并进行公示，保证推荐工作公开透明。

四、学籍管理

（一）对于高等职业院校和本科高校招录的学生，1至3学年执行中等专业学校学籍管理办法，4至5学年执行高等职业学校学籍管理办法，完成5年学习任务成绩合格者取得高等职业教育毕业证书；完成高等职业教育阶段学习通过专升本转段考试进入本科阶段学习，完成6至7学年学习任务成绩合格者，取得普通高等教育本科层次（专升本）毕业证书。

（二）对中等职业学校招录的学生，1至3学年执行中等专业学校学籍管理办法；完成3年学习任务，成绩合格者取得普通中等专业教育毕业证书；4至5学年进入高等职业教育阶段学习，成绩合格者取得高等职业教育毕业证书；完成高等职业教育阶段学习通过专升本转段考试进入本科阶段学习，完成6至7学年学习任务成绩合格者，取得普通高等教育本科层次（专升本）毕业证书。

（三）学生在第3学年，符合高考报名条件的，可以中等专业学校应届毕业生身份报名参加当年普通高等学校招生考试，被录取者不再保留贯通培养资格。

（四）允许学生完成高等职业教育并通过专升本转段考试取得本科学籍后创业，学生可按本科院校相关规定申请休学创业。

五、教育教学

（一）整合优质教育资源，聚焦创新人才培养

1. 基础文化课教育通过引进优质高中课程方式予以强化；本科教育阶段与市属本科高校、中央部委所属高校联合培养。

2. 外培班学生在校学习期间，达到国外院校专业考核标准及该国家语言水平要求，可进入国外院校访学研修或接受学历教育。

3. 试验院校要与合作院校、合作企业和国外合作单位建立联合培养机制，并签订合作协议。共同设计一体化人才培养方案，整合校内外教师、设施、实验、实训等资源，构建整体设计、系统培养、贯通实施、校企合作、协同育人的人才培养新机制。

4. 学生入学后基础文化课程教育阶段不分专业，进入专业课程教育阶段可按学校规定申请相应专业。

（二）深化教育教学改革，着力提升学生面向未来的核心素养

1. 基础文化课程整合优质高中课程体系，开展通识教育和大学先修课程，培育和践行社会主义核心价值观，提升学生的人文素养、科学素养、健康素养，增强学生创新精神、实践能力和社会责任感，培养学生国际交往能力和可持续发展能力。

2. 专业教育课程瞄准高精尖产业人才需求，通过与国内外高水平大学、国际大型企业的合作联合培养，共同制定人才培养方案和计划，培养国际化、高水平、创新型、复合型人才。

3. 全方位推动教学组织、教学方法、教育科研、教学评价、教学资源开发利用创新，推行小班化教学、选课制、走班制、学分制、导师制，实施启发式、参与式、讨论式、探究式等教学改革，充分激发学生学习兴趣，切实增强学生自主学习能力。

六、组织领导

（一）加强组织领导

1. 市教委成立贯通培养试验工作领导小组，相关处室按照责

任分工指导相关学校做好改革试验的各项工作，协调解决试验推进过程中的重大问题，指导各区、各试验院校做好相关政策解读。领导小组下设工作办公室，统筹协调开展试验的具体组织实施工作。

2. 各区教委要加强对招生工作的领导，做好初中毕业生升学辅导工作。北京教育考试院要研究制定招生录取办法，并认真组织实施。北京教育科学研究院要加强对试验实施过程的跟踪研究和质量监测。

（二）保障经费投入

1. 对试验院校开展改革试验所需经费按照学生人数给予保障。保障经费主要用于教师聘用与培训、课程购买与开发、学生实习实训、名师工作室建设、购买社会服务等。

2. 支持试验院校通过合作办学、政府购买服务等方式，引进国内外优质教育资源。支持试验院校从国内外引进紧缺优秀师资和管理人员，可以实行聘用制，并保障相应的薪酬待遇。

3. 学生在国外学习期间享受政府专项经费支持，在国内学习期间根据学校规定享受相关奖学金政策。学生境外访学研修经费和进入本科教育阶段所需经费的保障办法，由市教委会同市财政局另行研究制定。

（三）明确各方责任

1. 试验院校是贯通培养试验的责任主体，要成立由主要领导任组长、分管领导任副组长，相关部门参加的工作领导小组。要积极与各合作单位建立紧密联系，签订合作协议，明确各方责任，建立健全协作机制，推进资源共享，实现优势互补。科学制定实施方案与工作计划，精心组织实施，做好项目风险评估和相关调整预案，扎实推进各项工作。

2. 与试验院校合作的优质高中要责成一名校领导具体负责合作教学管理工作，指定各学科带头人指导基础文化课程的教学工作，选派部分优秀骨干教师通过兼职兼课等形式直接承担教学任务；协助试验院校制订课程标准、选用教材、开发教材；协助试验院校进行实验室建设；接受试验院校相关教师培训或挂职。

3. 对接试验院校的本科高校要积极参与一体化人才培养方案的整体设计，做好与试验院校在招生录取、专业建设、课程改革、质量评价等方面的衔接工作，确保人才培养质量。

4. 贯通培养试验工作中的重大问题，试验院校要及时上报市教委。

附件：1. 北京市高端技术技能人才贯通培养试验领导小组及责任分工

2. 2016 年北京市高端技术技能人才贯通培养试验招生计划表（略）

2016 年 5 月 11 日

附件 1

北京市高端技术技能人才贯通培养试验领导小组成员及职责分工

一、领导小组成员名单

组　长：线联平　市教委主任

副组长：黄侃　市教委委员

张永凯　市教委委员

成　员：姚林修　发展规划处处长

王东江　职业教育与成人教育处处长

邵文杰　高等教育处处长

杨江林　人事处处长

张宪国　科学技术与研究生工作处处长

李艳春　财务处处长

潘芳芳 国际交流与合作处处长

沈聪伟 学生处处长

徐建姝 基础教育二处处长

马宏辉 北京教育考试院中招办主任

柳燕君 北京教科院职成教研中心主任

二、领导小组职责分工

（一）领导小组职责

1. 审议贯通培养试验的重大方针和政策措施；

2. 研究部署、指导实施全市贯通培养试验的相关工作，统筹协调改革试验中的重大问题；

3. 指导相关学校做好改革试验的各项工作，组织贯通培养试验跟踪评估和督促检查工作。

（二）职责分工

1. 发展规划处

负责研究制定贯通培养试验的总体方案、培养模式；研究制定试验院校招生录取方案和转段考试标准，下达试验院校和本科高校招生计划；协调解决试验院校中招录取资格等相关工作。

2. 职业教育与成人教育处

牵头负责贯通培养试验中“高端技术技能人才贯通培养项目”的组织实施；指导试验院校开展教育教学改革、专业和课程建设。

3. 高等教育处

牵头负责贯通培养试验中“高级外语人才培养项目”和“中外国际学院贯通培养项目”的组织实施；指导试验院校做好与本科高校的对接工作。

4. 人事处

牵头负责贯通培养试验中“学前教育和基础教育师资培养项目”的组织实施；协调解决有关院校开展试验所需进京指标、教师编制及教师招聘相关工作。

5. 科学技术与研究生处

牵头负责贯通培养试验中“高精尖创新人才培养项目”的组织实施；指导试验院校做好与各高校高精尖创新中心的对接工作。

6. 国际交流与合作处

协调试验院校学生赴境外访学研修相关工作，拓展贯通培养试验国际合作渠道；协调试验院校招聘外籍教师相关工作。

7. 财务处

协调市财政局做好贯通培养试验经费保障相关工作。

8. 学生处

负责试验院校学生不同学段的学籍管理相关工作。

9. 基础教育二处

负责协调解决学生高中学籍及毕业证书相关工作。

10. 教育考试院

会同发展规划处研究制定招生录取办法，并组织实施。

11. 教育科学研究院

牵头负责对贯通培养试验的实施过程开展跟踪研究和质量监测。

北京市教育委员会

关于印发《提升中职学生职业素养指导意见》的通知

京教职成〔2016〕6号

各区教委，各中等职业学校：

现将《提升中职学生职业素养指导意见》印发给你们，请结合实际，认真贯彻落实。

2016 年 5 月 12 日

提升中职学生职业素养指导意见

为进一步加强和改进我市中职德育工作，切实提升广大中职学生的职业素养，营造人人皆可成才、人人尽展其才的良好环境，培养大批德能兼备的高素质技术技能人才，依据《中共中央国务院关于进一步加强和改进未成年人思想道德建设的若干意见》《中等职业学校德育大纲》《北京市中小学培育和践行社会主义核心价值观实施意见》《北京市人民政府关于加快发展现代职业教育的实施意见》，经市教委 2016 年第 9 次主任办公会讨论通过，就提升我市中职学生职业素养提出以下指导意见。

一、指导思想

提升中职学生职业素养是新形势下全面贯彻执行党的教育方针，培育和践行社会主义核心价值观，坚持立德树人、德技并重，进一步加强中职学校德育工作的必然要求；是弘扬工匠精神，打造技能强国，推进大众创业、万众创新的必然要求；是引导中职学校和广大教师树立全面育人观，重视职业道德、文化基础和人文素养教育的必然要求；是促进中职学生健康成长、全面发展，养成敬业守信、精益求精的职业精神的必然要求。

二、目标任务

到 2020 年，通过加强思想品德、心理、体质、艺术、科技、文化、技术等方面的教育，完成“五个建设”，实现“五个提升”，全面提升中职学生职业素养，为学生就业创业和可持续发展奠定扎实的基础。

“五个建设”即：建设具有北京特色的中职学生职业素养培育

体系；建设一批培育和践行社会主义核心价值观实践教育基地；建设10个中职学生创新创业教育基地；建设50个富有特色的中职德育品牌；建设丰富多彩的中职学生展示技艺和才华的平台。

“五个提升”即：提升思想品德素养，培养爱国、敬业、懂礼、守法、明责的良好品德；提升技术素养，培养较强的动手能力和精益求精的工匠精神；提升体育素养，培养良好的体育精神、健康的体魄和心理品质；提升文化艺术素养，培养人文精神、兴趣爱好和审美能力；提升科学素养，培养严谨认真的科学态度和积极进取的创新创业精神。

三、重点工作

（一）加强德育品牌建设。德育品牌是各中职学校一线德育特色工作的集中体现。各中职学校要重视德育品牌建设工作，结合本校特色积极创建德育品牌。市教委将联合市职教学会举办中职德育“一校一品”创建评选活动，评选挖掘50个具有典型性和普适性的德育品牌，并在全市推广。

（二）加强社会实践教育。社会实践活动是培养学生社会责任意识的重要途径。各中职学校要为学生参加社会实践活动创造机会，依托学校特色专业和各类实践教育基地，组建学生志愿服务队，深入城乡社区、厂矿企业等，广泛开展志愿服务和社会实践活动；要充分发挥校团委的作用，与团市委志愿服务中心联合，建立完善志愿服务长效工作机制和活动运行机制；把志愿服务活动经历与实践教育相结合纳入学生考核体系，鼓励优秀学生，弘扬“奉献、友爱、互助、进步”的志愿精神。

（三）加强职业礼仪教育。职业礼仪教育有助于引导学生自觉提升职业素养，有意识地完成从“学校人”向“职业人”的转换。各中职学校要加强职业礼仪教育，通过开设礼仪选修课，开展礼仪活动等方式，提升学生的职业礼仪意识与素养。市教委将定期举办中职学生职业礼仪大赛，展示职业人共有的作风、行为习惯，引导学生有意识地培养沟通交往和语言表达能力，养成良好的礼仪习惯。

（四）加强学校体育。体育有助于培养学生的健康体魄与体育精神。各中职学校要高度重视学生体育工作，比照《国家学生体质健康标准（2014年修订）》，保证开足体育课时，配齐专业体育教师，完善体育设备设施，研究开设与学生所学专业相适应的体育课程，开展各类体育活动，全面提升学生体质健康水平；通过开设体育文化选修课、举办体育文化节、体育知识竞赛等活动，普及体育知识，提升学生的体育文化素养；结合学校体育传统或特色，依托各类体育俱乐部，开展校内、校际体育比赛，引导学生掌握一定的体育技能或发展体育特长。

（五）加强心理健康教育。各中职学校应配置必要的心理健康教育专业人员及设备设施；合理设置心理健康教育内容；针对学生在学习、生活、求职、就业等方面可能遇到的心理问题，开展心理辅导或援助，对中职学生的自信心、积极的态度、团队合作精神、自我激励、成功心理等心理素质进行训练，在体验式活动中引导学生掌握正确的学习、思考和解决问题的方法，在交往中认识自我，探讨自我，接纳自我，培养团队合作精神，提高职业心理素质和职业能力；要加强职业指导，充分发挥德育课程《职业生涯规划》的主渠道和专业教研室的指导作用，加强以职业意识、职业理想、职业道德和成才观、就业观、创业观为主要内涵的职业生涯教育。

（六）加强传统文化教育。文化素养是学生可持续发展的重要基础。各中职学校要结合本地域实际和本校特色专业，开展民族精神、理想信念、国学国粹等优秀传统文化教育，尤其针对可能失传的技艺和非物质文化遗产，要开设相关专业，组织师资力量，培养技术技能人才，予以发扬和传承。要重视和加强学校文化建设，引进先进企业文化，统筹规划学校文化建设工作。市教委定期举办中职“学校文化品牌设计大赛”。各校要充分发挥职业学校的专业特色及中职学生动手能力强的特点，调动广大师生的积极性和创造性，参与本校文化品牌设计，并选送作品参加全市大赛。

（七）加强艺术教育。各中职学校要重视培育和保护学生的兴趣爱好，通过开设选修课程、组织艺术观摩、组建兴趣小组等形式广泛开展文化艺术教育。充分发挥团委、学生会及其他社团的作用，组织丰富多彩的校园文化艺术活动。要统筹调动艺术类院校等各方面教育资源，研究制定中职学生艺术素养标准，开展音乐、舞蹈、戏曲等艺术普及教育。市教委将开展中职学校优秀艺术作品评选活动，定期举办全市性的中职学生文艺会演。

（八）加强科学教育。结合学校专业特色，将科学教育渗透到专业教学中，培养学生热爱科学的兴趣和运用科学的思维方式解决实际问题的能力。组织科学兴趣小组，定期开展科学文化节活动，宣传、普及科技知识和最新科技成果，提升学生信息获取、处理和应用的能力，培养严谨认真的科学态度和创新创业精神。市教委重点建设10个创新创业基地，定期举办中职学生创新创业大赛，引导学生以“成功者”的心态看待未来，养成主动、进取、敬业、诚信的职业态度，为职业生涯发展做好铺垫。

（九）加强技术技能教育。各中职学校要贴近企业和岗位需求开展技术技能教育。通过成立集教学科研、竞赛组织、技术积累、创新创业教育等功能于一体的“技术技能俱乐部”，激发学生钻研技术技能的兴趣，提升学生的技术技能，培养学生创新创业的意识。俱乐部可以项目或课题的形式，组织师生钻研技术，有意识地提升学生系统思维、自我管理、团队合作与计划规划等职业素养。各中职学校要组织好校级技能大赛，选拔优秀学生参加市级中职技能大赛，鼓励有条件、实力强的中职学校承办全国职业院校技能大赛。

（十）弘扬工匠精神。各中职学校要组织开展“工匠精神”学习，充分重视榜样的示范教育作用，引进技术能手、非遗技艺传承人、劳动模范、大国工匠等来校任教，建立技术技能名师工作室，推广现代学徒制，把“工匠精神”融入到教育教学中。举办优秀企业家、毕业生报告会等活动，引领中职学生向前辈和身边的榜样学习。市教委将定期举办“寻找身边的技艺达人”成果展示，宣传坚韧不拔、一丝不苟、精益求精、追求卓越的工匠精神，弘扬“劳动光荣，技能宝贵，创造伟大”的时代风尚。

四、保障措施

（一）强化组织保障，建立领导和工作机制。市委教工委、市教委、市职教学会成立由主管领导牵头，办公室、职成处、宣教处、财务处、体卫艺处等共同组成的中职学生职业素养提升工作领导小组，下设办公室，负责统筹领导中职学生职业素养提升工作的实施。各区教委、各中职学校要比照成立相应的领导小组，加强队伍建设和人员保障，实现各司其职，各尽其责。

（二）强化基础保障，建立中职学校培育和践行社会主义核心价值观实践教育基地。依托市职教学会德育与学生管理工作研究会，发挥校企合作优势，建立一批以培养学生职业素养和科学探索精神为主，体现爱国主义教育、传统美德教育、心理教育、国防教育、法制教育、礼仪教育、亲子教育、素质拓展、社会实践和技术技能培养等多功能的社会主义核心价值观实践教育基地。各中职学校应充分运用各基地开展德育工作，将其作为培养学生职业素养的重要载体。

（三）强化经费保障，提供资金支持。提升中职学生职业素养各项举措所需经费由市区财政共同分担。市财政每年以预算项目形式支持各有关职业素养提升项目，各区教委应设立专项预算资金支持中职学生职业素养提升项目，确保此项工作顺利实施。各院校要按照专款专用、厉行节约的原则使用经费，确保经费使用效益最大化。

（四）强化质量保障，完善评价体系。市教委建立学生成长档案信息管理系统，动态监测学生职业素养表现，将学生在学习生涯中获得的体育、艺术、技术技能等比赛成绩和职业资格证书等情况作为学分装入“中职学生职业素养护照”，随学生毕业证书一起发放。各级教育行政部门及各中专学校的主管部门要定期研究和检查学校中职学生职业素养提升工程实施工作，把工作情况作为考核校领导班子工作业绩和学校教育教学质量的重要依据。对先进典型要予以总结表彰，对工作不到位、措施不得力的单位和领导给予行政问责和责任追究。

（五）强化科研保障，提升实施水平。加强协同，市职业技术教育学会和各级职业教育研究机构要加强对提升中职学生职业素养工作的研究，充实研究力量，积极开展调研、学术研讨及成果交流。要重点加强对提升中职学生职业素养的工作定位、实现形式、组织体系、实施措施、评价体系、效果反馈、京津冀协同发展等方面的研究，指导学校不断提高提升学生职业素养工作的水平。

大力提升中职学生职业素养是当前和今后一个时期推动我市职业教育改革和发展的一项重要任务。各区教委、各中职学校要高度重视，科学规划，精心组织，认真实施，确保各项任务目标的实现。

本意见自 2016 年 6 月 11 日起实施。

北京市教育委员会

关于举办北京学院高端技术技能人才贯通培养试验项目的通知

京教函〔2016〕280 号

各有关院校，教育考试院中招办：

根据《北京市人民政府关于加快发展现代职业教育的实施意

见》（京政发〔2015〕57号）文件精神，按照北京市开展高端技术技能人才贯通培养试验的相关要求，经研究，决定在北京理工大学和中央财经大学设立北京学院，并在北京学院举办贯通培养试验班，北京电子科技职业院校为招生主体，北京工业大学和北京工商大学为合作院校。现将有关事项通知如下：

一、项目招生方案

（一）2016年北京学院高端技术技能人才贯通培养项目在京招生400人，以北京电子科技职业学院为招生单位，北京理工大学北京学院和中央财经大学北京学院各200人。

（二）学制按照“3+2+2”培养模式，前3年在电子科技职业学院接受基础文化课程教育及相应职业教育，后4年由高职院校及中央高校北京学院联合培养（其中本科教育通过专升本转段录取）。

（三）学籍管理按照“5+2”模式，前5年为电子科技职业学院学籍，后2年北京理工大学北京学院的学生为北京工业大学学籍，中央财经大学北京学院的学生为北京工商大学学籍。

（四）报考考生须具有本市正式户籍且具有同一学校连续三年正式学籍，同时参加2016年本市中考。学籍信息依据北京市中小学信息管理系统（CMIS）确定。往届生、外省回京报名考生、回户籍报考考生不能报考。

（五）招生计划按专业大类分区下达，名额分配到初中校，接收贯通项目名额的初中校由各区教委确定（原则上与名额分配一致）。招生计划全部通过提前招生的方式进行，最低中考录取控制线为500分。

二、有关工作要求

（一）加强招生宣传工作。通过多种方式，向广大考生宣传贯通培养试验班招生方案和相关招生政策，做好招生录取工作。

（二）认真制定培养方案。各院校要积极沟通，通力合作，在深入研究北京经济社会发展现状与未来发展战略基础上，充分发挥各院校专业优势，认真制定课程体系和培养方案。

（三）做好经验总结工作。北京学院高端技术技能人才贯通培养项目是我市高端技术技能人才贯通培养试验的重要组成部分，是我市中等教育与高等教育进行高层次应用型人才培养的积极探索。各院校要敢于创新，认真总结，为我市高端技术技能人才的培养积累有益经验。

附件：2016 年北京学院高端技术技能人才贯通培养试验项目招生计划表

2016 年 6 月 20 日

附件

2016 年北京学院高端技术技能人才贯通培养试验项目招生计划表

项目名称	招生规模	招生院校	对接本科高校	招生专业	招生类别	招生总数	最低分数线
北京学院贯通培养项目	400	北京电子科技职业学院	北京工业大学	智能工程与信息技术类（北京理工大学北京学院）	内培班	200	500
			北京工商大学	财经与管理类（中央财经大学北京学院）		200	

北京市教育委员会

关于公布2016年北京市职业院校技术技能创新创业成果遴选结果的通知

京教职成〔2016〕14号

各区教委、各职业院校：

为加强我市职业院校创新创业教育，提升学生创新创业能力，市教委于2016年10月开展了“2016年北京市职业院校技术技能创新创业成果遴选活动”。全市各职业院校共推荐学生作品335份参加技术技能创新成果、创业计划成果、创意设计成果的遴选。经专家评审，遴选出一等奖作品29件，二等奖作品55件，三等奖作品91件。现将遴选结果予以公布（见附件1、2、3)。

各单位要高度重视创新创业教育，进一步加大宣传力度，营造创新创业氛围，优化创新创业环境，积累创新创业成果，为推动我市职业院校创新创业教育蓬勃开展做出贡献。

附件：1. 2016年北京市职业院校技术技能创新创业成果遴选优秀成果奖名单

2. 2016年北京市职业院校技术技能创新创业成果遴选优秀指导教师奖名单

3. 2016年北京市职业院校技术技能创新创业成果遴选优秀组织奖名单

2016年11月14日

附件 1

2016 年北京市职业院校技术技能创新创业成果遴选优秀成果奖名单

一等奖（高职组）

学校	成果名称	成果类别	作者姓名或团队名称
北京电子科技职业学院	硬币分拣机	技术技能创新	马庆一、宋伟、王鹏、熊斌
北京财贸职业学院	双活塞发动机	技术技能创新	张鑫
北京农业职业学院	多旋翼无人机被动安全系统研发	技术技能创新	宋润舟、王昊、张明伟、董超、王世杰、赵前程
北京农业职业学院	兰轩多肉创业计划书	创业计划	魏小虎
北京财贸职业学院	两岸水吧	创业计划	邱攀、王亮亮、孔令尧、周梦琪
北京财贸职业学院	丝绸友递科技服务有限责任公司	创业计划	谢庆涛、刘冰涛、吴亭亭
北京汇佳职业学院	《友格 3D 打印造像馆》创业计划书	创业计划	刘政昊、陈健斌、孟扬
北京交通运输职业学院	基于移动终端的综合交通出行信息服务系统原型设计	创意设计	胡玮琪、刘璐、黎文龙
北京经济管理职业学院	安东柞蚕品牌故事（微电影）	创意设计	许媚杰、丁雪、魏子超、孙许、王媛媛
北京青年政治学院	Dior 专卖店设计	创意设计	常雪琦、兰静
北京经贸职业学院	《星砾几何》灯具设计	创意设计	陈艺卓、杨曹健

一等奖（中职组）

学校	成果名称	成果类别	作者姓名或团队名称
北京市电气工程学校	电子导盲犬	技术技能创新	陈宇辉、郭新龙、刘文琪

续表 1

学校	成果名称	成果类别	作者姓名或团队名称
北京信息职业技术学院	智能探寻搬运机器人	技术技能创新	姜瀚昀
北京市信息管理学校	“学时”APP创新设计	技术技能创新	丁天航、马海龙、李瑞丰
北京市求实职业学校	爸爸的礼物	技术技能创新	周媛媛、李雨均、高桐予、王雨欣、郝运
北京市园林学校	草坪优化管理新技术	技术技能创新	王辰、刘炳晟、姜曲曈、赵玲、任义
北京电子科技职业学院	模幻创意工坊项目	创业计划	陆健兴、杨杰瑞
北京市信息管理学校	“鲜果计划”平台创业计划	创业计划	汪志远、时海涛、郑毅
北京市求实职业学校	乡村生态幼儿园	创业计划	杜文丽、范心原、李诗卿、穆彤
北京国际职业教育学校	“爱拼”校园拼客网创业策划书	创业计划	杨啟盟、王苜楠、王子夜、于景麒、史元钧
北京国际职业教育学校	奇点管理咨询有限公司	创业计划	黄炎冰、张靓雯、王苜楠、徐博轩
北京市昌平职业学校	宠乐多APP创业计划书	创业计划	洪泰洋、王悦欣、陈森、郝晨、李星谕
北京市昌平职业学校	小雪校园派创业策划书	创业计划	干小雪、李凯西、李子琪、王思琪、洪少杰
北京市外事学校	易停宝APP	创意设计	姚庭源
北京市信息管理学校	“大力水手、水电帮手”标识设计	创意设计	郭可心
北京市丰台区职业教育中心学校	《知识魔方》玩教具	创意设计	王丹

续表 2

学校	成果名称	成果类别	作者姓名或团队名称
北京国际职业教育学校	"快乐成长"早教园	创意设计	陈逸伟、付慧媛、曹惠凝、路清淞
北京国际职业教育学校	小象桌面多功能整理盒	创意设计	苏一、赵天亮、王京、李萌
北京市经济管理学校	智能花盆	创意设计	虞鼎珩、王曼旌、彭立

二等奖（高职组）

学校	成果名称	成果类别	作者姓名或团队名称
北京电子科技职业学院	智能遥控小车设计与制作	技术技能创新	张丹、王健平
北京电子科技职业学院	应用于果汁浓缩的膜蒸馏系统	技术技能创新	于睿颖、马百盛、于路、赵鑫、包勇杰
北京农业职业学院	GreenHouse 智能植物养护系统	技术技能创新	赵忠洋、薛泽、李建超、杨洪强、尹宏宇
北京汇佳职业学院	《汇佳学校》（建筑漫游动画短片）	技术技能创新	范余华、毛春峰、赵宇森、王伟涛
北京农业职业学院	避障车型机器人设计与制作	技术技能创新	谷鑫杰、佟雪毅、白璐、胡朝、王珏
北京青年政治学院	"青年信客"专业品牌设计运营	技术技能创新	延毅欣、黄林、李静譞、郭京鑫
北京培黎职业技术学院	"思无邪"汉服店	创业计划	蔡子文
北京电子科技职业学院	财捷互联网金融理财服务创新创业项目计划书	创业计划	王一钧、王斯豪、武文佳、葛佳斌、曹玮佳
北京农业职业学院	跨境电商学生创业成果展	创业计划	刘伟、王潇、林晨枫、朱开远、田正莹
北京财贸职业学院	发泄吧	创业计划	李芮、刘颖

续表 3

学校	成果名称	成果类别	作者姓名或团队名称
北京交通运输职业学院	汽车自动变速箱养护创业项目可行性分析	创业计划	吴廷炎、和黎水、李文华、古亚东
北京信息职业技术学院	小微企业IT综合服务	创业计划	吴蔚然、张皓、李鑫仡、何毅、王争崎、明晓煜
北京经济管理职业学院	好帮手家政	创业计划	郑亚文、刘佳思
北京财贸职业学院	《五子连珠棋、星火棋》桌游设计	创意设计	秦瞳、樊峥、孙宇、陈萧宁、马忠庆
北京交通运输职业学院	公共自行车智能应用软件	创意设计	刘璐、孟璐、李佳星
北京青年政治学院	医疗系统书籍卡通标识设计	创意设计	陈鸿博
北京青年政治学院	“7care”包装设计	创意设计	吕东泽
北京经贸职业学院	编织之美“藤椅”家居纸椅设计	创意设计	陈艺卓、杨曹健
北京经贸职业学院	“心手合一”公共艺术创意设计	创意设计	陈依朦
北京电子科技职业学院	快速成型包装机械	创意设计	张玉麟、董旭、王鹏
北京农业职业学院	创新茶“茶品梅花雪”	创意设计	黄一格、李丽容、杨夕、王嘉慧

二等奖（中职组）

学校	成果名称	成果类别	作者姓名或团队名称
北京市电气工程学校	智能服务爱心车	技术技能创新	赵微、史可昕、周固
北京市电气工程学校	投石车	技术技能创新	王庆喜、翟文强

续表 4

学校	成果名称	成果类别	作者姓名或团队名称
北京市实美学校	智能寻迹小车	技术技能创新	胡胤博
北京市信息管理学校	“等号”APP创新设计	技术技能创新	季宇、徐天宇、叶韬
北京水利水电学校	单片机智能控制机械手	技术技能创新	李庆
北京信息职业技术学院	路边自动立体停车位	技术技能创新	贾建新
北京市实美学校	蓝牙音箱	技术技能创新	杨易、马晨阳、匡继鹏
北京市商业学校	金工硬剪纸——龙凤呈祥	技术技能创新	白昊丰、宋昆明
北京市盲人学校	太极球练习功法	技术技能创新	刘元鹏、毛冰
北京市丰台区职业教育中心学校	丰台区旅游文化系列纪念品	技术技能创新	李鑫、刘清伟、靳秋娜
北京市实验职业学校	绿之森幼儿园创业计划书	创业计划	崔文玉、孙雨洁、周子琨
北京商贸学校	“校园小额贷”项目商业计划书	创业计划	孙妍、霍玲栋、马凝辉、马雨欣、刘萱琪
北京商贸学校	辛得恒财务顾问有限公司企划书	创业计划	周芳、金慧、夏俊雅
北京市信息管理学校	“养肌场”线上健康规划私人管家服务	创业计划	柴妙玥、许洪铭、张家伟、李琪琪、居潇
北京市信息管理学校	“御点”方便快捷的就餐服务平台	创业计划	赵燊、赵云琦、李卉
北京市丰台区职业教育中心学校	“星座咖啡店”创业计划书	创业计划	陈梦蝶、李豆豆
北京市丰台区职业教育中心学校	“童话味蕾”甜品店创业计划书	创业计划	赵欢欢

续表 5

学校	成果名称	成果类别	作者姓名或团队名称
北京市求实职业学校	动漫之家创业计划书	创业计划	李爽、刘晨旭、王雨涵、韩广宇、徐亚亚
北京国际职业教育学校	我租——新能源汽车租赁创业项目计划书	创业计划	杨婧怡、陈雨萌、张诗晨、陈旭、吕雪
北京市商业学校	印记儿童手工乐园创业计划书	创业计划	王思思、郭可可、张紫薇、吴秀玲、董欣雨
北京市商业学校	LUCKY LUMI（幸运路迷）科技创业计划书	创业计划	陈鑫、赵旭冉、张海建、李志楠、沈丽芳
北京市昌平职业学校	《行走的咖啡馆》创业计划	创业计划	徐世琪、王晨艳、任磊
北京市大兴区第一职业学校	Take Me Away 甜点屋	创业计划	张保月
北京市外事学校	新型模块化手机	创意设计	宋文涵
北京市信息管理学校	中华传统美德扑克牌创意设计	创意设计	兰云峰、王帅、王云祥
北京市信息管理学校	手工焊接练习板	创意设计	王少凡、谢文启、范骁尧、房昊宸
北京市信息管理学校	平面设计纸上立体博物馆宣传册设计	创意设计	李梦
北京市丰台区职业教育中心学校	《田园小屋》教具	创意设计	王丹、杨文慧
北京市丰台区职业教育中心学校	滴滴跳舞（手机APP）	创意设计	刘天赐、程智尧、魏松轩、史海强
北京市求实职业学校	“孩子的渴望”创意设计	创意设计	邵文
北京市求实职业学校	“全国幼儿基本体操表演标志”创意设计	创意设计	黄森

续表 6

学校	成果名称	成果类别	作者姓名或团队名称
北京市求实职业学校	“关爱老人”创意设计	创意设计	熊利成
北京市商业学校	DecompressionAPP	创意设计	马雪鹏、史邵涛、李鑫睿、汤凯新、刘朔
北京市大兴区第一职业学校	星辰姬	创意设计	李佳帅

三等奖（高职组）

学校	成果名称	成果类别	作者姓名或团队名称
北京电子科技职业学院	直流电机测速调速装置设计与制作	技术技能创新	陈恒举、王健平
北京电子科技职业学院	超声波测距倒车雷达报警器	技术技能创新	康祥、付宇
北京交通职业技术学院	沈阳万达广场 B1 栋基于 BIM 技术的三维建模与应用	技术技能创新	郑威、靳睿涵、蒲赛男、王雨琪
北京交通运输职业学院	弘扬红色主旋律激发青春正能量——创新理论社团为学生思想政治教育服务新模式	技术技能创新	温美丽、罗建勋、徐艳、贾子姗、屈路华
北京经济管理职业学院	灵活方便的多功能计时器	技术技能创新	李帅、高乐、池明川、李卢谊
北京汇佳职业学院	《京调毛猴》（二维动画短片）	技术技能创新	邸晶、孙宇婷、王婷萱
北京农业职业学院	温室环境无线网络控制系统设计与应用	技术技能创新	邢阳、王安然、刘霁萱
北京农业职业学院	阳台水培设备设计制作	技术技能创新	邢阳、房子玉、梁宇、张萌、冯祖壮
北京青年政治学院	电子书《文艺复兴艺术之旅》	技术技能创新	卢姿君、吴扬、杜雨晴、岑丽丽

续表 7

学校	成果名称	成果类别	作者姓名或团队名称
北京财贸职业学院	蒲公英儿童启蒙教育	创业计划	王博、甘一鸣、杨佳丽、葛新泽、李梓昂
北京财贸职业学院	玩儿家旅游公司创业计划书	创业计划	王梓桢、潘聪
北京财贸职业学院	欧之炫校园 DIY 工作室	创业计划	宋奎东、周博、马忠庆、何黎明
北京财贸职业学院	大学生校园助理 APP	创业计划	覃擎天、毛梓嵛、
北京信息职业技术学院	达瓦学院虚拟现实教育	创业计划	朱子威
北京经济管理职业学院	创客空间——北京经济管理职业学院学生开放中心	创业计划	仝晶磊
北京经济管理职业学院	校园电子商务平台——“小集市公司”	创业计划	杨永康、徐苏清、吴越楠、林晓冬、华朋辉
北京经济管理职业学院	“布衣样”创业计划书	创业计划	钟丹丹、卫肖琪、雷晓慧、谢凯文
北京青年政治学院	丰裕杂粮网	创业计划	梁亚婷、吕冰冰、刘英萍、翟倩倩
北京汇佳职业学院	《树屋部落》（创业计划书）	创业计划	陈安娜、侯杰、尤佳欣、潘灿妮
北京农业职业学院	鲜活芦荟凝胶面膜的制备及销售	创业计划	李腾、李庞博、贾明学、张进
北京电子科技职业学院	“1390”舟山海洋文创产品设计	创意设计	郑荀泽、董薇
北京电子科技职业学院	文创产品设计——趣味“京片子”系列	创意设计	陈瑾辉

续表 8

学校	成果名称	成果类别	作者姓名或团队名称
北京财贸职业学院	海绵宝理财 APP 设计与实现方案	创意设计	胡雅兰、魏梦婷
北京交通运输职业学院	新能源汽车无线充电	创意设计	李子豪、潘启衡、王轩
北京经济管理职业学院	凯圣吉品牌策划方案	创意设计	郑亚文、刘佳思、李文福、王东、李硕
北京青年政治学院	跨境旅游签证指南掌中宝	创意设计	巩雅丽、宋雨含、彭佳雯、王晓敏、赵祎桐
北京青年政治学院	幼儿园教玩具制作——“老北京四合院”	创意设计	郭志平、戴金畔、胡雨凝、张苗、常力芳
北京经贸职业学院	扎染艺术品	创意设计	陈艺卓
北京汇佳职业学院	广告设计方案（1～3）	创意设计	孙慧青、万晓娜、胡佳敏
北京汇佳职业学院	《梦幻城堡》（纸浆画）	创意设计	潘凌波、王琦、郝牧瑶、王新苑、李威娜、齐冉
北京汇佳职业学院	《树屋》（超级黏土造型）	创意设计	朱玉婷
北京农业职业学院	猫用洗澡防水保定架	创意设计	陈可欣、王梦轩

三等奖（中职组）

学校	成果名称	成果类别	作者姓名或团队名称
北京市实验职业学校	书画装裱——镜片装	技术技能创新	高海富、马琳
北京市外事学校	玫瑰绿茶的沏泡	技术技能创新	施苏楠
北京市外事学校	香篆表演	技术技能创新	沈莹
北京市外事学校	血海	技术技能创新	曹徐梓

续表 9

学校	成果名称	成果类别	作者姓名或团队名称
北京市外事学校	祁门红茶的沏泡与表演	技术技能创新	李梦然
北京市外事学校	花瓣巧克力	技术技能创新	柴蕊
北京市供销学校	手工作品——蕙质兰心清如许	技术技能创新	李海华
北京市信息管理学校	聪颖学生创新技法师生彰显工匠精神	技术技能创新	葛雪莹、张倩茹、安秋玥、郭晨晨、龚怡
北京市实美学校	数字台式日历	技术技能创新	胡胤博
北京国际职业教育学校	抻龙须面	技术技能创新	刘海天
北京国际职业教育学校	珊瑚	技术技能创新	曹欣
北京国际职业教育学校	环保主题花艺制作	技术技能创新	汤搏艾
北京市商业学校	金工硬剪纸——大鱼海棠	技术技能创新	白昊丰
北京市实美学校	神奇的蘑菇保子印画	技术技能创新	宋雨萌、许彤、陈婧、陈欣悦
北京水利水电学校	节能路灯自动控制系统	技术技能创新	王钊
北京市盲人学校	踩跷保健按摩	技术技能创新	李安琪
北京市盲人学校	健脾养血美容药茶	技术技能创新	王泉
北京市盲人学校	运动后手法按摩操作	技术技能创新	刘可多
北京市实美学校	非物质文化遗产醴陵陶瓷彩绘	技术技能创新	刘俣奇、李兆悦、张朕瑞、呼嘉琪、董意萌
北京市昌平职业学校	昌职文化尺	技术技能创新	王路军、李晶晶、潘文辉

续表 10

学校	成果名称	成果类别	作者姓名或团队名称
北京金隅科技学校	镂空件的工装夹具设计	技术技能创新	张兴旺、沈士杰
北京市经济管理学校	知识书架	技术技能创新	田泽寰、邵丽丽、许莹瑄
北京市实验职业学校	让梦想照亮未来	创业计划	姚珺、贾明月
北京市实验职业学校	以梦为马，不负韶华	创业计划	孙荞、杨嘉祺
北京市实验职业学校	圆梦从这里开始	创业计划	石诗
北京市实验职业学校	“曦缘隆药店”创业计划	创业计划	刘晓玥
北京商贸学校	校园环保神器“可食用餐具”创业计划	创业计划	邢雪、肖迪、郭鹏远、黄晓晨、徐晶晶
北京商贸学校	微微校商城	创业计划	张峻、王东东、冀震阳、赵思涵、张迪
北京市供销学校	电子商务创业计划书	创业计划	刘笛
北京市信息管理学校	“专家直聘”平台创业计划	创业计划	王姣姣、武宇天、张梦珂
北京市丰台区职业教育中心学校	“狗狗俱乐部宠物店”创业计划书	创业计划	向楠、虞慧丽
北京市丰台区职业教育中心学校	“墨韵”茶社创业计划书	创业计划	李欣
北京市丰台区职业教育中心学校	“浅笑安然”书店创业计划书	创业计划	孙妍
北京市实美学校	思雨母婴爱之家会所	创业计划	王思雨
北京市财会学校	个性发饰创意工作室	创业计划	吴梦琦

续表 11

学校	成果名称	成果类别	作者姓名或团队名称
北京市财会学校	巧思留住美好——胶与章工作室	创业计划	陈立飞
北京市平谷区职业学校	“天山农家院”创业方案	创业计划	张健庭
北京市商业学校	居家养老服务中心创业计划书	创业计划	苏晓凤、石先梅、孙盈、马欣琪、姜欣悦
北京市商业学校	《宝贝约车》创业计划	创业计划	代浩京、姜曦阳、王虹斌、潘嘉琪、桂波
北京市商业学校	Matchless（服装搭配软件）	创业计划	肖璟怡、王晨、晏海珠、沈晶晶、耿欣迪
北京市商业学校	班友 service 服务公司	创业计划	高科然、王跃、陈雪、高盼盼、郭璐
北京市商业学校	绳结编织创意计划书	创业计划	张欢、王瑞轩、裴雪庭、徐文文、陈佳琪
北京商贸学校	铁路车站候车室便携式垃圾桶的创意设计	创意设计	毛炳哲、慕歆玥
北京商贸学校	“工作日满分午餐”创意方案	创意设计	关钧泽、杨楚瑜、刘岩
北京商贸学校	电子商务网店搭建	创意设计	李梓钰、姜焕雯、张海烽、张紫薇、刘鹏
北京市信息管理学校	礼韵校园礼仪操	创意设计	白悦彤、史浩天、王安轩、杨意、瞿瑾
北京市丰台区职业教育中心学校	微电影《午餐奇遇》	创意设计	侯建军、曹秀清、隋冉、刘广源、张李杰
北京市求实职业学校	“星巴克咖啡包装”创意设计	创意设计	邹雨浓

续表 12

学校	成果名称	成果类别	作者姓名或团队名称
北京市求实职业学校	“文化衫”创意设计	创意设计	黄淼
北京市平谷区职业学校	国际象棋的制作	创意设计	金正、隋喜旺、李伟、李云飞
北京市商业学校	《艺术幻想》系列手机壳设计	创意设计	段岳君、魏茜茜、李岩、吴满新、郭一豪
北京市昌平职业学校	24种积极心理品质之系列微电影《感恩》	创意设计	尚飞、郭依峰、朱燕明、张雪莹、古博文
北京市昌平职业学校	创意扎染	创意设计	高华伟、杜小林、付立军
北京市房山区房山职业学校	《背影》	创意设计	刘煜
北京市房山区房山职业学校	《蜕变》	创意设计	高彤
北京市房山区房山职业学校	《蜜语巢》	创意设计	李静
北京市房山区房山职业学校	《希望之帆》	创意设计	宋雪彤
北京市房山区房山职业学校	《电动小车》	创意设计	刘佳奇、刘佳欢
北京金隅科技学校	三维造型社团作品集	创意设计	祝寅凯、马玉晨、易首都、金伟业、左鑫浩

附件 2

2016 年北京市职业院校技术技能创新创业成果遴选优秀指导教师奖名单

序号	学校	优秀指导教师
1	北京电子科技职业学院	李书田

续表

序号	学校	优秀指导教师
2	北京电子科技职业学院	甄雪松
3	北京财贸职业学院	于继超
4	北京农业职业学院	郭辉
5	北京农业职业学院	赵钢
6	北京财贸职业学院	赵凯
7	北京财贸职业学院	商和功
8	北京汇佳职业学院	王静
9	北京交通运输职业学院	刘京俐
10	北京经济管理职业学院	贾桂玲
11	北京青年政治学院	林巧琴
12	北京经贸职业学院	王建
13	北京信息职业技术学院	褚国京
14	北京市园林学校	包永霞
15	北京市信息管理学校	胡志齐
16	北京市信息管理学校	徐洪亮
17	北京市信息管理学校	姜玉声
18	北京市外事学校	刘静
19	北京市求实职业学校	习宁
20	北京市求实职业学校	杨蕊
21	北京市经济管理学校	龙九清
22	北京市丰台区职业教育中心学校	刘永红
23	北京市电气工程学校	吉恒
24	北京市昌平职业学校	胡畔
25	北京市昌平职业学校	纪晓远
26	北京国际职业教育学校	李丹
27	北京国际职业教育学校	田洪平
28	北京国际职业教育学校	陈洪岩
29	北京国际职业教育学校	龙晓雨

附件 3

2016 年北京市职业院校技术技能创新创业成果遴选优秀组织奖名单

北京电子科技职业学院
北京农业职业学院
北京市信息管理学校
北京国际职业教育学校
北京市求实职业学校
北京市丰台区职业教育中心学校
北京市昌平职业学校
北京市商业学校

北京市教育委员会

关于公布 2016 年北京市职业院校技术技能比赛获奖人员和单位的通知

京教函〔2016〕614 号

各区教委，各职业院校：

2016 年北京市职业院校技术技能比赛由市教委、市教科院、市职教学会联合举办，其中高职组设 13 个专业大类、35 个学生赛项，中职组设 12 个专业大类、75 个学生赛项和 1 个教师赛项，共有 70 余所职业院校 2 万余名学生参加校级比赛，2729 名学生参加市级比赛。经组委会审定，现将市级比赛获奖人员和单位名单予以公布。

各区教委、各职业院校要高度重视技能比赛工作，积极开展校内比赛，扩大比赛受益面，把技能比赛作为推动相关专业教育教学改革、加强技术技能人才培养的重要平台，进一步总结经验，加强宣传，扩大交流，制定相关鼓励措施，引导教师和学生积极参与相关赛事活动，营造“人人皆可成才，人人尽展其才”的良好社会氛围。

附件：1. 2016年北京市职业院校技术技能比赛获奖名单（高职组，略）

2. 2016年北京市职业院校技术技能比赛获奖名单（中职组，略）

2016年12月22日

北京市教育委员会

关于调整在职业高中开展综合高中班试点工作的通知

京教职成〔2016〕16号

各区教委：

根据《北京市教育委员会关于印发北京市〈深化考试招生制度改革实施方案〉的通知》（京教计〔2016〕15号）的要求，自2017年秋季起，从普通高中起始年级开始实施高中学业水平考试。为保证我市职业高中开展综合高中班试点工作顺利过渡，现将有关调整事项通知如下：

一、调整《北京市教育委员会关于在职业高中开展综合高中班试点的通知》（京教职成〔2014〕1号）中有关课程设置的相关规定。按照京教计〔2016〕15号文件要求，自2017年秋季起，职业高中的综合高中班从起始年级开始实施高中学业水平考试。语文、数学、外语、思想政治、历史、地理、物理、化学、生物、体育与健康、艺术、信息技术、通用技术等13门考试科目课程与普通高中同步设置，同步安排教学计划。综合高中的专业课程安排不再做统一要求，各有关学校可以按照选修课程进行设置或者不再设置。

涉及综合高中班收费等其他事项，仍按照《北京市教委关于在职业高中开展综合高中班试点的通知》（京教职成〔2014〕1号）文件有关规定执行。

二、各区教委要加强对职业高中开展综合高中班试点工作的领导和教学业务指导，要将综合高中班的教育教学工作纳入区教委普通高中教育教学管理体系，与普通高中统一标准，统一要求，同步管理，同步指导，确保教育教学质量。

三、各区教委在编制2017年高级中等学校招生计划之前，要对开展综合高中班试点的学校进行一次质量检查，对近期无法达标的学校，2017年暂停综合高中班新生招生。各区原则上不再扩大试点综合高中招生的学校范围。

四、鉴于综合高中试点工作的调整因素，综合高中试点班学生通过转学方式转为职业高中学生，须在高二第一学期开学之前转学，并完成学籍异动变更手续，确保从综合高中试点班转出的学生能够接受完整的专业教育。

请各区教委于2017年1月10日前将所属职业高中校是否继续举办综合高中试点以及相关调整情况以区教委正式函件形式报市教委备案。

2016年12月28日

学习型城市建设

北京市教育委员会文件选编

（2016）

中共北京市委教育工作委员会
北京市教育委员会
中共北京市委社会工作委员会
北京市社会建设工作办公室
首都精神文明建设委员会办公室
北京市发展和改革委员会
北京市民政局
北京市财政局
北京市人力资源和社会保障局
北京市农村工作委员会
北京市文化局
北京市人民政府国有资产监督管理委员会
北京市总工会
北京市妇女联合会

关于印发《北京市学习型城市建设行动计划（2016—2020年）》的通知

京教职成〔2016〕8号

各区教工委、教委，社工委、社会办，文明办，发展改革委，民政局，财政局，人力社保局，农委，文化局，国资委，总工会，妇联：

现将《北京市学习型城市建设行动计划（2016—2020年）》印发给你们，请认真贯彻执行。

2016年6月24日

北京市学习型城市建设行动计划（2016—2020年）

为落实习近平总书记“中国要永远做一个学习大国”的讲话精神，践行国际学习型城市大会与会城市共同签署的《建设学习型城市：北京宣言》《墨西哥城声明》，依据《教育部等七部门关于推进学习型城市建设的意见》及《北京市中长期教育改革和发展规划纲要（2010—2020年）》要求，结合北京实际，特制定本行动计划。

一、指导思想

深入贯彻落实党的十八大和十八届三中、四中、五中全会精神，深入学习贯彻习近平总书记系列重要讲话精神，坚持“四个全面”战略布局，牢固树立创新、协调、绿色、开放、共享的发展理念，牢牢把握首都城市战略定位，以人的全面发展为核心，汇聚资源、创新方式、服务发展，深入推进学习型城市建设，促进首都包容、繁荣与可持续发展。

二、建设目标

建设学习型城市行动计划的目标是：到2020年建成以完善的终身教育体系和学习型组织为基础，以广大市民的良好素质为支撑，学习资源丰厚、学习氛围浓厚、创新活力涌现的学习型城市，为实现首都教育现代化、建设国际一流和谐宜居之都夯实基础，为率先全面建成小康社会贡献力量。

到2020年，建成至少12个学习型示范区；建成100个市级

“市民终身学习示范基地”；将“京学网”打造成资源丰富的网络化、数字化、个性化、终身化的学习公共服务平台；初步建成终身学习学分银行，为500万以上市民建立学习档案，提供学习成果积累与转换服务；建成100个示范性学习型组织，带动各级各类组织创新发展；建设50个职工继续教育基地，每年承担职工继续教育规模不低于100万人次；建成100所示范性成人学校，重点支持50个新型职业农民培训基地建设，提高新型职业农民的学历层次和职业技能；支持现有培训学校加大涉老养老服务人才培训力度；开发建设家庭教育和家风建设的资源库和宣传平台，弘扬传播中华民族传统的家庭美德。搭建社区教育分级指导服务系统，分阶段培养100名市级学习指导师，为各类社区学习活动提供专业支持；形成“互联网＋社会教育＋社会工作人才培养”培训体系，为首都社会服务与管理提供智力支持。

三、重点工程

（一）学习型示范城区建设推进工程

1. 目标与任务

学习型城区建设是深化建设学习型城市的重要载体。要将学习型城区建设与推进区域治理特别是社会治理体系和治理能力现代化相结合，促进区域教育功能全面发挥和特色发展。在已有4个示范区的基础上，分阶段培育建成一批学习型示范城区，使得示范区比例达到70％以上。

2. 功能与作用

学习型示范区建设的持续推进有助于健全区域终身教育体系和终身学习服务体系，有利于区域内教育综合改革和资源共享，有利于提高城乡居民综合素质、落实区域功能定位和可持续发展，有利于提高区域社会治理水平和多元主体的治理能力，进而为建设国际一流和谐宜居之都打下扎实基础。通过示范区创建，大力推进学习型街道、乡镇、社区和学习型家庭等持续建设，充分发挥教育服务区域发展，服务社会治理的功能，促进教育更加开放。示范区认定后，在深化学习型城区建设过程中，面向全市、京津冀乃至全国发挥示范引领和辐射带动作用。

3. 运行与管理

以评促建，保证学习型示范区创建过程扎实、创建质量过硬、创建成果显著。北京市建设学习型城市工作领导小组办公室组织专家，对示范区建设过程加强指导，加强对其在区域终身教育发展、学习型组织创建、教育资源开放共享、职成教育一体化发展及紧密服务区域经济和社会建设等方面的跟踪指导。示范区建设过程中应着力培育 3 个以上体现终身教育发展和学习型社会建设的示范项目，积极推动教育、文化、社会、民政、科技、宣传、组织、人力社保、总工会、妇联等不同部门协同创新，区政府在加强对相关部门统筹协调的同时，需特别发挥教育的社会功能，将学习型城区创建作为社会治理创新的重要手段。对照示范区评估指标，区域性及单位性学习型组织创建比例在 70%以上，示范比例在 20%以上。

（责任单位：市委教育工委、市教委。协办单位：市委社会工委、市社会办，市国资委，市发展改革委，市农委，市总工会，市民政局，市人力社保局，市文化局，市财政局，首都文明办，市妇联；北京教科院；各区有关委办局。）

（二）市民终身学习示范基地建设工程

1. 目标与任务

发挥政府主导、社会参与的作用，创新终身学习服务机制，加强市民终身学习基地建设，分阶段建成 100 个市级及一大批区级“市民终身学习示范基地”，并给予每个基地一定的专项经费支持。

2. 功能与作用

“市民终身学习示范基地”将在教育、文化、科技、体育等现有资源基础上，建成终身学习重要载体和场所，为市民提供学习、体验、创新、交流的平台，注重为老年群体、残疾人员及就业困难人员等特殊群体提供学习服务。发挥“市民终身学习示范基地”的核心辐射作用，带动周边学习型社区和学习型单位的建设，构建

“市民终身学习圈”。

3. 运行与管理

合理规划区域内学习资源，创新学习服务供给机制，通过购买服务等方式调动社会组织参与社区教育服务，促进示范基地与学习型社区、学习型单位资源共享，提高示范基地的信息化、服务化、融合化、国际化水平。

（责任单位：市委教育工委、市教委。协办单位：市委社会工委、市社会办，市发展改革委，市民政局，市农委，市文化局，市财政局；北京教科院；各区有关委办局。）

（三）终身学习数字化网络平台建设工程

1. 目标与任务

适应“互联网+”发展趋势，依托北京开放大学建设开放、共享的终身学习数字化网络平台——“京学网”，为市民提供公益性的开放学习服务。推动各区数字化网络学习平台的建设，完善市级平台与各区学习平台的数据连通，实现市区两级用户统一、资源共享、数据互通、联动运行，打造全市互联的智能化终身学习公共服务平台，支撑500万级用户服务，提供大规模、个性化定制学习服务。

2. 功能与作用

通过“京学网”向市民提供更加便捷和内容丰富的开放式在线学习服务，汇聚高等学校、职业院校、数字学校的精品课程，以及社区教育、农村远程教育等优质教育资源，开发特色微课程，建设终身学习课程超市；通过移动终端提供智能化、基于位置的学习服务，形成具备信息检索、资源推荐、查询、评价等功能的学习信息综合服务地图。

3. 运行与管理

探索新型终身学习服务供给方式，采取公共服务与市场运营相结合的模式，推动和扩大社会合作，鼓励和吸引行业企业和社会力量参与终身学习服务，形成可持续发展机制。制定课程超市和学习地图的准入标准，鼓励各类院校、教育机构和公共文化机构在“京学网”开设在线课程，鼓励互联网企业与社会教育机构根据社会需求开发数字教育资源，提供网络化教育服务。

（责任单位：市委教育工委、市教委。协办单位：市委社会工委、市社会办，市农委，市国资委，市文化局，市财政局，市民政局；北京开放大学；各区有关委办局。）

（四）学分银行建设工程

1. 目标与任务

建立个人学习账号和学分累计制度，畅通继续教育与终身学习的通道。实现个人学习信息存储、学习成果认证、学分积累与转换，激励市民终身学习，建立市民终身学习账户和管理系统。分阶段为500万市民建立终身学习账户，发放“京学卡”。

2. 功能与作用

拓宽终身学习通道，开展终身学习成果积累与转换工作。建立市民终身学习档案，为普通高校、职业院校、成人高校之间学分积累与转换提供平台；与行业企业合作，共同开发行业领域的能力标准，作为课程标准和学习成果认证的基础，推动办学主体之间学习成果的合理互认和相互衔接。

3. 运行与管理

依托北京开放大学，组建市级学分银行管理中心、学分银行网上服务中心。依托开放大学体系和其他教育机构或有影响力的大型企业培训中心，设立学分银行分中心，合理规划、部署学分银行服务网点。积极探索各类学习学分认定与学分转换等制度。

（责任单位：市委教育工委、市教委。协办单位：市财政局；北京开放大学，北京教育考试院；各区有关委办局。）

（五）学习型组织培育工程

1. 目标与任务

推动机关、事业单位、企业、社团等各类组织提高管理效能和创新活力，通过完善管理、培训指导、能力建设、行动促进等方式，分阶段培育和认定100个示范性学习型组织，进一步完善各类学习型组织评价指标体系。

2. 功能与作用

在原有各类学习型组织创建的基础上，培育示范性学习型组织并推广经验，推动各类组织转变思维方式、改进学习模式、塑造组织文化、实现管理变革，社会治理创新发展。

3. 运行与管理

建立以区域、行业与系统齐抓共管、协同共促的学习型组织创建机制，形成调研、视导、培育、评估、激励、交流、回访制度。建设北京学习型组织案例库，举办学习型组织论坛，开展国内外宣传和推广。

学习型企业建设（责任单位：市国资委。协办单位：市委教育工委、市教委，市人力社保局，市财政局；清华大学；各区有关委办局。）

学习型学校建设（责任单位：市委教育工委、市教委；协办单位：市财政局；首都师范大学；各区有关委办局。）

学习型社团建设（责任单位：市民政局。协办单位：市委社会工委、市社会办，市财政局；各区有关委办局。）

（六）创新职工素质提升工程

1. 目标与任务

依托行业企业、职业院校和培训机构，深入推进职工素质提升工程。完善一批首席技师工作室和职工创新工作室；加强校企结合，促进跨行业、专业化、社会化示范性的公共实训基地建设；建设 50 个职工继续教育基地，每年参与素质工程的职工达到 100 万人次。

2. 功能与作用

逐步建立和完善政府主导、面向就业市场、依托企业、社会化、多层次的职工教育体系。大力支持行业企业发展特色培训，加快发展符合产业发展要求的培训项目，完善职工终身学习制度，探索建立企业大学或虚拟学习社区，推动我市技术技能人才队伍建设。推进职业院校、成人教育机构面向行业企业开展多种类型的职工继续教育，开展面向前沿的高端研修培训，参与学习型企业建设，促进大众创业、万众创新，服务京津冀协同发展和产业结构转型升级。

3. 运行与管理

加强对职工素质提升工作的领导，建立健全由主要领导负责的目标责任制；建立健全技术技能人才培养的运行机制。坚持市场性与公益性相结合，鼓励各种社会力量开展各类职业培训，支持工会、共青团、妇联、科协等群众团体以及各类社会组织参与职工素质工程，促进社会化职业培训发展。借鉴国内外知名企业和教育培训机构运行模式，提高职工继续教育质量。

（责任单位：市总工会。协办单位：市委教育工委、市教委，市人力社保局，市国资委，市财政局，首都文明办，市妇联；北京开放大学；各区有关委办局。）

（七）新型职业农民培训工程

1. 目标与任务

提高新型职业农民的学历层次和技术技能，进一步落实“科教兴农、人才强农、新型职业农民固农”的战略，依托现有大中型企业、职业院校、成人教育中心及各类培训机构，分阶段建设100所示范性成人学校，重点支持50个新型职业农民培训基地建设，推动京津冀新型职业农民培训。

2. 功能和作用

逐年提高新型职业农民的受教育年限和学历层次，加强现代农业技术技能培训，增强新型职业农民增收致富的能力及自主创新能力，为都市型现代农业持续健康发展提供坚实的人力资源和保障。

3. 运行与管理

积极探索新型职业农民培育课程改革，加强新型职业农民培育的教材建设与课件开发。依托北京市农业广播电视学校，积极筹建新型职业农民终身学习“讲师团”，具体指导新型职业农民开展学习与培训。制定新型职业农民学历教育和技术技能培训补贴政策，提高新型职业农民培训参与率和绩效。

（责任单位：市农委。协办单位：市委教育工委、市教委，市人力社保局，市财政局；10个远郊区有关委办局。）

（八）老年教育“夕阳圆梦”工程

1. 目标与任务

以推动老年教育事业发展和培养涉老养老服务业人才为目标，坚持学历教育及文化生活培训并举、线上与线下教育学习并重，整合社会教育培训资源，逐步形成满足老年人对文化生活和社会对涉老养老服务业人才培养的需求。不断深化老年教育和涉老养老服务业人才培训的教学改革，研究课程方案，开发教学软件，制作教学视频、编制老年教材等。积极开展老年学历教育，实施“夕阳圆梦”工程。到2020年支持现有培训学校加大涉老养老服务人才培训力度，加大北京劳动保障职业学院等职业院校养老服务专业建设和招生工作。

2. 功能与作用

以教育学习活动为载体，把老年人组织起来、学习起来、活动起来、快乐起来、健康起来。最终实现老有所学、老有所教、老有所为，惠及到每个老年人的普惠性老年教育。培养一批专业化涉老养老服务人才，为老龄社会提供人才保障。

3. 运行与管理

形成教委统筹，民政、人力社保、财政等相关部门密切配合、明确职责、齐抓共管、共同推进老年教育事业和涉老养老服务人才培养的管理、运行、监督、投入等工作机制。

（责任单位：市委教育工委、市教委。协办单位：市民政局，市人力社保局，市财政局，市总工会；各区有关委办局。）

（九）家庭教育和家风建设工程

1. 目标与任务

弘扬传播中华民族传统家庭美德，促进家庭和睦和社会和谐。

立足丰富的教育和传统文化资源，组建专家和志愿者团队，研究发掘古今优秀的家庭教育和家风建设案例，开发建设家庭教育和家风建设的资源库；充分利用网络平台和新媒体手段，面向社区、学校、企事业单位宣传报道优秀家教家风案例。

2. 功能与作用

良好家教是青少年成长的保障，淳厚的家风是社会文明长治久安的根基。家庭教育和家风建设工程传播弘扬传统孝道观念，倡导家风正、民风纯、政风清的社会风气，对当代中国社会有效治理和可持续发展具有积极作用。

3. 运行与管理

依托首都丰富的专家资源，建立“家庭教育与家风建设推广中心”，借鉴“伴随成长公益项目”的模式和经验，开发家庭教育和家风建设服务网上平台和移动终端平台，面向学校、社区拓展平台信息服务的覆盖面，并通过开放性的架构，吸收各类优质的家庭教育和家风建设公益组织的资源，探索政府引导，社会组织多元参与组织运作的模式。

（责任单位：市妇联，市委教育工委、市教委。协办单位：市委社会工委、市社会办，市财政局，首都文明办；各区有关委办局。）

（十）社区教育指导服务系统建设工程

1. 目标与任务

建设社区教育分级指导服务系统。依托北京开放大学，成立北京市社区教育指导中心；各区成立社区教育指导分中心，在街道设立专职社区教育指导工作岗位，形成市、区、街、社区四级社区教育组织网络。加强社区教育工作者和学习指导师队伍建设，提升业务能力，完善培训体系，分阶段选拔和培训 100 名市级高水平、专业化学习指导师；各区培养一大批专兼职结合的社区学习指导师和志愿者队伍。打造一支业务精通、经验丰富、善于创新的专业化队伍。实施“互联网＋社会教育＋社工培养”系统工程，由北京开放大学与市委社会工委、市社会办共同建立北京开放大学社会学院。

2. 功能与作用

充分发挥市区两级社区教育指导中心的作用，为各级社区学习活动的开展提供业务指导和专业服务。充分发挥学习指导师的理论指导、经验传播、实践参与、方案策划、项目研发等作用，提供学习活动策划、社区课程研发、个性化学习指导、学习咨询、学习资源获取等指导服务，促进社区教育的有效开展。充分发挥开放大学线上教育资源，为社区专职工作者提供处处可学、时时能学的职业资格及继续教育平台，系统化、可持续地提高社区工作者业务能力，夯实社会治理基础。

3. 运行与管理

市级指导中心负责全市社区教育的业务指导、资源整合和统筹协调工作。各区社区教育指导分中心负责各区社区学校、社区学习中心的学习教育活动的指导工作。研制社区教育课程标准、学习活动标准、社区教育工作者和学习指导师能力素质标准，组织开展培训。依托北京开放大学社会学院，面向社区专职工作者开展职业水平证书和社会工作本（专）科证书教育双证融通教学。组织开展社区教育活动成效评估和满意度调查，建立社区教育年报制度。采取项目引领、跨界培训、实践学习、陪伴成长等方式，培育学习型城市建设的骨干团队，建立学习指导师人才库。

（责任单位：市委教育工委、市教委，市委社会工委、市社会办。协办单位：市财政局；北京开放大学；各区有关委办局。）

四、保障机制

（一）加强组织领导

充分发挥北京市建设学习型城市工作领导小组的作用，充分发挥其宏观规划和综合协调职能，进一步加强市区各部门统筹协调和资源整合力度。

市学习办积极加强《行动计划》的过程管理、分类指导、工作研讨和经验交流等工作，建立健全目标管理、效绩考评制度，并明确《行动计划》具体分工。

（二）完善法规政策

推进法制建设，加快制定《北京市终身学习促进条例》，明确界定在推进终身教育过程中党政机关、企事业单位、社会组织、教育机构与学习者的责任、权利与义务，将学习型城市建设纳入法制轨道。重点加强领导体制、决策机制、协调与激励制度建设等顶层设计。建立健全与就业准入、工作考核、岗位聘用、职业注册等制度相衔接的终身学习、继续教育激励机制。建立北京市民终身学习统计制度，完善终身学习的统计信息体系；研制北京学习型城市建设监测评估指标体系，开发学习型城市监测评估工具，构建监测评估制度体系。

（三）加大经费投入

加大学习型城市建设经费的投入，拓宽社会资金投入渠道。市财政每年投入建设学习型城市工作相应经费，各区财政每年配套投入相应建设学习型城区工作经费，支持本区建设学习型城市工作可持续发展。鼓励企业和其他社会组织积极参与建设学习型城市工作，并给予相关的优惠政策。

（四）强化舆论宣传

教育部门发挥引领和协调作用，通过召开研讨会、报告会、经验交流会、表彰会等形式，充分发挥现代媒体的作用，利用网络、广播、电视、微信、微博和报刊杂志等渠道，普及传播终身学习理念，广泛宣传终身学习理念和学习型城市建设的重要意义。各宣传部门和新闻媒体，要加大对学习型城市建设工作的宣传力度，开辟专栏，制作专题节目，大力宣传在创建活动中涌现的先进典型，传递正能量。

积极培育终身学习文化，营造全社会关心、支持、参与学习型城市建设的浓郁氛围，使学习风尚融入城市文化，提升首都城市核心竞争力，以及文化特色和城市品位。积极举办“全民终身学习活动周”“市民大讲堂”等群众喜闻乐见的学习活动，倡导和支持全民阅读。

（五）加强理论研究

充分发挥理论研究的先导作用，发挥高等院校、社会科研机构的智库作用，大力开展学习型城市建设理论研究和政策研究，为首都学习型城市建设和各类学习型组织建设提供战略咨询、科研指导和支撑服务。进一步加强北京市学习型城市研究中心、北京师范大学首都学习型社会研究院、清华大学北京组织学习与城市治理创新研究中心及首都师范大学学习型学校建设促进中心的建设；加强市区两级学习型城市工作骨干队伍建设。加强京津冀学习型城市建设的合作与交流。在总结建设学习型城市和学习型组织实践经验的基础上，积极深化理论研究、制度研究和战略研究，推出系列具有指导实践的研究成果，提升北京学习型城市建设与研究的国际影响力。

北京市建设学习型城市工作领导小组办公室

关于举办北京市第十二届全民终身学习活动周的通知

京学习办〔2016〕3号

各区委、区人民政府，北京市建设学习型城市工作领导小组各成员单位，在京各高等院校、各职业院校：

为进一步落实北京市教育委员会等十四部门印发《关于学习型城市建设行动计划（2016—2020年）》精神，加快推进学习型城市建设，构建惠及全民的终身教育体系，根据《教育部办公厅关于举办2016年全民终身学习活动周的通知》（教职成厅函〔2016〕33号）要求，今年10月将举办“北京市第十二届全民终身学习活动周”。

本届活动周以党的十八大和十八届三中、四中、五中全会精神为指导，深入学习贯彻习近平总书记有关重要讲话精神，深入贯彻落实“四个全面”战略布局，紧密结合北京四个中心建设，推动京津冀协同发展，弘扬大众创业、万众创新的浓厚氛围，充分展示市民学习成果，宣传职业教育、成人教育、社区教育服务首都经济社会发展、服务法治社会建设，通过在全市范围内开展全民学习活动周，促进终身教育在首都经济社会发展、产业转型升级、京津冀协同发展和人力资源素质提升中的重要作用。现就有关事宜通知如下。

一、时间及主题

时间：北京市第十二届全民终身学习活动周开幕式于10月27日在清华大学举行。各区、各单位、各学校的活动可在10月开幕式前后一个月内进行。

主题：育精益求精工匠，圆创新创业梦想。

二、组织及安排

今年全民终身学习活动周要进一步扩大活动的覆盖面，提高群众参与率。各地要加强对活动周工作的组织和指导，根据学习活动周的主题，结合本地实际，精心制订活动计划及实施方案，创新活动设计，突出活动重点，办出活动特色。要动员更多的部门、更多的职工、市民、群众参加各类教育培训、终身学习和读书等系列活动，让参与者学到新知识、新技能，用工匠精神进一步带动学习和工作。要做好舆论宣传工作，营造良好的舆论氛围，努力促进全市终身教育和全民终身学习进入新阶段。

（一）开放校园。各级各类学校面向学生、面向社区，开展具有本校特点和特色的学习、讲座、参观等活动。职业院（学）校要突出职业特点，开展体验观摩活动、展示职业继续教育成果、邀请劳模、大师、技术能手开展互动活动，激发人们的创造热情，感受现代职业教育的特色与魅力。

（二）开放企业。有条件的行业、企业、公司面向职工和社会群众，开辟通道或展区，开展工作现场体验观摩活动，介绍产业发展前景和工作流程，展示工匠（大师）技艺绝活等，激发全社会尊重劳动、崇尚技术技能，弘扬工匠精神，增强群众职业意识、精品意识、创新意识。

（三）开放场所。公园、博物馆、图书馆等是广大群众怡情和学习的场所。在活动周期间，各公共场所要围绕主题，举办论坛、讲座、展览等，要面向群众宣传科学、宣传创新创业的意义、成果和典型案例等，激发广大群众热爱学习、崇尚科学、创新创业的热情。

（四）开放服务。要充分利用本地社区、广场、公园、展馆等场所，开展紧贴群众生活的健康饮食咨询、烘焙茶艺、家政服务、形象设计、园艺插花、家用物品的使用与保养、民族文化、传统工艺、职业礼仪、环境保护等服务活动，培养群众道德情操、感知美好生活。

举办学习活动周要严格遵守国家有关要求。组织活动坚持简朴节约，活动内容贴近群众需求，努力推动学习活动周内容更丰富、活动更有效、影响更广泛。

三、宣传及重点

各区、单位和学校等举办单位要紧扣活动主题，结合开展的主要活动，以群众喜闻乐见的形式，进行多层次、全方位的学习宣传活动，努力营造凝聚工匠精神、促进创新创业的良好社会氛围，把工匠精神发扬光大，渗透到各领域的工作、学习的整个过程。要充分发挥主流媒体和网络媒体的作用，开展好相关宣传工作。

（一）让人民群众充分认识学习的意义，认识倡导学习在国家发展战略、产业转型升级、提升价值取向、建设精神文明等领域的重要作用和意义。

（二）全面解读国家关于弘扬工匠精神、打造技能强国的重大意义，大力发展成人继续教育，全面提升就业人员素质，崇尚功勋，敬仰劳模，为建设经济大国和经济强国贡献力量。

（三）充分宣传“首都市民学习之星”的学习成果和感人事迹，展示学习之星的风采，打造人人热爱学习、崇尚学习的良好氛围，树立学习是保障人类社会生存和发展的理念。

（四）宣传为终身学习服务成绩突出的“优秀成人继续教育学校（培训机构）”的事迹，大力宣传“终身学习品牌项目”典型案例，展示开展教育培训和全民终身学习的成果。

（五）围绕活动周、围绕主题，重点宣传开展活动周的典型做法和生动事例。

（六）活动周之后，组织媒体深入基层，持续报道通过学习产生的先进典型事迹，在全社会中形成良好的学习舆论氛围。

开幕式将展示“首都市民学习之星”的事迹和为终身学习服务成绩突出的“终身学习品牌项目”的典型案例。各区、单位和学校等组织单位也要大力宣传成人继续教育的方针政策和典型案例，展示本单位学习之星和优秀品牌项目，展示开展教育培训和全民终身学习的成果。

四、其他事项

本届学习活动周由北京市建设学习型城市工作领导小组、中共北京市委教育工委、北京市教育委员会、清华大学、北京市成人教育学会及各组织单位共同主办。清华大学承办本届活动周开幕式。活动周工作小组办公室设在北京市成人教育学会秘书处。

请各组织单位于 9 月 27 日前报送全民终身学习活动周方案（包括表格）电子版、联系人信息以及专栏、网站的链接。

在第十二届全民终身学习活动周期间，请各组织单位选送典型活动案例、典型事例、宣传报道等，并于 11 月 15 日前报送活动周总结（包括图片及视频）。各组织单位请将学习活动周重要工作情况和工作总结及时报送活动周工作小组办公室。

市建设学习型城市工作领导小组将对在活动中表现突出的予以表彰。

2016年8月30日

北京市建设学习型城市工作领导小组

关于公布第七批首都市民学习之星名单的决定

京学习〔2016〕1号

各区人民政府，市建设学习型城市工作领导小组各成员单位，各高等院校、中等专业学校：

依据《北京市建设学习型城市工作领导小组办公室关于开展第七批首都市民学习之星评选工作的通知》（京学习办〔2016〕1号）精神，在个人自荐、社会举荐、部门推荐的基础上，经专家组评审、征求意见、社会公示，市建设学习型城市工作领导小组认定邱春梅等100人为第七批首都市民学习之星，现予以公布。

第七批荣誉获得者要珍惜荣誉、发扬成绩、践行终身学习理念，弘扬工匠精神，以学益智，以学修身，增强学习的自觉性，掌握科学的学习方法，提高学习的效能，做到干中学、学中干，学以致用、用以促学、学用相长，争做学习型城市建设的表率和榜样。各区、各单位要加大典型宣传力度，营造大众创业、万众创新的浓厚氛围，汇聚学习资源，搭建交流学习平台，促进全民人人学习、时时学习、处处学习。充分发挥终身教育在首都经济社会发展、产业转型升级、京津冀协同发展和人力资源素质提升中的重要作用，进一步推进学习型示范区建设和学习型单位建设，推动学习型城市建设工作的深入、可持续发展。

附件：第七批首都市民学习之星名单

2016年10月12日

附件

第七批“首都市民学习之星”名单

（100人，排名不分先后）

市委宣传部：1人

邱春梅（女）	市文物局首都博物馆

市直机关工委：8人

宗君（女）	中共北京市委社会工委
蒋伟涛	市老干部局
宋传信	中共北京市委党史研究室
王彦强	市南水北调南干渠管理处
任志军（女）	市食药局医疗器械技术审评中心
罗勇	市地勘局水文地质工程地质大队
汪琳（女）	北京出入境检验检疫局
赵瑞罡	市第二中级人民法院

市委社会工委：4人

刘英（女）	中关村企业信用促进会
马小申（女）	北京城市学院设计服务中心
杨剑涛	瑞华会计师事务所

张跃豪　　　　朝阳区亚运村立德社会工作事务所
市政府研究室：1 人
付继伟　　　　市政府研究室
市民政局：3 人
荆志成　　　　北京国际促进会（中国医学科学院阜外医院）
钱玲娟（女）　北京市学前儿童保教工作者协会
李荐　　　　　北京市学习科学学会
市国资委：34 人
王朴　　　　　国网北京市电力公司
刘兆燕　　　　国网北京市电力公司
崔金宝　　　　北京铁路局
张海军　　　　北京控股集团有限公司
任新民　　　　北京城建集团有限责任公司
王彬（女）　　北京二商集团有限责任公司
孟剑锋　　　　北京工美集团有限责任公司
孙崎峰　　　　北京公共交通控股（集团）有限公司
廖娟（女）　　北京公共交通控股（集团）有限公司
王新南　　　　北京公共交通控股（集团）有限公司
孙志宝　　　　北京环境卫生工程集团有限公司
包琼艳（女）　北京环境卫生工程集团有限公司
吴东江　　　　北京国际技术合作中心
郑长远　　　　北京国际技术合作中心
刘昌武（女）　北京建工集团有限责任公司
王泽强　　　　北京建工集团有限责任公司
任富建　　　　北京建工集团有限责任公司
李慧娟（女）　北京粮食集团有限责任公司
阮卫方　　　　北京市地铁运营有限公司
张泉　　　　　北京市地铁运营有限公司
田文建（女）　北京市地铁运营有限公司

杨才胜	北京市地铁运营有限公司
刘洋	北京市地铁运营有限公司
林雪莲（女）	北京市首都公路发展集团有限公司
马著	首钢矿业公司
荣彦明	首钢京唐公司
武拉祥	北京首都农业集团有限公司
时建华	北京首都农业集团有限公司
郑建华	北京首都农业集团有限公司
孙凝	北京市自来水集团有限责任公司
王秉良	中铁二十二局集团有限公司
赵巨宏	中铁二十二局集团有限公司
王志伟	北京现代汽车有限公司
张洪超	北京新能源汽车股份有限公司

市妇联：4 人

魏文启	通州区台湖镇北小营村
刘翠艳（女）	昌平区延寿镇下庄村
范立祥	中国教科文工会全国委员会
张满举（女）	中国科学院电子学研究所（退休）

东城区：2 人

姜波	北京国际职业教育学校
齐艳彩（女）	北京市工商行政管理局东城分局

西城区：4 人

冯博	全新优筑（北京）建筑设计有限公司
张锋	北京市西城区伊斯兰教协会
马静（女）	中国轻工业出版社（已退休）
王汝梅（女）	西城区陶然亭、天桥地区社区教育学校

朝阳区：3 人

叶萍（女）	朝阳区人民检察院
汪碧刚	北京世纪名人国际书画院

宋峥　　　　　朝阳区福怡苑幼儿园
海淀区：8人
王敏　　　　　北京绿能嘉业新能源有限公司
曹靖　　　　　安泰科技股份有限公司
皇晓琳（女）　闪联信息技术工程中心有限公司
孙学智　　　　北京智泽惠通科技孵化器有限公司
蒋毅　　　　　海淀医院
袁丰亮　　　　海淀区民防局
杨金川　　　　中关村学院
李洁（女）　　北京市海淀区克丽斯文化培训学校
丰台区：3人
王利平（女）　航天科工集团第三研究院七三一医院（已退休）
宗强　　　　　长辛店镇东河沿村
王旭（女）　　北京市城市照明管理中心
石景山区：2人
彭世治（女）　原八角中学（已退休）
刘维奇　　　　石景山区环卫服务中心
通州区：1人
陈丙库　　　　通州区于家务回族乡人民政府
顺义区：4人
石立民　　　　龙湾屯镇丁甲庄村
黄玉宝　　　　北京潮白环保科技有限公司
高云鸽（女）　北京燕京啤酒股份有限公司
向新良　　　　北京市顺义区第一中学
大兴区：2人
张桂明　　　　北京市大兴区第十小学
庞新星　　　　北京四达时代软件技术股份有限公司
房山区：2人
齐春燕（女）　房山区残疾人联合会

李顺　　　　　　房山区南窖乡中窖村
门头沟区：2人
刘孟海　　　　　门头沟区社区学院
于秀银（女）　　门头沟区东辛房街道石门营新区五区居委会
昌平区：1人
马全文　　　　　昌平区昌盛园小学（已退休）
怀柔区：2人
涂艺千（女）　　北京雷力海洋生物新产业集团
宿晓勇　　　　　北京永飞腾民俗旅游专业合作社
平谷区：2人
顾媛媛（女）　　平谷区司法局马坊司法所
王秀芝（女）　　平谷区中医医院
密云区：1人
胡丽娟（女）　　北京密兴丽源蔬菜种植专业合作社
延庆区：2人
于振平（女）　　延庆区香营乡新庄堡村
吴文雄　　　　　九一金融信息服务（北京）有限公司
院校：4人
孙茂松　　　　　清华大学计算机科学与技术系
张大奎　　　　　北京理工大学计算机学院
夏飞　　　　　　北京财贸职业学院基础教育学院
王国宝　　　　　北京城市学院生物医药学部

北京市建设学习型城市工作领导小组

关于认定延庆区为北京市建设学习型城市工作示范区的通知

京学习〔2016〕2号

延庆区人民政府：

为深入贯彻落实党的十八大和十八届三中、四中、五中、六中全会精神，落实《国务院关于加快发展现代职业教育的决定》（国发〔2014〕19号）、《教育部等七部门关于推进学习型城市建设意见》（教职成〔2014〕10号）及市委、市政府《关于大力推进首都学习型城市建设的决定》（京发〔2007〕7号）以及北京市教委等十四部门印发的《北京市学习型城市建设行动计划（2016—2020年）》通知（京教职成〔2016〕8号）有关要求，在延庆区自评的基础上，市建设学习型城市工作领导小组办公室组织专家于2016年11月10日至11日对延庆区建设学习型城市示范区工作进行了全面评估。经专家组审议，市建设学习城市建设工作领导小组认定延庆区为“北京市建设学习型城市工作示范区”。

希望延庆区认真总结创建工作经验，以“意诚心正”的思想状态，“格物致知”的探索精神，紧紧围绕建设“国际一流生态文明示范区”的奋斗目标，以筹办世园会、冬奥会为契机，把建设学习型城区工作作为贯彻落实“四个全面”的有效载体，作为推动区域经济转型发展的重要保障，作为提高城市管理水平和治理能力的必然选择，积极探索建设学习型城市示范区工作的新途径、新模式，进一步加强学习型社会理论的学习研究，大力推进各类学习型组织创建工作，构建终身教育和终身学习服务体系，创新学习手段和学习制度，广泛开展市民学习活动，不断深化延庆区建设学习型城市示范区工作，为推进首都学习型城市建设做出新的贡献。

附件：关于对延庆区建设学习型城市工作示范区评估的回复意见

2016 年 11 月 25 日

附件

关于对延庆区建设学习型城市工作示范区评估的回复意见

延庆区人民政府：

为深入贯彻落实教育部等七部委《关于推进学习型城市建设的意见》（教职成〔2014〕10 号），北京市委市政府《关于大力推进首都学习型城市建设的决定》（京发〔2007〕7 号）以及关于印发《北京市学习型城市建设行动计划（2016—2020 年）》的通知（京教职成〔2016〕8 号）的有关要求，根据北京市建设学习型城市工作领导小组办公室《关于开展北京市建设学习型城市工作示范区县评估的通知》（京学习办〔2011〕5 号文件）精神，在你区申报和专家视导的基础上，市建设学习型城市工作领导小组办公室组织专家于 2016 年 11 月 10 日对你区创建学习型城区示范区情况进行了检查评估，现将评估意见回复如下：

一、建设学习型城市工作示范区的主要成绩

近几年来，延庆区在建成建设学习型城区先进区的基础上，深入贯彻落实党的十八大和十八届三中、四中、五中、六中全会精神，认真学习领会习近平总书记系列重要讲话精神和中央、市委决策部署，坚持把创建学习型城市作为推进延庆经济社会发展、提升区域核心竞争力的战略措施，持续推动学习型党组织、学习型机关、学习型乡镇等各类学习型组织建设，以学习促改革，以学习促发展，创建工作成效显著，特色鲜明，在全市产生了一定的影响，发挥了积极的示范、引领和辐射作用。

（一）认识到位，区委、区政府重视创建工作

区委、区政府高度重视学习型城区的建设工作，作出了进一步加快建设学习型延庆的战略部署。在落实“五位一体”总体布局和“四个全面”战略布局中，努力坚持把促进区域终身学习，建设学习型延庆为重要目标；把提高区域管理水平和治理能力，增强区域创新能力，作为学习型延庆建设的现实追求。把学习与提高政府的管理水平和城市综合服务能力紧密结合起来；把学习与提高全民素质和社会文明程度，推进文明城区建设紧密结合起来；把学习与优化产业结构和企业创新发展紧密结合起来；把学习与推进各项事业发展和谋求百姓的幸福生活紧密结合起来。

（二）加强领导，建立完善的组织运行机制

延庆区较早地成立了建设学习型延庆领导小组，党政一把手分任组长和常务副组长，领导全区学习型城市建设工作。加强学习型延庆创建的顶层设计。领导小组下设办公室，加强对全区各类学习型组织建设的统筹协调和宏观指导。建立了牵头单位分工负责的运行机制，在学习办的统筹下，宣传部、人保局等 9 个学习型组织牵头单位，负责各类学习型组织创建的组织推动。实现了学习型组织横向、纵向的全覆盖。区教委在学习型延庆创建中发挥了较好的中坚作用。

（三）创新管理，加强学习型组织和城乡社区教育指导、服务机构建设

延庆区政府从创建工作的长期性和艰巨性出发，逐步完善建设

学习型城市支撑服务体系。充分发挥区社区教育中心和职业教育中心的功能，逐步将其建成为区级学习型组织创建指导中心、职业教育和成人继续教育教学指导和课程开发中心、市民社区教育中心及农村成人继续教育中心。努力打造新型区域学习服务和智力支持平台。在实践中逐步建设了一支重研究、能指导、善服务的学习型组织指导服务队伍及社区教育教学研究指导队伍。为学习型延庆建设发挥了重要的支撑作用。

（四）舆论引导，建立多渠道宣传机制

延庆区委区政府充分认识到把学习风尚融入区域文化，是建设学习型城区的重要措施之一。为此，延庆区建立了多渠道的宣传机制，积极培育终身学习文化。由区委宣传部牵头，创新了“393 理论中心组学习模式”、“4＋X 宣讲模式”，通过“两报、一网、一日、一周、一信”等载体，为市民搭建了全方位的终身学习平台。通过微信、短信平台及新媒体多种方式的宣传，营造出了浓郁的学习型城市建设氛围，有力地推动了学习型城市建设。

（五）整合资源，进一步完善终身教育和终身学习服务体系

延庆区在构建终身教育体系过程中，坚持学前教育、义务教育、特殊教育、高中教育、职业教育、成人继续教育等各类教育的协调、同步推进。延庆一职实现了创新发展，办学特色更加凸显，办学水平走在全市的前列。该校示范校建设取得了令人瞩目的成绩；学校校办企业，形成了自主经营、产学研结合，有特色的生产型实训基地；学校与社会多家企业进行校企合作，形成了“校企一体、工学结合”的人才培养模式；构建了以工作过程为导向、以职业能力为核心的课程体系和“理实一体化”教学模式；打造了以特级教师为骨干、专兼结合的优秀教师团队。

坚持职成教一体化发展，多种途径发展丰富多彩的社区教育，重视老年教育，创新了社区教育服务供给方式。大力发展成人学历教育，引进农民田间学校模式，创造性提出“两教合一”的人才培养模式，培养了一大批留得住、用得上的乡村技能人才和新型职业

农民，促进了农村的全面发展。

有效整合教育资源和社会资源，扩大面向市民的服务功能。中、小学等各级各类教育设施免费向市民开放，科技馆、图书馆、档案馆、博物馆等其他文化机构也较好地发挥了市民学习服务基地的作用。区域内初步形成时时可学、处处能学、人人皆学的一种常态化的学习氛围。

（六）技术支撑，初步搭建终身学习服务平台

延庆区重视现代信息技术的应用，通过建设“延庆终身学习网”“延庆农业科技信息网”“在职干部职工学习平台”等多种形式，为市民初步构建了方便、快捷、灵活的终身学习服务平台。延庆终身学习网共开设了智慧生活、法律实录、语言文化、生活兴趣等多个类别的课程，并利用其它移动终端，开辟了多种学习资源。

二、希望与建议

（一）进一步完善各项政策及制度保证，为学习型城市建设提供持久动力

学习型城市建设不仅仅是一项教育领域的改革创新，更是区域管理和社会公共服务的不断创新。一是在建设国际一流的生态文明示范区中，要更加重视区委、区政府对学习型城市建设的总体规划和目标确定，进一步加强区学习办统筹协调的力度；二是在完善终身教育和终身学习服务体系中，要不断加大社区教育和农村成人继续教育的投入力度；三是不断推进人事劳动制度的改革，鼓励市民和农民参与培训，主动学习，持证上岗；四是积极探索各类学习成果积累、认证和转换的制度，推动不同学习成果的互认和转换，逐步为市民搭建横向沟通、纵向衔接的终身学习立交桥。

（二）进一步完善乡（镇）成人继续教育办学基地建设

在新的历史条件下，要进一步明确乡镇成人继续教育办学机构——乡镇成人学校在区域终身教育和终身学习服务体系中的功能及任务；加强乡镇成人学校的硬件及软件建设；整合资源，多种途径解决乡镇成人学校专职管理及教学人员的编制问题。

（三）进一步推动各类学习型组织创建工作向广度和深度发展

在进一步加大各类学习型组织的创建普及的基础上，不断推进创建学习型组织工作向更高的阶段发展。加大团队学习和组织学习的力度，将教育、学习和培训工作与组织发展和管理创新有机结合起来，鼓励知识积累和技术创新，不断提高组织内部的创新活力。要提倡知识共享，推广知识管理，努力促进组织变革，不断提升各类组织的核心竞争力，进一步推动学习型街道、乡镇、企业、学校等各类组织创新发展，进而不断推动区域的可持续发展。

（四）进一步重视并发挥现代信息技术在终身学习服务中的重要作用

在现有工作基础上，进一步加强信息化基础设施建设，以“延庆终身学习网”等为基础，逐步完善市民数字化学习平台；在加快区域城乡信息化建设的同时，依托远程教育网络，积极发展各类数字化远程教育。加快完善涵盖基础教育、职业教育、高等教育和成人继续教育等各类课程资源建设。创新学习管理方式，为市民提供多种多样的个性化学习服务，逐步建设城乡一体化的智慧学习环境。

经研究，同意认定延庆区为北京市建设学习型城市工作示范区。

民办教育

北京市教育委员会文件选编

(2016)

北京市教育委员会

关于做好2016—2017学年民办高校招生简章和广告备案工作的通知

京教策〔2016〕6号

各民办普通高校、独立学院、民办非学历高等教育机构：

为进一步加强本市民办高校管理，规范招生宣传工作，促进民办高等教育健康发展，根据《中华人民共和国民办教育促进法》《民办高等学校办学管理若干规定》（教育部令第25号）、国务院办公厅《关于加强民办高校规范管理引导民办高等教育健康发展的通知》（国办发〔2006〕101号）、《北京市民办高等教育机构招生简章和广告备案管理办法》（京教高〔2007〕2号）等有关规定，2016—2017学年本市继续实施民办高校招生简章和广告备案工作。现将有关事项通知如下：

一、备案范围

凡经我委批准设立或管理的，持有效的《办学许可证》和《法人登记证》，2016—2017学年具有招生资格的民办普通高校、独立学院、民办非学历高等教育机构（以下简称“民办高校”）发布招生简章和广告，均要进行备案。

民办高校在本市或外省（自治区、直辖市）通过报刊、广播、电视、互联网、户外广告、未经出版的印刷品及影像资料等媒介，以刊登、播放、张贴、散发、邮寄等方式发布的2016—2017学年秋季及春季招生简章、广告、报考指南、入学通知等各种形式的招生及办学宣传信息，均为备案内容，须经备案后方可发布。

二、备案内容要求

民办高校招生简章和广告内容必须真实、准确、客观、合法，要符合以下几项要求：

（一）学校总体情况的介绍要明确、具体

1. 学校名称、办学地址、办学类型、办学内容、举办者、校长等信息应与《办学许可证》一致，如发生变更，须到我委办理变更手续。学校办学类型包括民办本科学校（含独立学院）、民办高等职业学校、民办非学历高等教育机构等。办学内容包括全日制普通本科、高等职业教育、高等教育培训（含高等教育自学考试助学）、短期或业余培训、函授教育等。招生宣传的主体是民办高校，不得以内设机构（如二级学院）名义单独进行宣传。

2. 有关办学条件、教学活动的图片要采取本校及本校师生员工的实景照片，不得采用电脑合成的图片；所使用的图片要有文字说明，选用人物图片要征得本人同意使用。不得使用国家机关工作人员的名义进行招生宣传，招生简章和广告中不得包含国家领导人及其他国家机关工作人员的照片。

3. 学校的获奖项目要注明获奖时间和评选单位名称，招生简章和广告主要宣传教育行政主管部门或政府其他行政管理部门组织评选的奖项，由非政府部门评选的奖项应主要宣传近三年（2013年以来）获取的，数量不得超过所宣传获奖项目总数的50%。

4. 招生宣传内容不得含有虚假、模糊、夸大的信息，不得对学生和家长产生误导。

不得回避、混淆学历教育与非学历教育的区别。举办非学历教育的民办普通高校、独立学院，要将学历教育与非学历教育的招生简章和广告分别制作、备案和发布。非学历教育招生简章和广告在专业设置、证书颁发等项内容上要严格区别于学历教育，不得标注北京教育考试院统一编制的普通本（专）科招生“学校代码”“专业代码”等内容。不具有学位授予权的学校使用学生穿学位服的图片，须根据学校办学实际情况附加有关通过自考等取得学位的文字说明。

非学历高等教育机构，尤其是学校名称中包含“大学”“中国”等字样或未包含“研修”“专修”“函授”“培训”等字样的学校，须明确说明本校的办学类型为民办非学历高等教育机构。

不得使用“最大”“最好”“第一”等描述性用语，不得使用“100%考试通过率”“入学即签订就业协议”“100%就业率”“高薪就业，一步到位”等承诺性用语。不得对学校的办学条件、师资力量及学生就业前景等做虚假、夸大宣传。

（二）招生专业的介绍要明晰、详实

1. 招生类别要明确分为本（专）科学历教育、高等教育自学考试助学、培训、其他文化教育等。

2. 学习形式要明确分为全日制教育、业余培训、短期培训、函授（或远程网络）教育等。

3. 学校要根据招生类别和学习形式，分别介绍普通本（专）科专业、高等教育自学考试助学专业、学校自设培训专业、资格（等级）证书培训专业、中外合作办学项目、中外合作交流项目等。专业介绍一览表参考格式见附件3。

4. 非学历高等教育机构举办培养目标是护士的护理类专业，招生对象须具备中等卫生学校毕业证书。

（三）根据招生类别分别介绍学业证书类别，应说明颁发主体及颁发办法

1. 被录取到普通本（专）科统招专业学习的学生，学习期满，成绩合格，由学校颁发国家承认学历的普通高校本（专）科毕业证书。

2. 参加高等教育自学考试助学的学生，由学校组织参加（或自行参加）北京市高等教育自学考试，通过专业考试计划规定的全

部课程，由北京市高等教育自学考试委员会颁发国家承认学历的本（专）科毕业证书。

3. 参加学校自设培训专业学习的学生，学习期满，成绩合格，由学校颁发结业证书。

4. 参加资格（等级）证书课程培训的学生，经相关部门或行业组织的考试，成绩合格，可获得相应的资格（等级）证书。

5. 学校举办中外合作办学项目，引进国（境）外学校的课程（含知识产权）、师资、教材，颁发国外高校证书的，须经教育部或我委批准。参加中外合作办学项目的学生，取得证书的类别与办法应与有关批准文件一致。民办普通高校、独立学院应当在本校办学层次内开展中外合作交流项目（如“2＋1”“2＋2”“3＋1”项目），不得使用“预科”“直升”“直通”“连读”等承诺性用语。

民办普通高校、独立学院招收非学历教育学生开展的中外合作交流项目，以及非学历高等教育机构开展的中外合作交流项目，招生宣传内容可包括与国（境）外某高校合作交流、学分互认等内容，不得包含涉及取得国（境）外高校学位证书的内容。

6. 学校与国内普通高等学校合作举办的成人高等学历教育校外教学站必须经我委 2015 年检查合格，与教育部现代远程教育试点高校合作设置的校外学习中心必须经我委 2014 年检查评估合格。要按照主办高校相关要求，发布主办高校成人高等学历教育校外教学站，或教育部现代远程教育试点高校校外学习中心的招生信息；不得以任何形式用承办校名义发布相关招生信息。相关“校外教学站”“校外学习中心”的招生信息不作为承办校的招生信息备案。

（四）招生简章和广告应载明的其他内容

1. 收退费标准和办法。学历教育的收费项目和标准须经市发展改革委批准，非学历教育的收费项目和标准由学校在所属区发展改革委备案。收费项目和标准应与有关部门审批或备案的内容一致，退费办法应符合《北京市民办学校退费指导意见》（京教民〔2012〕1 号）的要求。

2. 学校办学许可证编号。

3. 广告备案编号。

4. 指定查证网站：

（1）http：//www.bjedu.gov.cn（信息公开项下民办教育专栏）；

（2）http：//www.edu111.cn。

三、备案程序

（一）网络预审

学校登陆上述指定查证网站下载“2016—2017学年北京市民办高校招生简章和广告备案表”（以下简称《备案表》，见附件1，略）。学校根据备案内容要求，将招生简章和广告样稿电子文档发送到指定邮箱，样稿应含文字、图片等内容，应为word文档；学校招生宣传内容若包含视频短片，提供互联网链接地址以接受预审。

我委在收到学校通过网络报送的预审材料5个工作日内，通知学校预审结果。未通过预审的学校应按书面要求对样稿进行修改，并重新接受预审。

（二）纸质备案材料初审

通过预审的学校，按照我委制发的《学校报送纸质备案材料明细表》要求，派本校相关工作人员报送相关纸质备案材料，接受初审。

1. 学校提供下列纸质备案材料：

（1）招生简章和广告样稿（一式2份），需加盖学校公章（骑缝章）；学校招生宣传内容若包含视频短片，应报送视频光盘（一式1份）。

（2）《备案表》（一式2份，需加盖学校公章），学校也可根据本校招生宣传工作的实际需要确定报送份数。

（3）有效的《办学许可证》（副本）和《法人登记证》（副本）复印件各一份。

（4）民办学校学历教育收费标准的批复文件复印件、《民办学校非学历教育收费标准备案表》复印件（一式1份，需加盖学校公章）。

2. 学校提供下列证明材料，若往年已提供过相同材料且仍在有效期内，则无需重复报送。

（1）招生简章和广告内容涉及中外合作办学项目的，要提交教育部或我委有关批准文件的复印件；与国（境）外学校开展学分互认、聘请外教进行外语教学，资格证书培训，并且没有课程引进的中外合作交流项目，要提交相关合作协议（中文）复印件。申请备案的招生简章和广告内容涉及聘请外籍教师的（不含聘请的外语教学外教），需提交市外国专家局批件复印件；涉及招收外国留学生的，应提交教育部或我委有关批准文件的复印件。

（2）招生简章和广告中涉及与用人单位开展联合办学、订单培养、推荐就业等，要提供加盖双方单位公章的有效合作协议，协议签署有效期要涵盖本期所招学生毕业时间。

（3）招生简章和广告中涉及到的获奖项目，需提交相关的评奖结果文件或获奖证书复印件。

（4）招生简章和广告中涉及聘请具有一定知名度的外单位教师，需提交聘书或学校聘用文件复印件。聘书或聘用文件应注明聘用期限，聘用期限应涵盖本期所招学生就读期间。

（5）其他能够证明招生简章和广告内容真实性的合法、有效证明材料。

3. 我委收到学校报送的初审材料3个工作日内，通知学校初审结果。未通过初审的学校应按书面要求补充有关备案材料及证明材料，或修改有关备案内容，重新接受初审。

（三）备案材料复审

我委对通过初审的备案材料进行复审，收到学校报送的初审材料的5个工作日内，通知学校复审结果。对于符合要求上报招生简章和广告备案的学校，发给“2016—2017学年北京市民办高校招生简章广告备案回执”（见附件 2，略）。

未通过复审的学校，应按书面要求补充有关备案材料及证明材料，或修改有关备案内容，重新接受复审。

（四）备案材料公示

学校备案材料经复审通过后，我委将在指定的查证网站上公示经备案的招生简章和广告内容。学校要在招生简章和广告备案后的 15 日内，在学校网站公示经备案的招生简章和广告内容。

（五）报送招生简章和广告样刊

学校要在招生简章和广告发布后 15 日内，将所发布的招生简章和广告样刊送备案材料初审办公地点存档。

（六）备案有效期

本学年招生简章和广告备案有效期自备案之日起至 2017 年 3 月 15 日止。本学年已备案的招生简章和广告内容如需变更，必须重新办理备案手续；如本学年招生简章和广告内容与上一学年相比未发生变化，且相关证明材料均在有效期内，可简化备案程序，将上学年备案有效期延长至本学年。

四、备案受理时间和地点

（一）受理时间

2016 年 4 月 19 日至 2017 年 3 月 15 日；每星期一至星期五 9：00—12：00，13：30—16：30。

（二）受理地点

办公地点：海淀区北四环中路展春园小区 22 号楼 111 房间北京民办教育协会内。

五、备案管理机关和地点

我委作为北京市民办高校招生简章和广告备案管理机关，负责招生简章和广告的备案管理工作。

附件：1. 2016—2017 学年北京市民办高校招生简章和广告备案表（略）

2. 2016—2017 学年北京市民办高校招生简章和广告备

案回执（略）

3. 专业介绍一览表参考格式（略）

2016 年 4 月 9 日

北京市教育委员会

关于北京市民办普通高校及非学历高等教育机构 2016 年秋季招生政策的通告

京教计〔2016〕17 号

为规范民办高校招生工作，维护广大学生合法权益，促进北京民办高校科学发展，根据《中华人民共和国民办教育促进法》及其《实施条例》《中华人民共和国广告法》和《北京市实施〈中华人民共和国民办教育促进法〉办法》，现将北京市民办普通高校及市教委审批的民办非学历高等教育机构 2016 年秋季招生政策通告如下：

一、民办普通高校是经教育部或北京市政府批准、具有颁发普通高等教育本科或专科学历证书资格，并已颁发《民办学校办学许可证》的民办高校（含独立学院，下同）。北京市民办普通高校本（专）科教育的招生，严格执行教育部和北京市关于普通高等院校招生管理规定，一律纳入全国普通高等学校统一考试招生录取体系。民办普通高校在国家招生计划之外自行招收非学历教育学生，在办理入学手续前必须向学生或家长公示获得证书的性质、收费项目、标准和退费办法（学校制定的收退费办法不得与教育行政部门和物价管理部门的规定相抵触），并与学生签署相关协议。

二、民办非学历高等教育机构以开展高等教育自学考试助学等文化教育培训、职业培训为教学内容。民办非学历高等教育机构招收参加自学考试助学的学生，只有通过国家高等教育自学考试规定的全部课程，考试合格，方可取得加盖主考普通高校及自学考试办公室印章的国家承认的学历文凭。民办非学历高等教育机构不具备颁发国家承认的学历文凭的资格。

三、根据2015年度北京民办高等学校及其他民办高等教育机构办学状况年度检查结果及相关学校整改情况，2016年北京市具有招生资格的民办普通高等学校及非学历高等教育机构共有76所(学校名单附后)。

四、民办高校开展办学活动所使用的名称必须与《民办学校办学许可证》上核准的名称一致，不能以二级学院或其他内部机构的名义对外开展招生宣传活动。部分学校由于名称不规范，将在办理《民办学校办学许可证》延期时变更，市教委将把变更结果及时公告。

五、民办高校招生简章应载明学校名称、办学性质、办学地点、招生专业、录取标准、取证方式、证书名称、证书性质、收费标准及退费办法等，内容必须真实、准确，不得含糊其词、误导求学者。招生简章和广告需报经市教委备案，学校以各种形式（含报刊、广播、电视、网络等）向社会发布的招生简章或广告的内容应与报市教委备案的内容一致。

六、北京市民办高校的录取通知书分为两类：一类是民办普通高校按全国普通高校招生规定，考生参加当年高考，达到录取分数线后，由省级招生部门办理录取手续，由学校寄发的普通本科、高职（专科）学历教育录取通知书；另一类是由民办普通高校和民办非学历高等教育机构自行组织，招收非学历教育学生，由学校寄发的非学历教育学习通知书。

北京生源在接到普通本科、高职（专科）学历教育录取通知书后，可通过以下三种方式查询：一是登陆北京教育考试院网站，查询录取结果；二是拨打 1606789 或 96000169，查询录取结果；三是与所在区招办联系，查询录取结果。如录取学校、专业等信息与录取通知书相一致，则通知书内容真实有效。外地生源可详询所在地区高招办。如相关官方渠道无法核实通知书的相关信息，则通知书的性质为非学历教育学习通知书；如寄发通知书的学校未经教育行政部门或人力资源和社会保障部门批准成立，则该校为虚假大学。

七、凡未经省级招生部门办理录取手续的考生，均不能注册普通高校学生学籍。

附件：2016 年北京市具有招生资格的民办普通高校及非学历高等教育机构名单

2016 年 6 月 23 日

附件

2016 年北京市具有招生资格的民办普通高校及非学历高等教育机构名单

一、民办普通高校（15 所）

1. 民办本科院校（2 所）

北京城市学院　　北京吉利学院

2. 独立学院（5 所）

首都师范大学科德学院　　北京工商大学嘉华学院

北京邮电大学世纪学院　　北京工业大学耿丹学院

北京第二外国语学院中瑞酒店管理学院

3. 民办高职院校（8 所）

北京北大方正软件职业技术学院
北京汇佳职业学院
北京经济技术职业学院
北京经贸职业学院
北京科技职业学院
北京培黎职业学院
北京艺术传媒职业学院
北京网络职业学院

二、民办非学历高等教育机构（61 所）

1. 全日制民办非学历高等教育机构（31 所）

北京八维研修学院
北京北大资源研修学院
北京东方大学
北京工商管理专修学院
北京国际标准舞研修学院
北京国际经贸研修学院
北京航空旅游专修学院
北京华嘉专修学院
北京华夏管理学院
北京民族大学
北京文理研修学院
北京现代音乐研修学院
现代管理大学
北京财经专修学院
北京翻译研修学院
北京国际商务学院
北京瀚林职业研修学院
北京经济研修学院
北京建设大学
北京明园大学
北京涉外经济专修学院
北京世华管理专修学院
北京新亚研修学院
北京演艺专修学院
北京应用技术大学
北京影视研修学院
北京珠宝首饰研修学院
东方文化艺术学院
北京企业管理研修学院
北京美国英语语言学院
北京人文大学

2. 非全日制民办非学历高等教育机构（30 所）

北京彼得·德鲁克管理研修学院
北京长城研修学院
北京当代艺术研修学院
北京东方妇女老年大学
北京东方研修学院
北京高等珠宝研修学院
北京国际汉语学院
北京国际青年研修学院
北京汉语国际推广中心
北京韩红艺术研修学院

北京华大研修学院
北京计算机专修学院
北京京海研修学院
北京军地专修学院
北京民生财富研修学院
北京盛唐研修学院
北京中国驻颜美容学院
中关村创新研修学院
中国教育国际交流研修学院
中国农民大学
北京机械工程师进修学院
北京金融学院
北京经济技术研修学院
北京礼仪专修学院
北京摄影函授学院
北京心理学函授学院
蒙代尔国际企业家大学
中国管理软件学院
中国逻辑与语言函授大学
中国现代教育研修中心

北京市教育委员会

关于同意北京应用技术大学变更名称的批复

京教函〔2016〕473号

北京应用技术大学：

你校《关于名称变更的申请》收悉。根据《中华人民共和国民办教育促进法》等有关规定，经研究，同意你校名称由北京应用技术大学变更为北京应用技术专修学院，办学类型、办学层次等不变。

你校要进一步改善办学条件，加强师资队伍建设，规范管理，不断提高教育教学质量。

2016年10月11日

北京市教育委员会

关于同意中国逻辑与语言函授大学变更名称的批复

京教函〔2016〕570号

中国逻辑与语言函授大学：

你校《关于变更校名的申请》收悉。根据《中华人民共和国民办教育促进法》等有关法律法规规定，经研究，同意你校名称由中国逻辑与语言函授大学变更为北京逻辑语言研修学院，办学类型、办学层次等不变。

你校要进一步改善办学条件，加强师资队伍建设，规范管理，不断提高教育教学质量。

2016年11月29日

中共北京市委教育工作委员会
北京市教育委员会
北京市公安局
北京市卫生和计划生育委员会
北京市食品药品监督管理局
北京市财政局
北京市民政局

关于印发《北京民办高等学校及其他民办高等教育机构办学状况年度检查考核要点（试用）》暨开展2016年度检查工作的通知

京教计〔2016〕34号

各民办普通高校、独立学院、民办非学历高等教育机构：

为引导本市民办高等教育健康有序发展，促进学校依法办学、规范办学，提高教育质量和办学水平，根据《中华人民共和国民办教育促进法》《中华人民共和国高等教育法》《民办高等学校办学管理若干规定》（教育部令第25号）等有关法律、法规、规章的要求，结合北京实际，研究制定《北京民办高等学校及其他民办高等教育机构办学状况年度检查考核要点（试用）》（见附件3），并根据考核要点组织开展2016年度民办高等学校及其他民办高等教育机构（以下简称“民办高校”）办学状况年度检查（以下简称“年检”）工作。现将有关事项通知如下：

一、范围及原则

（一）市教委批准成立或管理的持有合法有效的民办学校办学许可证、法人证书的民办高校均应参加年检。

（二）根据转变政府职能要求，加强依法行政，简政放权；坚持检查与自查相结合，加强学校自我评价和规范管理。

（三）将年检工作和日常监管相结合，除年度集中检查之外，将年检和临时性抽检相结合，加强日常监管和指导。

二、组织领导

（一）市委教育工委、市教委会同市公安局、市卫生计生委、市食品药品监管局、市财政局、市民政局联合成立北京市民办高校办学状况年度检查工作领导小组（以下简称“领导小组”），确定年检工作方案，聘请专家审核年检材料，组成联合专家组开展进校考察。领导小组办公室设在市教委发展规划处。

（二）领导小组委托北京民办教育协会（以下简称“协会”）承担年检的具体实施工作。协会应根据年检工作总体部署，安排开展各项具体工作。

（三）领导小组审核专家组意见建议，确定年检结论，并向学校反馈意见，公布年检结果。

三、年检程序

年检工作由学校自查、专家组审核材料、专家组进校考察三个阶段组成。

（一）学校自查阶段（2017年1月—2017年2月）

学校要把自查作为提高自我管理和自我评价水平的重要手段，应召开专题会议，认真梳理办学中的成绩与问题，认真撰写自查报告，填报相关调查表；根据《2016年度审计任务书》的要求，委托会计事务所进行审计。

自查报告应包括以下几方面内容：

1. 学校年度事业发展概况、重要变更事项情况（举办者、校长、董事长、办学地址、名称等）、重大发展事项（重大项目或发展合作事项）、资产财务方面的重大变化、所获的重要奖项（应为师生参与的国家级竞赛奖项、政府部门组织的重要评奖）等。

2. 按照年检考核要点的要求逐项说明基本办学情况，要点中需要提供的支撑材料作为自查报告附件一并提交。

3. 学校办学过程中面临的困难和问题及拟采取的措施。

4. 学校重点专业、办学特色及下一步的发展思路。

（二）专家组审核材料阶段（2017 年 2 月）

组织专家对学校自查报告、相关调查表、《2016 年度审计报告》等相关材料进行书面审查，并根据材料审核情况和不同类型学校的办学情况，确定专家组进校考察学校名单和具体考察的重点问题。

（三）安全稳定、食堂食品安全、卫生安全检查阶段（2017 年 3 月）

开展全日制教育的民办非学历高等教育机构要接受安全稳定、食堂食品安全、卫生安全的联合进校检查。2015 年度开展全日制教育、2016 年度已无全日制在校生的学校如申请转为非全日制学校，应在 2017 年 2 月底前向市教委提交申请。

（四）专家组进校考察阶段（2017 年 3 月）

根据年检材料审核情况，委派专家组对部分学校进校考察。考察方式包括实地考察校园环境及设施，听课，走访，召开座谈会，核查学校有关档案资料等。专家组离校前要和学校负责人交流考察意见，重点围绕学校的办学思路及存在的问题提出指导性意见和建议。在专家组进校考察时，学校需提前准备考察需要的相关材料。

专家组根据书面材料审查及进校考察的情况，提出年检考察意见、结论建议。各考核项目的意见及学校年检结论建议报领导小组办公室。

四、结论及使用

（一）对于民办普通高校、独立学院和非全日制民办非学历高等教育机构，根据书面材料审查及进校考察的情况，确定年检结论；对于全日制民办非学历高等教育机构，还将根据安全稳定、食堂食品安全、卫生安全等三个项目的进校检查情况确定年检结论。

（二）年检结论分为通过、基本通过、暂缓通过和不通过。年检结论经领导小组和市教委主任办公会批准生效，有效期为 1 年。

（三）结论为通过的学校，准予在下一学年招生，根据年检情况，部分办学规范、基础工作良好的实施学历教育的民办高校此后的年检方式将在一定时期内（3 年或 2 年）酌情简化，学校在年检中仅报送办学情况年度报告和审计报告。

（四）未达到通过标准，但在规定期限内整改积极、措施到位的学校，年检结论可定为基本通过。结论为基本通过的学校，准予在下一学年招生。

（五）结论为暂缓通过的学校，应在 1 年内限期整改，整改期间停止招生活动，整改期间达到要求，准予恢复招生。整改期限结束仍然达不到要求，结论为不通过。结论为不通过的学校，有关部门将在各自职权范围内依法作出处理。

（六）年检结论与政府评选表彰等政策措施挂钩，对于坚持内涵发展、规范办学、特色明显的学校，将积极宣传，加大支持力度。

五、有关要求

（一）学校撰写、提供的自查报告和有关资料、档案应如实反映学校的办学情况，杜绝各种形式主义、弄虚作假的现象。对弄虚作假的，一经查实，年检不予通过。

（二）自查报告及相关调查表需由学校董事长、校长、党组织负责人审阅签字并加盖公章，自查报告需要提供的附件材料需单独装订成册，审计报告需贴有会计师事务所防伪标。

（三）学校要于 2017 年 2 月 22 日前送交自查报告和相关调查

表（A4 纸打印，一式 2 份）、审计报告一式 1 份。上述纸质材料报送协会，同时将电子版发送至 bjminxie@126. com。

（四）进校考察工作期间，学校可安排专家组在学校食堂就餐或安排快餐，不得向专家组和工作人员赠送礼品、礼金。专家组要廉洁自律，不得接受学校的礼品、礼金，不得接受学校超标准接待。协会要提前 7 天通知有关学校专家组进校考察的时间、考察内容、确定考察的日程安排。

有关年检的文件及相关表格等材料可登陆市教委或北京民办教育协会网站下载。

网址：http：//fzgh. bjedu. gov. cn
　　　http：//www. edu111. cn

附件：1. 北京市民办高校办学状况年度检查工作领导小组成员名单
　　　2. 北京市民办高校办学状况年度检查工作领导小组办公室成员名单
　　　3. 北京民办高等学校及其他民办高等教育机构办学状况年度检查考核要点（试用，略）
　　　4. 2016 年度审计任务书（略）

2016 年 12 月 28 日

附件 1

北京市民办高校办学状况年度检查工作领导小组成员名单

组　长：刘宇辉　市教委主任
　　　　张雪　　市委教育工委常务副书记

副组长：黄侃　市教委副主任
张永凯　市教委委员
刘涛　市公安局副局长
毛羽　市卫生计生委副主任
唐云华　市食品药品监管局副局长
汪钢　市财政局副巡视员
温庆云　市社团办主任
刘林　北京民办教育协会会长
秘书长：姚林修　市教委发展规划处处长
成　员：张学平　市公安局内部单位保卫局副局长
郝世毅　市公安局内部单位保卫局文保支队副支队长
段杰　市卫生计生委综合监督处处长
李亚京　市卫生监督所所长
刘国斌　市食品药品监管局餐饮处处长
王华伟　市财政局教育事业处处长
王大川　市社团办民办非企业单位管理处处长
王艳霞　市委教育工委、市教委政策研究与法制工作处处长
李丽辉　市委教育工委组织处处长
卢向红　市委教育工委安全稳定工作处处长
邵文杰　市教委高等教育处处长
刘锦震　市教委发展规划处副处长
丁建　市教委发展规划处副调研员
戴书菲　市教委审计处原调研员

附件 2

北京市民办高校办学状况年度检查工作领导小组办公室成员名单

主　任：	姚林修（兼）	市教委发展规划处处长
副主任：	刘锦震（兼）	市教委发展规划处副处长
	马学雷	北京民办教育协会副会长、秘书长
	郝宗芬	市公安局内部单位保卫局文保支队高校保卫大队大队长
	金艳伶	市卫生监督所学校卫生科科长
	翟献民	市食品药品监管局餐饮处调研员
	王大川（兼）	市社团办民办非企业单位管理处处长
	丁建（兼）	市教委发展规划处副调研员
	崔晶	市教委发展规划处干部
	孙秀芹	北京民办教育协会

北京市教育委员会

关于做好民办学校有关事项备案工作的通知

京教函〔2016〕619号

各区教委、燕山教委：

根据《北京市实施〈中华人民共和国民办教育促进法〉办法》规定，为健全工作机制，规范日常管理，请各区做好民办中小学和培训机构（以下简称民办学校）有关事项备案工作。现将备案要求通知如下：

一、备案事项

以下事项应报市教委基础教育二处备案：

1. 批准民办学校筹备设立或正式设立；

2. 批准民办学校名称、层次、类别、举办者变更，或者批准民办学校终止；

3. 各区出台与民办学校相关的政策、制定民办学校扶持与奖励的措施等；

4. 其它应备案的事项。

二、备案时间与内容

批准民办学校筹备设立、正式设立、有关事项变更或终止的，应于批准之日起3日内，将学校基本情况、批准决定和办学许可证复印件等材料报送基础教育二处。出台民办教育相关政策措施，应及时将相关文件抄送基础教育二处。

三、工作要求

1. 要重视备案工作。备案是及时掌握民办学校发展动态的重要途径，也是加强民办学校服务管理的有效措施。各区要切实重视，进一步理顺工作程序，明确具体要求，把备案工作落实好。

2. 按要求报送材料。备案事项发生后，请各区按本通知明确的时间要求，报送纸质版材料。

3. 本通知自下发之日起执行。

2016 年 12 月 26 日

德　育

北京市教育委员会文件选编

（2016）

北京市教育委员会办公室

关于印发2016年中小学毒品预防教育工作方案的通知

京教基一办〔2016〕1号

各区教委：

为贯彻落实《北京市青少年毒品预防教育规划（2016—2018）》和市委教育工委、市教委、市人民政府教育督导室《关于加强大中小学毒品预防教育的通知》（京教基一〔2015〕7号），加强对全市中小学开展毒品预防专题教育的指导，引导学校针对学生不同年龄阶段特点，组织上好毒品预防专题教育课，切实发挥学校课堂教学主渠道作用，不断巩固预防教育的效果，经研究制定《2016年中小学毒品预防教育工作方案》，现就开展毒品预防专题教育及组织实施方案提出以下要求：

一、区教委要指导学校将毒品专题预防教育纳入学校的教育教学安排，通过"上好禁毒教育一堂课"、开展主题教育活动、组织观看专题教育片与参观活动、开展征文等，将预防教育的要求落到实处。

各中小学要在上半年4至6月集中组织学生观看公安部、教育部联合制作的适合年龄12至18岁中小学生观看的《致青春》预防专题教育片，有条件的学校可组织学生观看禁毒教育展览及网上数字展。结合实际，将组织学生观片观展活动，运用专题影片、数字展厅丰富课堂教学的课程资源，与历史、思想品德、生物等学科课堂教学资源有机整合，让学生认识了解毒品危害，识别主要的传播渠道与方式，建立远离毒品侵蚀的健康生活方式。

二、区教委的主管部门要加强对中小学思想品德、历史、生物等课程中毒品预防相关内容落实情况的教学视导，督促学校切实发挥课堂教学主渠道作用，通过举办预防教育专题教学课例观摩交流等活动，宣传推广预防教育优秀课例和活动案例。

三、区教委和中小学要集中组织学校开展毒品预防专题教育活动，通过举办知识竞赛、演讲比赛、辩论赛等符合中小学生年龄特点的形式多样的毒品预防宣传教育活动，帮助学生树立生命安全意识，自觉远离毒品。

四、区教委要重视树立学校预防教育典型，定期组织学校开展交流与观摩，及时学习宣传在利用社会预防教育资源、动员家长支持学校预防教育、开展专题预防教育及教师培训等方面的好做法好经验。

五、区教委要发挥禁毒教育基地、强制戒毒所等专业预防教育机构以及公安部门、共青团组织、志愿者组织的教育协同作用，加强分类管理与指导，定期组织开展对区域骨干教师队伍的培训，以及对民办中小学或教育机构的学生专题预防教育，力争将预防宣传落实到每位中小学生。

六、区教委要协助市教委，做好全市毒品预防教育活动的组织落实。在指导开展毒品预防教育活动的基础上，按要求认真组织做好区优秀教学课例、主题教育活动案例、学生成果、典型学校经验等材料推荐申报工作。

七、区教委要及时向市教委报送区域中小学组织开展毒品预防专题教育的活动信息。每月15日前报送一次信息，将信息及图片发至bjsdpyf@126.com邮箱中。

附件：2016年中小学毒品预防教育工作方案

2016年3月29日

附件

2016年中小学毒品预防教育工作方案

认真落实《北京市青少年毒品预防教育规划（2016－2018）》目标任务，落实市委教育工委市教委市政府教育督导室教育督导室《关于加强大中小学生毒品预防教育工作的通知》提出的要将毒品预防专题教育纳入中小学德育课程和教育工作计划，落实从小学五年级至六年级每学年4课时，初中阶段每学年6课时，高中阶段每学年4课时开展毒品预防教育的要求，市教委将进一步加强对全市中小学开展预防专题教育的指导，将联合市教研部门、市课程教材研究等部门，组织开展2016年中小学毒品预防专题教育优秀教学课例、教育案例、学生手抄报征集评选活动，及典型学校宣传推广活动。具体活动安排如下：

一、具体活动内容

（一）宣传树立城乡中小学开展预防教育的学校典型。结合各区、中小学学习宣传教育部新印发的《中小学生守则》，指导中小学将组织开展毒品预防专题教育与学习落实《中小学生守则》的常规教育结合，挖掘宣传区教委和学校组织开展毒品预防教育方面的好经验好做法，通过微访谈等多种形式，在教育媒体进行宣传推广。

（二）“青春拒绝毒品——绘说绘写”中小学生手抄报征集评选展示活动。学校通过集中组织学生开展预防专题教育活动，如组织学生集体观看教育部公安部联合制作的《致青春》（12至18岁）毒品预防教育专题片，组织学生参观禁毒教育展览或网上数字展厅，及历史、思想品德、生物的相关教学内容后，将制作手抄报作为学生学习的作业或成果，集中组织收集，择优推荐参加市级评选与展示。

（三）征集评选优秀毒品预防教育课例与教育案例活动。市教委将联合市教研部门、市禁毒教育基地继续共同组织举办优秀预防教育课例征集评选活动。

（四）组织中小学预防教育骨干教师培训与交流活动。充分发挥社会毒品预防教育组织与机构的资源辐射作用，邀请市禁毒部门、毒品预防教育专业机构的专业人员进行专题辅导。通过组织开展走进预防教育示范学校，继续举办全市观摩交流活动，具体时间另行通知。

二、活动具体要求

（一）预防教育课例

推荐参评优秀教学课例的对象是各区负责《中小学毒品预防专题教育》教学指导的教研员、普通中小学校、工读学校及民办学校一线任课教师。

1. 课例的建议

课例的内容以禁毒专项教育为主，也可以适当结合思想品德课、政治课、历史课、生物课和健康教育等相关学科内容。重视实践性课程的开发。主题实践性课程在营造课堂情境，培养学生的禁毒意识和能力。

2. 授课人基本信息

课题名称、授课人单位和姓名、指导教师（限1人）单位和姓名、录制日期。填写《北京市中小学毒品预防专题优秀教学课例评审书》，每篇字数限定在5000字以内。

3. 课堂实录光盘

主要包括5分钟简述课堂设计思路，40—45分钟课堂教学活动实录，5分钟指导教师评语，本节课使用的原创性课件等多媒体材料；课堂实录的录制时间建议选择在2015年9月至2016年6月期间的教学活动。

4. 材料要求

教学设计评审书文本一式二份、电子稿一份。课堂实录光盘 1 张（仅提供教学设计，未提供光盘的不参与终评）。填写北京市中小学毒品预防专题教育优秀教学课例评审书（附件 1）和北京市中小学毒品预防专题教育课例区推荐汇总表（附件 2）。

（二）主题教育案例

推荐参评优秀主题教育案例的对象是区教委相关科室组织的全区预防教育主题活动，学校的少先队、共青团组织的预防教育主题活动及班会、团队会主题活动。

1. 主题教育案例的内容以禁毒预防教育为主，可以是学校集体组织的参观展览、观看专题教育影片、知识竞赛、动员誓师大会，可以是年级或班级为单位组织的主题班会或团队会等教育活动。

2. 主题教育活动案例的基本信息，主要包括活动名称、方案制定实施单位、撰写人姓名、活动开展时间，建议活动的时间截止到 2016 年 10 月 10 日前。

3. 活动实录光盘。需标注活动或案例的名称、组织单位、举行的日期，策划人与联系方式。实录内容主要包括 5 分钟简述活动的设计思路及开展活动后的收效，至少 20 分钟的活动实录。

4. 材料要求。教育案例设计填写北京市中小学毒品预防专题教育优秀教学课例评审书（附件 1）文本一式二份、电子稿一份。活动实录光盘 1 张。未提供光盘的不参与终评。填写北京市中小学毒品预防主题教育案例区推荐汇总表（附件 3）。

（三）“青春拒绝毒品——绘说绘写”学生手抄报

在校中小学生（含民办中小学、工读学校在校学生）参加学校的禁毒教育一堂课或学校和班级的主题教育活动后的学习收获，通过手抄报的形式，展示中小学对毒品危害健康的认识，自觉远离毒品的价值选择。

1. 学生成果可以是通过学习，认知了毒品的危害性；也可以反映未成年人采取合法的方式远离毒品的诱惑，自觉抵制毒品侵害的方法。2. 学生成果作品主题明确清晰。手工编辑（非电子版），图文并茂。作品使用 A3（29.7cm×42cm）纸张，单面编辑。

3. 学生成果作品需在作品的右下角位置，注明作者姓名、所在区和学校全称、所在班级，所推荐作品要填写北京市中小学毒品预防学生成果区推荐汇总表（附件 4）。

（四）中小学毒品预防教育典型材料请参照附件 5 要求提供。

三、材料征集与报送时间

请各区教委按照附件 6 所分配推荐材料名额要求，组织做好材料推荐申报工作。请于 2016 年 4 月 30 日前将典型学校经验材料报送至市教委。请于 10 月 10 日前报送区优秀教学课例、主题教育活动案例、学生成果材料。

材料报送地点：北京西城区前门西大街 109 号 408 房间，北京市教育委员会基础教育一处收，邮编 100031。电子版请发至 bjsdpyf@126.com。

四、评选与获奖作品使用

市教委将组织市教研部门、课程教材研究部门、学生活动管理部门等专家组成专门的评审组，对各区推荐作品进行评选。

本次活动以挖掘发现学校、教师、学生的典型，展示学校预防教育的成果为主，优秀作品将按各区实际推荐报送作品的 70%评选，并设立一、二、三等奖，对组织工作突出的区教委进行表扬。

本次活动的获奖作品将由市教委向校园与法、教育新闻宣传中心推荐登载。

附件：1. 北京市中小学毒品预防专题教育优秀教学课例评审书（略）

2. 北京市中小学毒品预防专题教育课例区推荐汇总表（略）

3. 北京市中小学毒品预防教育活动案例区推荐汇总表（略）

4. 北京市中小学毒品预防教育学生手抄报区推荐汇总

表（略）

5. 推荐毒品预防教育的典型学校材料要求（略）

6. 各区推荐申报材料的名额分配

附件 6

各区推荐申报材料的名额分配表

区教委	典型学校材料			优秀课例			优秀教育案例			学生成果作品		
	小学	初中	高中	小学	初中	高中	小学	初中	高中	小学	初中	高中
东城区	3	3	1	3	3	1	3	3	1	50	20	20
西城区	3	4	1	3	4	1	3	4	1	60	20	20
朝阳区	5	5	2	5	5	2	5	5	2	100	20	20
海淀区	6	7	2	6	7	2	6	7	2	100	30	30
丰台区	4	3	1	4	3	1	4	3	1	70	20	20
石景山区	2	2	1	2	2	1	2	2	1	20	10	10
门头沟区	1	1	1	1	1	1	1	1	1	10	5	5
房山区	14	4	2	14	4	2	14	4	2	50	20	10
大兴区	5	4	1	5	4	1	5	4	1	50	20	10

续表

区教委	典型学校材料			优秀课例			优秀教育案例			学生成果作品		
	小学	初中	高中	小学	初中	高中	小学	初中	高中	小学	初中	高中
通州区	5	3	1	5	3	1	5	3	1	60	20	10
昌平区	5	4	1	5	4	1	5	4	1	50	20	10
顺义区	3	3	2	3	3	2	3	3	2	50	20	10
怀柔区	1	1	1	1	1	1	1	1	1	20	10	5
平谷区	2	2	1	2	2	1	2	2	1	20	10	5
密云区	2	2	1	2	2	1	2	2	1	20	10	5
延庆区	2	1	1	2	1	1	2	1	1	10	5	5
燕山	1	1	1	1	1	1	1	1	1	10	5	5

中国人民解放军海军政治工作部
国家海洋局宣传教育中心
中共北京市委宣传部
中共北京市委教育工作委员会
首都精神文明建设委员会办公室
北京市教育委员会
共青团北京市委员会

关于举办2016年北京学生海洋意识教育主题系列活动的通知

京教体艺〔2016〕3号

各区教委、各高校、各中等职业学校：

为贯彻党的十八大提出的建设海洋强国的战略部署，落实国家海洋局、教育部、文化部、国家新闻出版广电总局、国家文物局《关于印发〈提升海洋强国软实力——全民海洋意识宣传教育和文化建设“十三五”规划〉的通知》（国海发〔2016〕2号），海军政治工作部、国家海洋局宣教中心、市委宣传部、市委教工委、市教委、首都文明办、团市委定于2016年继续在北京市大中小学举办北京学生海洋意识教育主题系列活动，现将有关事项通知如下：

一、活动目的

党的十八大做出了建设海洋强国的重大部署。实施这一部署，对推动经济持续健康发展，对维护国家主权、安全、发展利益，对实现中华民族伟大复兴都具有重大而深远的意义。

在大中小学开展海洋意识教育，目的在于通过形式多样、富有特色的系列教育实践活动，引导青少年学生树立正确的海洋观，不断激发广大学生认识海洋，重视海权，关注海军的热情和动力。

二、活动主题

认识海洋，重视海权，关注海军——守护我们的蓝色家园

三、组织机构

主办单位：海军政治工作部、国家海洋局宣教中心、市委宣传部、市委教工委、市教委、首都文明办、团市委

承办单位：《现代舰船》杂志社、北京高校国防教育协会

协办单位：各区教委

活动下设组委会，组委会办公室设在《现代舰船》杂志社及北京高校国防教育协会。

四、参加对象

大中小学、中等职业学校在校学生

五、活动内容

围绕“海洋、海权、海军”开展包含海洋知识竞赛、海洋知识征文、海洋大讲堂活动及海洋知识巡展、主题绘画摄影比赛、海洋意识教育基地评选、海洋主题日宣传活动、海洋拓展训练营等活动（活动方案见附件）。

六、工作要求

（一）海洋意识教育活动是对学生进行社会主义核心价值观教育、落实立德树人根本任务的重要体现。各区及学校要充分认识活动的重要意义，将活动纳入工作日程，认真研究制定本区、本学校的实施方案，协调配合、周密组织，引导学生积极广泛参与。

（二）各区及学校要以此次活动为契机，建立长效机制，充分利用学校学生社团、兴趣小组等学生群团组织，广泛开展活动及培训，引导青少年培养树立海洋意识，提升青少年的创新精神和动手

实践能力。

（三）各区及学校要牢固树立安全第一的宗旨，严格按照活动的相关要求，制定相应的安全措施和方案，确保活动安全、有序。

（四）各区及学校要重视活动的宣传工作，及时总结活动经验，要广泛利用报纸、广播、学校网站等媒介进行宣传。各区、各学校请于5月10日前将本单位负责活动宣传的信息员、活动组织部门及联系方式上报北京学生海洋意识教育办公室。并于12月底前将本区、学校参与活动的相关情况汇总，上报组委会办公室。届时将根据上报情况评选组织工作奖项。

七、联系方式（略）

附件：2016年北京学生海洋意识教育主题系列活动方案

2016年4月18日

附件

2016年北京学生海洋意识教育主题系列活动方案

一、海洋知识竞赛

（一）对象

大中小学、中等职业学校在校学生；

（二）内容

以《海洋、海权、海军知识教育读本》为基本内容

（三）知识竞答

1. 网络答题阶段：2016年5月—10月

竞赛以网络答题方式进行，由海洋、海权、海军知识三部分组成。具体要求及答题窗口请参阅北京市教委网站。相关知识以及

《海洋、海权、海军知识教育读本》将以知识点方式于竞赛网站（网址：http：//haifang. ichzh. com/以及 http：//www. shipol. com. cn/）发布，同时在海洋意识教育微信平台以小知识的方式分批次发布。

2. 现场答题阶段：2016 年 10 月

依据网络答题排名，按照大学组、高中组、初中组和小学组四个组别选取排名前 8 名的学校代表组队参加现场答题，每队限 2 名选手参赛。采取必答题、风险答题、抢答以及现场辩论环节，决出各组别冠亚季军。大学组获得一、二、三等奖学校代表队将各派出一名选手代表北京市参加 2016 年全国海洋知识竞赛。高中组、初中组和小学组获奖学生将有机会参加海洋拓展训练营活动。

二、海洋意识教育征文

（一）分组及内容

1. 活动分为小学组、中学组、大学组、教师组。

2. 学生利用课余时间观看大型纪录片《走向海洋》《北洋海军兴亡史》，写出观后感以及对于国家海洋战略发展的意见和建议（限：首都大中小学在校学生、中等职业学校在校学生）

3. 围绕国家“一带一路”战略，结合各自领域教育经验提出对海洋意识教育工作的认识或感悟（限：中小学及中等职业学校在职教师）

（二）要求

1. 征文必须为原创作品，每人限报 1 篇。统一用 A4 纸排版，正文统一使用宋体四号字。

2. 征文观点正确鲜明、立意简要深刻、文气畅达贯通、思想健康、格调高雅。

3. 题目自拟，体裁不限，小学不少于 500 字，中学不少于 800 字，教师不少于 1000 字。参赛老师及学生请将姓名、所在学校、班级、指导教师姓名（学生作品）、联系电话另起一页附在最后。

（三）报送方式

2016 年 9 月 30 日前由学校统一收集学生及教师所撰写的文

章，通过电子文档的方式发送到组委会办公室邮箱。

（四）奖项设置

邀请有关专家学者组成评审组对征文进行评审，根据分组按照0.5%、3%、5%、7%的比例分别评出特等奖、一、二、三等奖若干名；获特等奖的征文将刊登在《现代舰船》杂志上，并有机会参加海洋拓展训练营活动。活动还设置指导教师奖和优秀组织奖若干名。

三、海洋知识大讲堂及海洋知识巡展

（一）时间

2016 年 5 月至 6 月，9 月至 12 月（根据区及学校申请情况安排具体时间）。

（二）对象

以学校、校外教育机构为单位，面向全市大中小学学生。

（三）内容

1. 邀请军地国防教育相关专家，围绕海洋知识、海洋资源、海上战略、海防安全、海上交流、海军历史等内容，结合学生知识结构及思维特点，有针对性的开展系列讲座。

2. 配合讲座，采取多媒体视频、海洋意识知识展板等形式在学校范围内进行巡展。

3. 通过海洋意识教育微信平台以及移动互联网普及海洋意识知识，利用新媒体技术引发学生兴趣，增强活动参与度。

4. 报名方式：以学校、校外教育机构为单位进行申请，报名截止日期为 2016 年 9 月 20 日。

四、主题绘画、摄影作品比赛

（一）对象

小学：1 至 2 年级组、3 至 4 年级组、5 至 6 年级组、初中组、高中组（含职高及中专）、大学组。

（二）时间

2016 年 5 月至 10 月

（三）要求

1. 绘画：

突出主题且有创造性。绘画种类不限，作品规格为 4 开（国画作品不超过 4 尺整纸）。作品无需装裱。

2. 摄影：

参展作品必须是学生本人创作且不得抄袭和剽窃，且符合拍摄主题的要求；摄影作品黑白、彩色不限；单幅（1 张为 1 幅作品）或组照（1 组为 1 幅作品，1 幅不超过 4 张）每位参加者提交的作品不超过 2 幅，不可提供电脑创意和改变原始影像的作品。作品尺寸为 8～10 寸，同时报送电子文件，格式为 jpg、gif 格式，且文件大小为 2MB 至 5MB 之间，无需装裱。

3. 报送要求：

绘画、摄影作品每区各限报 30 幅，高校每校各限报 30 幅。以纸质和电子文件光盘方式同时报送。

参展摄影、绘画作品须填写活动作品表，并在作品背面右下角粘贴（无活动作品表的作品将不予评奖）。辅导教师栏可填校内、校外辅导教师各一名。同时上报活动报送表（电子版及纸质版）。缺少参展信息或违反参展作品要求的，将不予评奖和展出。

4. 活动组织单位有权将入选作品用于活动宣传，大展主题画册、展览以公益宣传等活动，并不另付稿酬，参展作品一律不退。入选作品如涉及著作权、版权、肖像权、名誉权或其他合法权利的纠纷，与活动组织单位无关，均由作者本人负责。

5. 所有入选作品，均视为参加 2016 年市教委主办的其它相关活动。

6. 摄影和绘画作品报送时间及地点：北京市学生金帆书画院（报送方式等其他要求另行通知）

五、兵棋推演活动

（一）时间

2016 年 5 月至 6 月

（二）地点

清华大学

（三）对象

全市普通高校、高职院校在校学生。

（四）要求

参与者需熟悉舰艇、装备、战术相关知识，还需具备缜密思维能力和统筹全局的能力。具体要求请与北京高校国防教育协会联系沟通。

六、全国海洋意识教育基地评选（北京）

（一）申请时间

截止日期为 2016 年 10 月 30 日

（二）申请对象

北京市各级各类学校

（三）申请资料

1. 申请报告：含：学校概况、基础设施建设情况、师资力量介绍。学校近年来开展海洋意识教育活动情况介绍（函：文字、图片、视频资料）及每学期用于开展海洋意识教育活动的课时安排、配套资源介绍。

2. 学校对于开展海洋意识教育活动承诺书；

（四）申请流程

请将《全国海洋意识教育基地申报表》（下载地址：国家海洋局宣传教育中心网站/教育基地工作平台）及申请报告、承诺书按要求上报至组委会办公室，经市教委、国家海洋局宣教中心、海军政治工作部批准后统一挂牌。

七、海洋意识拓展训练营

（一）时间

2016 年 5 月至 2017 年初

（二）地点

全国爱国主义教育基地、海军军训基地和海军驻海南岛部队。

（三）内容

探访沿海爱国主义教育基地，在海军部队基地进行培训学习，组织学生开展海洋、海权、海军相关活动。

北京市教育委员会

关于在全市中小学深入开展以节约粮食为重点的“三节”教育主题实践活动的通知

京教函〔2016〕219号

各区教委：

2013年，习总书记在同全国各族少年儿童代表共庆六一国际儿童节时，向全国青少年提出了“爱学习、爱劳动、爱祖国；节水、节电、节粮”的要求。教育部印发的《关于在中小学幼儿园广泛深入开展节约教育的意见》及北京市政府办公厅颁布的《北京市中小学培育和践行社会主义核心价值观实施意见》，对中小学生培养勤俭节约意识，树立绿色生活理念提出了具体的要求。

当前，我市中小学生中还存在浪费粮食、节电节水和环保意识不强的现象。针对这些问题，市教委决定在全市中小学深入开展以节约粮食为重点的“三节”教育主题实践活动，具体通知如下：

一、活动意义

青少年正处在思想道德和行为习惯养成的关键时期，以“三节、三爱”教育为抓手，教育和引导学生从我做起，从小养成勤俭节约的意识和习惯，把“俭以养德”教育作为中小学生的必修课。

二、活动目标

通过主题实践活动，为广大中小学生营造良好的教育氛围，教育引导学生正确认识国家粮食现状，懂得一粥一饭来之不易的道理，尊重劳动，珍惜劳动成果，自觉培养勤俭节约的良好生活习惯，增强环境意识和忧患意识。

三、工作重点

（一）加强教育，明确要求。各中小学要组织学生认真学习贯彻教育部颁布的《中小学生守则》，每学期开学要组织学生重温守则要求。学校要把节粮习惯培养作为养成教育的重要内容，细化要求，加强引导，强化导行。

（二）从我做起，积极行动。市教委将在全市中小学启动“‘零米粒’我们在行动”主题实践活动，引导学生科学、健康饮食，克服挑食等不良习惯，珍惜一餐一饭，每餐不剩菜和饭。发动学生主动查找身边的浪费现象并提出改进建议，在活动中受到教育，在情感认同的基础上自觉培养勤俭节约的行为习惯。

（三）加强宣传，营造氛围。各中小学校要围绕“三节”教育，发动学生动手制作和创编主题海报、公益广告、宣传栏、黑板报、动漫作品等，在校园或班级宣传栏、食堂等主要宣传位置进行张贴或播放，让“三节”教育在校园随处可见、随时可学。

（四）丰富载体，强化实效。各中小学要把节粮教育作为中小学践行社会主义核心价值观的重要内容，与学校文化建设相结合，与节约型校园建设相结合，与学校教育教学管理相结合，充分发挥课堂教学主渠道作用，加强实践体验，让学生懂得“一粥一饭来之不易”，提高学生节粮自觉性。

（五）示范先行，形成合力。教师、家长要在校园和家庭中树立以勤俭节约为荣、以铺张浪费为耻的荣辱观，带头践行“光盘行动”，防止餐桌浪费，要求学生做到的，教师、家长要首先做到，以实际行动影响、教育学生，发挥榜样示范作用。

四、工作要求

（一）高度重视，常抓不懈。各区要以此为契机认真研究“三节”教育的有效形式和长效机制。在工作开展中要将集中教育与日常教育相结合，将校内宣教与校外实践体验相结合，做好对中小学校的指导，将“三节”教育作为一项长期的教育任务抓实抓细。

（二）检查监督，狠抓落实。各中小学校要认真进行“三节”教育工作实施和效果的自查，重点检查校园食物浪费问题。区教委要对各校落实情况进行检查和指导，进一步细化管理，完善工作方案。全市要将“三节”教育纳入中小学督导检查范围，将学生“三节”情况作为学生综合素质评价的重要内容，采取有效措施坚决遏制粮食浪费现象。

（三）总结经验，示范引导。各区要注意总结提炼学校在“零米粒行动”中的好经验、好做法，充分利用各种媒体，组织“三节”教育专题报道，树立宣传“三节”先进个人、集体的典型，推广好的做法和举措，营造良好的舆论氛围，发挥正向引导作用。

2016 年 5 月 20 日

北京市教育委员会

关于做好2016年中小学网上夏令营活动的通知

京教函〔2016〕299号

各区教委：

为更好地引导中小学生树立社会主义核心价值观，充实暑期生活，引导中小学生绿色上网，市教委充分发挥北京市中小学数字德育网（moral. bjedu. cn）的育人功能，面向全市中小学生组织开展2016年网上夏令营活动。现将有关事项通知如下：

一、指导思想

2016年是中国共产党成立95周年和红军长征胜利80周年，网上夏令营面向全市中小学生，开展丰富多彩的网络互动活动，努力营造健康文明、寓教于乐的网络环境，引导广大中小学生大力弘扬爱国主义精神，增强党史、国史教育，让中小学生在实践中感知、领悟社会主义核心价值观，引领中小学生过一个健康而有意义的暑假。

二、活动主题

传播正能量　快乐过暑假

三、活动时间

2016年7月13日—8月31日

四、活动内容

网上夏令营以“传播正能量　快乐过暑假”为主题，遵循中小学生成长规律，设计中小学生喜闻乐见、互动性强的网络活动内容与形式，开设红旗舞动中国梦、快乐暑假我做主、志愿家庭我先行、勤于实践共成长 4 个版块，引导学生积极学习、亲身实践、传播美德、健康成长，度过一个快乐而有意义的暑假生活。

（一）红旗舞动中国梦

为庆祝中国共产党成立 95 周年和中国工农红军长征胜利 80 周年，引导广大中小学生大力弘扬爱国主义精神，推出以回顾党的光辉历程、讴歌党的丰功伟绩为主线的网上纪念活动。版块分为建党 95 周年和长征胜利 80 周年两个专区，从历史、领袖、党员事迹、文物图片、视频音乐等各方面全面展示中国共产党走过的 95 年辉煌道路。本版块活动包括：

1. 党旗飘飘指方向

百年风云变幻，红旗指引航程。通过“图说党史”“领袖人物纪念馆”“感动中国 100 人物”事迹展等栏目，形式多样地呈现党的 95 年风雨历程。

2. 长征精神伴成长

包括“长征历史”“文物故事”“文物保护与利用情况简介”等内容，还提供“长征组歌”和经典革命红歌在线试听和下载、优秀爱国主义影片下载观看。

（二）快乐暑假我做主

传递正能量、分享最快乐。本版块通过网络分享活动，鼓励广大中小学生积极规划好自己丰富多彩的暑期生活，分享阅读、劳动和旅行的快乐，引导广大中小学生养成爱阅读、爱劳动和文明出行的好习惯。本版块活动包括：

1. 暑假计划我来晒

请同学们动手做一个暑假计划表，可以是电脑合成的图片，也可以手工制作，按照要求上传到网上夏令营，和大家一起来分享自己丰富多彩的暑假计划。

2. 分享阅读我快乐

书籍伴成长、阅读最快乐。请同学们推荐一本最喜欢或最有意思的书给大家，与大家分享书中汲取的营养，获得的快乐。要求推荐书目积极健康。

3. 我爱劳动我真棒

劳动最光荣。利用暑假，请同学们帮爸爸妈妈做一些力所能及的事情，并将劳动成果拍下来与大家展示分享。

4. 快乐旅行我分享

读万卷书、行万里路。利用暑假去旅行吧，请同学们用自己的笔和相机记录下快乐旅行，然后到网上夏令营来与大家分享快乐旅行。

（三）志愿家庭我先行

志愿服务人人可为、时时可为、处处可为、事事可为。本活动倡导中小学生在暑假期间以家庭为单位，从身边小事做起，参加各类微公益志愿服务活动，传递身边美好。微公益志愿服务活动主要内容：

1. 邻里守望——关爱帮助身边的空巢老人、残疾人和困难家庭等，为他们送去温暖。

2. 文明出游——在假期外出游玩的路上记录旅途中的一次志愿服务活动。

3. 随手环保——垃圾分类，随手将废弃物扔进垃圾箱。

4. 乐学互助——为身边的小同学做一次课业辅导。

学生选择以上任意一项微公益志愿服务活动，和家长一起开展一次以家庭为单位的微公益志愿服务活动；拍摄一张以家庭为主体的志愿服务照片；记录一篇参加志愿服务的日志；分享一次参加志愿服务的经历。

（四）勤于实践共成长

实践出真知，欢乐共成长。本版块通过丰富多彩的活动设计，引导中小学充分利用暑假时间参与社会实践，培养创新精神和实践能力。本版块活动包括：

1. 职业体验我尝试

引导学生在暑假跟随父母或其他亲友上一天班去观察、去访谈，然后将所见所闻所感按照提纲整理成一篇短文或绘画，并到网上夏令营中与大家进行分享。

2. 创意达人竞技场

引导学生以“传播正能量　快乐过暑假”为主题，通过电脑平面设计作品的形式描绘出自己的暑假生活创意想法，为暑假生活插上创意的翅膀。

3. 社会实践我参与

发布社会大课堂资源单位暑假活动信息，激发学生参与社会实践的积极性和热情，引导中小学生积极参加社会实践活动，提升中小学生的综合素质。

4. 安全自护我能行

安全知识记心间，快乐生活每一天。多了解一项安全常识，就给同学们宝贵的生命和身体健康多一份保障。本活动根据中小学生的年龄和认知特点，设计了安全自护相关主题的闯关答题游戏，引导中小学生在游戏中学习安全自护知识和方法。

五、参与方法

全市中小学生可以在2016年7月13日—8月31日期间，直接访问北京市中小学数字德育网（网址：moral.bjedu.cn），点击北京市2016年中小学生网上夏令营图标，用自己的教育ID号和密码登录网上夏令营，进入相应活动页面，按照页面提示，自主参加网上夏令营的各项活动。

六、工作要求

（一）广泛宣传，积极动员。各区和学校要结合实际做好动员工作，切实发挥网上夏令营活动的育人功能。面向辖区中小学广泛宣传网上夏令营活动，将网上夏令营的具体内容和活动安排宣传到每所学校、每一名学生。各学校要积极与家长和学生沟通，将活动信息写入“暑假家长信”，让每一名学生都知道活动信息。

（二）精心组织，重在落实。各区要把网上夏令营活动纳入假期工作统筹安排，精心组织，督促落实。学校要引导学生积极参加网上夏令营的各项互动和实践活动，将参与网上夏令营活动作为学生暑假期间一项必须参加的活动。有条件的区和学校还可以在全市活动的基础上，结合各区和学校实际，组织各具特色的区级和校级网上夏令营活动。

（三）加强监管，确保安全。网上夏令营活动中，网络安全和信息安全是活动最重要的环节。根据安保工作要求，各区和学校要制定应急管理办法，确保网络安全畅通，保证学生网上夏令营活动的顺利进行；制定信息安全管理制度，全力保证网上活动运转安全有序，发布内容健康文明。做到暑假期间栏目有人监管、活动组织有序、信息及时更新、页面浏览顺畅。

2016 年 6 月 24 日

北京市教育委员会

关于开展中职德育“一校一品”创建评选活动的通知

京教函〔2016〕302 号

各区教委，各中等职业学校：

为进一步加强和改进我市中等职业学校德育工作，培育一批具有北京特色的中职德育品牌，营造人人皆可成才、人人尽展其才的良好环境，培养德能兼备的高素质技术技能人才，根据北京市教委《提升中职学生职业素养指导意见》关于加强德育品牌建设的有关要求，经研究，市教委、市职教学会决定开展北京市中职德育“一校一品”创建评选活动（以下简称“一校一品”创评活动）。现将有关事宜通知如下。

一、组织机构

“一校一品”创评活动由市教委、市职教学会牵头组织，成立评选活动领导小组，市德育与学生管理工作研究会负责实施，成立评选活动工作小组与专家工作小组，秘书处设在北京市商业学校。

（一）领导小组

组　长：黄侃　　北京市教委委员

副组长：李壑　　北京市职教学会会长

王东江　北京市教委职成处处长

成　员：杨颉　　北京市教委职成处副处长

杨帆　　北京市职教学会秘书长

柳燕君　北京市教科院职教研中心主任

史晓鹤　市职教学会德育与学生管理工作研究会主任

吕轮超　北京市教委职成处干部

（二）工作小组

组　长：史晓鹤　市职教学会德育与学生管理工作研究会主任

副组长：胡以伦　北京市职教学会副秘书长

张新颖　北京市职教学会副秘书长

蔡丰亭　市职教学会德育与学生管理工作研究会副主任

程彬　　市职教学会德育与学生管理工作研究会副主任

仪忠　　市职教学会德育与学生管理工作研究会副主任

陈济　　市职教学会德育与学生管理工作研究会主任兼秘书长

成　员：教育行政部门领导、职业学校主管领导及主任、学会领导、德育专家、优秀班主任及德育课骨干教师、相关企业人员。

（三）专家组

组　长：李壑　　北京市职教学会会长

王东江　北京市教委职成处处长

成　员：杨颉　　北京市教委职成处副处长

杨帆　　北京市职教学会秘书长

史晓鹤　北京市商业学校党委书记

吕轮超　北京市教委职成处干部

王霁　　中国职教学会德育工作委员会副主任

郑惠坚　原高等教育出版社副总编辑

富祥武　原教育部职成司德育处处长

习文　　中宣部时事报告职教版主编

（四）秘书处

秘书长：胡以伦

副秘书长：张新颖、程彬、陈济

二、评选活动安排

“一校一品”创评活动将分五批进行，每两年评选一次，首批评选活动安排如下：

（一）活动启动与学习阶段

1. 2016 年 7 月初召开全市“一校一品”创评活动启动大会。

2. 各中职学校组织学习《关于开展北京市中职德育“一校一品”评选活动的通知》内容，成立专项工作小组。

（二）准备材料与申报阶段

1. 参评主体：符合条件的我市所有中等职业学校均可申报。凡申报参评选的学校须在德育工作方面取得相应的成果，包括：近 3—5 年，评为德育工作先进单位、德育示范学校、德育先进个人，文明风采竞赛优秀组织奖，国家及北京市教学成果奖等。

2. 申报时间：各中职学校依据评选通知要求，认真准备申报材料，于 2016 年 8 月 20 日前将申报材料交秘书处。

3. 申报材料包括：

（1）申报表，一式三份，加盖学校公章。

（2）德育品牌说明材料，一式三份。

说明材料内容包括：学校德育品牌建设的思考与组织实施情况，以及建设成果情况，包括理念、做法、成效及影响等方面内容的文字材料，字数5000字左右。

（3）德育品牌典型案例，一式三份。

典型案例内容包括：建设背景、建设目标、建设内容与过程、建设效果。内容要求具体鲜活、内容充实，特点突出，典型示范。字数3000字左右。

（4）德育品牌视频材料，刻成光盘。文件格式为MP4、RMVB或FLV，大小不超过300M，时间不超过10分钟。

（5）附件：德育品牌建设的相关成果。

（6）以上申报材料需同时提交电子版。

4. 秘书处地址及联系方式

（1）纸质申报材料邮寄地址：

北京市昌平区北七家镇曹八西路28号北京市商业学校研究所。邮编：102209

（2）电子版申报材料报送邮箱地址：bjdy2014@163.com

（三）评审阶段

1. 初评阶段

2016年9月10日开始，组织工作小组人员对各学校提交的申报材料进行评审。推选出进入复评的项目。

2. 复评阶段

2016年10月10日开始，组织专家工作小组，对进入到复评的项目进行复审，并根据评选的需要，将组织专家进校现场评审。

3. 终评阶段

2016年12月10日前完成复评，将复评结果报创评领导小组，由领导小组组织终评，确定获得品牌称号的项目。

三、评选内容

依据北京市教育委员会《提升中职学生职业素养指导意见》的精神，以德育“一校一品”创评活动推动职业学校德育建设和德育实践创新，促进中职生职业素养全面发展，把德育贯穿于中职学校教育教学全过程，融汇于中职学校的所有教育活动中，强化育人功效，宣传推广德育工作经验，形成北京中职德育特色。

（一）建设理念与管理

先进的德育理念是学校德育品牌建设的灵魂。德育品牌建设理念评估重点：一是体现社会主义核心价值观教育与学校教育教学工作的融合，发挥社会主义核心价值观教育在培养中国精神、职业理想、职业精神等方面的引领作用；二是德育理念落地的保障措施，在切实地促进学生职业素养的提升方面，有相应的组织机构和完整的制度、机制。

（二）建设内容与过程

德育品牌建设是实践创新不断积淀的过程，也是学校德育工作特色的不断形成的过程。德育品牌建设内容与过程评估重点：一是与北京地区及学校自身特点结合，不断丰富和完善德育内容，体现创新性、时代性；二是德育工作创新成果的形成和特色的完善过程；三是结合德育内容，不断探索创新德育载体；四是对德育工作创新的反思，以典型案例的形式，提炼出德育工作创新经验和成果。

（三）建设效果与影响

德育品牌建设的可持续性在于品牌的效果与影响度。德育品牌的效果与影响评估重点：一是德育工作在促进学生和教师健康、全面成长方面的显著效果；二是德育品牌的影响度，主要是广度、深度、高度、持久度，传递出德育工作的正能量，产生出较强的德育工作吸引力和感染力。

（四）建设队伍与保障

德育品牌建设需要有队伍和基础条件的支撑保障。德育品牌的队伍与保障评估重点：一是有必要的建设经费保障；二是有必要的基础建设条件保障；三是有一支强有力的德育工作队伍支撑；四是德育已融入学校的各个方面。

（五）建设成果与特色

德育品牌建设不仅是传承、借鉴的过程，更是研发和创新的过程，是建立在实践和研究基础上的原创。德育品牌的成果与特色评估重点：一是成果的原创性，有实践和研究的基础支撑；二是成果的梳理和呈现，有成果的完整性；三是成果的特色突出，彰显职业教育育人特色。

四、表彰办法

（一）命名与颁牌

经评审专家组推荐，创评活动领导小组确认，对获评项目授予“北京市中等职业学校德育品牌”称号，评选结果将由市教委另行发文通知，并在2016年北京市职成教工作总结大会上进行宣布和颁牌。

（二）宣传与推广

评选结束后，组织媒体记者参加授牌表彰大会和德育品牌推介现场会，对获评的德育品牌进行宣传报道。组织专家对德育一校一品建设成果进行筛选后，编辑成册出版，同时通过网络宣传、视频展播等途径在北京乃至全国范围内宣传推广一校一品建设成果。

五、工作要求

（一）各区教委、各中职学校要高度重视“一校一品”创评工作，切实将创评工作与推进中职德育工作创新、提升学生职业素养紧密结合，将此次创评活动作为一次难得的梳理、总结、提炼学校德育工作和向兄弟院校学习交流的契机，全面推动本校德育工作的改革与创新。

（二）各中职学校要成立工作小组，安排充足的人力、物力，指导、组织好学校德育品牌的申报与参评工作，认真选拔、推荐优秀德育品牌参加评审。尤其是进入复评阶段的学校要积极主动配合秘书处精心组织好专家现场评审工作。

（三）各学校、各单位在创评工作中要重视和做好德育品牌的宣传和推广工作，力求将德育品牌形象化、可视化，通过报刊、网络、影视等载体进行推广与宣传。

2016年6月21日

北京市教育委员会

关于开展2017年中小学数字德育网上冬令营活动的通知

京教基一〔2016〕12号

各区教委：

为充分发挥北京市中小学数字德育网的育人功能，引导中小学生度过一个愉快而有意义的寒假，市教委基础教育一处联合北京教育科学研究院德育中心面向全市中小学生组织开展2017年网上冬令营活动，通过主题丰富的系列活动，为中小学生搭建网上交流和活动平台，引导学生绿色健康上网。现将有关事项通知如下：

一、指导思想

贯彻落实《北京市中小学培育和践行社会主义核心价值观实施意见》关于“挖掘和利用民族传统节日蕴藏的巨大教育资源，教育引导中小学生弘扬民族精神，传承民族文化，发扬传统美德，增强民族文化自信和价值观自信”的要求，针对中小学生特点，充分挖掘春节所蕴藏的丰富教育资源，开展丰富多彩的网络互动活动，营造健康文明、寓教于乐的网络环境，指导中小学生过一个健康而有意义的寒假。

二、活动主题

迎新春传家风树美德共成长

三、活动时间

2017 年 1 月 21 日—2 月 19 日

四、活动内容

围绕“迎新春传家风树美德共成长”主题，开设金鸡报春过新年、快乐寒假我做主、勤于实践共成长 3 个版块共 6 个活动栏目。

表一　2017 年网上冬令营活动板块概览

活动版块	活动栏目
金鸡报春过大年	新春佳节送祝福
	压岁钱我巧安排
快乐寒假我做主	寒假计划乐分享
	新春阅读最快乐
勤于实践共成长	志愿家庭暖新春
	社会实践我参与

（一）金鸡报春过大年

通过“新春佳节送祝福”和“压岁钱我巧安排”两个互动活动，引导学生热爱家庭、尊重长辈、学会感恩、传承中华优秀传统文化。

1. 新春佳节送祝福

新春送祝福、感恩暖人心。感恩是我们中华民族的传统美德，请同学们在新春到来之际，伴随着冬日里温暖的阳光，让小小的一句祝福，给父母、师长、亲朋和同学送去祝福，同时也留下一份美好的回忆。

2. 压岁钱我巧安排

压岁钱巧安排、会理财知节俭。每到新年，同学们总会收到压岁钱。请同学们拿起画笔（也可以制作电脑绘画作品），将自己对今年压岁钱的安排计划画成一幅图画，然后按要求上传到网上冬令营，和大家一起分享自己的压岁钱安排计划。

（二）快乐寒假我做主

传递正能量、分享最快乐。通过网络分享活动，鼓励广大中小学生积极规划自己丰富多彩的寒假生活，分享阅读的快乐，引导中小学生养成合理安排假期时间、喜爱阅读的好习惯。

1. 寒假计划乐分享

寒假最精彩、计划早安排。请同学们动手做一个寒假计划表，可以是电脑合成的图片，也可以手工制作，按照要求上传到网上冬令营，和大家一起分享自己丰富多彩的寒假计划。

2. 新春阅读最快乐

书籍伴成长、阅读最快乐。请同学们推荐一本自己最喜欢、内容积极健康的书给大家，与大家分享书中汲取的营养、获得的快乐，并写上自己的推荐书评。

（三）勤于实践共成长

实践出真知，欢乐共成长。通过丰富多彩的活动，引导中小学生充分利用寒假时间参加社会志愿服务，参与社会实践，培养创新精神和实践能力。

1. 志愿家庭暖新春

志愿家庭暖新春、公益行动乐分享。志愿服务人人可为、时时可为、处处可为、事事可为。请同学们在寒假期间和家长一起开展一次以家庭为单位的微公益志愿服务活动，拍摄一张以家庭为主体的志愿服务照片，并到网上冬令营来分享参加志愿服务的经历。

2. 社会实践我参与

社会大课堂、实践我参与。请同学们利用寒假时间积极参与丰富多彩的社会实践活动，并将参加社会实践活动的照片、感受和收获上传到网上冬令营中与大家共同分享。

五、参与方法

全市中小学生可在2017年1月21日—2月19日期间，访问北京市中小学数字德育网（网址：moral. bjedu. cn），点击“北京市2017年中小学生网上冬令营”图标，用自己的教育ID号和密码登录，进入相应活动页面，按照页面提示参加网上冬令营的各项活动。

六、工作要求

（一）积极开展宣传，引导学生主动参与

积极开展动员宣传和组织工作，将网上冬令营的具体活动内容和时间安排传达到辖区内的每一所学校。各中小学应加强与学生和家长的沟通，将网上冬令营活动信息写入“寒假家长信”，让每一名学生都知道活动信息，引导学生主动参与各项活动，切实发挥网上冬令营的育人功能。

（二）精心组织实施，确保活动取得实效

将网上冬令营活动纳入假期工作，统筹安排，精心组织，督促落实。指导学校采取灵活多样的方式对学生社会实践情况和效果进行科学、准确和全面评价，探索通过实践成果分享、研究性学习报告、撰写实践体会等形式检测学生实践活动参加情况和活动效果。有条件的区和学校可在全市活动的基础上，开展富有特色的区级和校级网上冬令营活动。

（三）加强管理与教育，维护网络环境健康

制定应急管理办法和信息安全管理制度，确保网络安全畅通、活动运转有序。寒假期间安排专门人员进行监管，确保栏目信息及时更新、页面浏览顺畅。对学生开展网络安全和信息安全教育，引导学生健康文明发言，做健康网络生活的主人。

2016年12月30日

体育·卫生

北京市教育委员会文件选编

(2016)

北 京 市 教 育 委 员 会
北京市卫生和计划生育委员会

关于进一步开展北京市中小学健康管理家校合作工作的通知

京教体艺〔2016〕1号

各区教委、卫生计生委，市疾病预防控制中心：

党和政府高度重视学生健康问题。专家研究表明，指导家长对学生进行家庭健康管理对改善学生健康状况至关重要。为进一步开展中小学生健康管理家校合作工作，形成家庭、学校联动的促进学生健康工作模式，市教委与阿里巴巴（中国）有限公司共同研发了《北京市中小学健康管理家校合作系统——师生家校》（以下简称“家校合作系统”）。在前期试运行的基础上，市教委、市卫生计生委将于2016年1月全面启动家校合作系统。现将有关事宜通知如下：

一、服务范围及对象

（一）服务范围：全市中小学。

（二）服务对象：全市中小学各级管理人员、班主任、校医及学生家长。

二、应用时间

2016年寒假前全市中小学全面启动、应用家校合作系统。寒假期间通过该系统指导家长带领学生开展家庭健康锻炼，开学后完成学校晨午检上报以及家庭健康管理。

三、工作职责

（一）市教委、市卫生计生委

负责全市各区中小学使用家校合作系统的组织管理、协调工作。

（二）市疾控中心

协助市教委、市卫生计生委做好全市数据汇总分析和使用情况评估，为学校传染病、常见病、慢性病防控工作的开展提供数据支持。

（三）各区教委、卫生计生委

负责辖区各学校使用家校合作系统的组织管理、协调、培训工作，并指定专人负责做好数据对接工作。

（四）各区中小学卫生保健机构、区疾控中心

相互配合做好辖区数据分析、疫情信息的核查、研判、报告和疫情处置。

（五）全市各中小学校

负责组织培训教师和学生家长安装、使用家校合作系统。

（六）阿里巴巴（中国）有限公司

负责做好全市各学校使用家校合作系统的培训、技术支持及保障服务工作。

四、具体工作

（一）按要求完成使用培训

1. 区级培训：阿里巴巴（中国）有限公司北京市中小学健康管理家校合作系统项目组负责组织开展区级培训，并于寒假前全部完成。区级培训要求学校主管领导、信息管理员和校医（卫生老师）各 1 人参加。各区教育、卫生计生部门负责总体协调，确保培训学校覆盖率达到 100％。

2. 校级培训：各学校在区级培训的基础上，在专业人员的技术指导下组织各类相关人员以及家长进行校级培训，并于寒假前全部完成。学校培训由主管校长统一负责，培训覆盖率达到 100％。

3. 各区要提前将《北京市中小学健康管理家校合作系统使用

手册》发到各中小学，以便及时发送到家长手中。学校要指导家长完成手机下载安装“北京市中小学健康管理系统一师生家校”，并顺利操作，实现家长与学校的正常交流。

（二）充分利用家校合作系统

各中小学要利用家校合作系统了解学生每天家庭健康作业的完成情况，同时将晨午检情况及时上传区教委有关部门。区教委确定机构和人员负责接收学校上传信息并每日及时转本区疾病预防控制中心指定的部门和人员。

各中小学使用家校合作系统后不再通过《北京市中小学校传染病早期预警监测系统》上报，市区疾控中心仍要坚持做好中小学校传染病早期预警统计分析上报工作。在以上两个系统调整和工作衔接的过程中，信息上报工作不能间断，确保晨午检制度落实到位。

（三）落实晨午检工作要求

家校合作系统把晨午检工作前置到了家庭，为学校赢得传染病防控研判工作的时间，减少传染病传播的机会。各学校要进一步完善因病缺课监测工作机制，密切关注该系统每天学生因病缺课情况，确保因病缺课报告率，一旦发现异常现象要及时上报区教委。区教委要协同区疾控中心认真分析调查，以最快的速度进行研判，指导学校做好传染病防控工作，并通知家长密切配合。

（四）及时汇总分析信息

区疾控中心要及时对教育部门提供的学校相关信息进行汇总分析，发现异常问题要及时与中小学卫生保健所相互沟通。中小学卫生保健所要配合开展学校信息核实，同时报告同级教育、卫生计生行政部门，以便及时有效的处理问题，保护学生的健康。

（五）加强工作沟通

学校、各级教育、卫生部门要加强工作沟通，及时研究解决家校合作系统使用过程发现的问题。

2016 年 1 月 12 日

北京市教育委员会办公室

转发教育部办公厅关于做好春季传染病防控工作文件的通知

京教体艺办〔2016〕1号

各区教委，各普通高校、中等专业学校：

现将《教育部办公厅关于做好春夏季传染病防控工作的通知》（教体艺厅〔2016〕1号）转发给你们，请遵照执行。

2016年3月23日

教育部办公厅

关于做好春夏季传染病防控工作的通知

教体艺厅〔2016〕1号

各省、自治区、直辖市教育厅（教委），新疆生产建设兵团教育局，部属各高等学校：

近期，部分南美洲国家发生经蚊媒传播的寨卡病毒暴发疫情，引起全球广泛关注，我国也发现多例输入性寨卡病毒感染病例。当前，我国大部分地区气温逐渐回升，尤其是南方部分地区气温较高，蚊媒密度将很快上升，通过蚊媒传播疾病的风险增加，另外，春夏季也是肠道传染病和食物中毒高发季节。为做好春夏季传染病防控工作，现提出以下工作要求。

一、各地教育行政部门和学校要高度重视通过蚊媒传播的传染病防控工作，主动与地方爱卫办沟通和联系，按照当地的总体安排，及时部署学校开展以灭蚊为主题的专项环境卫生整治活动。要把开展“清洁家园、灭蚊防病”春季爱国卫生运动、有效防控寨卡病毒病、登革热等传染病作为当前的一项重要工作抓紧抓好。

二、各级各类学校要把防控寨卡病毒、登革热等蚊媒传染病、春夏季传染病以及预防食物中毒作为当前学校卫生防病宣传教育重点，通过健康教育课及其他多种宣传形式向师生、家长普及防蚊灭蚊知识、春夏季传染病防控知识和食品安全科普知识，提高师生防蚊灭蚊、预防疾病的能力以及有疑似症状主动就医的意识。要保证学生体育锻炼时间，教育和督促学生加强体育锻炼，引导学生养成健康的生活方式，增强对疾病的抵抗力。

三、各级各类学校要按照全国爱卫办的统一要求，集中开展一次以灭蚊为主题的环境卫生整治行动，做好校园环境清理整治工作。特别是要及时清除校园积水，仔细做好厕所、卫生间、垃圾箱、花坛、下水道、蓄水池等易滋生蚊虫场所的清理整治，保证校园清洁无死角。在卫生部门的指导下，根据本地区气候特点，针对性地开展灭蚊工作。

四、各级各类学校要切实落实食品安全和饮用水安全管理制度和措施，要按照《食品安全法》及其相关规定，认真履行学校食品安全管理主体责任，特别要严格食品采购、加工、供应、贮存等关键环节的安全管理，加工食品时要确保煮熟煮透。有自备水源、二次供水设施、食堂蓄水池的学校要在卫生部门的指导下做好相关供水设施的清洁、消毒等管理工作，定期请当地卫生部门进行水质检测，确保饮水安全。

五、各地中小学校和托幼机构要切实落实晨检、因病缺勤病因追查与登记制度，一旦发现师生有发热、皮疹（多为斑丘疹）、关节痛、肌肉痛、结膜炎等症状，要督促其及时就医，并及时报告当地疾病预防控制机构和教育行政部门。高校校医院要严格按照有关规定，做好传染病疫情监测、排查和报告工作，确保做到传染病疫情早发现、早报告、早处置。

附件：防蚊灭蚊宣传知识要点（略）

2016 年 3 月 4 日

北京市教育委员会办公室

关于做好 2016 年全国青少年校园足球特色学校及试点区遴选工作的通知

京教办函〔2016〕8 号

各区教委、燕山教委：

为贯彻落实教育部办公厅《关于做好 2016 年全国青少年校园足球特色学校及试点县（区）遴选工作的通知》（教体艺厅函〔2016〕2 号），加快推进本市校园特色学校及试点区建设，经研究，决定面向全市组织开展全国青少年校园足球特色学校（以下简称特色学校）和校园足球试点区遴选推荐工作。现将有关要求通知如下：

一、工作目标

通过特色学校及试点区的遴选，积极推动校园足球的普及，形成一批校园足球教育教学工作引领示范的典型；引导各区不断完善特色学校的布局，逐步形成中小学搭配合理的特色学校格局；带动学校进一步强化体育课和课外锻炼，切实提高学生体质健康水平，满足学生足球学习的需求。

二、遴选范围

本次特色学校遴选工作，面向市级特色学校开展，各区要积极动员本区市级特色学校开展申报工作。特色学校名单见附件4。

三、申报条件

凡符合《全国校园足球特色学校基本标准（试行）》条件的市级特色学校和区域内60%以上的中小学能达到特色学校标准的区均可申报。

四、遴选程序

特色学校和试点区遴选程序，按照由学校和区教委自主申报，区、市教委逐级审核推荐，教育部综合认定三个阶段组成。同时，实行网上登录和申报，具体方法附后（附件5，略）。

（一）自主申报

凡达到申报条件的学校和区，要填写申报表（附件1、附件2，略），并将申报报告及相应支撑材料等，报送上一级教育行政部门审核。同时，申报学校和区要从网上登录申报系统，将申报相关材料按要求进行网络申报。

（二）部门审核

1. 区级审核。各区教委要根据全国校园足球特色学校基本标准，组织专家组对申报学校的申报报告及相应支撑材料进行审核，将达到标准要求的学校列为遴选对象向市教委推荐，同时登录网上申报系统，提交申报学校的有关电子材料。

2. 市级审核。市教委将根据全国校园足球特色学校基本标准和试点区基本条件要求，组织专家组对申报学校和区的申报报告及相应支撑材料进行审核，将达到标准要求的学校和县（区）列为遴选对象，向社会公示结果后，报教育部进行推荐。

3. 综合认定。教育部在各地审核推荐的基础上，组织专家进行复核遴选，并结合相关工作进行实地抽查，经面向社会公示后，最终认定特色学校和试点区入选名单，并予以公布。

五、政策支持

（一）对经综合认定的学校和试点区，教育部命名为“全国校园足球特色学校”和“全国校园足球试点县（区）”并授牌。

（二）国家对特色学校在校园足球教学、训练和竞赛、师资培训、选送学生培训等方面给予一定的支持；并将特色学校情况纳入对地方政府教育工作考核内容，纳入各级教育行政部门年度目标考核的重要内容。

（三）鼓励各区依据校园足球特色学校基本标准，开展本区校园足球特色学校建设工作，形成建设梯队。

六、有关要求

（一）各申报单位要严格按照本通知要求，依据全国校园足球特色学校基本标准（试行）和试点县（区）基本条件，实事求是撰写申报报告；申报支撑材料要真实可靠，有备案可查。对于申报材料弄虚作假的单位，实施“一票否决”。

（二）各地要遵循统筹兼顾、合理匹配，注重衔接、便于升学，立足长远、因地制宜，做好存量，发展增量的遴选原则，可适当向寄宿制学校和九年一贯制学校倾斜。

（三）请各区于2016年4月14日（星期四）前将相关申报材料及申报汇总表（附件2、附件3，略）报送至首都体育学院，汇总表电子版发送至指定邮箱。

附件：1. 全国校园足球特色学校申报表（略）

2. 全国校园足球试点县（区）申报表（略）

3. 全国校园足球特色学校申报汇总表（略）

4. 北京市校园足球特色学校名单

5. 全国校园足球特色学校遴选申报系统有关说明（略）

2016年3月23日

附件 4

北京市校园足球特色学校名单

区	学校名称	级别
东城区	北京市崇文小学	国家级
	北京市东城区安外三条小学	国家级
	北京市第一师范学校附属小学	市级
	北京市东城区史家胡同小学	市级
	北京市东城区府学胡同小学	市级
	北京市东城区西中街小学	市级
	北京市东城区回民小学	市级
	北京市第五十四中学	市级
	北京汇文中学	市级
	北京市东直门中学	市级
	北京市文汇中学	市级
	北京市第五中学分校	市级
西城区	北京市宣武回民小学	国家级
	北京市西城区进步小学	国家级
	北京市西城区育翔小学	市级
	北京第二实验小学	市级
	北京第二小学玉桃园分校	市级
	北京市西城区登莱小学	市级
	北京市宣武师范学校附属第一小学	市级
	北京市西城区中古友谊小学	市级

续表1

区	学校名称	级别
	北京市回民学校	市级
	北京市第七中学	市级
	北京市第一五九中学	市级
	北京育才学校	市级
朝阳区	北京市朝阳区望京南湖东园小学	国家级
	北京市朝阳区定福庄第一小学	国家级
	北京市朝阳区新升小学	市级
	北京市朝阳区第二实验小学	市级
	北京市朝阳区楼梓庄中心小学	市级
	北京市朝阳区实验小学	市级
	北京师范大学奥林匹克花园实验小学	市级
	北京师范大学朝阳附属小学	市级
	北京市朝阳区黑庄户中心小学	市级
	北京市朝阳区劲松四小	市级
	北京市十八里店中学	市级
	北京市三里屯一中	市级
	北京市陈经纶中学	市级
	中国人民大学附属中学朝阳学校	市级
	北京市第十七中学	市级
	北京市第八十中学枣营分校（小学部）	市级
	北京市芳草地学校富力分校	市级
	北京市陈经纶中学分校	市级
	北京市望京实验学校	市级
	北京市和平街第一中学	市级

续表 2

区	学校名称	级别
海淀区	清华大学附属小学	国家级
	北京市海淀区实验小学	国家级
	北京市海淀区七一小学	市级
	北京市海淀区中关村第三小学	市级
	北京市海淀区教师进修学校附属实验小学	市级
	北京市海淀区永丰中心小学	市级
	北京市海淀区中关村第一小学	市级
	北京石油学院附属小学	市级
	中国人民大学附属小学	市级
	北京师范大学附属实验小学	市级
	北京科技大学附属小学	市级
	清华大学附属中学上地学校	市级
	北京市第四十七中学	市级
	北方交通大学附属中学	市级
	北京市第二十中学	市级
	中国人民大学附属中学	市级
	北京市清华育才实验学校	市级
	北京市十一学校	市级
	北京市十一学校一分校	市级
	北京市八一学校	市级
丰台区	北京市丰台区芳城园小学	国家级
	北京市第十八中学附属实验小学	国家级
	首都医科大学附属小学（原右安门一小）	市级

续表 3

区	学校名称	级别
	北京市丰台区草桥小学	市级
	北京市丰台区扶轮小学	市级
	北京市海淀区实验小学丰台分校（原六里桥小学）	市级
	北京市丰台区新发地小学	市级
	北京市第十二中学	市级
	北京市第十中学	市级
	北京市赵登禹学校	市级
	中央民族大学附属中学丰台实验学校（原王佐中学）	市级
	北京市丰台区第二中学	市级
	北京市第十八中学	市级
石景山区	北京市石景山区金顶街第二小学	国家级
	北京市京源学校小学部	国家级
	北京市石景山区外语实验小学	市级
	北京大学附属小学石景山学校（原石景山区六一小学）	市级
	北京市石景山区古城第二小学	市级
	首都师范大学附属苹果园中学	市级
	北京市第九中学	市级
	北京景山学校远洋分校	市级
门头沟区	北京市门头沟区大峪第一小学	国家级
	北京市门头沟区大峪第二小学	市级
	北京第二实验小学永定分校	市级

续表4

区	学校名称	级别
	北京市门头沟区育园小学	国家级
	北京市门头沟区新桥路中学	市级
	北京市大峪中学分校	市级
	首都师范大学附属中学永定分校	市级
	北京市大峪中学	市级
房山区	北京市房山区阎村镇阎村中心小学	国家级
	北京市房山区窦店中心小学	市级
	北京市房山区韩村河镇韩村河中心小学	市级
	北京市房山区良乡第五小学	市级
	北京市房山区琉璃河镇琉璃河中心小学	市级
	北京市房山区琉璃河镇南召中心小学	市级
	北京市房山区青龙湖镇坨里中心小学	市级
	北京市房山区窑上中心小学	市级
	北京市房山区窦店中学	市级
	北京市房山区良乡第三中学	市级
	北京市房山区良乡第四中学	市级
	北京市房山区房山中学	市级
	北京市房山区良乡中学	市级
	北京市房山区北潞园学校	国家级
通州区	北京市通州区运河小学	国家级
	北京市通州区潞城镇中心小学	国家级
	北京小学通州分校	市级
	北京市通州区玉桥小学	市级

续表 5

区	学校名称	级别
	北京市通州区马桥镇中心小学	市级
	北京市通州区张家湾镇中心小学	市级
	北京第二中学通州校区	市级
	北京市通州区第二中学	市级
	北京市通州区张家湾中学	市级
	北京市通州区潞河中学	市级
	北京市通州区运河中学	市级
	北京市通州区第三中学	市级
	北京育才学校通州分校	市级
顺义区	北京市顺义区南彩第二小学	国家级
	北京市顺义区后沙峪中心小学校	国家级
	北京市顺义区石园小学	市级
	北京市顺义区光明小学	市级
	北京市顺义区双兴小学	市级
	北京市顺义区仇店中心小学校	市级
	北京市顺义区李桥中心小学校	市级
	北京市顺义区杨镇中心小学校	市级
	北京市顺义区第十三中学	市级
	北京市顺义牛栏山第一中学	市级
昌平区	北京市昌平区东小口中心小学	国家级
	北京市昌平区大东流中心小学	国家级
	北京市昌平区天通苑小学	市级
	北京市昌平区回龙观中心小学	市级

续表 6

区	学校名称	级别
	北京市昌平区七里渠中心小学	市级
	北京市昌平区城关小学	市级
	北京市昌平区小汤山中心小学	市级
	北京市昌平区第四中学	市级
	北京市昌平区第五中学	市级
	北京市昌平区小汤山中学	市级
	北京市昌平区一中学	市级
	北京市昌平区百善学校	市级
	北京市第十五中学南口学校	市级
	北京市昌平区长陵学校	市级
大兴区	北京市大兴区旧宫镇第一中心小学	国家级
	北京市大兴区魏善庄镇第一中心小学	国家级
	北京市大兴区青云店镇第一中心小学	市级
	北京市大兴区魏善庄第二中心小学	市级
	北京师范大学大兴附属小学	市级
	北京市大兴区瀛海镇第一中心小学	市级
	北京市大兴区北臧村中心小学	市级
	北京市大兴区第十小学	市级
	北京市大兴区第七中学	市级
	北京市第十四中学大兴安定分校	市级
	北京市大兴区德茂中学	市级
	北京市大兴区青云店中学	市级

续表 7

区	学校名称	级别
	北京市大兴区魏善庄中学	市级
	首都师范大学附属中学大兴南校区	市级
平谷区	北京市平谷区第八小学	国家级
	北京市平谷区金海湖第二小学	国家级
	北京市平谷区第二小学	市级
	北京市平谷区第九小学	市级
	北京市平谷区南独乐河学区	市级
	北京市平谷区大兴庄学区	市级
	北京市平谷区山东庄学区	市级
	北京师范大学附属中学平谷第一分校	市级
怀柔区	北京市怀柔区实验小学	国家级
	北京市怀柔区怀柔镇中心小学	国家级
	北京市怀柔区九渡河镇中心小学	市级
	北京市怀柔区杨宋镇中心小学	市级
	北京市怀柔区第六小学	市级
	北京市怀柔区第三中学	市级
	北京市怀柔区第四中学	市级
	北京市怀柔区第一中学	市级
密云区	北京市密云区溪翁庄镇中心小学	国家级
	北京市密云区第五小学（民族小学）	国家级
	北京市朝阳区实验小学密云学校	市级
	北京市密云区河南寨镇中心小学	市级
	北京市密云区水库中学	市级

续表 8

区	学校名称	级别
	北方交通大学附属中学密云分校	市级
	北京市密云区第七中学	市级
	北京市密云区河南寨中学	市级
延庆区	北京市延庆区康庄中心小学	国家级
	北京市延庆区第四小学	国家级
	北京市延庆区第二小学	市级
	北京市延庆区第三小学	市级
	北京市延庆区大柏老中心小学	市级
	北京市延庆区太平庄中心小学	市级
	北京市延庆区珍珠泉中心小学	市级
	北京市延庆区八里庄中心小学	市级
	北京市延庆区第四中学	市级
	北京市延庆区康庄中学	市级
	北京市延庆区第七中学	市级
	北京市延庆区第五中学	市级
	北京市延庆区第一中学	市级
	北京市延庆区第二中学	市级
	北京市延庆区香营学校	市级
燕山	北京市燕山前进中学	市级
	北京市燕山东风小学	国家级
市属	北京西藏中学	国家级

北　京　市　教　育　委　员　会
北京市卫生和计划生育委员会

关于开展2016年北京市中小学校健康月系列活动的通知

京教函〔2016〕185号

各区教委、卫生计生委，市疾控中心：

为了落实市教委、市卫生局、市政府教育督导室《关于进一步加强北京市中小学校和托幼机构防近视、控肥胖工作的意见》（京教体艺〔2013〕8号），做好2016年北京市学校卫生工作，市教委和市卫生计生委决定继续在全市中小学校开展健康月系列活动。现将有关事项通知如下：

一、深入开展校园健康大讲堂工作

（一）各区继续组织专家进校园开展健康大讲堂活动。宣教对象主要是家长、老师和学生，授课内容要围绕“防近视、控肥胖”主题开展。专家进校园健康大讲堂学校覆盖率应达50％，到2017年底达100％。

（二）开展校园大讲堂专家培训。各区以2015年印发的专家示范课程和精品课程为参考，结合各区需求和专家状况对授课专家进行培训，以确保专家授课的质量和效果。

（三）做好专家授课现场录制与评估。各区组织学校落实每节大讲堂课程的现场录制工作，在每节课随机抽取不少于50名听众进行授课效果评估，并在此基础上推荐专家精品课程。

（四）多渠道对家长和学生进行科学的健康指导。各学校利用家长会、家长学校、校园网络平台，向家长和学生播放2015年专家示范课程和精品课程，对家长和学生进行科学的健康指导。

二、开展中小学生家庭健康管理

全市所有中小学校均应以班级为单位指导家长开展家庭健康管理，具体要求如下：

（一）持续推进以学校为基础、家长为主体的家庭健康管理工作。提醒家长每天督促孩子做一次眼保健操、给孩子做一次家庭护眼按摩操、带领孩子进行不少于0.5小时的体育锻炼。每周对孩子的视力和体重进行一次监测，及时评估视力与营养状况的变化。对于体重增长过快和视力下降的学生，老师要及时督促家长到医院进行进一步诊疗和干预。

在节假日期间学生肥胖和近视发展速度最快，学校要进一步提醒家长不能放松对学生的健康管理，要坚持做好每日锻炼、眼保健、家庭护眼按摩操和健康自测。

（二）在全市小学二年级学生中开展《我的爱眼日记》活动、在小学三年级学生中开展《视力自测》活动，指导学生从小养成良好的用眼行为。

（三）学校要积极组织学生和家长参加2016年“我和家长一起锻炼·我的家庭锻炼日记”摄影大赛。

三、开展“饮食教育促健康”健康月主题宣传活动

2016年9至10月，在全市中小学校开展以“饮食教育促健康”为主题的健康月宣传教育活动。具体内容包括：

（一）利用校园广播、宣传栏、校园网络等多种形式，开展一次以“健康饮食、加强锻炼”为核心的预防肥胖和近视的主题宣传教育活动。活动覆盖所有中小学校。

（二）利用健康教育课、主题班会、大讲堂、家长会等渠道，为学生（可以包括家长）上好一堂“健康饮水”主题实践健康教育课，各区学校覆盖率不低于50%。

四、工作要求

（一）市疾控中心、市教育学会学校卫生保健研究分会、北京预防医学会儿少青卫生专业委员会和北京学生营养餐协会依据本通知要求制定市级各项活动方案并协助市教委、市卫生计生委组织实施。

（二）各区教委、卫生计生委共同制定辖区活动方案并组织实施。区中小学卫生保健所、疾控中心协助两委做好活动的技术支持和组织管理，负责各项活动的评估和总结。

（三）各中小学校负责各项活动的组织落实，做好健康教育和健康宣传，强化家校合作机制，全面推进中小学生家庭健康管理工作。

（四）各区、各学校要注意收集文字、影像等活动资料。根据各项活动实施方案的不同要求，及时总结评估、上报材料。各区教委、区卫生计生委请于2016年12月15日前联合上报年度健康月系列活动工作总结。

五、联系方式（略）

2016年5月3日

北京市教育委员会

关于开展中小学体育教学质量提升计划启动年有关工作的通知

京教函〔2016〕253号

各区教委、燕山教委：

为贯彻落实国务院办公厅《关于强化学校体育促进学生身心健

康全面发展的意见》（国办发〔2016〕27号）精神，进一步强化体育课和课外锻炼，全面提升“十三五”期间的中小学体育教学质量，市教委决定实施中小学体育教学质量提升计划，并将2016年作为“中小学体育教学质量提升计划启动年”（以下简称“体育教学质量提升启动年”），现将有关事宜通知如下：

一、提高认识，明确目标

强化学校体育是实施素质教育、促进学生全面发展的重要途径，对促进教育现代化、建设健康中国和人力资源强国，实现中华民族伟大复兴的中国梦具有重要意义。党中央、国务院高度重视学校体育，党的十八届三中全会作出了强化体育课和课外锻炼的重要部署，国务院对加强学校体育提出明确要求。体育教学作为学校体育工作的主阵地、主渠道，直接关系到全体学生的健康成长和全面发展。各区教委要高度重视，把提高中小学体育教学质量、促进学生全面发展作为“十三五”期间提升区域学校体育工作的重要内容之一，并认真抓好抓实体育教学质量提升启动年的各项工作。

各区教委和相关单位要以贯彻落实国办发〔2016〕27号文件精神为契机，积极围绕“天天锻炼、健康成长、终身受益”的工作目标，结合国家及本市近年来有关学校体育工作的整体部署和各区实际，强化课堂管理，提高课堂实效，优化教学保障，创造性地开展工作，努力让学生掌握一至两项运动技能，逐步形成“一校一品”“一校多品”的教学模式，切实提高中小学体育教学质量。

二、夯实基础、狠抓落实

各区要认真梳理国家及本市关于加强学校体育工作的精神和具体举措，建立工作台账，认真组织落实。要将强化体育课作为学校体育的基础内容和重点任务，逐步形成由区教委业务科室指导、学校主管校长负责、体育教研组长落实的三级管理体系，全面加强对学校体育教学的日常管理和监督检查。

（一）抓好学校体育工作制度上墙

各中小学要认真学习和梳理近年来教育部及市、区教委关于加强学校体育工作的有关要求，并结合自身实际制定本校相关管理制度。内容要涵盖学校体育工作的各个方面，将各级教育行政部门的要求和规定列入其中，张贴于体育教研组或校内醒目位置，并认真贯彻执行。各区教委要对区域内中小学校的落实情况进行检查。从2017年起，市教委将结合学校体育评估等工作对该项制度的落实情况进行抽查，未按要求完成制度上墙的区和学校，将进行全市通报，并限期整改。

（二）建立体育教研员听课及报告制度

除集体视导外，要建立市、区体育教研人员日常听课制度，多听推门课、常态课。每一名市教研员年听课量不低于50节，涵盖学校不低于20所；每一名区教研员年听课量不低于100节，涵盖学校数量不低于负责学段学校总数的20%。市、区体育教研员在听课的过程中，要关注学校体育工作各项制度的建设和落实情况，并如实记录听课的基本情况。听课记录的内容及格式按照教研人员所在单位的要求执行。

在每年10月1日前，各区体育教研员要向区教委业务科室和市基教研中心体育教研室提交1份学年度体育教学情况调研报告(5000字以内)。报告内容涵盖：基本情况概述、教学工作的特色和亮点、成效与经验、问题及不足，并提出解决问题的办法和建议。市教研员要在区级调研报告的基础上，结合集体下校视导和日常听课实际，向市教委体卫艺处和基教研中心提交北京市中小学体育与健康学科教学情况年度报告。各区教委每年要结合教研员上报的年度报告和各区实际，制定区级强化体育教学年度工作方案，并于每年10月30日前报市教委体卫艺处备案。

（三）规范体育课堂教学文件

各中小学校要依据《体育与健康课程标准》及审定教材，结合体育工作实际需求，组织教师编写学年、学期、单元和课时计划；体育教师要严格按照计划开展教学工作，坚决杜绝无教案开展体育课堂教学。鼓励教龄不足6年的体育教师手写教案。市、区教研部门在日常听课中要对落实情况进行检查，并定期向区教委业务科室反馈情况。

三、围绕重点，强化保障

教师能力和教学设备是加强体育教学的重要保障，针对中小学体育师资水平需要提升和设备标准需要完善的问题，结合本市中小学校体育教学工作实际，重点开展以下三项工作：

（一）开展“千人百课”教学交流与展示活动

2016年，以校园足球教学为龙头，开展足球、篮球和排球3个项目的优秀教学案例征集与评选工作。全市计划征集课例200节（名额分配见附件1）。市级（含国家级）校园足球特色学校要大力开展足球教学并积极参加“千人百课”教学交流与展示。市教委将把各校参与优秀足球教学案例征集与评选活动的数量及获奖情况，纳入特色校评估体系，作为评估校园足球特色学校的重要指标之一。

其他工作要求参照我委《关于开展中小学校园足球等教学课例征集及评选工作的通知》（京教函〔2015〕22号）执行，课例报送的时间延迟至2016年10月21日（星期五）。

各区教委要认真协调好本辖区的优秀课例评选与推荐工作，在全市范围内形成“人人关注、校校参与、区区精彩”的体育教学交流局面。对未按要求推荐教学案例的区，在今后的评选工作中，将核减该区的推荐名额。

（二）开展中小学体育教师教学技能考核与提升工作

结合近年来各区新入职的体育教师较多、专业背景不一、专业能力有待提高等现状，市教委计划于“十三五”期间，面向全体中小学体育教师开展新一轮教学技能考核与提升工程。考核工作按照“分层管理、分工负责、全员覆盖、应考必考”的原则和《北京市中小学体育教师教学技能考核与提升工作方案》（附件2）进行。2016年，各区要启动辖区内体育教师的考核工作，并统筹安排好“十三五”期间的考核。市级考核工作将以随机抽查的形式开展。“十三五”期间，市级抽查考核实现“全覆盖、无死角”。同时，我委将组织专家对全市所有校园足球特色学校的体育教师进行足球专项技能考核。

（三）修订义务教育阶段体育学科专用教学设备配置标准

体育学科专用教学设备配置标准是各区教委和学校改善办学条件的重要依据，也是促进教育现代化的重要保障。为更好地适应中小学体育工作的发展，市教委将组织修订义务教育阶段学校体育教学设备标准。修订工作结合各学段体育教学及相关学校体育工作的需求，重点结合校园足球和冰雪运动发展的需要，为科学有效推进学校体育工作的全面发展提供更好保障。

附件：1. 2016 年北京市中小学体育课例评选名额分配表

2. 北京市中小学体育教师教学技能考核与提升工作方案

2016 年 6 月 6 日

附件 1

2016 年北京市中小学体育课例评选名额分配表

区	名额分配			
	足球	篮球	排球	合计
东城区	8	4	3	15
西城区	9	4	4	17
朝阳区	11	6	4	21
海淀区	11	6	4	21
丰台区	6	4	2	12
石景山区	3	3	1	7

续表

区	名额分配			
	足球	篮球	排球	合计
门头沟区	3	3	1	7
房山区	7	5	2	14
昌平区	6	4	2	12
大兴区	8	5	2	15
通州区	8	4	3	15
顺义区	6	4	2	12
密云区	3	3	1	7
怀柔区	3	3	1	7
平谷区	3	3	1	7
延庆区	4	3	1	8
燕山	1	1	1	3
合计	100	65	35	200

附件 2

北京市中小学体育教师教学技能考核与提升工作实施方案

教育大计、教师为本。为打造一支师德高尚、业务精湛、充满活力的中小学体育教师队伍，切实提高体育课和课外锻炼的质量，促进学生身心健康，体魄强健，市教委决定在“十三五”期间，面向全市中小学体育教师开展教学技能考核与提升工作。

一、工作目标

全面提升中小学体育教师的运动专项技能和教育教学能力；督促各区教育行政部门、学校和教师共同关注教师的专业发展，为全面提高中小学体育课堂质量提供基本保障。

二、考核对象

本市在职在编的中小学体育教师。

三、职责分工

考核工作坚持“分层管理、分工负责”的原则，市、区分别组织实施。各区教委要建立考核工作领导小组，负责统筹辖区内的考核工作，“十三五”期间，组织专家对辖区内所有中小体育教师进行考核；市级考核工作由市教委负责统筹协调，市教科院负责具体实施，以随机抽查的方式进行。“十三五”期间，市级抽查将覆盖全市所有行政区域。同时，将组织专家对北京市校园足球特色学校的体育教师进行足球专项技能考核。

四、考核办法

（一）年龄及考核要求

全体在职在编的中小学体育教师均须参加考核，根据教师年龄分成3个不同的组别。

1. 组别1

45岁（含）以上的男教师；40岁（含）以上的女教师。

2. 组别2

40～44岁（含）的男教师、35～39岁（含）的女教师。

3. 组别3

39岁（含）以下的男教师、34岁（含）以下的女教师。

年龄计算的截止日期为2017年1月1日。

“十三五”期间，组别1和组别2的教师可以只参加一次考核，组别3的教师至少参加两次考核。

（二）考核内容

1. 组别 1

主要考察教师的课堂教学组织与实施能力。采用微格教学的方式进行，考核教师在实际教学中讲解、示范和教学组织能力等基本功。

2. 组别 2 和组别 3

主要考察教师的动作技能水平和对教学语言的应用能力。运动技能考核内容采取“2+1”的组合方式，其中，“2”代表田径和体操，“1”代表教师所选专项。一般情况下，专项应为教育部中小学教材审定委员会审定教材中涉及到的运动项目。教学语言应用能力的考核采取专家现场提问的方式。

运动技能的具体内容及标准由市教委组织专家制定，由教科院基教研中心发布。所学专项为田径或体操的教师，考核时需另外自行增加一类项目作为专项，参加考核。

各区考核领导小组可结合区域的实际情况和工作重点，适当增加考核的内容。

（三）成绩评定

组别 2 和组别 3 的成绩评定办法如下：

考核专家按照评分标准进行评分，单个项目的评审专家不少于 3 人。分数计取时，各个项目均按百分制。每位教师必须完成 3 个运动项目的考核，成绩方为有效。教师的最终考核得分为 3 项运动技能成绩和提问环节的综合得分。在计算综合得分时，教师所选专项占 50%，其他 2 个项目各占 20%，提问环节占 10%。

按照综合得分，考核成绩分优秀、良好、合格和不合格四个等级。各等级对应的分数标准如下：优秀（85 分以上）、良好（70～84 分）、合格（60～69）和不合格（59 分及以下）。

组别 1 的成绩评定办法另发。

（四）考核时间

各区领导小组可根据本区学校体育工作的实际，统筹安排考核的具体时间，并于考核开始前 3 周将考试时间及安排上报至市教科院基教研中心中小学体育教研室。

五、其他事宜

（一）此次中小学体育教师教学技能考核与提升工程的实施时间为“十三五”期间，由各区教委根据该方案的要求，特别是区域内中小学体育教师年龄分布情况，统筹协调未来几年的考核工作。

（二）各区教委应成立由体卫（美）科牵头，会同相关科室、教研部门共同组成中小学体育教师教学技能考核与提升工作领导小组，统筹协调区域内的各项工作，并及时将工作中遇到的问题向上反馈。具体实施工作由教研部门负责组织。

（三）本次考核不再专门设置缓考和补考。每次考核结束后，各区教委应将结果通报至教师所在学校，并将其纳入体育教师的业务档案，在评优、评先时作为重要参考。

（四）区考核领导小组要严格执行考核教师的年龄要求，做到应考必考，一旦发现规避考核的现象，将追究相关人员的责任。

（五）各区教委要加大对本市校园足球特色学校教师的考核力度，特别关注足球专项教师的专业技能发展。

（六）请各区在每年的 9 月 30 日前，将本辖区的考核方案和考核教师名单加盖公章后，报送至市教科院基教研中心；教师名单统计表见附录；同时，电子版发送至 lzc_fly@126. com。

（七）本方案未尽事宜，由市教科院负责解释。

北京市教育委员会办公室

转发教育部关于公布全国学校体育工作示范校名单文件的通知

京教办函〔2016〕16号

各区教委：

为贯彻落实国务院办公厅《关于强化学校体育促进学生身心健康全面发展的意见》（国办发〔2016〕27号）的精神，根据《教育部关于印发〈学生体质健康监测评价办法〉等三个文件的通知》（教体艺〔2014〕3号）及教育部办公厅《关于2014年落实〈学生体质健康监测评价办法等三个办法〉有关工作的通知》（教体艺厅函〔2014〕39号）要求，经各省市推荐，并经教育部组织专家综合考查，认定了北京市东城区府学胡同小学等2772所中小学校为全国学校体育工作示范校（以下简称“示范校”），其中我市共有100所。

现将教育部办公厅《关于公布全国学校体育工作示范校名单的通知》（教体艺厅函〔2016〕18号）转发你们，请认真贯彻落实文件要求。

2016年7月6日

教育部办公厅

关于公布全国学校体育工作示范校名单的通知

教体艺厅函〔2016〕18号

各省、自治区、直辖市教育厅（教委），新疆生产建设兵团教育局：

为贯彻落实《国务院办公厅关于强化学校体育促进学生身心健康全面发展的意见》（国办发〔2016〕27号）的精神，根据《教育部关于印发〈学生体质健康监测评价办法〉等三个文件的通知》（教体艺〔2014〕3号）及《教育部办公厅关于2014年落实〈学生体质健康监测评价办法等三个办法〉有关工作的通知》（教体艺厅函〔2014〕39号）要求，各地组织开展了“全国学校体育工作示范校”推荐报送工作。经遴选、审核和公示等程序，各省级教育行政部门确定了本地区的申报单位，经教育部组织专家综合考查，认定北京市东城区府学胡同小学等2772所中小学校为全国学校体育工作示范校（以下简称“示范校”）。现将“示范校”名单予以公布（见附件），并就加强“示范校”建设，推进学校体育工作提出如下要求：

一、明确职责任务，持续改革发展。“示范校”要增强荣誉感、使命感和责任感，认真落实党的十八届三中全会《决定》关于“强化体育课和课外锻炼，促进青少年身心健康、体魄强健”的基本要求，全面深化教育改革，切实加强学校体育，大力开展阳光体育运动，加强教师队伍建设，努力提高体育课程教学质量和课外体育锻炼效果，形成学校体育特色，在深化学校体育改革，增进学生身心健康等方面发挥骨干、示范和带动作用。

二、完善政策措施，加大支持力度。各级教育行政部门要加强统筹管理，完善教育治理方式，加强学校体育评价。在学校体育的教育教学、训练竞赛、师资配备、场地建设、经费投入和安全管理等方面加大支持力度。要发挥好“示范校”的示范辐射作用，关注、支持和推广“示范校”的好经验和好做法，建立健全“示范校”带动本地区学校体育和素质教育全面发展的有效机制。

三、加强质量监测，实施动态管理。创建“示范校”工作是一项长期任务。各级教育督导部门要将学校体育工作纳入教育督导检查，建立学校体育工作专项督导制度和重点地区、学校挂牌督导制度，将“示范校”建设作为监测教育发展、考核学校工作和体育改革的重要途径。教育部将把“示范校”建设纳入学校体育工作评价体系，研制“示范校”动态调整机制，建立信息管理和质量监测制度，并适时督导检查“示范校”工作，对于评估检查不合格的单位，将责令其限期整改，直至取消命名并予通报。

附件：全国学校体育工作示范校名单

2016 年 6 月 17 日

附件

第一批全国学校体育工作示范校名单

北京市（100 所）

1. 北京市东城区府学胡同小学
2. 北京市东城区史家胡同小学
3. 北京市东城区东四十四条小学
4. 北京市东城区灯市口小学

5. 北京小学
6. 北京市西城区宏庙小学
7. 北京第二实验小学
8. 北京市宣武回民小学
9. 北京师范大学朝阳附属小学
10. 北京市朝阳区第二实验小学
11. 北京市朝阳区垂杨柳中心小学
12. 北京市朝阳区芳草地国际学校
13. 北京市朝阳区望京新城南湖中园小学
14. 清华大学附属小学
15. 北京市海淀区上地实验小学
16. 北京市海淀区中关村第三小学
17. 北京市海淀区民族小学
18. 北京市海淀区五一小学
19. 北京市丰台区丰台第八小学
20. 北京市石景山区六一小学
21. 北京市石景山区古城第二小学
22. 北京市石景山区电厂路小学
23. 北京第二实验小学永定分校
24. 北京市门头沟区大峪第一小学
25. 北京市门头沟区大峪第二小学
26. 北京市房山区良乡第四小学
27. 北京小学长阳分校
28. 北京市房山区良乡中心小学
29. 北京市通州区东方小学
30. 北京市通州区中山街小学
31. 北京市通州区运河小学
32. 北京小学通州分校
33. 北京市顺义区东风小学

34. 北京市顺义区南彩第二小学
35. 北京市顺义区后沙峪中心小学校
36. 北京市顺义区双兴小学
37. 北京市昌平区回龙观中心小学
38. 北京市昌平第二实验小学
39. 北京市昌平区马池口中心小学
40. 北京市昌平区城北中心小学
41. 北京师范大学大兴附属小学
42. 北京市大兴区庞各庄镇第二中心小学
43. 北京市大兴区旧宫镇第一中心小学
44. 北京市怀柔区实验小学
45. 北京市怀柔区第六小学
46. 北京市怀柔区杨宋镇中心小学
47. 北京市怀柔区渤海镇中心小学
48. 北京市平谷区放光小学
49. 北京市平谷区第四小学
50. 北京市平谷区第一小学
51. 北京市平谷区第五小学
52. 密云县不老屯镇中心小学
53. 密云县十里堡镇中心小学
54. 密云县果园小学
55. 密云县溪翁庄镇中心小学
56. 密云县北庄镇中心小学
57. 延庆县康庄中心小学
58. 延庆县第四小学
59. 延庆县八里庄中心小学
60. 延庆县四海中心小学
61. 北京市第五中学分校
62. 北京市第二十五中学

63. 北京市育才学校
64. 北京市第六十六中学
65. 北京市陈经纶中学分校
66. 北京市五路居第一中学
67. 北京师范大学朝阳附属中学
68. 北京市上地实验学校
69. 海淀外国语实验学校
70. 北京市第五十七中学
71. 中国教育科学研究院丰台实验学校
72. 北京景山学校远洋分校
73. 北京市大峪中学分校
74. 北京市门头沟区新桥路中学
75. 北京市房山区良乡第二中学
76. 北京市房山区良乡第三中学
77. 北京市通州区第四中学
78. 北京市顺义区仁和中学
79. 北京市昌平区第四中学
80. 北京市大兴区第七中学
81. 北京市大兴区第八中学
82. 北京市怀柔区第四中学
83. 北京市怀柔区张各长中学
84. 北京市平谷区峪口中学
85. 北京市平谷区黄松峪中学
86. 密云县第五中学
87. 密云县第七中学
88. 延庆县第二中学
89. 延庆县第七中学
90. 北京市燕山东风中学
91. 北京市第二中学

92. 北京市第四中学
93. 北京市陈经纶中学
94. 北京市十一学校
95. 首都师范大学附属丽泽中学
96. 北京市潞河中学
97. 北京市顺义牛栏山第一中学
98. 首都师范大学附属回龙观育新学校
99. 北京市怀柔区第一中学
100. 密云县第二中学

（其他省市略）

北京市教育委员会办公室

转发教育部办公厅关于开展2016年学生体质健康及其影响因素监测工作的通知

京教办函〔2016〕20号

东城区、通州区教委：

现将教育部办公厅《关于开展2016年学生体质健康及其影响因素监测工作的通知》（教体艺厅函〔2016〕30号）转发给你们，并提出如下要求，请一并贯彻落实。

一、根据以往的工作情况和工作任务及时调整、配齐检测人员，按照教育部的技术要求认真做好人员培训，按时完成监测任务。

二、对现有的检测器材进行严格的检查、维护校正，确保检测器材的质量以及准确度和精确度。

三、对监测点校重新确认，确保学生数量、检测场地符合要求。

四、要落实组织管理工作，注意将监测与体育卫生日常工作以及学生体质健康标准测试工作的结合。

2016 年 9 月 2 日

教育部办公厅

教育部办公厅关于开展 2016 年学生体质健康及其影响因素监测工作的通知

教体艺厅函〔2016〕30 号

北京、山西、内蒙古、辽宁、黑龙江、上海、江苏、福建、河南、湖北、湖南、广东、重庆、云南、西藏、甘肃、新疆等省、自治区、直辖市教育厅（教委）：

利用全国学生体质健康监测网络每 2～3 年开展一次学生体质健康及其影响因素监测是国家学生体质健康调研与监测制度的重要组成部分，对及时掌握我国学生体质健康的现状和发展变化趋势、研究制定促进学生体质健康改善政策、推进学校体育卫生科学化管理具有十分重要的意义。根据《全国学生体质健康监测网络工作实施方案》（教体艺函〔2002〕1 号），全国学生体质健康监测网络将开展 2016 年学生体质健康监测及其影响因素监测工作。请各监测省（区、市）按照《2016 年学生体质健康及其影响因素监测方案》

要求，落实有关组织与管理工作，加强对监测站辖区内学校学生体质健康监测工作的指导与督查，确保2016年学生体质健康监测工作按时、保质、保量完成。

附件：2016年学生体质健康及其影响因素监测方案

2016年8月9日

附件：

2016年学生体质健康及其影响因素监测方案

根据《全国学生体质健康监测网络工作实施方案》及学生体质健康状况存在的问题，开展2016年学生体质健康及其影响因素监测工作。

一、监测目的

掌握我国学生体质健康状况的发展动态，为制定学校体育卫生工作相关政策、科学开展学校体育卫生工作提供科学依据。

二、监测样本与抽样方法

（一）监测学校与监测对象

为保持监测工作的连续性，监测样本的可比性及监测结果的科学性，原确定的监测站、监测学校原则上保持不变，确需进行变动的，需报经教育部体育卫生与艺术教育司同意后，方能变更。

各中小学监测站延续既往已确定的监测点校，如确有变动，各种类型（初中、高中、小学，完全中学可分别按初中、高中校计算）学校数目原则上不能低于2所。

（二）抽样方法：监测采用整群抽样调查方法。

首先确定监测点校，再以年级分层，以班为单位随机整群抽样构成监测样本。随机整群抽样时，所抽取的班级数以能够满足最低监测样本数为限。

（三）样本构成、分组与样本含量

1. 现场检测样本

7～18 岁中小学生进行体质健康现场检测，按城乡男女分为 4 类，每岁 1 组，共 48 个年龄组。

每个中小学监测站中小学生最低总样本数为 5760 人（城乡男女 4 类共 48 个年龄组，每类每个年龄组 120 人）。

2. 问卷调查样本

体育老师问卷样本：由监测站辖区内全部中小学校的全体体育教师填写。

学生问卷样本：由现场检测样本中的小学四至六年级、初中和高中学生分别填写。

三、监测内容

1. 体质健康监测检测项目（见附 1，附表 1、2，略）；

内科检查作为是否进行体能素质测试的依据。凡心、肝、脾、肾等主要脏器有病者，身体残缺、畸形者，急性病患者或一个月内患过高烧、腹泻等急性病、体力尚未恢复者及正处于月经期间的女生均不得参加体能素质项目的测试。

2. 体育老师问卷调查（见附 2，略）

3. 学生问卷调查（见附 3，略）

四、组织实施

各学生体质健康监测站在省级教育行政部门领导下，按照本《方案》要求，开展各项工作；全国学生体质健康监测中心统一协调并提供体质健康监测检测项目、体育教师问卷调查、学生问卷调查的技术支持，进行质量监控；河南省学生体质健康监测中心提供学生身体姿态和动作有效性测试技术支持；教育部给予各监测站必要的经费支持。

调研工作应尽可能与学生体质健康标准测试、体育考试、学生体检等工作有机结合起来，做到工作安排有序、检测数据共享。

五、工作安排

各监测省、监测站应从即日起开始各项调研准备工作。

2016 年 8 月，举办全国学生体质健康监测站培训班，对有关人员进行培训。

2016 年 9 月初，各监测站对检测队伍进行强化培训。

2016 年 9—11 月底，各监测站进行现场检测工作。

2016 年 12 月 20 日前，各监测站按照“全国学生体质健康调研组”提供的统一软件完成数据录入，并将数据录入软盘或通过电子邮件上报“全国学生体质健康监测中心”进行统一的检查验收。

附件：1. 2016 年全国学生体质健康监测检测项目表（略）

2. 2016 年全国学生体质健康监测学校体育教师调查问卷（略）

3. 2016 年全国学生体质健康监测学生调查问卷（略）

北京市教育委员会

关于开展一校一品体育教学改革项目试点工作的通知

京教函〔2016〕417 号

各区教委：

为贯彻落实国务院办公厅《关于强化学校体育促进学生身心健康全面发展的意见》（国办发〔2016〕27 号），加快推进本市学校体育工作改革，逐步建立“一校一品”教学模式，经研究，我委决定委托北京师范大学，在全市部分中小学开展“一校一品”体育教学改革项目试点工作。现将有关事宜通知如下：

一、目标任务

开展“一校一品”体育教学改革项目试点工作，是推进中小学体育教学内容与方式改革的有效尝试，通过学习和借鉴国内外先进的学生体育锻炼方法与组织手段，进一步提升中小学体育课教学和课外锻炼质量，不断提高学生参与体育锻炼的兴趣和效果。北京师范大学将组建专家指导团队深入试点学校，通过开展新兴运动项目进校园、趣味体育课课练、身体素质达标操、全员运动会等试点项目，帮助学校建设“一校一品”和“1＋X”特色体育课程；指导学校开展运动会、校园竞赛制度改革和体育文化建设；提升学校《国家学生体质健康标准》测试成绩；提高学生参与体育锻炼的积极性，促进家校体育结合。

二、试点内容

在北京师范大学专家团队指导下，各试点学校可结合实际引进或发展一项或多项以三大球和新兴体育运动为主的，具有特色的体育教学内容，形成“一校一品”的学校体育发展模式。同时，开展《素质达标操》《体育趣味课课练1260例》、全员运动会，中小学安全教育课程、学生身体活动能力统合课程与快乐体育园等项目试点。

三、试点学校

本次试点工作将在全市16区的38所中小学开展。试点学校的选取将采取市级选拔和区级推荐相结合的形式确定。

（一）市级选拔

北京师范大学专家团队在本市中小学中挑选两类学校参加试点。一是学校体育工作基础好，具有一定科研能力的学校；二是学校体育基础条件相对薄弱，但学校对体育工作高度重视的学校。

（二）区级推荐

部分区教委可按照《试点学校推荐表》（附件1）名额分配要求，选取区域内学校体育基础条件好的和条件相对薄弱的两类学校相结合的原则，推荐学校参加试点工作。

四、相关要求

（一）提高认识，强化统筹。各区要建立由区教委主管领导牵头，职能科室、教研人员、相关部门负责同志及试点校校长为成员的领导小组，结合本区实际制定试点工作推进方案，并明确责任分工及时间节点，将试点工作作为本区推进学校体育改革，促进学生身心健康体魄强健的重要抓手，积极支持和指导学校完成试点工作。

（二）加强管理，落实职责。各试点学校要高度重视试点工作，成立由校长牵头的工作组，协同北京师范大学专家组，共同推进和落实各项试点工作。各校要结合实际，认真做好工作计划，中期总结和项目终期工作报告。市教委将组织专家组对各校实施情况进行抽查。

（三）积极实践，积累经验。各区教委和试点学校在推进试点工作中要及时总结经验，查找不足，结合学校实际情况开展试点工作。各区教委要在为期一年的试点工作结束前，安排试点学校组织开展学生全员参与的展示活动，并召开现场会，向全区中小学宣传、推广试点经验。

五、工作安排

（一）上报名单。各区教委结合实际，按照试点学校推荐表（附件1）名额分配要求，以学校自愿参加试点为原则，征求相关学校意见，并按要求确定推荐相关学校。于9月12日（星期一）15：00前将试点学校汇总表（附件2）报送至体卫艺处。电子版发送至：qgxxtylm@163.com。

（二）召开启动会。定于9月14日（星期三）14：00—16：30在北京师范大学京师学堂京师厅参加试点工作启动会，部署相关试点工作。请各区教委负责通知试点学校及相关人员准时参会。参会人员如下：

1. 各区教委体卫科科长 1 人；

2. 各区中、小学体育教研员各 1 人；

3. 试点学校校长及体育教师各 1 人。

附件：1. 试点学校推荐表

2. 试点学校汇总表（略）

2016 年 9 月 6 日

附件 1

试点学校推荐表

区县	市级推荐学校名单	区级选拔学校数量
东城区	东四九条小学、一零九中学（小学实验部）、史家小学、文汇小学	
西城区	北京第二实验小学	1 所
朝阳区	三帆中学朝阳学校、芳草地国际学校富力分校、第二外国语学院附属中学瑞祥民族小学部	
海淀区	北京师范大学实验小学、北京大学附属小学、北京市海淀区台头小学	
丰台区	北京市丰台区扶轮小学、北京教育科学研究院丰台第二实验小学、丰台第一小学	
石景山区		2 所
门头沟区		2 所
房山区		2 所
通州区		2 所

续表

区县	市级推荐学校名单	区级选拔学校数量
顺义区		2 所
昌平区	北京农学院附属小学、北京市昌平区崔村中心小学	
大兴区	庞各庄中学、亦庄第一中心小学、北师大大兴附小	
怀柔区		2 所
平谷区	平谷区放光中心小学	1 所
延庆区		2 所
密云区	季庄小学、南菜园小学	

北京市教育委员会

关于做好 2016 年国家学生体质健康标准测试及监测等工作的通知

京教体艺〔2016〕19 号

各区教委，各高等学校、中等职业学校：

为贯彻国务院办公厅《关于强化学校体育促进学生身心健康全面发展的意见》（国办发〔2016〕27 号），落实教育部《国家学生体质健康标准（2014 年修订）》（以下简称《标准》）和《学生体质健康监测评价办法》（以下简称《办法》）要求，市教委决定在完善本市学生体质健康监测与评价机制的基础上，继续开展2016年《标准》测试及监测等工作。现将有关事宜通知如下：

一、完成《标准》测试及数据上报工作

2016年本市普通高等学校、中小学和中等职业学校要按照教育部的统一要求，面向全体学生进行《标准》测试，并按照规定的时间要求和报送途径上报测试数据。

具体工作内容详见附件1。

二、配合市教委开展《标准》监测工作

为客观评价各区、各学校学生体质健康工作质量，市教委将面向16区150所中小学抽取约4万名学生开展《标准》监测工作。监测数据将作为该生年度测试成绩直接上报市教委数据库，各校对被监测学生不再进行《标准》测试。

各区教委和相关学校要按照《〈标准〉监测工作要求》(附件2)及《2016年北京市中小学生国家学生体质健康标准监测工作手册》，认真落实相关工作。

2016年本市也不再举办《标准》测试赛。

三、完成教育部《标准》抽查复核工作

2016年，教育部将继续委托北京体育大学牵头31所高等学校分别组成抽查工作组，对各省、市组织实施《标准》测试情况进行抽查复核。今年，教育部抽取了本市36所学校开展抽查复核工作。具体名单详见附件5。

各有关区教委、高等学校及中小学要认真配合教育部工作组，按照《教育部抽查复核工作要求》（附件5）和《2016年国家学生体质健康标准（2014年修订）测试抽查符合工作手册》有关要求，认真做好相关工作。

凡参加教育部抽查复核的学校将不再参加本市组织的《标准》监测。

四、工作要求

（一）规范测试。各区教委和高等学校要建立监督检查机制，组织相关人员对测试结果进行随机抽查核对，确保上报数据真实、准确。各区教委和各级各类学校要设立《标准》测试工作监督电话并向社会公开，接受社会咨询和监督。

（二）加强研究。各区教委和各级各类学校要通过监测评价，动态把握学生体质健康变化趋势，及时分析测试数据，查找影响因素，开展体质健康预警与干预，完善学生体质健康改善措施，提高学校体育工作的科学性、针对性、实效性。

（三）强化应用。各级各类学校要按要求制作《国家学生体质健康标准登记卡》，规范记录每一名学生的体质健康测试成绩及其评定等级。小学将体质健康测试情况列入学生成长记录或素质报告书，初中以上学校列入学生档案，作为学生综合素质评价和学业水平考试的重要指标和内容。高等学校要将体质健康测试情况作为学生评优评先、毕业考核的重要依据。各区教委要将学生体质健康状况作为评价学校教育质量的重要指标。

附件：1.《标准》测试及数据上报工作要求
2.《标准》监测工作要求
3. 各区测试点学校统计表（略）
4. 各区监测学校及学生数量汇总表
5. 教育部抽查复核工作要求

2016 年 10 月 11 日

附件 1

《标准》测试及数据上报工作要求

一、认真组织《标准》测试工作

鼓励各区教委和各级各类学校，创造条件采取购买社会第三方测试服务的方式，开展学生《标准》测试及数据上报、分析等相关工作。

（一）制定方案。制定《标准》测试与数据上报工作方案，明确《标准》测试工作的领导小组成员、工作职责以及具体工作安排。

（二）规范流程。测试工作要严格按照《标准》和《办法》的有关要求执行。学校要对测试设备、场地等进行检查，避免测试数据错误，减小测试误差。

（三）确保安全。安排好测试时间，避开雾霾等恶劣天气。加强学生运动安全教育，严禁学生带病参加测试，严防学生人身伤害事故的发生。因病或残疾暂缓或免予执行《标准》的学生，要按程序办理相关手续。

（四）注重统筹。2016 年 9 月 1 日后的学生体检数据可与《标准》部分项目实现数据共享，各区教委要避免重复测试。

二、认真履行工作程序

认真履行审查复核、家长回执、数据校正、网络上传、校园公示等程序，做到不漏报、不错报。

（一）校内公示。各级各类学校要坚持实行测试结果公示制度，按年级、班级、性别等不同类别在校内公布学生体质健康测试的总体结果。学校在公示体质健康信息时不得泄露学生个体的信息和侵犯其个人隐私。

（二）留存档案。家长回执单和校内公示单要作为学校体育工作档案留存、备查。对弄虚作假、误报、迟报者，要追究相关人员和学校的责任。

三、按时完成数据上报

（一）按时上报。各级各类学校要在 11 月 15 日至 12 月 20 日完成数据上报工作。各区教委要在 12 月 23 日（星期五）前，在教育部中国学生体质健康网和北京市国家学生体质健康标准服务网上完成辖区内中小学校《标准》测试数据审核确认工作。

（二）上报途径。各中小学及中等职业学校要分别向教育部中国学生体质健康网（www. csh. edu. cn）和北京市国家学生体质健康标准服务网（http：//tz. bjedu. cn）报送《标准》测试数据；高等学校向教育部中国学生体质健康网（www. csh. edu. cn）报送数据。

四、积极开展宣传培训

（一）加强宣传。各级各类学校在《标准》测试之前，要采取多种方式向学生宣讲测试工作的有关规定，涉及学生切身利益的关键环节和工作要求，要在校园宣传栏进行公示。

（二）市级培训。各高等学校登录市教委体卫处网站（http：//timeichu. ichzh. com/）通知公告栏内，下载《2016 年普通高等学校国家学生体质健康标准测试数据上报工作用户手册》，并按要求办成数据上报工作。10 月中下旬，面向各区教委及中等职业学校开展数据上报工作培训会，具体时间另行通知。

（三）区级培训。各区教委要认真做好中小学学校相关人员培训工作，全面传达市教委 2016 年《标准》测试及上报工作各项要求，确保《标准》测试及数据上报工作严谨、规范、顺利开展。

附件 2

《标准》监测工作要求

一、监测时间及地点

（一）监测时间：10 月 21 日至 30 日，双休日正常进行抽测。如遇空气重污染等极端天气，按照有关要求调整测试时间。

（二）监测地点：各区自定，原则上要选取具有 400 米跑道操场的学校。各区教委于 10 月 12 日（星期三）前，将测试点学校名称上报至市教委体卫艺处电子邮箱 bjxxtygg@126. com（附件 3，略）。

二、监测内容及对象

（一）监测项目

1. 现场监测项目：《标准》中规定的各项测试项目；

2. 问卷调查：面向部分学生及教师开展问卷调查。

（二）监测对象。按照各区中小学生总数按比例从 CMIS 电子学籍库中随机抽取约 4 万名中小学生，覆盖各区一年级至高三年级的 12 个学段。

三、监测方式

市教委采取公开招标的方式，选定第三方监测机构深入各区开展监测工作。第三方监测机构负责具体测试工作，提供现场组织、测试器材、测试人员等服务，并为各区提供监测分析报告。

四、抽样及领队会

（一）抽样。市教委按照各区学校及学生数量比例，抽取一定数量的学校参加监测，抽样结果将在《标准》监测前 1 周通知各区。各区抽取学校及学生数量参见附件 4。

（二）领队会。10 月 14 日（星期五）14：00 在市教委 517 会议室召开领队会，部署监测工作，请各区教委安排 1 名负责同志参加。

五、注意事项

（一）加强组织领导。各区教委和中小学校要成立监测工作领导小组，制定监测工作实施方案，明确分工并责任到人，尤其要做好医疗卫生、安全保卫、交通安全、应急处置等保障工作。

（二）认真部署监测工作。区教委要明确各校参加监测的具体时间，有序组织学校按计划完成监测工作；协助第三方监测机构做好测试场地布置等前期筹备工作。学校要面向被监测学生开展专题安全教育；详细了解学生健康状况，对于长期免体不参加体育课或患有心脏病等不适宜参加监测的学生要严格把关，避免发生安全事故。

（三）完成学籍信息同步工作。认真组织中小学校及区学籍管理部门于10月14日（星期五）前完成学生学籍数据与市教委信息中心学籍信息同步工作。各区教委要及时做好数据更新、数据同步以及学生卡（学籍IC卡）制发等技术支持工作，确保学籍数据的完整性和准确性，保证学生学籍号、学生照片、学生姓名等信息的准确，确保被监测学生人手两卡（学籍IC卡、证件卡），无卡学生要及时上报补卡。无法读取8位教育ID号的学籍卡需要提前做好升级工作。

（四）按照程序反映和解决问题。在现场监测过程中，学校如有异议要按程序向所在区教委反映，不得直接与第三方监测机构交涉。市教委委托首都体育学院成立监测工作仲裁委员会，并在各区监测点派驻仲裁，代表市教委对现场监测中出现的争议和问题进行最终解释和裁定。在现场监测过程中，各区如对现场监测工作有异议，不得与第三监测机构直接交涉，要以书面形式向仲裁委员会反映。

附件4

各区监测学校及学生数量汇总表

区	小学人数	小学学校数	初中人数	高中人数	中学学校数	总人数	总学校数
东城区	1900	6	800	700	5	3400	11
西城区	1900	6	800	800	5	3500	11
朝阳区	2500	7	1000	700	6	4200	13
丰台区	1900	6	800	500	5	3200	11
石景山区	700	4	300	200	3	1200	7
海淀区	2500	7	1000	800	6	4300	13
房山区	1500	6	500	500	4	2500	10
通州区	1900	6	500	500	4	2900	10

续表

区	小学人数	小学学校数	初中人数	高中人数	中学学校数	总人数	总学校数
顺义区	1500	6	500	700	3	2700	9
昌平区	1900	8	500	500	4	2900	10
大兴区	1900	6	500	500	4	2900	10
门头沟区	700	4	300	200	3	1200	7
怀柔区	700	4	300	200	3	1200	7
平谷区	700	4	300	200	3	1200	7
密云区	700	4	300	200	3	1200	7
延庆区	700	4	500	200	3	1200	7

附件 5

教育部抽查复核工作要求

一、抽查时间

2016 年 10 月 17 日至 11 月 27 日，教育部抽查工作组将对我市进行《国家学生体质健康标准（2014 年修订)》测试。

二、抽查办法

采用随机抽取的原则确定，被抽查学校和学生主要采用定点整群随机抽取的办法由教育部部信息中心从国家学生体质健康标准数据管理系统中抽取。被抽查学校及学生的名单由抽查工作组于现场测试前 1 周市教委通知学校。

（一）学校的抽取：本市抽取西城区、海淀区、丰台区、大兴区、昌平区、房山区、门头沟区 8 个区，每区抽取 1 所高中、1 所初中、2 所小学。另外，还抽取了中国人民大学、北京工商大学、北京印刷学院、北京工业职业技术学院 4 所高校开展抽查复核工作。共 36 所学校。

（二）学生的抽取：所抽查学校按照每校每年级整群抽取 1～2 个教学班，有效样本数至少 60 人（男女各至少 30 人）。每所抽查的小学各年级被抽查学生人数均不少于 30 人，其中男女各不少于 15 人。共抽取约 6660 名学生。

（三）特别情况更换：如被抽查的学校或学生由于特殊原因无法接受抽查，则由抽查工作组与市教委和学校确认后报教育部，由教育部本着就近调整、协商补充的原则另行抽取。

三、现场测试方式

（一）现场测试工作由抽查工作组总体负责实施，测试人员主要由抽查工作组成员担任，按照抽查年级依次对每名学生进行《国家学生体质健康标准（2014 年修订）》全项目测试，并在《〈国家学生体质健康标准〉现场测试登记表》记录相关测试数据。具体组织工作由各被抽查学校协助完成。

（二）现场测试所需场地、器材，由各被抽查学校严格按照学生体质健康网（域名：http：//www.csh.edu.cn/）发布的《国家学生体质健康标准》规范测试方法视频中的有关规定和要求提前安排，并在测试前 1 天做好准备。

（三）抽查工作组通过被抽查学校提供的学生学籍登记表，核对被抽查学生身份信息，并在学校的协助下填写《〈国家学生体质健康标准〉现场测试情况记录表》。抽查工作组要采用摄影摄像等方式，对被抽查学校的体育设施配备、运动器材及现场测试情况进行记录。

（四）抽查工作组同时对被抽查学校进行青少年学生体育健身效果评价的问卷调查（调查表另发），摸底学生参加课外体育锻炼和全民健身活动的基本情况。

四、有关要求

（一）请各区教委加强统筹协调，为完成抽查工作提供便利条件。要认真制定本区抽查复核工作具体实施方案，主动与对口抽查工作组联系，协商确定测试时间，共同组织好本地区的现场测试工作。同时请被抽查地方协助提供抽查工作组在当地食宿、交通和联络信息，妥善处理好各类突发事件。

（二）被抽查学校做好现场测试的组织、协调和安全保障工作。被抽查学校要根据要求制定本校抽查工作的具体方案，积极动员学生和教师积极参加测试与问卷调查。每校要安排6至8名教师及1名校医协助抽查工作组开展工作，做好相关运动安全防范措施和预案，保障学生测试过程的安全。在现场测试前1天要向抽查工作组提供全校学生班级花名册、学生学籍登记表（纸质版和电子版）。

（三）现场测试期间，严格执行中央“八项规定”和教育部20条实施办法，严格工作纪律，学校不得组织师生迎送。

（四）未尽事宜参照《2016年国家学生体质健康标准（2014年修订）测试抽查符合工作手册》执行。

北京市教育委员会

关于遴选第一批北京市冰雪运动特色学校的通知

京教体艺〔2016〕22号

各区教委：

为推进北京市青少年冰雪运动普及，根据《北京市关于加快冰雪运动发展重点工作分工方案》要求，市教委决定在2021年前建设100所冰雪运动特色学校。现面向各区遴选第一批北京市冰雪运动特色学校并将有关事项通知如下：

一、组织机构

市教委负责遴选市级冰雪运动特色学校的宏观指导和统筹协调工作，具体工作由北京学生活动管理中心负责组织实施。各区的遴选推荐工作由各区教委负责。

二、遴选标准

各区按照《北京市冰雪运动特色学校评价指标体系》（附件1）认真组织开展市级冰雪运动特色学校遴选推荐工作。各区上报的学校数量原则上不超过分配的名额（附件2）。

三、工作程序

（一）学校自评

申报学校按照《北京市冰雪运动特色学校评价指标体系》（附件1）自评打分，并将自评情况及《北京市冰雪运动特色学校申报表》（附件3）上报区教委。

（二）区级评审

各区教委根据学校上报材料评定各校情况，并按照《北京市冰雪运动特色学校名额分配表》（附件2）将《北京市冰雪运动特色学校申报汇总表》（附件4）以及学校相关材料一并上报北京学生活动管理中心。

（三）市级认定

北京学生活动管理中心组织专家对各区推荐学校进行综合评审。市教委根据专家评审情况，认定首批北京市冰雪运动特色学校并授牌。

四、工作要求

（一）按时上报材料：各区要于11月30日（星期三）前将《北京市冰雪运动特色学校申报表》（附件3）和《北京市冰雪运动特色学校申报汇总表》（附件4）电子版发送至tiyuhuodong@126.com，同时报送加盖公章的纸质版。

（二）加强统筹规划。各区在遴选推荐市级冰雪运动特色学校时，要整体规划、科学设计冰雪运动特色学校的布局，确保特色学校能够发挥辐射周边和引领示范的作用，带动更多的学校提高体育教学质量。

（三）注重全员普及。各区要加大对特色学校的支持力度，因地制宜、注重引导，鼓励多元化，尤其是要重视和支持冰雪运动教学、师资培训等工作的建设和发展，有效推动校园冰雪运动的全面普及。

附件：1. 北京市冰雪运动特色学校评价指标体系

2. 北京市冰雪运动特色学校名额分配表

3. 北京市冰雪运动特色学校申报表（略）

4. 北京市冰雪运动特色学校申报汇总表（略）

2016 年 11 月 10 日

附件 1

北京市冰雪运动特色学校评价指标体系

一级指标	二级指标	三级指标	得分	证明材料
组织管理16 分	组织建设4 分	成立由校长牵头的工作领导小组，成员构成合理。（2 分）		领导小组名单
		设立专门机构，并指派专人负责整合相关部门开展工作。（2 分）		专门机构的名称和负责人
	制度建设6 分	高度重视学校体育工作和学生体质健康，制定冰雪运动普及工作制度，内容完备、可操作性强。（3 分）		包括职责、保障、实施、奖励等方面
		重视档案管理，资料完整、规范；能按要求上报有关材料。（3 分）		开展活动相关档案资料

续表1

一级指标	二级指标	三级指标	得分	证明材料
	工作管理6分	按照有关规定开展体育教学、课外体育锻炼和冰雪运动普及工作，将冰雪运动纳入学校整体发展规划。（2分）		学校2—3年工作规划（或学校2—3年整体规划）
		根据市、区教委的安排和本校的实际情况，制定本校冰雪运动普及年度工作计划，并严格执行。（2分）		近两年年度工作计划
		制定冰雪运动工作实施、教学管理、课余训练和竞赛、运动安全防范、师资培训、检查督导等方面的规章制度，并不断完善。（2分）		规章制度文件
支持保障32分	师资力量9分	在核定编制总量内配齐体育教师，满足冰雪运动教学工作需求。（3分）		专、兼职冰雪运动教师名单（需注明承担的项目和时间）
		每年为体育教师提供冰雪运动培训机会，定期开展教学研究，不断提高体育教师教学技能。（3分）		教师培训进修和交流学习情况汇总表
		开展面向全体教师的冰雪运动技能培训。（3分）		面向全体教师的培训实录
	物质条件9分	将教师开展冰雪运动体育教学、训练和活动计入工作量。保证参与冰雪运动普及工作的教师在评优评比、工资待遇、职务评聘等方面同等待遇。（3分）		证明材料
		建有冰雪运动场地和设施（含仿真类）以开展冰雪运动教学、训练、竞赛等活动。（3分）		各类冰雪运动场地、设施和材料一览表
		冰雪运动场地和设施（含仿真类）在周末、节假日和寒暑假面向学生免费开放。（3分）		证明材料

续表 2

一级指标	二级指标	三级指标	得分	证明材料
	经费保障6分	将冰雪运动专项经费纳入学校年度经费预算，保证学校体育和冰雪运动普及工作的正常开展。(3分)		学校近两年年度体育教育经费的投入情况
		经费落实到位，能有效支持工作的实施。(3分)		学校近两年年度体育教育经费使用情况表
	校外资源8分	有效利用校外的冰雪运动场地、设施、经费等资源开展冰雪运动普及活动。(4分)		校外资源一览表
		有效利用外聘人员支持学校冰雪运动推广普及工作。(4分)		外聘人员一览表
实施途径52分	教育教学18分	根据国家冰雪运动教学指南，开发和编制冰雪运动校本教材。(5分)		指南及案例
		义务教育阶段学校把冰雪运动作为体育校本课程内容开展教学；高中阶段学校开设冰雪运动模块选修课。(5分)		案例
		义务教育阶段学校在每天3：30—5：00实施课外活动计划时，将冰雪运动作为重点内容普及推广。(5分)		案例
		将冰雪运动纳入大课间和课外活动内容，实施适合学生年龄特点的冰雪运动游戏和课外活动等。(3分)		典型案例
	训练竞赛19分	设立冰雪运动社团、兴趣小组等，积极吸纳有兴趣的学生参与冰雪运动，冰雪运动社团、兴趣小组制定明确的学期和年度工作计划，在教师协助下积极开展落实社团活动。(5分)		社团、兴趣小组活动记录表
		在校内开展不同形式的冰雪运动普及活动，为学生搭建参与和展示平台。(5分)		事例
		积极组织学生参加市、区举办的各类冰雪运动竞赛、训练营等各类活动，为学生提高冰雪运动竞技水平和运动能力创造条件。(5分)		事例

续表 3

一级指标	二级指标	三级指标	得分	证明材料
		鼓励有天赋、有潜力的学生参加国家级冰雪运动集训营或竞赛活动，积极向上一级特色学校及各级各类冰雪运动队输送人才（4 分）		事例
	文化建设15 分	大力宣传、普及冰雪运动文化和知识。在学校组织开展冰雪运动的摄影、绘画、征文、知识竞赛等活动。（5 分）		活动方案、实录及参与情况统计表
		在校园文化建设中融入丰富的冰雪运动元素，营造浓厚的冰雪运动氛围。（5 分）		校园文化建设中的冰雪运动元素一览表
		充分利用校园电台、电视台、宣传栏、网站等宣传冰雪运动知识和内容。（5 分）		相关影像资料

附件 2

北京市校园冰雪特色学校名额分配表

序号	区	小学（所）	中学（所）	合计（所）
1	东城区	3	2	5
2	西城区	3	2	5
3	朝阳区	3	2	5
4	海淀区	3	2	5
5	丰台区	2	1	3
6	石景山区	1	1	2
7	门头沟区	1	1	2
8	房山区	2	1	3
9	通州区	3	1	4

续表

序号	区	小学（所）	中学（所）	合计（所）
10	顺义区	2	1	3
11	昌平区	2	1	3
12	大兴区	2	1	3
13	怀柔区	2	1	3
14	平谷区	1	1	2
15	密云区	1	1	2
16	延庆区	1	1	2

北京市教育委员会

转发教育部关于做好 2016 年“世界艾滋病日”宣传活动的通知

京教体艺〔2016〕25 号

各区教委，各普通高校、中等专业学校：

现将教育部《关于转发国务院防治艾滋病工作委员会办公厅关于做好 2016 年“世界艾滋病日”宣传活动的通知》的通知转发给你们。请根据要求结合实际认真做好“世界艾滋病日”宣传工作。并于 12 月 12 日前，将工作总结报送市教委体卫艺处。

附件：教育部体卫艺司《关于转发国务院防治艾滋病工作委员

会办公厅关于做好2016年“世界艾滋病日”宣传活动的通知》的通知

2016年11月29日

教育部体卫艺司

关于转发《国务院防治艾滋病工作委员会办公室关于做好2016年“世界艾滋病日”宣传活动的通知》的通知

教体艺司函〔2016〕13号

各省、自治区、直辖市教育厅（教委），新疆生产建设兵团教育局：

2016年12月1日是第29个“世界艾滋病日”。为贯彻落实全国卫生与健康大会精神和《“健康中国2030”规划纲要》的要求，进一步深入宣传艾滋病防治知识和政策，营造艾滋病防治工作的良好社会氛。近日，国务院防治艾滋病工作委员会办公室印发了《关于做好2016年“世界艾滋病日”宣传活动的通知》（国艾办函〔2016〕9号，以下简称国艾办《通知》），明确了今年宣传活动的主题是“携手抗艾，重在预防”，并对开展2016年“世界艾滋病日”宣传活动进行了具体部署。现将国艾办《通知》转发你们，请按照要求结合各地各校实际，认真做好“世界艾滋病日”宣传活动，向学校师生全面普及艾滋病综合防治知识。活动结束后，请各地于2016年12月20日前将总结材料报送我司。

附件：国务院防治艾滋病工作委员会办公室关于做好2016年“世界艾滋病日”宣传活动的通知

2016年11月4日

国务院防治艾滋病工作委员会办公室

关于做好2016年“世界艾滋病日”宣传活动的通知

国艾办函〔2016〕9号

各省、自治区、直辖市及新疆生产建设兵团防治艾滋病工作委员会办公室，国务院防治艾滋病工作委员会部委成员单位办公厅（室）：

2016年12月1日是第29个“世界艾滋病日”。为贯彻落实全国卫生与健康大会重要精神和《健康中国2030规划纲要》要求，进一步深入宣传艾滋病防治知识和政策，营造艾滋病防治工作的良好社会氛围。我办决定在“世界艾滋病日”前后组织开展系列艾滋病防治宣传活动，现将有关事宜通知如下：

一、活动主题

今年我国宣传活动的主题是“携手抗艾，重在预防”，意在说明当前艾滋病防治工作进入新的阶段，预防是防治工作的重要内容，号召各级政府、部门及单位、社会组织和个人等社会力量携手并肩，群策群力，多措并举，不断创新工作模式和方法，全面落实各项防控措施，以实际行动遏制艾滋病流行，推进健康中国建设。

二、活动内容

（一）提高各级领导干部对艾滋病防治工作的认识。各地、各有关部门要积极主动向当地党委和政府领导同志汇报本地艾滋病防治工作进展和目前存在的重点难点问题。通过宣传教育和倡导，让各级领导干部深刻认识到艾滋病防治工作的重要性和紧迫性，关心和重视防治工作，积极参加“世界艾滋病日”现场宣传活动，主动深入工作一线，研究解决问题，督促落实各项防治措施。

（二）组织开展预防艾滋病工作建议征集活动。各地有关部门要动员全社会共同参与，利用微博、微信等网络新媒体渠道以照片、视频短片等形式，征集在伸出的手上写出对预防艾滋病工作的希望和建议，为防艾出主意、尽力量。同时，广泛传播好的作品，吸引更多人关注艾滋病防治工作，了解防治知识和政策，营造良好社会氛围。

（三）主动开展艾滋病自愿咨询检测活动。各地、各有关部门要结合本地、本部门实际，按照艾滋病防治工作职责，在“世界艾滋病日”期间，依法主动开展艾滋病自愿咨询检测活动，针对流动人口、青年学生、老年人、被监管人员等重点人群和高危人群，深入细致宣传艾滋病防治知识和政策，强调艾滋病的危害和道德法制教育，积极引导有易感染艾滋病行为人群参加自愿咨询检测活动，了解自身感染状况，提高自我防护意识和传播风险。

（四）全面开展大众人群艾滋病防治宣传教育活动。各地、有关部门要充分运用广播、电视、报纸杂志等传统媒体以及微信、客户端等网络新媒体宣传渠道，采取群众喜闻乐见的形式，广泛宣传艾滋病的危害、防治知识及有关法规政策，弘扬社会主义核心价值观和公序良俗，倡导健康文明生活方式。鼓励和支持企事业、基金会、社会组织和志愿者等社会力量，利用自身优势，开展艾滋病防治宣传和关怀救助等公益活动。

三、相关要求

（一）各级艾滋病防治工作委员会办公室要结合本地实际，及时下发宣传活动通知和材料，组织好相关活动。各级防治艾滋病工作委员会成员单位要结合本单位职责和优势，组织开展宣传活动。各级医疗卫生机构要发挥带头作用，为其他部门、系统、团体提供必要的技术支持，在 12 月 1 日“世界艾滋病日”前后形成宣传活动的高潮。

（二）国家卫生计生委组织制作了艾滋病日主题海报等宣传材

料（包括纸质材料和电子模版），近期将由中国健康教育中心下发。中国疾病预防控制中心性病艾滋病预防控制中心建立了艾滋病防治健康教育资料库（见中心网站 http：//ncaids. chinacdc. cn/zsk/）。各地可根据本地实际情况和需要，制作本地的宣传材料。

（三）活动结束后，各地、各部门要及时进行总结，将总结材料于 2016 年 12 月 30 日前纸版报送我办（电子版发送至 guoaiban @chinaaids. cn），将好的宣传材料通过邮件提交中国疾病预防控制中心性病艾滋病预防控制中心（邮箱：pei@chinaaids. cn）。

2016 年 11 月 2 日

北京市教育委员会

关于转发《全国青少年校园足球教学指南（试行）》和《学生足球运动技能等级评定标准（试行）》的通知

京教体艺〔2016〕28 号

各区教委、燕山教委：

现将教育部办公厅印发《学生足球运动技能等级评定标准（试行）》和《全国青少年校园足球教学指南（试行）》转发给你们（请在市教委体卫处网站通知公告栏下载，网址：http：//tmc. bjedu. gov. cn/tiyu/），请认真贯彻执行。

2016 年 12 月 23 日

科技与艺术教育

北京市教育委员会文件选编

（2016）

北京市教育委员会

关于公布北京大学生艺术团验收及评审结果的通知

京教函〔2016〕29号

各高等学校：

根据市教委《关于开展北京大学生艺术团验收和评审工作的通知》（京教函〔2015〕491号），我委于2015年12月组织专家对北京大学生艺术团开展了评审和认定工作。

在听取学校工作汇报、现场查看档案资料、观看乐团排练、演出等环节基础上，经评委会评议，最终清华大学交响乐团等14所学校的23个学生艺术团被命名为北京大学生艺术团。现将名单予以公布。

各高校要以此次验收评审工作为契机，科学树立育人观，在加强学生艺术团建设的同时，充分发挥北京大学生艺术团的示范、辐射和引领作用，重点加强艺术教育的普及工作，着力丰富艺术课程、配备艺术教师，不断提高全市高校艺术教育工作的整体水平。

附件：北京大学生艺术团验收评审结果

2016年1月16日

附件

北京大学生艺术团验收评审结果

1. 北京大学生艺术团清华大学交响乐团、民乐团
2. 北京大学生艺术团北京大学合唱团
3. 北京大学生艺术团中国人民大学舞蹈团、民乐团
4. 北京大学生艺术团北京师范大学戏剧团、管乐团
5. 北京大学生艺术团北京科技大学民乐团
6. 北京大学生艺术团北京交通大学交响乐团
7. 北京大学生艺术团中国农业大学合唱团、管乐团
8. 北京大学生艺术团北京林业大学民乐团
9. 北京大学生艺术团北京航空航天大学舞蹈团、行进管乐团、交响乐团
10. 北京大学生艺术团北京理工大学合唱团、交响乐团
11. 北京大学生艺术团中央民族大学舞蹈团
12. 北京大学生艺术团北京工业大学舞蹈团、合唱团
13. 北京大学生艺术团首都师范大学管乐团、行进管乐团
14. 北京大学生艺术团北京物资学院管乐团

北京市教育委员会

关于公布第29届北京市中小学生金银帆奖获奖名单的通知

京教函〔2016〕30号

各区教委，各中等职业学校：

北京市中小学生金、银帆奖是市教委对品学兼优并在国际和国内科技、体育、艺术、学科竞赛中取得突出成绩的学生授予的一项荣誉奖，在大力推进素质教育，鼓励广大中小学生不断进取、奋斗向上、全面发展并学有特长方面发挥了重要作用。

根据《北京市中小学生金帆奖银帆奖评选办法》，经市评审小组评选，并将评选结果在市教委网站进行公示，市教委决定授予北京市第六十五中学姚玉等9名学生北京市中小学生金帆奖，授予北京市第二中学张博雅等127名学生北京市中小学生银帆奖（名单附后）。

希望各区及各学校加大宣传力度，全面推进素质教育，加强对学生创新精神和实践能力的培养，引导广大中小学生德智体美全面发展。

附件：第29届北京市中小学生金、银帆奖获奖名单

2016年1月16日

附件

第29届北京市中小学生金、银帆奖获奖名单

一、北京市中小学生金帆奖（9名）

北京市第六十五中学

姚玉　钟悦珲

北京师范大学附属实验中学

王妍　闫雨鑫

清华大学附属中学

何森格　王谈　戎成文

北京市顺义区杨镇第一中学

李浩然

朝阳区望京南湖东园小学

徐乐曈

二、北京市中小学生银帆奖（127名）

北京市第二中学

张博雅

北京市第二中学分校

王安然

北京汇文中学

刘卓楷

北京景山学校

郝钢　何晋宇

东城区汇文第一小学

曾昭华

北京市第四中学

李雪莱　刘梦琪

北京师范大学附属中学

王月林

北京市第八中学

师悦

北京师范大学附属实验中学

侯雨杉

西城区黄城根小学

潘旻佳

北京市陈经纶中学

崔佳玉　邓佳丽　李今琪

吴丹彤　余浩洋

北京工业大学附属中学

王昕怡

北京中学

谈世堃

北京市第八十中学

王方　谭镇枢　魏泽昊

朝阳区田华小学

耿嘉仪

北京市八一学校

黄嘉伟　李建坤

北京市第一〇一中学

杨若涛　鲜于子越　陈浩然

赵星　洪深　张及晨

常婧琦　刘璟璇　林子轩

崔紫玉　郭彬然　周昊然

北方交通大学附属中学

王兆卿　石皓元　潘子秋

姜兆菲璠

北京市育英学校

刘静嘉

中国人民大学附属中学

赵晟宇　李昂　吴凯达

李思民　刘亦辰　隋媛

白津菁　宁潇函　丁子斐

宋梦梦　芦青山　曹毅

李宇萌　郭丰源　张瀚兴

罗逸敏

北京市清河中学

孔艺璇　宋睿

清华大学附属中学永丰学校

宋美仪

北京航空航天大学附属中学

曹嘉睿　戴智博

北京市十一学校

白瑞涵

清华大学附属中学

白若冰　马振宇　胡欣枚

史超文　牟城磊　曹家祺

张殿梁　荣丹罗娜

人大附中西山学校

朱猛

北京市第五十七中学

陈歆甜　何艺霏　王滨瑶

王悦　田烨楠　凌梦婷

张若琳　李金洋

北京理工大学附属中学

王信森　刘依依　杨傅实

王啸远　吴岑霖

北京实验学校

高鸿薇　王一晨　于腾凯

马云奎

海淀区实验小学

淮兰芷　熊芷琦　于志琦

中国人民大学附属小学

亓矛矛　陈紫钰

海淀区中关村第一小学

李依维　孟祥桐

海淀区中关村第三小学

刘家祺

海淀区今典小学

陶欣迪

北京医科大学附属小学

廉彬

北京市第十二中学

刘梦泽　霍雨佳

北京市第十二中学科丰校区

陈思航　杨晨铭　邱煦洋

臧美琦　孙瑞涵　董林

刘泽龙

丰台区东高地第三小学
杨宇帆
石景山区古城第二小学
岑成
北京市大兴区第一中学
万芳 周状状 龚年
伊梦雨
北京市第二中学亦庄学校
贾一超 王岩 代鼒喆
黄伟
北京市通州区潞河中学
贾玉菲
北京市顺义牛栏山第一中学
刘浩然 程子超
北京戏曲艺术职业学院
刘孟千一 王韧
北京市昌平职业学校
谢景辉
中国戏曲学院附属中等戏曲学校
陆嘉澍
中国音乐学院附中
张佳昕

北京市教育委员会

转发教育部关于发布《小学音乐教学器材配备标准》等四个教育行业标准文件的通知

京教体艺〔2016〕10号

各区教委，北京教育技术设备中心：

现将教育部《关于发布小学音乐教学器材配备标准等四个教育行业标准的通知》（教体艺〔2016〕2号）转发给你们，请遵照执行。

2016年6月1日

教育部

关于发布《小学音乐教学器材配备标准》等四个教育行业标准的通知

教体艺〔2016〕2号

各省、自治区、直辖市教育厅（教委），各计划单列市教育局，新疆生产建设兵团教育局：

经全国教学仪器标准化技术委员会审查通过，现发布以下四个教育行业标准：

JY/T0468—2015 小学音乐教学器材配备标准

JY/T0469—2015 初中音乐教学器材配备标准

JY/T0470—2015 小学美术教学器材配备标准

JY/T0471—2015 初中美术教学器材配备标准

以上标准自发布之日起实施。

2016年5月3日

北京市教育委员会
北京市科学技术委员会
北京市体育局
北京市科学技术协会

关于举办第三十四届北京学生科技节的通知

京教体艺〔2016〕13号

各区教委、科委、体育局、科协：

为贯彻落实《全民科学素质行动计划纲要实施方案（2016－2020年）》精神，实施科教兴国、创新驱动发展战略，在全市中小学生中大力普及科学知识，弘扬科学精神，形成学科学、爱科学、用科学的良好氛围，市教委、市科委、市体育局、市科协决定举办第三十四届北京学生科技节（以下简称“科技节”）。现将有关事项通知如下：

一、指导思想

树立创新、协调、绿色、开放、共享的发展理念，以社会主义核心价值观为导向，坚持“立德树人”的育人宗旨，坚持面向全体学生，坚持课内与课外相结合、普及与提高相结合；鼓励学生通过参与、体验、实践等方式参加科技节活动，培养和提高中小学生的创新精神和实践能力，提高科学文化素质。

二、活动主题

科技筑梦，创新成长

三、组织机构

成立第三十四届北京学生科技节领导小组（名单见附件 1），负责科技节的组织领导、计划安排和统筹协调。

领导小组下设北京学生科技节办公室（以下简称“办公室”），负责落实领导小组部署的任务及日常工作，办公室设在北京学生活动管理中心。

四、活动时间

2016 年 6 月至 2017 年 5 月

五、活动内容和形式

（一）丰富活动内容。一是围绕重大科学事件和现代社会发展中的热点问题，宣讲和展示我国科技创新成就、成果，树立民族自信心和自豪感，增强学生的科技意识和爱国情怀；二是组织科技资源向社会开放、让广大青少年接触科技，体验科技魅力，激发创新创造兴趣；三是开展专题科普活动，普及食品安全、应急避难、低碳节能、健康生活等热点问题的基本知识，促进青少年学生理解科学。

（二）创新活动形式。根据青少年学生的身心特点和认知能力，策划和组织特色鲜明的互动型、体验式的科普活动，吸引广大中小学生的积极参与；进一步拓展活动领域，充分利用首都资源优势，搭建科技教育服务的公众社会平台；进一步创新活动形式，充分展现科技活动魅力，释放科技潜能，让学有所长的科技爱好者脱颖而出。

（三）注重促进均衡。充分利用现代化信息手段，通过举办“网络科技博览”“科普视频”“科普电影”“科技下乡”“流动科技馆”“科技手拉手”等科普活动，为农村地区中小学生提供科技服务。依托区青少年科技馆、少年宫等校外机构和设施，因地制宜，面向乡镇中小学广泛开展科普教育活动，提升农村中小学生科学素质。

（四）加强示范引领。市科技节办公室将重点组织开展“科普进校园”——大型互动科学实验表演、第三届北京市中小学生科技创客秀、第八届北京市中小学生科学建议奖评选活动、第五届北京市学生机器人智能大赛、科技节闭幕式暨特色科技活动展示等集中展示和示范活动，不断提升科技节的品牌效应。

六、工作要求

（一）加强组织领导，注重活动实效。各区要高度重视，成立相应的组织机构，负责科技节的组织领导和统筹协调，有效调动各方面的积极性和创造性，认真编制科技节活动方案，着力提高活动实效。在活动组织过程中要贯彻落实中央八项规定，力戒形式主义，切实做好科技节的各项工作。

（二）加强宣传报道，促进整体提升。各区、各学校要通过各种媒介加强对科技节的宣传报道，多侧面、多角度，及时全面地宣传典型活动和事例，提高学生科技节的社会影响力；各区校外教育机构及各金鹏科技团分团、市（区）级科技示范校要充分发挥辐射引领作用，促进整体水平提升。

（三）强化信息工作，做好总结交流。各区要重视科技节信息工作，设专人负责及时报送各类活动信息和稿件。对本区开展科技节活动的组织实施、主要内容、活动成效、典型案例等进行认真分析和梳理，形成科技节总结报告（电子版），连同有关影像资料，于 2016 年 11 月 30 日前报市科技节办公室。

附件：1. 第三十四届北京学生科技节领导小组成员名单
2. 第三十四届北京学生科技节市级系列活动
3. 第三十四届北京学生科技节各区科技节办公室联系方式登记表（略）

2016 年 6 月 28 日

附件 1

第三十四届北京学生科技节领导小组成员名单

组　长：刘宇辉　市教委主任
副组长：王定东　市教委委员（正局级）
　　　　朱世龙　市科委副主任
　　　　张霞　　市体育局副局长
　　　　刘晓勘　市科协副主席
成　员：王军　　市教委体卫艺处处长
　　　　陈晓莉　市教委体卫艺处副处长
　　　　汤健　　市科委科宣处处长
　　　　颜纳新　市体育局青少处处长
　　　　张晓虎　市科协青少年科技中心主任
　　　　郜世奇　北京学生活动管理中心主任
　　　　张京华　北京学生活动管理中心副主任
　　　　卢亭　　市教委体卫艺处科技专干
办公室主任：张京华（兼）
办公室成员：蒋小建　王涛　张峥　李晨　赵茜　黄鑫

附件 2

第三十四届北京学生科技节市级系列活动

活动项目及类别	主办单位	承办单位	执行单位	活动时间
北京青少年科技创新大赛	市科协、市教委、市科委	北京青少年科技中心	北京青少年科技中心	2017 年 1 月—3 月

续表1

活动项目及类别	主办单位	承办单位	执行单位	活动时间
京津冀科普进校园活动	市教委			2017年
北京市中小学生科技创客秀	市教委			2017年3月—5月
北京市中小学生科学建议奖评选活动	市教委	北京学生活动管理中心	北京学生活动管理中心	2016年5月—11月
北京市学生机器人智能大赛	市教委	北京学生活动管理中心、海淀区教委	北京学生活动管理中心 北方交通大学附中	2016年9月—11月
北京市青少年未来工程师竞赛	市教委	北京学生活动管理中心、大兴区教委	大兴区少年宫	2017年3月—5月
北京市高中生技术设计创意大赛	市教委	北京学生活动管理中心、西城区教委	北京市第四中学	2017年3月—5月
北京市中小学生观鸟比赛	市教委	北京学生活动管理中心、东城区教委	东城区青少年科技馆	2017年4月—5月
北京市中小学生纸飞机模型比赛	市教委	北京学生活动管理中心、海淀区教委	北京市第十九中学	2017年4月
北京市中小学生风筝比赛	市教委	北京学生活动管理中心、昌平区教委	昌平区少年宫	2017年4月
北京市中小学生航空模型比赛	市教委、市体育局	北京学生活动管理中心、西城区教委	宣武青少年科技馆	2016年7月
北京市中小学生航天模型比赛	市教委、市体育局	北京学生活动管理中心、丰台区教委	东高地青少年科技馆	2016年7月
北京市中小学生航海模型比赛	市教委、市体育局	北京学生活动管理中心、东城区教委	东城区崇文青少年科技馆	2016年7月
北京市中小学生应急通讯演练挑战赛	市教委、市体育局	北京学生活动管理中心、北京市无线电运动协会	北京市无线电运动协会 宣武青少年科技馆	2016年7月—10月

续表 2

活动项目及类别	主办单位	承办单位	执行单位	活动时间
北京市中小学生车辆模型比赛	市教委、市体育局	北京学生活动管理中心、西城区教委	西城区青少年科技馆	2016年10月
北京市青少年DI创新思维竞赛	市教委	北京学生活动管理中心、海淀区教委	海淀区青少年活动管理中心	2016年9月—11月
北京市中小学生航天科技体验与创意设计大赛	市教委	北京学生活动管理中心、丰台区教委	东高地青少年科技馆	2016年9月—12月
北京市中小学生天文观测竞赛	市教委	北京学生活动管理中心、东城区教委	东城区青少年科技馆	2016年10月—12月
北京市中小学生电子与信息创意实践活动	市教委	北京学生活动管理中心、西城区教委	宣武青少年科技馆	2016年11—12月
北京市中小学生金鹏科技论坛	市教委	北京学生活动管理中心、朝阳区教委	朝阳区青少年活动中心	2016年11月—2017年4月

注：具体活动安排以各项活动通知及方案为准。

北京市教育委员会

关于公布全国第五届中小学生艺术展演活动评选结果（北京市）的通知

京教函〔2016〕316号

各区教委：

4月10日至17日，我市东城区等7个区、38所中小学校的41个节目参加了教育部举办的全国第五届中小学生艺术展演活动。其中，东城区等4个区获得地（市）、县（市）教育行政部门优秀组织奖；《时间都去哪儿了》等18个节目获得集体类奖项；《老少乐和中国风》等17个节目（作品）获得个人类奖项，不仅展示了北京市中小学校美育成果和中小学生热爱祖国、朝气蓬勃、健康向上的精神风貌，也展现了向真、向善、向美、向上的校园文化。

现将我市在全国第五届中小学生艺术展演活动中的评选结果予以公布。希望各区认真总结经验，巩固成绩，坚持育人为本、面向全体的原则，注重美育教学和实践平台的衔接和融通，注重学校美育、社会美育和家庭美育的协同与融合，进一步提高北京市学校美育工作水平。

附件：全国第五届中小学生艺术展演活动评选结果（北京市）

2016年7月5日

附件

全国第五届中小学生艺术展演活动评选结果

（北京市）

一、地（市）、县（市）教育行政部门优秀组织奖

东城区教育委员会　西城区教育委员会　朝阳区教育委员会　海淀区教育委员会

二、艺术表演类

声乐一等奖

1. 小学组

节目名称	组别	演出单位	指导教师
《时间都去哪儿了》《我们恳求您》	甲组	北京第二实验小学	李丽洁、杨丽娜

2. 中学组

节目名称	组别	演出单位	指导教师
《翠谷双回声》《太阳母亲》	甲组	北京市第四中学	王海竞、邱磊

声乐二等奖

小学组

节目名称	组别	演出单位	指导教师
《蓝天》《SONGANDDANCE》	甲组	北京小学	付纳、童蕾、陈珺

器乐一等奖

1. 小学组

节目名称	组别	演出单位	指导教师
《东北风》	甲组	中国传媒大学附属小学	罗玉屏、田孝贤、陈希思

2. 中学组

节目名称	组别	演出单位	指导教师
《太阳颂》	甲组	北京市第五中学分校	张立英
《引航》	甲组	北京市第八十中学	胡玉红
巴托克《乐队协奏曲》第一乐章	甲组	北京市第二十二中学	潘岳、赵燕辉、张冬梅

器乐二等奖

小学组

节目名称	组别	演出单位	指导教师
《春》	甲组	北京第二实验小学	胡雪、田西洋、李薇薇
《奔向激流》	甲组	海淀区万泉小学	张晓静、孙燕、于海平

器乐三等奖

小学组

节目名称	组别	演出单位	指导教师
《京城随想》	甲组	海淀区翠微小学	汪海龙、史艺、张丽

舞蹈一等奖

1. 小学组

节目名称	组别	演出单位	指导教师
《梦开始的地方》	甲组	朝阳区劲松第四小学	韩洁、牛绪光、杨海林

2. 中学组

节目名称	组别	演出单位	指导教师
《沁园春·雪》	甲组	中国人民大学附属中学	李珊珊、叶娜、梁小薇

舞蹈二等奖

小学组

节目名称	组别	演出单位	指导教师
《小马奔腾》	甲组	北京第二实验小学	肖颖、吴景军

舞蹈三等奖

小学组

节目名称	组别	演出单位	指导教师
《鸟鸟鸟》	乙组	北京学生活动管理中心	孙晓哲、王艳

戏剧一等奖

中学组

节目名称	组别	演出单位	指导教师
《也许明天》	甲组	北京市育才学校	洪贺廷、李贵安、寿延

戏剧二等奖

小学组

节目名称	组别	演出单位	指导教师
《这次谁来当队长》	甲组	东城区分司厅小学	邵明、景波

朗诵一等奖

中学组

节目名称	组别	演出单位	指导教师
《青春之问》	甲组	北京市第一六六中学	颜菁、顾梅、武诚

朗诵三等奖

小学组

节目名称	组别	演出单位	指导教师
《我们是好孩子》	甲组	西城区康乐里小学	铁江虹、刘欣、郑爽

三、节目优秀创作奖

声乐

1. 小学组

节目名称	演出单位
《时间都去哪儿了》	北京第二实验小学

2. 中学组

节目名称	演出单位
《翠谷双回声》	北京市第四中学

器乐

中学组

节目名称	演出单位
《引航》	北京市第八十中学

舞蹈

1. 小学组

节目名称	演出单位
《梦开始的地方》	北京市朝阳区劲松第四小学

2. 中学组

节目名称	演出单位
《沁园春·雪》	中国人民大学附属中学

戏剧

中学组

节目名称	演出单位
《也许明天》	北京市育才学校

朗诵

中学组

节目名称	演出单位
《青春之问》	北京市第一六六中学

四、学生艺术实践工作坊展示奖

展示学校	展示项目	指导教师
北京市密云区第三小学	手绘布艺	李庆柱、冯杰浩、褚春艳、许晰鄰、张德林

五、艺术作品

绘画一等奖

1. 小学组

作者	单位	作品名称	组别	指导教师
刘奕昕	东城区少年宫	《老少乐和中国风》	乙组	韩东生
咸可舒	西城区少年美术馆	《快乐少年》	乙组	田冬梅

2. 中学组

作者	单位	作品名称	组别	指导教师
徐艺铭、刘婧怡	北京师范大学附属中学	《花儿少年》	甲组	田冬秀

绘画二等奖

1. 小学组

作者	单位	作品名称	组别	指导教师
韩月荞	大兴区第二小学	《老少乐》	甲组	张琦
魏钰桐	东城区西中街小学	《机车大会》	甲组	无

2. 中学组

作者	单位	作品名称	组别	指导教师
王天歌	北京市第六十六中学	《金梦家园》	甲组	王进华
朱芮菡	北京市陈经纶中学	《秋风“细语”》	甲组	吴蔚

绘画三等奖

1. 小学组

作者	单位	作品名称	组别	指导教师
孟楷舒	北京史家小学通州分校	《运河小骑手》	甲组	

2. 中学组

作者	单位	作品名称	组别	指导教师
仝好	中央工艺美院附属中学	《在阳光下成长》	甲组	无

书法、篆刻一等奖

1. 小学组

作者	单位	作品名称	组别	指导教师
宜怡	东城区史家胡同小学	《改天变地展新风》	甲组	无

2. 中学组

作者	单位	作品名称	组别	指导教师
许伊祺	北京市第一六六中学	《诫子书》	甲组	无

书法、篆刻二等奖

小学组

作者	单位	作品名称	组别	指导教师
乔孟群	东城区东交民巷小学	《海纳百川》	甲组	

书法、篆刻三等奖

1. 小学组

作者	单位	作品名称	组别	指导教师
陈曦瑶	北京市第一实验小学	《七绝·清明》	甲组	

2. 中学组

作者	单位	作品名称	组别	指导教师
彭祎祎	北京市第二中学	《北国风光》	甲组	

摄影一等奖

中学组

作者	单位	作品名称	组别	指导教师
闫明轩	北京市第八十中学	《斜阳余晖》	甲组	徐德义

摄影二等奖

小学组

作者	单位	作品名称	组别	指导教师
贾乐晨	西城区奋斗小学	《我教叔叔》	甲组	张净

摄影三等奖

小学组

作者	单位	作品名称	组别	指导教师
孙若涵	朝阳区三里屯小学	《劲风催开校园花》	甲组	

六、艺术教育科研论文

一等奖

论文名称	作者	第一作者单位
承文化血脉举艺教创新——北京市第三十五中学艺术课程校本化实践探索	朱建民、郭铁琼	北京市第三十五中学
密云学生课外艺术活动现状及制约因素的调查	崔焕然	密云青少年宫

二等奖

论文名称	作者	第一作者单位
舞蹈教育的卓越之路——金帆舞蹈团走入“剧”时代的特点及启示	于萌、林清	北京景山学校
美术课程中的“星光大道”——小学美术课程等级评价制度探索	高蕊	北京小学走读部
“后特长生时代”如何让学校艺术社团更上一层楼初探——以清华附中金帆民乐团为例	胡军	清华大学附属中学
构建课程文化　彰显阳光教育特色	赵丹阳	东城区革新里小学

北京市教育委员会

关于公布2016年（第八届）中小学生科学建议奖获奖名单的通知

京教函〔2016〕549号

各区教委：

经第八届北京市中小学生科学建议奖专家评审委员会评定，决定授予北京市朝阳区白家庄小学梁方逊等11名学生北京市中小学生科学建议奖，北京市陈经纶中学谢一鹤等10名学生中小学生科学建议提名奖。

各区要以科学建议奖评选为契机，加大宣传力度，引导广大中小学生关注社会，培养社会责任意识，提高创新能力，促进德智体美全面发展。

附件：2016年（第八届）中小学生科学建议奖、科学建议提名奖获奖名单

2016年11月25日

附件

2016年（第八届）中小学生科学建议奖、科学建议提名奖获奖名单

一、北京市中小学生优秀科学建议奖（11名）

北京市朝阳区白家庄小学	梁方逊
北京市五路居第一中学	秦思语
中国人民大学附属中学实验小学	罗大维
北京第二实验小学	赵思雅　李令仪
北京第二实验小学	于毅轩
北京景山学校	姜萧杭
北京市海淀区育鹰小学	臧惠娜
东城区史家胡同小学	刘淏语
北京市昌平区昌盛园小学	郝知勉
北京市陈经纶中学嘉铭分校（东校区）	简子尧

二、北京市中小学生优秀科学建议提名奖（10名）

北京市陈经纶中学	谢一鹤
北京市陈经纶中学	汪羽莹
北京市海淀区中关村第二小学	张维钧
北京第二实验小学	白思邈
北京市朝阳外国语学校	杨智涵
北京市第二中学亦庄学校	唐梓杰
北京师范大学附属中学	李新洋
北京市海淀区中关村第二小学	赵麟通
北京市朝阳区星河实验小学	张廷睿
北京市平谷区第二小学	秦艺宁

校外教育

北京市教育委员会文件选编

(2016)

北京市教育委员会

关于委托北京农业职业学院做好学农教育工作的通知

京教函〔2016〕120号

北京农业职业学院：

为进一步贯彻落实国家教育部和市教委关于加强中小学劳动教育的意见精神，发挥北京农业职业学院作为全市中小学劳动教育基地的示范作用，2016年市教委继续委托你院承接北京市初中学生学农教育工作，现将有关事项通知如下：

一、适度扩大承接规模。2016年，在继续承接原定城六区相关学校学农教育工作的基础上，进一步扩大规模，将西城区所有初二年级学生纳入市级学农教育项目实施范围，由你院承担，请及时调整实施方案，提前安排好接待事项。

二、研发拓展学农课程。研发拓展学农教育实践课程，开发更多“接地气、带土味”的实践课程，提供丰富多彩的“菜单式”课程，并依托北京教育信息中心建立“网上选课”平台，将部分课程纳入北京市初中开放性科学实践活动课程名录。

三、完善各项后勤保障。统筹协调学院力量，加强学农教育基地建设，从实践场所、配套设施、食宿条件、师资队伍、组织管理等方面进一步加大投入，所需经费可参照2015年项目经费预算标准追加、执行。同时，做好院内院外沟通对接，完善各项管理制度和安全措施，为学农教育提供充分保障。

市教委将组织有关处室和区教委做好必要的协调工作，不定期开展调研。项目推进过程中，将进展情况报送市教委有关处室，如遇问题，及时与市教委沟通。

2016 年 3 月 29 日

北京市教育委员会

关于开展 2016 年青少年节能环保社团建设与节能环保成果征集活动的通知

京教函〔2016〕150 号

各区教委、各高等学校、各有关单位：

为进一步贯彻国家生态文明建设总体布局和绿色发展理念，落实市“十三五”节能减排低碳环保规划的相关要求，结合市教育系统 2016 年节能减排重点工作，市教委决定开展“2016 年青少年节能环保社团建设与节能环保成果征集活动”，现将有关事项通知如下：

一、活动目的及范围

践行绿色发展理念，宣传普及节约能源资源、清洁空气、新能源开发应用、绿化环境等节约环保和可持续发展相关知识技能，进一步提高全市广大师生节能环保意识和素养，培养学生创新精神、实践能力、志愿行动和可持续发展的社会责任感，培育节约环保、绿色低碳的行为习惯和校园文化，带动社会、家庭共同关注参与生态文明建设。

活动范围为全市各高等学校、中小学校、幼儿园全体师生，社会大课堂资源单位及相关教育机构人员。学生家庭、市民可自愿参与。

活动由中国科学院科学传播研究中心、北京教育科学研究院可持续发展教育研究中心、北京学校后勤事务中心承办，北京市志愿服务联合会、清华大学等资源单位协办。

二、活动内容及要求

（一）支持青少年节能环保社团建设

在绿色发展理念引领下，支持引导全市大中小学生各类节能环保社团的建设发展，为其提供有效的志愿服务能力建设渠道，提高青少年参与节能环保等社会公共事务的广度和专业度，鼓励青少年开展具有自主性和创造性的节能环保主题社会实践活动，为培育节能环保绿色低碳的校园文化创造生动活泼的展示交流平台。

学生通过自己组建生态环保社团和开展志愿服务活动，成立以可持续发展教育为指导，以节能环保、绿色低碳等相关内容为载体的跨地域、跨学科、注重社会实践的志愿者社团联盟，自我体验、自我创新，持续提高参与绿色环保、践行社会主义核心价值观和建设生态文明的积极性、创造性。

请各单位指定专人做好宣传组织工作，并于2016年5月8日前，将本单位参加青少年节能环保社团建设的社团信息表电子版（见附件1，略）提交至指定电子邮箱（youthesd@qq.com）。“2016年青少年节能环保成果征集活动”作为本年度青少年节能环保社团建设的主打活动，要求各社团积极参加，组委会将对活动中的优秀社团予以奖励。

（二）2016年青少年节能环保成果征集活动

1. 征集主题

本次青少年节能环保成果征集活动包括节水护水、清洁空气（如空气监测、净化）和新能源开发利用三个主题。

2. 作品形式

参与内容须针对上述主题，鼓励以不同形式展现，作品形式为以下几类：

A类/宣传标识设计：结合主题，通过平面、动画、立体造型设计等形式，设计富有创意、具有警示作用的作品。要求对设计创意进行详细说明。

B类/宣传画设计：结合主题，通过手抄报、手绘海报、科幻画、宣传折页等形式，设计画面重点突出、主题鲜明并配有醒目、号召性文字标题的作品。要求对创作思路进行详细说明。

C类/微电影：通过手机或摄像机录制、照片剪辑、电脑动画制作等形式设计与主题相关的影像作品。要求作品不得侵犯他人知识产权（如不得使用未经授权的卡通、动漫原图等），作品时长不短于30秒，文件格式为.mp4。

D类/创意方案：结合主题，根据现实生活与学习中发现的问题或自己的科学想象，运用自己掌握的知识和经验，明确创意目标，选择合理的技术系统和方法，构思满足目标要求的方案。要求详细叙述方案具体设计，并配有设计图。

E类/创客作品：创作形式可为糅合一定技术元素的原创手工，提倡使用已有资源（环保材料）进行再利用和创造，也可结合电子、机械、机器人、3D打印、数控机床、激光雕刻、木工和艺术创作等技术手段，做跨学科的整合作品。要求创作内容与征集主题相符，并详细叙述作品的创意思路与功能。

3. 活动安排

（1）活动开展及培训支持阶段

活动组委会设在中国科学院科学传播研究中心，定于2016年5月举办活动培训会，进行活动相关内容总体培训工作。同时根据各校具体情况和需求，提供活动相关的教师培训、教育活动指导和咨询等支持性工作。

（2）作品征集评选阶段

各参与单位于2016年6月26日前完成作品，并将“2016年青少年节能环保成果征集申报表”（见附件2，略）及相关成果图片、照片、视频等支撑材料电子版提交至活动组委会指定电子邮箱（youthesd@qq.com，如文件过大也可与组委会联系直接报送到组委会），组委会将对征集作品进行汇总，组织相关机构和专家对各参与形式作品分类进行评选。

（3）作品展示交流及总结阶段

举办相关主题的论坛交流活动，开展作品展示交流（入选参展作品请在9月底前提供作品原件）；组织专家座谈、访谈和总结会等形式进行深入全面地总结工作，并邀请相关单位领导、专家和媒体等出席，对优秀作品创作者进行颁奖表彰。

4. 活动奖励

本次青少年节能环保成果征集活动分设一等奖、二等奖和三等奖若干名。组委会将为活动优秀者颁发获奖证书及适当奖励，各类优秀作品进行宣传推广并结集成册。优秀者获《2016年青少年节能环保优秀作品集》一本，并邀请其所在单位出席总结表彰会。

组委会还将定向邀请节能环保成果征集活动优秀指导教师和学生于暑期参加“青少年可持续发展行动联盟节能环保研习营”活动，具体时间地点另行通知。

三、活动有关事项

（一）各区教委、各高校、社会大课堂资源单位及相关教育机构应高度重视，安排专人负责，确保此项工作落实到位。各区教委应组织本区域内中小学校、幼儿园以学校为单位参加。

（二）联系人及联系电话（略）

（三）本通知及附件电子版可在北京学校后勤网（http://gxhq.bjedu.cn）和北京市教育系统节能减排应用平台（http://jnjp.bjedu.cn）“通知公告”栏目下载。

附件：1. 2016年青少年节能环保社团信息表（略）

2. 2016年青少年节能环保成果征集申报表（略）

2016年4月18日

北京市教育委员会

关于在全市校外教育机构开展“三个一”活动的通知

京教函〔2016〕230号

各区教委：

为深入落实贯彻《北京市中长期教育改革和发展规划纲要（2010—2020年）》，满足中小学生对优质校外教育的需求，市教委决定在全市校外教育机构开展“培育一批创新项目、建设一批特色项目、发展一批精品项目”活动（以下简称“三个一”活动），进一步提升校外教育质量。

各区教委要充分认识“三个一”活动的重要意义，抓住发展契机，结合本区实际，制定工作方案，保障本区“三个一”活动的落实。体美科、校外科要安排专人负责，指导区校外教育机构活动项目改革的实施。

附件：“三个一”活动工作方案

2016年5月30日

附件

“三个一”活动工作方案

一、指导思想

以践行社会主义核心价值观为导向，紧紧围绕立德树人的根本任务，加强校外教育工作，加强校外教师队伍建设，通过全市校外教育机构活动项目改革，进一步提升校外教育工作水平。

二、工作目标

（一）培育一批创新项目，丰富校外活动供给内容，切实满足广大中小学生个性化学习需求。

（二）建设一批特色项目，创新校外教育供给形式，充分展示校外教育活动项目改革的丰硕成果。

（三）发展一批精品项目，提高校外教育供给侧质量，促进校外教育机构改革、发展。

三、工作任务

（一）开展“三个一”活动，推动校外教科研工作深入发展，促进校外教科研工作与校外教育活动实践相结合，提高校外教育活动质量。

（二）开展“三个一”活动，深化校外教育机构教育活动内容、方法的改革，促进广大教师、教科研人员主动、自觉参与教科研工作，提高教科研工作水平。

（三）开展“三个一”活动，认真总结校外教育改革经验，充分展示全市校外教育机构改革成果，为校外教育进一步发展奠定基础。

四、工作步骤

（一）立项试点

1. 市教委召开会议，布置“三个一”活动工作方案。

2. 市校外教育研究室研究、制定、公布校外教育创新项目、特色项目、精品项目评价标准。

3. 市校外教育研究室成立“三个一”活动专题研究组，组织市、区校外教研员通过理论研讨、经验交流、成果展示、活动观摩、建立实践基地等形式，支持“三个一”活动的实施。

4. 市校外教育研究室结合“十三五”课外、校外教育科研规划，做好“三个一”课题申报工作。

5. 区教委制定本区“三个一”活动工作方案，组织各校外教育机构开展工作。

（二）全面推进

1. 市校外教育研究室加强对市、区校外教育机构“三个一”活动的指导。组织课外、校外教育论文评选及理论研讨活动。

2. 市“三个一”活动专题研究组开展系列教科研活动，结合校外教师专业评展等活动，加强校外教师在“三个一”活动实践过程中的合作与交流，促进校外教师队伍水平整体提升。

3. 结合“三个一”活动，组织全市“十三五”课外、校外科研规划课题中期交流、研讨活动，加强对“三个一”研究成果的总结、展示、推广。

4. 各区校外教研室组织各校外教育机构开发“三个一”活动教材，总结活动经验，科学设置活动项目。

5. 十三五末期，组织市级“三个一”活动优秀项目的申报、评定工作，推出不少于100项代表首都校外教育现代化水平的优质创新、特色、精品活动项目。

（三）总结提高

1. 在“十三五”课外、校外科研课题总结中，评选“三个一”活动研究成果；

2. 总结市、区校外教育机构“三个一”活动工作经验，编印系列校外教育创新、特色、精品活动项目教材；

3. 组织北京市校外教育活动项目改革成果展示活动。

五、组织保障

市教委成立北京市校外教育“三个一”活动领导小组，组长王定东，副组长王军、郜世奇。领导小组下设办公室，办公室设在北京市校外教育研究室。

六、工作要求

（一）市校外教育研究室要切实加强对“三个一”工作的指导，制定年度工作计划，实行目标责任制，保证各项任务的落实。要切实做好服务工作，及时发现问题、解决问题。

（二）各区教委要加强对“三个一”活动工作的领导，成立相应领导小组。结合本区实际，制定具体实施方案，全面推动各校外教育机构“三个一”活动的实施。

（三）各校外教育机构要结合基础教育改革，发挥自身优势，推动教育管理、教育活动等方面的改革创新和特色发展。

（四）各区校外教育研究室要组织广大教师开展“三个一”活动，落实各项任务，确保“三个一”活动取得成效。

七、经费保障

市教委对评选出的创新项目、特色项目、精品项目给予经费补助，用于活动设备器材购置和租赁，人员培训，开展活动等。

北京市教育委员会办公室

关于首届北京市少儿地铁出行主题公益海报大赛作品征集的通知

京教办函〔2016〕24号

各区教委：

为引导少年儿童树立公益环保思想，培养安全文明的出行意识，由市教委、市交通委主办，北京京港地铁有限公司承办的首届北京市少儿地铁出行主题公益海报大赛正式启动，请各区组织学校报名并提交相关作品。现将大赛有关事宜通知如下：

一、报名范围

全市8～12周岁儿童，以学校为单位报名参赛。

二、作品要求

（一）参赛海报应为原创绘画作品，每名学生仅能提交一幅参赛作品。

（二）海报内容应倡导地铁出行，需能体现地铁乘车文明与安全的主题。

（三）参赛海报长度应在50cm～60cm，宽度应在33cm～50cm，请勿折叠、装裱或做薄膜层处理。

三、奖项设置及奖励

（一）奖项设置

1. 专家评审奖：特等奖一名、一等奖三名、二等奖六名、三等奖十名、优秀奖三十名；

2. 公众票选奖：最佳人气奖十名；

3. 组织贡献奖：最佳组织单位奖三名、优秀指导教师奖六名。

（二）奖励

1. 所有奖项的获奖作者、单位，将获得由本届大赛主办方颁发的证书以及由大赛组委会提供的奖品；

2. 获得专家评审特等奖、一等奖、二等奖的作品，将有机会在北京市地铁4号线、大兴线、14号线、16号线的地铁车站内，以广告灯箱的形式进行为期三个月的展示；

3. 所有获奖作品，将在北京市地铁4号线动物园车站内，进行为期三个月的展示。

四、具体时间安排

（一）报名截止日期：2016年10月18日

（二）作品提交截止日期：2016年12月30日

（三）专家评审：2017 年 1 月—2 月

（四）公众线上投票：2017 年 2 月

（五）颁奖仪式：2017 年 3 月（具体时间另行通知）

五、报名方式及作品提交

报名及提交方式等具体事宜详见附件《首届北京市少儿地铁出行主题公益海报大赛章程》。

组委会邮箱：poster2016@mtr. bj. cn（注：如有任何疑问，请发送电子邮件至组委会邮箱咨询）

附件：首届北京市少儿地铁出行主题公益海报大赛章程

2016 年 9 月 21 日

附件

首届北京市少儿地铁出行主题公益海报大赛章程

一、大赛目的

为了积极倡导绿色出行，推动公众地铁安全、文明出行意识的形成，切实帮助少年儿童从小树立公益环保思想，在日常地铁出行中，增强自我保护意识，关爱自己和他人的生命。以绘画的手法，海报的形式，引导孩子们表达心中对于共建安全、和谐的地铁出行环境的美好心愿。

二、大赛主办单位

北京市教育委员会

北京市交通委员会

三、大赛承办单位

北京京港地铁有限公司

四、参赛对象

8～12 周岁儿童

五、作品内容

（一）与倡导地铁绿色出行主题相关

（二）体现地铁安全出行、地铁文明出行相关内容

六、参赛作品要求

（一）海报至少要有 33cm 宽、50cm 长，不可大于 50cm 宽、60cm 长，作品不可裱或装框；

（二）每位学生限一幅作品参赛，每幅作品限由一名学生独立完成；

（三）作品必须是原作，不得为复制品；

（四）各种可运用于作品的材料均可使用（注：用粉笔、蜡笔、炭笔绘制的作品，为免涂抹，须作固定喷剂处理）；

（五）作品不得覆膜。

七、参赛作品特别注意事项

（一）不接受三维空间的作品；

（二）作品上不可以黏、钉、捆，或以任何其他方式添加任何物品；

（三）作者须在海报背面签名；

（四）切勿折叠海报；

（五）所有参赛作品概不归还。

八、大赛流程

（一）报名截止日期：2016 年 10 月 18 日

（二）作品提交日期：截止至 2016 年 12 月 30 日

（三）专家评审周期：2017 年元月—2 月

（四）公众线上投票：2017 年 2 月（投票平台：北京市教育委员会官方微信平台："首都教育"）

（五）颁奖仪式时间：2017 年 3 月（具体时间另行通知）

九、奖项设置及奖励

（一）奖项设置

1. 专家评审奖：

特等奖一名、一等奖三名、二等奖六名、三等奖十名、优秀奖三十名

2. 公众票选奖：

最佳人气奖十名

3. 组织贡献奖：

最佳组织单位奖三名、优秀指导教师奖六名

（二）奖励

1. 所有奖项的获奖作者、单位，将获得由本届大赛主办方颁发的证书，以及由本届大赛组委会提供的奖品；

2. 获得专家评审特等奖、一等奖、二等奖的作品，将有机会在北京市地铁 4 号线、大兴线、14 号线、16 号线的地铁车站内，以广告灯箱的形式，进行为期三个月的展示；

3. 所有获奖作品，将在北京市地铁 4 号线动物园车站内，进行为期三个月的展览展示。

十、报名及作品提交相关

（一）报名方式：

于报名截止日期前，以学校为单位，完整填写附件 1《报名表》，加盖学校公章并扫描，以电子邮件形式发送至组委会邮箱。

（二）作品编号：

各学校对所提交的参赛作品统一编号，编号须标注于作品背面，编号格式：所属区一学校全称一作品编号。

作品编号示例：

丰台区芳草地国际学校（丽泽校区）1 号作品

编号为：FT－FCDGJXX（LZ）－1

（三）作品提交方式：

于作品提交截止日期前，以学校为单位，将参赛作品原稿，连同填写完整的附件 2（略）《参赛作品表》（纸质版）以快递形式，

寄送至组委会指定地点。

注：各单位作品提交日期以寄出信件邮戳或快递日期为准。

十一、参赛须知

（一）本届大赛仅接受以学校为单位的报名，不接受个人报名；

（二）未获得专家评审奖项的作品，无法参与“公众票选”环节；

（三）公众票选结果不影响专家评审结果；

（四）所有参赛者应自行承担其参加本届大赛的全部责任，如发现参赛作品有创意抄袭、非参赛者本人创作等不符合参赛规则的情形，组委会有权在大赛的任何阶段取消其参赛资格；

（五）所有参赛者自愿、无偿将参赛作品的全部所有权授予组委会，作者享有署名权；

（六）大赛组委会对本大赛章程及评审规则保留最终解释权。

十二、联系方式（略）

附件：1. 首届北京市少儿地铁出行主题公益海报大赛报名表（略）

2. 首届北京市少儿地铁出行主题公益海报大赛参赛作品表（略）

民族教育

北京市教育委员会文件选编

（2016）

北京市教育委员会

转发教育部民族教育司关于做好2016年普通高等学校少数民族预科生预科阶段培养工作文件的通知

京教函〔2016〕340号

各有关市属高校：

现将教育部民族教育司《关于做好2016年普通高等学校少数民族预科生预科阶段培养工作的通知》（教民司函〔2016〕51号）转发给你们，请根据文件要求，做好少数民族预科生预科阶段培养工作。

2016年7月25日

教育部民族教育司

关于做好2016年普通高等学校少数民族预科生预科阶段培养工作的通知

教民司函〔2016〕51号

各省、自治区、直辖市教育厅（教委），部属各高等学校，各少数民族预科培养学校：

为进一步优化预科培养学校布局，合理调整预科培养学校，不断提高教育教学质量，现就做好2016年少数民族预科培养工作通知如下：

1. 提高教育质量。各预科培养学校要认真落实《国务院关于加快发展民族教育的决定》和教育部等12部门《关于切实加强有关内地民族班学生教育管理服务工作的若干意见》，加强思想政治教育，严格教育教学管理，科学制定教学计划，开齐开足规定课程，结合学生实际开设相应选修课程，不断提高预科培养质量。各预科培养学校要按照本校本、专科学生的校历安排，做好预科培养阶段教学工作，不得晚开学早放假。

2. 密切沟通联系。目标高校要与预科培养学校保持密切联系，提前介入预科阶段学生教育管理服务工作，协助预科培养学校做好学生职业生涯规划、学科专业选择等方面的衔接。预科培养学校也要通过“请进来、走出去”的方式，加强与目标高校的沟通协调，并持续跟踪了解预科毕业学生在目标高校的学习生活情况。

3. 执行学制规定。新疆协作计划民考民本科预科生根据学生在校学习情况，由预科培养学校和目标高校沟通，并经目标高校考核同意后，可实行弹性学制；民考民高职（专科）预科生实行 1 年制预科；民考汉和双语班高职（专科）预科生直接进入高职（专科）阶段学习。

请各省级教育行政部门负责将此文转发至所属各招生院校。各预科培养学校要尽早与目标高校联系，协助做好相关工作，并于 8 月 30 日前将本校预科学生培养方案报我司备案。

附件：2016 年少数民族预科阶段培养学校安排表

2016 年 6 月 15 日

附件

2016 年少数民族预科阶段培养学校安排表

招生学校	总计	新疆协作计划	计划性质	协作计划预科培养学校	其他预科计划	其他预科计划培养学校	备注
本科预科班							
北京工业大学	17	17	双语类	新疆师范大学			
北方工业大学	40	20	民考汉	东北师范大学	20	东北师范大学	
北京服装学院	51	21	民考汉	新疆农业大学	30	南昌工学院	
北京印刷学院	30	20	民考汉	新疆农业大学	10	南昌工学院	
北京建筑大学	50	20	民考汉	新疆大学	30	南昌工学院	
北京石油化工学院	30	20	民考汉	新疆农业大学	10	南昌工学院	

续表

招生学校	总计	新疆协作计划	计划性质	协作计划预科培养学校	其他预科计划	其他预科计划培养学校	备注
北京农学院	55	25	民考汉	新疆农业大学	30	南昌工学院	
首都医科大学	15	15	民考汉	新疆师范大学			
首都师范大学	30	30	民考民	新疆师范大学			
北京第二外国语学院	25	25	民考汉	新疆大学			
北京物资学院	30	13	民考汉	东北师范大学	17	东北师范大学	
首都经济贸易大学	16	16	双语类	新疆师范大学			
中国音乐学院	2	2	艺术类	新疆师范大学			
北京电影学院	4	4	民考汉	新疆大学			
北京舞蹈学院	3	3	艺术类	新疆师范大学			
北京信息科技大学	30	16	双语类	新疆师范大学	14	南昌工学院	
北京联合大学	56	26	民考汉	新疆农业大学	30	南昌工学院	
专科预科班							
北京社会管理职业学院	25	25	民考汉专				

北京市教育委员会
北京市民族事务委员会

关于命名北京市民族团结教育示范学校的通知

京教基二〔2016〕17号

各区教委、民委（民宗办）：

为深入贯彻中央和北京市民族工作会议、《国务院关于加快发展民族教育的决定》和《学校民族团结教育指导纲要（试行）》精神，总结、宣传本市民族团结教育典型经验，促进中小学民族团结教育工作的深入开展，进一步提高我市民族教育总体水平，根据市教委、市民委《关于开展北京市民族团结教育示范学校评选工作的通知》（京教函〔2016〕179号）和市教委办公室、市民委办公室《关于开展北京市民族团结教育示范学校检查评估工作的通知》（京教办函〔2016〕21号），经北京市民族团结教育示范学校评选活动考评工作小组评审，市教委和市民委决定命名中央工艺美院附中艺美小学等36所学校为“北京市民族团结教育示范学校”。（名单附后）

希望受表彰的学校以党的十八大和习近平总书记系列重要讲话精神为指导，全面贯彻党的教育方针和民族政策，解放思想，开拓创新，在民族团结教育工作中再创佳绩，切实发挥示范、辐射作用，进一步推动本市民族团结教育工作的深入开展。

各区教委和民委（民宗办）要全面深入总结、推广民族团结教育示范学校的经验，大力推进民族团结教育工作的深入开展，切实做好民族教育工作，促进民族教育事业持续、健康、协调发展，为建设国际一流的和谐宜居之都做出新贡献。

附件：北京市民族团结教育示范学校名单

2016年12月16日

附件

北京市民族团结教育示范学校名单

中央工艺美院附中艺美小学
东城区天坛东里小学
北京景山学校
北京市文汇中学
西城区师范学校附属小学
西城区宏庙小学
北京市第七中学
朝阳区万子营民族小学
北京第二外国语学院附属中学
北京工业大学附属中学
首都师范大学附属小学
海淀区五一小学
海淀区第二实验小学
中央民族大学附属中学
丰台区新发地小学
北京市第十中学
石景山区实验小学
门头沟区妙峰山民族学校
北京市大峪中学
房山区良乡镇官道中心小学
房山区房山第五中学
北京师范大学良乡附属中学
通州区民族小学
顺义区后沙峪中心小学
昌平区城北中心小学
昌平区十三陵中心小学
昌平区西贯市回民小学
大兴区庞各庄镇第一中心小学
平谷区第二小学
怀柔区长哨营满族乡中心小学
怀柔区杨宋镇中心小学
密云区古北口镇中心小学
密云区第二中学
延庆区太平庄中心小学
延庆区永宁学校
北京师范大学燕化附属中学

国防教育

北京市教育委员会文件选编

(2016)

北京市教育委员会

关于在新生军训期间开展应急救护培训的通知

京教函〔2016〕274号

各区教委，各普通高校、中等专业学校：

为进一步提高青少年学生防灾避险和应对突发事件的自救、互救能力，全面普及应急救护知识，根据《中华人民共和国突发事件应对法》《中华人民共和国红十字会法》、中国红十字会总会等部委《关于印发〈中国红十字会关于广泛深入开展救护工作的意见〉的通知》，我委拟于2016年起在新生军训期间开展红十字应急救护培训。现将有关事宜通知如下：

一、培训的对象

高等学校、高级中学、中等职业学校一年级新生。

二、培训的内容

根据《中国红十字会救护培训大纲》规定，急救培训内容主要包括以下五个方面：

（一）救护新概念、现场心肺复苏、气道梗塞急救法。

（二）创伤救护四项技术：止血、包扎、骨折固定、伤员搬运。

（三）常见急症（休克、晕厥、猝死、脑血管意外等）的现场处理。

（四）意外伤害（触电、溺水、烧烫伤、中毒等）的现场急救知识和技能。

（五）突发事件：地震、洪水、泥石流等自然灾害和火灾、交通意外、有毒气体泄漏等事故灾难的逃生避险知识、自救互救技能。

急救培训采取理论授课与实际操作相结合的形式，培训考核合格后颁发培训证书。如学生有更高需求可以自愿报名参加第二期培训。

三、培训时间与项目

培训时间和相关培训项目由各学校自主选择，经与实施单位进行沟通后确定。

四、组织实施

此项工作由市教委委托北京音像报刊总社《健康咨询报》社（下设应急救护培训工作办公室）组织实施。请各区、各学校负责做好该项工作的宣传。相关费用由实施单位承担。

各区、各学校要合理安排学生军训，在确保军训质量的前提下开展急救护培训。

各区、各学校有意向开展培训的，需填报《应急救护培训预约登记表》（见附件，略），最迟于7月底前与应急救护培训工作办公室联系具体事宜，以确保应急救护培训工作顺利进行。

附件：应急救护培训预约登记表（略）

2016年6月17日

北京市教育委员会
北京卫戍区司令部
北京卫戍区政治部

关于明确当前学生军训工作有关问题的通知

京教体艺〔2016〕11号

各区教委、人武部，各普通高等学校，各中等专业学校，国防大学、空军指挥学院、市人力社保局学生军训工作办公室，各学生军训基地：

为确保全市学生军训工作平稳过渡，现将当前面临的有关问题明确如下：

一、正确处理学生军训与国防和军队改革、军队全面停止有偿服务的关系

学生军事训练工作是按照《中华人民共和国兵役法》《中华人民共和国国防法》《中华人民共和国国防教育法》和国家政策要求开展的，是军地双方共同的责任义务，各单位要按照《国务院办公厅中央军委办公厅转发教育部总参谋部总政治部关于在普通高等学校和高级中学开展学生军事训练工作意见的通知》（国办发〔2001〕48号）、《北京市人民政府北京卫戍区转发市教委北京卫戍区司令部北京卫戍区政治部关于北京市普通高等学校和高级中学开展学生军事训练工作实施意见的通知》（京政发〔2002〕31号）要求和普通高校、高中阶段学生必修课程建设规定，认真抓好贯彻落实，合理配套教学训练保障。

今年，在国防和军队改革深入稳步推进、军队全面停止有偿服务的大背景下，国家将出台学生军训工作新的法规制度，在此之前继续沿用现有法规制度。考虑学校教学计划安排和教学规律特点，凡被认定为2016年北京市学生军训基地的，要履行已签订的承训协议，做好学生军事技能训练服务保障；确有特殊情况无法完成的，须征得学校同意后解除协议。学生军训基地租用军队（武警部队）场地需要腾退的，须完成年度学生技能训练保障任务后再作安排，防止发生因“急刹车”“一刀切”而造成学生停训现象。

二、关于学生军事技能训练承训部队派遣有关问题

国防和军队改革展开后，军队组织领导体制发生变化，学生军事技能训练承训部队派遣总体面临较大困难。市区两级军事、教育部门要按照京政发〔2002〕31号文件“市管高校、区管高中”的职责分工，主动担当、克服困难，积极协调驻军（武警）部队和军事院校派出承训官兵，切实履行属地管理职能与作用。

（一）市管学生军训基地承训部队派遣。原由市里协调派出的，继续由市里负责协调派出；原由各区、军训基地协调派出的，由所在区人武部、区教委牵头协调派出，军训基地做好沟通联系；需跨区协调驻军（武警）部队和军事院校的，可由市军训办协调派出。

（二）区管学生军训基地承训部队派遣。由所在区人武部、区教委负责协调派出。

（三）学校通过军（警）民共建、双拥等渠道，到驻军（武警）部队营区、军事院校进行军事技能训练，或由驻军（武警）部队、军事院校派教练员入校的承训部队派遣。普通高校由驻军（武警）部队所在区人武部、区教委负责协调派出，跨区的可由市军训办协调派出；各高中阶段学校由所在区人武部、区教委负责协调派出。

（四）各驻军（武警）部队、军事院校派出承训官兵审批程序，严格按照《中国人民解放军部队部署和兵力调动批准权限暂行规定》（军发〔2016〕128号）和各战区、军种相关规定执行。

（五）承训部队官兵训练补助费用，按照市军训办《关于调整学生军训基地收费和承训部队补助标准的通知》（京军训〔2011〕5号）规定执行。

三、关于普通高中、职业高中学生军训经费有关问题

从2016年起，全市普通高中、职业高中学生军训经费列入学生生均经费定额标准，按照市财政局、市教委《关于调整本市基础教育公用经费定额标准的通知》（京财教育〔2015〕2044号）执行，纳入学校预算管理，严格落实财务制度，科学计划，足额保障，专款专用，勤俭节约，杜绝浪费。

（一）学生军训经费开支范围主要包括：学校军训工作办公经费、学生军训基地训练保障经费（适用于在市、区认定的学生军训基地内训练，含水电气暖、燃料以及承训部队官兵伙食补助和防暑降温等费用）、承训部队官兵伙食补助和防暑降温费用（适用于在学校和部队营区内训练）、教学训练器材资料购置经费、训练交通经费、军事知识讲座教学经费、军事教师培训经费、军事教师（含外聘军事教师）课时经费、学校国防教育和国防体育活动经费等。

（二）学生参加军事训练只交纳伙食费，伙食费标准按照市军训办《关于调整学生军训伙食费标准的通知》（京军训〔2014〕5号）规定执行。

（三）学生参加军事技能训练需统一着装。根据市教委、市发展改革委、市财政局《关于印发〈北京市公办学校代收费、服务性收费管理办法〉的通知》（京教财〔2010〕29号）要求，学校可为学生代购军训服装。

（四）学生参加军事训练期间的意外伤害，纳入校方责任险及附加无过失责任保险赔付。提倡学生军训基地为参训师生办理意外伤害事故商业保险。

此通知由各区教委转发至各高中阶段学校。

2016年6月21日

北京市教育委员会

关于遴选全国国防教育特色学校工作的通知

京教函〔2016〕375号

各区教委，各高校、中等职业学校：

为深入贯彻《教育法》《国防教育法》，全面落实教育部《关于加强新形势下学校国防教育工作的意见》（教体艺〔2011〕6号），深化学校国防教育改革，提高青少年学生综合国防素质，根据教育部办公厅《关于做好国防教育特色学校遴选工作的通知》（教体艺厅函〔2016〕28号），现就遴选全国国防教育特色学校（以下简称“特色校”）有关要求通知如下：

一、遴选范围和条件

（一）遴选范围

全市符合条件的本科院校、高职（专科）、普通高中、中等职业学校、义务教育阶段学校可申报参加遴选（以上均含民办学校）。

（二）遴选条件

1. 管理规范。学校高度重视，将国防教育纳入议事日程和年度工作计划，定期研究工作；有明确的分管校领导；有专门机构负责教育教学活动；有教育教学方案和计划；有健全的管理制度和绩效评估机制；有经费预算和政策支持。

2. 工作有序。教学时间有保障，相关课程中有机融入学校国防教育内容；有主题活动，并能利用重要时间节点营造良好的教育氛围；利用图书馆、阅览室、宣传栏、互联网站等资源开展形式多样的日常教育；学校国防教育工作得到师生员工的广泛参与。

3. 保障有力。有专职或兼职教师进行教学、组织开展各项活动；有固定的学校国防教育综合实践基地；有整合各类教育教学资源的条件和途径。

4. 特色鲜明。能够利用学校所在自然人文环境和历史传统、以及驻地部队等资源创造性地开展工作；在管理机制、课程实施、教育方式、工作模式、活动开展、师资队伍和实践基地建设等方面具有一定的特色，积累一定的经验。

二、遴选程序

（一）学校、各区教委申报

1. 本科院校及高职（专科）：

符合遴选条件的学校，按要求填写《国防教育特色学校申报表》（附件 1，略），并连同支撑材料加盖学校公章于 9 月 10 日前报送市教委（纸质版一式 1 份，同时报送电子版）。

2. 普通高中、中等职业学校、义务教育阶段学校：

凡符合遴选条件的学校，按要求填写《国防教育特色学校申报表》（附件 1，略），并连同支撑材料加盖学校公章报所在区教委。

各区可结合实际制定审核办法，通过材料审阅、实地考察、现场答辩等多种方式组织专家对申报学校进行评审。各区教委向市教委申报普通高中 1 所、中等职业学校 1 所、义务教育阶段学校 2 所。各区要对拟申报的特色校进行公示，确定申报对象后填写《国防教育特色学校推荐表》（附件 2，略）进行汇总。

各区教委要在 9 月 10 日将《国防教育特色学校申报表》、学校支撑材料、《国防教育特色学校推荐表》（加盖区教委公章）报送市教委（纸质版一式 1 份，同时报送电子版）。

（二）市教委遴选

市教委根据工作要求遴选本科院校 1 所、高职（专科）1 所；

普通高中16所（每区1所）、中等职业学校16所（每区1所）、义务教育阶段学校32所（每区2所）报送教育部。

（三）教育部认定

教育部最终确定特色校入选名单并予以公布。

三、工作要求

（一）各区、学校要高度重视特色校遴选工作，认真组织、严格把关，按照通知要求客观、及时、准确的上报材料，确保将有条件基础、有发展意愿、有工作特色的学校遴选出来。

（二）要以此次特色校遴选为契机，推动学校创造性地开展国防教育，鼓励创新发展，探索典型经验，加快国防教育与学校教育教学融合，带动各级各类学校国防教育工作水平。

（三）教育部、北京市将在国防教育教学、骨干教师研修、巡回授课、经验交流、选送学生参加活动等方面给予特色校一定的支持。各区要完善政策措施、加强指导管理、推动经验交流，以特色校建设为引领带动区域国防教育科学发展。

四、联系方式（略）

附件：1. 国防教育特色学校申报表（略）

2. 国防教育特色学校推荐表（略）

2016年8月18日

北京市教育委员会

关于开展2016年北京市中小学国防教育示范学校评选认定工作的通知

京教函〔2016〕393号

各区教委：

为深入贯彻落实《中华人民共和国国防教育法》和党中央、国务院、中央军委《关于加强新形势下国防教育工作的意见》（中办发〔2011〕8号），进一步推动我市中小学校国防教育的普及与发展，市教委决定开展2016年北京市中小学国防教育示范学校（以下简称“示范校”）评选与认定工作。现将有关事项通知如下：

一、范围及名额

（一）范围

全市各中小学、职业高中（含民办学校）。

（二）名额

2016年共评选示范校84所。根据各区中小学校数量分配评选名额：中小学数量为150所以上的区，示范校评选名额为8所；中小学数量为100～149所的区，示范校评选名额为6所；中小学数量为50～99所的区，示范校评选名额4所；中小学数量为49所以下的区，示范校评选名额2所。具体名额分配见附件1。

已获得全国国防教育特色学校称号的直接认定为示范校，不占各区名额。

二、评选条件

根据《北京市中小学国防教育示范学校评价标准》（附件 2）自评分数达到 90 分以上的学校，有申报参与评选的资格。

三、程序及安排

（一）申报示范校的学校，需填写《北京市中小学国防教育示范学校申报表》（附件 3，略），同时向所在区教委提交学校近 3 年来国防教育工作总结。

（二）各区教委需在《北京市中小学国防教育示范学校申报表》上签署意见，填写《北京市中小学国防教育示范学校汇总表》（附件 4，略）。11 月底前将以上表格及各校国防教育工作总结纸质版及电子版一式 1 份，一并交市教委体卫艺处。

（三）12 月中旬，市教委公布示范校名单。

四、工作要求

（一）加强领导。示范校评选认定工作对促进学校国防教育工作深入开展具有重要意义，各区、各学校要加强组织领导、认真抓好落实，防止走过场。

（二）严格标准。各区要严格按照标准组织开展评审认定工作，推选出国防教育特色突出、效果明显的学校，切实发挥其先进示范和典型引领作用。

（三）以评促建。各区、各学校要结合评审与认定工作，认真分析本区、本学校国防教育工作的现状，加强经验与特色的提炼，注重问题的总结和梳理，全面推进国防教育工作科学、有序发展。

五、联系方式

附件：1. 北京市中小学国防教育示范学校名额分配表

2. 北京市中小学国防教育示范学校评价标准

3. 北京市中小学国防教育示范学校申报表（略）

4. 北京市中小学国防教育示范学校汇总表（略）

2016 年 8 月 29 日

附件 1

北京市中小学国防教育示范学校名额分配表

区	名额	区	名额
东城区	6	大兴区	6
西城区	6	通州区	6
朝阳区	8	顺义区	4
海淀区	8	怀柔区	2
丰台区	6	平谷区	4
石景山区	4	延庆区	2
门头沟区	2	密云区	4
房山区	8	燕山	2
昌平区	6	总计	84 所

附件 2

北京市中小学国防教育示范学校评价标准（小学）

一级指标	二级指标	三级指标	参考依据
组织管理（14 分）	组织机构（4 分）	学校成立由校长牵头的学校国防教育领导机构，成员构成合理。（2 分）	学校国防教育领导机构名单，会议记录
		设立专门机构，并指派专人负责协调、整合相关部门开展学校国防教育工作。（2 分）	专门机构的名称和负责人

续表 1

一级指标	二级指标	三级指标	参考依据
	规划计划（4 分）	根据国家、市、区国防教育发展规划和本校实际情况，制定学校 3～5 年国防教育规划，内容全面、体例规范。规划中有明确的国防教育指导思想和育人理念。（2 分）	学校 3～5 年国防教育工作规划（或学校整体规划）
		根据学校国防教育发展规划，制定年度工作计划，有效实施规划任务。（2 分）	学校国防教育年度工作计划
	制度建设（6 分）	有学校国防教育工作制度、内容完备、可操作性强。体现国防教育在其他学科渗透的相关制度。（2 分）	包括职责、保障、实施、奖励等相关制度
		军营一日活动的相关制度。（2 分）	相应制度材料
		重视档案管理，资料完整、规范。（2 分）	学校相关国防教育档案资料
实施途径（35 分）	教育活动（25 分）	利用全民国家安全教育日、全民国防教育日、抗战胜利纪念日等重大节日、纪念日，每年组织开展丰富多彩的国防教育主题活动（如：读书活动、专题讲座、知识竞赛等）。（4 分）	开展活动方案、总结，参与情况统计表及照片或视频
		有校级国旗护卫队，且开展“在国旗下讲话”等为主题的国防教育活动。（3 分）	活动内容资料、照片，视频等
		国防教育活动与社会实践活动相结合，与艺术、科技，体育活动相结合。（4 分）	活动内容资料、照片
		开展符合该年龄段学生特点的军营一日活动。（4 分）	活动安排、活动资料、照片
		根据统一要求和安排，积极参加“四个一”相关活动。（3 分）	活动安排、活动资料、照片

续表 2

一级指标	二级指标	三级指标	参考依据
		开展国防教育专题讲座，每学年不少于1次。（4分）	讲座资料或新闻资料。
		积极参与、开展海洋意识教育系列活动。（3分）	开展活动方案，参与情况统计表及照片或视频
	教学活动（10分）	开设有体现国防教育特色的相关校本课程，课程成体系、有评价。（5分）	校本教材及课程安排
		在相关学科和课程教学中渗透国防教育。（5分）	多学科开展国防渗透的教学设计。
支持保障（26分）	师资保障（6分）	有相对稳定的专兼职国防教育教师、辅导员队伍。（2分）	辅导员名单、工作单位、聘期
		参加市、区级国防教育培训。（2分）	国防教育培训记录（市、区）
		开展面向全体教师的国防教育培训。（2分）	培训专家简介或照片等资料（因涉密无法提供，调查了解）
	经费保障（6分）	国防教育经费列入当年预算。（3分）	近三年国防教育经费的投入和使用情况表。
		军营一日活动专项经费列入当年预算。（3分）	
	环境保障（6分）	有开展国防教育的室内外场地、展室等。（2分）	实地考察
		有开展国防教育的相关设施和器材。（2分）	实地考察
		阅览室或图书馆有国防教育书刊、音像资料等。（2分）	实地考察

续表 3

一级指标	二级指标	三级指标	参考依据
	拓展资源（6分）	利用周边军地资源开展相关国防教育活动。（3分）	与周边军地资源开展相关国防教育活动的资料及照片
		参加市区教委组织的国防教育活动，如培训、调研、检查等。（3分）	相关培训，调研，检查材料
	安全保障（2分）	安全保障运行机制畅通。（2分）	安全保障制度
成绩效果（19分）	学校层面（3分）	获得市级（含）以上国防教育相关奖励（教委备案）。（1分）	学校获得奖励一览表
		获得区级（含）国防教育相关奖励（教委备案）。（1分）	获奖名单，获奖证书复印件、论文集或案例集
		在主流媒体上有相关报道。（1分）	在媒体上的相关报道
	教师方面（2分）	参与国防教育工作有成效，获得区级（含）以上奖励。（1分）	学校及教师获得奖励证书原件或复印件
		撰写国防教育论文、案例等获得校级（含）以上奖励。（1分）	获奖名单，获奖证书复印件
	学生方面（4分）	参加国防教育活动的参与率100%。（2分）	调查了解
		学校组织的军营一日活动，学生参与率不低于80%。（2分）	考勤记录
	学生社团（2分）	有学生国防教育社团，并定期开展活动。（2分）	社团活动相应计划、总结材料、照片等
	辐射效应（2分）	开展省际、区际、校际间国防教育交流活动。（2分）	学校进行省际、区际、校际等相关资料

续表 4

一级指标	二级指标	三级指标	参考依据
	宣传引领（6分）	校刊、校报有国防教育专栏或专题报道。（2分）	校刊、校报原件
		有国防教育宣传橱窗，校园广播或校园电视台定期播放国防教育专题节目，校园网络媒体有国防教育专栏或专题报道。（2分）	宣传照片，广播资料、相关报道
		重大节日、纪念日等相关报道。（2分）	相关宣传报道
特色（6分）	课题研究（3分）	开展市区级国防教育相关课题研究。（3分）	活动相应文件、材料、照片
	承办活动（3分）	承办市、区级教学公开课或大型国防教育展示等相关活动。（3分）	活动相应文件、材料、照片

北京市中小学国防教育示范学校评价标准（初中）

一级指标	二级指标	三级指标	参考依据
组织管理（14分）	组织机构（4分）	学校成立由校长牵头的学校国防教育领导机构，成员构成合理。（2分）	学校国防教育领导机构名单，会议记录
		设立专门机构，并指派专人负责协调、整合相关部门开展学校国防教育工作。（2分）	专门机构的名称和负责人
	规划计划（4分）	根据国家、市、区国防教育发展规划和本校实际情况，制定学校3～5年国防教育规划，内容全面、体例规范。规划中有明确的国防教育指导思想和育人理念。（2分）	学校3～5年国防教育工作规划（或学校整体规划）
		根据学校国防教育发展规划，制定年度工作计划，有效实施规划任务。（2分）	学校国防教育年度工作计划

续表1

一级指标	二级指标	三级指标	参考依据
	制度建设（6分）	有学校国防教育工作制度、内容完备、可操作性强。体现国防教育在其他学科渗透的相关制度。（2分）	包括职责、保障、实施、奖励等相关制度
		军事夏（冬）令营活动的相关制度。（2分）	相应制度材料
		重视档案管理，资料完整、规范。（2分）	学校相关国防教育档案资料
实施途径（35分）	教育活动（25分）	利用全民国家安全教育日、全民国防教育日、抗战胜利纪念日等重大节日、纪念日，每年组织开展丰富多彩的国防教育主题活动（如：读书活动、专题讲座、知识竞赛等）。（4分）	开展活动方案、总结，参与情况统计表及照片或视频
		有校级国旗护卫队，且开展“在国旗下讲话”等为主题的国防教育活动。（3分）	活动内容资料、照片，视频等
		国防教育活动与社会实践活动相结合、与艺术、科技，体育活动相结合。（4分）	活动内容资料、照片
		开展符合该年龄段学生特点的夏（冬）令营活动。（4分）	活动安排、活动资料、照片
		根据统一要求和安排，积极参加“四个一”相关活动。（3分）	活动安排、活动资料、照片
		开展国防教育专题讲座，每学年不少于1次。（4分）	讲座资料或新闻资料。
		积极参与、开展海洋意识教育系列活动。（3分）	开展活动方案，参与情况统计表及照片或视频
	教学活动（10分）	开设有体现国防教育特色的相关校本课程，课程成体系、有评价。（5分）	校本教材及课程安排
		在相关学科和课程教学中渗透国防教育。（5分）	多学科开展国防渗透的教学设计

续表 2

一级指标	二级指标	三级指标	参考依据
支持保障（26 分）	师资保障（6 分）	有相对稳定的专兼职国防教育教师、辅导员队伍。（2 分）	辅导员名单、工作单位、聘期
		参加市、区级国防教育培训。（2 分）	国防教育培训记录（市、区）
		开展面向全体教师的国防教育培训。（2 分）	培训专家简介或照片等资料（因涉密无法提供，调查了解）
	经费保障（6 分）	国防教育经费列入当年预算。（3 分）	近三年国防教育经费的投入和使用情况表
		军事夏（冬）令营活动专项经费列入当年预算。（3 分）	
	环境保障（6 分）	有开展国防教育的室内外场地、展室等（2 分）。	实地考察
		有开展国防教育的相关设施和器材。（2 分）	实地考察
		阅览室或图书馆有国防教育书刊、音像资料等。（2 分）	实地考察
	拓展资源（6 分）	利用周边军地资源开展相关国防教育活动。（3 分）	与周边军地资源开展相关国防教育活动的资料及照片
		参加市区教委组织的国防教育活动，如培训、调研、检查等。（3 分）	相关培训，调研，检查材料
	安全保障（2 分）	安全保障运行机制畅通。（2 分）	安全保障制度

续表 3

一级指标	二级指标	三级指标	参考依据
成绩效果（19 分）	学校层面（3 分）	获得市级（含）以上国防教育相关奖励（教委备案）。（1 分）	学校获得奖励一览表
		获得区级（含）国防教育相关奖励（教委备案）。（1 分）	获奖名单，获奖证书复印件、论文集或案例集
		在主流媒体上有相关报道。（1 分）	在媒体上的相关报道
	教师方面（2 分）	参与国防教育工作有成效，获得区级（含）以上奖励。（1 分）	学校及教师获得奖励证书原件或复印件
		撰写的国防教育论文、案例等获得校级（含）以上奖励。（1 分）	获奖名单，获奖证书复印件
	学生方面（4 分）	参加国防教育活动的参与率 100%。（2 分）	调查了解
		学校组织的军事夏令营活动，学生参与率不低于 80%。（2 分）	考勤记录
	学生社团（2 分）	有学生国防教育社团（如军事定向越野、无线电测向等），并定期开展活动。（2 分）	社团活动相应计划、总结材料、照片等
	辐射效应（2 分）	开展省际、区际、校际间国防教育交流活动。（2 分）	学校进行省际、区际、校际等相关资料
	宣传引领（6 分）	校刊、校报有国防教育专栏或专题报道。（2 分）	校刊（报）原件
		有国防教育宣传橱窗，校园广播或校园电视台定期播放国防教育专题节目，校园网络媒体有国防教育专栏或专题报道。（2 分）	宣传照片，广播资料、相关报道
		重大节日、纪念日等相关报道。（2 分）	相关宣传报道

续表 4

一级指标	二级指标	三级指标	参考依据
特色（6 分）	课题研究（3 分）	开展市区级国防教育相关课题研究。（3 分）	活动相应文件、材料、照片
	承办活动（3 分）	承办市、区级教学公开课或大型国防教育展示活动等相关活动。（3 分）	活动相应文件、材料、照片

北京市中小学国防教育示范学校评价标准（高中）

一级指标	二级指标	三级指标	参考依据
组织管理（16 分）	组织机构（6 分）	学校成立由校长牵头的学校国防教育领导机构，成员构成合理。（2 分）	学校国防教育领导机构名单，会议记录
		设立专门机构，并指派专人负责协调、整合相关部门开展学校国防教育工作。（2 分）	专门机构的名称和负责人
		学生军训期间，有明确、畅通的军事训练组织实施机构和渠道。（2 分）	专门机构的名称和负责人、会议记录等
	规划计划（4 分）	根据国家、市、区国防教育发展规划和本校实际情况，制定学校 3～5 年国防教育规划，内容全面、体例规范。规划中有明确的国防教育指导思想和育人理念。（2 分）	学校 3～5 年国防教育工作规划（或学校整体规划）
		根据学校国防教育发展规划，制定年度工作计划，有效实施规划任务。（2 分）	学校国防教育年度工作计划

续表1

一级指标	二级指标	三级指标	参考依据
	制度建设（6分）	有学校国防教育工作制度、内容完备、可操作性强。体现国防教育在其他学科渗透的相关制度。（2分）	包括职责、保障、实施、奖励等相关制度
		军事训练期间相关制度完备（包含晨午检制度、考勤制度、内务评比制度等）。（2分）	相应制度材料
		重视档案管理，资料完整、规范。（2分）	学校相关档案资料
实施途径（32分）	教育活动（13分）	利用全民国家安全教育日、全民国防教育日、抗战胜利纪念日等重大节日、纪念日，每年组织开展丰富多彩的国防教育主题活动（如：读书活动、专题讲座、知识竞赛等）。（4分）	开展活动方案、总结，参与情况统计表及照片或视频
		有校级国旗护卫队，且开展“在国旗下讲话”等为主题的国防教育活动。（2分）	活动内容资料、照片，视频等
		国防教育活动与社会实践活动相结合、与艺术、科技，体育活动相结合。（2分）	活动内容资料、照片
		开展国防教育专题讲座，每学年不少于1次。（2分）	讲座资料或新闻资料。
		积极参与、开展海洋意识教育系列活动。（3分）	开展活动方案，参与情况统计表及照片或视频
	教学活动（19分）	集中军事训练规范严谨、训练时间不少于7天。（3分）	训练安排或日程
		集中军事训练科目、课时分配符合《军事训练教学大纲》要求。（3分）	训练安排或日程
		训练考核全面完整、有明确的考核标准。（3分）	训练安排或日程

续表 2

一级指标	二级指标	三级指标	参考依据
		学生军事知识讲座，不少于15课时.（3分）	课程安排表或日程
		开设有体现国防教育特色的相关校本课程，课程成体系、有评价。（2分）	校本教材及课程安排
		国防教育在相关学科和课程教学中的渗透。（2分）	多学科开展国防渗透的教学设计。
		在市区两级审验合格基地开展学生军训。（3分）	方案、计划
支持保障（22分）	师资保障（6分）	有相对稳定的专兼职国防教育教师、辅导员队伍。（2分）	辅导员名单、工作单位
		参加市、区级国防教育培训。（2分）	国防教育培训记录
		开展面向全体教师的国防教育培训。（2分）	照片、视频等资料
	经费保障（4分）	国防教育经费列入当年预算。（2分）	近三年经费投入和使用情况表
		学生军事训练专项经费列入当年预算。（2分）	
	环境保障（6分）	有开展国防教育的室内外场地、展室等（2分）。	实地考察
		有开展国防教育的相关设施和器材。（2分）	实地考察
		阅览室或图书馆有国防教育书刊、音像资料等。（2分）	实地考察
	拓展资源（4分）	利用周边军地资源开展相关国防教育活动。（2分）	与周边军地资源开展相关国防教育活动的资料
		参加市区组织的国防教育活动，如培训、调研、检查等。（2分）	相关材料
	安全保障（2分）	军训期间，有安全保障体系且运行畅通。（2分）	安全保障制度

续表 3

一级指标	二级指标	三级指标	参考依据
成绩效果（24 分）	学校层面（6 分）	获得市级（含）以上国防教育相关奖励（教委备案）。（2 分）	学校获得奖励一览表
		获得区级（含）国防教育相关奖励（教委备案）。（2 分）	获奖名单，获奖证书复印件、论文集或案例集
		在市级以上媒体有相关报道。（2 分）	在媒体上的相关报道
	教师方面（4 分）	参与国防教育工作有成效，获得区级（含）以上奖励。（2 分）	学校及教师获得奖励证书原件或复印件
		撰写的国防教育论文、案例等获得校级（含）以上奖励。（2 分）	获奖名单，证书复印件
	学生方面（4 分）	参加国防教育活动的参与率 100%。（2 分）	调查了解
		学校组织的军事训练，学生参与率不低于 95%。（2 分）	考勤记录
	学生社团（2 分）	有学生国防教育社团（如军事定向越野、无线电测向等），并定期开展活动。（2 分）	社团活动相应计划、总结材料、照片等
	辐射效应（2 分）	开展省际、区际、校际间国防教育交流活动。（2 分）	学校进行省际、区际、校际等相关资料
	宣传引领（6 分）	校刊、校报有国防教育专栏或专题报道。（2 分）	校刊、校报原件
		有国防教育宣传橱窗，校园广播或校园电视台定期播放国防教育专题节目，校园网络媒体有国防教育专栏或专题报道。（2 分）	宣传照片，广播资料、相关报道
		重大节日、纪念日等相关报道。（2 分）	相关宣传报道
特色（6 分）	课题研究（3 分）	开展市区级国防教育相关课题研究。（3 分）	活动相应文件、材料、照片
	承办活动（3 分）	承办市、区级教学公开课或大型国防教育展示活动等相关活动。（3 分）	活动相应文件、材料、照片

北京市教育委员会

关于举办第二届北京高校学生军事特训营的通知

京教函〔2016〕408号

各高校：

为全面落实党的教育方针，大力推进学生军事训练创新发展，不断增强学生的国防观念，在青少年中营造关心国防、热爱国防、建设国防的良好氛围，市教委决定在9月下旬举办第二届北京高校学生军事特训营（以下简称“特训营”）。现将有关事项通知如下：

一、训练时间地点

（一）时间：9月24日至9月27日。各高校于9月24日14：00前报到，9月27日下午返回。报到时携带人身意外伤害保险保单。

（二）地点：延庆康庄611军训基地。

二、训练人员范围

特训营训练规模为300人，参训人员范围为30所普通高校的在校生。每个学校选定2015、2016年入学已接受过军事训练的大学一、二年级在校生10人（其中男生6人，女生4人，为非国防生）。

三、主要训练内容

（一）紧急集合

听到哨声，按规定着装、携带规定物资器材到指定地点集合，检查人员数量、装具，宣布作业情况。

（二）徒步行军

行程共20公里，其中常行军13公里、强行军5公里、奔袭2公里。

（三）战术情况处置

1. 遇敌照明：在夜暗条件下，以白光信号弹实施照明，部队迅速利用地形疏散隐蔽，遮蔽反光体，照明结束集合队伍。

2. 卫星侦察：在行军路上根据上级通报，迅速隐蔽伪装，计算卫星过顶时间，巧妙规避卫星侦察，待情况解除后再集合列队进行行军。

3. 炮火拦阻：模拟炮火拦阻，快速通过敌炮火拦阻区。

4. 小股敌人袭扰：在行军道路上以信号通知有小股敌人袭扰，引导学生进行防卫袭扰作战。

5. 化学袭击：在行军路上发烟弹模拟化学袭击，听到信号后立即穿戴防毒面具进行防护，后快速通过沾染区，在通过后的上风口进行洗消、解除防护。

6. 防空袭：在行军路上以简易信号通知遇到空袭，根据情况迅速进行疏散隐蔽，待情况解除后再集合列队进行行军。

7. 奔袭：以情况引导，下达奔袭命令，组织部队有序进行强行军。

（四）宿营与警戒

根据地形地物选择合理的宿营地域，开设指挥所、搭设野营村，组织隐蔽伪装，同时派出警戒。

（五）野外生存

设置野炊、构筑掩体、自救互救等训练内容。

四、有关要求

（一）认真组织。特训营是推进学生军事训练工作创新发展的重要抓手，各高校要高度重视，切实加强组织领导，科学制定工作计划，积极开展动员宣传，并做好训练保障准备工作。

（二）保障安全。各学校指定学校1名军事部门工作人员担任带队并负责具体组织管理工作。事先了解参训学生的身体状况，并征得学生及其家长的书面同意。要对参训学生进行训前教育，统一为学生购买人身意外伤害保险。

（三）经费安排。除保险及往返交通费由高校承担外，其他经费由组委会负责承担。

（四）及时反馈。各高校于9月19日前将报名表（见附件，略）的电子版及盖章扫描件以电子邮件发送至twycgy@163.com。

附件：第二届北京高校学生军事特训营报名表（略）

2016年9月2日

北京市教育委员会

关于做好2016年防空警报试鸣宣传教育工作的通知

京教函〔2016〕409号

各区教委，各高等学校、中等专业学校：

2016年9月17日是第16个全民国防教育日。为落实市委市政府关于在每年全民国防教育日（即每年9月的第三个星期六）组织防空警报试鸣的工作要求，我市将首次在全市行政区域举行防空警报试鸣。现将有关事项通知如下：

一、组织防空警报试鸣，是贯彻落实人民防空法律、法规的具体举措。其目的是让广大市民了解和熟悉防空警报信号的具体规定，提高他们对防空警报信号的识别能力，增强市民的国防观念和防空防灾意识。

二、此次全市行政区域举行防空警报试鸣将于9月17日15:00至15:23进行。其中:15:00至15:03:试鸣预先警报（鸣36秒，停24秒，反复3遍，时间3分钟）；

15:10至15:13:试鸣空袭警报（鸣6秒，停6秒，反复15遍，时间3分钟）；

15:20至15:23:试鸣解除警报（长鸣3分钟）。

三、我市将在9月12日开始通过电视、广播、报刊等多种媒体对防空警报试鸣进行宣传。各区、各学校也要充分做好宣传工作，让每一名学生知晓防空警报试鸣的意义及实施时间。

四、根据统一安排，房山、大兴等区各选择一所学校在防空警报试鸣当天开展掩蔽演练，相关区要在组织实施好演练的基础上及时总结经验、不足。

五、此次防空警报试鸣安排在中秋节学校放假期间，为了利用好此次契机做好学生国防教育工作，各区、各学校要在前期采取多种形式对青少年学生开展增强国防观念、强化防空意识教育。同时，要教育学生在防空警报试鸣期间保持镇静、不要慌张，自觉维护警报试鸣工作秩序。

2016年9月5日

北京市教育委员会办公室

关于组织2016年高校军事理论课调讲的通知

京教体艺办〔2016〕2号

各高校：

为促进我市普通高等学校军事教师队伍建设，进一步规范军事理论课教学，提升军事教师教学能力和水平，提高军事理论课教学质量，我委定于12月中旬委托我委高校军事课教学指导委员会组织高校军事理论课调讲活动。现将具体事宜通知如下：

一、调讲对象

全市普通高等学校专兼职军事教师。

二、调讲内容

依据《普通高等学校军事课教学大纲》规定确定讲授题目和内容，授课时长为80～90分钟。

三、调讲安排

（一）报名：参加调讲的教师需填写《调讲活动报名表》（见附件，略），11月18日18:00前发送至gfdxjxb@163.com并电话确认。

（二）确定人选：市教委高校军事课教学指导委员会根据报名情况于12月初前确定调讲人选。2015年已参加调讲并通过认证的军事教师，如有新课题，也可申报参加。

（三）调讲时间：12 月中上旬（具体时间、地点另行通知）。

（四）评审：邀请军、地有关专家担任评审组成员，评审通过的课题将颁发北京市教委高校军事课教学指导委员会资格认证证书。

（五）观摩：调讲期间，邀请各高校专兼职军事教师全程观摩。

四、其他事项

（一）各高校要积极组织本校专兼职军事教师参加调讲活动。

（二）参加调讲人员要认真准备，精心备课。国防大学、空军指挥学院将为调讲人员提供必要的指导和帮助。

（三）我委高校军事课教学指导委员会资格认证证书可作为北京市高校间互聘军事教师任课的资格依据。

附件：2016 年普通高等学校军事理论课调讲活动报名表（略）

2016 年 10 月 27 日

教育科学研究

北京市教育委员会文件选编
（2016）

北京市教育委员会

关于印发《北京市“十三五”期间教育科学研究规划纲要》的通知

京教策〔2016〕1号

各区教委，各高等学校，市教委直属单位：

《北京市“十三五”期间教育科学研究规划纲要》（以下简称《纲要》）已经北京市教育科学规划领导小组和北京市教育委员会审批，现印发给你们，请认真贯彻执行。

《纲要》是根据《国家中长期教育改革和发展规划纲要（2010—2020年）》《北京市中长期教育改革和发展规划纲要（2010—2020年）》的精神和“十三五”时期首都教育科研事业发展的需要，由北京市教育科学规划领导小组办公室编制完成的。《纲要》提出了今后五年北京市教育科学研究事业发展的指导思想、主要目标、基本原则、领域与方向以及组织实施保障，是本市“十三五”期间教育科学研究事业发展的指导性文件。

各区教委，各高等学校，市教委直属单位要结合本地区、本单位实际，认真贯彻落实《纲要》，积极开展教育科学研究工作，促进本市教育科研事业繁荣发展，全面提高首都教育现代化水平。

2016年1月18日

北京市“十三五”期间教育科学研究规划纲要

为深入贯彻《国家中长期教育改革和发展规划纲要（2010—2020年)》《北京市中长期教育改革和发展规划纲要（2010—2020年)》，切实落实新时期首都城市战略定位，推动“十三五”时期教育领域综合改革，对首都教育改革与发展中的重大理论和实践问题进行研究，服务首都教育现代化建设，特制定本纲要。

一、“十二五”期间我市教育科学研究规划实施概况

“十二五”期间，在市委市政府的领导下，北京市教育科学研究工作坚持为政府教育决策服务、为提高首都教育现代化水平服务、为提升教育质量服务、为繁荣教育科学服务的指导思想，通过组织“十二五”教育科学研究规划的实施，以年度课题指南引领教育科研发展方向，团结广大教育工作者，紧紧围绕首都教育改革与发展中的基础性、全局性、战略性、前瞻性问题开展研究，在基础理论创新和面向教育实践的应用研究、实验研究等方面取得了一系列重要成果，为提高我市教育决策科学化水平，促进首都教育优质发展、公平发展，完善首都教育体系，办好人民群众满意的首都教育发挥了重要作用。

“十二五”期间，共有近6000名课题负责人参与了北京市教育规划课题的申报；共有902项课题通过专家评审，公平竞争，择优立项；共有近1.1万名北京地区的教育工作者和相关研究机构的研究人员实际参与了规划课题的研究工作。与以往相比，“十二五”期间我市教育规划课题研究成果中公开发表论文的数量，获奖成果的数量均有所增加。同时，产生了大量有实践影响力的研究报告、论文、著作、课件、教具、数据库等多种形式的研究成果。跨领域、跨学科、跨系统的协同研究也日益增多，成为我市教育科研事业发展的新趋势。

通过五年的不懈努力，我市教育科研体制改革不断深化、科研队伍日益壮大、科研质量明显提升，规划课题成果的价值日益彰显。共有122项依托北京市教育规划课题研究所取得的成果荣获国家级或省部级优秀成果奖励。其中有关“城市化发展进程中教育发展问题研究”等课题成果为北京市探索教育现代化路径作出了重要的理论贡献；有关“北京市创新人才培养模式的实践推动与行动研究”“北京市中小学课程教材管理的改革与实施研究”等课题成果为推动北京教育实践发展提供了重要的科研支撑。通过课题研究培养了一批有影响的研究型校长和教师，造就了一批以校本研究为主要途径的学习型特色学校，大量有价值的科研成果在教育实践中得到了检验和推广，促进了教育科学研究的持续发展与繁荣。

面对“十三五”首都教育改革与发展的新形势和新要求，与国际教育研究先进水平相比，我市教育科学研究工作在观念、投入、体制、队伍、成果、推广等方面还存在一定的差距，基础理论研究相对薄弱；有影响的、得到广泛认可的实验研究依然缺乏；体现区域特色和学校特色的研究依然不足；反映首都教育改革发展特点的前瞻性成果相对较少；具有国际格局和全球视野的研究相对匮乏；研究成果精品力作还不多，对教育决策和实践的影响力有待进一步提升。

二、指导思想

以党的十八大、十八届三中、四中、五中全会和习近平总书记系列重要讲话精神为指导，按照“四个全面”战略布局，落实“五大发展理念”，聚焦“四个中心”城市战略定位，突出首都特色，更好的发挥教育科研对教育决策、学科发展和教育实践的智力支撑和方向引领作用，全面推进首都教育现代化。改革和繁荣教育科研工作，使首都教育科研系统努力成为探索教育规律、创新教育理论的“思想库”，成为提出政策建议、服务教育决策的“智囊团”，成为开发教育策略、服务教育实践的“设计师”，成为引导教育舆论、更新教育观念的“宣传队”，开创教育科学研究新局面。

三、主要目标

围绕“十三五”时期我市教育事业发展目标和重点任务，全面开展决策咨询研究、实践应用研究和基础理论研究。健全完善教育科研管理体制机制，促进教育工作者的专业化发展，努力取得一批有影响力的高水平创新性成果，充分发挥教育科研对教育决策、教育教学实践、学术发展的引领和支撑作用。到2020年形成与首都教育现代化水平相适应的教育科研工作新格局。

四、基本原则

（一）坚持正确科研导向。要在办好人民满意教育过程中发挥教育科研事业创新理论、服务决策、指导实践、引导舆论的重要功能。突出教育科研工作的主攻方向，自觉践行社会主义核心价值观，深入研究中国特色社会主义教育发展规律，服务区域及学校教育改革发展，宣传先进理念，回应群众关切，为教育事业科学发展提供智力支持，为教育持续健康发展营造良好氛围。

（二）服务教育综合改革。要增强大局意识，坚持理论联系实际，全面提升创新能力和服务水平，服务深化教育领域综合改革，推进首都教育现代化事业科学发展。在坚持立德树人；改革教育管理模式，增强学校办学活力；改革资源配置方式，促进教育公平；改革人才培养机制，提高教育质量；改革考试招生制度，建立具有首都特色的评价体系；改革各级各类教育关键环节等方面开展深入研究，重点扶持事关教育科学发展的创新项目和服务深化教育领域综合改革的应用项目。

（三）指导教育创新实践。求真务实，坚持实践导向和问题导向，围绕教育教学实践的热点难点，聚焦“十三五”首都教育改革发展重点，鼓励开展教育决策咨询研究与教育基本理论研究，鼓励开展教育教学实验研究。

（四）完善科研管理机制。深化科研管理体制改革，突出分类申报、分类评价、分类指导的理念，建立基础理论研究、决策咨询研究、教育教学实践研究的分类方式。搭建协同创新平台，建设充满活力的高素质专业化科研队伍。加强专家指导和科研培训，提高教育研究的规范性和科学性，大力提高科研成果质量。

五、领域与方向

“十三五”期间北京市教育科学研究工作要更加贴近教育政策、学科发展和教育实践的需求。研究领域和方向要着力把握学科发展前沿和实践改革前沿，突出针对性、前瞻性、时代性、包容性和导向性。研究选题要以教育改革和发展的重大理论与实践问题为主攻方向，重视基础研究，突出实验应用研究，鼓励跨学科综合研究，注重区域协同研究。

（一）教育宏观战略与政策研究

开展京津冀教育协同发展战略的理论与实务研究；深化京津冀教育协同发展战略、机制、模式和政策研究；深入开展各级各类教育推进京津冀教育协同发展的重点与对策研究；支持围绕京津冀重大教育协同发展项目开展研究；开展京津冀教育协同发展监测评价体系及协同发展治理机制研究；加强非首都核心功能疏解与人口结构、素质变化预测研究；加强教育公共服务供给与教育布局结构调整问题研究。

结合国家及北京现实与长远发展需求，提高教育服务经济社会发展的能力，加强教育与“中国制造2025”“一带一路”“互联网+”等国家战略的有效对接，开展前瞻性的教育宏观战略与理论政策研究；关注首都教育改革与发展全局性、战略性、前瞻性问题，实时监测区域教育发展动态，开展教育现代化理论与实践研究，开展教育政策跟踪评价、政策调适和风险防范研究；为深化考试招生制度和教育教学改革等教育领域综合改革，开展系统性、整体性与协同性的决策咨询研究。

围绕首都城市战略定位，在推进“一带一路”建设的新形势下，以内涵更为丰富的大开放观促进和加强首都教育系统与社会其他系统之间、教育内部各个系统之间以及区域间等三个层面的教育开放研究。开展各级各类教育的规模、结构、质量、效益以及办学体制和融通机制研究；开展各级各类教育资源优化配置与整合研究；开展国家“互联网+”战略下的教育服务供给模式研究。

（二）教育基本理论与国际比较研究

针对国家和北京市教育发展的重大实践问题，开展教育基本理论研究；加强优秀传统教育思想研究；关注教育学学科发展研究。

重视对教育基本史料的文献研究，加强地方教育史的研究；加强对教育人物、历史名校和教育遗产的研究。

立足首都特色和发展实际，注重围绕首都教育发展中的重点、热点、难点问题，开展国际教育比较研究；重视对全球教育改革发展先进经验的研究和借鉴；加强对首都教育国际化发展研究；开展国际理解教育理论与实践研究；鼓励国际间和区域间教育科研项目的合作研究。

（三）教育治理体系研究

加强教育治理体系和治理能力现代化的理论和实践研究；加强对教育治理的概念内涵、价值目标、治理体系和能力建设等问题的深入研究；开展有关政府、学校和社会“管、办、评”权责框架下有效的法律政策和保障体系研究；促进教育治理体系的制度创新，加强协调有效的教育组织体系研究；完善教育统筹机制，加强教育资源的整合统筹研究；加强政府宏观治理体系的优化研究。

开展学校组织变革及学校内部治理的优化研究；聚焦学校发展特色，开展促进学校、教师和学生全面发展的制度研究；开展学校发展的目标定位、实施路径、管理机制及保障体系研究；重视对学校发展特色和教育教学实践规律的总结和研究。

开展社会力量参与教育改革和发展的机制与渠道研究；开展社会力量与专业组织有效的第三方教育评价体系研究；关注新技术对于教育组织和运作模式的影响研究；加强对依托互联网而孕育的教育市场管治方式研究。

完善教育决策的智力支持系统，加强对中国特色新型教育智库建设的研究。

（四）课程、教学、评价改革研究

加强各级各类教育课程及教材改革研究；开展教学资源体系建设研究；加强基础教育地方教材精品化建设研究；建立体现学校特色、适合学生发展的课程体系，重点关注国家课程的校本化实施、学校课程建设、校本课程资源开发与建设等研究；加强高中自主课程建设实验研究；提高高校国际化课程比例和自主创新能力研究；加强高校思想政治理论课程资源共享机制研究；开展基于通用学习设计理念的特殊教育融通课程研究；关注国际化和信息化条件下在线开放课程的开发与研究。

鼓励开展跨学科、跨学校、跨地区的创新教学和科研活动；围绕促进科学系统减负和教育质量提升，开展适应学生身心特征和课程要求的有效教学模式研究；落实立德树人根本任务，深化社会主义核心价值观融入课堂教学研究；为增强学生社会责任感、创新精神和实践能力，开展教育教学模式和方法的优化创新研究；加强北京高等教育教学状态数据库建设，开展高等学校本科教学质量与教学改革研究；优化学科专业布局和人才培养机制，着力开展以服务为宗旨、以就业为导向的职业教育教学模式和方法研究；支持开展学科教学的实验研究。

围绕学生发展核心素养体系和学业质量标准，开展综合素质评价体系研究；加强各级各类教育质量保障体系和监测评估机制研究；深入推进考试招生制度改革，加强多元教育评价体系研究；加强教育督导和社会评价制度体系研究。

（五）学生发展研究

加强各级各类学生综合素质提升研究；服务于提高教育发展质量，重视人才培养体系研究；开展促进学生全面发展的一体化支持和服务机制研究；加强高等教育人才培养模式创新实验研究；围绕实施高校高精尖创新中心建设计划，加强应用型本科大学建设研究，统筹推进中国特色世界一流大学和一流学科建设的综合研究；推进创新人才培养体系和创新创业教育教学改革研究；探索推进大中小学教育衔接、普教职教融通的机制研究；加强产教融合、校企合作等协同育人模式和现代职业教育体系建设研究；加强继续教育、终身学习等不同类型学习成果的互认与衔接机制和学分累计转换认定制度的完善与研究；深化考试招生制度和教育教学改革，促进开展高中教育多样化特色化发展研究；加强对学生主体学习方法、形式和途径的研究；坚持立德树人，引导素质教育落实，加强教育质量保障体系和监测评估机制研究；推进基础教育改革创新实验校或实验基地建设，开展创新人才培养模式的实验研究。

（六）教育人才队伍建设研究

重视各级各类教育人才队伍建设体系研究。优化教师资源结构，开展各级各类教育的教师配置标准及动态调整机制研究；适应人口政策调整和普惠性幼儿园覆盖面扩大的需求，加强学前教育人才队伍规模、结构和质量提升研究；加强城乡义务教育一体化背景下农村教师队伍建设研究；开展义务教育教师人才队伍的均衡配置研究；加强适应现代职业教育体系发展需要的双师型教师队伍建设研究；加强高等教育教师队伍培养创新人才的能力建设研究；加强民办学校教师队伍建设研究。

推进师德建设研究；开展教师专业标准研究和教师评价机制研究；深化教育人才队伍管理体制改革研究；开展有关教师选聘、补充、培养、考核、晋升等制度建设研究；开展教师培养培训一体化体系的构建研究；开展教育人才队伍在境内外、区域间交流与研修机制的创新研究；加强教育人才队伍薪酬和保障服务机制研究；重视对校长、优秀教师和班主任教育教学和管理经验的总结研究；加强对优秀教师课堂教学的案例研究。

（七）教育资源配置与效益研究

加强对教育经费投入机制和教育公共财政体制的深度研究；加强对各级各类教育生均定额标准体系和动态调整机制研究；深化以政府投入为主，多渠道筹集教育经费的体制研究；加强社会捐赠教育和学校筹款的激励机制研究；完善非义务教育阶段培养成本合理分担机制研究。

重视教育资源配置研究；加强教育领域综合改革重点经费保障机制和配套政策研究；加强转移支付制度完善研究；开展政府购买教育资源服务的方式和途径研究；开展各级各类教育奖学金助学金体系研究。

开展有关提高经费使用效益的制度建设研究；加强新形势下教育经费预算编制、评审、执行和绩效评价管理方式改进研究；加强完善经费和资产管理使用效益的绩效评价体系和监管制度研究。

（八）教育信息化研究

开展“互联网＋教育”研究；开展首都教育公共服务方式变革和创新举措研究；推进信息技术融入教育教学，关注教育信息化条件下学校结构、课程体系以及教与学方式的变革研究；利用信息技术助力教学改革，探索开展“微课程”“翻转课堂”“慕课”等新型教学模式研究；推进云服务应用与教育教学的深度融合研究。

加强教育资源共享交换与服务体系建设研究；支持各级各类教育开展优质教育资源数字化服务平台的构建与研究；鼓励开展有关政务管理和校务管理的教育信息资源平台的创新研究；推进教育大数据体系建设，加强各级各类教育决策分析支持系统的完善研究；加强在线教育服务发展制度研究；加强教师教育技术能力建设研究。

（九）传统文化教育与德育研究

重视对中华优秀传统文化教育的研究，加强对以爱国主义为核心的民族精神和以改革创新为核心的时代精神的价值理念和精神内涵的研究；开展中小学师生优秀传统文化素养全面提升策略研究；开展弘扬中华民族文化与发展现代教育的理论与实践机制研究。

坚持育人为本和立德为先，开展有关德育内容体系、有效形式和长效机制的研究；开展将社会主义核心价值体系融入国民教育和终身教育全过程的研究；开展学校、家庭、社会合力育人机制研究；重视教育舆情分析，加强对受教育群体思想动态和价值取向的发展特点及影响策略研究；加强和改进大学生思想政治教育研究；

重视思想政治理论课程体系建设和教育质量提升研究；完善实践育人体系研究。

（十）生态文明教育与可持续发展教育研究

加强对资源环境国情和生态价值观教育的理论和实践研究；加强公民意识教育和可持续发展教育研究；重视开展培养青少年形成可持续发展需要的学习能力、科学知识、价值观念与生活方式的系统研究；开展提高青少年参与解决社会、经济、环境与文化可持续发展实际问题能力的研究。

重点研究生态文明教育、可持续发展教育的理论发展和实践状况；开展有关生态文明教育、可持续发展教育的基础课程建设研究；开展节能减排学校建设研究。

六、组织与实施

（一）明确导向。每年根据首都教育发展的新情况和新问题，定期发布年度《课题指南》。

（二）协同创新。凝聚力量，汇聚智慧，鼓励有基础、有实力的人员积极参加北京市教育科学研究工作。在一些特殊领域，鼓励京津冀三地研究人员的协同研究。

（三）完善体系。努力形成知识创新系统、应用研究系统、成果推广系统协调发展的科研体系。

（四）规范管理。以提高成果质量为核心，完善评审、立项、开题、中期、结题鉴定等管理程序，增强管理规范性和科学性，提升管理效能。开展科研培训，促进学术成果和科研管理经验的交流分享。

（五）加强保障。依据教育科研发展的需要，保证年度教育科研经费适度增长。“十三五”期间，对规划课题评审、资助、鉴定、推广等经费投入每年达到 1000 万元以上。适度增加资助课题的立项数量，调整各类课题经费资助额度，重大课题每项资助经费 40 万元、优先关注课题每项资助经费 20 万元、重点课题每项资助经费 10 万元、青年专项课题每项资助经费 5 万元、校本研究专项课题每项资助经费5万元。务实调整科研经费管理办法，调动科研工作积极性，保障科研工作顺利进行。

（六）宣传推广。对优秀研究成果予以奖励。2017年开展北京市第七届教育科学研究优秀成果评奖活动。多种形式开展优秀成果的宣传推广。

北京市教育委员会

关于印发北京市教育科学“十三五”规划2016年度课题指南的通知

京教策〔2016〕2号

各区教委，各高等学校，市教委直属单位：

2016年度课题申请工作自即日起启动，课题管理的具体工作由北京市教育科学规划领导小组办公室负责。《北京市教育科学“十三五”规划2016年度课题指南》经北京市教育科学规划领导小组审批通过，现印发给你们，并将申请工作有关事项通知如下：

一、选题要求

（一）根据《北京市“十三五”期间教育科学研究规划纲要》规定，北京市教育科学“十三五”规划2016年度课题分为十个研究领域：

1. 教育宏观战略与政策研究
2. 教育基本理论与国际比较研究
3. 教育治理体系研究
4. 课程、教学、评价改革研究

5. 学生发展研究

6. 教育人才队伍建设研究

7. 教育资源配置与效益研究

8. 教育信息化研究

9. 传统文化教育与德育研究

10. 生态文明教育与可持续发展教育研究

（二）各领域分为“教育决策咨询研究”“教育基础理论研究”“教育教学实践研究”三个研究方向。

（三）2016 年度课题类别包括以下六种，分别为：重大课题、优先关注课题、重点课题、青年专项课题、校本研究专项课题、一般课题。

1. 重大课题实行招标制度，申请者不得更改研究题目。重大课题的研究内容应具有创新性，取得的研究成果应具有较高理论价值或实践价值。

2. 优先关注课题应以课题指南为准，申请者不得更改研究题目，可以根据自己的专长和基础，选取独特的切入点进行研究设计。

3. 校本研究专项课题用于资助中小学、幼儿园和中等职业学校的现任校（园）级领导主持的以学校为基本单位、与学校改革实践紧密相关、具有较高的组织程度、来源于学校改革和发展的实际、解决学校现实问题、教师群体参与的课题。

4. 重点课题、青年专项课题、校本研究专项课题、一般课题的申请者可根据自己的研究兴趣和研究基础，从十个研究领域自行设计课题名称和研究内容申请课题。

申请者填写课题申请书时，需明确填写课题所属研究领域、研究方向和课题类别。

二、资助标准

北京市教育科学规划 2016 年度课题对重大课题、优先关注课题、重点课题、青年专项课题、校本研究专项课题予以经费资助。

（一）重大课题最高资助额度为 30 万元。

（二）优先关注课题最高资助额度为 15 万元。

（三）重点课题最高资助额度为 5 万元。

（四）青年专项课题最高资助额度为 3 万元。

（五）校本研究专项课题最高资助额度为 4 万元。

申请者须根据研究工作的实际需要，参考资助标准，进行合理的经费预算。实际资助经费额度以最终评审结果为准。一般课题全部为单位资助的规划课题，其研究经费由申请者单位负责。

三、申请人条件

（一）北京市教育科学规划课题申请人须具有副高级以上专业技术职务或博士学位。

（二）不具备副高级以上专业技术职务或博士学位的，须由 2 名具有副高级以上专业技术职务的同行专家推荐。

（三）申请重大课题者应具有正高级专业技术职务，有深厚的学术研究功底与学术造诣，能有效组织研究团队，调动各种资源开展研究。

（四）申请青年专项课题者（包括课题组成员）年龄不得超过 40 岁（1976 年之后出生）。

（五）为避免重复立项，浪费资源，特作如下规定：

1. 课题负责人只能申请一项课题。

2. 正在承担北京市教育科学规划课题的课题负责人不能申请课题。

3. 已获得全国教育科学规划、北京市哲学社会科学规划立项的课题负责人不得以同类课题申请北京市教育科学规划课题。

4. 在北京市教育科学规划获得立项的课题，不得以同类课题申请全国教育科学规划、北京市哲学社会科学规划课题。

四、完成时限

（一）教育决策咨询类课题要求在 1～2 年内完成；教育基础理论类课题、教育教学实践类课题要求在 3～4 年内完成。

（二）研究期限自课题批准立项之日起计算，课题延期或相关变更须报请北京市教育科学规划领导小组办公室批准备案。

五、课题申请要求

2016 年课题申请采取网上申请与文本申请两种形式，重大课题不进行网上申请。申请书文本要求一律用计算机填写。

（一）重大课题实行公开招标制度，评审采取课题申请、资格审查、会议答辩、领导小组审批方式进行。申请者填写《北京市教育科学“十三五”规划重大课题申请书（2016 年度）》，签署所在单位、二级管理单位意见后，密封投标文件，递交二级管理单位报送至北京市教育科学规划领导小组办公室。

（二）其他类别课题实行网上申请与文本申请。

1. 网上申请流程参见北京市教育科学规划领导小组办公室网站相关文件。文本申请采取二级申请制度，按照所在单位隶属关系，经所在单位审查盖章后，分别通过各区或各单位的科研管理机构报送至北京市教育科学规划领导小组办公室。北京市教育科学规划领导小组办公室不直接受理个人申请。

2. 网上申请网址为北京市教育科学规划网 http：//www. gh. bjedu. cn。课题申请所需的各种材料，包括《北京市“十三五”期间教育科学研究规划纲要》《北京市教育科学“十三五”规划 2016 年度课题指南》《北京市教育科学规划课题管理办法（2011 年 4 月 26 日修订）》《北京市教育科学“十三五”规划重大课题申请书（2016 年度）》等均可从该网站下载。

（三）本年度网上填报起止日期为 2016 年 2 月 23 日至 3 月 11 日（系统开放时间），逾期不再受理新项目申请。未参加网上申请的单位和个人不得进行文本申请。市教育规划办反馈申请书材料检查意见时间为 3 月 10 日至 3 月 14 日。

本年度课题文本申请受理时间从 3 月 17 日起至 3 月 18 日止。请各区及各单位相应的科研管理机构务必按期报送，逾期不予受理。

六、报送材料要求

（一）重大课题文本材料报送至北京市教育科学规划领导小组

办公室，具体要求为：

1. 将《重大课题申请书》封皮复印9份，分别贴在9个档案袋正面，以便识别。

2. 请将《申请书》封底“投标材料袋背面粘贴表”的课题组成员名单复印9份，分别贴在9个档案袋背面，以便选择评审专家时回避。

3. 报送文本材料时需同时报送申请材料电子版及加盖公章的《课题申请汇总表》。

（二）其他类别课题文本材料报送至北京市教育科学规划领导小组办公室，具体要求为：

1. 审查合格的《课题申请书》一式6份（原件1份，无需装档案袋，各单位按顺序汇总报送；复印件5份，每项课题装同一档案袋（档案袋贴申报书封皮），各单位按顺序汇总报送；各单位需同时报送加盖公章的《课题申报汇总表》。

2. 申请书要求统一用A4纸双面印制，左侧装订。

（三）材料报送地址（略）。

七、工作要求

（一）要将本通知及时传达到所属单位及教育科研人员和教师，认真组织好北京市教育科学“十三五”规划2016年度课题的申请工作。

（二）各区、各学校和各单位要加强对本年度课题申请工作的宣传、组织、管理和指导，既要积极鼓励，又要严格把关。要依据本通知的要求对申请人进行资格审查，对申请人的信誉、申请书所有栏目填写的内容、前期研究成果、课题组的研究实力和必备条件等进行认真审核，签署明确意见，确保申请工作的质量。

2016年1月18日

北京市教育科学“十三五”规划 2016年度课题指南

为深入贯彻党的十八大、十八届三中、四中、五中全会和习近平总书记系列重要讲话精神，落实《北京市“十三五”期间教育科学研究规划纲要》，进一步提升首都教育现代化水平，关注首都教育发展的重大战略需求和最新改革趋势，促进首都教育科研事业的繁荣发展，制定本年度规划课题指南。

一、重大课题

1. 北京高等学校建设世界一流学科的战略与策略研究
2. 京津冀协同发展战略下首都教育地位、作用和变革趋势的研究

二、优先关注课题

1. 北京市教育综合改革的推进路径和监测体系研究
2. 深化教育综合改革背景下学校优质发展实验研究
3. 北京市学区（集团、联盟）教育资源统筹整合问题研究
4. 北京地区人力资源需求与教育适配的关系及政策保障研究
5. 健全普惠性幼儿园发展体制研究
6. 社区家庭教育支持体系建设的研究
7. 基础教育开放性实践课程实施策略与跟踪评价研究
8. 学生核心素养培育与基础教育课程教学改革研究
9. 中高考改革对中小学教育教学的影响研究
10. 人口政策调整对北京市基础教育发展的影响研究
11. 北京教育智库建设问题与对策研究
12. 深化教育综合改革背景下教师专业素养提升策略研究
13. 高校中青年教师教学水平及学术创新能力提升机制研究

14. 政府购买民办培训教育服务政策研究
15. 国家“互联网＋”战略下的教育服务供给模式研究
16. 以生态价值观教育为重点的可持续发展教育研究
17. 当前青少年价值取向的特点及影响策略研究
18. 北京百年老校的文化积淀及传承研究
19. 北京教育督导的标准和规程研究

三、自由选题领域

本年度规划课题指南只列出重大课题和优先关注课题题目，重点课题、青年专项课题、一般课题、校本研究专项课题不设具体指南，研究者可自主确定研究题目，鼓励开展教育基本问题和教育难点问题研究，鼓励开展教育实验研究。

北京市教育委员会

关于调整北京市教育科学规划领导小组组成人员的通知

京教函〔2016〕104号

各区教委，各高等学校，两委机关各处室，各直属单位：

根据工作需要，我委决定调整北京市教育科学规划领导小组的组成人员。现将调整后的领导小组名单通知如下：

组　　长：线联平　市委教育工委副书记、市教委主任
副 组 长：张雪　　市委教育工委常务副书记
常务副组长：方中雄　北京教育科学研究院院长

成　　员：（按姓氏笔画排序）

文东茅　北京大学教育学院教授

石中英　北京师范大学教育学部教授

刘畅　　北京中关村第一小学校长

孙善学　首都经济贸易大学副书记

李奕　　市教委副主任

何劲松　北京教育学院院长

孟繁华　首都师范大学副校长

桑锦龙　北京教育科学研究院副院长

韩民　　国家教育发展研究中心副主任

曾天山　中国教育科学研究院副院长

办公室主任：桑锦龙（兼）

教育科学规划领导小组办公室设在北京教育科学研究院。

2016 年 3 月 16 日

北京市教育委员会

关于印发北京市教育科学规划课题管理办法及细则的通知

京教策〔2016〕7 号

各区教委，各高等学校，市教委直管直属单位：

《北京市教育科学规划课题管理办法（修订）》及《北京市教育

科学规划课题管理细则》已于2016年5月20日经北京市教育科学规划领导小组会议审议通过，现印发给你们，请认真贯彻执行。

2016年6月6日

北京市教育科学规划课题管理办法

（2016年5月16日修订）

第一章 总则

第一条 为加强和完善北京市教育科学规划课题的管理，提高规划课题的研究水平和社会效益，促进教育科学的发展和繁荣，参照《国家社会科学基金项目管理办法》《全国教育科学规划课题管理办法》《北京市社会科学基金项目管理办法》的有关规定，根据《北京市“十三五”期间教育科学研究规划纲要》和北京市教育科学规划工作的实际，制定本办法。

第二条 北京市教育科学规划课题的研究必须高举中国特色社会主义伟大旗帜，全面贯彻党的十八大和十八届三中、四中、五中全会精神，坚持以马克思列宁主义、毛泽东思想、邓小平理论、“三个代表”重要思想、科学发展观为指导，深入学习贯彻习近平总书记系列重要讲话精神，按照“五位一体”总体布局和“四个全面”战略布局，牢固树立创新、协调、绿色、开放、共享的发展理念，全面贯彻党的教育方针，紧紧围绕提高教育质量战略主题，坚持理论联系实际，服务教育综合改革，指导教育实践创新。要在落实新时期首都城市战略定位，深入实施京津冀协同发展国家重大战略，全面实现首都教育现代化的进程中，充分发挥教育科研创新理论、服务决策、指导实践、引导舆论的重要功能。

第三条 北京市教育科学规划课题组织实施工作，要在坚持公开、公平、公正的前提下，遵循规划引导、自主申请、平等竞争、同行评审、择优立项的原则。

第二章 组织

第四条 北京市教育科学规划领导小组（以下简称“领导小组”）由北京市教育委员会组建，领导北京市教育科学规划工作，审议研究规划、课题指南和管理办法，审批立项课题，组织重大学术交流活动和优秀科研成果的奖励、宣传和推广工作，促进教育科研事业的健康发展。

第五条 北京市教育科学规划领导小组办公室（以下简称“规划办”）是领导小组的办事机构，其主要职责是组织规划实施，管理立项课题，组织学术交流，组织科研培训，组织成果评奖，推广科研成果等。

第六条 规划办分别委托北京市各区教育科学规划领导小组办公室或相应科研管理部门和各高校、科研机构、直属直管单位的科研管理部门（以下总称“受托管理机构”）负责所属范围内与规划办职能相对应的管理职责。

第三章 课题类别和选题

第七条 北京市教育科学规划课题类别和选题，主要依据北京市教育科学研究规划纲要和年度课题指南的规定。规划纲要通常在每个五年规划实施第一年的第一季度向全市公布。年度课题指南通常在每年第一季度面向全市公布。规划实施期间，每年组织一次申报和评审。

第八条 北京市教育科学规划课题设置教育决策咨询研究、教育基础理论研究、教育教学实践研究三个研究方向。其中，教育决策咨询研究类课题要求在 1～2 年内完成；教育基础理论研究类课题、教育教学实践研究类课题要求在 3～4 年内完成。

北京市教育科学规划课题设置重大课题、优先关注课题、重点课题、校本研究专项课题、青年专项课题、一般课题六种课题类别。

第九条　北京市教育科学规划课题的选题应贴近教育政策、理论发展和教育实践的需求，应着力把握学科前沿和实践改革前沿，具有原创性或开拓性，避免低水平重复。鼓励以我市教育改革和发展的重大理论与实践问题为主攻方向，突出研究的决策参考价值、理论创新价值与实践应用价值。重视跨学科综合研究，鼓励区域协同研究。

第十条　重大课题、优先关注课题应严格按照年度课题指南指定的题目申报，不得更改；重点课题、校本研究专项课题、青年专项课题、一般课题可按照北京市教育科学研究规划纲要的要求，结合自身实际自主确定选题。

第四章　申报

第十一条　北京市教育科学规划课题主要面向北京地区的教育工作者和相关研究机构的研究人员，申请课题的负责人应符合以下条件：

1. 享有中华人民共和国公民权，遵守中华人民共和国宪法，拥护社会主义制度和中国共产党的领导。

2. 具有博士学位或副高级以上专业技术职称。不具备博士学位或副高级以上专业技术职称的申报人，须有两名高级专业技术职称的同行专家书面推荐。

3. 必须真正承担和负责组织、指导课题的实施。不能从事实质性研究工作的，不得申请。

4. 申请人当年只能申报一项课题。以往承担的北京市教育科学规划课题必须已按规定结题，未结题者不能申报。

5. 校本研究专项课题申请人必须为中小学、幼儿园、中等职业学校的现任校（园）级领导。

6. 青年专项课题的申请人和课题组成员的年龄均不得超过 35 周岁（以申报年度为准）。

7. 申请一般课题，须有申请者所在单位的经费保障证明。

8. 已获得全国教育科学规划、北京市社会科学基金项目立项的课题负责人不得以相同内容课题申请北京市教育科学规划课题。

第十二条 自年度课题指南发布之日起启动课题申报工作。

重大课题仅采用文本申报形式。

优先关注课题、重点课题、青年专项课题、校本研究专项课题采取网上申请与文本申报两种形式。

一般课题仅进行网上申请，不进行文本申报。北京市各区受托管理机构依据规划办每年下半年下达的申报指标组织推荐工作，并于次年 1 月 31 日前确定推荐课题目录，待当年启动课题申报工作后组织被推荐课题负责人进行网上申请。规划办对高校、科研机构不设置申报指标，一般课题申请人应进行网上申请。

第五章　评审

第十三条 北京市教育科学规划课题实行同行专家评审制。规划办应当聘请相关学科领域具有较高学术水平、良好职业道德的专家作为评审专家，建立北京市教育科学规划项目专家库。评审专家应当依据北京市教育科学规划课题评审标准进行独立判断和评价并提出客观、公正的评审意见。

第十四条 规划办负责组织课题评审。

重大课题实行公开招标制度或特别委托制度。

优先关注课题、校本研究专项课题实行同行专家会议集中评审。

重点课题、青年专项课题、一般课题按照研究方向和研究领域分组，聘请同行专家采用网上评审和会议评审相结合的方式进行评审。

第十五条　规划办对各类拟立项课题进行审核、汇总，报领导小组审批。领导小组对拟立项课题和资助金额行使最终审批权。

第十六条　规划办将经领导小组审批通过的年度拟立项课题名单通过“北京市教育科学规划网”进行公示。公示无异议后，由规划办向受托管理机构和课题负责人发出《北京市教育科学规划课题立项通知书》。

第十七条　评审组专家和工作人员必须严格遵守下列评审纪律：

1. 必须严格遵守相关回避原则，不得徇私舞弊。
2. 不得以任何理由查询或透露课题论证活页的相关背景材料。
3. 会议评审情况应予保密。评审结果正式公布前，不得对外泄漏。

第六章　课题管理

第十八条　北京市教育科学规划课题采用目标管理与过程管理、分类管理与分级管理相结合的方式进行管理。

规划办对全部课题负有管理职责，并指导受托管理机构的管理工作。

规划办对不同研究方向、不同类别的课题进行分类管理。重大课题、优先关注课题、校本研究专项课题、重点课题、青年专项课题由规划办重点管理；一般课题由受托管理机构主要承担日常管理职责。

所有立项课题的负责人要按本办法有关规定做好课题自我管理。课题负责人所在单位应对课题的实施和完成承担信誉保证，要切实加强对课题研究过程的管理和监督。

第十九条　开题管理。课题负责人接到立项通知书后，应尽快确定具体的课题实施方案，在两个月内组织开题，并及时将开题报告及专家建议表原件扫描后上传至北京市教育科学规划课题管理系统。

第二十条　中期管理。规划办依据课题完成周期，通过课题负责人网上填写“北京市教育科学规划课题中期检查表”和会议抽检的方式，适时对各类课题进行中期检查。

一般课题的中期检查工作由受托管理机构负责。受托机构须撰写本单位《年度课题中期检查分析报告》，并于每年9月30日前报送规划办。

规划办将不定期发布《北京市教育科学规划研究成果快报》，反映对北京市决策有重要参考价值、对实践有重要指导意义的应用研究成果。

第二十一条　重要事项变更。凡有下列情况之一者，须由课题负责人及时填写《北京市教育科学规划课题重要事项变更申请审批表》，经所在单位同意，受托管理机构审核，报规划办审批：

1. 变更课题负责人；
2. 改变课题名称；
3. 改变成果形式；
4. 对研究内容作重大调整；
5. 变更课题管理单位；
6. 课题完成时间超过规定研究年限一年；
7. 因故申请撤销。

未经批准，擅自进行上述变更的课题，将不予结题。

第二十二条　凡有下列情况之一者，由规划办撤销课题，追回课题经费，被撤销课题的课题负责人三年内不得申请新课题：

1. 研究成果有严重政治问题；
2. 剽窃他人成果，弄虚作假；

3. 研究成果学术质量低劣；

4. 与批准的课题设计严重不符；

5. 获准延期，但到期仍不能完成；

6. 严重违反财务制度；

7. 无故终止课题研究工作。

第二十三条 加强对课题设立实验学校（实验基地）的管理。课题组确有必要设立实验学校（实验基地）的，事前须经课题所在单位同意，由受托管理机构审核，经实验学校（实验基地）主管教育行政部门同意后，报规划办审批。

课题组不得自行刻制印章，需要时以所在单位代章即可。

第七章 成果鉴定和结题验收

第二十四条 北京市教育科学规划课题研究工作按期完成后，最终成果需进行鉴定，通过鉴定后予以验收结题。

规划办负责组织重大课题、优先关注课题、重点课题、校本研究专项课题、青年专项课题的最终成果鉴定；受托管理机构按照规划课题鉴定标准负责组织一般课题的最终成果鉴定。

第二十五条 北京市教育科学规划课题结题鉴定工作应坚持"共同但有区别"的原则，对不同类别和研究方向的课题实施不同的结题成果要求和鉴定标准。各级各类课题要在达到本类课题基本结题条件同时，充分考虑不同研究方向的特殊要求。教育决策咨询方向的课题研究成果要更加突出对教育决策的实际参考价值和支撑作用，教育基础理论方向的课题研究成果要更加突出理论创新价值和学术研究水平，教育教学实践方向的课题研究成果要更加突出对教育教学实践问题的解决和研究的规范性。

第二十六条 课题研究期满后 30 日内，课题负责人应当向所在单位科研管理部门提出成果鉴定申请。

第二十七条 北京市教育科学规划课题最终成果的鉴定采取会

议单独鉴定、会议集中鉴定、通讯鉴定或免于鉴定的方式完成。

第二十八条 鉴定专家由规划办确定。由受托管理机构组织的鉴定组专家人选须报规划办审批。受托管理机构不得委托课题负责人自行选择鉴定专家和组织鉴定。确实无力承担成果鉴定组织工作的，可申请由规划办组织鉴定。

每个课题的鉴定专家一般为 3 至 5 人，最多不超过 7 人。课题组成员包括顾问不能担任本课题鉴定专家，所在单位及其上级主管部门参与鉴定的专家不得超过 1 人。

第二十九条 鉴定专家在认真通读研究成果的基础上，对照课题申请书预期达到的目标，实事求是地对成果提出客观、公正、全面的鉴定意见。

北京市教育科学规划课题最终成果鉴定实行等级制度，分为优秀、良好、合格、不合格四个等级。

第三十条 经规划办综合鉴定专家意见准予结题的课题及通过受托管理机构组织完成结题鉴定的一般课题，由规划办向课题负责人颁发《北京市教育科学规划课题结题证书》。

经规划办或受托管理机构综合专家鉴定意见不予结题但确有修改基础的成果，课题负责人要在规定期限内进行修改，修改后由规划办或受托管理机构组织二次鉴定。

第三十一条 具备下列条件之一者可免于鉴定：

1. 课题成果的主体部分获省部级评奖三等奖以上奖励或北京市教育科学研究优秀成果奖二等奖以上奖励。课题负责人须为第一获奖人。

2. 收集的反映足以证明课题研究成果已达到国内先进水平，或可提供证明成果主要结论被市级以上教育行政部门明确吸收采纳。

3. 课题成果的主体部分被《中国社会科学文摘》《新华文摘》全文转载，或在《中国社会科学》《教育研究》《心理学报》杂志发表，并有“课题类别＋课题名称＋课题批准号”的独家明确标识。

课题负责人应为第一作者。

4. 课题成果的主体部分被规划办编辑的《北京市教育科学规划研究成果快报》采用并获市级以上行政部门领导批复。

5. 课题研究成果开发并正式出版为由国家审定通过的基础教育教材、高等教育精品教材、职业教育国家规划教材或在全国推广使用的地方教材。

申请免于鉴定，应在填写《北京市教育科学规划课题结题鉴定申请书》时说明理由，并附相关证明材料。重大课题符合免于鉴定条件外，须承诺组织开展相关研究成果的宣传推广活动。

第八章　经费

第三十二条　北京市教育科学规划课题经费来源于市级财政专项经费，用于课题的研究与管理。该专项根据资助标准对重大课题、优先关注课题、重点课题、校本专项课题、青年专项课题予以资助。一般课题全部为单位资助的规划课题，其研究经费由申请者单位负责。

第三十三条　课题资助经费一次核定、分期拨付、包干使用、超支不补。

第三十四条　课题资助经费使用范围限于：

1. 资料费：指在课题研究过程中发生的资料收集、录入、复印、翻拍、翻译等费用，以及必要的图书和专用软件购置费等。

2. 数据采集费：指在课题研究过程中发生的问卷调查、数据跟踪采集、案例分析等费用。

3. 差旅费：指在课题研究过程中开展国内调研活动所发生的交通费、食宿费及其它费用。差旅费的开支标准应当按照国家和北京市有关规定执行。

4. 会议费：指在课题研究过程中为组织开展学术研讨、咨询以及协调项目或课题等活动而召开小型会议的费用。会议费的开支应当按照国家和北京市有关规定，严格控制会议规模、会议数量、会议开支标准和会期。

5. 设备费：指在课题研究过程中发生的购置或租赁使用外单位设备而发生的费用。课题经费应当严格控制设备费支出。因课题研究确需购置的，应当在课题预算中单独列示，并经过规划办批准后方可购置，并由课题负责人所在单位按照国家国有资产管理的规定进行管理。

6. 专家咨询费：指在课题研究过程中发生的支付给临时聘请的咨询专家的费用。咨询费不得支付给课题组成员及课题管理的相关人员。

7. 劳务费：指在课题研究过程中发生的支付给直接参与课题研究的在校研究生和课题组临时聘用其它人员等的劳务性费用。

8. 印刷费：指在课题研究过程中发生的课题研究成果的打印费、印刷费和誊写费等。

9. 管理费：指在课题研究过程中课题负责人所在单位为组织和支持课题研究而支出的费用。管理费的支出总额，重大课题每项不超过 5000 元，其他课题不得超过课题资助额的 3%。严禁超额提取和重复提取。

课题资助经费使用办法将根据国家和北京市有关政策变化及时做出调整。

第三十五条 规划办在课题立项、中期、结题后，将课题经费分期拨到课题负责人所在单位的银行账户，由所在单位统一管理。承担一般课题的课题负责人在课题获准立项后，其所在单位应按照申报课题时的承诺，如实承担经费保障责任。

第三十六条 课题资助经费的管理和使用，必须符合国家和北京市有关财政、财务制度和本办法的规定，同时要有利于促进科研人员开展课题研究工作。

课题负责人按计划自主支配课题资助经费。课题负责人所在单位科研管理部门和财务部门应对课题资助经费实施具体管理，并对经费使用情况行使监督、检查职责。

课题负责人应充分利用本地区、本单位、本部门现有的科研和工作条件，以较少的投入取得较大的研究成效。

第三十七条 课题申请结题鉴定时，课题负责人应会同所在单位财务部门清理该课题收支账目，如实编制课题资助经费决算表，与课题研究成果一并报送规划办。课题研究成果经过验收后，其资助经费结余可用于课题研究成果的出版补助或成果推广。

第三十八条 研究成果鉴定费由规划办在年度预算中单独列支，另行支付。重大课题、优先关注课题、重点课题、校本研究专项课题、青年专项课题最终成果鉴定由规划办负责组织并支付专家鉴定费；因成果质量问题需组织第二次鉴定发生的费用，从课题组经费中支出。一般课题最终成果鉴定由受托管理机构负责组织，专家鉴定费从课题组经费中支出。

第三十九条 对不按规定按时完成北京市教育科学规划课题中期检查工作的课题，将缓拨后续经费。

对课题负责人因工作调动、出国、生病、死亡或其他原因不能继续研究而申请撤销的课题，将停止继续拨款，并追回已拨经费的剩余部分。

对依据本办法第二十二条规定予以撤销的课题，追回全部已拨经费。课题负责人无法赔偿的，由作出信誉保证的所在单位承担连带赔偿责任。

第九章 成果的宣传、推广和评奖

第四十条 规划办及受托管理机构、课题负责人所在单位和各课题组，应采取各种措施加强对北京市教育科学规划课题成果的宣传、推广和转化，充分发挥其在创新理论、服务决策、指导实践、引导舆论中的作用。

第四十一条 规划办通过多种渠道宣传推介课题研究成果。

充分利用报刊、网络等媒体，逐步建立相对稳定的成果宣传渠道。利用《北京市教育科学规划研究成果快报》、“北京市教育科学规划网”积极宣传、推介课题研究成果。

规划办及受托管理机构应不定期召开课题成果报告会，发布研究成果信息，组织多种形式的专题培训或学术研讨，促进成果的应用推广。

第四十二条 北京市教育科学研究优秀成果评奖活动每五年举行一次。办法另定。

第十章 附则

第四十三条 本办法适用于“十三五”期间北京市教育科学规划课题的管理。

第四十四条 本办法自发布之日起实行，由北京市教育科学规划领导小组负责解释和修改。

北京市教育科学规划课题管理细则

（2016 年 6 月制定）

为进一步加强和完善北京市教育科学规划课题的管理，提高规划课题的研究水平和社会效益，促进教育科学的发展和繁荣，根据《北京市教育科学规划课题管理办法（2016 年 5 月 16 日修订）》的有关规定，制定本细则。

第一章 课题指南

第一条 北京市教育科学规划领导小组办公室（以下简称“规划办”）于每年 10 月份面向全市征集下一年度课题指南建议，并于次年第一季度面向全市公布。

第二条 “十三五”期间北京市教育科学规划课题设立教育决策咨询研究、教育基础理论研究、教育教学实践研究三个研究方向。包括以下十个研究领域：

1. 教育宏观战略与政策研究
2. 教育基本理论与国际比较研究
3. 教育治理体系研究
4. 课程、教学、评价改革研究
5. 学生发展研究
6. 教育人才队伍建设研究
7. 教育资源配置与效益研究
8. 教育信息化研究
9. 传统文化教育与德育研究
10. 生态文明教育与可持续发展教育研究

第三条 “十三五”期间，北京市教育科学规划课题类别包括以下六种：重大课题、优先关注课题、重点课题、青年专项课题、校本研究专项课题、一般课题。

1. 重大课题实行招标制度，申请者不得更改研究题目。重大课题的研究内容应具有创新性，取得的研究成果应具有较高理论价值或实践价值。

2. 优先关注课题应以课题指南为准，申请者不得更改研究题目，可以根据自己的专长和基础，选取独特的切入点进行研究设计。

3. 校本研究专项课题是用于资助由中小学、幼儿园和中等职业学校的现任校（园）级领导主持的课题。该类课题是以学校（幼儿园）为基本单位，为解决与其改革实践紧密相关的现实问题，由教师群体参与的具有较高组织程度的课题。

4. 重点课题、青年专项课题、校本研究专项课题、一般课题的申请者可根据自己的研究兴趣和研究基础，从三个研究方向和十个研究领域自行设计课题名称和研究内容申请课题。

第二章 课题申报

第四条 每年度课题申报工作自《课题指南》发布之日起启动。申报工作由各区教育科学规划领导小组办公室或相应管理机构和高校、直属单位社科处、科研处或相应管理机构（以下总称“受托管理机构”）负责组织申报，规划办不直接受理个人申报。

1. 重大课题不进行网上申请，仅进行文本申报。

重大课题实行公开招标制度，评审采取课题申请、资格审查、会议答辩、领导小组审批的方式进行。申请人可从北京市教育科学规划网（http：//www.gh.bjedu.cn）下载、填写《北京市教育科学“十三五”规划重大课题申请书》，签署所在单位、受托管理机构意见后，密封投标文件，递交受托管理机构报送至规划办。

2. 优先关注课题、重点课题、青年专项课题、校本研究专项课题采取网上申请与文本申报相结合的形式。

课题申请人须登录“北京市教育规划课题管理系统”进行网上申请，申请流程参见北京市教育科学规划网相关文件。

文本申报按照所在单位隶属关系，经所在单位审查盖章后，分别通过所属受托管理机构报送至规划办。

3. 一般课题仅进行网上申请，不进行文本申报。

（1）各区一般课题的申请：由各区受托管理机构依据规划办每年下半年下达的申报指标组织推荐工作，并于次年1月31日前确定推荐课题目录，待当年启动申报工作后组织被推荐课题负责人登录北京市教育科学规划课题申报系统填写课题申请书。

（2）高校、科研机构一般课题的申请：规划办对高校、科研机构不设置申报指标，高校、科研机构的一般课题申请人应进行网上申请。

第五条 报送文本材料要求

1. 重大课题文本材料报送要求：

（1）《重大课题申请书》一式 9 份，原件一份。分别装入 9 个档案袋。将《重大课题申请书》封皮复印 9 份，分别贴在 9 个档案袋正面，以便识别。

（2）《申请书》封底“投标材料袋背面粘贴表”的课题组成员名单复印 9 份，分别贴在 9 个档案袋背面，以便选择评审专家时回避。

（3）报送文本材料时需同时报送申请材料电子版及加盖受托管理机构公章的《课题申请汇总表》。

2. 优先关注课题、重点课题、青年专项课题、校本研究专项课题文本材料报送要求：

（1）审查合格的《课题申请书》一式 6 份。原件 1 份，无需装档案袋，由受托管理机构按顺序汇总报送；复印件 5 份，每项课题装同一档案袋（档案袋贴申报书封皮），由受托管理机构按顺序汇总报送；各受托管理机构需同时报送加盖公章的《课题申报汇总表》。

（2）申请书要求统一用 A4 纸双面印制，左侧装订。

3. 一般课题文本材料报送要求：

（1）各受托管理机构仅需单独报送加盖公章的一般课题的《课题申报汇总表》。

（2）一般课题的《课题申请书》文本由各受托管理机构根据工作需要确定具体报送要求，不需报送规划办。

（3）最终经评审获得立项的一般课题的《课题申请书》原件需由课题负责人留存，待课题结题时装订在结题鉴定材料中统一提交。

第三章 立项评审

第六条 规划办负责组织课题评审。

重大课题实行公开招标制度或特别委托制度。评审成员五分之三以上（含五分之三）投票同意方为通过。评审程序为：

1. 开标。由规划办主持，在投标人检查投标文件密封情况后开标。

2. 审阅投标文件。评审专家独立审读课题论证等相关文件。

3. 论证、质疑与评议。投标者进行课题论证陈述，评审专家对课题论证进行质询并听取答辩，在此基础上对投标者进行综合评议。

4. 评审投票。评审专家对投标申请进行投票。获得评审组成员五分之三以上（含五分之三）同意推荐立项课题方为通过。

第七条 优先关注课题、校本研究专项课题实行同行专家会议集中评审。

专家独立审阅课题申请书后，对每项申报课题进行充分讨论评议。

评审专家对课题进行无记名投票，获得评审组成员五分之三以上（含五分之三）同意推荐立项课题方为通过。

第八条 重点课题、青年专项课题、一般课题按照研究方向和研究领域分组，聘请同行专家采用网上评审和会议评审相结合的方式进行评审。

1. 资格审查和分类。规划办依据《管理办法》对申报课题进行资格审查和分类，合格者进入网络初评。

2. 网络初评。评审组成员依据统一制定的评审指标，对通过资格审查的课题活页论证部分进行匿名初评，规划办根据专家推荐情况确定入围会议评审课题。

3. 会议综合评审。对进入会议综合评审的课题，专家组经过充分讨论评议，获五分之三（含五分之三）评审专家投票同意的课题为推荐立项课题。

第九条 对推荐立项的课题，评审专家须签署评审意见和立项建议，报北京市教育科学规划领导小组审批。

第四章 经费管理

第十条 申报有经费资助课题的课题负责人在填写《北京市教育科学规划课题申请书》时应在“经费预算”栏目编制开支计划，开支计划应符合《北京市教育科学规划课题管理办法（2016 年 5 月 16 日修订）》经费管理的相关规定。

申报一般课题的课题负责人在填写《北京市教育科学规划课题申请书》时，应在“课题经费管理与保障承诺”栏目中填写单位拟资助金额数目，并由课题负责人所在单位盖章及相关负责人签字。

第十一条 北京市教育科学规划课题经费一次核定，分期拨付，包干使用，超支不补。北京市教育科学规划课题经费由课题负责人所在单位统一管理，一般不能转拨其他单位。课题负责人应严格执行批准后的课题经费预算，一般不能调整。

第十二条 课题经费在课题立项、中期、结题后分三次划拨至课题负责人所在单位的银行账户。课题立项后即统一下拨第一期经费，占课题资助经费的 50%；课题通过中期检查后下拨第二期经费，占课题资助经费的 30%；课题成果通过结题鉴定后下拨第三期经费，占课题资助经费的 20%。

规划办可根据年度预算批复的实际情况调整具体拨付比例。

第十三条 课题负责人应当依法依规使用课题经费，课题经费的使用情况应当接受相关部门的监督检查。课题负责人所在单位应严格执行内部控制制度，加强对北京市教育科学规划课题经费的监督和管理。

第五章 开题管理

第十四条 受托管理机构接到课题立项通知后，要督促课题负责人及时进行开题论证，落实研究工作。课题负责人应尽快确定课题实施方案，并在两个月内举行开题会，完成相关开题工作。

重大课题的开题论证由规划办直接组织；其它各类课题的开题论证由各受托管理机构组织。优先关注课题的开题会须事先向市规划办书面提出申请，填写开题申请表（附件1），获得批准后方可进行。其它类别的课题开题会须事先向受托管理机构书面提出申请，获得批准后方可进行。

第十五条　课题负责人应当聘请在相关学科领域具有较高学术水平和良好职业道德的同行专家作为开题专家，所请专家组成员应不少于3人。重大课题、优先关注课题、重点课题、青年专项课题开题会聘请的专家组成员均须具有高级技术职称；校本课题、一般课题开题会聘请的专家组成员中具有高级技术职称的应不少于2人。开题专家组在开题会上应依据课题研究内容对课题提出建设性的可操作建议，填写《北京市教育科学规划课题开题专家建议表》（附件2），并对课题研究给予相关指导。

第十六条　开题会后课题负责人要及时将根据专家建议修改后的开题报告及《北京市教育科学规划课题开题专家建议表》原件扫描图上传至“北京市教育科学规划课题管理系统”。开题报告及专家建议原件由受托管理机构和课题负责人留存，待课题结题时装订在课题结题鉴定材料中统一提交。

第六章　中期管理

第十七条　北京市教育科学规划课题实行中期检查制度。规划办依据课题完成周期，通过课题负责人网上填写“北京市教育科学规划课题中期检查表”和会议抽检的方式，适时对各类课题进行中期检查。

第十八条　规划办于每年6月份在北京市教育科学规划网发布北京市教育科学规划课题中期检查通知，对“重大课题、优先关注课题、重点课题、青年专项课题、校本研究专项课题”进行中期检查，重点检查课题研究的基本进度、研究中存在的问题、经费使用情况、取得的阶段成果等。

中期检查的具体工作由受托管理机构组织完成。建议受托管理机构以集中会议检查的方式进行中期检查。中期检查完成后，受托管理机构组织课题负责人登录“北京市教育科学规划课题管理系统”填写《北京市教育科学规划课题中期检查表》（附件3），并于每年9月30日前提交规划办审批。

对进展正常的课题，规划办将拨付第二期研究经费；对不按规定填写《北京市教育科学规划课题中期检查表》或检查不合格的课题，将缓拨后续经费。

第十九条 一般课题的中期检查工作由各受托管理机构自行组织安排。受托管理机构组织一般课题负责人登录“北京市教育科学规划课题管理系统”填写中期检查报告并负责审批。

第二十条 受托管理机构须针对本年度全部各类课题的中期检查情况撰写本单位《××××年度课题中期检查分析报告》（附件4），并于每年9月30日前报送规划办。

第二十一条 课题立项后，如需依照《管理办法》进行重要事项变更，须登陆“北京市教育科学规划课题管理系统”填写相关变更申请，经所在单位、受托管理机构审批后，由规划办最终审批。

规划办审批通过后，课题负责人登录“北京市教育科学规划课题管理系统”导出《北京市教育科学规划课题重要事项变更申请审批表》（附件5），由受托管理机构到规划办加盖公章。

《北京市教育科学规划课题重要事项变更申请审批表》原件需由受托管理机构和课题负责人留存，待课题结题时装订在课题结题鉴定材料中统一提交。

“十三五”期间，教育决策咨询类课题要在1～2年内完成；教育基础理论类课题、教育教学实践类课题要求在3～4年内完成。研究期限自课题批准立项之日起计算，研究过程中课题负责人因故不能按时完成研究任务而需要延期的，应在规定完成期限前两个月提出延期申请，延期时间不得超过一年。一项课题只能申请一次延期。

第七章 成果鉴定和结题验收

第二十二条 北京市教育科学规划课题结题鉴定工作应坚持“共同但有区别”的原则，对不同类别和研究方向的课题实施不同的结题成果要求和鉴定标准。

（一）各类课题最终研究成果的基本要求。

1. 重大课题、优先关注课题：应在国家一级出版社出版专著1部或编著2部、或在北京大学图书馆版核心期刊上发表3篇系列论文。

2. 重点课题：高校及科研机构人员承担的重点课题应在北京大学图书馆版核心期刊上发表2篇论文；各区教科研人员和中小学、幼儿园、中等职业学校教师承担的重点课题应在北京大学图书馆版核心期刊上发表1篇论文。

3. 青年专项课题：高校及科研机构人员承担的青年专项课题应在北京大学图书馆版核心期刊上发表2篇论文；各区教科研人员和中小学、幼儿园、中等职业学校教师承担的青年专项课题应公开发表2篇论文。

4. 校本研究专项课题：应公开发表2篇论文。

5. 一般课题：应公开发表1篇论文。

（二）不同研究方向课题成果的特殊要求。

各级各类课题要在达到本类课题基本结题条件同时，充分考虑不同研究方向的特殊要求。教育决策咨询方向的课题研究成果要更加突出对教育决策的实际参考价值和支撑作用；教育基础理论方向的课题研究成果要更加突出理论创新价值和学术研究水平；教育教学实践方向的课题研究成果要更加突出对教育教学实践问题的解决和研究的规范性。

（三）课题研究成果认定说明

1. 发表论文被《人大报刊复印资料》转载，可相当于1篇核心期刊论文。

2. 阶段成果或最终成果被规划办编辑的《北京市教育科学规划研究成果快报》采用，可相当于1篇核心期刊论文；

3. 经区级教育行政部门审议备案的校本课程并正式出版的校本教材等同于1本专著或2篇核心期刊论文。

第二十三条 具备下列条件之一者可免于鉴定：

1. 课题成果的主体部分获省部级评奖三等奖以上奖励或北京市教育科学研究优秀成果奖二等奖以上奖励。奖项须为政府所颁发，包括：国家社科基金项目优秀成果奖、国家教学成果奖、全国教育科学研究优秀成果奖、高等学校科学研究优秀成果奖、国家科学技术奖以及市级哲学社会科学研究优秀成果奖、市级教学成果奖、市级科学技术奖和市级教育科学研究优秀成果奖。课题负责人须为第一获奖人。

2. 收集的反映足以证明课题研究成果已达到国内先进水平，或可提供证明成果主要结论被市级以上教育行政部门明确吸收采纳。

3. 课题成果的主体部分在《中国社会科学文摘》《新华文摘》全文转载，或在《中国社会科学》《教育研究》《心理学报》杂志发表，并有“课题类别＋课题名称＋课题批准号”的独家明确标识。课题负责人应为第一作者。

4. 课题成果的主体部分被规划办编辑的《北京市教育科学规划研究成果快报》采用并获市级以上行政部门领导批复。

5. 课题研究成果开发并正式出版为由国家审定通过的基础教育教材，或高等教育精品教材，或职业教育国家规划教材，或在全国推广使用的地方教材。

申请免于鉴定，应在填写《北京市教育科学规划课题结题鉴定申请书》时说明理由，并附相关证明材料。重大课题符合免于鉴定条件外，须承诺组织开展相关研究成果的宣传推广活动。

第二十四条　课题成果发表均须注明且只能独家注明北京市教育科学规划“课题类别＋课题名称＋课题批准号”。没有注明或注明多家资助项目的成果不得列入课题鉴定成果。课题负责人均应为发表成果的第一作者或独立作者。

研究成果必须源自课题研究。学位论文、博士后出站报告等不得充作课题研究成果提交鉴定。无关成果不得列入课题研究成果。

第二十五条　规划办负责组织重大课题、优先关注课题、重点课题、青年专项课题、校本研究专项课题的结题鉴定工作。一般课题的结题鉴定工作由受托管理机构负责组织完成。确实无力承担成果鉴定组织工作的受托管理机构，可申请由规划办组织鉴定。

第二十六条　各类别课题负责人在申请结题时均须登录“北京市教育科学规划课题管理系统”填写《北京市教育科学规划课题结题鉴定申请书》及相关表格（附件6），提交的研究总报告不少于3万字，成果公报6000～8000字，两者均将在网上全文公开。（如因保密等原因不宜公开，请在《北京市教育科学规划课题结题鉴定申请书》中注明）

第二十七条　优先关注课题、重点课题、青年专项课题、校本研究专项课题在网上提交结题申请由规划办审批，一般课题在网上提交结题申请由受托管理机构审批。

审批通过后，课题负责人可从课题管理系统下载并打印带有水印的结题材料。除专著、编著、教材外，每套鉴定材料必须按照“结题鉴定材料装订格式”（见附件7）的要求统一装订成册。

优先关注课题、重点课题、青年专项课题、校本研究专项课题需准备相关结题材料6套（1套原件，5套复印件，原件按照要求加盖相应管理部门公章，由相关负责人签字或加盖签名章）；一般课题结题材料的份数按照受托管理机构的要求准备。

优先关注课题、重点课题、青年专项课题、校本研究专项课题的结题材料由受托管理机构提交至规划办。一般课题由受托管理机构组织鉴定完毕后，受托管理机构将1份结题材料原件和“北京市教育科学规划课题结题鉴定意见表”（见附件8）提交至规划办，由规划办进行复审。

申请免于鉴定的，须报送结题材料1套；免于鉴定申请未获批准的，需依照以上结题材料报送要求办理。

第二十八条 课题结题鉴定通常以同行专家集中会议鉴定的方式进行。个别确需会议单独鉴定或通讯鉴定的课题，须由课题组提出申请，经所在受托管理机构报规划办批准后方可进行。

受托管理机构组织一般课题的结题鉴定会议，应提前将结题鉴定方式、结题鉴定专家名单等报规划办审批。受托管理机构不得委托课题负责人自行选择鉴定专家和组织鉴定。

第二十九条 鉴定专家应从北京市教育科学规划项目专家库中遴选确定。

每项成果须由3～5位同行专家进行鉴定。课题组成员包括顾问不能担任本课题鉴定专家，所在单位及其上级主管部门参与鉴定的专家不能超过1人，课题负责人可以提出鉴定专家的回避建议。

鉴定专家须具有高级专业技术职务或相应行政职务，在相关学科领域具有较高学术水平、良好职业道德。教育决策咨询研究可以聘请1位相关实际管理部门正处级以上职务的同志担任鉴定专家。

第三十条 鉴定专家在认真审读课题研究成果的基础上，对照《北京市教育科学规划课题申请书》和开题报告预期达到的目标，根据北京市教育科学规划课题结题鉴定评估指标（附件9）分项评定鉴定等级，填写《北京市教育科学规划课题结题鉴定意见表》，并提出课题能否通过鉴定的明确意见。结题鉴定后，规划办应将专家鉴定意见反馈给课题负责人。

未通过初次鉴定，但确有修改基础的课题，可定为“暂缓结题”，鉴定结果反馈给课题负责人后，课题组应根据专家意见认真修改，深入研究，补充完善，须在6个月内申请二次鉴定。逾期不申请鉴定又不说明理由者视为放弃二次鉴定权利，鉴定等级定为

“不合格”。

未通过初次鉴定且没有修改基础被直接确定鉴定等级为“不合格”的成果和经二次鉴定确定为“不合格”的成果，停止拨付第三期研究经费，课题负责人三年内不得申请北京市教育科学规划课题。

第三十一条 受托管理机构组织对一般课题的结题鉴定，应严格执行成果鉴定程序和要求，依照相关评审规则和鉴定标准进行鉴定工作。规划办对一般课题实施鉴定成果复审制度。

第三十二条 规划办将对结题鉴定结果予以公示，接受社会监督。任何单位或者个人对鉴定结果、专家鉴定意见持有异议的，可在鉴定结果公布之日起30日内向规划办提出。

课题负责人对经鉴定不予结题的鉴定结果有异议的，可申请复议。课题负责人申请复议时，要说明理由，并由3名以上（含3名）具有高级职称的同行专家联名提请或由受托管理机构提请，规划办可重新组织专家鉴定。重新鉴定的费用由课题组或课题负责人所在单位支付。同一课题成果只能复议一次，复议结果作为该成果的最终鉴定意见。

第三十三条 通过结题鉴定的课题，规划办向课题负责人颁发《北京市教育科学规划课题结题证书》。

第八章 成果的宣传推广

第三十四条 规划办、受托管理机构、课题负责人及课题负责人所在单位应采取各种积极措施加强对北京市教育科学规划课题成果的宣传、推广和转化，充分发挥其在创新理论、服务决策、指导实践、引导舆论中的作用。

第三十五条 规划办要充分利用报刊、网络等媒体，逐步建立相对稳定的成果宣传渠道。适时组织召开课题成果报告会、专题培训会或学术研讨会，充分利用《北京市教育科学规划研究成果快报》、“北京市教育科学规划网”等多种途径宣传、推介课题研究成果。

第三十六条 课题组要充分利用各种途径扩大研究成果的影响力，努力促进研究成果向实践转化；课题负责人所在单位应积极为课题成果宣传推广提供相应的条件保障；受托管理机构应适时组织相关成果的宣传推介会，加强对优秀成果的宣传报道，积极扩大优秀成果的影响力。

第三十七条 课题组应及时向规划办报送中期研究成果，积极向《北京市教育科学规划研究成果快报》（附件10）投稿，及时宣传推广课题研究最新成果，保障课题研究的时效性。

第三十八条 该管理细则所列附件（附件1. 北京市教育科学规划课题开题申请表；附件2. 北京市教育科学规划课题开题专家建议表；附件3. 北京市教育科学规划课题中期检查表；附件4. ××××年度课题中期检查分析报告；附件5. 北京市教育规划课题重要事项变更申请审批表；附件6. 北京市教育科学规划课题结题鉴定申请书；附件7. 结题鉴定材料装订格式；附件8. 北京市教育科学规划课题结题鉴定意见表；附件9. 北京教育科学规划课题成果鉴定评估指标；附件10.《北京市教育科学规划研究成果快报》参考格式）均可从北京市教育科学规划网 http：//www. gh. bjedu. cn 下载。

北京市教育委员会

关于印发北京市教育科学“十三五”规划2017年度课题指南的通知

京教策〔2016〕15号

各区教委，各高等学校，市教委直管直属单位：

2017年度课题申报工作自即日起启动，课题管理的具体工作由北京市教育科学规划领导小组办公室负责。《北京市教育科学“十三五”规划2017年度课题指南》经北京市教育科学规划领导小组审批通过，现印发给你们，并将申报工作的有关事项通知如下：

一、选题要求

（一）根据《北京市“十三五”期间教育科学研究规划纲要》规定，北京市教育科学“十三五”规划2017年度课题分为十个研究领域：

1. 教育宏观战略与政策研究
2. 教育基本理论与国际比较研究
3. 教育治理体系研究
4. 课程、教学、评价改革研究
5. 学生发展研究
6. 教育人才队伍建设研究
7. 教育资源配置与效益研究

8. 教育信息化研究

9. 传统文化教育与德育研究

10. 生态文明教育与可持续发展教育研究

（二）各领域分为“教育决策咨询研究”“教育基础理论研究”“教育教学实践研究”三个研究方向。

（三）2017年度课题类别包括以下六种，分别为：重大课题、优先关注课题、重点课题、青年专项课题、校本研究专项课题、一般课题。

1. 重大课题实行招标制度，申请者不得更改研究题目。重大课题的研究内容应具有创新性，取得的研究成果应具有较高理论价值或实践价值。

2. 优先关注课题应以课题指南为准，申请者不得更改研究题目，可以根据自己的专长和基础，选取独特的切入点进行研究设计。

3. 校本研究专项课题用于资助中小学、幼儿园和中等职业学校的现任校（园）级领导主持的以学校为基本单位、与学校改革实践紧密相关、具有较高的组织程度、来源于学校改革和发展的实际、解决学校现实问题、教师群体参与的课题。

4. 重点课题、青年专项课题、校本研究专项课题、一般课题的申请者可根据自己的研究兴趣和研究基础，从十个研究领域自行设计课题名称和研究内容申请课题。

申请者填写课题申请书时，需明确填写课题所属研究领域、研究方向和课题类别。

二、资助标准

北京市教育科学规划2017年度课题对重大课题、优先关注课题、重点课题、青年专项课题、校本研究专项课题予以经费资助。

（一）重大课题最高资助额度为40万元。

（二）优先关注课题最高资助额度为20万元。

（三）重点课题最高资助额度为10万元。

（四）青年专项课题最高资助额度为 5 万元。

（五）校本研究专项课题最高资助额度为 5 万元。

申请者须根据研究工作的实际需要，参考资助标准，进行合理的经费预算。实际资助经费额度以最终评审结果为准。一般课题全部为单位资助的规划课题，其研究经费由申请者单位负责。

三、申请人条件

（一）北京市教育科学规划课题申请人须具有副高级以上专业技术职务或博士学位。

（二）不具备副高级以上专业技术职务或博士学位的，须由 2 名具有副高级以上专业技术职务的同行专家推荐。

（三）申请重大课题者应具有正高级专业技术职务，有深厚的学术研究功底与学术造诣，能有效组织研究团队，调动各种资源开展研究。

（四）申请青年专项课题者（包括课题组成员）年龄不得超过 35 周岁（1982 年之后出生）。

（五）为避免重复立项，浪费资源，特作如下规定：

1. 课题负责人只能申请 1 项课题。

2. 正在承担北京市教育科学规划课题的课题负责人不能申请课题。

3. 已获得全国教育科学规划、北京市哲学社会科学规划立项的课题负责人不得以相同内容课题申请北京市教育科学规划课题。

四、完成时限

（一）教育决策咨询类课题要求在 1～2 年内完成；教育基础理论类课题、教育教学实践类课题要求在 3～4 年内完成。

（二）研究期限自课题批准立项之日起计算，课题延期或相关变更须报请北京市教育科学规划领导小组办公室批准备案。

五、课题申请要求

2017 年课题申请采取网上申请与文本申报两种形式，重大课题不进行网上申请。申请书文本要求一律用计算机填写。

（一）重大课题实行公开招标制度，评审采取课题申请、资格审查、会议答辩、领导小组审批的方式进行。申请者填写《北京市教育科学“十三五”规划重大课题申请书（2017 年度）》，签署所在单位、二级管理单位意见后，密封投标文件，提交受托管理机构报送至北京市教育科学规划领导小组办公室。

（二）其他类别课题实行网上申请与文本申报。

1. 网上申请流程参见北京市教育科学规划领导小组办公室网站相关文件。文本申报按照所在单位隶属关系，经所在单位审查盖章后，分别通过各区或各单位的科研管理机构报送至北京市教育科学规划领导小组办公室。北京市教育科学规划领导小组办公室不直接受理个人申请。

2. 网上申请网址为北京市教育科学规划网 http://www.gh.bjedu.cn。课题申请所需的各种材料，包括《北京市“十三五”期间教育科学研究规划纲要》《北京市教育科学“十三五”规划 2017 年度课题指南》《北京市教育科学规划课题管理办法（2016 年 5 月 16 日修订）》《北京市教育科学规划课题管理细则》《北京市教育科学“十三五”规划重大课题申请书（2017 年度）》等均可从该网站下载。

3. 各区一般课题的申报依据《北京市教育科学“十三五”规划 2017 年度一般课题各区申报办法》，此申报办法另行通知。

（三）本年度网上填报起止日期为 2017 年 2 月 23 日至 3 月 13 日（系统开放时间），逾期不再受理新课题申请。未参加网上申请的单位和个人不得进行文本申报。市教育规划办反馈申请书材料检查意见时间为 3 月 13 日至 3 月 15 日。

本年度课题文本申报受理时间从 3 月 21 日起至 3 月 22 日止。请各区及各单位相应的科研管理机构务必按期报送，逾期不予受理。

六、报送材料要求

（一）重大课题文本材料报送至北京市教育科学规划领导小组

办公室，具体要求为：

1. 将《重大课题申请书》封皮复印 9 份，分别贴在 9 个档案袋正面，以便识别。

2. 请将《申请书》封底“投标材料袋背面粘贴表”的课题组成员名单复印 9 份，分别贴在 9 个档案袋背面，以便选择评审专家时回避。

3. 报送文本材料时需同时报送申请材料电子版及加盖公章的《课题申请汇总表》。

（二）其他类别课题文本材料报送至北京市教育科学规划领导小组办公室，具体要求为：

1. 审查合格的《课题申请书》一式 6 份（原件 1 份，无需装档案袋），各单位按顺序汇总报送；复印件 5 份，每项课题装同一档案袋（档案袋贴申报书封皮），各单位按顺序汇总报送；各单位需同时报送加盖公章的《课题申报汇总表》。

2. 申请书要求统一用 A4 纸双面印制，左侧装订。

（三）材料报送地址：西城区南礼士路头条 3 号北京教育科学研究院北楼 322 房间。

七、工作要求

（一）要将本通知及时传达到所属单位及教育科研人员和教师，认真组织好北京市教育科学“十三五”规划 2017 年度课题的申报工作。

（二）各区、各学校和各单位要加强对本年度课题申报工作的宣传、组织、管理和指导，既要积极鼓励，又要严格把关。要依据本通知的要求对申请人进行资格审查，对申请人的信誉、申请书所有栏目填写的内容、前期研究成果、课题组的研究实力和必备条件等进行认真审核，签署明确意见，确保申报工作的质量。

附件：北京市教育科学“十三五”规划 2017 年度课题指南

2016 年 12 月 28 日

附件

北京市教育科学“十三五”规划 2017年度课题指南

为深入贯彻党的十八大、十八届三中、四中、五中、六中全会和习近平总书记系列重要讲话精神，落实《北京市“十三五”期间教育科学研究规划纲要》，进一步提升首都教育现代化水平，关注首都教育发展的重大战略需求和最新改革趋势，促进首都教育科研事业的繁荣发展，制定本年度规划课题指南。

一、重大课题

1. 北京市基础教育教学综合改革研究
2. 高等教育服务“一带一路”国家重大战略的体制机制研究
3. 市属高校“双一流”建设问题及对策研究
4. “互联网＋教育”对首都教育的影响与对策研究

二、优先关注课题

（一）教育宏观战略与政策研究

1. 建立教育“管、办、评”分离制度体系的研究
2. 北京市学前教育发展问题研究
3. 大学与中小学合作办学的成效研究
4. 北京建设学习型城市的问题与对策研究

（二）教育基本理论与国际比较研究

5. 当代大学发展形态及大学观的国际比较研究
6. 学区化管理方法的国际比较研究
7. 北京教育国际合作现状、问题与发展趋势研究
8. 国际理解教育的理论与实践研究

（三）教育治理体系研究

9. 高等教育治理体系现代化的评价研究

10. 北京市学段贯通背景下的教育治理体系研究
11. 加强依法治教全面提升教育治理能力的研究
12. 新时期加强民办教育分类管理机制与政策研究
13. 加强教育系统党风廉政建设研究

（四）课程、教学、评价改革研究

14. 北京市中小学课程改革与综合化实施的理论与实践研究
15. 北京市高考综合改革试点跟踪与评价研究
16. 北京市中小学生深度学习的有效策略研究
17. 普通高中课程改革背景下的课程评价研究
18. 北京市中小学 STEM 教育实践研究
19. 北京市职业教育人才培养质量评价研究

（五）学生发展研究

20. 北京市青少年创新素养的测量工具和培养机制研究
21. 北京市学生核心素养有效落实的路径研究
22. 北京市学生社会情绪能力发展策略研究
23. 学生健康素养评价与发展策略研究

（六）教育人才队伍建设研究

24. 北京市民办高校教师队伍建设研究
25. 教师学习共同体建设模式研究
26. 北京市中小学教师职业素养研究
27. 北京市高等学校高层次青年教师队伍建设研究

（七）教育资源配置与效益研究

28. 人口政策变化与教育资源配置研究
29. 新形势下乡村教育整体改革研究
30. 高校各种人才工程项目对大学科研、教学的影响研究
31. 京津冀协同发展与北京市职业教育资源优化配置研究

（八）教育信息化研究

32. 互联网背景下学校课程改革的实践效果研究
33. 大数据在提高学校教育质量方面的应用研究

34. 学生网络学习现状调研与引导支持策略研究

35. 国内外应用信息技术提高教学质量的成功实践案例研究

（九）传统文化教育与德育研究

36. 增强传统文化教育实效性的案例研究

37. 传统文化在学校教育中传播的方法与途径研究

38. 立德树人导向下的传统文化教育与德育研究

（十）生态文明教育与可持续发展教育研究

39. 绿色学校建设与评估研究

40. 中小学生态文明与可持续发展教育的实施路径研究

三、自由选题领域

本年度规划课题指南只列出重大课题和优先关注课题题目，重点课题、青年专项课题、一般课题、校本研究专项课题不设具体指南，研究者可自主确定研究题目，鼓励开展教育基本问题和教育难点问题研究，鼓励开展教育实验研究。

北京市教育委员会

关于调整北京市教育科学规划领导小组组成人员的通知

京教策〔2016〕16 号

各区教委，各高等学校，两委机关各处室，各直属单位：

根据工作需要，我委决定调整北京市教育科学规划领导小组的组成人员。现将调整后的领导小组名单通知如下：

组　　　长：刘宇辉　市委教育工委副书记、市教委主任
副　组　长：张雪　　市委教育工委常务副书记
常务副组长：方中雄　北京教育科学研究院院长
成　　　员：（按姓氏笔画排序）
文东茅　北京大学社会科学学部副主任
石中英　北京师范大学教育学部教授
刘畅　　北京中关村第一小学校长
孙善学　首都经济贸易大学副书记
李奕　　市委教育工委委员、市教委副主任
何劲松　北京教育学院院长
孟繁华　首都师范大学副校长
桑锦龙　北京教育科学研究院副院长
韩民　　国家教育发展研究中心副主任
曾天山　中国教育科学研究院副院长
办公室主任：桑锦龙（兼）
教育科学规划领导小组办公室设在北京教育科学研究院。

2016 年 12 月 30 日

科　研

北京市教育委员会文件选编

(2016)

北京市教育委员会

关于公布2015年北京市高等学校实验教学示范中心名单的通知

京教函〔2016〕49号

各有关高校：

根据市教委《关于开展北京市高等学校实验教学示范中心申报评审工作的通知》（京教函〔2015〕555号），我委组织开展了2015年北京市高等学校实验教学示范中心评审工作。经学校申报、专家评审、答辩考察、市教委审核，决定认定北京大学口腔医学实验教学中心等39个实验教学中心为北京市高等学校实验教学示范中心，现将名单予以公布。

各高校对入选中心要给予专项经费支持，加大投入，持续建设，继续加大实验教学改革与实验室建设力度，创新实验室运行管理机制，确保中心能在实验教学方面发挥示范辐射作用。

2016年1月29日

附件

2015 年北京市高等学校实验教学示范中心名单

序号	学校名称	中心名称
1	北京大学	口腔医学实验教学中心
2	清华大学	建筑学实验教学中心
3	北京师范大学	地理学与遥感科学实验教学中心
4	中国农业大学	动物医学实验教学中心
5	北京航空航天大学	创新经济和智慧管理实验教学中心
6	中央民族大学	光电工程实验教学中心
7	北京理工大学	自动化实验教学中心
8	北京交通大学	语言实验教学中心
9	北京邮电大学	数字媒体与设计艺术实验教学中心
10	北京科技大学	化学实验教学中心
11	中国传媒大学	播音主持实验教学中心
12	中国地质大学（北京）	国土测绘地理信息工程实验教学中心
13	中国矿业大学（北京）	工程力学实验教学中心
14	中央财经大学	财经外语实验教学中心
15	北京林业大学	林学实验教学中心

续表 1

序号	学校名称	中心名称
16	北京中医药大学	针灸推拿实践教学中心
17	对外经济贸易大学	数量金融实验教学中心
18	华北电力大学	可再生能源工程实验教学中心
19	北京协和医学院	临床技能培训和考核中心
20	北京化工大学	生物类实验教学中心
21	北京体育大学	运动康复实验教学中心
22	北京外国语大学	翻译实验教学中心
23	中国青年政治学院	文科综合实验教学中心
24	北京工业大学	计算机实验教学中心
25	首都经济贸易大学	外语语言综合实验中心
26	首都师范大学	基础教育信息化实验教学中心
27	首都医科大学	中医药学实验教学中心
28	北方工业大学	电气与控制实验教学中心
29	北京信息科技大学	仪器与光电工程实验教学中心
30	北京工商大学	计算机与信息工程学院实验教学中心
31	北京建筑大学	土木工程实验教学中心
32	北京联合大学	工科综合实验教学中心
33	北京电影学院	动画实验教学中心

续表 2

序号	学校名称	中心名称
34	北京农学院	农林经济管理类实验教学中心
35	北京石油化工学院	电气信息技术实验教学中心
36	北京物资学院	经济管理综合实验教学中心
37	北京印刷学院	智能印刷装备实验教学中心
38	北京工商大学嘉华学院	商科人才培养实验教学中心
39	北京邮电大学世纪学院	互联网商务管理实验教学中心

北京市教育委员会

关于转发 2015 年国家级实验教学示范中心和国家级虚拟仿真实验教学中心名单的通知

京教函〔2016〕63 号

各有关高校：

经高等学校申请，省级教育行政部门、军队院校教育主管部门推荐，中国高等教育学会组织形式审核、专家评审和网上公示，教育部决定批准清华大学自动化实验教学中心等100个实验教学中心为国家级实验教学示范中心，批准北京大学考古虚拟仿真实验教学中心等100个实验教学中心为国家级虚拟仿真实验教学中心。

根据教育部办公厅《关于批准清华大学自动化实验教学中心等100个国家级实验教学示范中心的通知》（教高厅函〔2016〕7号）和《关于批准北京大学考古虚拟仿真实验教学中心等100个国家级虚拟仿真实验教学中心的通知》（教高厅函〔2016〕6号），现将批准的中心名单转发给你们。

各有关高校要高度重视实验教学示范中心和虚拟仿真实验教学中心建设，持续推进实验教学改革与创新。要健全配套政策，落实支持措施，积极开展交流与合作，共同探索实验教学改革新思路、新方法，全面提升实验教学水平。

附件：1. 2015年国家级实验教学示范中心名单

2. 2015年国家级虚拟仿真实验教学中心名单

2016年2月16日

附件1

2015年国家级实验教学示范中心名单

序号	学校名称	中心名称
1	清华大学	自动化实验教学中心
2	北京工业大学	软件工程实践教学中心
3	北京航空航天大学	材料科学与工程实验教学中心
4	北京石油化工学院	化学化工实验教学中心

续表1

序号	学校名称	中心名称
5	北京师范大学	传媒与艺术实验教学中心
6	中国地质大学（北京）	地质学实验教学中心
7	北京联合大学	旅游实验教学中心
8	天津大学	能源与动力工程实验教学中心
9	天津理工大学	功能材料实验教学中心
10	天津商业大学	食品与药品实验教学中心
11	河北师范大学	新闻与传播综合实验中心
12	中国人民武装警察部队学院	消防专业实验教学中心
13	中北大学	测试技术及仪器实验教学中心
14	山西农业大学	农业资源与环境实验教学中心
15	山西医科大学	基础医学实验教学中心
16	内蒙古民族大学	化学实验教学中心
17	大连理工大学	机械工程实验教学中心
18	东北大学	计算机实验教学中心
19	辽宁石油化工大学	石油天然气工程实验教学中心
20	沈阳化工大学	化工过程装备与控制综合实验教学中心
21	沈阳师范大学	教师信息技术应用能力实验实训中心
22	吉林大学	计算机实验教学中心
23	东北师范大学	物理学师范专业实验教学中心

续表 2

序号	学校名称	中心名称
24	北华大学	森林植被与生态实验教学中心
25	哈尔滨工业大学	应用物理专业实验教学中心
26	哈尔滨理工大学	测控技术与仪器国家实验教学中心
27	哈尔滨工程大学	水声工程实验教学中心
28	东北农业大学	农业工程实验教学中心
29	黑龙江八一农垦大学	寒地作物栽培技术实验教学中心
30	复旦大学	基础医学实验教学中心
31	同济大学	机械实验教学中心
32	南京大学	电子信息专业实验教学中心
33	东南大学	生物医学工程实验教学中心
34	江苏科技大学	材料科学与工程实验教学中心
35	江苏大学	能源与动力工程实验教学中心
36	南京师范大学	生命科学实验教学中心
37	江苏师范大学	语言科学综合实验教学中心
38	浙江大学	环境与资源实验教学中心
39	杭州电子科技大学	智能制造技术实验教学中心
40	温州医科大学	基础医学实验教学中心
41	浙江师范大学	生物学实验教学中心
42	宁波大学	土木工程实验教学中心

续表 3

序号	学校名称	中心名称
43	安徽大学	化学化工实验教学中心
44	安徽中医药大学	中医临床技能实训中心
45	福州大学	网络信息安全与计算机技术实验教学中心
46	福建工程学院	电子信息与电气技术实验中心
47	南昌大学	物理实验教学中心
48	江西理工大学	化工冶金实验教学中心
49	景德镇陶瓷学院	陶瓷材料工程实验教学中心
50	中国石油大学（华东）	油气地质与勘探实验教学中心
51	山东科技大学	测绘工程实验教学中心
52	青岛科技大学	机械工程实验教学中心
53	济南大学	应用化学实验教学中心
54	山东英才学院	学前教育实验教学中心
55	郑州大学	水利与环境实验教学中心
56	河南工业大学	食品科学实验教学中心
57	河南科技大学	食品加工与安全实验教学中心
58	河南中医学院	中药学实验教学中心
59	河南大学	物理与电子实验教学中心
60	武汉大学	遥感信息工程实验教学中心
61	湖北工业大学	土木工程与建筑实验教学中心

续表 4

序号	学校名称	中心名称
62	湖北科技学院	全科医学实验实训中心
63	三峡大学	输电线路工程实验教学中心
64	中南大学	机械工程实验教学中心
65	湖南科技大学	化工与材料实验教学中心
66	湖南师范大学	服装设计与工程实践教学中心
67	中山大学	公共卫生实验教学中心
68	暨南大学	生命科学与技术实验教学中心
69	广东工业大学	电气与控制实验教学中心
70	广西大学	电气工程实验教学中心
71	桂林电子科技大学	测控技术与仪器实验中心
72	广西师范大学	教师教育实验教学中心
73	广西财经学院	经济与管理实验教学中心
74	重庆大学	建筑城规实验教学中心
75	西南大学	心理学实验教学中心
76	重庆工商大学	环境与资源化学技术实验教学中心
77	西南交通大学	轨道交通信息工程与技术实验教学中心
78	电子科技大学	机电与控制工程实验教学中心
79	西南石油大学	油气地质与勘探实验教学中心
80	四川农业大学	作物科学实验教学中心

续表 5

序号	学校名称	中心名称
81	成都医学院	临床医学实验教学中心
82	贵州医科大学	基础医学实验教学中心
83	遵义医学院	药学实验教学示范中心
84	云南大学	电子信息技术实验教学中心
85	云南师范大学	高原训练实验教学中心
86	西北大学	电子信息技术实验教学中心
87	西安交通大学	机械工程专业实验教学中心
88	西安电子科技大学	计算机网络与信息安全实验教学中心
89	西安工业大学	电工电子实验教学中心
90	西安建筑科技大学	冶金技术实验教学中心
91	陕西师范大学	地理学实验教学中心
92	兰州大学	草业科学实验教学中心
93	兰州理工大学	电气与控制工程实验教学中心
94	宁夏医科大学	临床技能实验教学中心
95	国防科学技术大学	高超声速推进技术实验教学中心
96	解放军理工大学	国防工程设备环境及智能化实验教学中心
97	第二军医大学	军事药学实验教学中心
98	第四军医大学	基础医学实验教学中心
99	装甲兵工程学院	装备表面工程实验教学中心
100	空军工程大学	通信工程实验教学中心

附件 2

2015 年国家级虚拟仿真实验教学中心名单

序号	学校名称	中心名称
1	北京大学	考古虚拟仿真实验教学中心
2	清华大学	自动化系统虚拟仿真实验教学中心
3	北京交通大学	经济管理虚拟仿真实验教学中心
4	北京航空航天大学	机械与控制工程虚拟仿真实验教学中心
5	北京理工大学	工程光学虚拟仿真实验教学中心
6	北京科技大学	钢铁生产全流程虚拟仿真实验教学中心
7	北京化工大学	化工产品全生命周期虚拟仿真实验教学中心
8	北京建筑大学	建筑用能虚拟仿真实验教学中心
9	中国农业大学	水利与土木工程虚拟仿真实验教学中心
10	北京师范大学	心理学虚拟仿真实验教学中心
11	首都师范大学	城市环境过程虚拟仿真实验教学中心
12	中央财经大学	经管学科虚拟仿真实验教学中心
13	华北电力大学	核动力工程全范围虚拟仿真实验教学中心
14	南开大学	计算机与控制工程虚拟仿真实验教学中心
15	天津大学	电气工程与自动化虚拟仿真实验教学中心

续表1

序号	学校名称	中心名称
16	天津科技大学	包装工程虚拟仿真实验教学中心
17	天津理工大学	数字化制造与流程工业虚拟仿真实验教学中心
18	河北大学	光伏技术虚拟仿真实验教学中心
19	华北理工大学	冶金工程虚拟仿真实验教学中心
20	大连理工大学	车辆工程虚拟仿真实验教学中心
21	东北大学	金属矿山岩石力学与安全开采虚拟仿真教学实验中心
22	辽宁石油化工大学	石化过程测控虚拟仿真实验教学中心
23	沈阳化工大学	化工过程虚拟仿真实验教学中心
24	吉林大学	机械虚拟仿真实验教学中心
25	长春理工大学	电子信息与通信工程虚拟仿真实验教学中心
26	哈尔滨工业大学	高端装备制造虚拟仿真实验教学中心
27	哈尔滨工程大学	船海虚拟仿真实验教学中心
28	东北农业大学	乳品工程虚拟仿真实验教学中心
29	复旦大学	物理虚拟仿真实验教学中心
30	同济大学	土木工程虚拟仿真实验教学中心
31	上海交通大学	数字化工厂虚拟仿真实验教学中心
32	上海理工大学	现代企业运营虚拟仿真实验教学中心
33	上海海事大学	现代港口物流虚拟仿真实验教学中心
34	华东师范大学	地理虚拟仿真实验教学中心
35	南京大学	地球系统科学虚拟仿真实验教学中心

续表 2

序号	学校名称	中心名称
36	东南大学	道路交通工程虚拟仿真实验教学中心
37	南京理工大学	电气工程及自动化虚拟仿真实验教学中心
38	常州大学	石油钻采与储运工程虚拟仿真实验教学中心
39	南京邮电大学	信息电子技术虚拟仿真实验教学中心
40	南京林业大学	现代林业技术装备虚拟仿真实验教学中心
41	江苏大学	车辆工程虚拟仿真实验教学中心
42	南京中医药大学	中药学类虚拟仿真实验教学中心
43	淮阴工学院	车辆与交通虚拟仿真实验教学中心
44	扬州大学	生物科学与技术虚拟仿真实验教学中心
45	浙江大学	土建类虚拟仿真实验教学中心
46	浙江工业大学	机械类虚拟仿真实验教学中心
47	浙江理工大学	纺织装备虚拟仿真实验教学中心
48	杭州师范大学	科学运动与健身技能虚拟仿真实验教学中心
49	浙江工商大学	电子商务虚拟仿真实验教学中心
50	中国计量学院	计量技术虚拟仿真实验教学中心
51	厦门大学	经济学科虚拟仿真实验教学中心
52	华侨大学	旅游虚拟仿真实验教学中心
53	福建工程学院	土木工程虚拟仿真实验教学中心
54	南昌大学	医学虚拟仿真实验教学中心
55	江西中医药大学	中药产业链关键环节虚拟仿真实验教学中心

续表 3

序号	学校名称	中心名称
56	山东大学	数字化设计与制造虚拟仿真实验教学中心
57	中国海洋大学	海洋学虚拟仿真实验教学中心
58	中国石油大学（华东）	油气储运工程虚拟仿真实验教学中心
59	潍坊医学院	临床医学虚拟仿真实验教学中心
60	曲阜师范大学	现代生物学虚拟仿真实验教学中心
61	山东协和学院	医护虚拟仿真实验教学中心
62	武汉大学	医学虚拟仿真实验教学中心
63	华中科技大学	机械学科虚拟仿真实验教学中心
64	华中师范大学	生物学虚拟仿真实验教学中心
65	中南大学	土木工程虚拟仿真实验教学中心
66	湖南科技大学	信息与电气技术虚拟仿真实验教学中心
67	湖南农业大学	畜禽安全生产虚拟仿真实验教学中心
68	南华大学	医学虚拟仿真实验教学中心
69	华南理工大学	光电材料与器件虚拟仿真实验教学中心
70	广州医科大学	基础医学虚拟仿真实验教学中心
71	深圳大学	网络工程虚拟仿真实验教学中心
72	广东工业大学	轻工化工虚拟仿真实验教学中心
73	南方医科大学	医学检验技术虚拟仿真实验教学中心
74	广西大学	化学化工虚拟仿真实验教学中心
75	桂林理工大学	化学工程与工艺虚拟仿真实验教学中心

续表 4

序号	学校名称	中心名称
76	广西医科大学	医学虚拟仿真实验教学中心
77	重庆大学	矿山开采与安全虚拟仿真实验教学中心
78	重庆邮电大学	信息通信技术与网络虚拟仿真实验教学中心
79	西南大学	化学化工虚拟仿真实验教学中心
80	重庆工商大学	经济管理虚拟仿真实验教学中心
81	四川大学	生物科学与技术虚拟仿真实验教学中心
82	西南交通大学	土木工程虚拟仿真实验教学中心
83	电子科技大学	光电信息技术虚拟仿真实验教学中心
84	西南石油大学	油气装备技术虚拟仿真实验教学中心
85	西南科技大学	建材生产工艺及其装备制造虚拟仿真实验教学中心
86	云南师范大学	地理空间信息技术虚拟仿真实验教学中心
87	西安交通大学	应急管理决策虚拟仿真实验教学中心
88	西安电子科技大学	集成电路设计与制造虚拟仿真实验教学中心
89	西安建筑科技大学	土木工程虚拟仿真实验教学中心
90	西安科技大学	矿山建设工程虚拟仿真实验教学中心
91	长安大学	工程机械虚拟仿真实验教学中心
92	西北农林科技大学	森林生物学虚拟仿真实验教学中心
93	陕西师范大学	心理学虚拟仿真实验教学中心

续表 5

序号	学校名称	中心名称
94	兰州交通大学	轨道交通信息与控制虚拟仿真实验教学中心
95	国防科学技术大学	力学与航天工程虚拟仿真实验教学中心
96	解放军理工大学	机械装备运用与维修虚拟仿真实验教学中心
97	第二军医大学	航海医学虚拟仿真实验教学中心
98	第四军医大学	口腔医学虚拟仿真实验教学中心
99	海军航空工程学院	海战场信息与通信工程虚拟仿真实验教学中心
100	第二炮兵工程大学	导弹测试与控制虚拟仿真实验教学中心

北京市教育委员会

关于认定第二批北京高等学校高精尖创新中心的通知

京教函〔2016〕194 号

各有关高校：

根据市教委《关于印发北京高等学校高精尖创新中心建设计划的通知》（京教研〔2015〕1 号），在事前绩效评估、专家评议的基础上，经市教委主任办公会审议通过，认定北京大学未来基因诊断高精尖创新中心等 6 个高精尖中心为第二批“北京高等学校高精尖创新中心”（名单附后）。

请按照文件要求和高精尖创新中心建设目标，积极探索高精尖创新中心的运行体制与管理机制，广聚国际国内领军创新人才，切实做好高精尖中心的建设与管理工作。

附件：第二批北京高校高精尖创新中心名单

2016 年 5 月 9 日

附件

第二批北京高校高精尖创新中心名单

牵头学校	中心名称
北京大学	未来基因诊断高精尖创新中心
北京航空航天大学	生物医学工程高精尖创新中心
北京建筑大学	未来城市设计高精尖创新中心
北京林业大学	林木分子设计育种高精尖创新中心
北京语言大学	语言资源高精尖创新中心
中国音乐学院	中国乐派高精尖创新中心

（注：以上中心以学校代码排序）

北 京 市 教 育 委 员 会
北京市哲学社会科学规划办公室

关于公布北京市哲学社会科学研究基地建设验收结果及启动新一期建设的通知

京教函〔2016〕213号

有关高等学校：

根据《北京市哲学社会科学研究基地管理办法》的规定，为全面检查掌握研究基地三年周期建设的情况，市教委和市社科规划办于2016年3月组织专家组对相关研究基地建设情况进行了检查验收。经验收评估，马克思主义研究基地（中国人民大学）等4个研究基地为优秀，北京能源发展研究基地（华北电力大学）等6个研究基地为合格（验收结果名单附后）。以上研究基地全部进入下一周期建设，周期为3年。

我们将专门向各依托单位下发《专家组验收反馈意见》。请各研究基地对照反馈意见，在研究基地学术委员会或专家委员会论证的基础上，进一步凝练和聚焦主攻方向，紧紧围绕研究基地的研究领域，认真规划和设计下一个建设周期的重点目标任务，填写好进入下一期建设的任务书。《任务书》可从北京社科规划网（www.bjpopss.gov.cn）下载，并于6月30日前交送市社科规划办研究基地工作处（一式4

份，均为原件，同时报送电子版，电子版请发送到指定的电子信箱）。

希望各研究基地以建设一流的首都高端智库为目标，在认真总结建设经验的基础上，多出重大标志性成果，扩大研究基地的影响力，更好地服务于首都各项事业发展。

附件：北京市哲学社会科学研究基地建设项目验收结果

2016 年 5 月 13 日

附件

北京市哲学社会科学研究基地建设项目验收结果

三期建设验收结果

优秀名单：

马克思主义研究基地（依托高校：中国人民大学）

北京市知识管理研究基地（依托高校：北京信息科技大学）

合格名单：

北京能源发展研究基地（依托高校：华北电力大学）

北京新农村研究基地（依托高校：北京农学院）

二期建设验收结果

优秀名单：

首都高校党建研究基地（依托高校：北京航空航天大学）

合格名单：

首都大学生思想政治教育研究基地（依托高校：北京交通大学）

北京知识产权研究基地（依托高校：北京化工大学）

一期建设验收结果

优秀名单：

首都教育经济研究基地（依托高校：北京师范大学）

合格名单：

北京对外文化交流与世界文化研究基地（依托高校：北京外国语大学）

北京现代产业新区发展研究基地（依托高校：北京石油化工学院）

北京知识产权研究基地
二期建设验收专家组反馈意见

一、主要成绩

（一）基地科研项目取得一定突破，争取到多项国家和省部级项目，形成了一定的研究特色，特别是基地若干课题都是围绕北京知识产权问题进行的研究，为解决北京发展中面临的知识产权问题发挥了应有作用。

（二）基地组建了覆盖北京地区的知识产权研究团队，形成了集中研究北京经济、科技和社会发展面临的知识产权问题的研究平台，对于推动北京形成“双创”高地有重要的意义。基地建设的实践针对性明显增强。

二、问题与不足

（一）基地建设经费来源相对单一，横向课题争取空间仍需要开拓，目前总体科研经费投入还很不足。与国家和北京市有关部门和企事业单位的合作还不够，影响了基地作用的发挥。

（二）基地缺少标志性科研成果，整体科研水平有待提高，特别是围绕国家和北京市面临的知识产权问题的高层次课题还缺少精心设计和集中攻关。

（三）基地独立承办和举办有影响的大型学术交流活动少，基地的平台作用发挥不够。科研活动还比较封闭，校外人员参与度不高，基地的科研管理和创新不明显。

三、下一期建设发展建议

（一）探索与国家和北京市有关政府部门和决策部门的稳定合作机制，承揽有关决策咨询和调研工作，不断增加基地科研项目和经费，提升基地科学研究的预判水平。

（二）加强基地科研成果的学术水平，提升基地的决策咨询能力与水平，增加基地成果的显示度和品牌影响力。特别是要加强针对“双创”与知识产权保护的研究。

（三）进一步扩大基地的学术交流，以高水平的学术活动为载体，切实搭建北京地区知识产权问题研究的平台和高地，聚集更多优秀人才和优秀企业，满足科技创新型企业的实际需要。

首都高校党建研究基地二期建设验收专家组反馈意见

一、主要成绩

（一）基地科研项目数有较大突破，本期建设期间国家和省部级课题达35项。基地若干课题围绕党建迫切问题展开，有很强的现实针对性。

（二）基地取得了较为突出的科研成果，特别是组织出版了“解读中国共产党”系列图书等优秀的大众化图书，产生了较为广泛的社会影响。基地联系大学生思想实际的追踪调查研究数据具有十分重要的现实价值和历史价值。

（三）基地成果具有较高的显示度和影响力。基地学术活动活跃，对重大事件的关注和研究反映快速有效。

二、问题与不足

（一）基地学术委员会的作用发挥不够；基地课题研究还需进一步凝练方向，对若干重大理论和现实问题，应采取长期追踪研究和深入研究。

（二）基地紧紧围绕高校党建的标志性科研成果尚比较缺乏，整体科研水平需要进一步提高，特别是在首都高校党组织建设的基础理论和实践问题上还需要精心设计，争取在一些关键性问题上集中力量取得突破。

（三）基地独立承办和举办的有影响的大型学术交流活动较少，基地的平台作用发挥不够。科研活动还比较封闭，校外人员参与度不高。

三、下一期建设发展建议

（一）基地要充分发挥学术委员会的作用，在研究方向、课题设计、重大项目申请等方面，要依靠专家、领导的把关作用，力争在高校党建领域取得突破性研究成果。

（二）基地要加强与党和国家有关部门的联系特别是合作机制建设。提高基地科研成果的学术水平，提升基地的决策咨询能力。建立高校党建基本数据库和成果数据库，切实通过研究成果推进我国高校党的建设。

（三）基地要进一步推进开放研究，搭建首都高校党建研究高端平台，吸引和团结更多在京专家学者的力量。

首都大学生思想政治教育研究基地二期建设验收专家组反馈意见

一、主要成绩

（一）基地总体定位清晰，目标明确，在三年建设中取得了一定的成效。

（二）基地科研项目取得新的突破，包括争取到多项国家和省部级科研项目，出版了包括《马克思主义中国化理论与实践研究》等一批优秀科研成果，在《人民日报》《光明日报》等重要报刊发表多篇理论文章，产生了广泛的学术影响。

（三）基地注重成果的转化应用，多篇成果被《成果要报》采用，一些对策建议得到了中央有关领导的批示，发挥了良好的决策咨询作用。基地首席专家参与中宣部书稿编写和央视专题片撰稿，对于一些大众关心的问题进行阐述，产生了积极的影响。

二、问题与不足

（一）基地紧紧围绕首都大学生思想政治教育实际的研究成果尚显不足，研究范围比较分散，距离北京领先、国内知名等目标还存在一定差距，需要在研究方向、课题设计、人员配备等方面有所突破。

（二）基地团队建设和团队优势尚需加强，基地整体研究和攻关研究尚须认真规划。特别是要在党和国家、北京市面临的大学生思想教育实际方面取得有标志性、有可操作性的研究成果。

（三）研究基地设立8个具体的研究方向显得过多，鉴于人力物力条件，无法聚焦研究，研究成果显得较为分散。对大学生思想政治教育领域的研究方向用力不足。

三、下一期建设发展建议

（一）基地要加强新一期建设规划，聚焦大学生思想政治教育的关键性问题，规划研究重点和突破重点，探索与有关方面的稳定合作机制，力争有较大进展。

（二）基地要加强整体科研水平的提高，集中研究力量，凝练研究方向，产出一批有影响力的扎实的科研成果，培养一支专兼职结合、多学科交叉的研究团队，进一步提升基地成果的显示度和影响力。

（三）基地应适度吸引首都高校教师与大学生的积极参加，扩大基地的学术交流和学术联系，切实搭建大学生思想政治教育的学术研究平台。

北京市知识管理研究基地三期建设验收专家组反馈意见

一、主要成绩

（一）基地科研经费增加明显，一些重大科研项目紧紧围绕我国经济社会发展和产业转型升级取得可喜成果，科研针对性强。

（二）基地关注北京发展面临的重大问题，加强与北京市有关部门的合作，十分重视提供社会服务。科研团队意识强，注重协同创新。

（三）基地学术讲座和学术交流活跃，人才培养成效明显，特别是基地科研与人才培养结合紧密，吸引各层级学生参与科学研究，值得学习借鉴和推广。

二、问题与不足

（一）基地对于国家和北京市经济社会发展特别是高科技产业及其企业成长的关注度需要加强，问题意识需要不断提炼和升华。

（二）基地对于相关学术问题和学科问题的关注需要进一步加强，打牢应用研究的学术基础和学科基础。

（三）基地开展国际交流需要提高层次，建立稳定的学术交流机制和途径。

三、下一期建设发展建议

（一）基地要紧紧围绕北京市建设科技创新中心这个主题和机遇，加强对于高科技企业的深入研究，密切关注我国在“双创”发展、绿色发展中的新问题，力争在若干方面取得较大突破。

（二）基地要加强对于知识管理、循环经济、实验经济学等相关经济理论的研究和交流，筑牢基地应用型研究的理论基础，要敢于并善于总结中国经验和北京经验，提出源于中国的新概念、新解释。

（三）基地要积极拓展国际交流的渠道和方式，聘请国际著名学者到基地讲学或进行科学研究，提升基地的国际影响力。

北京新农村建设研究基地三期建设验收专家组反馈意见

一、主要成绩

（一）基地整体研究实力较强，学校重视，科研项目和学术成果突出，取得了显著的成绩。基地建设对于学校科学研究的推动和引领作用十分明显。

（二）基地确定的三个研究方向适应了北京新农村建设的基本需要，也是北京新农村建设的重点问题，特别是将新农村企业管理、涉农法律、社会问题纳入基地研究领域，有重要的现实针对性和实践意义。

（三）基地十分注意及时转化科学研究成果，为有关方面提供了不少咨询报告和对策建议，针对性强，资政育人效果明显。

二、问题与不足

（一）基地建设与学校、学院的关系需要在探索中不断明确，基地应该成为科学研究的高地，成为体制机制创新的高地，成为培养高水平人才的高地，厘清与学校和学院的关系，有利于基地成长。

（二）基地在科学研究中要进一步加强理论研究的分量，将理论研究和实践研究密切结合起来，相互促进和提高。

（三）基地要更好地发挥学术委员会的作用，邀请著名农村问题专家参与基地建设，更加紧密地关注我国新农村建设中出现的新问题。

三、下一期建设发展建议

（一）基地要处理好有关新农村建设的交叉学科研究问题，整合力量，形成合力，力争在若干方面取得更加突出的有显示度的成果。

（二）基地要聚焦新农村建设的关键问题，在每一期建设中都力争在理论与实践上有代表性成果，搭建新农村建设的理论研究高地。

（三）基地要进一步充实学术委员会，并切实发挥学术委员会的积极作用，特别是发挥他们在基地建设规划、重大选题确立、主要研究方向设定等方面的作用。

北京能源发展研究基地三期建设验收专家组反馈意见

一、主要成绩

（一）基地以及所依靠的学院具有很强的研究力量，取得了十分突出的研究成果，在若干学科领域和研究领域形成了鲜明的特色和优势。

（二）基地十分注重与相关实际部门的合作，承接了大量横向课题，对于这些地区和单位的经济社会发展起到了积极的推动作用。

（三）基地的若干研究领域反映了现有研究团队的科研优势和实力，也表现出相当大的发展潜力。

二、问题与不足

（一）把基地建设与相关院系建设的关系处理好对于基地发展十分重要，基地不等于学院，各自承担的研究与教学任务不同，需要仔细厘清。

（二）基地所罗列的研究课题有相当一部分不属于基地研究领域，需要进一步区分研究课题的所属和范围，避免基地特色被冲淡。

（三）基地成果丰富，但是标注不规范，许多成果看不出是基地的成果。

三、下一期建设发展建议

（一）能源问题已经成为我国未来经济社会发展和经济全球化过程中最重要的研究课题之一，基地要增加科学研究的力度，特别是要增强理论研究和理论构建，在多视角、多因素、全方位研究方面取得较大突破。

（二）基地要紧紧抓住我国能源结构和能源企业转型升级的机遇，紧密联系我国“一带一路”战略等，牢牢树立国家战略意识，在新一期建设中要制定具体措施，向国家高端智库方向努力。

（三）基地要进一步探索和厘清与学院的关系，聚焦主业，凝练方向，发挥学科交叉优势，力争在关键问题、重大问题的研究上有所突破，取得标志性成果。

马克思主义研究基地三期建设验收专家组反馈意见

一、主要成绩

（一）基地围绕马克思主义若干重大问题的研究十分深入，特别是以重大项目为纽带，整合了各方面的研究力量，研究成果丰富，研究重点突出，代表了国内最好的研究水平。

（二）基地积极申报国家和省部级重大项目，加强马克思主义中国化最新成果的研究与宣传，一些研究成果和政策建议得到了有关部门和领导的重视，发挥了资政育人的作用。

（三）基地学术支撑和学科支撑明显，理论研究和实践研究相得益彰，若干研究成果发表层级高，在有关部委评奖中取得了骄人业绩。

（四）基地学术活动比较频繁，先后多次召开层次较高的国际国内学术研讨会和专题教学论坛，产生了较为广泛的影响。

二、问题与不足

（一）基地对于校外资源和力量的整合还有待于进一步加强，需要重点加强科研团队建设和后备人才培养，特别是有潜力的学术带头人的培养。

（二）基地要进一步凝练研究方向，在每一个建设周期内聚焦若干个重大问题进行攻关，力争拿出具有代表性的科研成果。要组织基地科研力量，推出代表学术前沿的高水平的基地年度报告。

（三）基地要加强网络阵地建设，成为北京地区马克思主义理论研究和宣传的重要高地。基地品牌意识不强，成果和举办学术活动重基地的标注和标识明显不足。

三、下一期建设发展建议

（一）基地要把马克思主义理论研究和马克思主义中国化最新

成果研究放到更加重要的地位，积极探索中国特色社会主义的理论、道路和经验，力争取得更多标志性成果。尤其要加强对十八大以来党的理论成果的研究和总结。

（二）基地要发挥马克思主义研究领域学术高地的引领辐射作用，建立专业数据库，推动北京市马克思主义研究整体水平的提高。

（三）基地要开展更加多样和有针对性的学术活动，吸引广大青年学生和马克思主义研究者的积极参与，并加强国际学术交流，探索扩大国际影响力的途径和方式。

首都教育经济研究基地一期建设验收专家组反馈意见

一、主要成绩

（一）基地建设立足于传统优势学科和少而精的研究团队，承担了数量可观的国家和省部级研究课题，在教育经济学领域取得了一系列标志性成果和重要奖项，建立了相关研究的数据库，科研水平和质量居于国内前沿地位。

（二）基地努力建设国家和有关部委智库，在资政育人方面取得了积极成效。所设立的四个研究方向相得益彰，均有著名专家学者领衔建设。

（三）基地人才培养成效明显，成为我国教育经济学的重要人才培养阵地。

二、问题与不足

（一）基地研究方法还比较单一，要在研究方法上进一步加强学科交叉和融合，包括经济学、统计学等学科研究力量的介入，追踪和关注相关学科研究方法的创新与进步，要力争取得有国际影响的研究成果，争取国际话语权。

（二）基地国家智库建设尚须坚持不懈继续努力，力争在国家教育发展重大战略问题上有基地的声音和建议。要努力推出中国自己的学术流派和学术理论。

（三）基地要组织科研力量，加强对北京问题的调查研究，推出代表基地科研品牌的基地年度报告。成果与科研活动以基地名义的标志、标识明显不足。

三、下一期建设发展建议

（一）基地要在理论与实践两个层面进一步提升影响力，要总结我国教育发展的成功经验和国际意义，丰富中国话语体系和中国经验的对外影响力。

（二）基地要加强学术交流，要与有影响的教育经济领域的国际学术机构建立稳定联系，扩大中国教育问题和学术成果的认知度。基地也需要对内加强开放性，吸引更多国内学者在基地参与学术研究和学术活动。

（三）基地要争取学校的大力支持，争取更多横向项目，充实基地学术平台建设和数据库建设。

北京现代产业新区发展研究基地一期建设验收专家组反馈意见

一、主要成绩

（一）基地建设具有十分明确的目标和对象，主要是服务于大兴区的经济社会发展，这就为基地的长期发展提供了有力的保障。基地探索了一种科研机构与地方发展紧密合作的有效方式。

（二）基地通过课题设计和学术研讨等方式，联系知名学者参与有关地方发展的学术活动，为地方发展出谋划策，不少建议得到切实落实，这本身也是一种理论联系实际的重要尝试。

（三）基地为大兴区人才建设提供有关培训、咨询和公益服务，在这一系列活动中锻炼了学术队伍，联系了当地实际，服务了当地群众，经验值得推广和借鉴。

二、问题与不足

（一）基地在学科建设和理论研究方面还需要不断加强，通过基地建设促进学科建设和队伍建设，增强基地服务地方发展的专业化程度和学术水平。

（二）基地要有自己的学术研究方向和学术亮点，团结各方面专家学者从地方发展智库的角度提升基地的地位和作用。

三、下一期建设发展建议

（一）基地在未来的发展中要进一步发挥学术委员会的积极作用，凝练研究方向和研究领域，联系和团结更多的专家学者参与基地的学科建设和队伍建设。

（二）基地要加强基础理论研究，使应用对策研究有更加扎实的学术基础和学科支撑，善于从实践中提炼成功经验，以大兴区为案例和样本为全国现代产业新区的发展提供借鉴。

（三）基地要提高研究成果的显示度，扩大基地学术影响力和社会影响力，搭建北京相关学者研究地方经济社会发展（包括大兴区发展）的学术研究平台。

北京对外文化交流与世界文化研究基地一期建设验收专家组反馈意见

一、主要成绩

（一）基地紧紧围绕中华文化对外交流面临的重大机遇与挑战，围绕中国话语体系建设等关键问题，开展了丰富的学术研究活动，争取到了多项国家和省部级重大研究课题，取得了一批优秀的科研成果。

（二）基地依靠北京外国语大学多语种的学科优势和跨文化研究的科研特色，积极建设国家级智库，为基地建设注入了巨大活力。特别是国家社科基金重大项目《中华思想文化术语的整理、传播与数据库建设》，辐射面广，带动效果明显。

（三）基地建设了“中国文化海外传播动态数据库”“世界汉学家数据库”，为下一步发展打下了很好的基础。

二、问题与不足

（一）基地要进一步凝练研究方向，聚焦中外文化交流中的重大理论和实践问题开展研究，力争推出一批有代表性的标志性成果。

（二）基地要增加对内对外的开放性，吸引更多学者参与到基地建设当中，使基地成为海内外学术研究的重要平台。

（三）基地要关注海外对于中国文化国际传播的各种评论，尤其要批驳各种杂音和错误观点，为中国文化国际传播创造良好环境。

三、下一期建设发展建议

（一）基地建设中对于学科基础研究和文化理论研究要进一步加强，将理论探索与实践发展结合起来，打牢中国文化国际交流与传播的重要理论基础。

（二）基地要充分运用北京外国语大学的语言优势，加强中国文化国际传播的渠道、方式、效果的深入研究，分析和跟踪海外对中华文化国际传播的各种不利因素及错误观点，为国家文化发展提供基础性、战略性意见和建议。为更好地聚焦研究主题，建议可考虑将基地名称变更为“中外文化交流研究基地”。

（三）基地要吸引更多海外学者的参与和关注，探索海外学者参与研究的现实途径与具体做法，使中外文化交流开展的更加有效。

北京市教育委员会

关于下达 2016 年度科技计划以及社科计划资助项目的通知

京教函〔2016〕226 号

有关市属高等学校：

根据市教委、市财政局《北京市属高等学校科学技术与研究生教育创新工程建设项目管理办法（试行）》（京教财〔2010〕47 号）的规定，经过项目申请、学校初选推荐、专家评审等项目立项工作程序，产生了 2016 年度北京市教育委员会科技计划（以下简称“科技计划”）和北京市教育委员会社科计划（以下简称“社科计划”）资助项目 482 项。其中，科技计划资助项目 281 项，包括重点项目 32 项；社科计划资助项目 201 项，包括重点项目 31 项。现予公布（项目名单见附件）。各项目的经费额度以财政评审后确定的经费额度为准。

请各有关高校加强对本计划项目的管理，提供必要的条件支持并督促项目组开展研究工作，确保科研计划的顺利实施。

本通知可从首都高校科研网（www. usrn. edu. cn）下载。

附件：北京市教育委员会 2016 年度科技计划、社科计划批准立项项目（略）

2016 年 5 月 27 日

北京市教育委员会

关于认定"大数据精准医疗"等2个北京高等学校高精尖创新中心的通知

京教函〔2016〕336号

各有关高校：

根据市教委《关于印发北京高等学校高精尖创新中心建设计划的通知》(京教研〔2015〕1号)，在事前绩效评估、专家评议的基础上，经市教委主任办公会审议通过，认定北京航空航天大学—首都医科大学"大数据精准医疗"和北京电影学院"未来影像"2个高精尖创新中心为新的一批"北京高等学校高精尖创新中心"。

请按照文件要求和高精尖创新中心建设目标，积极探索高精尖创新中心的运行体制与管理机制，广聚国际国内领军创新人才，切实做好高精尖中心的建设与管理工作。

2016年7月20日

北京市教育委员会

关于印发北京高等学校高精尖创新中心建设计划实施方案的通知

京教研〔2016〕5号

各有关高校：

根据《北京高等学校高精尖创新中心建设计划》（京教研〔2015〕1号）和《北京高等学校高精尖创新中心建设管理办法》（京教研〔2015〕5号）的规定，市教委制订了《北京高等学校高精尖创新中心建设计划实施方案》，现印发给你们，请结合实际指导中心建设工作。

2016年7月20日

北京高等学校高精尖创新中心建设计划实施方案

为全面贯彻《国家创新驱动发展战略纲要》，深化科研领域放、管、服改革，加强首都作为全国科技创新中心的建设，更好地推进北京高等学校高精尖创新中心建设计划（以下简称“高精尖计划”）的实施，服务于北京高精尖经济结构的构建，依据《北京高等学校高精尖创新中心建设计划》和《北京高等学校高精尖创新中心建设管理办法（试行）》相关要求，特制订本方案。

一、指导思想

面向世界科技前沿、面向经济主战场、面向国家重大需求，以服务北京和国家创新驱动发展战略为出发点，以机制体制改革为重点，坚持自主创新、重点跨越、支撑发展、引领未来的方针，发挥制度优势，强化战略布局，集中力量，加强协同，凝聚资源，着力建设一批高精尖创新中心，打造科技特区和人才特区，带动和引领北京高校全面深化综合改革，推进世界一流大学和一流学科建设。

二、目标任务

围绕“搭平台、聚人才、接任务、出成果”，依托最有优势的创新单元，整合创新资源，建立目标导向、绩效管理、协同攻关、开放共享的新型运行机制，集中力量建设20个左右集突破型、引领型、平台型于一体的高精尖中心。通过高精尖创新中心建设，着力破除体制机制障碍，充分激发和释放创新活力，全面增强自主创新能力；努力集聚国内外优秀创新人才，有效提升高校人才培养质量；积极搭建国际化高水平创新平台、鼓励学科交叉，推动高校学科发展，助力高校一流学科建设；产出一批有影响力的成果，培养一批高精尖创新人才，推进北京高校争创一流，服务北京构建高精尖经济结构、科技创新中心建设和国家创新驱动发展战略。

三、组织实施

高精尖中心建设计划的组织实施主要包括确定立项标准后开展的规划领域设计、专项调研、论证方案、立项认定等工作。

（一）立项标准

1. 中心建设领域面向国际科技发展前沿，具有重大科学意义，或者面向国家和北京市经济、社会发展重大战略需求，具有重要战略支撑作用。

2. 中心发展规划目标明确、方案可行，能够立足国际学术前沿，瞄准未来科技、经济与社会发展趋势，产出一批有影响力的高水平创新成果，精准解决重大科学问题、产业与社会发展问题，掌握一批尖端科技、核心技术与战略资源，培养一批高水平创新人才，建设成为“高精尖”科技创新和人才培养基地。

3. 中心依托高校在建设领域具有较好的学科基础、科研设施和人才队伍，处于国内领先地位，具有一定的国际影响力，能够进一步汇聚国内外优秀创新人才，建设高水平国际化创新中心。

4. 中心建设符合学校整体发展规划，中心建设能够进一步推动学校一流学科建设、提升科学研究水平、培养一流创新人才，产出重大创新成果，整体提升学校发展水平和国际影响力。

5. 中心采用的组织管理、资源汇聚、人员聘用、考评和激励、人才培养、科研组织等机制体制具有可行性、创新性，能够最大限度激发和释放科研人员创造活力，成为顶尖人才密集、机制体制灵活、创新高度活跃、成果贡献突出的科技特区和人才特区。

6. 中心的依托高校能够协调多方资源、创新体制机制，为中心建设提供必要的场地、设备、人才和经费等基础条件，并为中心聘用的高端创新人才提供政策支持与保障，保障中心建设与运行。

（二）实施程序

1. 总体规划

紧扣国家“十三五”国民经济和社会发展规划部署，全面落实国家教育科技“十三五”发展规划，坚持需求和问题导向，围绕国家和北京长远发展，面向科技前沿、国家和北京重大战略、经济社会发展的关键领域，科学谋划建设方向、结合北京高校优势和特色，布局中心建设。

2. 专项调研

根据重点规划领域和方向，结合北京高校科研优势和基础，开展专项调研，进行政策宣讲，考察各高校承担重大科研任务、服务重大战略的意愿、需求和实力。

3. 高校申报

高校可根据自身优势和特点，按照学校发展规划，整合创新资源，主动承接任务，积极筹划改革、科学论证方案、精心开展培育，向市教委提交建设方案。

4. 宏观论证

高校提交的建设方案经初步审查合格，由市教委组织专家对建设方案进行宏观论证，主要论证中心建设领域和方向是否符合国家和北京市发展战略，中心的建设管理、运行、体制机制是否健全，学校政策保障及配套资源能否满足中心建设需求等。

5. 领域论证

市教委组织专家对通过宏观论证的建设方案进行领域论证，对中心的规划目标、研究方向、组织实施等进行论证提出意见和建议，并按照“专家评审、择优立项、公平公正、公开透明”的原则，提出是否通过领域论证意见。

6. 立项建设

通过宏观论证和领域论证后，形成拟支持中心名单提交市教委办公会审议，审议通过后报市高精尖领导小组审定，同意的予以立项支持，论证通过后的建设方案将作为高精尖建设计划的实施及评估依据。

四、经费支持

财政专项支持。市财政设立专项资金，对经批准认定的高精尖中心给予持续稳定支持，五年为一个建设周期，每年每个中心给予5000万至1亿元，周期总额度原则上不调整。改革和创新经费使用和管理，建立健全符合科技创新规律的资源配置和使用方式，让经费为中心的建设服务，为科研人员的创新活动服务。专项经费使用按照《北京高等学校高精尖创新中心建设管理办法（试行）》的规定执行。

按需申报预算。经费投入按照“保障总量、按需申报”原则，在实施周期内保障总额度，各高精尖中心根据年度建设任务和需求申报预算，避免当年产生结余资金。

简化年度预算调整。建设周期总额度内原则上70％用于聘任国内外高端人才，各中心可根据建设领域特点和实际需求进行适度调整，报有关部门审核通过后执行。专项经费以依托高校管理为主，各高精尖中心可以根据建设进展在适度范围内调整年度预算，市属高校预算调整事项按程序报市教委审核，央属高校预算调整事项报市教委备案，以上调整事项同时报市财政局备案、备查。

五、责任分工

（一）市教委主要职责

1. 负责成立“北京高等学校高精尖创新中心建设计划领导小组”，其主要负责包括确定高精尖中心总体布局、框架和优先发展领域，加强组织实施的领导与协调，宏观指导高精尖中心建设与运行。领导小组办公室设在市教委。

2. 负责成立“北京高等学校高精尖创新中心建设计划”专家咨询委员会，其主要负责包括对高精尖中心的实施方案提出意见和建议，指导做好高精尖中心建设、考核与评议工作。

3. 负责领导小组日常管理工作，具体包括高精尖计划发展规划、实施方案等相关文件的制定，组织开展高精尖中心方案论证、立项、资助、跟踪管理、中期检查和期末评估等工作。

（二）依托高校主要职责

1. 成立“高精尖计划领导小组”，负责本校高精尖中心的统筹、协调、实施、保障等工作，并设立领导小组办公室，负责本校高精尖计划实施的日常管理工作。

2. 制定并印发本校的高精尖中心建设相关办法、细则、方案等文件，为高精尖中心建设提供政策保障。

3. 协调各种资源为高精尖创新中心建设提供科研条件保障，创新人才管理制度，优化科研组织模式，把高精尖中心建设成为科技特区和人才特区。

4. 审核高精尖创新中心的相关文件、报告、规划等。

5. 向北京市高精尖计划领导小组办公室报送本校高精尖中心建设相关文件、中心报告等。

6. 加强体制机制建设，强化管理职责和义务，创新管理模式，建立健全管理制度，加强对高精尖中心的内部跟踪、管理、审计等。

7. 协助开展高精尖创新中心的方案论证、第三方评估、周期验收、绩效考核等。

（三）高精尖中心主要职责

1. 成立建设管理委员会（或理事会）、学术指导委员会和监督委员会，健全中心规划决策和运行机制、学术机制、监督机制。

2. 具体负责中心建设、管理与运行、人才引进、奖励机制、成果处置等相关办法和细则的起草工作，经依托高校正式发文报北京市高精尖计划领导小组办公备案后实施。

3. 编制中心建设规划，经建设管理委员会（或理事会）、学术指导委员会和监督委员会审议通过，经依托高校核准后，报送北京市高精尖计划领导小组办公室备案。

4. 具体负责中心人才聘用、科学研究、人才培养、社会服务等工作。

5. 组织中心年度自评估工作，形成中心建设情况年度报告，经建设管理委员会（或理事会）、学术指导委员会和监督委员会审议通过后，报依托高校核准后，报北京市高精尖计划领导小组办公室。

6. 组织国际同行评估，在一个建设周期内至少组织一次国际同行评估，评估结果经依托高校审核，报北京市高精尖计划领导小组办公室备案。

7. 接受市教委组织的中期评估、期末综合评议、绩效考核等，并按照要求提供相关材料，配合第三方机构开展评估工作。

六、绩效管理

为了提高高精尖计划的实施效益，市教委按照市财政相关管理办法要求，在高精尖中心建设中引入绩效管理机制，通过合理制定绩效目标和绩效评价推进各高精尖中心的建设工作。

市教委负责编制并上报整个高精尖计划的年度绩效目标，各高精尖中心也应相应制定各自的年度绩效目标。中心绩效目标的制定应全面考虑中心建设的各个环节，并把中心的建设与依托高校发展、学科建设、人才培养结合起来。

高精尖中心建设绩效目标的制定和评价工作应围绕中心建设的几项重要任务，考察中心建设成效。主要包括：

（一）搭建学科前沿、国际化、开放共享的科研平台情况

各高精尖中心要瞄准世界前沿科技、结合国家和北京重大战略需求，依托高校优势科研平台，整合国内外创新资源，深化科研改革、破除体制壁垒，突破机制障碍，营造创新活力竞相迸发的环境和氛围。

（二）汇聚国内乃至全球顶尖科学家参与中心建设的情况

深化人才发展体制机制改革，创新人才培养、评价、流动、激励、引进、保障机制，保障高精尖中心用人主体自主权，构建具有全球竞争力的人才制度，吸引国内外优秀创新人才，营造有利于人才辈出、人尽其才、才尽其用的政策环境，充分激发创新潜能，最大限度释放创造活力。

（三）承接重大科研任务的能力和承接项目情况

强化高精尖中心建设，服务国家战略，打造高精尖中心持续发展能力和竞争力，主动承接国家与北京市的重大科研任务，积极组织、参与国际重大科学计划，增强高精尖中心对国家、北京重大战略和经济社会发展的支撑作用。

（四）取得理论创新和科技创新等重大科研成果的情况

各高精尖坚持需求导向，充分发挥高精尖中心创新优势，结合国家和首都发展的重大课题，瞄准国际前沿攻关，产出一批原创性、有影响力的研究成果，切实解决重大问题，服务于经济社会发展。

（五）推动北京高校“双一流”建设的情况

各高精尖中心要瞄准国家“双一流”建设的战略目标，通过搭建高水平国际化科研平台，以高水平学科队伍建设为抓手，增强科

技创新能力，提高人才培养质量，造就一批杰出人才，力争培养国内乃至国际相关领域的领军人才，成为在国内外具有重大影响的科技创新和人才培养基地，大力推进高校“一流学科、一流大学”的建设。

各高精尖中心应把绩效评价工作纳入到中心年度总结和自评工作中。市教委将按照市财政的统一部署，配合相关部门开展高精尖中心的绩效评价工作，加强对高精尖中心建设绩效的管理和控制，并以评价结果作为中心建设的重要参考。从而完成“绩效目标制定——绩效实现——绩效评价——绩效反馈”的闭环管理，通过绩效管理推动高精尖计划的整体实施推进。

对于没有完成年度工作目标，或是工作开展不力的，将在下一年度经费预算时适度减少，甚至停止经费支持。

七、其他

本实施方案由市教委负责解释。

招生·考试

北京市教育委员会文件选编
(2016)

北京市教育委员会

关于下达2016年市属高校研究生分学校招生计划的通知

京教计〔2016〕6号

有关市属高等学校：

根据《教育部办公厅国家发展改革委办公厅关于编制2016年全国研究生招生计划的通知》（教发厅〔2015〕8号）和《教育部办公厅关于做好2016年研究生招生计划编制和管理工作的通知》（教发厅〔2016〕1号），确定2016年市属高校研究生招生计划12435人，其中博士生招生计划879人，硕士生招生计划11556人。经研究，现将2016年北京市属高校研究生分学校招生计划下达给你们，请遵照执行，并就有关事项通知如下：

一、认真学习贯彻党的十八届五中全会精神，坚持立德树人为根本、提高质量为核心，围绕落实创新发展理念、服务创新驱动发展战略，着力调整优化结构，充分发挥研究生教育事业计划在学校发展中的龙头和引领作用，不断推进市属高校研究生教育事业科学发展。

二、进一步改进和完善招生计划管理，通过增量安排和存量调整，推进内涵发展，调整优化结构，改善办学条件，突出学校特色，提高研究生培养质量。在安排各校招生计划时综合考虑科研经费、师资力量、硬件条件、教学科研水平和考生报考、毕业生就业等因素。对服务国家特殊需求人才培养项目试点高校、参与临床医学专业学位博士生培养综合改革试点高校给予支持。优化学位类型招生结构，继续提高专业学位研究生招生比例，加大面向应用和实践的高端人才培养力度，提升人才培养适应性。新增硕士生招生计划原则上全部安排为专业学位类型；扩大专业学位博士生招生规模，鼓励高校加大存量调整力度。

三、各校要按照教育部和我委有关要求，做好研究生招生计划编制工作。统筹考虑研究生、普通高等教育和成人高等教育协调发展。进一步改善办学条件，特别是加强研究生导师队伍建设，不断改善研究生培养所需的学习、科研、生活等条件，提高研究生教育质量。

四、认真落实各类专项招生计划，协同创新中心研究生专项招生计划、“千人计划”研究生专项招生计划、“少数民族高层次骨干人才”研究生招生计划、“服务国家特殊需求人才培养项目”试点高校研究生专项招生计划、退役大学生士兵专项硕士研究生招生计划均在招生规模内单列。请有关高校按照要求，认真落实招生计划。

五、各校在招生录取过程中，要认真遵守国家有关研究生招生的政策和规定，坚决维护招生计划的严肃性。如需调整计划，须经我委与北京教育考试院协商批准。未经批准，任何单位和个人不得擅自变更招生计划。

附件：1. 2016 年研究生招生计划汇总表
2. 2016 年协同创新中心研究生专项招生计划表
3. 2016 年“千人计划”研究生专项招生计划汇总表
4. 2016 年“少数民族高层次骨干人才”研究招生计划汇总表
5. 2016 年“服务国家特殊需求人才培养项目”试点高校研究生专项招生计划汇总表

6. 2016 年退役大学生士兵专项硕士研究生招生计划汇总表

7. 2016 年硕士研究生分专业招生计划汇总表（略）

2016 年 3 月 10 日

附件 1

2016 年研究生招生计划汇总表

单位：人

单位名称	博士生			硕士生		
	合计	其中：		合计	其中：	
		学术学位	专业学位		学术学位	专业学位
合计	879	705	174	11556	5315	6241
北京工业大学	272	272		2040	1060	980
北方工业大学	5	5		650	352	298
北京工商大学	6	6		910	409	501
北京服装学院	5	5		340	171	169
北京印刷学院				255	121	134
北京建筑大学	5	5		505	206	299
北京石油化工学院				85		85
北京农学院				300	93	207
首都医科大学	300	126	174	1156	303	853
首都师范大学	163	163		1920	1095	825

续表

单位名称	博士生			硕士生		
	合计	其中：		合计	其中：	
		学术学位	专业学位		学术学位	专业学位
首都体育学院	5	5		225	107	118
北京第二外国语学院				517	230	287
北京物资学院				251	140	111
首都经济贸易大学	74	74		1123	502	621
中国音乐学院	19	19		140	80	60
中国戏曲学院				97	40	57
北京电影学院	25	25		195	76	119
北京舞蹈学院				67	26	41
北京信息科技大学				437	204	233
北京联合大学				153	100	53
北京城市学院				190		190

附件 2

2016 年协同创新中心研究生专项招生计划表

单位：人

中心名称	参与单位	博士增量安排	存量安排		总规模	
			博士	硕士	博士	硕士
出土文献与中国古代文明研究协同创新中心	其中： 首都师范大学	2	1	3	3	3

附件 3

2016年“千人计划”研究生专项招生计划汇总表

单位：人

单位名称	博士	硕士
合计	16	26
北京工业大学	11	23
首都医科大学	3	3
首都经济贸易大学	2	

附件 4

2016年“少数民族高层次骨干人才”研究生招生计划汇总表

单位：人

单位名称	博士招生规模	硕士招生规模
合计	12	154
北京工商大学	2	55
北京印刷学院		36
北京建筑大学		10
中国音乐学院	7	29
北京电影学院	3	11
北京联合大学		13

附件5

2016年“服务国家特殊需求人才培养项目”试点高校研究生专项招生计划汇总表

单位：人

单位名称	博士生			硕士生		
	合计	其中：		合计	其中：	
		学术学位	专业学位		学术学位	专业学位
合计	26	26		275		275
北方工业大学	5	5				
北京工商大学	6	6				
北京服装学院	5	5				
北京建筑大学	5	5				
北京石油化工学院				85		85
首都体育学院	5	5				
北京城市学院				190		190

附件6

2016年退役大学生士兵专项硕士研究生招生计划汇总表

单位：人

单位名称	招生计划
合计	63

续表

单位名称	招生计划
北方工业大学	10
北京工商大学	10
北京建筑大学	5
北京农学院	5
首都师范大学	15
首都体育学院	3
北京物资学院	3
中国戏曲学院	1
北京联合大学	8
北京城市学院	3

北京市教育委员会

关于做好2016年北京市高等职业教育自主招生工作的通知

京教计〔2016〕7号

各有关市属高等学校：

为深入贯彻落实《国务院关于深化考试招生制度改革的实施意见》（国发〔2014〕35号）、《国务院关于加快发展现代职业教育的决定》（国发〔2014〕19号）和《教育部关于积极推进高等职业教育考试招生制度改革的指导意见》（教学〔2013〕3号）精神，加快推进我市高职院校分类考试，健全“文化素质＋职业技能”考试招生方式，促进高等职业教育健康持续发展，2016年继续开展高等职业教育自主招生工作（以下简称“高职自主招生”）。现将有关事项通知如下：

一、院校及招生计划

2016年参加高职自主招生的院校有25所，招生计划总计12505人，其中计划招收农村户籍学生6183人（分校、分专业招生计划见附件，略）。

二、有关工作要求

（一）高职自主招生院校要坚决贯彻执行《高教法》和教育部有关招生工作规定，依法办学，诚信办学，进一步规范招生行为，要高度重视此项工作，按照“严格程序、加强管理、接受监督”的原则，以及“条件明确化、程序规范化、招生办法公开化、录取结果公示化”的要求，制定详细可行的自主选拔录取方案并向社会公布，认真做好报名、考核、录取、公示等各个环节的工作。

（二）高职自主招生院校应成立由分管校（院）长负责的高校招生工作领导小组，加强对此项工作的领导，并成立由学校招生办和监察部门负责人为主的招生录取小组，凡属考试、录取中的重大问题，须集体研究决定。联合命题的院校要做好命题教师的推荐、选拔和组织工作，笔试、面试命题要兼顾各学校特色；实行单独命题的院校要努力提高命题水平，并加强对命题工作的组织管理与监督。加强对面试教师的培训，保证考试的公正规范；要选派政策水平高，工作认真负责，作风正派、秉公办事并经过培训的骨干教师参加录取工作，凡当年有直系亲属报考者不得参与此项招生考试工作。凡从事和参与招生的工作人员，必须遵守国家教育部和本市公布的条例、规定。

（三）加快推进我市高职院校分类考试，健全“文化素质＋职业技能”考试招生方式。普通高中毕业生报考高职自主招生，可使用高中会考考试成绩替代文化素质测试；中等职业学校毕业生报考高职自主招生，可选择以职业等级证书或职业技能大赛获奖证书替代职业技能测试。具体办法由各高职自主招生院校根据学校条件制定。

（四）高职自主招生计划纳入各校 2016 年总计划数内，已录取的考生不再参加当年普通高等学校招生全国统一考试和录取。

附件：2016 年高职自主招生院校与招生计划表（略）

2016 年 3 月 15 日

北京市教育委员会

关于编报 2016 年市属高等学校普通高等教育招生计划的通知

京教计〔2016〕9 号

各市属高等学校：

根据国家发展改革委办公厅、教育部办公厅《关于编制 2016 年普通高等学校招生计划的通知》（发改办社会〔2015〕3262 号）精神，结合首都高等教育发展实际，现将编制 2016 年市属高等学校普通高等教育招生计划的有关事项通知如下：

一、2016 年市属高校普通高等教育招生计划总规模

按照《北京市中长期教育改革和发展规划纲要（2010—2020 年）》确定的目标和任务，结合疏解非首都功能和京津冀协同发展国家战略要求，统筹兼顾社会、经济发展对高层次人才需要和人民群众接受高等教育的需求，以及大学生就业情况及高校办学条件等因素，初步安排市属高校 2016 年市属高校招生计划总规模 8 万人，其中本科层次招生规模 4.8 万人，高职（专科）层次招生规模 3.2 万人。

二、计划编制的指导思想与基本原则

2016 年是“十三五”教育事业发展规划的开局之年，也是继续深化首都教育领域综合改革的重要一年，市属高校普通高等教育招生计划编制的指导思想是：贯彻落实中央全面深化改革的精神，按照教育部、国家发展改革委的有关要求，结合我市实际情况，坚持“控制规模、调整结构、内涵发展、提高质量”的基本思路，通过计划编制工作促进我市高等教育事业健康持续发展，引导市属高校进一步优化布局、提高质量、办出特色。

（一）明确办学定位

通过计划编制工作引导和促进市属高校合理定位、各展所长。部分市属本科高校要主动向应用型转变，优化学科专业布局和人才培养机制，重点培养服务城市建设的应用型、复合型、技能型人才，加大力度调减长线专业招生数量，逐步实现市属高校内涵发展、特色发展。

（二）控制招生规模

根据京津冀协同发展和疏解非首都功能的总体要求，以及我市生源变化情况，2016 年将继续适当缩减市属高校招生总规模，基本稳定本科层次招生规模，重点压缩高职（专科）层次招生规模。部分市属高校要根据办学定位，进一步控制办学规模，实现“瘦身健体”。

（三）调整招生结构

进一步调整招生结构，以突出学校的办学定位、办学层次和办学特色。一是根据首都人口调控政策和生源状况调整市属高校京内外招生结构，继续压缩京外招生规模。二是根据学校办学定位调整本科层次和高职（专科）层次招生结构，适当增加本科层次招生规模，压缩高职招生规模。三是统筹考虑研究生、本科、高职和贯通培养实验项目等各种招生类型，合理安排各类招生计划。

（四）促进改革发展

积极推进我市考试招生制度改革方案的实施，构建符合首都实际的高等教育考试招生体系，稳妥推进各项改革措施。改革市属高校招生计划分配方式，扩大地方农村专项招生规模，重点向郊区和农村地区倾斜。

三、计划编制的有关要求

（一）合理编制招生来源计划，服务首都发展。

各校要立足服务于首都发展，满足首都人民群众对接受高等教育的多样化需求，按照我市严控人口规模的要求，控制京外招生规模。调整京外各省市区的计划安排，保证中西部地区的招生计划需求，促进教育公平。

根据教育部要求，各校要认真完成招收内地西藏班、新疆高中班毕业生和少数民族预科班的计划编制任务。为保证国家部分重点建设项目和艰苦地区、行业的人才需求，经我委批准后，市属高校方可面向边疆少数民族地区用人单位编制定向就业计划。安排定向就业招生计划的高等学校要与具有人事调配权的定向就业单位签订用人需求协议书，并面向生源地全省（区、市）招生，同时要把定向就业招生协议扫描件上传到计划管理系统中。

（二）加大专业结构调整力度，适应发展需求。

各校要根据疏解非首都功能的要求和社会发展对高层次人才的需要，通过研究人力资源市场供求状况及高校毕业生就业的实际情况，合理安排分专业招生计划。主动调整专业结构，加大紧缺专业人才以及复合型、创新型人才的培养力度，减少或停止与首都城市发展定位相左、就业困难的专业招生。

本科、高职（专科）专业设置和调整须按教育部有关文件规定执行。未经教育部和我委备案或批准的本科及高职（专科）专业不得安排招生。

（三）加快改善办学条件，提高教育质量。

各校要根据《教育部关于印发〈普通高等学校基本办学条件指标（试行）〉的通知》（教发〔2004〕2号）要求，认真核查办学条件，对于学校薄弱环节，制定明确的整改措施。对因办学条件不达标及被教育部确定为“黄”牌的普通高校，我委将严格控制其招生规模。

（四）严肃纪律依法治教，规范办学行为。

各校要坚决贯彻执行《高教法》和教育部有关招生工作规定，依法办学，诚信办学，进一步规范招生行为。高等学校不得借联合办学的名义，设立分校或校外办学点，严禁中等学校挂靠高等学校举办高等教育、专科层次院校挂靠本科院校举办本科层次教育；严禁与“中介机构”或个人签署招生协议；严禁任何形式的不实招生宣传，学校法定代表人应对学校招生章程及有关宣传材料的真实性负责，继续执行录取通知书签发人制度；严禁擅自组织生源、未经省级招办核准按拟录取名单擅自寄发录取通知书，我委将对招生计划制定和执行过程进行全程监督，对违规安排和执行计划的高校，按照《普通高等学校招生违规行为处理暂行办法》（教育部令第36号）有关规定严肃问责相关责任人。

严格计划执行管理，维护计划的严肃性。任何单位和个人，未经教育行政部门批准，不得擅自调整计划；对于未经批准擅自超计划招生的学校，将被核减下年度招生计划，并停止在违规招生省份投放计划；严格实行高校招生资格、招生计划与新生学籍电子注册和学历证书电子注册相挂钩的政策，未经我委核准计划或未经省级招办办理录取手续的学生，一律不予新生学籍电子注册。

四、计划编制具体说明

（一）2016年高校招生来源计划编制和管理等工作均须使用“全国普通高校招生来源计划网上管理系统”。来源计划的编制、上报、审核、汇总、分送、调整等管理工作均在网上进行，具体编报工作要求参照附件。各高校同时使用“内地民族班高校招生计划编报系统”编制少数民族预科班计划、内地西藏班、新疆高中班毕业生招生计划。

（二）开展艺术类专业单独考试招生工作的有关高校，应严格按照《教育部办公厅关于做好2016年普通高等学校部分特殊类型招生工作的通知》（教学厅〔2015〕11号）要求进行规范招生，编制不分省招生来源计划。其他各高校艺术类专业均应编制分省分专业招生来源计划。高校编制艺术类专业招生来源计划时可预留不超过本校艺术类专业招生总量15%的招生计划，在录取时根据生源情况调剂使用。艺术类专业计划可分文科、理科或文理综合编制。

（三）安排跨省招生的本科高校可安排不超过学校本科计划1%的名额作为预留计划，用于调节各地统考上线生源的不平衡，预留计划数及其使用原则须向社会公开。高职（专科）来源计划的编制一律不得安排预留计划。各高校预留计划，须在编制来源招生计划系统的“其他类”栏目填报。

（四）2016年继续安排落实农村贫困地区定向招生专项计划500人。有关高校要综合考虑有关贫困地区生源比例等因素，合理安排分省计划，并向农村考生数量多、升学压力大的省份倾斜。有关计划编制时，计划性质选择“国家专项计划”，在招生来源计划中单列编制。

（五）2016年继续开展地方重点高校招收农村学生专项计划300人。有关计划编制时，计划性质选择“地方专项计划”，并在招生来源计划中单列编制。

（六）2016年继续实施“高水平人才交叉培养计划”，各校要严格执行“双培”和“外培”项目分区招生计划，切实提高农村学生接受高水平高等教育的机会。

附件：2016年市属高校招生来源计划编制工作具体安排（略）

2016年4月14日

北京市教育委员会

关于下达2016年市属普通高校优秀高职毕业生升本科招生计划的通知

京教计〔2016〕10号

有关市属高等学校：

为贯彻落实《国务院关于加快发展现代职业教育的决定》（国发〔2014〕19号）精神，继续深化我市高等教育改革，推动高等职业教育体系建设，提升本市高等职业教育发展重心，建立高等职业教育优秀毕业生进入本科阶段继续深造的渠道，构建高等教育人才培养的“立交桥”，2016年我市继续开展市属普通高等学校高职毕业生升本科招生工作。现将2016年市属普通高等学校优秀高职毕业生升本科招生计划下达给你们，请遵照执行。

一、各校要在推荐、考试和录取过程中坚持公开、公平、公正的原则，推荐院校要不断完善推荐选拔程序，做好选拔公示工作；接收院校要制定合理的录取原则，选拔优秀人才。按照教育部有关招生工作的规定，做好我市高职优秀毕业生升本科的相关工作。

二、各校要严格执行高等职业教育升本科招生计划，未经批准，任何单位和个人不得擅自变更招生计划。未经我委核准计划录取的学生，一律不予新生学籍电子注册。

三、各校不得在其他类型招生过程中以高职升本科为名义进行虚假宣传、不实承诺、招揽生源。同时严格执行学生学费标准，不得借“专升本”名义进行高收费、乱收费的课外辅导等违规行为。

四、按照《北京市教育委员会转发教育部办公厅关于进一步做好高校学生参军入伍工作文件的通知》（京教学〔2015〕3号）的要求，未获得免试专升本资格的退役大学生参加普通专升本报名考试，实行计划单列，录取比例不低于50%。

附件：1.2016年市属高校优秀高职毕业生升本科招生计划表

2.2016年退役士兵升本科招生计划表

2016年4月14日

附件1

2016年市属高校优秀高职毕业生升本科招生计划表

单位：人

学校代码	学校名称	本校推荐人数	外校推荐人数	招生计划		
				合计	其中：接收本校	其中：接收外校
合计		724	4486	2642	356	2286
10009	北方工业大学		523	265		265
	电子信息工程		8	4		4
	法学		25	13		13
	工程管理		48	24		24
	工商管理		54	27		27
	汉语言文学		4	2		2
	会计学		54	27		27

续表1

学校代码	学校名称	本校推荐人数	外校推荐人数	招生计划		
				合计	其中：接收本校	其中：接收外校
	机械设计制造及其自动化		67	34		34
	计算机科学与技术		35	18		18
	日语		1	1		1
	数字媒体技术		1	1		1
	通信工程		19	10		10
	英语		24	12		12
	自动化		20	10		10
	会计学		163	82		82
	工商管理					
	机械设计制造及其自动化					
10015	北京印刷学院	33		17		17
	印刷工程	13		7		7
	机械工程	6		3		3
	编辑出版学	8		4		4
	数字媒体艺术	6		3		3
10016	北京建筑大学		358	183		183
	车辆工程（城市轨道交通车辆）		19	10		10
	地理信息科学		18	9		9
	给排水科学与工程		6	3		3
	工程管理		123	62		62

续表 2

学校代码	学校名称	本校推荐人数	外校推荐人数	招生计划		
				合计	其中：接收本校	其中：接收外校
	工商管理		31	16		16
	环境工程		20	10		10
	机械电子工程		7	4		4
	计算机科学与技术		5	3		3
	建筑环境与能源应用工程		5	3		3
	社会工作		2	1		1
	市场营销		7	4		4
	土木工程		115	58		58
10017	北京石油化工学院		418	211		211
	材料科学与工程		3	2		2
	电气工程及其自动化		21	11		11
	公共事业管理		136	68		68
	国际经济与贸易		22	11		11
	会计学		43	22		22
	机械工程		58	29		29
	计算机科学与技术		66	33		33
	旅游管理		24	12		12
	市场营销		9	5		5
	物流管理		16	8		8
	信息管理与信息系统		20	10		10
10020	北京农学院	57	163	116	30	86

续表 3

学校代码	学校名称	本校推荐人数	外校推荐人数	招生计划		
				合计	其中：接收本校	其中：接收外校
	动物医学	5	26	16	3	13
	工商管理	9	21	16	5	11
	国际经济与贸易	6	5	6	3	3
	会展经济与管理（策划与设计）	8	13	11	4	7
	旅游管理（生态旅游）	8	1	5	4	1
	农村区域发展	4		2	2	
	园林	8	11	10	4	6
	园艺	9	16	13	5	8
	法学		1	1		1
	会计学		23	12		12
	环境设计		5	3		3
	计算机科学与技术		12	6		6
	农林经济管理		4	2		2
	生物技术		4	2		2
	食品质量与安全		14	7		7
	市场营销		3	2		2
	植物保护		4	2		2
10025	首都医科大学	77		39	39	
	临床医学（郊区定向）	13		7	7	
	医学检验技术	6		3	3	
	护理学	58		29	29	

续表 4

学校代码	学校名称	本校推荐人数	外校推荐人数	招生计划		
				合计	其中：接收本校	其中：接收外校
10028	首都师范大学	44		22	22	
	学前教育（师范）	44		22	22	
10038	首都经济贸易大学	16	25	22	8	14
	财务管理	4	13	9	2	7
	工商管理					
	国际经济与贸易	4	7	6	2	4
	计算机科学与技术	4		2	2	
	旅游管理	4	5	5	2	3
10049	中国戏曲学院	6		4	4	
	表演（京剧表演）	2		1	1	
	表演（京剧器乐）	1		1	1	
	表演（多剧种表演）	2		1	1	
	表演（多剧种器乐）	1		1	1	
10050	北京电影学院	10		5	5	
	表演	4		2	2	
	文化产业管理	2		1	1	
	动画	4		2	2	
11232	北京信息科技大学		140	72		72
	车辆工程		7	4		4
	工商管理		89	45		45
	市场营销					
	信息管理与信息系统					

续表 5

学校代码	学校名称	本校推荐人数	外校推荐人数	招生计划		
				合计	其中：接收本校	其中：接收外校
	行政管理		9	5		5
	机械设计制造及其自动化		18	9		9
	计算机科学与技术		16	8		8
	信息管理与信息系统		1	1		1
11417	北京联合大学	242	2788	1527	126	1401
	档案学	6	27	17	3	14
	电气工程及其自动化	11	55	34	6	28
	电子商务	12	72	42	6	36
	电子信息工程	18	120	69	9	60
	国际经济与贸易	9	53	32	5	27
	会计学	12	295	154	6	148
	计算机科学与技术	21	172	97	11	86
	金融学	9	172	91	5	86
	酒店管理	38	16	27	19	8
	旅游管理	9	54	32	5	27
	日语	5	1	4	3	1
	生物技术	15	39	28	8	20
	市场营销	16	149	83	8	75
	视觉传达设计	12	54	33	6	27
	数字媒体艺术	22	125	74	11	63
	学前教育	4	142	73	2	71

续表 6

学校代码	学校名称	本校推荐人数	外校推荐人数	招生计划		
				合计	其中：接收本校	其中：接收外校
	音乐学	3	59	32	2	30
	英语	10	143	77	5	72
	计算机科学与技术（听力残疾生）	5		3	3	
	视觉传达设计（听力残疾生）	5		3	3	
	新闻学		60	30		30
	信息管理与信息系统		107	54		54
	人力资源管理		66	33		33
	机械工程		289	145		145
	环境设计		79	40		40
	法学		122	61		61
	服装与服饰设计		24	12		12
	工商管理		234	117		117
	工业工程		24	12		12
	广告学		17	9		9
	表演		18	9		9
11418	北京城市学院	239	71	159	122	37
	产品设计	10		5	5	
	城乡规划	4		2	2	
	传播学	40		20	20	
	工商管理	39		20	20	

续表 7

学校代码	学校名称	本校推荐人数	外校推荐人数	招生计划		
				合计	其中：接收本校	其中：接收外校
	护理学	19	49	35	10	25
	环境设计	4		2	2	
	会计学	28		14	14	
	建筑学	6		3	3	
	交通工程	5		3	3	
	金融学	16		8	8	
	旅游管理	8		4	4	
	生物技术	2		1	1	
	食品质量与安全	4		2	2	
	视觉传达设计	2		1	1	
	土木工程	16		8	8	
	学前教育	17		9	9	
	中药学	19	11	16	10	6
	药学		11	6		6

附件 2

2016 年退役士兵升本科招生计划表

单位：人

学校代码	学校名称	推荐人数	考试人数	招生计划
	合计	46	41	21

续表

学校代码	学校名称	推荐人数	考试人数	招生计划
10009	北方工业大学	2	41	21
10016	北京建筑大学	2		
10017	北京石油化工学院	7		
10020	北京农学院	6		
10025	首都医科大学	2		
10028	首都师范大学	1		
10038	首都经济贸易大学	2		
11232	北京信息科技大学	3		
11417	北京联合大学	19		
11418	北京城市学院	2		

北京市教育委员会

关于进一步做好2016年小升初就近入学工作的通知

京教基二〔2016〕4号

各区教委：

为进一步促进小升初就近入学，努力办好每一所初中学校，推动教育公平，现就有关工作通知如下：

一、增量推进义务教育就近入学

1. 不断扩大优质高中办学规模。各区要切实扩大优质高中办学规模，采用增量推进方式，将新增计划用于统筹，定向分配，精准投放，提升每所初中校学生升入优质高中机会。

2. 鼓励学生按自愿原则就近就读一般初中，各区应优先保障其就近登记入学。其他学生小升初仍按市、区义务教育阶段入学工作意见执行。

二、充分发挥政府对教育资源配置调控作用

3. 加大市、区统筹力度，实现每一所初中校学生升入优质高中的数量比例相当。2019 年中招确保每所初中校学生升入优质高中机会基本均等，比例不低于该校当年具有升学资格人数的 50%。在 2016 年小升初工作中，提前告知小学毕业生每所初中校 2019 年中招升入优质高中机会，引导学生就近升学。

三、确保就近入学学生升入优质高中的机会

4. 2019 年优质高中统招批次招生沿用 2015 年方案，其优质高中范围及其统招规模与 2015 年基本保持一致。

5. 2015 年统招升入优质高中比例超过 50%的初中校，2019 年不再享受分配名额，低于 50%的初中校采用定向分配到校的方式补足名额。为确保各初中校升入优质高中机会基本均等，以 2016 年初一入学新生为基数，分配到一般初中校的优质高中名额比例、校额基本均等。

6. 2019 年贯通培养类招生计划以 2016 年初一入学新生为基数，平均分配到每所初中校，确保各校 10%左右的学生获得贯通培养录取机会。

7. 2019 年参加分配到校名额招生的学生均须参加当年本市高级中等学校招生考试。中考成绩达到 500 分且在同一学校具有连续三年学籍的考生可参加优质高中分配到校名额招生。

8. 2019 年分配到校名额招生采用校内选拔方式，按考生志愿及成绩录取。录取成绩满分仍以 580 分计，由中考文化课成绩、初中综合素质评价成绩和体育成绩组成，其中中考文化课和初中综合素质评价成绩满分540分，按7∶3比例计入，体育满分40分。

9. 市级统筹调动城六区优质高中招生计划，并将优质高中集中的东城区、西城区、海淀区三个区的部分新增优质高中招生计划投向其他区。

四、切实加大工作组织领导力度

10. 深入巩固义务教育就近入学成果已经进入关键阶段，各区要高度重视，切实加强领导，严格规范管理，将优质高中招生计划、初中校分配到的优质高中招生名额、报名考生、录取结果等信息在校内公示，主动接受社会和家长监督，确保公开、公正、公平，杜绝违规现象发生。

本通知所指初中、高中均为公办学校。学校密度高、学生总量大的东城、西城、朝阳、海淀、丰台、石景山城六区要严格执行本通知，其他区参照执行。

2016年4月14日

北京市教育委员会

关于做好2016年北京市宏志生招生工作的通知

京教基二〔2016〕6号

各区教委：

根据市教委、市财政局、市民政局《关于印发北京市普通高中宏志奖学金和宏志班补助管理办法的通知》（京教财〔2016〕7号），结合目前本市城乡低保标准的调整意见，现将做好2016年北京宏志中学、北京市广渠门中学“宏志生”招生工作有关事项通知如下：

一、报名条件

具有本市常住户口，家庭月人均收入低于城乡低保标准（城市和农村800元），且品学兼优、身体健康的优秀应届初中毕业生。

二、宏志生的待遇

凡被正式录取的新生，在校期间享受“四免一补”，即免交学杂费、书本费、校服费、住宿费，并享受一定数额的伙食补贴。

三、北京宏志中学报名办法

（一）各学校按报名条件推荐学生报考，被推荐的学生须填写《2016年北京宏志中学宏志生报名登记表》（见附表，略），推荐学校需填写推荐意见并在照片处加盖校章；各区教委统一进行审核并签署意见。

（二）5月21日至22日8：30至16：00，被推荐的学生持相关材料到北京宏志中学进行资格认定（考虑个别远郊区学生进城较远，北京宏志中学将到校进行资格认定，时间以学校与相关区约定为准）。

（三）报名时需持的相关证明材料：《2016年北京宏志中学“宏志生”报名登记表》；由村委会或住家居委会出具的家庭经济困难证明；学生家庭的户口本、学生本人的学生证、各种荣誉证书原件及其复印件，一寸免冠照片1张；毕业生体检表。

四、北京市广渠门中学宏志班报名办法

凡符合贫困条件的学生持相关证明、一寸免冠照片1张、毕业生体检表等材料自主报名，参加北京市广渠门中学自行组织的“宏志生”资格审核及面试（面试时间：7月3日8：30—16：00），由北京市广渠门中学发给符合报考条件的初中毕业生《报考资格证》，学生凭《报考资格证》填报志愿，并参加全市统一升学考试。北京市广渠门中学校址：东城区白桥大街甲1号。

五、有关事项

（一）各有关区教委要将此政策宣传到每所学校和每位应届学生，积极支持符合条件的学生报名，并为他们办理相关审核手续。

（二）符合报考条件者均需参加中考，并按照招生计划及成绩择优录取。

附件：2016年北京宏志中学“宏志生”报名登记表（略）

2016年4月25日

北京市教育委员会

关于公示2016年具有招生资格的高级中等学校名单的通知

京教计〔2016〕11号

各区教委：

为保障人民群众接受教育的合法权益，完善社会监督机制，维护高级中等学校招生考试工作的正常秩序，确保招生录取工作依法“公开、公平、公正”进行，坚决杜绝违规招生行为，我市2016年继续实行高级中等学校招生资格公示制度。为便于社会监督，现将经市教委、市人力社保局审定的具有招生资格的高级中等学校向社会公示。未经公示的高级中等学校，不得擅自开展招生活动。

附件：1.2016年具有招生资格的普通高中学校名单

2.2016 年具有招生资格的普通中专学校名单
3.2016 年具有招生资格的职业高中学校名单
4.2016 年具有招生资格的技工学校名单
5.2016 年具有举办五年制高职资格的高职学院名单

2016 年 4 月 25 日

附件 1

2016 年具有招生资格的普通高中学校名单

东城区

北京市第二中学
北京市第五中学
北京市第十一中学
北京市第五十中学
北京市第五十五中学
北京市第一零九中学
北京市第一六六中学
北京市第一七一中学
北京市广渠门中学
北京汇文中学
北京市东直门中学
北京景山学校
北京市第一中学
北京市第二十一中学
北京市第二十二中学
北京市第二十四中学
北京市第二十五中学
北京市第二十七中学
北京市第五十中学分校
北京市第五十四中学
北京市第六十五中学
北京市第九十六中学
北京市第一二五中学
北京市第一四二中学
北京宏志中学
北京市第一六五中学
北京市第一七七中学
中央工艺美术学院附属中学
北京市龙潭中学
北京市崇文门中学
北京市翔宇中学

北京市阳光情学校

西城区

北京市第四中学
北京市第八中学
北京市第十三中学
北京市第十四中学
北京市第十五中学
北京市第三十五中学
北京市第六十六中学
北京市第一六一中学
北京市铁路第二中学
北京市育才学校
北京市回民学校
北京市西城外国语学校
北京师范大学附属中学
北京师范大学第二附属中学
北京师范大学附属实验中学
北京市第三中学
北京市第七中学
北京市第三十一中学
北京市第三十九中学
北京市第四十一中学
北京市第四十三中学
北京市第四十四中学
北京市第五十六中学
北京市第一五六中学
北京市第一五九中学
北京市第二一四中学
外交学院月坛中学
北京市徐悲鸿中学
北京市鲁迅中学
北京教育学院附属中学
北京市宣武外国语实验学校
北京师范大学附属中学分校
北京师范大学第二附属中学西城实验学校
北京师范大学实验二龙路中学
北京师范大学实验华夏女子中学
北京市私立汇才中学
北京启喑实验学校

朝阳区

北京市第十七中学
北京市第八十中学
对外经济贸易大学附属中学（北京市第九十四中学）
北京市日坛中学
北京市陈经纶中学
北京市三里屯一中
北京化工大学附属中学
北京市和平街第一中学
北京第二外国语学院附属中学
北京工业大学附属中学
北京中医学院附属中学
清华大学附属中学朝阳学校
中国科学院附属实验学校

北京市垂杨柳中学
北京青年政治学院附属中学
北京市团结湖第三中学
北京市东方德才学校
北京市朝阳外国语学校
北京世青国际学校
北京市私立新亚中学
北京拔萃双语学校
北京爱迪学校
北京市朝阳区爱迪外国语学校
北京市华侨城黄冈中学
北京市力迈外国语学校
北京市朝阳区人大附中朝阳分校
中国人民大学附属中学朝阳学校
华中师范大学第一附属中学朝阳学校
北京市实验外国语学校
东北师范大学附属中学朝阳学校
北京国际艺术与科学学校
北京八十学校
北京市朝阳区世纪东方国际学校

海淀区

中国人民大学附属中学
北京大学附属中学
清华大学附属中学
首都师范大学附属中学
北京市第一〇一中学
北京理工大学附属中学
北方交通大学附属中学
北京市十一学校
北京市八一学校
北京市中关村中学
北京市第二十中学
北京市育英学校
北京市育英中学
北京市太平路中学
北京市玉渊潭中学
北京市第五十七中学
中国人民大学附属中学翠微学校
北京市海淀区教师进修学校附属实验学校
北京实验学校（海淀）（原北京市立新学校）
首都师范大学第二附属中学
北京市海淀实验中学
北京外国语大学附属中学
北方交通大学附属中学第二分校（原北京市第一〇五中学）
北京师范大学第三附属中学
北方交通大学附属中学分校
北京市知春里中学

北京市第十九中学
中国地质大学附属中学
北京医学院附属中学
北京科技大学附属中学
中国矿业大学（北京）附属中学
北京石油学院附属中学
北京市八一学校附属玉泉中学（原北京市第六十七中学）
中国农业大学附属中学（原北京农业大学附属中学）
北京市温泉第二中学
中国人民大学附属中学第二分校
北京航空航天大学实验学校（原北京航空航天大学附属中学）
首都师范大学附属育新学校
中央民族大学附属中学
北大附中香山学校
北京市第四十七中学
北京市二十一世纪国际学校
北京市清华育才实验学校
北京市清华志清中学
北京市建华实验学校
北京市海淀区尚丽外国语学校
北京市中关村外国语学校
北京市海淀外国语实验学校
北京市科迪实验中学
北京市一零一实验学校
北京理工大学附属中学分校
中国人民大学附属中学分校
北京市师达中学
北京市北外附属外国语学校
清华大学附属实验学校
清华大学附属中学永丰学校
人大附中西山学校
北京市海淀国际学校
北京市盲人学校
北京市健翔学校

丰台区

北京市第十二中学
北京市第十中学
北京市第十八中学
北京市丰台区丰台第二中学
北京市首都师范大学附属丽泽中学
北京师范大学第四附属中学
北京市丰台区东铁匠营第一中学
首都经济贸易大学附属中学
中国教育科学研究院丰台实验学校
北京市大成学校
首都师范大学附属云岗中学
北京市航天中学

北京市第八中学怡海分校
北京市中桥外国语学校
北大附属实验学校
北京十二中高中分校
北京市丰华中学
北京市明德中学
北京新桥外国语高中学校

石景山区

北京市京源学校
北京市古城中学
北京大学附属中学石景山学校（原北京师范大学励耘实验学校）
首都师范大学附属苹果园中学
北京市第九中学
首钢矿山一中
北京景山学校远洋分校
北京师范大学附属中学京西校区
北京市礼文中学

门头沟区

北京市大峪中学
首都师范大学附属中学永定分校
北京市育园中学
北京第八中学京西校区
北京市山谷学校

房山区

北京师范大学良乡附属中学
北京市房山区实验中学
北京市房山区房山中学
北京市房山区良乡中学
北京市房山区周口店中学
北京市房山区交道中学
北京市房山区坨里中学
首都师范大学附属房山中学
北京四中房山分校
北京市博文学校

燕山

北京师范大学燕化附属中学

昌平区

北京市昌平区第一中学
北京市昌平区第二中学
北京市昌平区第三中学
北京市昌平实验中学
北京市昌平区前锋学校
北京市昌平区沙河中学
北京市第十五中学南口学校
首都师范大学附属回龙观育新学校
中央民族大学附属中学昌平学校
北京师范大学第二附属中学未来科技城学校
首都师范大学附属中学昌平学校
北京市私立汇佳学校

北京澳华学校
北京王府学校
北京昌平新东方外国语学校
北京昌平临川育人学校
北京昌平凯博外国语学校
北京市昌平区佳莲学校

大兴区

北京市大兴区第一中学
北京市大兴区兴华中学
北京师范大学大兴附属中学
首都师范大学大兴附属中学
北京市大兴区第三中学
北京市大兴区第五中学
北京市大兴区第八中学
北京市大兴区旧宫中学
北京市大兴区魏善庄中学
北京市大兴区采育中学
北京市大兴区榆垡中学
北京市私立君谊中学
北京第二中学亦庄学校

通州区

北京市通州区潞河中学
北京市通州区第二中学
北京市通州区第四中学
北京市通州区运河中学
北京市通州区永乐店中学
北京市通州区张家湾中学
北京潞河国际教育学园
北京中加学校
北京市私立树人·瑞贝学校
北京市时代中学
中国人民大学附属中学（通州校区）
首都师范大学附属中学（通州校区）
北京理工大学附属中学（通州校区）
北京市第二中学（通州校区）

顺义区

北京市顺义区第一中学
北京市顺义区第二中学
北京市顺义区第九中学
北京市第四中学顺义分校
北京市顺义牛栏山第一中学
北京市牛栏山一中实验学校
北京市顺义区杨镇第一中学
北京市新英才学校
北京市顺义区君诚学校

怀柔区

北京市怀柔区第一中学
北京市怀柔区第二中学
首都师范大学附属红螺寺中学

平谷区

北京市平谷中学
北京市平谷区第五中学
北京师范大学附属中学平谷第一分校

北京实验学校

北京市平谷区育才中学

延庆区

北京市延庆区第一中学

北京市延庆区第二中学

北京市延庆区第三中学

北京市延庆区第五中学

密云区

首都师范大学附属密云中学

北京市密云区第二中学

北京师范大学密云实验中学

北京市密云区巨各庄中学

北京市密云区太师庄中学

附件 2

2016 年具有招生资格的普通中专学校名单

一、北京市学校

北京水利水电学校

北京交通运输职业学院中专部

北京市商务科技学校

北京市自动化工程学校

北京市环境与艺术学校

北京市经济管理学校

北京市园林学校

北京金隅科技学校

北京城市建设学校

北京市对外贸易学校

北京市商业学校

北京商贸学校

北京市供销学校

北京市振华旅游学校（丰台区管理）

北京铁路电气化学校

首都医科大学附属卫生学校

北京市海淀区卫生学校

北京市昌平卫生学校

北京体育职业学院中专部

北京市什刹海体育运动学校

北京市第三体育运动学校

首都体育学院附属竞技体育学校

北京市国际艺术学校

中国戏曲学院附属中等戏曲学校

北京舞蹈学院附属中等舞蹈

学校

中国音乐学院附属中等音乐专科学校

北京戏曲艺术职业学院中专部

北京卫生职业学院中专部

北京市爱莲舞蹈学校

二、中央部委在京学校

中央音乐学院附属中等音乐学校

中央美术学院附属中等美术学校

北京体育大学附属竞技体育学校

附件3

2016年具有招生资格的职业高中学校名单

东城区

北京市第一七九中学

北京现代职业教育学校

北京国际职业教育学校

北京市国际美术学校

北京市东城区古城职业高中

北京市东城区特殊教育学校

北京市东城区中央音乐学院鼎石实验学校

北京市育人中等职业学校

西城区

北京市财会学校

北京市实验职业学校

北京市外事学校

北京市实美职业学校

北京启喑实验学校

朝阳区

北京市求实职业学校

北京市劲松职业高中

北京市电气工程学校

北京市朝阳区职业技术学校

北京市朝阳区金色河畔高尔夫学校

海淀区

北京市信息管理学校

北京市军乐艺术学校

北京市盲人学校

北京市海淀寄读学校

北京市健翔学校

丰台区

北京新桥外国语高中学校
北京市丰台区职业教育中心学校
北京市八一艺术学校
北京市文化艺术职业学校

石景山区

北京市黄庄职业高中
北京市古城旅游职业学校

门头沟区

北京市门头沟区中等职业学校

房山区

北京市房山区第二职业高中
北京市房山区房山职业学校
北京辅仁音乐舞蹈学校

燕山

北京市燕山职业学校

昌平区

北京市昌平职业学校
北京少林武术学校

大兴区

北京市大兴区第一职业学校
北京市大兴区第二职业学校
北京现代艺术学校

通州区

北京新城职业学校
北京市现代音乐学校
北京中华商科学校

顺义区

北京市顺义区新大方职业学校
北京国际标准舞研修学院中专部
北京市音乐舞蹈学校
北京市顺义区水木年华艺术学校

怀柔区

北京市怀柔区职业学校
北京百汇演艺学校

平谷区

北京市平谷区职业学校

延庆区

北京市延庆区第一职业学校

密云区

北京市密云区职业学校

附件 4

2016 年具有招生资格的技工学校名单

北京市工贸技师学院
北京市仪器仪表高级技工学校
北京电子信息高级技工学校
北京市汽车工业高级技工学校
北京市工业技师学院
北京市新媒体技师学院
北京轻工技师学院
北京科技高级技术学校
首钢技师学院
北京市应用高级技工学校
北京市工艺美术高级技工学校
北京市经贸高级技术学校
北京市公共交通高级技工学校
北京地铁技术学校
北京市市政管理高级技术学校
北京市实验技工学校（北京劳动保障技师学院）
北京二七机车厂技工学校
北京飞机维修工程有限公司航空技工学校
北京市顺义区人力资源和社会保障局技工学校
北京商贸职业技术学校

附件 5

2016 年具有举办五年制高职资格的高职学院名单

北京电子科技职业学院
北京信息职业技术学院
北京工业职业技术学院
北京农业职业学院

北京政法职业学院
北京京北职业技术学院
北京体育职业学院
北京交通运输职业学院
北京劳动保障学院
北京卫生职业学院
北京财贸职业学院
北京第二外国语学院
首都师范大学学前教育学院
北京联合大学师范学院
北京城市学院

北京市教育委员会

关于部分成人高校继续开展招生考试改革试点的通知

京教函〔2016〕164号

各有关高校，北京教育考试院：

成人高校招生考试改革是我市承担的国家教育体制改革项目之一，对我市高校考试招生制度改革和终身教育体系建设具有较强的推动作用。2014年开始，经教育部同意，我市在部分市属高校开展了成人高校招生考试改革试点工作。在总结试点经验基础上，经认真研究，2016年拟继续开展成人高校招生考试改革试点工作，并结合学校的申请和实际情况，适度扩大试点的范围。现将有关事项通知如下：

一、根据北方工业大学《关于“成人高起专应届优秀毕业生免试推荐就读本校成人专升本”招生改革试点项目的申请》，同意新增北方工业大学实施本校成人高起专15%应届优秀毕业生免试推荐就读本校成人专升本学习的入学方式试点工作。

二、实施改革试点的各高校都要认真制定改革试点工作实施方案，按照学历教育培养要求，确保人才培养质量。同时，要及时解决改革实践中出现的问题，做好试点经验总结工作。

三、北京教育考试院应保证改革试点招生工作公平、公正、公开进行，并负责审核各高校的改革试点工作实施方案，精心组织和指导试点高校推进改革试点工作。

2016 年 4 月 26 日

北京市教育委员会

关于公布2016年成人中等职业学历教育招生专业的通知

京教职成〔2016〕4 号

各区教委，有关中等职业学校：

为贯彻落实《北京市人民政府关于加快发展现代职业教育的实施意见》及《北京市中长期教育改革和发展规划纲要（2010—2020年）》，进一步拓展中等职业学校的办学功能，加大职业技能培训的力度，加快职业技能型人才培养，提高劳动者素质，促进就业与再就业，2016 年本市中等职业学校成人中专班和独立设置的成人中等专业学校将继续对社会招生。现将招生专业予以公布（附件），并提出如下要求，请认真贯彻落实。

一、各学校要按照市教委《关于在我市中等职业学校举办成人学历教育有关问题的通知》（京教职成〔2004〕23号）和《关于2013—2014学年度北京市中等职业学校成人中专新生学籍备案工作的通知》（京教办函〔2014〕8号）精神进行招生、学籍备案和收费。

成人中等职业学历教育招生对象为年满18周岁，具有初中及以上文化程度的从业人员、转岗再就业人员、农村劳动力转移人员、进城务工农民工及其子女（应持暂住证）。如果学生为本市企事业单位在岗从业人员，或学校与企业合作培养的订单班学员，提供相关证明材料，入学年龄可放宽到年满16周岁。

二、各学校要按照教育部《关于制定中等职业学校教学计划的原则意见》（教职成〔2009〕2号）、《关于中等职业学校德育课课程设置与教学安排的意见》（教职成〔2008〕6号）、《关于印发中等职业学校德育课课程教学大纲的通知》（教职成〔2008〕7号）、《关于印发新修订的中等职业学校语文等七门公共基础课程教学大纲的通知》（教职成〔2009〕3号）、《关于印发中等职业学校公共艺术课程教学大纲的通知》（教职成厅〔2013〕2号）和市教委《关于在本市中等职业学校举办成人学历教育有关问题的通知》（京教职成〔2004〕23号）等文件精神开展教育教学。

要根据成人学习特点制定专业教学计划、教学大纲，建立和完善本校成人学历教育教学管理制度，深化教育教学改革，积极推行学分制等弹性学习制度，探索建立“学分银行”制度和学习成果认证制度，鼓励学生终身学习，为成人学生半工半读、工学交替、分阶段完成学业创造条件。

三、各区教委和学校要高度重视，切实加强对成人中专招生工作的管理和监督，严格按照相关规定审验新生的资质，保证做好新生学籍注册工作。

附件：2016年北京市成人中等职业学历教育招生专业（略）

2016年5月6日

北京市教育委员会

关于印发《北京市深化考试招生制度改革实施方案》的通知

京教计〔2016〕15号

各区教委、各有关学校、北京教育考试院：

为贯彻落实《国务院关于深化考试招生制度改革的实施意见》（国发〔2014〕35号）及教育部等部委相关配套文件精神，我委组织制定了《北京市深化考试招生制度改革的实施方案》。本实施方案已经市政府同意，现印发给你们，请认真组织实施。

附件：北京市深化考试招生制度改革的实施方案

2016年5月24日

附件

北京市深化考试招生制度改革的实施方案

为贯彻落实《国务院关于深化考试招生制度改革的实施意见》（国发〔2014〕35号）及教育部等部委相关配套文件精神，深化考试招生制度改革，借鉴试点省市经验，结合我市实际，制定本实施方案。

一、指导思想

全面贯彻落实党的十八大，十八届三中、四中、五中全会和习近平总书记系列重要讲话精神，贯彻落实中央“四个全面”战略布局和党的教育方针，主动适应首都城市战略定位和国际一流和谐宜居之都建设对多样化高素质人才的需求，遵循教育规律，坚持立德树人，从有利于促进学生健康发展、维护社会公平和科学选拔各类人才出发，认真总结经验，突出问题导向，深化考试招生制度改革，努力办好人民满意的教育，让教育为每个人的终身发展与美好人生奠定坚实基础。

二、基本原则

（一）坚持育人为本。把促进学生健康成长成才作为改革的出发点和落脚点，扭转片面应试教育倾向，坚持正确育人导向，深入推进素质教育，培养德智体美全面发展的社会主义建设者和接班人。

（二）确保公平公正。把促进公平公正作为改革的基本价值取向，健全体制机制，完善规章制度，切实保障考试招生机会公平、程序公开、结果公正。

（三）体现科学选才。提升人才选拔水平，增加学生选择权，促进全面发展；完善政府监管机制，确保考试招生工作高效有序实施。

（四）注重统筹推进。加强对基础教育到高等教育考试招生制度改革的整体设计，促进普通教育、职业教育、继续教育之间的衔接沟通。统筹实施考试、招生和管理制度综合改革，分步实施，稳妥推进。

（五）立足首都实际。主动适应首都教育综合改革面临的新形势、新要求，坚持以人为本，勇于创新，以首善标准推进考试招生制度改革，不断提升人民群众对改革成果的获得感。

三、改革目标

全面贯彻落实国务院和教育部等部委有关精神，坚持能改早改，积极稳妥推进考试招生制度改革，到2020年基本建立符合首都教育实际的现代教育考试招生制度，形成分类考试、综合评价、多元录取的考试招生模式，健全促进公平、科学选才、监督有力的体制机制，构建衔接沟通各级各类教育、认可多种学习成果的终身学习“立交桥”，全面推进素质教育，促进学生健康成长、全面发展。

四、主要任务和措施

（一）完善义务教育免试就近入学体系

1. 坚持义务教育免试就近入学制度。落实义务教育法和北京市实施办法，整体设计小学入学、小学升初中办法，保证政策的稳定性和协调性。积极推行学区制和九年一贯对口招生。推广热点小学、初中多校划片，合理确定片区范围。规范特长生招生，逐步实现义务教育阶段全面取消特长招生。落实“两为主”“两纳入”政策，根据国务院关于严格控制特大城市人口规模的要求，坚持和规范入学资格审核，做好符合条件的随迁子女接受义务教育工作。规范和加强学生学籍管理，提高管理信息化水平，充分利用入学服务系统和全国中小学生学籍信息管理系统组织实施义务教育免试就近入学工作。

2. 着力推动义务教育优质均衡发展。全面深化基础教育综合改革，落实《中共北京市委北京市人民政府关于推进义务教育优质均衡发展的意见》（京发〔2015〕5号），在实现区域内义务教育发展基本均衡的基础上，不断扩大优质教育资源，为落实义务教育免试就近入学制度奠定坚实基础。优化首都教育总体布局，发挥教育对推动京津冀协同发展的重要保障作用。

（二）推进高级中等学校考试招生改革

1. 推进考试科目和分值改革。坚持以学生为本，全面推进素质教育，尊重学生的兴趣多元化，为学生提供多种选择，促进学生德智体美全面发展。

从2018年起，考试科目和分值调整为：语文、数学、外语、历史、地理、思想品德、物理、生物（化学）、体育九门课程。

中考满分为580分（不含加减分）。

语文试卷总分值为100分；数学试卷总分值为100分；外语试卷总分值为100分，其中60分为卷面考试成绩，40分为听力、口语考试，与统考笔试分离，学生有两次考试机会。

物理（含开放性科学实践活动10分）、生物（化学）（含开放性科学实践活动10分）、历史（含综合社会实践活动10分）、地理（含综合社会实践活动10分）、思想品德（含综合社会实践活动10分）五门考试科目原始分满分均为100分。学生可以选择其中三个科目参加考试〔物理、生物（化学）须至少选择一门〕，所选三科成绩，由高到低分别按照100％、80％、60％的系数折算为实际分数，即：三科折算后实际满分分别为100分、80分和60分。

体育成绩为40分，其中现场考试30分，过程性考核10分。

2. 推进考试内容与形式改革。严格按照义务教育各学科课程标准确定考试内容，注重考查学生9年义务教育的积累，注重对学生掌握基础知识、基本技能、基本思想和基本能力的考查。重视发挥考试的教育功能，在各科目考试内容中融入对社会主义核心价值观和中国传统文化内容的考查。扩大选材范围，突出首都特色，贴近生活，注重实践。推进中考体育考试改革，逐步增强考试项目的选择性，加强仪器设备在量评项目测试中的应用。探索建立初中学业水平考试和综合素质评价制度，研究出台实施办法。

3. 完善普通高中招生计划分配方式。加大市级优质教育资源统筹力度，坚持和完善优质高中校部分招生计划分配到初中校制度，2016年达到不低于招生计划50％的目标。招生政策向优质高中教育资源比较短缺的区和一般初中学校倾斜，引导全市义务教育均衡发展。

（三）建立高中学业水平考试制度

1. 考试科目设置。自2017年秋季起，从普通高中起始年级开始实施高中学业水平考试。《普通高中课程方案（实验）》所设定的科目均列入高中学业水平考试范围，设置语文、数学、外语、思想政治、历史、地理、物理、化学、生物、体育与健康、艺术、信息技术、通用技术13门科目，引导考生认真学习每门课程。

2. 实行合格性考试与等级性考试。合格性考试内容以普通高中课程标准中的必修学习要求为依据，等级性考试内容以普通高中课程标准中的必修和选修Ⅰ学习要求为依据。学业水平考试成绩合格作为高中学生毕业以及高中同等学力认定的主要依据。考试成绩作为高中学生升学的重要依据，所有科目成绩提供给招生高校使用。

思想政治、历史、地理、物理、化学、生物6门科目设合格性和等级性考试。高中学生在完成必修学习的基础上，可根据自身特长和兴趣，选择其中3门科目参加相应的等级性考试。上述6门科目的合格性和等级性考试，由全市统一命题、统一组织考试、统一阅卷，确保考试安全有序、成绩真实可信。

语文、数学、外语3门科目仅设合格性考试，参加统一高考的学生，可以用统一高考科目考试成绩作为相应科目合格性认定的依据。

体育与健康、艺术、信息技术、通用技术4门科目仅设合格性考试，各区根据课程标准、教学要求和学生平时表现，综合测评并确定其合格性成绩。市教委通过专项督导和社会监督，依托学生综合素质评价信息平台，动态监控教学过程和结果。

3. 考试组织实施。普通高中在校学生均须参加高中学业水平考试。高中阶段其他学校在校生和社会人员也可报名参加，成绩合格者可申请普通高中同等学历资格认定。

4. 考试成绩呈现方式。合格性考试科目考试成绩以“合格/不合格”呈现。等级性考试科目考试成绩以等级呈现。

（四）完善学生综合素质评价制度

1. 科学确定评价内容。综合素质评价是深入推进素质教育的一项重要制度，是发现和培育学生良好品行、促进学生健康成长的重要手段。综合素质评价要记录学生各方面发展状况，主要包括学生的思想道德、学业成就、身心健康、艺术素养、志愿服务、社会实践和个性发展等方面的实际情况，客观记录学生的成长过程，整体反映学生德智体美全面发展情况和个性特长，引导学生培育和践行社会主义核心价值观，增强社会责任感，培养创新精神和实践能力。综合素质评价是学生毕业和升学的重要参考。

2. 完善评价手段和程序。进一步完善以电子平台为载体的学生综合素质电子档案，在学生成长过程中，观察、收集反映学生综合素质发展主要表现的相关事实材料，注重学生志愿服务的记录，高级中等学校以描述性语言方式对学生的突出表现进行评价，注重写实性，以电子平台为载体及时记录和储存评价信息，每学期结束时及时做好材料的遴选、公示、审核、监督。学生毕业时，提取经过审核、公示的相关资料形成学生综合素质档案，为高等学校选拔学生提供参考。

3. 科学合理使用评价信息。学生综合素质评价结果为学校改进教育教学、家长有针对性地引导帮助学生提高综合素质提供参考信息，为学生和家长选择适宜于学生发展的学校以及在高一级学校更好地学习提供参考，同时也为高一级学校招生及新生入学后开展有针对性的教育提供参考。从2020年起，综合素质评价作为高等学校招生录取的参考，在使用过程中，坚持“谁用谁评”的原则，招生学校应提前公布具体使用办法，使用情况必须规范、公开。

（五）推进高等学校考试招生改革

1. 推进考试内容与形式改革。体现立德树人根本要求，加强情感、态度、价值观的引领。科学设计试卷结构和命题内容，贴近社会实际，贴近课程教学改革实际和学生生活实际，突出考试的能力导向。继续保持和增强北京试卷注重基础、综合、灵活的特色，增强试题的选择性和开放性，给学生创设更大的思考空间和展示个性才华的平台，着重考查学生独立思考和运用所学知识分析问题、解决问题的能力，引导教学摒弃“死记硬背”“题海战术”，促进素质教育深入实施和学生全面而有个性地发展。

2. 改革高考志愿填报时间和投档方式。继续推行高考本科志愿和单考单招志愿填报时间从考前填报调整为考后知分填报，并将本科一、二、三批次志愿设置从平行志愿组方式调整为大平行方式，按照“分数优先、遵循志愿”的原则进行投档。从 2017 年起，将本科二批与本科三批合并为本科二批。待条件成熟，将本科一批与本科二批合并为本科普通批。

3. 完善和规范自主招生等特殊类型招生录取。继续推行高校自主招生、高水平艺术团和高水平运动队等特殊类型招生将单独设置志愿，安排在本科提前批次录取结束后本科一批录取开始前进行。相关高校要公开自主招生等特殊类型招生办法、考核程序和录取结果，确保公平公正。从 2020 年起，在市属高校探索开展综合评价招生改革试点，在市属高校中设立学业水平考试成绩、统一考试成绩、综合素质评价多维度综合评价招生方式。

4. 完善高校招生选拔机制。高校要将涉及考试招生的相关事项，包括标准、条件和程序等内容，在招生章程中详细列明并提前向社会公布。加强学校招生委员会建设，在制定学校招生计划、确定招生政策和规则、决定招生重大事项等方面充分发挥招生委员会作用。高校可通过聘请社会监督员巡视学校测试、录取现场等方式，对招生工作实施第三方监督。建立考试录取申诉机制，及时回应处理各种问题。建立招生问责制，由校长签发录取通知书，对录取结果负责。

5. 改进本科招生计划分配方式。在市属本科一批院校设立农村专项招生计划，面向在城市发展新区和生态涵养区就读的农村户口考生招生。在北京高校开展“高水平人才交叉培养计划”人才培养模式改革，市属高校与在京中央高校、海外境外知名高校联合培养学生，招生计划向远郊区倾斜。

（六）开展高考综合改革

1. 深化统一高考考试科目改革。从 2020 年起，北京市统一高考科目调整为语文、数学、外语3门，不分文理科，每门科目满分150分，总分450分。

2. 从2017年起，英语听力分值30分，采用计算机化考试，与统考笔试分离，一年两次考试，取听力最高成绩与笔试成绩一同组成英语科目成绩计入高考总分。从2021年起，英语增加口语考试，口语加听力考试共计50分，英语科目总分值不变。

3. 改革普通本科院校招生录取模式。探索普通高等院校基于统一高考和高中学业水平考试成绩、参考综合素质评价的多元录取机制。从2020年起，参加本科院校招生录取的考生的高考成绩由语文、数学、外语3门统一高考成绩和考生选考的3门普通高中学业水平考试等级性考试科目成绩构成。选考每门科目满分100分，总分满分值为750分，作为高等院校录取的基本依据。

高等院校可根据办学特色和定位，以及不同学科专业人才培养需要，从思想政治、历史、地理、物理、化学、生物6门普通高中学业水平等级性考试科目中，分专业（类）自主提出选考科目范围，但最多不超过3门，提前向社会公布。考生满足选考科目其中任何1门，即符合报考条件。对于没有提出选考科目要求的高等院校，考生在报考该校时无科目限制。

（七）减少和规范考试招生加分项目

根据国家统一部署，大幅减少、严格控制高考加分项目。从2015年起，取消体育、艺术等特长生，市三好学生，市优秀学生干部加分项目。2016年少数民族考生加5分投档，仅适用于北京市属高校招生录取。从2017年起，少数民族考生加分范围调整为“从边疆、山区、牧区、少数民族聚居地区在高中教育阶段转学到本市的少数民族考生”，加分分值为5分，仅适用于北京市属高校招生录取。高级中等学校考试加分项目和分值，参照高考加分项目调整原则进行规范和调整。

（八）深化职业教育与成人教育考试招生改革

1. 推进高等职业院校分类考试招生改革。健全“文化素质＋

职业技能”考试招生方式，推进单独招生、高职自主招生、综合评价招生和技能拔尖人才免试等考试招生方式改革。注重对学生职业技能的考查，将学生参加市级以上职业院校技术技能大赛成绩作为升入高一级学校的重要依据之一。逐步提高通过分类考试录取考生占高职院校招生的比例，2017 年分类考试成为高职院校招生主渠道，达到70％以上。

2. 探索职业院校招收初中毕业生改革实验。按照教育部要求，完善五年制高职招生、“3＋2”中高职衔接招生试点。开展高端技术技能人才贯通培养实验，继续支持部分示范职业院校与示范高中、本科院校、国内外大企业合作，选择对接产业发展、适合贯通培养的优势专业招收初中应届毕业生，完成高中阶段基础文化课学习和专科高等职业教育后，通过专升本考试（测试）进入本科高校学习。

3. 推进成人高考改革试点。在不断总结经验基础上，继续扩大我市成人高校招生考试改革试点的范围，进一步完善英语专业英语口语等级考试替代英语科目考试、探索校企合作人才培养模式，实行统考与职业技能测试相结合入学方式的改革试点方案。

4. 构建终身学习立交桥。倡导终身学习理念，加快发展继续教育，为社会成员接受多样化高质量教育提供更多机会，为残疾人等特殊群体参加考试提供高水平服务。探索学历学位证书和资格证书“双证书”制度，推动职业教育学历学位证书体系、专业学位研究生教育与职业资格证书体系的有机衔接，探索建立各级职业教育与普通教育相衔接的机制。推进成人高考、自学考试和社会考试“三考联动”，建立终身学习成果认证中心，探索建立多种形式学习成果的积累认定转换制度，逐步实现不同类型学习成果的互认和衔接，促进各级各类教育纵向衔接、横向沟通。

（九）强化监督管理

深入实施招生“阳光工程”，健全招生政策、招生计划、实施过程和录取结果等信息公开制度，严格考试招生管理，构建更加公开透明、更加公平公正的招生工作管理体系。加强学生诚信教育，健全个人、学校考试招生诚信档案。加强考试招生安全管理，构建科学、规范、严密的考试招生安全体系。完善监督制约机制，加强廉政风险防控，对考试招生全程进行监督，确保规范操作和廉洁运作。严肃查处违法违规行为，严格追究当事人及相关人员责任，及时公布查处结果。构成犯罪的，由司法机关依法追究刑事责任。

五、保障措施

（一）加强组织领导。成立北京市深化考试招生制度改革领导小组，由市委常委、教工委书记和市政府主管领导任组长，市教委主任任副组长，成员由市教委、市人力社保局、北京教育考试院、北京教育科学研究院等单位的负责同志组成。领导小组要加强对考试招生制度改革的顶层设计和统筹协调，及时研究解决改革中遇到的新情况新问题，确保积极稳妥推进。成员单位要各负其责、分工协作，形成推进考试招生制度改革的整体合力。各区和各级各类学校要高度重视考试招生制度改革，认真落实好各项改革举措。

（二）完善配套政策。根据国家考试招生制度改革的进展和要求，及时制定完善我市初中和高中学业水平考试、学生综合素质评价、高等职业教育分类考试、普通高校考试招生、随迁子女在京接受义务教育后升学等方面的具体实施办法，形成系统完备的考试招生制度体系，给考生和社会明确、稳定的预期，保证各项改革的稳步实施。

（三）深化课程教学改革。适应考试招生制度改革要求，结合国家课程方案和课程标准的调整，进一步完善课程计划，改革基础教育教学内容，丰富教学形式与方法，坚持因材施教，推进走班制，满足学生成长发展需求。加强中学生学业规划指导，培养学生自主选择能力。保障学校教室、设施设备等教学资源配置，加强师资队伍培养和培训，提升教师的教学能力和水平，强化课程教学改革的条件保障。

（四）加强宣传引导。加强对各项改革举措的宣传力度，积极回应社会关切，主动、及时、全面、准确地发布信息，组织专家做好政策解读，统一思想、凝聚共识，营造良好改革氛围。创新招生咨询服务形式，提高咨询服务质量。

北京市教育委员会

关于下达2016年北京市普通高中和职业高中招生规模的通知

京教计〔2016〕23号

各区教委：

根据《北京市中长期教育改革和发展规划纲要（2010—2020年）》和《北京教育委员会关于做好2016年高级中等学校考试招生工作的意见》（京教计〔2016〕8号）精神，确定2016年北京市普通高中招生计划总规模为54985人，其中，优质高中招生计划分配到初中校（以下简称“名额分配”）招生计划9806人，市级优质高中教育资源统筹（以下简称“市级统筹”）招生计划1993人，“校额到校”招生计划2367人；职业高中招生计划总规模6169人。现将2016年北京市分区普通高中和职业高中招生计划下达给你们，并就计划执行过程中的有关事项通知如下，请一并遵照执行：

一、认真学习贯彻国家和北京市中长期教育改革和发展规划纲要精神，充分发挥事业计划在普通高中和职业高中发展中的引导作用，通过认真编制和落实招生计划，统筹区域教育资源，积极推动普通高中多样化发展，优化中等职业教育结构，整体提升高中阶段教育办学水平和教育质量。

二、继续加强普通高中教育资源的统筹规划和布局调整，不断扩大优质教育资源的覆盖程度，逐步满足人民群众日益增长的对于优质教育资源的需求。

三、积极引导职业高中进一步调整专业结构，提高人才培养质量，适应社会需求。要不断加强区域内各类职业技术人才需求的规律性研究，进一步调整、优化专业结构，统筹好招生、培养和就业，提高人才培养的适应性。同时，要不断探索职业高中培养方式和培养模式的改革，提高人才培养的质量。

四、进一步加强计划、招生管理工作。各区要立足首都教育发展全局，对所属普通高中和职业高中提出明确要求，严格执行招生计划，维护计划工作的严肃性，未经我委批准，任何单位和个人不得擅自增减招生计划和变更招收方式，严格依照北京教育考试院中招办备案后的新生名册为新生建立学籍。

五、各区和普通高中要认真制定“名额分配”招生工作的实施方案，积极落实“市级统筹”招生工作要求，确保两项工作公平、公正、公开进行，从而促进义务教育均衡发展、城乡教育协调发展。

附件：2016年北京市分区普通高中职业高中招生规模表

2016年9月2日

附件

2016年北京市分区普通高中职业高中招生规模表

各区	普通高中招生计划				职业高中招生计划
	合计	其中："名额分配"计划	其中："市级统筹"计划	其中："校额到校"计划	
合计	54985	9806	1993	2367	6169
东城	5594	1233	112	59	486
西城	6817	1222	280	263	685
朝阳	4359	1091	30	59	850
丰台	2740	464	119	90	450
石景山	1548	240	150	8	260
海淀	13459	1778	594	742	1008
门头沟	852	169	70	22	120
燕山	270	54		81	50
房山	2664	395	104	93	330
通州	2701	706		49	200
顺义	3454	702	30	128	60
昌平	2270	439	140		520
大兴	2410	304	80	218	310
怀柔	1157	192		17	120
平谷	1530	490	284		150
密云	1860			513	350
延庆	1300	327		25	220

北 京 市 教 育 委 员 会
北京市发展和改革委员会

关于下达2016年北京市普通中等专业学校招生规模的通知

京教计〔2016〕22号

各有关委办局（总公司），各普通中等专业学校、有关高等职业学校：

根据《国务院关于加快发展现代职业教育的决定》（国发〔2014〕19号）和《北京市教育委员会关于做好2016年高级中等学校考试招生工作的意见》（京教计〔2016〕8号）精神，适应国家和首都经济社会发展、产业转型升级对职业技术人才的实际需求，现将2016年本市普通中等专业学校、五年制高等职业教育试点和高端技术技能人才贯通培养试验招生规模下达给你们，并就有关招生工作提出如下要求：

一、各普通中等专业学校、五年制高职试点学校和高端技术技能人才贯通培养试验学校要牢固树立服务首都的意识，围绕首都经济建设与社会发展对职业技术人才的需要和市民对职业教育多样化的需求，通过认真编制和落实招生计划，进一步明确办学定位，突出职业教育特色。

二、各校要进一步整合融通各级各类优质教育资源，探索优质高效育人的教育发展新模式。对接首都经济社会发展和产业转型升级需要，改革专业设置，调整教学计划，全面加强校企合作，提升职业学校办学水平和教育质量，增强职业教育对首都经济社会发展的贡献力和影响力。同时，要统筹好招生、培养和就业工作，提高人才培养的适应性。

三、进一步规范办学行为和计划、招生管理工作。各校要按照《教育部办公厅关于进一步完善招生工作机制规范中等职业学校招生秩序的通知》（教职成厅〔2014〕4号）的要求规范招生行为，按照招生计划在规定范围内开展招生工作。在招生录取过程中，要严格执行招生工作纪律，自觉维护招生工作秩序，未经批准，任何学校不得擅自到外省招生。

四、艺体类中等专业学校、北京铁路电气化学校、北京体育职业学院从外省（市、自治区）招收的学生，须经当地教育行政部门或考试招生部门的批准，报北京教育考试院核准备案后，由北京教育考试院统一将录取名单报市公安局人口管理处，学校自行办理北京市城镇集体户口手续。

五、艺体类中等专业学校的学生在校期间户口不得随意转出；应届毕业生在京报考高等学校，艺术类考生只准报考全国统一招生艺术类专业，体育类考生只准报考体育类单独招生。未被高等学校录取或未能择优录用的毕业生，其户口当年必须转回生源所在地。

北京体育职业学院招收的外地生源，在完成三年中专学段教育后，运动成绩达到入队水平，通过校内升学考试后，可升入两年制高职学段学习。未符合升学条件者颁发中等专业学校毕业证书，其户口当年必须转回生源所在地。

六、北京铁路电气化学校从外省（市、自治区）招收的学生，学生毕业后其户口当年必须转回生源所在地，不能在京报考高等学校。

附件：1. 2016年北京市普通中等专业学校在京招生规模表（略）

2. 2016年北京市高端技术技能人才贯通培养试验招生

规模表（略）

3. 2016年北京市五年制高等职业教育试点招生规模表（略）

4. 2016年北京市普通中等专业学校外省招生规模表（略）

2016年9月18日

北京市教育委员会
北京市发展和改革委员会

关于下达2016年市属高等学校普通高等教育招生计划的通知

京教计〔2016〕25号

各市属高等学校：

按照教育部、国家发展改革委《关于做好2016年普通高等教育招生计划编制和管理工作的通知》（教发〔2016〕7号）的精神，综合考虑疏解非首都功能和京津冀协同发展的的要求，市教委、市发改委编制了2016年市属普通高等学校普通高等教育分校分专业招生计划，现下达给你们，并就计划执行过程中的有关事项通知如下，请一并遵照执行：

一、各高校要认真贯彻党的十八大和十八届五中全会精神，进一步深化高等教育综合改革，把结构调整放到更加突出的位置，着力提高质量，推动高校提高教学水平和创新能力，优化学科专业布局和人才培养机制。充分发挥事业计划在学校发展中的龙头作用和引导作用，通过认真编制和落实招生计划，稳定高等教育规模，把结构调整放到更加突出位置，促进高等教育入学机会公平，推动高等教育内涵式发展。2016 年市属高校普通高等教育招生计划总规模为 78421 人，其中本科招生计划 47444 人，高职（专科）招生计划 30977 人。

二、各高校要坚决贯彻执行《高教法》和教育部有关招生工作规定，依法办学，诚信办学，进一步规范招生行为。高等学校不得借联合办学的名义，设立分校或校外办学点，严禁中等学校挂靠高等学校举办高等教育、专科层次院校挂靠本科院校举办本科层次教育；严禁与“中介机构”或个人签署招生协议；严禁任何形式的不实招生宣传，学校法定代表人应对学校招生章程及有关宣传材料的真实性负责，继续执行录取通知书签发人制度；严禁擅自组织生源、未经省级招办核准按拟录取名单擅自寄发录取通知书，我委将对招生计划制定和执行过程进行全程监督，对违规安排和执行计划的高校，按照《普通高等学校招生违规行为处理暂行办法》（教育部令第 36 号）有关规定严肃问责相关责任人。

三、严格计划执行管理，维护计划的严肃性。任何单位和个人，未经教育行政部门批准，不得擅自调整计划；对于未经批准擅自超计划招生的学校，将被核减下年度招生计划，并停止在违规招生省份投放计划；严格实行高校招生资格、招生计划与新生学籍电子注册和学历证书电子注册相挂钩的政策，未经核准计划或未经省级招办办理录取手续的学生，一律不予新生学籍电子注册。

四、要继续加大投入，不断改善办学条件。各校要根据自身实际情况，对未达到合格标准的办学条件指标有针对性地采取措施，不断改善办学条件。高等职业教育要特别加强实习、实训基地建设；独立学院要落实《独立学院设置与管理办法》（教育部第 26 号令）精神和要求，通过不断加大投入，努力改善办学条件，进一步提高办学水平和培养质量。

五、各校要重视贫困大学生的资助工作。在新生入学后，按照教育部要求，认真做好贫困家庭学生资助政策的宣传工作，做好新生入学“绿色通道”工作，确保新考入普通高等学校的贫困家庭学生顺利入学。

附件：1. 2016年市属高等学校普通高等教育招生计划总表

2. 2016年市属高等学校普通高等教育分省来源计划总表（略）

3. 2016年市属高等学校招生来源计划表（含定向）（略）

4. 2016年市属高等学校招生来源计划表（定向）（略）

5. 2016年市属高等学校招生来源计划表（其它类）（略）

2016年10月12日

附件1

2016年市属高等学校普通高等教育招生计划总表

单位：人

学校代码	专业名称	合计	本科	高职		预科班计划	备注
				高中生	中职生		
	总计	78421	47444	30207	770	482	
10005	北京工业大学	3450	3450			17	
10009	北方工业大学	2523	2523			40	
10011	北京工商大学	2922	2922				

续表 1

学校代码	专业名称	合计	本科	高职		预科班计划	备注
				高中生	中职生		
10012	北京服装学院	1500	1500			50	
10015	北京印刷学院	1600	1600			30	
10016	北京建筑大学	1830	1830			50	
10017	北京石油化工学院	1650	1650			30	
10020	北京农学院	2110	1560	550		55	
10025	首都医科大学	1782	1102	620	60	15	
10028	首都师范大学	2905	2705	200		30	
10029	首都体育学院	640	640				
10031	北京第二外国语学院	1620	1620			25	
10037	北京物资学院	1522	1522			30	
10038	首都经济贸易大学	2590	2510	80		16	
10046	中国音乐学院	315	315			2	
10049	中国戏曲学院	515	515				
10050	北京电影学院	527	495	32		4	
10051	北京舞蹈学院	325	325			3	
11232	北京信息科技大学	2730	2730			30	
11417	北京联合大学	4400	4000	385	15	55	
14019	北京警察学院	560	520	40			
11418	北京城市学院	6200	5200	1000			
13629	首都师范大学科德学院	1000	1000				
13630	北京工商大学嘉华学院	1180	1180				

续表 2

学校代码	专业名称	合计	本科	高职		预科班计划	备注
				高中生	中职生		
13901	北京邮电大学世纪学院	1280	1280				
13904	北京工业大学耿丹学院	1350	1350				
14201	北京第二外国语学院中瑞酒店管理学院	900	900				
12802	北京吉利学院	1840	500	1320	20		
10853	北京工业职业技术学院	1480		1480			
10857	北京信息职业技术学院	1870		1790	80		
10858	北京电子科技职业学院	500		450	50		
11084	北京科技大学延庆分校	0					
11090	北京京北职业技术学院	690		690			
11092	北京交通职业技术学院	750		750			
11097	首都经济贸易大学密云分校	550		550			
11099	北京工业大学通州分校	420		420			
11626	北京青年政治学院	1300		1300			
11831	首钢工学院	1200		1170	30		
12448	北京农业职业学院	1420		1420			
12451	北京政法职业学院	1300		1300			

续表 3

学校代码	专业名称	合计	本科	高职		预科班计划	备注
				高中生	中职生		
12561	北京财贸职业学院	1200		1100	100		
12564	北京北大方正软件职业技术学院	1330		1180	150		
12565	北京经贸职业学院	800		770	30		
12566	北京经济技术职业学院	1020		995	25		
12567	北京戏曲艺术职业学院	200		200			
12568	北京汇佳职业学院	1220		1180	40		
12733	北京科技经营管理学院	0					
13703	北京科技职业学院	1020		990	30		
13728	北京培黎职业学院	1360		1310	50		
14073	北京经济管理职业学院	1200		1170	30		
14075	北京劳动保障职业学院	1050		1040	10		
14139	北京社会管理职业学院	1600		1550	50		
14140	北京艺术传媒职业学院	600		600			
14215	北京体育职业学院	125		125			
14279	北京交通运输职业学院	1250		1250			
14395	北京卫生职业学院	700		700			
14588	北京网络职业学院	500		500			

北京市教育委员会

关于做好2017年初中毕业升学体育考试工作的通知

京教体艺〔2016〕23号

各区教委、燕山教委：

为贯彻落实国务院办公厅《关于强化学校体育促进学生身心健康全面发展的意见》（国办发〔2016〕27号），进一步深化教育领域综合改革，扎实推进初中毕业升学体育考试（以下简称“体育考试”）改革，确保体育考试“公开、公正、公平”，2017年体育考试继续按照统一考试项目、统一成绩评定标准、统一考试规程、统一考试时间和统一仪器设备标准的“五统一”要求组织实施。经市教委2016年第26次主任办公会研究，现将2017年体育考试工作有关事宜通知如下：

一、提高对体育考试工作重要性的认识

体育是依据《学校体育工作条例》组织的高级中等学校招生考试科目之一。组织实施好体育考试事关广大考生的切身利益，既是广大考生的期盼，也是落实依法治国、依法行政的必然要求。坚持组织体育考试有利于督促学校全面贯彻党的教育方针，落实健康第一的办学指导思想；有利于《义务教育体育与健康课程标准（2011版）》和《国家学生体质健康标准（2014年修订）》的落实；对促进青少年身心健康、体魄强健具有重要作用。各区要高度重视，强化管理，确保体育考试顺利进行。

二、做好体育考试的宣传和培训工作

各区教委和学校要切实加强体育考试政策宣传，确保初三年级的体育任课教师、学生及家长充分知情。区教委要及时通过会议传达、现场培训等方式，将体育考试的要求传达到学校；学校要通过班会、家长会、家长告知书等多种途径向学生及家长说明体育考试的变化；初中校体育教研组要针对体育考试开展教学研讨，并指导学生科学、合理地选择考试项目。

三、加强对现场体育考试工作的组织和领导

（一）高度重视体育考试各项工作。各区要高度重视现场体育考试的组织与实施，成立由教委主管领导负责的体育考试领导小组和考务办公室，成员由教委相关科室、考试管理部门、教学研究部门以及纪检监察等部门共同组成。区教委各有关业务科室要支持考试管理部门做好现场体育考试的相关保障和监察工作。区体育考试领导小组和考务办公室要认真制定考试工作的组织实施方案，完善考场管理办法，加强现场考试点网络建设；提高安全防范意识，建立安全保障措施，消除安全隐患，确保师生安全。各区教委要从保障学生身体健康的角度出发，提前做好应对空气重污染等恶劣天气的预案，确保体育考试顺利进行。

（二）加强现场体育考试的组织与管理。市、区考试管理部门要做好体育现场考试的组织与管理。各区教委要加强领导，考试管理部门要认真组织，教研部门和有关单位要积极配合并参与体育考试；各部门要明确分工，落实责任，通力合作，切实加强现场体育考试的组织与领导，确保现场考试顺利进行。

（三）规范免考和缓考考生的资格审查及办理程序。各区要坚持实施学生体检审查和健康管理制度，杜绝学生带病带伤参加考试。同时，要加强对免考和缓考考生的管理，严格执行免考和缓考的申请标准，申请免考和缓考的考生必须符合要求并按程序办理相关手续。

（四）做好考试仪器设备的选用工作。各区要严格按照《2017年北京市初中毕业升学体育考试方案》和《北京市中考体育现场考试考务管理规定（试行）》的有关要求及相关财务制度，选用符合考试要求的仪器设备。请各区于2017年3月31日前完成考试仪器设备的选用工作，所需经费由各区自行安排。

（五）做好考生学籍卡确认工作。2017年体育现场考试将继续使用“北京市中小学学生卡（学籍卡）”进行检录和测试。各区要组织学校在2017年中考报名工作结束前完成学籍卡的确认工作，确保所有考生的学籍卡能正常读取。

（六）制定体育考试实施方案。各区要按照全市统一要求，结合本区实际情况，制定2017年现场体育考试和过程性考核实施方案。现场考试方案必须包含应急预案，确保体育考试各项工作平稳推进，考试结果公平、公正。各区考试方案于2017年4月3日前分别报市教委体卫艺处和北京教育考试院中招办备案。

四、修订体育考试过程性考核方案

开展体育考试过程性考核方案修订工作，新方案将统筹考虑《体育与健康课程标准（2011版）》和《国家学生体质健康标准（2014年修订）》及近几年国家对学校体育工作的要求，结合本市的工作实际，以培养学生体育核心素养为目标，进一步完善考核内容与评分标准，严格规范考核工作程序，促进学生全面发展。修订后的体育考试过程性考核方案另发。2017年9月1日，初一年级入学新生开始执行。

五、加大对体育考试工作的监督和检查力度

（一）加强对现场体育考试的监督与检查。各区要充分考虑体育考试组织工作的复杂性，成立体育考试纪律监督检查小组，加强仪器设备准确性检查，强化考试监督机制，对体育考试工作进行全程监督。市教委将成立由北京教育考试院、北京教育科学研究院及相关专家共同参与的北京市体育考试纪律监督巡视组，加强对体育考试工作的检查和监督。各区要坚决杜绝舞弊行为，对参与作弊的相关人员要依据相关规定，严肃处理。

（二）加强对现行过程性考核的监管。现行过程性考核继续按照“分层管理、分工负责、责任到人、违规必究”的原则进行管理，区教委要加大对考核工作的监督和检查力度，采取有效措施，确保过程性考核结果真实、可信、公正、透明。

附件：2017 年北京市初中毕业升学体育考试方案

2016 年 11 月 21 日

附件

2017 年北京市初中毕业升学体育考试方案

一、原则和要求

体育考试是升学考试，关系到学校、考生和家长的切身利益，关系到教育公平和社会稳定，因此，考试的组织实施必须坚持“公开、公正、公平”的原则。

现场考试要按照全市“五统一”的要求组织实施，即统一考试项目、统一成绩评定标准、统一考试规程、统一考试时间和统一仪器设备标准。

各区要加强对考试关键环节的监督。市教委、考试院和教科院将在考试巡视期间进行监督检查。

二、内容和项目

体育考试以《义务教育体育与健康课程标准（2011 年版）》运动技能领域（水平四）规定的相关内容，以及《国家学生体质健康标准（2014 年修订）》测试内容为基本范围。男生和女生的考试项目均为 3 项。

（一）男生

1.1000米，必考项目。

2.引体向上或原地正面掷实心球（以下简称“实心球”），考生从两个项目中选择一个。

3.足球运球绕标志物（以下简称“足球”）、排球垫球（以下简称“排球”）、篮球运球绕标志物（以下简称“篮球”），考生从3个项目中选择一个。

（二）女生

1.800米，必考项目。

2.一分钟仰卧起坐（以下简称“仰卧起坐”）或实心球，考生从两个项目中选择一个。

3.足球、排球、篮球，考生从3个项目中选择一个。

学校和任课教师要提前指导考生做好考试项目的选择。体育考试报名结束后，考试项目不能更改。

三、成绩评定

现场考试各项目测试和成绩评定均由仪器设备完成。

（一）普通考生

各单项成绩满分为10分，成绩评定标准见附录1和附录2，3个项目成绩之和与考生的过程性考核成绩一起计入升学考试的总成绩。

现场考试和过程性考试均保留原始成绩，不单独进行“四舍五入”的处理。考试结束后，两者相加，按照“四舍五入”的原则处理，作为考生本年度升学体育考试的最终成绩。

（二）免考考生

考生持相关证明，填写《2017年初中毕业升学体育现场考试免考申请表》，经家长签署意见、学校初审盖章、区中小学卫生保健机构确认后，由学校报区体育考试考务办公室审定。成绩评定办法如下：

第一类：因残疾丧失运动能力而不能参加体育考试的考生，应当凭市残联颁发的残疾证书，办理相关手续，现场考试以满分30

分记录；过程性考核的计分办法按照《北京市初中体育过程性考核方案》中的规定，根据考生参加体育活动的时间给予10分（满分）至6分（60%）的分数评定。

第二类：在初中阶段因病不宜参加剧烈运动而长期免修体育课的考生，不能参加考试，其最终成绩按照总分（40分）的60%（24分）记分。

第三类：因临时伤病不能参加现场体育考试的考生，其最终成绩由两部分合计组成：一是现场考试成绩满分（30分）的60%（18分），二是过程性考核成绩（与正常考生的计分办法相同）。

（三）缓考考生

不能在规定时间参加现场体育考试者，可以申请缓考。缓考的考生必须在进入考场前办理手续；考生进入考场后，不得申请缓考。不同类别考生的缓考手续办理要求如下：

第一，女生特殊生理期。填写《2017年初中毕业升学体育现场考试缓考申请表》，缓考考生、学校医务人员和学校负责人均须签字，经区体育考试领导小组负责人签字同意。

第二，考生临时伤病。办理程序同上，但必须出具区级及以上医疗部门的诊断证明。

各区要严格执行免考和缓考的办理规定。统一体育考试结束后，各区考试管理部门要将本区免考和缓考人员名单、缓考的时间和地点上报市考试院。

缓考必须在区里统一体育考试结束后的第二周集中组织，并严格按照统一体育考试的相关要求实施。

在规定时间内仍不能参加缓考的考生，按免考第三类考生处理。

（四）特殊情况考生

既不符合免考条件，也不能按照普通考生的成绩评定办法进行成绩评定的考生，其成绩评定办法参照京教体美〔2010〕19号文件有关要求执行。

四、组织和实施

（一）考试方式

各区统一组织实施，集中测试，当场向考生公布成绩。

（二）考试时间

考生毕业当年的5月份，具体时间由各区确定。同一区的考生必须在统一规定的时间内完成考试，每名考生的全部项目必须在一个单元内（半天内）连续完成。

如遇恶劣天气等特殊情况，由区考试领导小组决定是否中断考试。由于上述原因中断考试，不能在一个单元内考完3个项目的考生，经考务办公室批准，可在当天考完。如当天不能考完，已经考试的项目成绩无效，其补考时间另行安排。

（三）考试顺序

1000米和800米是考生最后参加的考试项目；其他项目的考试顺序由各区自行安排。

（四）场地和器材

考试场地设置在封闭的、有6条及以上环形跑道的400米田径场内，有条件的区可以把部分项目设置在体育馆内。

所有项目的量评使用仪器设备，仪器设备要求见《北京市中考体育现场考试考务管理规定》。考试中使用的其他器材，除本文有明确的规定外，必须是经国家认证认可监督管理委员会批准的相关认证机构认证合格的产品。

每一个单元的考试开始前，必须对场地器材的准确性和安全性进行检查。

（五）场地设置及测试规范

1. 足球

（1）场地器材规格及设置要求

场地设置在田径场中部的平整地面或独立的足球场上，表面为天然或人工草坪（不能为光滑的硬地），各场地之间相互独立，避免考试过程中互相干扰。设置要求如下：

长 20 米、宽 4 米，场地四周设置明显的标志线。起点线前 5 米处开始设置标志杆，标志杆与两侧边线相距 2 米，共设 5 根，杆间相距 3 米。起点线中间 1 米处为出发区域。设置方式如图所示：

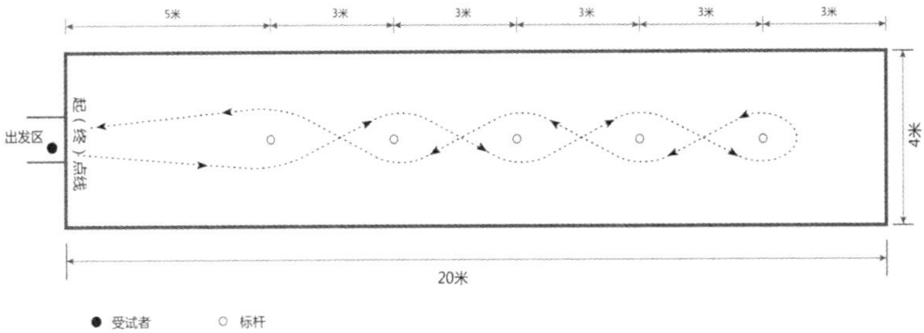

足球测试场地设置示意图

标志杆高不低于 1.2 米，测试用球的规格为 5 号足球（其重量为 396～453g，周长为 680～710mm），球内气压符合足球竞赛规则要求。

（2）测试操作规范及要求

考生听到报号后，将球运至起（终）点线后的出发区域并做好出发准备。发令后，考生按图中箭头所示方向，运球依次绕杆，同时，开始计时；球通过第 5 个标志杆后，运球返回。返回时，球通过最后一个标志杆后，考生至少触球一次，运球通过起（终）点线。人与球均过终点线后，计时停止。每人测试两次，记录较好成绩。

以秒为单位记录测试成绩，精确到小数点后 1 位（0.1 秒），小数点后第 2 位数非“0”时进 1。

考生考试犯规时，当次成绩无效；两次均犯规无成绩者，只可增加一次机会；仍然犯规者，该项成绩计 0 分。

（3）犯规行为

未从指定区域出发；

出发时抢跑；

手球；

漏绕标志杆；

碰倒标志杆；

球过最后一个标志杆后，到达终点前，脚未触球；

未按要求完成全程路线；

测试期间，人或球出测试区域。

2. 篮球

（1）场地器材规格及设置要求

场地设置在篮球场内或者平整的塑胶场地上。设置要求如下：长 20 米，宽 7 米。起点线前 5 米处开始设置标志杆，共设 5 排，每排 2 根；各排标志杆之间相距 3 米，同排的两根标志杆底座中心点之间相距 1 米，距同侧边线 3 米。起点线中间 1 米处为出发区域。设置方式如图所示：

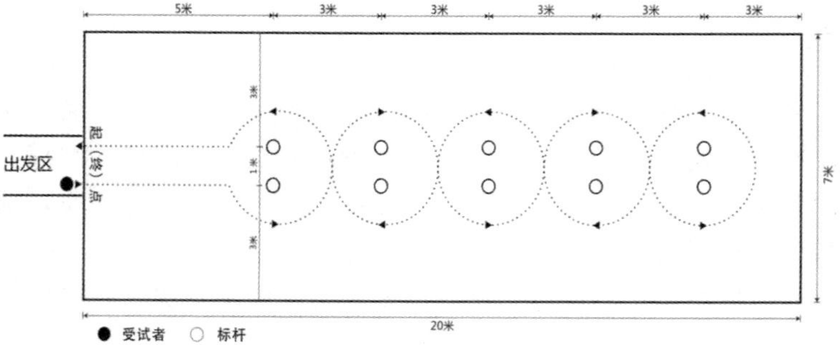

篮球测试场地设置示意图

标志杆高不低于 1.2 米，考试用球的规格为 6 号篮球（其重量为 510～567g，周长为 724～737mm），球内气压符合篮球竞赛规则要求。

（2）考试操作规范及要求

考生听到报号后，持球站立在起（终）点线的出发位置，并做好出发准备。发令后，考生两脚方可移动，并按图中箭头所示方向运球依次过杆，同时，开始计时。运球过程中，若考生暂时失去对球的控制，但球未出测试场地，考生可自行捡回，在对球失去控制处继续运球，计时不停止。考生与球均返回起（终）点线，计时停止。每人测试两次，记录较好成绩。

以秒为单位记录测试成绩，精确到小数点后 1 位（0.1 秒），小数点后第 2 位数非“0”时进 1。

考生考试时犯规，当次成绩无效；两次考试均犯规无成绩者，只可增加一次机会；仍然犯规者，该项成绩计 0 分。

（3）犯规行为

未从指定区域出发；

出发时抢跑；

运球过程中双手同时触球；

运球高度超过考生肩部；

膝盖以下身体部位触球；

“翻腕”等其他规则不允许的违例行为；

漏绕标志杆；

碰倒标志杆；

考试期间，人或球出测试区域；

通过终点时人球分离（考生到达终点的瞬间，必须单手或双手触球）。

3. 排球

（1）场地器材规格及设置要求

场地设置在地面平坦、坚实的地面上，鼓励有条件的区把场地设置在体育馆内。设置要求如下：

长和宽均为 3 米，场地四周设置明显的标志线；场地外围设置判断垫球高度的标志物，标志物在地面的垂直投影与同侧标志线相距 1 米；标志物设定的高度要综合考虑仪器设备的计数方法、排球直径等影响因素，保证高度符合要求；标志物设置的其他注意事项由各区根据所选仪器设备的实际确定。男生和女生的测试场地要分别设置。

考试用球为排球（不能使用软式排球），其重量为230～270g，周长为650～670mm，球内气压符合排球竞赛规则要求。

（2）测试操作规范及要求

考生听到报号后，进入测试区域，原地将球抛起，第一次垫球成功后开始计时，个人连续正面双手垫球，要求手型正确、击球部位准确、达到规定的高度。

每次测试时间不超过1分钟。每人测试两次，记录成绩较好的一次。

垫球未超时者，球落地或出现犯规行为，该次测试结束；超时者，到规定时间后，该次测试自动结束。男生垫球的高度（从地面起至球的底部）不低于2.35米，女生不低于2.15米。测试时，方法正确，高度符合要求的垫球方能计数。计垫球的个数。

考生考试时，出现球触及标志物等情况，造成的后果由考生负责；出现犯规行为者，仪器设备立刻停止计数，当次测试结束，垫球数量以犯规时仪器设备记录的个数为准。

（3）犯规行为

采用传球等方式触球；

脚踩标志线或出测试区域。

4.1000米和800米

（1）场地器材规格及设置要求

场地设置在封闭的、有6条及以上环形跑道的400米田径场上，考试所需的标志线清晰，起点线和终点线必须设置明显的标志物。

（2）考试操作规范及要求

每组考生人数不超过15人，采用站立式起跑，弧形起跑线出发，起跑后不分跑道；遵循右侧超越的田径规则。在考试过程中考生无犯规现象，记录成绩有效。每个考生只有一次考试机会。

考生应在6分钟之内跑完全程，时间按分、秒记录，不足1秒不计入成绩。6分钟内未跑完全程者，考务员将考生带离跑道，时间按6分钟记录，成绩为0分。

（3）犯规行为

发令前，身体的任何部位触及或越过起跑线；

跑进中踏进跑道左侧跑道线；

跑进中推、拉、阻挡他人跑进；

跑进中由他人领跑，或借助他人的力量跑进。

5.实心球

（1）场地器材规格及设置要求

投掷区设置在坚实、平坦的地面上，宽4米，长不少于20米，并有明显的区域标志线。场地中应设置6分、7分、8分、9分和10分的标识线，标识线长度至少与投掷区同宽，使考生和考务员能够做出清晰的判断。

考试用球的重量为2kg，表面材质为橡胶。

（2）考试操作规范及要求

考生站在投掷线后，两脚前后或左右开立，身体面对投掷方向，双手举球至头上方，稍后仰，原地用力把球向前方掷出；球出手前，考生的双脚均不能移动；球出手的同时，一脚可以向前迈一步，但不得触碰或越过投掷线。

每人投掷3次，每次球落地后，须做出标记；3次投掷结束后，记录考生的最好成绩。测量距离为投掷线后沿至球着地点后沿之间的垂直距离。以米为单位记录测试成绩，精确到小数点后一位（0.1米）。

考生考试犯规时，当次成绩无效；三次考试均犯规无成绩者，只可增加一次机会；仍然犯规者，该项成绩计0分。

（3）犯规行为

投掷过程中，身体任何部位触及投掷线或投掷线前地面；

球出手前有助跑动作；

投掷过程中双脚同时离地。

6. 引体向上

（1）场地器材规格及设置要求

在高单杠上进行，考试所用单杠必须符合《中华人民共和国国家标准》（GB/T19851.1—2005）和（GB/T19851.2—2005）的规格要求；根据实际情况，可分别设置高度不同的场地，供考生选择；单杠下的地面材质铺设必须充分考虑考生落地时的安全，可选用松软的沙子、体操垫等。各区根据实际情况，可向考生提供防滑的镁粉，供考生选择使用；也可不予提供，但同一区必须统一要求。

（2）考试操作规范及要求

考生听到报号后，走到杠下跳起，双手正握杠，两手约与肩同宽成直臂悬垂。身体呈静止状态后，开始做第一次引体向上的动作；屈臂向上引体至下颏超过横杠上沿，恢复直臂悬垂后为完成一次；动作未达到此规格者，不计次数；考试时间从双手握杠开始，到双手离杠结束，期间，两次动作之间的时间间隔超过 10 秒者，考试自动结束。计取考生成功完成的引体次数。每位考生只测试一次。

考试时，考生出现犯规行为，犯规时所做的动作不计数，但考生可以继续考试。

（3）犯规行为

没有从静止状态开始做动作；

两次动作之间，手臂没有充分伸直；

动作完成时，下颏未超过杠面。

7. 仰卧起坐

（1）场地器材规格及设置要求

场地设置在平整的地面上，考生在仪器设备上完成测试。

（2）考试操作规范及要求

考生仰卧在测试仪器上，双手五指交叉贴于头后，同时，两臂打开，手背及手臂均触垫；双脚放稳、屈膝，大小腿呈直角，两腿可稍分开；起坐时，双肘必须触及或超越两膝；仰卧时，两肩胛骨必须触垫。测试过程中不能外人辅助。计取考生一分钟内完成的符合标准的动作次数。每位考生只测试一次。

考试时，考生出现犯规行为，犯规时所做的动作不计数，但考生可以继续进行考试。

（3）犯规行为

起坐时，双肘未触及或未超越两膝；

仰卧时，肩胛骨未触垫；

考试过程中，臀部离垫。

五、体育现场考试其他未尽事宜按照市考试院印发的《北京市中考体育现场考试考务管理规定》执行。

附录：1.2017 年初中毕业升学体育现场考试成绩标准（男）

2.2017 年初中毕业升学体育现场考试成绩标准（女）

附录 1

2017 年初中毕业升学体育现场考试成绩标准（男）

1000 米（分/秒）	足球（秒）	篮球（秒）	排球（次）	引体向上（次）	实心球（米）	分数
3′37″	13.3	12.1	40	13	10	10
3′40″	13.7	12.3	38	12	9.4	9.5
3′46″	14.2	12.9	35	11	8.6	9
3′52″	14.5	13.3	32	10	8.1	8.5

续表

1000米（分/秒）	足球（秒）	篮球（秒）	排球（次）	引体向上（次）	实心球（米）	分数
4′03″	15	14	29	9	7.8	8
4′13″	15.4	14.4	26	8	7.6	7.5
4′23″	15.9	15	23	7	7.4	7
4′36″	16.7	16.1	21	6	6.9	6.5
4′49″	17.3	16.8	19	5	6.6	6
4′52″	17.7	17.2	16	4	6.4	5.5
4′57″	18.2	17.5	14		6	5
5′03″	18.8	18	12	3	5.7	4.5
5′08″	19.3	18.6	11		5.4	4
5′13″	19.9	19.1	10	2	5.1	3.5
5′18″	20.6	19.7	9		4.8	3
5′21″	21.3	20.3	8		4.5	2.5
5′26″	22.3	21.4	7	1	4.1	2
5′29″	23.3	22.5	6		3.7	1.5
5′31″	24.3	23.6	5		3.3	1
5′33″	25.3	24.5	4		3	0.5
5′34″	25.4	24.6	3		2.9	0

附录 2

2017 年初中毕业升学体育现场考试成绩标准（女）

800 米（分/秒）	足球（秒）	篮球（秒）	排球（次）	仰卧起坐（次/分钟）	实心球（米）	分数
3′24″	14.9	13.3	40	49	7.6	10
3′27″	15.3	13.8	38	47	7.4	9.5
3′30″	15.8	14.5	35	44	7.2	9
3′34″	16.2	15.1	32	42	7	8.5
3′42″	16.7	15.9	29	40	6.8	8
3′49″	17.1	16.4	26	37	6.6	7.5
3′55″	17.7	17.1	23	34	6.4	7
4′03″	18.5	18.2	21	30	6	6.5
4′12″	19.2	19.1	19	27	5.6	6
4′20″	19.7	19.6	16	26	5.5	5.5
4′25″	20.2	20.1	14	25	5.4	5
4′28″	21	20.6	12	24	5.3	4.5
4′32″	21.6	21	11	23	5.1	4
4′36″	22.4	21.5	10	22	4.9	3.5
4′40″	23.2	22	9	21	4.5	3
4′45″	24	22.5	8	20	4.3	2.5

续表

800米（分/秒）	足球（秒）	篮球（秒）	排球（次）	仰卧起坐（次/分钟）	实心球（米）	分数
4′50″	25.1	23	7	19	4	2
4′55″	26.2	23.8	6	18	3.8	1.5
4′58″	27.3	24.9	5	17	3.7	1
5′03″	28.4	25.8	4	16	3.6	0.5
5′04″	28.5	25.9	3	15	3.5	0

北京市教育委员会

关于下达2016年北京市属高等学校成人高等教育招生计划的通知

京教计〔2016〕30号

有关市属高等学校：

根据教育部《关于做好2016年全国成人高校分省分专业招生计划编制工作的通知》（教学司〔2016〕4号），根据首都经济建设和社会发展对人才的需求，综合考虑学校办学条件、报名人数等因素，确定2016年市属高等学校成人高等学历教育招生计划总数为23748人，其中本科招生计划11623人，高职（专科）招生计划

12125人。现将招生计划下达给你们，并就计划执行过程中的有关事项通知如下，请一并遵照执行。

一、各高校要认真贯彻落实《国务院关于深化考试招生制度改革的实施意见》，严格执行教育部和本市的各项规定，加强对本地区、本行业成人高等教育需求分析预测，充分体现成人高等教育为在职从业人员服务、以业余学习为主的特点，不断优化结构，提高办学质量和水平。按照《京津冀协同发展规划纲要》中提出的“严控在京高等学校招生人数和办学规模，不再扩大并逐步减少在京高等学校招生规模，大幅压缩中等职业教育和成人教育规模”的要求，积极发展各种形式的非学历教育，特别是大学后继续教育和高层次岗位培训，为首都学习型城市建设和构建终身教育体系做出积极贡献。

二、独立设置成人高校要根据首都经济建设和社会发展的实际需要和本校办学条件，加快调整成人高等教育学科、专业结构，不断提高成人学历教育的培养质量。同时，积极探索社会培训等各种形式的非学历继续教育，不断拓展为社会教育服务的渠道。

三、普通高校举办成人高等学历教育，应与学校举办的研究生、普通本专科等教育事业发展相协调，统筹安排、综合利用学校各项办学条件，确保必要的办学条件，特别是专任教师的数量和质量。普通高校不得安排脱产形式招生计划。

四、各高校要依法办学。要切实加强管理，加大投入，改善条件，提高办学质量。教育部和我委将加大对高校办学条件的监测和审核力度，对基本办学条件达不到规定要求的学校，将在高等教育计划安排等方面给予适当限制，并通过媒体向社会公布。严禁任何形式的“超前班”；严禁以“联合办学”等名义将招生计划投放到低层次学校和非高等学历教育机构。对在成人高等教育和继续教育中违规招生和违规办学的单位，将按照暂停招生或限制招生进行处理并予以公布。

五、各高校在招生录取过程中，要严格执行招生计划，维护招生计划管理的严肃性。未经批准，任何单位和个人不得擅自变更下达的招生计划。

附件：1. 2016年市属高等学校分学校成人高等教育招生来源计划总表（略）
2. 2016年市属高等学校分学校成人高等教育招生来源计划（专升本）总表（略）
3. 2016年市属高等学校分学校成人高等教育招生来源计划（高起本）总表（略）
4. 2016年市属高等学校分学校成人高等教育招生来源计划（高起专）总表（略）
5. 2016年市属高等学校分学校分专业成人高等教育招生来源计划表（略）
6. 2016年市属高等学校分学校分专业成人高等教育招生来源计划（专升本）表（略）
7. 2016年市属高等学校分学校分专业成人高等教育招生来源计划（高起本）表（略）
8. 2016年市属高等学校分学校分专业成人高等教育招生来源计划（高起专）表（略）

2016年11月18日

学生管理

北京市教育委员会文件选编

（2016）

北京市教育委员会

转发教育部关于做好2016届全国普通高等学校毕业生就业创业工作文件的通知

京教函〔2016〕22号

各普通高校、研究生培养单位：

2016年是“十三五”开局之年，也是推进高校毕业生高质量就业创业的关键之年。为进一步贯彻落实中央和北京市关于做好高校毕业生就业创业工作要求，促进北京地区高校毕业生就业创业质量稳步提升，现将教育部《关于做好2016届全国普通高等学校毕业生就业创业工作的通知》（教学〔2015〕12号）转发给你们，并结合北京实际提出如下意见，请一并遵照执行。

一、全面推进大学生创新创业工作

（一）理顺工作机制，加强创新创业工作组织领导。各普通高校、研究生培养单位（以下简称“各高校”）要高度重视大学生创新创业工作，加强支持和投入力度，切实把大学生创新创业摆在学校工作的重要位置，并纳入学校总体规划和年度考核目标。建立健全由各高校主要领导牵头的创新创业工作机构，加强组织领导，明确责任分工，狠抓任务落实，统筹推进各项工作，为做好大学生创新创业工作提供有力保障。

（二）完善政策体系，制定切实可行的配套支持措施。各高校要认真贯彻落实国家和北京市有关鼓励引导大学生创新创业的政策措施，结合本校特色制定操作性强的创新创业实施方案，优化经费支出结构，多渠道统筹安排资金，设立大学生创新创业工作专项经费和专用场地，支持创新创业教育教学，资助学生创新创业项目，对自主创业学生给予全程指导，营造浓厚的校园创新创业氛围。要切实采取措施做好自主创业毕业生离校后的后续服务工作，解决他们的后顾之忧。

（三）重视队伍建设，着力打造专业化高水平工作团队。各高校要重视创业工作队伍建设，组建一支校内外结合，专业知识、实践经验、学历层次等方面结构合理的创业工作团队。校级创业工作部门至少有 1 名专职人员，要积极联系社会资源，聘请成功创业人士作为创业导师，指导和帮助大学生创新创业。各高校要定期安排学校创业工作人员参加相应的学习和培训。

（四）加强多方联动，确保大学生创新创业工作整体推进。各高校要继续按照《北京高校高质量就业创业计划》和《北京市深化高等学校创新创业教育改革实施方案》的要求，积极支持并推动以“一街三园”为载体的北京高校大学生创业园孵化体系的建设与发展，遴选和推荐大学生创业优秀团队入驻北京高校大学生创业园，并加快创业中心建设进程，不断提升全市高校创业工作整体水平。

二、继续提升大学生就业指导服务水平

（一）适应严峻形势，确保高校毕业生就业局面稳定。就业事关经济发展和民生改善大局。2016 届全国普通高校毕业生人数将继续增长，就业形势依然复杂严峻。当前和今后一个时期，加快实施京津冀协同发展战略、疏解北京非首都功能将对全市人力资源供求和就业结构调整带来深远影响。各高校要切实落实“一把手”工程，强化校级就业工作领导机构的组织协调作用，及时研判形势，协调解决重点难点问题，以高度的政治责任感切实抓好大学生就业工作。

（二）夯实工作基础，保障就业工作扎实稳步向前推进。各高校要按照教育部关于“校级专职工作人员与各层次应届毕业生总人数比不低于1∶500”的要求，配齐配强工作队伍；开辟专用场地，加大经费投入，切实做到“机构、人员、场地、经费四到位”，促进就业工作水平稳步提升。市教委将适时开展“四到位”情况检查，对落实不到位的高校进行通报。各高校要积极为就业专职人员提供学习研修的机会，将就业指导教师纳入学校教师专业技术职务评聘范畴，并落实相应待遇。要充分依托北京地区高校就业工作交流机制，加强校际间的交流学习，全面提升就业工作水平。市属高校要切实用好每生每年350元的就业创业定额经费，确保经费有效推动工作开展。

（三）注重内涵发展，打造精准化就业指导与服务体系。各高校要结合本校实际，特别是充分考虑“95后”年轻大学生群体的特点，不断完善职业发展和就业指导课程体系，建立专业化职业测评系统，为大学生提供针对性更强的个性化指导与咨询服务。加大就业困难群体毕业生帮扶力度，实行“一生一策”动态管理、精准帮扶。落实好离校未就业毕业生就业促进计划，持续为他们提供就业信息和指导服务，做到“离校不离心、服务不断线”。

（四）加强市场建设，引导毕业生树立合理就业观念。各高校要充分发挥校园就业市场的主渠道和基础性作用，深入挖掘岗位，积极组织多种形式的校园招聘活动，促进招聘信息和岗位质量稳步提高。鼓励毕业生到基层就业、到京外地区就业，进一步加大政策引领和服务保障力度。主动适应经济增长新常态，在充分利用传统就业渠道的基础上，围绕“京津冀协同发展”、北京“四个中心”定位等国家重大发展战略，拓展在新技术、新产业、新业态的就业机会。

三、有关具体问题

（一）培养方式为定向、委培的高校毕业生要严格按照定向、委培协议就业。

（二）毕业离校时，培养单位报送就业方案为考双、考研、考博（博士后）的毕业生，录取后提出不再攻读的，回生源省区就业；中途退学的研究生回生源省区就业。

（三）毕业后，京外生源毕业生拟考研、拟出国的，凭报到证将户口、档案关系转回生源所在地办理相关手续。

（四）毕业生与用人单位签订了就业协议并办理了《就业报到证》，如无特殊情况不予调整。有特殊情况需要调整改派的，由学校提出调整意见及申请（其调整必须符合国家就业政策导向），经市教委同意，为其办理调整手续。毕业生调整改派须在报到证签发之日起一年之内办理，逾期不再办理有关调整改派手续。

（五）对于9月底前尚未落实就业单位的北京生源，可将档案转回户籍所在区人力社保局毕业生就业工作部门。对于毕业离校时正在落实就业单位过程中的京外生源毕业生，可由用人单位出具证明，向学校提出申请，按照学校要求，暂缓办理户口、档案迁转手续。

（六）离校前经学校认定为自主创业，且离校后户档二分回生源地的毕业生，毕业三年内提出就业的，可申请办理就业手续。

（七）毕业时参军入伍毕业生，户口从学校或生源地注销，档案经学校所属区的武装部门转至服役部队。

（八）学校要对办理就业手续的毕业生进行资格审核，完成学历证书电子注册的相关工作。

（九）师范生的就业按有关政策执行。

2016年1月14日

教育部

关于做好2016届全国普通高等学校毕业生就业创业工作的通知

教学〔2015〕12号

各省、自治区、直辖市教育厅（教委），有关省、自治区人力资源社会保障厅，部属各高等学校：

高校毕业生是实施创新驱动发展战略和推进大众创业、万众创新的生力军。高校毕业生就业事关经济发展和民生改善大局，关乎社会安定稳定，党中央、国务院高度重视。为全面贯彻落实党的十八届五中全会精神，按照《国务院关于进一步做好新形势下就业创业工作的意见》和《国务院办公厅关于深化高等学校创新创业教育改革的实施意见》等文件要求，现就做好2016届高校毕业生就业创业工作通知如下：

一、着力加强创新创业教育和自主创业工作

（一）加快推进创新创业教育改革。各地各高校要把提高教育质量作为创新创业教育改革的出发点和落脚点，根据人才培养定位和创新创业教育目标要求，促进专业教育与创新创业教育有机融合。从2016年起所有高校都要设置创新创业教育课程，对全体学生开发开设创新创业教育必修课和选修课，纳入学分管理。对有创业意愿的学生，开设创业指导及实训类课程。对已经开展创业实践的学生，开展企业经营管理类培训。要广泛举办各类创新创业大赛，支持高校学生成立创新创业协会、创业俱乐部等社团，举办创新创业讲座论坛。高校要设立创新创业奖学金，并在现有相关评优评先项目中拿出一定比例用于表彰在创新创业方面表现突出的学生。

（二）落实完善创新创业优惠政策。各地各高校要深入实施“大学生创业引领计划”，积极会同有关部门进一步加大政策落实力度，落实创业担保贷款、小微企业减税降费、创业培训补贴等各项扶持政策，重点支持高校学生到新兴产业领域创业。推动相关部门加快制定有利于互联网创业的扶持政策。要按照《普通高等学校学生管理规定》要求，制订本地本校创新创业学分转换、实施弹性学制、保留学籍休学创新创业等具体措施，支持参与创业的学生转入相关专业学习，为创新创业学生清障搭台。

（三）加大创新创业场地建设和资金投入。各地各高校要建设和利用好大学科技园、大学生创业园、创业孵化基地、大学生校外实践教育基地等创新创业平台。高校实验室、实验设备等各类资源，原则上向全体在校学生开放。高校要通过合作、转让、许可等方式，向高校毕业生创设的小微企业优先转移科技成果。要通过学校自设、校外合作、风险投资等多种渠道筹集资金，扶持高校学生创新创业。充分运用市场机制，引导社会资金和金融资本支持大学生创业活动。

（四）不断提升创新创业服务水平。各地各高校要配齐配强创新创业教育专职教师，聘请各行各业优秀人才担任兼职教师，建立全国万名优秀创新创业导师人才库。要创新服务内容和方式，为准备创业的学生提供开业指导、创业培训等服务，为正在创业的学生提供孵化基地、资金支持等服务。高校要建立校园创新创业导师微信群、QQ群等，发布创业项目指南，实现高校学生创业时时有指导、处处有服务。要进一步完善高校学生创业服务网功能，为高校学生提供项目对接、产权交易、培训实训、政策宣传等服务。

二、积极拓宽重点领域就业渠道

（五）鼓励高校毕业生到基层就业。各地各高校要进一步加大政策引领和服务保障，全面落实高校毕业生到中西部地区、艰苦边远地区和老工业基地县以下基层就业的学费补偿和国家助学贷款代偿政策。继续实施好“农村教师特岗计划”“三支一扶”“西部计划”“大学生村官”等基层项目。鼓励各地结合实际，开发实施社区服务、健康养老等新项目。积极推进健全从政法专业毕业生中招录人才的规范便捷机制，促进政法专业毕业生就业。

（六）围绕国家发展战略开拓就业岗位。各地各高校要鼓励和引导毕业生到国家重点行业、重点地区、重大工程、重大项目就业。要结合“一带一路”“长江经济带”“京津冀协同发展”等国家重大发展战略，积极向沿海沿江沿线经济带输送毕业生。要结合实施“中国制造 2025”和“互联网＋”行动计划，大力开拓就业岗位。要结合新型工业化、信息化、城镇化和农业现代化，引导毕业生到战略性新兴产业等领域就业创业。

（七）引导高校毕业生到新兴领域就业。各地各高校要因地制宜，结合地方经济发展需要，深入挖掘新技术、新产业、新业态创造的就业机会。要大力引导高校毕业生到金融保险、节能环保、电子商务、现代物流等生产性服务业和旅游休闲、健康养老、社会工作、文化体育等生活性服务业就业。要适应现代农业发展方式转变和新农村建设需要，鼓励高校毕业生面向农业新技术、新品种研发和现代农业经营管理等领域就业。

（八）继续做好高校学生征兵工作。各地各高校要与兵役机关密切配合，建立定期会商机制，及早部署 2016 年高校学生征兵工作，认真落实大学生征兵任务。逐项落实各项政策，重点落实好退役高校学生士兵专项研究生招生计划、新生宣传单、复学升学、就业创业等政策。逐校落实工作任务，明确责任，一级抓一级，层层抓落实。逐人开展宣传动员，办好“网上咨询周”“征兵宣传月”等活动，对大学新生、在校生、毕业生等不同群体开展有针对性的宣传动员，确保高校学生征兵数量和质量进一步提高。

（九）支持毕业生到中小微企业就业。中小微企业是增加就业的主体，各地各高校要会同有关部门完善落实中小微企业吸纳毕业生的社保补贴、培训补贴、税费减免等优惠政策。要针对中小微企业特点，主动组织中小微企业集中开展校园招聘活动，引导毕业生到中小微企业就业。要持续关心到中小微企业等基层就业毕业生的成长和发展，通过跟踪服务、定期回访等方式，帮助解决工作和学习上的困难和问题，让他们切实感受到组织的温暖和关心。

三、大力提高就业指导服务能力

（十）建立精准推送就业服务机制。各地各高校要充分利用“互联网＋”技术，根据毕业生需求，将他们的求职意愿与用人单位岗位相对接，实现智能化供需匹配，为毕业生精准推送就业岗位。广泛利用手机等移动终端，开展订制服务，为毕业生“送岗位、送政策、送指导”，实现就业服务个性化、信息化。要充分发挥校园市场的重要作用，通过举办分层次、分类别、分行业的招聘活动，提高招聘活动效率。高校要主动联系用人单位，结合毕业生专业特色，提供相应的就业见习岗位。

（十一）建立未就业毕业生统计机制。健全高校毕业生就业创业状况统计指标体系。从2016年起，各地各高校要重点统计有就业意愿尚未就业毕业生、暂不就业毕业生等指标。建立三级联动机制，辅导员（班主任）及时了解每一位毕业生的就业状况和意愿，院系认真核实汇总就业数据，学校实时更新就业监测系统相关信息。高校要有针对性地加大对有就业意愿尚未就业毕业生的指导服务力度，帮助他们尽快实现就业创业。

（十二）进一步提升就业指导服务质量。要把高校学生职业发展与就业指导课程融入人才培养全过程，结合行业动态和发展需求，建立以课堂教学为主渠道，讲座、论坛、培训为补充，以大学生职业生涯规划大赛、创新创业设计大赛等实践活动为载体的多形式就业指导课程体系。要针对不同层次、不同专业毕业生的特点和需求，广泛开展个性化的咨询服务。加快建设一支职业化、专业化、专家化的就业创业指导工作队伍，高度重视解决就业创业指导教师专业技术职务评聘问题。在专业技术职务评聘中充分考虑就业创业指导教师的工作业绩，并在同等条件下予以适当倾斜。

（十三）加强就业创业政策宣传。各地各高校要认真学习领会、分类归纳、精准解读国务院文件精神和中央部门、地方促进就业创业的政策措施。要建立教育部门、高校、院系、班级四级联动的政策宣传网络，学校领导、院系领导、辅导员、班主任都要主动宣讲就业创业政策。要充分利用微博、微信等新媒体，采用图表、动漫等方式，根据毕业生求职需求，分时段、分类别推送基层就业、自主创业、参军入伍、困难帮扶等政策措施，让政策宣传接地气、见实效。

（十四）优化规范就业工作管理。各地各高校要按照简政放权、放管结合、优化服务的要求，加强与有关部门的配合，切实做好毕业生档案、户口、组织关系等转递和手续衔接工作，做到简便、快捷、高效。要牢固树立安全意识，确保各类校园招聘等活动安全、有序。要坚决反对任何形式的就业歧视，凡校园招聘活动严禁发布含有限定院校、性别、民族等歧视性信息。高校要加强维权教育，切实防范“试用期陷阱”等危害毕业生权益的不法行为。要进一步加强毕业生就业数据信息监督管理工作，完善毕业生实名查询就业状况功能，确保就业数据信息真实、准确。

（十五）做好就业困难毕业生帮扶。要准确掌握家庭困难毕业生、少数民族毕业生、农村生源毕业生、残疾毕业生等各类就业困难群体的具体情况，实行“一生一策”动态管理，通过开展个性化辅导、组织专场招聘等活动，做到精准发力、精准帮扶。各地各高校要积极协调配合人力资源社会保障、财政等部门，做好求职创业补贴申请和发放工作。要进一步与人力资源社会保障部门做好信息衔接和服务接续工作，实施好离校未就业毕业生就业促进计划，持续为他们提供就业信息和指导服务，切实做到“离校不离心、服务不断线”。

四、推动高等教育更好适应经济社会发展需要

（十六）进一步优化高等教育结构。围绕国家和区域经济社会发展需求，优化院校布局、学科专业布局和人才培养机制，提高教育教学质量。鼓励具备条件的普通本科高校向应用型转变，加快应用型、技术技能型、复合型、科技创业人才培养。进一步完善专业学位研究生教育体系，扩大培养规模。建设现代职业教育体系，推进产教融合、校企合作，推进高职院校开展现代学徒制培养。

（十七）切实提高毕业生就业创业能力。把深化高校创新创业教育改革作为推进高等教育综合改革的突破口，推进人才培养与社会需求间的协同，探索建立需求导向的学科专业结构和就业创业导向的人才培养类型结构调整新机制。推进高校与政府、企业、社会的协同，继续加强对“全国高校实践育人创新创业基地”的培育指导工作，促进产学研用紧密结合，推动高校学生参加形式多样的实习实训、社会实践和创新创业活动，增强学生创新精神、创业意识和创新创业能力，推动毕业生更高质量就业创业。

（十八）积极发挥就业反馈作用。进一步完善高校毕业生就业质量年度报告发布制度，各地各高校要在每年年底前编制和发布就业质量年度报告，将创新创业相关情况以及有就业意愿尚未就业毕业生、升学、暂不就业等内容纳入就业质量报告，更加科学、客观地反映高校毕业生就业创业状况和特点。要积极发挥就业创业状况对教育教学的反馈作用，进一步完善学科专业预警、退出管理办法，健全就业与招生计划、人才培养、经费拨款、院校设置、专业调整的联动机制，促进人才培养与经济社会发展紧密对接。

五、进一步加强就业创业工作组织领导

（十九）健全协调机制。各地各高校要切实落实“一把手”工程，把就业创业工作摆上重要议事日程，及时研判形势，协调解决存在问题，确保高校毕业生就业局势稳定。各地要建立相关职能部门会商机制，因地制宜出台新举措，逐项落实就业创业政策。各高校要健全就业部门牵头，招生、教学、学生、武装、团委等部门齐抓共管的工作机制，定期研究毕业生就业创业工作，做到开学有部署、工作有分工、过程有检查、年终有总结。

（二十）建立督查机制。各地各高校要建立高校毕业生就业创业工作督查机制，把各项政策措施和年度重点工作的落实完成情况作为督查重点。开展日常督查和不定期抽查，及时查找问题、总结经验，以督查促整改、抓落实。要加大对高校毕业生就业创业工作问责力度，对落实不力的，要限期整改并追究领导责任。

（二十一）完善保障机制。各地各高校要进一步健全就业创业工作机构，配备指导教师，开辟专用场地，加大经费投入，切实做到“机构、人员、场地、经费”四到位。各地要积极协调地方政府将高校毕业生就业工作经费纳入同级财政预算，切实保障各项就业创业服务工作开展所需经费。要加快建设一批省级和校级示范性就业创业指导服务机构，促进就业创业指导服务水平进一步提高。

（二十二）加强思想教育和舆论引导。各地各高校要把思想教育和毕业教育有机结合起来，深入学习贯彻习近平总书记系列重要讲话精神，不断丰富思想教育内容和方式。积极组织干部讲政策、专家讲形势、师生讲感受、企业家讲经验，引导广大毕业生树立正确的人生观、价值观和成才观。要把创新精神和创业意识的培养融入思想教育，激励更多高校学生在就业创业实践中成就有梦想有奋斗有奉献的精彩人生。要积极开展全国高校创新创业总结宣传工作，加强对高校创新创业教育典型经验和高校学生就业创业典型的宣传，坚持正确的舆论导向，营造促进就业创业工作的良好氛围。

2015 年 11 月 27 日

北京市教育委员会

关于授予谭雅卓等12名学生2015—2016学年度“北京市优秀学生”荣誉称号的决定

京教基一〔2016〕1号

各区教委、中等专业学校：

根据教育部和北京市评选省级优秀学生的文件精神，今年市教委继续在本市高中阶段应届毕业生中按照万分之一比例评选北京市优秀学生。依照评选程序，经北京市优秀学生评审小组审定，决定授予北京汇文中学谭雅卓等12名学生2015—2016学年度“北京市优秀学生”荣誉称号。

希望各区及学校加大优秀学生的宣传力度，充分发挥优秀学生的典型示范作用，激励和引导广大中小学生以他们为榜样，坚定理想信念，全面发展，学有特长，服务社会，自觉培育和践行社会主义核心价值观。

附件：2015—2016学年度北京市优秀学生名单

2016年4月6日

附件

2015—2016学年度
北京市优秀学生名单（12人）

（排名不分先后）

北京汇文中学	谭雅卓
北京市第四中学	许鹤凡
北京市朝阳外国语学校	李天翼
北京市中关村中学	高般若
北京市第十二中学	汤雪逸
北京市京源学校	章乐怡
北京市大峪中学	范浩林
北京市通州区潞河中学	曹孟尧
北京市商业学校	罗晨
北京市供销学校	贺蕊
北京市延庆区第一职业学校	武晓娟
北京市密云区职业学校	马思宇

北京市教育委员会办公室

转发教育部办公厅关于开展全国普通高校毕业生精准就业服务工作的通知

京教办函〔2016〕12号

各普通高校、研究生培养单位：

现将教育部办公厅《关于开展全国普通高校毕业生精准就业服务工作的通知》（教学厅函〔2016〕14号）转发给你们，请遵照执行。

2016年4月18日

教育部办公厅

关于开展全国普通高校毕业生精准就业服务工作的通知

教学厅函〔2016〕14号

各省、自治区、直辖市教育厅（教委），有关省、自治区人力资源社会保障厅，部属各高等学校：

为深入贯彻落实《国务院关于进一步做好新形势下就业创业工作的意见》精神，按照《教育部关于做好2016届全国普通高等学校毕业生就业创业工作的通知》要求，建立健全精准推送就业服务机制，促进毕业生更加充分和更高质量就业，现将有关事项通知如下：

一、高度重视精准就业服务工作。就业指导服务是高校毕业生就业工作的职责所在和主要内容。精准就业服务是提升就业指导服务水平、做好新形势下高校毕业生就业创业工作的必然要求。各地各高校要把建立健全精准推送就业服务机制作为创新工作方式、践行“三严三实”的重要体现，明确目标任务，统筹多方资源，加大资金支持和人员保障，调动辅导员（班主任、研究生导师）、院系、职能部门、用人单位积极性，主动适应经济发展新常态，不断满足毕业生就业创业新需求，进一步提升高校毕业生就业指导服务质量和水平。

二、准确掌握供求信息。各地要指导并明确要求各高校开展毕业生资源信息全面调查，帮助高校通过各种渠道广泛收集用人单位岗位需求信息。各高校要明确任务分工，层层抓好落实，辅导员、班主任、研究生导师要第一手了解每一位毕业生的就业状况和意愿，详细记录毕业生求职地域、意愿、薪水等就业意向。高校和院系要准确掌握单位性质、工作地点、学历要求、招聘条件等招聘信息，建立毕业生求职意愿信息数据库和用人单位岗位需求信息数据库。

三、建立精准对接服务平台。各地各高校要充分利用就业网、手机短信、就业 APP、微信等渠道，建立供需精准对接服务平台。将毕业生求职意愿信息数据库与用人单位岗位需求信息数据库进行比对，智能化匹配学历、专业、地域等关键信息，为毕业生与用人单位精准推送符合要求的供需信息。要指定专门团队或人员负责服务平台的维护管理，及时收集、整理、发布供需信息，做到定期维护、适时更新、即时统计。教育部新职业网已建成精准对接服务平台和微信公众号，为高校毕业生提供政策、指导和岗位信息精准对接服务。

四、大力拓展服务内容。各地各高校要充分利用“互联网＋就业”新模式，采用青年学生喜闻乐见的形式，不断丰富精准对接服务内容。广泛利用手机等移动终端，开展订制服务，根据毕业生不同阶段需求和求职意愿，精准推送相应的就业政策、岗位信息、指导服务，实现就业服务个性化、差异化。要重点关心家庭困难毕业生、少数民族毕业生、农村生源毕业生、残疾毕业生等各类就业困难群体，实行“一生一策”动态管理，通过开展个性化辅导、精准岗位信息推送，做到精准帮扶，帮助他们尽快实现就业创业。

五、确保信息安全。各地各高校要牢固树立网络信息安全意识，进一步加强网络信息安全管理，确保毕业生个人信息安全。要认真审核用人单位资质和招聘信息的真实性、有效性，严禁发布含有限定院校、性别、民族等歧视性招聘信息，严密防范招聘欺诈和“试用期陷阱”，维护毕业生合法权益，确保高校毕业生就业创业工作平稳有序。

2016 年 3 月 17 日

北京市教育委员会办公室

转发教育部办公厅关于进一步做好高校毕业生就业创业工作的通知

京教学办〔2016〕1号

各普通高校、研究生培养单位：

现将《教育部办公厅关于进一步做好高校毕业生就业创业工作的通知》（教学厅〔2016〕5号）转发给你们，请遵照执行。

2016年6月12日

教育部办公厅

关于进一步做好高校毕业生就业创业工作的通知

教学厅〔2016〕5号

各省、自治区、直辖市教育厅（教委），有关省、自治区人力资源社会保障厅，部属各高等学校：

党中央、国务院高度重视高校毕业生就业创业工作。习近平总书记强调，高校毕业生的就业问题关乎社会安定稳定，一定要高度重视。要做好以高校毕业生为重点的青年就业工作，支持帮助学生们迈好走向社会的第一步。5月6日李克强总理主持召开就业工作座谈会并作重要讲话，5月20日国务院召开全国普通高等学校毕业生就业创业工作电视电话会议，对做好高校毕业生就业创业工作进行全面部署。目前，正值高校毕业生就业创业关键期，为深入贯彻落实习近平总书记、李克强总理等中央领导同志的重要指示批示精神和国务院会议要求，确保今年高校毕业生就业水平不降低，现就有关事项通知如下：

一、持续推进高校毕业生就业。各地各高校要围绕战略性新兴产业、现代服务业，面向民营经济、小微企业，开发更多适合高校毕业生的就业岗位。充分发挥校园招聘主渠道作用，主动“走出去，请进来”，采取网上网下相结合，多渠道收集发布就业信息，办好各类招聘活动，确保校园招聘活动热度不减、数量提高。继续做好“特岗计划”“三支一扶”“西部计划”“大学生村官”等基层项目组织招募、政策落实、后续服务等工作，各地要结合实际，启动实施社区服务、健康养老等新项目。尚未制定鼓励基层就业学费补偿贷款代偿办法的省份，要在毕业生离校前出台相关政策并组织实施。

二、着力抓好大学生创新创业。各地各高校要将就业创业结合起来，释放创业带动就业的“倍增效应”。要把深化创新创业教育改革作为推进高等教育综合改革的突破口，融入人才培养体系，健全课程体系，促进专业教育、实习实践等与创新创业教育有机融合。要抓紧制定鼓励学生创新创业的学分转换、弹性学制、保留学籍休学创业等具体政策措施。要根据学生创新创业不同阶段的实际需求，不断提高指导服务的针对性和有效性。高校要加大在科技成果转化、场地建设、资金投入等方面的帮扶，开辟专门场地用于学生创新创业。做好“全国高校实践育人创新创业基地”培育建设。

要在明晰科研成果产权前提下，支持在校学生带着科研成果创业，并提供实验室、实验设备等各类资源。要充分发挥校友等社会资源作用，多渠道为创新创业学生提供资金支持。要积极引导鼓励学生返乡创业，并积极协调有关部门为返乡创业的学生提供土地、资金、技术指导等方面的支持。要组织举办好第二届中国“互联网+”大学生创新创业大赛和2016年全国职业院校技能大赛，通过各类大赛激发学生创新创业热情。要做好全国高校创新创业总结宣传工作，提供各类学校可借鉴的典型经验。

三、精准推送就业创业指导服务。各地各高校要建立健全精准推送就业服务机制，准确掌握就业信息，完善毕业生求职意愿信息数据库和用人单位岗位需求信息数据库，搭建精准对接服务平台。充分利用“互联网+就业”新模式，根据毕业生自身条件、个性特点进行智能化供需匹配，减少毕业生求职盲目性。要广泛使用手机等移动终端，开展个性化订制服务，为毕业生送政策、送指导、送信息。要加强就业创业指导课程和学科建设，按要求配备专兼职就业指导教师，加强对就业指导教师的培训，不断提高就业指导能力和水平。要高度重视心理健康辅导，及时疏导毕业生求职焦虑等心理问题，帮助毕业生调整就业预期，科学规划职业生涯，积极主动就业创业。

四、抓紧做好大学生征兵工作。各地各高校要认真贯彻落实中央军委国防动员部、教育部《关于进一步做好大学生征兵工作的通知》（军动〔2016〕41号），建立健全征兵工作定期会商机制，以更大力度做好宣传发动和组织实施，细化分解征集任务，实时掌握学生应征报名、体格检查、政治考核和预定兵工作进展情况，确保放暑假前完成在校生和毕业生的预定兵工作。要进一步提高宣传动员精准化水平，按照学生征兵工作阶段要求，针对毕业生、在校生、新生三个群体不同特点，开展点对点、面对面宣传发动。要进一步加强政策落实，鼓励因地制宜出台新措施，今年要重点落实好高考录取通知书中寄送征兵宣传单、退役大学生士兵专项研究生招生计划、复学升学、转专业、就业创业等政策，努力实现学生征兵数量和质量进一步提高。

五、切实加强困难帮扶。各地各高校要抓紧建立健全有就业意愿尚未就业毕业生统计机制，以精准统计为基础，重点摸清有就业意愿尚未就业毕业生状况。要带着深厚的感情像对待自己的亲人一样做就业帮扶工作，突出重点、狠抓落实，切实帮助他们解决就业中遇到的困难和问题。对家庭困难毕业生、少数民族毕业生、女性毕业生、农村生源毕业生、残疾毕业生等各类就业困难群体，要建立台账，通过发放求职创业补贴、举办专场招聘活动、开展个性化辅导、推荐岗位信息等多种方式，帮助他们尽快实现就业。对建档立卡贫困家庭毕业生和零就业家庭毕业生，高校领导要亲自过问、指定专人具体负责，千方百计帮助他们实现就业。对离校未就业毕业生，要积极主动和人社部门做好信息衔接和服务接续工作，持续为离校未就业毕业生提供就业指导和信息服务，努力使他们都能在毕业半年内实现就业或参加到就业准备活动中。

六、维护高校毕业生合法权益。各地各高校要高度重视毕业生权益保护，进一步加强法制教育，提高维权意识，坚决制止就业欺诈行为，帮助毕业生识别虚假或欺诈就业信息，防范招聘陷阱，保护自身权益。要进一步加强校园招聘活动监管，校园招聘活动严禁发布含限定院校、性别、户籍、民族等歧视性条款的就业信息，坚决反对任何形式的就业歧视。各高校不准以任何方式强迫毕业生签订就业协议或劳动合同，不准将毕业证书、学位证书发放与毕业生签约挂钩，不准以户档托管为由劝说毕业生签订虚假就业协议，不准将毕业生顶岗实习、见习证明材料作为就业证明材料。

七、做好思想教育和宣传引导工作。各地各高校要不断创新思想教育方式方法，采取青年学生喜闻乐见的形式，组织毕业生深入学习习近平总书记、李克强总理关于青年人成长成才和就业创业重要讲话及指示精神，引导广大毕业生积极主动就业，自觉到国家需要的地方实现自己的人生价值。要密切关注毕业生就业形势变化，加强形势研判和舆情监控，及时发现和处理毕业生就业过程中可能出现的不稳定因素和问题。要大力营造良好氛围，积极宣传学生爱岗敬业艰苦创业典型事迹。坚决防止不利于毕业生就业创业，不利于社会安全稳定的新闻炒作。要积极举办主题班会、毕业典礼等，组织开展形式丰富的文明离校活动，确保校园安全稳定。

2016年5月27日

北京市教育委员会办公室

转发教育部办公厅关于促进2016届尚未就业高校毕业生就业创业工作文件的通知

京教办函〔2016〕17号

各普通高等学校：

现将《教育部办公厅关于促进2016届尚未就业高校毕业生就业创业的通知》（教学厅函〔2016〕42号）转发给你们，并结合北京实际，提出如下要求，请一并遵照执行。

一、各高校要严格按照教育部要求，把促进未就业毕业生就业创业作为当前重点工作，特别是要细致深入做好困难群体毕业生的帮扶工作。各高校要结合本校实际，于7月底前制定专门的工作方案。

二、暑假期间，各高校就业部门要安排值班，为毕业生提供持续的就业创业服务工作，及时为落实就业岗位的毕业生办理就业手续，组织未就业毕业生参加教育部离校未就业毕业生网上招聘活动。

三、各高校要高度重视毕业生求职就业安全，针对毕业生求职过程中出现的新情况、新问题开展宣传教育，提醒毕业生提高风险意识，防范招聘陷阱、就业培训欺诈、求职贷、非法传销等情况。

2016 年 7 月 8 日

教育部办公厅

关于促进 2016 届尚未就业高校毕业生就业创业的通知

教学厅函〔2016〕42 号

各省、自治区、直辖市教育厅（教委），有关省、自治区人力资源社会保障厅，部属各高等学校：

在各地各高校共同努力下，2016 届高校毕业生就业总体进展平稳顺利。目前，高校毕业生离校在即，但仍有部分毕业生未落实就业岗位。为深入贯彻落实习近平总书记、李克强总理等中央领导同志的重要指示批示精神和国务院全国普通高等学校毕业生就业创业工作电视电话会议要求，切实做好尚未就业毕业生就业服务工作，现就有关事项通知如下：

一、高度重视尚未就业毕业生就业创业工作。就业稳则心定、家宁、国安。各地各高校要把促进未就业毕业生就业创业作为当前重点工作，在做好尚未就业毕业生状况精准统计基础上，结合本地本校实际制定专门工作方案。高校要把工作任务层层分解到院系，落实到个人。各院系要指定专人，通过手机短信、微信、网络等毕业生容易获取的联系方式，持续为毕业生提供就业服务，对尚未就业毕业生做到“主动联系一次、提供辅导咨询一次、向用人单位推荐一次”，千方百计帮助有就业意愿尚未就业毕业生尽快实现就业创业。

二、持续开展就业指导和信息服务。高校要进一步建立健全精准对接服务机制，充分利用“互联网＋就业”新模式，持续为尚未就业毕业生提供岗位信息和求职指导。要进一步加强心理辅导和干预，切实消除或降低毕业生求职过程中的焦虑情绪和心理压力，帮助他们树立求职就业信心。暑假期间高校就业部门要安排值班，为落实就业岗位的毕业生及时提供就业服务。近期教育部将再举办4场全国性网络招聘活动，其中8月份将在教育部全国大学生就业公共服务立体化平台推出2016年离校未就业高校毕业生网上招聘活动，请各地各高校及时通知并组织有就业意愿的尚未就业毕业生积极参与。

三、加强毕业生求职安全教育和风险防范。各高校要高度重视毕业生求职就业安全，针对毕业生求职过程出现的新情况、新问题开展一次专题教育，加大对劳动法、劳动合同法、就业促进法等法律法规和就业政策的宣传解读，同时提醒尚未就业毕业生提高风险意识，防范招聘陷阱、就业培训欺诈、求职贷、试用期白用、非法传销等状况。要利用精准服务推送平台，向尚未就业毕业生发送防范违法违规侵权行为等相关指导信息。对遭遇就业欺诈的毕业生，学校要帮助他们及时向人力资源市场监管部门举报，并采取多种方式降低损失，切实维护毕业生合法就业权益。

四、持续做好创新创业指导服务工作。各地各高校要积极鼓励和支持尚未就业毕业生创新创业，高校创业指导教师要继续为准备创业的毕业生提供公司开办、创业政策咨询等指导服务，邀请他们参加学校组织的创新创业活动。高校要充分发挥科研技术优势，为创业毕业生解决产品研发、成果转化等难点问题，高校实验室、实验设备等各类资源，要为创业毕业生提供支持，并落实好通过合作、转让、许可等方式，向高校毕业生创设的小微企业优先转移科技成果政策。大学科技园、创业园要努力创造条件为创业毕业生解决场地、资金和人力资源等问题，让毕业生敢创业、会创业、创成业。

五、持续做好大学生征兵工作。今年大学生征兵工作已到关键时期，各地各高校要按照中央军委国防动员部、教育部《关于进一步做好大学生征兵工作的通知》（军动〔2016〕41号）要求，有针对性地动员尚未就业毕业生积极应征入伍，对体检政考合格的毕业生要及时发放《大学生预定兵通知书》。要进一步做好发放大学新生录取通知书附寄《大学新生应征入伍宣传单》工作，并为有应征意愿的新生提供咨询服务，解除他们的后顾之忧。对高校毕业生要落实好学费补偿代偿、退役后就业指导等服务，对新生和在校生要落实好保留入学资格、考试升学等服务，确保政策落实到位、服务保障到位，努力实现大学生征兵数量和质量进一步提高。

六、深入细致做好困难帮扶工作。各地各高校要充分发挥组织优势，动员各方面力量深入细致做好困难群体就业帮扶工作。要满腔热情像对待自己的孩子一样，分门别类采取有效措施，帮助家庭困难毕业生、少数民族毕业生、女性毕业生、农村生源毕业生、残疾毕业生等各类尚未就业群体实现就业创业。积极配合相关部门落实发放好求职创业补贴，持续提供个性化咨询辅导。对建档立卡贫困家庭毕业生和零就业家庭毕业生，各地要实施“一人一策”专项帮扶计划，通过开发基层公共管理服务岗位确保兜底就业；高校领导要亲自过问、指定专人具体负责，通过开发校内实习见习岗位、校友资源等渠道，想方设法帮助他们实现就业。要进一步实施好高校毕业生就业创业促进计划，主动与人社部门做好离校未就业毕业生信息衔接和服务接续，努力使他们都能在毕业半年内实现就业或参加到就业准备活动中。

2016年6月24日

北京市教育委员会

关于公布2016年北京地区高校大学生优秀创业团队第一批评选结果的通知

京教函〔2016〕346号

各高等学校：

为全面贯彻落实国家和北京市关于“大众创业、万众创新”的精神和要求，深入实施《北京高校高质量就业创业计划》，切实对高校大学生创业给予支持，树立大学生创业典型，营造良好创新创业氛围，按照年初工作计划，今年4月至6月，北京市教育委员会组织开展了2016年第一批北京地区高校大学生优秀创业团队评选工作。来自34所高校报送的196支创业团队参加了此次评选。经专家复评，遴选出65支团队参加现场答辩，最终评选出50支优秀创业团队，其中一等奖10个，二等奖15个，三等奖25个（详见附件）。经公示环节无异议，现予公布。

附件：2016年第一批北京地区高校大学生优秀创业团队评选获奖名单

2016年7月25日

附件

2016年第一批北京地区高校大学生优秀创业团队评选获奖名单

奖项	排名	项目名称	高校
一等奖	1	蓝晶（北京）生物科技有限责任公司	清华大学
	2	北京不老尚品农业科技有限公司	中央民族大学
	3	杨星哲团队	北京中医药大学
	4	soshine	北京航空航天大学
	5	八度阳光	清华大学
	6	思高乐传媒	中国传媒大学
	7	航宇智造（北京）工程技术有限公司	北京航空航天大学
	8	低速无人驾驶车	清华大学
	9	渥城中医药科技（北京）有限公司	北京中医药大学
	10	小短	清华大学
二等奖	11	paperfect 折纸效应	中央美术学院
	12	北京擎靖天启科技服务有限公司	北京航空航天大学
	13	教练来了	北京体育大学
	14	玖二有限责任公司	北京航空航天大学
	15	浩恒征途	北京航空航天大学
	16	铁路心晴	北京交通大学
	17	北京健行者体育科技有限公司	北京体育大学
	18	加减健身餐	首都体育学院
	19	北京悠游视记科技发展有限公司创业企业	首都师范大学
	20	掌艺项目团队	中国传媒大学
	21	极光源芯	清华大学

续表 1

奖项	排名	项目名称	高校
二等奖	22	landeye 地质旅游开发有限公司	中国地质大学（北京）
	23	北京亦德教育科技有限责任公司	首都师范大学
	24	北京满座文化发展有限公司	中央戏剧学院
	25	北京米芽时代科技有限公司	北京外国语大学
三等奖	26	北京熠帆五方体育有限公司	北京工业大学
	27	灵眸	北京工业大学
	28	北京小豆当家科技有限公司	北京航空航天大学
	29	云宫（北京）生态科技有限公司	北京劳动保障职业学院
	30	微晨创业团队	北京科技大学
	31	Toplayer 创客团	北京林业大学
	32	北京盛茸国际教育科技有限公司	中国地质大学（北京）
	33	陇上毓绣	北京林业大学
	34	北京超池电池及技术研发有限公司	北京科技大学
	35	俊乐科技有限公司	北京工业大学
	36	博科派德（北京）科技有限公司	北京工业大学
	37	彩果智能老年健康枕	北京科技大学
	38	居安建筑物健康监测项目——专业、便捷、可靠的建筑安全管家	北京航空航天大学
	39	共言民语协会	中央民族大学
	40	北京琛智农林科技有限公司	北京林业大学
	41	国医战队	中央民族大学
	42	3D 打印制药	北京中医药大学
	43	咖啡余香	北京林业大学
	44	北京乐享奇迹信息科技有限公司	北京邮电大学
	45	北京学姐知道互联网科技有限公司	中央民族大学
	46	北京库洛斯科技有限公司	北京科技大学

续表 2

奖项	排名	项目名称	高校
三等奖	47	I. P. C	北京工商大学嘉华学院
	48	向素	中央美术学院
	49	北京市旭启鹏盛体育文化有限公司	北京体育大学
	50	Coming 网络有限责任公司	中央民族大学

北京市教育委员会

关于公布第一批北京地区高校示范性创业中心名单的通知

京教函〔2016〕374 号

各普通高等学校：

为全面贯彻落实国家和北京市关于“大众创业、万众创新”的精神和要求，深入实施《北京高校高质量就业创业计划》，进一步发挥高校示范引领作用，全面提升北京地区高校大学生创业工作水平，市教委于 2014 年开始开展北京地区高校示范性创业中心建设工作。2014 年至 2015 年，44 所高校被先后确定为示范性创业中心建设校，每校给予一定资金支持。

按照《北京市教育委员会关于开展北京地区高校示范性创业中心建设工作的通知》（京教学〔2014〕4 号）、《北京市教育委员会关于开展北京地区高校示范性创业中心评选工作的通知》（京教函

〔2016〕132号）等文件要求，4月至7月，市教委组织开展了第一批北京地区高校示范性创业中心评选工作，共计41所高校申报参评。本着“公平、公正、公开”的原则，通过审阅学校申报材料与集中听取申报学校汇报相结合的方式，经过评审委员会认真评审，最终评选出第一批北京地区高校示范性创业中心28个。经公示等环节，现予公布。

各高校示范性创业中心要进一步健全大学生创业工作机制，充分发挥示范引领作用，带动北京地区高校整体提升创业指导和创业服务工作水平，促进大学生实现高质量就业创业。

附件：第一批北京地区高校示范性创业中心名单

2016年8月17日

附件

第一批北京地区高校示范性创业中心名单

（按学校代码顺序排序）

序号	学校代码	学校名称
1	10001	北京大学
2	10002	中国人民大学
3	10003	清华大学
4	10004	北京交通大学
5	10005	北京工业大学
6	10006	北京航空航天大学

续表

序号	学校代码	学校名称
7	10007	北京理工大学
8	10008	北京科技大学
9	10010	北京化工大学
10	10011	北京工商大学
11	10012	北京服装学院
12	10013	北京邮电大学
13	10016	北京建筑大学
14	10019	中国农业大学
15	10022	北京林业大学
16	10026	北京中医药大学
17	10028	首都师范大学
18	10030	北京外国语大学
19	10033	中国传媒大学
20	10034	中央财经大学
21	10038	首都经济贸易大学
22	10043	北京体育大学
23	10047	中央美术学院
24	11415	中国地质大学（北京）
25	11417	北京联合大学
26	11418	北京城市学院
27	11625	中国青年政治学院
28	12561	北京财贸职业学院

北京市教育委员会办公室

转发教育部办公厅关于做好2017年推荐优秀应届本科毕业生免试攻读研究生工作的通知

京教高办〔2016〕1号

各有关高等学校：

现将教育部办公厅《关于做好2017年推荐优秀应届本科毕业生免试攻读研究生工作的通知》（教学厅〔2016〕8号）转发给你们，请根据文件要求，结合本校实际，做好推荐优秀应届本科毕业生免试攻读研究生工作。

2016年10月14日

教育部办公厅

关于做好2017年推荐优秀应届本科毕业生免试攻读研究生工作的通知

教学厅〔2016〕8号

各省、自治区、直辖市高等学校招生委员会、教育厅（教委）、教育招生考试机构，新疆生产建设兵团教育局，有关部门（单位）教育司（局），中央军委训练管理部，各研究生招生单位：

推荐优秀应届本科毕业生免试攻读研究生（以下简称推免）是研究生招生工作的重要组成部分，是选拔拔尖创新人才、完善研究生招生多元录取机制、提高研究生招生质量的重要举措，也是促进和激励在校本科生勤奋学习、勇于创新、全面发展的有效机制。2017年推免工作要立足于服务国家战略和经济社会发展需要，围绕质量核心，突出改革导向，积极支持重点改革项目和重点领域。各推免高校要根据本校实际情况加强制度建设，健全推免名额分配机制和推免生遴选机制，合理安排使用推免名额，着力提高人才选拔质量。

2017年推免工作要认真落实《关于印发〈全国普通高等学校推荐优秀应届本科毕业生免试攻读硕士学位研究生工作管理办法（试行）〉的通知》（教学〔2016〕14号）、《教育部办公厅关于进一步加强推荐优秀应届本科毕业生免试攻读研究生工作的通知》（教学厅〔2013〕8号）和《教育部办公厅关于进一步完善推荐优秀应届本科毕业生免试攻读研究生工作办法的通知》（教学厅〔2014〕5号），并严格按照教育部下达的推荐优秀应届本科毕业生免试攻读研究生名额开展相关工作。

2017 年继续执行“研究生支教团”“农村学校教育硕士师资培养计划”“高层次双语人才培养”“上海市临床医学专业学位改革试点”专项推免计划，以及教育部直属师范大学接收外校推免生名额补偿政策和国防科工招生单位接收外校推免名额补偿政策，相关工作按照推免工作规定及有关专门文件开展。

各有关高校推免名额及相关专项计划推免名额已通过“全国推荐优秀应届本科毕业生免试攻读研究生信息公开暨管理服务系统”（网址：http://yz.chsi.com.cn/tm）下达，请及时查收并严格执行。

2016 年 9 月 8 日

北京市教育委员会

转发教育部中国福利会中国宋庆龄基金会关于颁发第十二届宋庆龄奖学金决定的通知

京教基一〔2016〕6 号

各区教委：

现将教育部、中国福利会、中国宋庆龄基金会《关于颁发第十二届宋庆龄奖学金的决定》（教基一〔2016〕2 号）转发给你们，请结合实际，面向中小学，通过多种形式宣传宋庆龄奖学金获奖者的先进事迹。

第十二届宋庆龄奖学金已经过我委下达到各区教委（标准为500元/人），请各区教委做好奖金、证书和《成长的榜样》的发放工作。

2016年10月19日

教　育　部
中国福利会
中国宋庆龄基金会

关于颁发第十二届宋庆龄奖学金的决定

教基一〔2016〕2号

为了推动中小学素质教育的全面实施，促进九年义务教育阶段学生德、智、体、美全面发展，根据《教育部办公厅关于第十二届宋庆龄奖学金评选工作的通知》（基教一厅函〔2015〕40号），经各省、自治区、直辖市教育行政部门推荐，教育部、中国福利会和中国宋庆龄基金会决定向李梦雨等1538名学生颁发第十二届宋庆龄奖学金。

希望获得宋庆龄奖学金的同学珍惜荣誉、积极进取、戒骄戒躁，在成长道路上不断取得新进步。各地教育行政部门要大力宣传获奖者的生动事迹，发挥好中小学生身边榜样的作用。

附件：第十二届宋庆龄奖学金获奖者名单

2016年6月12日

附件

第十二届宋庆龄奖学金获奖者名单

（共计 1538 人）

北京（40）

序号	姓名	性别	民族	年级	学校
1	李梦雨	女	汉	七	北京市文汇中学
2	王思宇	女	汉	八	北京市第一七一中学
3	陈墨	男	汉	九	北京市第十一中学分校
4	童思齐	男	汉	五	北京市西城区新世纪实验小学
5	马烁	女	汉	四	北京市西城区中古友谊小学
6	崔玉如	女	满	五	北京雷锋小学
7	余佳玥	女	汉	八	北京中学
8	侯映泽	男	汉	九	北京市陈经纶中学分校
9	徐聚勃	男	回	九	中国人民大学附属中学朝阳学校
10	孟泽宣	男	汉	四	北京市海淀区实验小学
11	雷情晴	女	汉	五	北京市二十一世纪国际学校
12	赵佳宇	女	汉	六	北京石油学院附属小学
13	李孙思睿	女	汉	六	北京市海淀区定慧里小学
14	程嘉	女	汉	九	北京市赵登禹学校
15	高天雪	女	汉	八	北京市第十八中学
16	蔡语涵	女	汉	六	北京市石景山区古城第二小学
17	谢嘉	女	汉	六	北京市石景山区红旗小学
18	马嘉骏	男	汉	九	北京市通州区潞河中学

续表

序号	姓名	性别	民族	年级	学校
19	刘丽	女	汉	九	北京市通州区育才学校通州分校
20	李臻	男	汉	八	北京市通州区陆辛庄学校
21	赵楚涵	女	蒙古	六	北京市顺义区东风小学
22	顾成功	男	汉	六	北京市顺义区后沙峪中心小学校
23	雷曦	女	汉	九	北京市大兴区兴华中学
24	闫如月	女	汉	八	北京师范大学大兴附属中学
25	杨屿涵	男	汉	九	北京市大兴区第一中学
26	田明阳	女	汉	六	北京市密云县第二小学
27	蔡博果	女	汉	五	北京市密云县太师屯镇中心小学
28	吴相霖	女	汉	八	北京市怀柔区第三中学
29	刘倩初	女	汉	八	北京市怀柔区第五中学
30	刘涵	女	汉	六	北京市平谷区第三小学
31	宋心悦	女	汉	六	北京市平谷区第一小学
32	张欣悦	女	汉	九	首都师范大学附属回龙观育新学校
33	李嘉洋	女	汉	八	北京市昌平区天通苑学校
34	王野	女	满	四	延庆县太平庄中心小学
35	杨亚杰	男	汉	五	延庆县珍珠泉中心小学
36	张一漪	女	汉	八	北京市房山区良乡第二中学
37	隗静	女	汉	八	北京市房山区良乡第三中学
38	佟雪筠	女	汉	八	北京市燕山东风中学
39	范爱然	女	汉	六	北京第二实验小学永定分校
40	许怡然	女	汉	四	北京市门头沟区城子小学

（其他省市略，可登陆教育部网站 http://www.moe.edu.cn 查询）

北 京 市 教 育 委 员 会
北京市人民政府征兵办公室

关于做好2017年专科学生退役后专升本工作的通知

京教学〔2016〕3号

各有关高校、区人民政府征兵办公室：

为做好2017年普通高校全日制专科（高职）学生（以下简称“专科学生”）退役后专升本工作，按照北京市教育委员会、北京市人民政府征兵办公室《关于进一步明确专科学生退役后专升本工作的通知》（京教学〔2015〕007号，以下简称“通知”）要求，现就有关事项通知如下：

一、符合免试专升本的条件及手续办理

（一）符合以下条件的，可以申请免试专升本

1.2013年（含）后专科应届毕业生从本市应征入伍，2016年、2017年退出现役或2013年（含）后在校生从本市应征入伍，且退役后复学并按照学校有关规定完成专科（高职）学业，2017年取得毕业证书或入伍期间取得毕业证书的。其中，2017年退出现役的，既可选择参加2017年免试专升本，也可选择退役后免试专升本，但只可享受一次政策。上述人员在服役期间综合表现良好，服役期满并被评为“优秀义务兵（士官）”一次（含）以上的（进藏兵不受限制）。

2. 在校生2013年（不含）前从本市应征入伍，且退役复学并按照学校有关规定完成专科（高职）学业，2017年取得毕业证书的，须满足服役期满荣立三等功（含）或被评为“优秀义务兵（士官）”两次（含）以上的（进藏兵不受限制）。

（二）免试专升本手续的办理

1. 符合退役后免试专升本条件的专科学生，北京生源京外高校学生必须在退出现役两个月内，向入伍所在区征兵办公室提出免试专升本申请；北京高校学生必须在退出现役两个月内，向原就读学校提出免试专升本申请，原就读学校撤销的，向托管院校或市教育主管部门提出免试专升本申请（2017年退出现役的，须在2017年3月1前向所属机构提出免试专升本申请），相关部门按有关规定收集材料并进行审核。

2. 2017年4月1日前，高校将相关材料报市教委，区征兵办公室将相关材料报市征兵办公室，由市征兵办统一汇总至市教委。

3. 2017年6月，经市教委核准后，根据专科（高职）升本科的有关规定，商北京市教育考试院，协调安排本科学校，为学生办理免试专升本录取手续。

（三）免试专升本的相关材料

1. 学生本人专升本书面申请。

2. 学生本人所获奖励证明材料：优秀义务兵（士官）及以上奖励登记表复印件、优秀义务兵（士官）证书或立功证书原件及复印件。

3. 学生本人退出现役登记证原件及复印件（2017年退出现役的需提供团以上政治部门同意免试专升本的证明）。

4. 学校行校文向市教委报送专升本请示（盖学校章）及《退役大学生士兵免试专升本名册》（见附件1，略）。

5. 区征兵办向市征兵办报送专升本请示（盖章）及《退役大学生士兵免试专升本名册》（见附件1，略）。

6. 学校及区征兵办认为有必要提供的材料。

二、符合考试专升本的条件及手续办理

（一）符合下列条件的可直接报名参加专升本考试

1. 2013年（含）后专科应届毕业生从本市应征入伍，2016年、2017年服役期满退出现役的。其中2017年退出现役的，既可选择参加2017年专升本考试，也可选择退役后专升本考试，但只可享受一次政策。

2. 在校生从北京市入伍，退役后复学完成学业且于2017年取得毕业证书或2013年（含）后入伍，在部队期间取得毕业证书的。

（二）考试专升本手续的办理

1. 北京生源京外高校学生必须在退出现役两个月内，向入伍所在区征兵办公室提出专升本考试申请并报名；北京高校学生必须在退出现役两个月内，向原就读学校提出专升本考试申请并报名，原就读学校撤销的，向托管院校或市教育主管部门提出申请（2017年退出现役的，须在2016年12月15前向所属机构提出考试专升本申请），相关部门按有关规定收集材料并进行审核。

2. 2017年1月10日前，高校将相关材料报市教委，区征兵办公室将相关材料报市征兵办公室，由市征兵办统一汇总至市教委。

3. 2017年2月底前，经市教委核准后，商北京市教育考试院，为学生办理专升本考试手续。

4. 退役大学生士兵专升本考试计划单列，根据考试成绩，单独划线，按照不低于50%比例进行录取。

（三）考试专升本的相关材料

1. 学生本人参加专升本考试书面申请。

2. 学生本人退出现役登记证原件及复印件；（2017年退出现役的需提供团以上政治部门同意考试专升本的证明）。

3. 学校行校文向市教委报送专升本请示（盖学校章）及《退役大学生士兵参加专升本考试名册》（见附件2，略）。

4. 区征兵办向市征兵办报送专升本请示（盖章）及《退役大学生士兵参加专升本考试名册》（见附件2，略）。

5. 学校及各区征兵办认为有必要提供的材料。

三、材料报送的时间及地点

（一）专升本申请人须登录首都征兵网“专升本报名系统”进行报名并下载打印相关表格，与其他材料一并提交所在学校或入伍所在区征兵办审核。

（二）各高校在规定期限内，前往北京高校毕业生就业指导中心学籍就业工作服务部报送有关材料。

1. 时间：2016 年 12 月 15 日至 2017 年 1 月 10 日，2017 年 3 月 1 日至 2017 年 4 月 1 日，每周四下午 1：30 至 4：30。

2. 地点：北京高校毕业生就业指导中心学籍与就业事务部 2019 室。

3. 地址：海淀区增光路 45 号中国劳动关系学院东门北侧。

（三）各区人民政府征兵办公室在规定期限内，前往北京市人民政府征兵办公室报送材料。

附件：1. 退役大学生士兵免试专升本人员名册（略）

2. 退役大学生士兵参加专升本考试名册（略）

2016 年 11 月 14 日

北京市教育委员会

关于公布2016年北京地区高校大学生优秀创业团队第二批评选结果的通知

京教函〔2016〕598号

各高等学校：

为全面贯彻落实国家和北京市关于“大众创业、万众创新”的精神和要求，深入实施《北京高校高质量就业创业计划》，切实对高校大学生创业给予支持，树立大学生创业典型，营造良好创新创业氛围，按照年初工作计划，10月至11月，北京市教育委员会组织开展了2016年第二批北京地区高校大学生优秀创业团队评选工作。来自41所高校经报送的274支创业团队参加了此次评选。经专家复评，遴选出70支团队参加现场答辩，最终评选出50支优秀创业团队（一等奖10支，二等奖15支，三等奖25支），另有54支创业团队获得潜力奖。经公示无异议，现予公布。

附件：2016年第二批北京地区高校大学生优秀创业团队评选获奖名单

2016年12月9日

附件

2016年第二批北京地区高校大学生优秀创业团队评选获奖名单

序号	团队名称	所属院校	奖项
1	北京博翼动力新能源汽车科技有限公司	北京理工大学	一等奖
2	北京知多星科技有限公司	清华大学	一等奖
3	hunters	华北电力大学	一等奖
4	闲嗨旅游	首都经济贸易大学	一等奖
5	艺＋1艺术品鉴证	北京大学	一等奖
6	魔借一玩乐装备租借共享平台	北京科技大学	一等奖
7	北京紫晶立方科技有限公司	清华大学	一等奖
8	燕园众欣纳米科技（北京）有限公司	北京大学	一等奖
9	北京半人科技有限公司	北京理工大学	一等奖
10	星创无限	北京工商大学	一等奖
11	北京众清科技	清华大学	二等奖
12	聚星团队	中国人民大学	二等奖
13	绝对领域	首都经济贸易大学	二等奖
14	趣健跑	北京邮电大学	二等奖
15	北京地林远景信息技术有限公司	北京林业大学	二等奖

续表 1

序号	团队名称	所属院校	奖项
16	北京中颐益方科技有限公司	北京中医药大学	二等奖
17	花之翼	北京信息职业技术学院	二等奖
18	帮范儿	中国人民大学	二等奖
19	燕衔泥 BIFT	北京服装学院	二等奖
20	鱼乐娱乐儿童 IP 团队	中国传媒大学	二等奖
21	北京小红帽教育咨询有限公司	中华女子学院	二等奖
22	石化学院梦之队	北京石油化工学院	二等奖
23	一鉴一路珠宝文化传播有限责任公司	中国地质大学（北京）	二等奖
24	一带一路留学中国	对外经济贸易大学	二等奖
25	赛柠	中国政法大学	二等奖
26	魔方半径（Macurate）	北京信息科技大学	三等奖
27	后会友期	中国农业大学	三等奖
28	安墨烯电热	中国人民大学	三等奖
29	inventor 教育科技有限公司	北京科技大学	三等奖
30	北京极萝卜机器人科技有限责任公司	北京信息科技大学	三等奖
31	编集公益文化组织	中国政法大学	三等奖
32	华尔街学堂	对外经济贸易大学	三等奖
33	北京腾客科技有限公司	清华大学	三等奖
34	夕阳再晨	北京邮电大学	三等奖

续表 2

序号	团队名称	所属院校	奖项
35	“视无界”公益创业团队	北京化工大学	三等奖
36	创青春	北京社会管理职业学院	三等奖
37	时空 VR 艺术探索	中国传媒大学	三等奖
38	北京花乐谷科技有限公司	华北电力大学	三等奖
39	舞蹈圈（北京）科技有限公司	北京交通大学	三等奖
40	北京平安福文化工作室	北京财贸职业学院	三等奖
41	“药底价”（北京）信息服务有限公司	北京财贸职业学院	三等奖
42	嗨，大学	中央财经大学	三等奖
43	源动力无敌小队	北京化工大学	三等奖
44	圆舞剧象	中国传媒大学	三等奖
45	中航卓远团队	北京理工大学	三等奖
46	明德之星智能激光投影	中国人民大学	三等奖
47	华夏感知	北京化工大学	三等奖
48	THEFORCE	北京理工大学	三等奖
49	微梦阳光（北京）科技有限责任公司	北京语言大学	三等奖
50	刘刘洋洋创业团队	中央财经大学	三等奖
51	造梦人（北京）科技有限公司	北京石油化工学院	潜力奖
52	北京一青创意设计有限公司	中国矿业大学（北京）	潜力奖
53	志愿树团队	北京大学	潜力奖

续表3

序号	团队名称	所属院校	奖项
54	新旅在线服务有限责任公司	中国地质大学（北京）	潜力奖
55	u健平台	对外经济贸易大学	潜力奖
56	够用	北京联合大学	潜力奖
57	云逸科技创业团队	北京大学	潜力奖
58	优宿——家庭寄宿信息平台	中国农业大学	潜力奖
59	校园咖啡	北京社会管理职业学院	潜力奖
60	FBI青春行动派	北京化工大学	潜力奖
61	“健康宝宝盒子”创业团队	北京中医药大学	潜力奖
62	北京绿能文化传媒有限公司	华北电力大学	潜力奖
63	北京翼科科技运营团队	北京化工大学	潜力奖
64	Mhere智能宠物项圈	北京科技大学	潜力奖
65	致推创客	北京工业大学	潜力奖
66	单词棒棒糖	首都师范大学	潜力奖
67	兔巴电子产品服务平台	中国人民大学	潜力奖
68	chufa	中国农业大学	潜力奖
69	赤焰智能头盔	中国矿业大学（北京）	潜力奖
70	精准医疗3D制造	北京化工大学	潜力奖
71	北中医石草Pai创意团队	北京中医药大学	潜力奖
72	吃工作室	北京大学	潜力奖

续表 4

序号	团队名称	所属院校	奖项
73	名动时代	北京工商大学	潜力奖
74	水语咖啡	中华女子学院	潜力奖
75	国医养颜公社	北京中医药大学	潜力奖
76	F&M 手语助手	北京理工大学	潜力奖
77	食秘江湖	北京师范大学	潜力奖
78	羊春三叶	北京化工大学	潜力奖
79	亿忆 team	北京交通大学	潜力奖
80	智能焖烧杯团队	北京科技大学	潜力奖
81	Make 定制	北京大学	潜力奖
82	“草莓地音乐”创业团队	中国矿业大学（北京）	潜力奖
83	AK－47 青行营	首都经济贸易大学	潜力奖
84	菲林影像	北京师范大学	潜力奖
85	乐游杏林创业团队	北京中医药大学	潜力奖
86	HI 兼职工作室	北京工商大学	潜力奖
87	SEED 学堂	北京师范大学	潜力奖
88	动臻格运动康复工作室	北京中医药大学	潜力奖
89	老年原创工作室	北京社会管理职业学院	潜力奖
90	孟子居创业团队	北京科技大学	潜力奖
91	比逗大学生众筹咖啡厅	中国农业大学	潜力奖

续表 5

序号	团队名称	所属院校	奖项
92	心灵捕手	北京中医药大学	潜力奖
93	北京艺涂文化传媒有限公司	北京工业大学	潜力奖
94	北京知行思创教育咨询有限公司	中国石油大学（北京）	潜力奖
95	北京微视酷科技有限责任公司	北京师范大学	潜力奖
96	跨界合伙人	北京师范大学	潜力奖
97	北京初心如一药食园健康发展有限公司	北京中医药大学	潜力奖
98	渔非鱼体验教育研究基地	北京师范大学	潜力奖
99	北食南输	华北电力大学	潜力奖
100	英蓝 3D 技术团队	北京化工大学	潜力奖
101	北京元圣皓泰新能源科技发展有限公司	北京大学	潜力奖
102	职说	中国传媒大学	潜力奖
103	空域影视传媒工作室	中华女子学院	潜力奖
104	北京君宏科技	北京邮电大学	潜力奖

北京市教育委员会
北京市人民政府教育督导室

关于在中小学进一步开展防治学生欺凌和暴力教育的通知

京教函〔2016〕605号

各区教委及燕山教委、区人民政府教育督导室：

为深入贯彻落实《教育部等九部门防治中小学生欺凌和暴力的指导意见》（以下简称《指导意见》），进一步加强学校管理，坚持教育引导，依法依规落实教育责任，促进学生健康成长。提出如下要求：

一、高度重视，进一步提高思想认识

孩子是家庭的未来，也是国家和民族的希望。每一个孩子全面健康成长是全社会共同的期盼，更是教育工作者义不容辞的职责。

近年来，媒体陆续曝光的学生之间蓄意或恶意通过肢体、语言及网络等手段，实施欺负、侮辱造成伤害的校园欺凌案例，引起了社会的高度关注，警示全体教育工作者要进一步增强防治工作责任意识、担当意识。要坚持全面贯彻落实党的教育方针，紧紧围绕落实立德树人的根本任务，从促进学生身心健康发展的角度，采取措施，切实防止中小学生欺凌和暴力事件的发生。

二、坚持立德树人，切实加强和改进学校德育工作

切实加强中小学生思想道德教育、法治教育和心理健康教育，发挥各项教育积极引导作用。各区教委、中小学校要紧密联系学生的思想实际，贯彻落实教育部《中小学生守则（2015年修订）》和即将颁布的《北京市中小学生日常行为规范（2016年修订）》，引导全体中小学生从小知礼仪、明是非、守规矩，做到珍爱生命、尊重他人、团结友善、不恃强凌弱，弘扬公序良俗、传承中华美德。

认真贯彻落实《青少年法治教育大纲》《中小学法制教育指导纲要》，教育学生知晓基本的法律边界和行为底线，从小养成遵规守法的良好行为习惯。

落实《中小学心理健康教育指导纲要（2012年修订）》，培养学生健全人格和积极心理品质，组织开展自我意识、情绪调适、人际交往等专题研究。注重预防、解决发展中的心理行为问题，及时开展危机干预。

三、加强校园管理，进一步健全防治工作制度

各区教委、中小学校要结合《指导意见》的学习与宣传，进一步建立健全防治校园欺凌和暴力的相关工作制度，畅通学校、教师、家长及学生的信息及报告渠道。

各中小学校要责成具体部门和专人负责。要建立健全防治学生欺凌和暴力工作制度，将其纳入学校安全工作统筹考虑。按照调查核实情况、启动处置与开展干预教育等流程，完善学校工作预案与信息及时报告制度。建立早期预警机制，要充分发挥学校心理辅导室的作用，通过建立学生心理健康档案、开展辅导等方式，及早进行心理疏导。要密切师生关系，密切家校沟通，及时掌握学生思想情绪和同学关系状况，发现问题，准确研判，及时跟进教育。

要树立危机干预意识，坚持面向全体和关注个体差异相结合，关注学生中具有极端情绪、攻击行为、人际交往不良、胆小退缩等心理行为特征的个体，开展针对性心理辅导教育。

学校要严格落实值班、巡查、门禁制度，禁止学生携带管制刀具、器械等危险物品进入学校。针对学生易发生矛盾冲突的重点区域、重点时段，确保“三防”落实到位，严防中小学生欺凌和暴力的事件。

四、加强宣传引导，营造文明和谐的校园环境

各区教委、中小学校要继续深化上半年启动的校园欺凌和暴力专项治理工作。结合学生中易出现的孤立同伴、使用不健康口头语、攻击侮辱性言行等一系列典型行为与案例，在近期通过心理团体辅导、主题班队会、家长会等多种形式，集中开展一次预防宣传教育。学校要通过学校宣传栏、校园网、校园电视台、广播、学校微信公众号等阵地，主动营造防治工作的舆论氛围，提高学生对欺凌和暴力行为危害性的认识，增强自我保护意识和能力，自觉遵守校规校纪，做到不实施欺凌和暴力行为。

要充分发挥学校家长教师协会的作用，继续在全市举办“家庭、家教和家风”主题家庭教育活动。要通过家访、家长会、家长学校等多种途径，指导家长主动了解和掌握孩子成长特点、规律及教育方法，增强家庭监护责任意识，注重家风建设，为孩子树立良好的榜样，加强孩子思想品德教育和良好行为习惯培养。学校要主动与家长沟通，争取家长的支持和配合，从源头上预防学生欺凌和暴力行为发生。

五、加强专项督导检查，确保防治工作落到实处

各区教委要加强统筹协调，进一步建立健全预防教育、督查指导、舆论研判、应急处置等相关工作机制。健全信息预警、处置指导、督查进展及信息通报的工作制度。及时指导跟进学校对突发欺凌暴力事件的妥善处理，防止事态扩展与蔓延。

近期，各区教委和中小学校要认真组织开展一次学生欺凌和暴力隐患的排查工作，切实加强管理，完善制度。要主动工作，紧密结合教育教学活动的安排及时将各项要求落到实处。

放假前，市教委将联合市人民政府教育督导室，将防治学生欺凌和暴力工作落实情况纳入安全检查工作，加强督查与指导。

2016年12月13日

教育信息化

北京市教育委员会文件选编

（2016）

北京市教育委员会

关于开展第十七届北京市中小学师生电脑作品评选活动的通知

京教函〔2016〕31号

各区教委：

为促进本市中小学信息技术教育工作，根据中央电化教育馆《关于举办第十七届全国中小学电脑制作活动的通知》（教电馆〔2015〕241号）要求，市教委决定开展第十七届北京市中小学师生电脑作品评选活动。现将有关事项通知如下：

一、指导思想：贯彻落实《教育信息化十年发展规划（2011—2020年）》及第二次全国教育信息化工作电视电话会议精神，坚持不懈推进教育信息化，丰富中小学生学习生活，激发创新精神，培养实践能力，全面推进素质教育。

二、评选办法：详见《第十七届北京市中小学师生电脑作品评选活动指南》，请登录http://www.bjedu.gov.cn下载。

三、承办单位：北京教育网络和信息中心。

四、请各区教委协调有关部门积极组织中小学师生参加评选活动。

2016年1月18日

北京市教育委员会办公室

转发教育部办公厅关于加强信息技术安全工作的紧急通知

京教办函〔2016〕4号

各区教委、市属高等学校、各直属单位：

现将教育部办公厅《关于加强信息技术安全工作的紧急通知》（教技厅函〔2016〕11号）转发给你们，请结合实际认真贯彻执行，确保重要时期的信息技术安全。

附件：教育部办公厅关于加强信息技术安全工作的紧急通知

2016年3月11日

附件

教育部办公厅

关于加强信息技术安全工作的紧急通知

教技厅函〔2016〕11号

部属各高等学校，部内各司局、各直属单位：

近来，教育行业信息系统（含网站，下同）连续发生页面遭篡改、信息被窃取事件，高校信息技术安全事件的发生率呈上升趋势，范围从高校延伸至中小学，不仅严重影响了正常工作的开展，部分事件还造成了较大范围的社会影响。随着寒假到来，春节假期和“两会”的临近，为深刻总结安全事件的教训，举一反三，避免类似事件再次发生，确保重要时期的信息技术安全，现对进一步加强信息技术安全工作通知如下。

一、切实落实信息技术安全工作责任制。各单位应按照《教育部关于加强教育行业网络与信息安全工作的指导意见》（教技〔2014〕4号）、《教育部关于进一步加强直属高校直属单位信息技术安全工作的通知》（教技〔2015〕1号）的要求，进一步提高认识，切实履行信息技术安全主体责任。建立“主要负责人负总责，分管负责人牵头抓”的领导责任制。落实信息系统安全责任制，信息系统的主管方、运维方和使用方各司其职，各负其责。健全内部责任追究制度，对不认真履行主管责任的单位进行问责。

二、加强对信息系统的统筹管理。各单位应准确掌握信息系统的数量和基本情况，特别是定义为内部使用的信息系统和游离于单位统一管理之外的信息系统，做到底数清、情况明。加强对信息系统的日常监测，开展漏洞扫描，对发现的问题限期整改，对带病运行、安全防护不到位的信息系统坚决采取关停或限制访问等措施。

三、加快推进信息系统定级备案工作。各单位应严格按照《教育部公安部关于全面推进教育行业信息安全等级保护工作的通知》（教技〔2015〕2号）的要求，加快推进，按时完成信息系统的安全等级保护定级、备案和第三级以上信息系统的测评、整改。进展情况将在教育信息化月报上予以通报。

四、加强对VPN的管理。各单位应慎重使用VPN技术，对确需使用的，应加强VPN的设备管理、用户使用和安全防护等工作。建立健全VPN账号审批和管理制度，严格用户开通使用申请手续，对已开通的账号，特别是管理员账号，进行认真排查，对未进行实名验证的VPN进行清理。建立VPN账户的安全审计制度，禁止弱口令现象，完善用户访问日志记录，做到有据可查。

五、加强信息技术安全事件的应急管理。各单位应建立安全值守制度，对重要信息系统建立24小时安全值守制度，对非重要信息系统可采取临时全天或非工作时间限制访问或关闭的方式。遇到安全事件，应严格按照《信息技术安全事件报告与处置流程》（教技厅函〔2014〕75号）要求，及时上报、果断处置，将损害和影响降到最小范围。

各省教育行政部门参照上述要求，统筹部署好本地区重要时期的信息技术安全工作。

2016年1月29日

北京市教育委员会办公室

转发教育部办公厅关于进一步做好“全国教育信息化工作进展信息系统”全面应用工作文件的通知

京教办函〔2016〕7号

各区教委：

现将教育部办公厅《关于进一步做好“全国教育信息化工作进展信息系统”全面应用工作的通知》（教技厅函〔2016〕17号）转发给你们，请认真贯彻落实，并将有关事项通知如下。

一、请按照《全国教育信息化工作信息系统管理办法（试行）》的规定，各区要认真履行工作职责，安排专人负责，切实做好系统数据的填报、审核、上报、更新和管理等工作，确保数据的真实性、时效性、可靠性。

二、请及时核对教育部“全国教育信息化工作进展信息系统”(http://mis.cbern.com.cn/base/login.jsp)中已有学校信息，完善系统初始信息。

三、请将《全国教育信息化工作进展信息系统管理人员信息表》加盖公章，于3月25日前报送至北京教育网络和信息中心，同时将电子版发送至zx_cq@bjedu.gov.cn。

附件：全国教育信息化工作进展信息系统管理人员信息表（略）

2016年3月22日

教育部办公厅

关于进一步做好“全国教育信息化工作进展信息系统”全面应用工作的通知

教技厅函〔2016〕17号

各省、自治区、直辖市教育厅（教委），新疆生产建设兵团教育局：

“全国教育信息化工作进展信息系统”（以下简称系统）是实时呈现教育信息化工作进展、实施项目管理和提供决策支持的重要抓手。系统自上线以来，在各地的共同努力下，已基本完成了基础数据的采集，在掌握教育信息化总体情况、推进工作等方面发挥了重要作用。为进一步做好系统的全面应用，提升数据的时效性、准确性和权威性，挖掘系统的潜力，教育部研究制定了《全国教育信息化工作进展信息系统管理办法（试行）》（以下简称《办法》，附件1）。现将《办法》印发给你们，并就做好贯彻实施工作提出以下要求。

一、全面贯彻落实《办法》的要求

各地要按照《办法》的规定，认真履行工作职责，做到专人负责、规范使用，保证数据真实准确，切实做好系统数据的填报、审核、上报和更新等工作。对于工作推进不力的，我部将通过教育信息化工作月报予以通报，限期整改。系统应用情况将作为对各地教育信息化督导、评价的因素之一。

二、加快完善系统初始信息

各地要抓紧核对系统中已有学校信息，为尚未进入系统的学校创建用户，对已变更的学校及时调整状态，对已撤并的学校要及时报教育部在系统中删除。

三、充分挖掘和应用系统数据

各地要应用系统，及时了解本地区教育信息化各项工作进展，通过数据挖掘和分析，查找工作的薄弱环节，完善制度建设、提升决策水平。2016 年 1 月至 6 月为应用过渡期，教育信息化月报采取纸质报表和系统填报两种方式并行；2016 年 7 月起，将停用纸质报表方式，系统填报将作为教育信息化工作月报、督导评估等各项工作的唯一数据来源。

四、报送有关人员名单

按照《办法》的要求，各省级教育行政部门统筹负责本省（区、市）各级教育行政部门的视察员、审核员和管理员的信息汇总，填写《全国教育信息化工作进展信息系统管理人员信息表》（附件 2），加盖公章后，于 2 月 15 日前传真至我部科技司。

各地在使用过程中有关情况和意见建议请及时反馈。

附件：1. 全国教育信息化工作进展信息系统管理办法（试行）
2. 全国教育信息化工作进展信息系统管理人员信息表（略）

2016 年 2 月 5 日

附件 1

全国教育信息化工作进展信息系统管理办法（试行）

第一章　总则

第一条　为进一步发挥“全国教育信息化工作进展信息系统”（以下简称系统）的作用，规范系统应用和数据管理，切实提高数据的时效性、准确性和权威性，特制定本办法。

第二条　本办法适用于各级教育行政部门和各级各类学校、教学点等系统的各级用户。

第三条　系统数据管理工作按照“分级负责、逐级审核、定期更新”的原则进行。

第四条　本办法所称的数据管理包括：数据填报、数据审核、数据上报、数据更新等各个环节。

第二章　工作职责

第五条　教育部统筹负责系统的建设、管理与应用，指导和督促各级用户做好系统应用和数据管理工作。中央电教馆负责系统的运行维护、支持服务和安全保障。

第六条　地方各级教育行政部门负责本地区的系统应用与数据管理，确定专人作为本级视察员、审核员和管理员，确定系统技术支持单位，指导和督促下一级教育行政部门和直属学校做好系统应用与数据管理工作。

第七条　地方各级教育行政部门的视察员由分管教育信息化的领导担任，审核员由教育信息化职能处室负责人担任，管理员由职能处室的相关同志担任。管理员负责本级数据的填报与更新，下一级单位数据的催报与核查；审核员负责审核本地区上报数据和进行上报操作；视察员负责审定本地区上报数据，视察系统应用和数据管理工作。

第八条　学校要确定专人作为管理员，负责按时完成本校数据的填报与更新工作。

第三章　账号管理

第九条　地方各级教育行政部门视察员、审核员和管理员账号统一由教育部发放和管理。学校人员的账号按照隶属关系，由主管的教育行政部门负责发放和管理。

第十条 账号实行专人专号，实名认证。地方各级教育行政部门应填写人员信息表，由省级教育行政部门汇总报送教育部。如有人员变动，应及时提交人员变动信息，教育部将进行账号调整。

第四章 学校信息管理

第十一条 地方各级教育行政部门负责系统中本级所属学校信息的管理，包括在系统中创建所属学校用户，对学校暂停招生、合并、撤销等状态进行调整，督促和审核学校对基本信息的填写与更新。创建学校用户过程中，如出现错误，可从系统中删除。学校一旦完成信息填报，将无法实施删除操作。确需删除，可向教育部提出申请，经审核同意后方可删除。

第十二条 学校负责在系统中填写和更新本校信息。学校完成填报信息后，可对本校信息进行修改。

第十三条 学校隶属关系变更时，由学校上级主管教育行政部门逐级上报至教育部，经审核同意后方可在系统中完成学校隶属关系变更。

第五章 数据管理

第十四条 地方各级教育行政部门应按照系统要求填报本级教育信息化相应的数据，并做到有变化即更新，无变化每月确认。

第十五条 学校应按照系统要求填报本校教育信息化相应的数据，并做到有变化即更新，无变化每月确认。

第十六条 系统实行逐级按月上报，地方各级教育行政部门按审核程序对本地区所属单位上报数据进行审核，由审核员在规定的时间内上报至上一级教育行政部门。

第十七条　数据审核上报时间：区县级教育行政部门每月 1 日至 5 日审核上报上月数据，地市级教育行政部门每月 5 日至 10 日审核上报，省级教育行政部门每月 10 日至 15 日审核上报。如未在规定上报时间内上报数据，系统将按上报截止时间的现有数据自动上报。

第十八条　各单位审核上报数据后，将无法再对数据进行修改。如需修改，需向上一级教育行政部门提出撤报申请，经审核同意后，由上一级教育行政部门退回后进行修改。

第十九条　地方各级教育行政部门对下一级单位上报的数据有异议时，经沟通确认后，可由系统退回下一级单位，限时进行修改并重新上报。

第二十条　省级教育行政部门要按照《关于建立教育信息化工作月报和月度视频调度会制度的通知》（教信推办〔2013〕19 号）和教育信息化工作月报报送工作的有关要求，每月底前在系统中报送当月月报文本信息。

第六章　支持服务和数据安全

第二十一条　系统的各级技术支持单位应配合教育行政部门做好系统应用和数据管理工作。教育部的技术支持电话（QQ 号）4008980910。

第二十二条　系统的各级用户应高度重视系统的使用安全工作，加强账号与密码的管理，建立数据管理制度，规范数据填报、审核、上报、更新等工作，做到合规、可追溯。

第七章　附则

第二十三条　本办法由教育部科技司负责解释。

第二十四条　本办法自印发之日起实施。

北京市教育委员会

关于开展北京市第一批教育信息化试点验收工作的通知

京教函〔2016〕129号

各试点学校、有关单位：

为落实教育部《关于开展第一批教育信息化试点验收工作的通知》（教技厅函〔2016〕16号）要求，市教委将组织开展北京市第一批教育信息化试点单位的验收工作，现将有关工作通知如下：

一、验收范围

28个北京市第一批教育信息化试点单位。其中，基础教育18个（2个地区、16所中小学校）；职业教育5个（4所中职院校、1所高职院校）；高等教育3个；专项试点单位1个；国家数字教育资源公共服务平台规模化应用专项试点1个（名单见附件1）。

二、验收内容

根据各试点单位实施方案，对试点工作的完成情况进行验收评估。主要包括：组织方式、协调管理、执行情况、支撑保障等，重点考察模式总结提炼和创新性；试点产生的效益、成果应用前景、示范引领和推广价值，特别是在利用信息技术转变教学模式、改进教学管理、提高教育质量等方面产生的作用和影响。

三、验收方式

（一）单位自评。由各试点单位自行组织项目验收自评。4月15日前，将验收材料（原件1份，复印件4份）报送北京教育网络和信息中心，电子版材料发送至zx_ls@bjedu.gov.cn，需报送资料如下：

1. 第一批教育信息化试点验收表（请见附件2，略）；

2. 第一批教育信息化试点工作自评报告（请见附件3，略）；

3. 建设标志性成果图片资料（只提供电子版JPG格式并逐一标注图片说明）。

（二）专家评审。4月中下旬，市教委组织专家召开集中评审会，查阅试点单位实施方案和总结报告，现场听取汇报并进行核查，提出验收结论，并对试点单位提出改进意见和建议。具体安排另行通知。

（三）专家实地考察。4月下旬，市教委将组织专家对验收单位进行现场抽查，重点考察评估优秀的单位。

（四）确定验收结论。4月底，根据专家评审和实地考察评估情况，确定试点单位验收结论。

各试点单位要高度重视此项工作，按照要求认真准备，及时总结好经验、好做法，按时申报，保证验收工作的有序完成。

附件：1. 北京市第一批教育信息化试点单位名单

2. 北京市第一批教育信息化试点验收表（略）

3. 北京市第一批教育信息化试点工作自评报告（略）

2016年4月5日

附件1

北京市第一批教育信息化试点单位名单

（排名不分先后）

区域信息化试点单位

单位名称	试点工作重点内容
北京市东城区教育委员会	网络环境下的教师专业发展模式探索
北京市海淀区教育委员会	教育信息化促进区域教育均衡发展模式探索

中小学信息化试点单位

单位名称	试点工作重点内容
北京市景山学校	智慧校园建设机制与应用模式探索
北京市府学胡同小学	区域网络协作教研模式探索
北京师范大学第二附属中学	智慧校园促进师生发展模式探索
朝阳区芳草地国际学校	数字化校园建设机制与教学模式创新探索
中国人民大学附属中学	智慧校园建设机制与应用模式探索
北京理工大学附属中学	智慧校园建设机制与应用模式探索
海淀区七一小学	数字化校园建设机制与教学模式创新探索
石景山区实验小学	绿色数字校园建设与可持续发展机制探索
门头沟区大峪第二小学	信息技术与教育教学深度融合模式探索
房山区良乡小学	信息技术与教育教学深度融合及优质资源区域共享模式探索
通州区潞河中学	数字化校园建设机制与教学模式创新探索
顺义区牛栏山第一中学	资源共享与教学模式创新探索
昌平区二毛学校	数字化校园建设机制与学生学习方式变革探索
平谷区第六中学	数字化校园建设机制与应用模式探索
延庆区十一学校	信息化助力素质教育途径探索
燕山前进第二小学	基于网络的学生探究性学习方式探索

职教信息化试点单位

单位名称	试点工作重点内容
北京电子科技职业学院	信息化校企合作新型教学模式探索
北京铁路电气化学校	数字化校园建设机制和应用模式探索

续表

单位名称	试点工作重点内容
北京市商业学校	基于网络学习空间的虚拟仿真实训系统建设与应用模式探索
北京市劲松职业高中	中职精品课程资源建设与共享机制探索
北京市信息管理学校	与企业合作共建优质数字教育资源的机制和模式探索

本科院校信息化试点单位

单位名称	试点工作重点内容
北京大学	智慧校园
北京工商大学	信息化条件下创新人才培养模式探索
清华大学	高校信息化系统建设模式探索

专项试点信息化试点单位

单位名称	试点工作重点内容
北京市教育委员会	高等学校特色专业优质资源共建共享机制探索

国家数字教育资源公共服务平台规模化应用专项试点

试点地区	单位名称
北京市通州区	北京市通州区教育信息中心

中共北京市委教育工作委员会
北　京　市　教　育　委　员　会

关于组织开展教育行业网络安全管理专项整治工作的通知

京教函〔2016〕545号

各区教委、各高校、各直属单位：

为深入贯彻落实《国务院关于大力推进信息化发展和切实保障信息安全的若干意见》《教育部关于加强教育行业网络与信息安全工作的指导意见》及信息安全等级保护制度的要求，进一步加强全市教育系统网络安全管理工作，建立健全保障体系，市委教育工委、市教委近期将组织开展教育行业网络安全管理专项整治工作，现将有关事项通知如下：

一、高度重视，明确工作目标

加强网络安全管理，是推动教育网络持续健康发展的迫切需要，是维护学校和社会稳定的迫切需要。确保教育信息网络稳定畅通、重要信息系统运营和信息内容安全，严防信息篡改、非法入侵、网络攻击、破坏等违法犯罪活动的发生，促进我市教育网络有序、健康发展，逐步完善我市教育系统网络和信息安全管理体系。

各区教委、各高校、各直属单位（以下简称“各单位”）要在新形势下，全面提升网络与信息安全意识，建立健全网络安全工作的组织体系、管理规章和责任制度，落实国家信息安全等级保护制度，有效防范、控制和抵御信息安全风险，增强安全预警、应急处置和事故恢复能力，提高单位整体安全防护水平，支撑教育现代化事业健康持续发展。

二、把握重点，落实工作要求

（一）建立健全网络安全组织领导体系。市委教育工委、市教委成立了北京教育系统网络安全与舆情应对工作领导小组，主要负责教育网络与信息系统安全管理、涉教网络舆情监测及网络突发事件应对处置的组织领导和统筹协调工作。各单位要成立由主要领导任组长的网络安全领导机构，单位主要负责人为本单位网络安全第一责任人，设立或明确职能部门和专职管理人员，归口管理本单位网络安全工作，相关部门参与，按照“谁主管谁负责、谁运维谁负责、谁使用谁负责”的原则切实落实网络与信息安全责任。

为做好本次专项整治工作，市委教育工委、市教委成立了专项整治工作领导小组，由两委主管领导任组长，成员由安全稳定工作处、科学技术与研究生工作处和北京教育网络和信息中心负责同志组成，负责统筹推进专项整治工作。各单位应成立专项整治工作领导小组，负责落实此次专项整治工作部署和要求。

（二）制定完善网络安全规划和管理制度。各单位要按照国家有关网络安全的政策要求以及教育部制定发布的各类教育信息化管理制度和网络与信息安全标准规范，结合自身实际，制定网络安全总体规划，建立并完善本单位加强网络安全管理所需的各项规章制度，重点包括人员安全管理、计算机软硬件管理、信息系统建设与运维管理、网站群系统管理（包括内设机构建设的各类网站）、邮件服务系统管理、数据安全及使用管理等制度。

（三）全面实施信息安全等级保护制度。各单位要按照国家、教育部和我市有关信息安全等级保护工作要求，全面实施信息安全等级保护制度。一是要按照教育系统有关规范准确定级和备案，对新建系统要在系统规划、设计阶段同步确定安全保护等级；二是按照国家和教育系统有关标准规范要求进行等级测评，四级系统应至少每半年对系统进行一次等级测评，三级系统应至少每年对系统进行一次等级测评，二级系统建议每两年进行一次测评，发现不符合相应等级保护标准要求的及时整改；三是要按照国家和教育系统有关标准规范进行安全建设与问题整改，对于新建系统，要在系统设计实施阶段同步建设安全防护措施，对于已建系统要按照系统所定级别进行安全防护。

（四）提升网络安全技术防护能力。各单位应研究制定网络与信息安全技术防护方案，建立多层次网络安全技术防护体系，推动软件正版化和优先采用具有自主知识产权和自有核心技术的软硬件产品，实现安全防护、监测预警、灾难恢复、安全认证等安全保障与网络信任功能，构建可信、可控、可查的网络与信息安全技术防护环境。全面加强校园网络统一归口管理，严格校园网站域名和 IP 地址管理，明确各单位及所属部门在网络安全管理工作中的职责任务，严格落实网站和服务器等级备案工作制度，形成长效机制。

（五）加强网络安全队伍建设和人员培训。各单位应建立网络与信息安全管理专职队伍和技术支撑专业队伍，落实岗位责任和考核机制。制定网络与信息安全的培训规划，开展面向全员的普及性培训，加强管理和技术人员的专业培训，逐步实行管理和技术人员持证上岗。

（六）建立健全网络安全应急处置和通报机制。各单位应制定网络安全应急预案，明确应急处置流程和权限，落实应急处置技术支撑队伍，开展安全应急演练，提高网络安全应急处置能力。建立重大网络安全事件处置和报告制度，明确报送范围、规范报告格式、完善报送流程、明确报送时间。发生事件后，信息系统的运维单位应立即采取措施降低损害程度，防止事件扩大，保存相关记录；按照应急处置程序立即向有关部门报告，做到应急处置迅速，报告及时。

三、统筹安排，切实做好专项整治

（一）自查整改（11 月下旬）

各单位对所属各级各类网站及信息系统进行全面摸底排查，逐一登记、逐一了解掌握运行状况，形成工作台账。依据摸查情况，对所属网站及信息系统逐一进行评估，按照边查边改的原则，对二级单位自建、防护能力差的网站和信息系统尽可能采取“关、停、并、转”等措施，尽可能减少网站和信息系统数量，提高安全防护能力。

（二）制定整改方案（12月上旬）

对照相关标准，查找短板与不足，研究制定校园网络安全整改方案，明确强化网络安全管理的具体措施与时间安排，重点加强信息安全等级保护、网站群系统建设、安全防护能力建设、信息安全服务、人员培训等工作，不断提升校园网络安全管理和防护能力。

（三）检查指导（12月中下旬）

市级领导小组将组织力量深入到各单位开展工作检查与调研，指导督促落实专项工作，并对各单位今后持续加强网络安全管理可能涉及的专项建设、日常维护等问题开展调查研究，指导各单位逐步完善网络安全管理体系。

（四）落实整改计划

各单位结合今后工作实际需要，将网络安全列入信息化管理重要工作，按照自查情况及整改方案，切实将各项工作落到实处，稳步推进网络安全管理水平，全面实现北京地区教育行业网络安全的可管可控。

各区教委、各高校、各直属单位于2016年12月9日前将网络安全组织领导机构、专项整治工作情况自查表（附件1，可以“首都高校科研网”下载）、自查整改方案、信息系统（含网站）汇总表（附件2）、信息系统（含网站）安全情况登记表（附件3，安全保护等级二级及以上系统，每系统一份），以书面和电子版形式报送到北京教育网络和信息中心。

部委属高校、市其它委办局所属院校可参照本通知执行。

附件：1. 专项整治工作情况自查表（略）

2. 信息系统（含网站）汇总表（略）

3. 信息系统（含网站）安全情况登记表（略）

2016年11月22日

人　事

北京市教育委员会

关于做好2016年春季北京地区高等学校教师资格认定工作的通知

京教函〔2016〕96号

各高等学校：

2016年春季高校教师资格认定工作即将开始。为了保证此项工作的顺利进行，现将有关事项通知如下：

一、认定范围

北京地区高等学校中专门从事教学工作，拟受聘于高校教师职务的在编在岗教师（含高等学校附属医院临床教学人员、高校专职辅导员）。

二、时间安排

3月21日至25日，申请人登录www.jszg.edu.cn（中国教师资格网）进行网上申报；

4月1日至8日，高校对申请人员进行公示；

4月11日至13日，非授权委托认定高校集体报送申请人员材料；

4月14日前，授权委托认定高校完成申报人员体检、认定材料审核、教育教学能力测试、专家审查委员会表决等相关工作；

4 月 14 日至 15 日，授权委托认定高校集体报送申请人员材料；

5 月 6 日起，非授权委托认定高校申请人员教育教学能力测试准考证下载打印；

5 月 14 日至 15 日，非授权委托认定高校申请人员教育教学能力测试（以准考证上测试时间为准）；

5 月 18 日，非授权委托认定高校申请人员教育教学能力测试成绩查询（查询网址为 http://www.bjtcc.org.cn）；

6 月 13 日至 15 日，发放教师资格证书。

三、报送材料要求

（一）授权委托认定高校

1. 《教师资格认定申请表》（含思想品德鉴定表）原件一式 2 份；

2. 《北京市申请高等学校教师资格人员情况汇总表》一式 1 份（见附件 1，略）；

3. 高校申请认定教师资格人员公示名单（见附件 4，略）；

4. 高校申请认定教师资格人员公示结果（见附件 5，略）。

（二）非授权委托认定高校

1. 《教师资格认定申请表》（含思想品德鉴定表）原件一式 2 份；

2. 修学高等教育学、高等教育心理学证明原件及复印件；

3. 学历证明复印件；

4. 体检证明原件及复印件；

5. 普通话水平证明原件及复印件；

6. 身份证明复印件；

7. 标准一寸证件照 1 张；

8. 北京市申请高等学校教师资格人员情况汇总表一式 1 份（见附件 1，略）；

9. 提供申请人1年内列入教学计划的教学工作量统计及计划表（加盖教务部门和人事部门公章）（见附件2、3，略）；

10. 高校专职辅导员需提供学校人事部门出具的相关证明；

11. 高校申请认定教师资格人员公示名单（见附件4，略）；

12. 高校申请认定教师资格人员公示结果（见附件5，略）；

遗失和毁损的证书需要补发和换发的，相关材料于春季集体报送认定申请时一并报送。

四、工作要求

（一）教师资格认定作为教育行政许可事项，程序合法性、办结时效性强，各高校要高度重视，加强组织领导。要确定专人负责，认真学习相关政策，严格按照全市统一部署精心组织，周密安排，积极做好相关政策的宣传和解释工作，对申请人员进行必要的教育教学能力测试培训，保证质量，确保认定工作的顺利开展。

（二）各授权委托高校要严格按照教师资格认定工作程序，制定本年度的教师资格认定工作方案，做好本校申请人员的申请及受理、面试与试讲、审核与认定等相关工作。各类表格填报内容完整，资料齐全。

（三）各非授权委托高校要做好信息发布，人员组织管理等工作，做好申请资格审查、材料收集及初审等，掌握各时间节点，及时通知本校需要参加教育教学能力测试人员按时参加测试并做好后期测试结果的反馈。

（四）各高校应安排专人作为网络系统管理员负责核实和确认本校申请人的网报信息。按要求规范操作，核实和确认本校申请人员网报信息的真实性以及与报送的《教师资格认定申请表》内容的一致性。妥善保管登录账户和密码，确保申请人信息安全。

《教师资格认定申请表》中“现从事职业”一栏，高校教师应填写“在职教学人员”；高校专职辅导员应填写“其他专业技术和管理人员”。

（五）各高校要做好申请人申请认定资料整理归档工作，及时将《教师资格认定申请表》归入个人人事档案。

（六）各高校在开展教师资格认定工作中，须严肃纪律、依法实施，严禁弄虚作假。特别是对申请人是否具备申请资格进行严格自查。对违反规定，损害申请人利益、甚至影响教师资格制度依法实施，并造成严重后果的，将按照相关法律、法规追究有关人员的责任。对授权委托高校弄虚作假，违反政策规定的，将按照《教师资格条例》和《〈教师资格条例〉实施办法》取消其授权委托资格。

（七）教师资格认定的相关政策请查询北京市教师资格网（http://www.bjtcc.org.cn）。

附件：1. 北京市申请高等学校教师资格人员情况汇总表（略）
2. 申请高校教师资格人员 2015—2016 学年第一学期教学工作量统计表（样表，略）
3. 申请高校教师资格人员 2015—2016 学年第二学期教学计划表（样表，略）
4. 高校申请认定教师资格人员公示名单（样表，略）
5. 高校申请认定教师资格人员公示结果（公示无异议模板，略）

2016 年 3 月 14 日

北京市教育委员会
北京市人力资源和社会保障局

关于印发《北京市乡村教师特岗计划（2016—2020年）》的通知

京教人〔2016〕12号

各相关区教委、区人力社保局：

现将《北京市乡村教师特岗计划（2016—2020年）》印发给你们，请结合实际，认真贯彻执行。

2016年5月3日

北京市乡村教师特岗计划（2016—2020年）

为落实《北京市乡村教师支持计划（2015—2020年）实施办法》提出的拓展乡村教师补充渠道的要求，帮助全市乡村学校解决教师结构性短缺问题，有效补充紧缺学科乡村教师，特制定本计划。

一、实施范围

门头沟区、房山区、通州区、顺义区、昌平区、大兴区、怀柔区、平谷区、密云区、延庆区等十个远郊区以及朝阳区、海淀区、丰台区的乡村中小学校。

二、招聘范围

面向北京地区全日制普通高等学校（不含独立学院）的应届本科及以上学历毕业生；京外“211工程”师范院校以及全国24所省属师范院校师范专业的应届本科及以上学历毕业生。

三、招聘学科

乡村学校音乐、体育、美术、思想品德、生物、地理、历史等紧缺学科教师。

四、招聘数额

每年计划招聘300名左右乡村教师。

五、招聘条件

公开招聘本着公开、平等、竞争、择优的原则，从实际出发，严把质量关。应聘人员需具备岗位所需的专业、技能和身体条件。

六、组织实施

公开招聘工作由市教委和市人力社保局共同组织实施。具体工作由市教委人事处和北京市教育系统人才交流服务中心负责。

（一）3月初，相关区教委确定岗位需求情况并报北京市教育系统人才交流服务中心；

（二）3月中下旬至4月初，面向社会发布招聘公告和进行网上报名；

（三）4月中旬，笔试（主要考察基本能力和素质）并公布成绩；

（四）4月下旬，相关区教委组织面试并将结果报北京市教育系统人才交流服务中心；

（五）5月上旬进行岗位调剂，相关区教委组织调剂人员面试并将结果报北京市教育系统人才交流服务中心；

（六）5月中下旬，完成公开招聘工作。

七、相关政策

公开招聘的非北京生源毕业生引进工作列入专项计划，按照现行引进渠道办理；受聘的毕业生在本学校本岗位服务期不少于5年，具体服务期限由相关区教委根据实际情况确定。

北京市教育委员会

关于开展第十二届北京市高等学校教学名师奖评选工作的通知

京教函〔2016〕183号

各有关高等学校：

为发挥教学名师的示范榜样作用，深化教育教学改革，促进教育质量内涵发展，根据市教委《关于进一步提高北京高等学校人才培养质量的意见》（京教高〔2012〕26号），经研究，市教委决定组织开展第十二届北京市高等学校教学名师奖的评选表彰工作。现将有关事项通知如下：

一、评选范围

普通高等学校及独立设置成人高等学校（经教育部正式批准或核准）中承担本科、高职高专教学任务的专任教师。

各校在规定限额内（附件1，略）推荐候选人，前十一届市级教学名师奖获得者不参加本届市级教学名师奖评选。

已退休参评教师须为学校返聘教师，并由学校出具返聘证明。

二、表彰奖励

本届拟表彰的北京市级教学名师奖获得者为80名左右，获奖教师由市教委颁发荣誉证书。

三、评选条件

（一）本届教学名师奖评选优先考虑长期承担基础课教学任务、教学效果好、学生评价高、同行专家认可的一线教师，特别是为低年级学生授课的优秀教师。

（二）各高校现任校级领导原则上不参加本届评审。

（三）本科院校市级教学名师奖候选人一般应具有20年以上（含20年，统计时间截止到2015年12月31日）高等教育教学经历，特别优秀者可放宽至15年；具有高级专业技术职称；2013—2015年度，面向本校本科学生实际课堂教学平均不少于64学时/年（临床医学类实际授课学时计算可包括临床带教学时数）。

（四）高职高专院校及独立设置成人高校候选人一般应具有10年（含10年，统计时间截止到2015年12月31日）以上高职高专或独立设置成人高等教育教学经历；2013—2015年度，承担本校教学任务平均不少于240学时/年。

（五）其它条件请参照《北京市高等学校教学名师奖评选指标体系（普通高校本科部分）》（附件2）、《北京市高等学校教学名师奖评选指标体系（普通高校高职高专部分）》（附件3）和《北京市高等学校教学名师奖评选指标体系（独立设置成人高校部分）》（附件4）。

四、评选程序

（一）符合上述评选条件的教师向所在学校提出申请，由学校择优向市教委推荐。

（二）为真实反映候选人的教学水平和教学效果，本届教学名师奖评选将采取评价课堂教学录像、查阅文字资料、听取现场授课和会议终评等方式确定第十二届北京市高等学校教学名师奖名单。

（三）申报教学名师奖的候选人要提交其主讲的一门课程中两

学时课堂的教学录像。评审期间，市教委将在北京市教学名师奖建设项目专题网站（网址：http://mstd.bnu.edu.cn/）上公开各候选人的教学录像，并接受专家、教师、学生的评价。

（四）各高校推荐的市级教学名师奖候选人还须准备20分钟现场观摩课。观摩课时间安排等相关事宜另行通知。

（五）请各高校在2016年5月30日前，将下列申报材料报送至北京师范大学教务处，逾期不报视为放弃。

1. 纸质版材料：

（1）候选人汇总表（附件5），加盖学校公章，一式1份；

（2）候选人推荐表一式6份（含一份原件），如有附件请单独装订成册，并限报1份；

（3）候选人本年度承担教学任务的课表复印件1份（加盖学校公章）。

2. 电子版材料：（前三项电子版文件用U盘拷贝，课堂教学录像刻录在一张光盘上）

（1）候选人汇总表电子版（附件5）；

（2）候选人推荐表电子版；

（3）候选人个人资料电子版（资料符合附件6要求）；

（4）候选人两学时课堂教学录像光盘（教学录像符合附件7要求）；

候选人推荐表及相关表格可登录北京市教委高等教育处网站http://gjc.bjedu.gov.cn查看下载。

（六）申报教师须如实填写申报表，提交有关材料。凡存在弄虚作假、徇私舞弊行为者，一经查实，取消其评选资格，且连续三届不得申报“教学名师奖”。

（七）评审结果将在市教委网站进行公示。各高校在评选、推荐过程中，也须设立公示环节。各高校要高度重视教学名师奖评审工作，并认真组织，坚持标准，宁缺毋滥。

（八）请各高校上报1名教学名师奖工作联系人，并于5月13

日前，通过电子邮件将联系人有关情况（附件8）发至市教委高教处信箱 sjwgjc@126.com。

（九）申报材料提交地点：北京师范大学主楼A区103室

附件：1. 第十二届北京市高等学校教学名师奖候选人名额分配方案（略）
2. 北京市高等学校教学名师奖评选指标体系（普通高校本科部分）
3. 北京市高等学校教学名师奖评选指标体系（普通高校高职高专部分）
4. 北京市高等学校教学名师奖评选指标体系（独立设置成人高校部分）
5. 第十二届北京市高等学校教学名师奖候选人汇总表（略）
6. 第十二届北京市高等学校教学名师奖候选人个人资料清单（略）
7. 课堂教学录像要求（略）
8. 第十二届北京市高等学校教学名师奖评选表彰工作联系人信息表（略）

2016年5月4日

附件2

北京市高等学校教学名师奖评选指标体系（普通高校本科部分）

1. 教师风范

政治立场坚定，积极实施素质教育；师德高尚，爱岗敬业、关爱学生、教风端正、教书育人、为人师表；严谨笃学，富有创新协作精神。

2. 教学能力与水平

教学思想与内容

遵循教育规律和人才成长规律，教育思想先进，符合时代要求；教学内容安排合理，条理性强，符合认知规律；理论联系实际，注重学生综合素质和能力培养；能及时把国内外教改成果以及学科最新发展成果引入教学，信息量大，达到国际同类课程水平。

教学艺术与方法

注重学思结合，注重因材施教；课程讲授能激发学生的学习兴趣，培育学生的主动精神和创造性思维；积极开展教学方法研究与应用，科学、合理、有效使用现代教育技术，效果好，有自己研制的多媒体课件；注重知行统一；中文授课部分使用普通话。

教学改革与成就

主持过重大教改项目，在教学内容、教学方法改革方面取得突出成绩，做出重要贡献，获得省部级以上奖励；发表多篇高质量的教改教研论文或出版具有一定影响的教改教研专著。

教学效果

教学效果好，主讲课程在全国同领域内有较大影响；形成独特而有效的教学风格，在国内起到示范作用；学生评价优秀。

教材建设

自编、主编高水平、有特色、版本新的教材，获省部级以上奖励。

3. 教学梯队建设与贡献

自觉指导和帮助中青年教师不断提高教学水平，重视教学队伍建设，作为课程主持人或主讲教师对形成结构合理的教学梯队、形成本校该领域教学的历史地位做出重要贡献。

4. 科学研究与学术水平

科研能力

主持或承担多项高级别科研项目，科研成果多，获省部级以上奖励（特殊学科的，酌情考虑）。

学术成就

出版多部科研专著或发表多篇高质量的科研论文，科研成果的学术意义或社会经济效益大。

学术地位

具有高尚的学术道德，学术造诣高，在同领域具有较高学术地位和知名度。

5. 外语水平

具有宽广的国际视野，外语交流能力强，有用外语发表的学术论文，能使用外语讲授课程知识要点（特殊学科的，酌情考虑）。

备注：以上各项指标不设具体分值。

附件3

北京市高等学校教学名师奖评选指标体系（普通高校高职高专部分）

1. 教师风范与教学经历

政治立场坚定，以教书育人为己任；敬业爱岗，以全身心投入为常态；治学严谨，知行统一，师德高尚，为人师表。

2. 企业经历与行业影响力

累计具有企业相关技术岗位3年以上工作经历，拥有至少一项中级（国家职业资格四级）以上有效职业资格；一直在行业协会（或企业、单位、机构等）中兼任相关技术职务或担任一定职务，在行业企业的技术领域具有一定影响力，且近3年取得有实质性工作成果。

3. 教学能力与水平

教学效果

教学效果好。注重分析学生个体特点，坚持因材施教、个性化发展；关心学生成长，注重培养学生的职业道德和职业精神；教学设计重视学生在校学习与实践工作的一致性，积极开展行动导向教学实践；教学方法灵活多样，有效激发学生学习兴趣；通过导师制等形式提高学生自主学习能力；合理利用信息技术和现代教育技术，建立了先进的现代教学环境，提高教学效率。教学效果学生反映良好。

教学研究

教学研究能力强。学习、借鉴先进职业教育理念和经验，结合我国国情，积极研究高等职业教育教学特点与规律，发展高等职业教育理论；及时跟踪产业发展趋势和行业动态，制定科学的专业发展规划和实施方案；分析职业岗位（群）任职要求和变化，积极开展人才培养模式改革研究与实践，成效显著。

资源建设

资源整合能力强。有效整合社会资源，开展教学条件特别是实训实习条件的建设，开发实训项目，建设各类实训平台；编写先进、适用的高职（数字化）教材，开展以企业为核心的教学资源建设，并为其他高职院校共享，社会认可度高。

教学管理

教学管理水平高。根据高职教育特点，探索出校企合作、工学结合人才培养的有效教学组织、实施形式；在教学做合一、生产性实训、顶岗实习等方面的机制、制度建设有创新举措；改革学生学习评价方法，利用信息技术平台，提高教学管理水平，成效显著。

4. 社会服务能力

面向行业企业实际需求，开展相关培训、生产和技术服务项目，取得良好实际效果，服务收益高；独立或与行业企业合作开展技术应用性研究及应用推广，成效显著。

5. 教学团队建设

利用自身影响力，有效吸引行业企业一线技术骨干参与专业人才培养，兼职教师队伍水平高；指导专业教师参与教学实践和项目实施，不断提高青年教师教学水平；重视师德教风建设，促进教师职业素质养成，带动形成良好的“传、帮、带”团队文化。教学团队建设水平高。

备注：以上各项指标不设具体分值。

附件 4

北京市高等学校教学名师奖评选指标体系（独立设置成人高校部分）

1. 教师风范与教学经历

政治立场坚定，以教书育人为己任；敬业爱岗，以全身心投入为常态；治学严谨，知行统一，师德高尚，为人师表。

2. 教学能力与水平

教学效果

教学效果好。注重分析学生个体特点，坚持因材施教、个性化发展；关心学生成长，注重培养学生的职业道德和职业精神；教学设计重视学生在校学习与实践工作的一致性，积极开展行动导向教学实践；教学方法灵活多样，有效激发学生学习兴趣；通过导师制等形式提高学生自主学习能力；合理利用信息技术和现代教育技术，建立了先进的现代教学环境，提高教学效率。教学效果学生反映良好。

教学研究

教学研究能力强。学习、借鉴先进职业教育理念和经验，结合我国国情，积极研究高等继续教育教学特点与规律，发展高等继续教育理论；及时跟踪产业发展趋势和行业动态，制定科学的专业发展规划和实施方案；分析职业岗位（群）任职要求和变化，积极开展人才培养模式改革研究与实践，成效显著。

资源建设

资源整合能力强。有效整合社会资源，开展教学条件特别是实训实习条件的建设，开发实训项目，建设各类实训平台；编写先进、适用的高等继续教育（数字化）教材，开展以岗位职业能力为核心的教学资源建设，并为其他高等继续教育院校共享，社会认可度高。

教学管理

教学管理水平高。根据高等继续教育特点，探索出校企合作、工学结合人才培养的有效教学组织、实施形式；在专业建设、课程体系建设、实践实训体系建设等方面有创新举措；改革学生学习评价方法，利用信息技术平台，提高教学管理水平，成效显著。

3. 社会服务能力

面向区域、行业、系统和社区需求，开展培训及相关服务，取得良好效果，成效显著。

4. 教学团队建设

利用自身影响力，有效吸引行业企业专家参与专业人才培养，指导专业教师参与教学实践和项目实施，不断提高青年教师教学水平；重视师德教风建设，促进教师职业素质养成，重视教学团队建设，带动形成良好的“传、帮、带”团队文化。

备注：以上各项指标不设具体分值。

北 京 市 教 育 委 员 会
北京市人力资源和社会保障局

转发教育部人力资源社会保障部关于做好乡村学校从教30年教师荣誉证书颁发工作文件的通知

京教函〔2016〕193号

各区教育委员会、人力资源和社会保障局：

为做好“乡村学校从教30年教师荣誉证书”颁发工作，现将《教育部人力资源社会保障部关于做好乡村学校从教30年教师荣誉证书颁发工作的通知》（教师函〔2016〕4号）转发你们，并就我市开展此项工作的有关事项通知如下：

一、此项工作涉及广大乡村教师切身利益，各有关部门要高度重视，严格按照规定条件执行。

二、此项工作时间紧、任务重，请各有关部门要安排好工作进度，于6月17日前将《乡村学校从教30年教师荣誉证书登记表》和《乡村学校从教30年教师荣誉证书登记人员信息汇总表》按要求打印并加盖公章后报送市教委人事处，同时将电子版发送到邮箱。

2016年5月4日

教　育　部
人力资源社会保障部

关于做好乡村学校从教30年教师荣誉证书颁发工作的通知

教师函〔2016〕4号

各省、自治区、直辖市教育厅（教委）、人力资源社会保障厅（局），新疆生产建设兵团教育局、人力资源社会保障局：

为提升乡村教师职业荣誉感，宣传乡村教师坚守岗位、默默奉献的崇高精神，在全社会营造关心支持乡村教师的浓厚氛围，根据《国务院办公厅关于印发乡村教师支持计划（2015—2020年）的通知》（国办发〔2015〕43号）部署，教育部、人力资源社会保障部决定自2016年起，组织开展"乡村学校从教30年教师荣誉证书"（以下简称荣誉证书）颁发工作。现将有关事项通知如下：

一、颁发对象

颁发对象为在县以下（不含县城所在地）乡镇和村庄学校任教年限累计满30年的正式在编教师。在岗和离退休教师均纳入颁发范围，2015年12月31日前已去世的不再颁发。在乡村学校教学一线任教满30年的学校管理干部，符合条件的也纳入颁发范围。

任教年限指在县以下（不含县城所在地）乡镇和村庄学校从事教育教学工作的累计周年数。其中，间断后继续从事乡村教育教学工作，前后任教时间合并计算。经学校或主管部门批准，带薪到各级各类学校和培训机构学习的教师，学习结束后继续从事教育教学工作的，其学习的时间可计算为任教年限。退休教师任教年限计算截止至离退休年月。

颁发对象应理想信念坚定，在思想、政治、行动上同党中央保持高度一致；热爱本职工作，师德高尚、勤勤恳恳、忠于职守；无违法违纪行为。

二、颁发程序

1. 填报。教师所在学校将符合条件的教师名单在本单位公示5个工作日，公示无异议后组织教师填写《乡村学校从教30年教师荣誉证书登记表》（附件1），报送县级教育、人力资源社会保障部门。

2. 审核。县级教育、人力资源社会保障部门审核通过后，在县级主要媒体（网站或报刊）公示5个工作日。公示无异议后，逐级报送地（市）级、省级教育和人力资源社会保障部门审核。省级部门审核通过后，向教育部、人力资源社会保障部报送《乡村学校从教30年教师荣誉证书登记人员信息汇总表》（附件2）。附件1、附件2两个表格可在教育部网站的教师工作司主页下载。

3. 颁发。荣誉证书由教育部、人力资源社会保障部统一印制，以两部名义联合颁发。获得荣誉证书的教师，其《乡村学校从教30年教师荣誉证书登记表》由省级教育、人力资源社会保障部门返还，存入个人人事档案。

三、工作要求

1. 严格按照规定程序组织实施。各级教育、人力资源社会保障部门要认真做好材料报送、审核把关等各项工作，对报送材料的真实性切实负起责任，按时保质保量完成任务。

2. 严肃工作纪律。教师如有弄虚作假、骗取荣誉的，一经发现收回其荣誉证书，从个人档案撤出《乡村学校从教30年教师荣誉证书登记表》，并追究相应责任。有关工作人员如有徇私舞弊、借机牟利等违规问题的，按照党纪政纪有关规定处理。

四、关于首次荣誉证书登记颁发工作

截至2015年12月31日，任教年限满30年的符合条件的乡村教师纳入首次登记颁发范围。请各省（区、市）教育行政部门于2016年6月30日前，将《乡村学校从教30年教师荣誉证书登记人员信息汇总表》打印并加盖公章后报教育部教师工作司，同时将电子版发送到邮箱。

纳入首次登记颁发范围的乡村教师荣誉证书分批次颁发，颁发顺序根据乡村教师任教年限的长短确定，具体办法另行通知。

附件：1. 乡村学校从教30年教师荣誉证书登记表（略）

2. 乡村学校从教30年教师荣誉证书登记人员信息汇总表及填写说明（略）

2016年4月12日

北京市教育委员会

关于印发《北京市乡村教师素质提升计划》的通知

京教人〔2016〕13号

各相关区教委：

现将《北京市乡村教师素质提升计划》印发给你们，请结合实际，认真贯彻执行。

2016年5月16日

北京市乡村教师素质提升计划

为落实《国务院办公厅关于印发乡村教师支持计划（2015—2020年）的通知》（国办发〔2015〕43号）精神和要求，全面提升乡村教师能力素质。依据《教育部办公厅关于印发乡村教师培训指南的通知》（教师厅〔2016〕1号）和《北京市人民政府办公厅关于印发北京市乡村教师支持计划（2015—2020年）实施办法的通知》（京政办发〔2016〕8号），结合本市农村教师培训经验和乡村教师专业化发展需要，特制定本计划。

一、总体目标

根据市政府关于实施乡村教师支持计划的总体要求，把乡村教师素质提升纳入基本公共服务体系，保障经费投入，确保乡村教师培训时间和质量。进一步完善市、区、校三级管理体制和分类、分层、分岗培训机制，充分整合高等学校、市区两级教师培训机构和中小学校优质资源，优化和健全乡村教师专业发展支持服务体系，到2020年前，对全体乡村教师进行不少于360学时的培训，全面提升乡村教师的综合素质。

二、培训对象

培训对象覆盖全市295所乡村学校的乡村教师，市、区、校三级各有侧重。市级培训主要开展乡村学校校长、教学干部、教研组长和骨干教师等的高级研修；区级培训侧重于乡村教师的全员提高培训、新任教师上岗培训和“教非所学”教师的专题培训；校级培训主要开展有针对性的校本培训。

三、培训内容

培训围绕培育和践行社会主义核心价值观、坚持立德树人、突出教育综合改革的政策导向，内容包括师德建设、教师和校长的专业标准、学科教学改革、招生考试制度改革等，着力提升乡村教师教育教学实践能力和综合素质。

四、培训方式

各级培训应本着优化课堂教学、促进自主学习的目标，从破解乡村优质教学资源不足和工学矛盾突出的难题入手，按照乡村教师的实际需求，采用灵活多样的培训方式：

（一）跟岗研修。可采用“伙伴式研修”“跟岗脱产培训”“短期参访”等方式，为乡村教师提供多样选择、自主安排、注重实效的跟岗研修活动。

（二）送教下乡。整合市级培训机构、高校专家和一线中小学校市级以上骨干教师，为乡村学校提供送教下乡的专业培训与咨询指导。

（三）网络研修。积极推动“互联网＋乡村教育”，结合“北京市中小学教师开放型教学实践活动管理服务平台”和“京师网”搭建乡村教师网络研修服务云平台，引导和组织乡村教师充分利用远程教学、在线课程等形式进行日常学习与教研。

（四）校本研修。发挥乡村学校自身在队伍建设方面的自主作用，落实校长作为校本研修第一责任人的政策要求，采用学校设计、专家辅助的方式，开展校本研修。

（五）学历提升。整合首都高校资源，为乡村教师的学历进修，在名额增加、经费支持等方面提供明确的政策支持，力争在“十三五”期间进一步提高乡村教师的学历层次。

五、重点任务

针对不同培训对象的不同培训需求，设计不同的培训项目，开展分层、分类培训。重点组织实施以下项目：

（一）乡村学校校长、教学干部高级研修计划。发挥市级培训机构和首都高校的优质资源，利用城区优质中小学校的实践条件，为乡村学校校长、教学干部适应教育综合改革发展的新要求，提升教育教学管理与研究能力、指导学科教学改革能力等设计专题的研修课程，并在专家指导下，开展高级研修。

（二）乡村学校教研组长、骨干教师高端研修计划。整合高级培训机构、高校和城区优质中小学校的专家资源，通过“双导师制”，为乡村学校教研组长和骨干教师适应学科教学改革的新要求，提升学科教学研修能力、推进学科教学改革能力等设计专题的研修课程，并在专家指导下，开展高级研修，为乡村学校领军人才的培养提供专业支持。

（三）协同创新乡村学校计划。通过市、区、校三级紧密合作，联合组建项目指导专家团队，深入乡村学校开展整校或整学科推进的研修活动，全面提高乡村教师的教育教学水平。“十三五”期间针对全市乡村学校分批次开展为期一年的培训。

（四）乡村教师开放型教学实践活动计划。在实施中小学教师开放型教学实践活动计划过程中，组织市级以上骨干教师（特级教师、市级学科带头人、市级骨干教师和正高级教师）开放课堂和研修活动，乡村义务教育阶段教师通过北京市中小学教师开放型教学实践活动管理服务平台自主选修；建立相应的激励机制，鼓励每一名义务教育阶段乡村教师走出乡村，到城区学校学习优秀教师的教学理念和教学经验。

（五）乡村骨干教师跟岗脱产培训计划。选择部分城区的优质资源校承担跟岗脱产培训任务，支持乡村教师到城区优质资源校参加免费的跟岗脱产培训，全方位体验城区优秀教师的教学实践和研修过程。每所培训学校每期培训 20 名乡村教师，培训时间为 4～5 个月，每年举办两期培训，着力加强乡村学校骨干教师队伍建设。

（六）乡村学校学科教学的指导计划。组织市级以上骨干教师（以退休的特级教师、市学科带头人、市骨干教师为主）到乡村学校支教，重点指导乡村教师开展教学改革、实践和研修。由相关区教委协调乡村学校提出需求，市教委协调组织培训师资，并纳入北京市中小学教师开放型教学实践活动计划，所需经费支持参照《北京市中小学教师开放型教学实践活动计划（2016—2020 年）》执行。

（七）乡村教师学历提升计划。充分利用相关教师教育院校的学历教育条件，选择优秀乡村教师攻读在职教育硕士，大专学历和教非所学教师攻读所教学科的成人教育学士，鼓励乡村教师提升学历层次，提高综合素质。

（八）乡村教师校本研修计划。充分发挥乡村学校组织实施校本研修的能动性，整合市级培训机构、高校优秀专家和城区优质中小学校优秀教师，通过师徒制、示范课等方式开展校本研修指导。

（九）乡村教师网络研修社区实施计划。利用京师网和区教师研修网络平台或购买社会网络培训平台等资源，通过名师开设网络研修工作坊、组织网络教研等方式，为乡村教师提供经济、便利的学习提高平台。

六、职责分工

完善乡村教师培训的市、区、校三级管理与培训机制，确保培训工作的有序开展。

1. 市教委与市级培训机构

市教委负责乡村教师培训的总体规划、设计与管理统筹，各项政策与制度的制定，培训过程监控、总结交流与经验推广。市教委设立乡村教师培训执行办公室，委托市级教师培训机构开展项目的设计与实施。获授权组织实施乡村教师培训的市级教师培训机构，应根据各自的分工，重点做好项目的调研、设计与组织实施，资源整合与建设，以及培训网络平台的搭建等工作。

2. 区教委与区级培训机构

区教委负责本区乡村教师培训的具体设计与组织实施，相关配套政策、制度的制定与落实，培训的质量管理与评价。区教委委托区级教师培训机构设计、实施本区的培训工作。区教师培训机构须做好与市级培训机构相关项目的具体对接，做好培训的组织管理工作和质量评价、项目总结等工作。

3. 实践培训学校与指导教师

市、区两级教育行政部门遴选一批优秀中小学校承担乡村教师培训的实践基地。获授权的实践培训基地须成立校长或主管校长负责的乡村教师培训领导小组，根据本校实际，在充分调研沟通的基础上，设计相应的培训实施方案。实践培训基地所承担的各类培训均需安排指导教师，指导教师与学员比不低于1∶5。指导教师须尽职尽责，与学员一起研究制定个性化的培训方案，并全程指导完成各项培训工作。

4. 乡村学校与教师

乡村学校校长为培训的第一责任人，须根据学校教育教学的实际情况，具体做好本校教师参加培训的时间、任务等工作的协调安排，保障教师参训与学校常规教育教学的相互促进。乡村教师须合理安排自己的时间和精力，积极参加各项培训，有效提高自身的教育教学水平。

七、保障机制

（一）组织保障

1. 成立市级协调小组。协调小组组长由市教委主要领导担任，副组长由市教委分管领导、市级培训机构主要领导担任。

2. 成立北京市乡村教师素质提升计划办公室。办公室设在市教委人事处，同时设执行办公室（设在北京市中小学中等职业学校教师培训中心），具体负责培训各项工作的统筹安排与管理。

（二）条件保障

1. 遴选实践培训基地。按照实践培训基地与乡村学校数量1∶2或1∶3的比例，在全市范围内遴选实践培训基地，通过伙伴式研修和培训者访学等方式开展体验式培训。

2. 明确培训基地职责。以市区两级教师培训机构为基地，遴选有条件的高校、网络机构和社会机构共同承担各项培训的具体实施。

3. 培训平台与资源建设。委托开发或以购买服务的方式，建立为乡村教师培训提供学习、交流与管理服务的网络平台，建设丰富的学习资源，建立充足的专家资源库。

（三）经费保障

市、区两级财政将乡村教师培训经费列入年度预算，确保按常规培训经费提高20%的经费投入。

北京市教育委员会
北　京　市　财　政　局

关于印发《北京市中小学教师开放型教学实践活动计划（2016—2020年）》的通知

京教人〔2016〕14号

各区教委、财政局：

现将《北京市中小学教师开放型教学实践活动计划（2016—2020年）》印发给你们，请结合实际，认真贯彻执行。

2016年6月1日

北京市中小学教师开放型教学实践活动计划（2016—2020年）

为贯彻党的十八大，十八届三中、四中、五中全会精神以及习近平总书记系列重要讲话精神，落实《教育部关于深化中小学教师培训模式改革全面提升培训质量的指导意见》等文件要求，进一步深化教育领域综合改革，构建中小学教师开放型教学实践活动管理服务平台，为全市义务教育阶段教师提供个性化、多样化的教学实践服务，全面提升中小学教师教学实践能力，特制定《北京市中小学教师开放型教学实践活动计划（2016—2020年）》（以下简称《计划》）。

一、组织实施

市教委成立中小学教师开放型教学实践活动协调小组，负责宏观决策与整体规划；下设协调小组办公室（设在北京市中小学中等职业学校教师培训中心），负责活动资源单位与活动项目的准入、实施细则与标准规范的制定，活动时间与学分的认定以及各参与方的组织协调等工作。

各区教委成立区级协调小组及其办公室，负责本区义务教育阶段中小学校教师参加开放型教学实践活动的整体安排；积极协调本区中小学校和教师研修机构申报活动资源单位，组织指导学校开发活动项目，完成活动任务，组织相关专家对本区申报的资源单位和活动项目进行审核。

各中小学校和教师研修机构成立校级协调小组，负责本校（机构）教师参加开放型教学实践活动的组织管理工作，指导、督促教师选择活动项目、参加活动等工作；积极参与活动资源单位的申报工作，并积极组织本校（机构）义务教育阶段在岗市级以上骨干教师（包括正高级教师、特级教师、市级学科带头人、市级骨干教师）参与活动项目的开发，为每个活动项目的组织实施提供充分的条件保障。

二、开放型教学实践活动管理服务平台建设

委托北京教育网络和信息中心建设北京市中小学教师开放型教学实践活动管理服务平台，承担活动资源单位和活动项目申报、审核、活动信息发布，教师网上自主选课、活动评价、课时与学分认定等功能，逐步拓展功能，实现教师的网上学习和远程教研。

三、活动资源建设

1. 资源单位的征集

2016 年，中小学教师开放型教学实践活动将面向全市中小学校和教师研修机构征集资源单位，今后将有计划扩展到社会优质教育资源单位。资源单位自主组织本单位义务教育阶段在岗市级以上骨干教师开发活动项目，既可以以项目组的形式开发，也可以以教师个体形式开发。市级协调小组办公室成立“活动项目审核委员会”，组织专家对申报的资源单位进行条件审核，在平台上正式发布符合条件的资源单位和活动项目。

2. 活动项目的征集

2016 年上半年计划征集不少于 1000 个活动项目，下半年开始每学期计划征集不少于 1500 个活动项目。每个资源单位应按要求提交每个活动项目信息及其活动方案。征集的活动项目能够提供不少于 30000 人次的年度活动任务量。活动项目包括：基本信息和活动方案两个部分。

基本信息主要包括：授课教师信息包括姓名、性别、学科、职称、骨干教师类别、所在区和单位名称、手机号、电子邮箱等；参加活动对象包括义务教育阶段专任教师（现任教的学科、学段、年级）、研修员等；活动方式以跟岗实践为主（听课、参加研修活动、做研究课等）；活动人数（一般不少于 5 人，其中城六区的活动项目招收本区学员一般不超过40%、十个远郊区的活动项目招收本校学员一般不超过40%）等。授课教师和选课教师基本信息与北京市教职工管理平台、教师继续教育平台实现数据共享。

活动方案主要包括：活动时间、活动地点、活动课题、活动目标、活动内容和活动过程等。采用“专题课”的形式开发和实施，应包括系列活动专题，一般每个学期2～4个专题，每个专题按3小时（计4学时）设置。

活动项目审核委员会采用专项评审的方式，对资源单位开发的活动项目进行论证、审核。通过评审的活动项目将按照类别纳入中小学教师开放型教学实践活动资源库，并发布到服务平台供全市各中小学教师选择。

四、活动实施

1. 实施方式

活动资源单位根据教师及其所在学校的实际需求，可以采用自主选学、团体预约、送课到校等方式开展活动。

2. 教师参与活动的记录

授课教师实现实名统一认证，每人一个账号（绑定姓名和手机号），实名登录后可自主发布、更新活动信息，系统可通过手机适时向选课教师推送信息。活动签到可通过授课教师课前、课后两次手机扫描选课时生成的二维码，也可由选课教师上报课前、课后实时位置进行确认。

选课教师每次活动后要在网上提交评价表，包括授课教师姓名、所在区和单位名称、时间、地点、活动课题、主要内容、活动收获和评价满意度等内容。

根据要求对于活动需要考核实践效果的，可通过平台上传实践成果，包括图片、文字、小视频等形式。评价表是记录授课教师活动过程和结果、选课教师参与活动情况、课时和学分认定的凭证，必须完成方可获得学分。

3. 开放型教学实践活动学分的计算

建立由市级协调小组办公室和资源单位共同参与的学分认定系统，制定中小学教师开放型教学实践活动继续教育学分认定标准，对教师参加活动的情况进行评价，评价结果作为授课教师和选课教师继续教育学分的计算依据。具体计算方法为：每活动 10 个学时计活动双方各 1 个学分，将在平台中自动记录并与教师继续教育平台互通。

五、实施保障

（一）经费保障

1. 资金来源

《计划》实施所需经费分为项目实施经费和组织管理经费两部分，由市级资金保障。

2. 支出方向

项目实施经费主要用于授课教师的课时费和选课教师教学实践能力提升补助。授课教师的课时费按照正高级教师每人每次 3000 元（税后）；特级教师每人每次 2000 元（税后）；其他授课教师每人每次 1000 元（税后）标准执行。对城六区授课教师送教到十个远郊区学校课时费按照正高级教师每人每次 4000 元（税后）；特级教师每人每次 3000 元（税后）；其他授课教师每人每次 2000 元（税后）标准执行。十个远郊区学校选课教师到城六区参加开放型教学实践活动，按照每人每次 530 元给予综合补助，期间发生的住宿、餐饮和交通费用由教师个人承担，项目组织单位、派出学校、承接学校等单位不得支付相关费用。

组织管理经费包括北京市中小学教师开放型教学实践活动管理服务平台建设与管理、市级协调小组办公室统筹协调与管理所需经费。经费不得用于人员经费和基本建设，涉及信息化建设的内容，要按规定进行技术方案审核。

3. 申报、拨付程序

项目实施经费纳入市教委部门预算，按照据实结算的方式，将当年项目执行所需资金纳入下一年度预算。市教委要指导市级协调小组办公室建设好北京市中小学教师开放型教学实践活动管理服务平台，利用信息化手段确保精准施策。

组织管理经费纳入市教委部门预算，按照项目管理办法进行预算管理。

（二）管理机制保障

1. 分层管理机制

各区教委和中小学校要高度重视《计划》的落实，结合实际分层次制定各自的实施方案，积极组织相关教师开发活动项目，参加开放型教学实践活动。各中小学校每年参加开放型教学实践活动项目的教师人数不低于应参加人数的20%。十个远郊区每年参加城六区开放型教学实践活动项目的教师人数原则不低于参加开放型教学实践活动教师人数的60%。

2. 建立活动项目的评价机制

对于已经纳入活动资源库的资源单位和活动项目，建立多元评价机制，通过自评、专家评、学员评、学校评等多种途径对活动项目进行评价，不断改进和完善。建立活动项目淘汰机制，对于不能满足教师实际需求的资源和单位进行预警与淘汰，保证参与单位的积极性和活动项目的质量。

3. 建立开放型教学实践活动的激励机制

区级教委、各中小学校积极参与资源单位的申报、活动项目的开发与实施、组织教师积极参与开放型教学实践活动等情况将作为教师队伍建设的重要任务之一，并纳入对各区推进义务教育优质均衡发展、全面实现教育现代化、教师队伍建设情况及学校全面实施素质教育的督导评价与绩效考核范围。

中小学校和教师研修机构在岗市级以上骨干教师开放课堂和研修活动，积极参与活动项目开发与活动实施将作为市级以上骨干教师任期内履职的重要任务之一，也将作为下一次市级以上骨干教师评选的重要条件之一，并在高一级职称评审中优先考虑。

“十三五”期间，每位中小学教师应参加2～4次开放型教学实践活动，并将中小学教师参加开放型教学实践活动的情况纳入到教师职称评定、区级以上骨干教师评选等范围。

4. 建立社会监督机制

市级协调小组办公室建立监督检查专家组，对中小学教师开放型教学实践活动的各环节工作进行全程监督；根据选修人数、满意度等方面，考核资源单位活动项目实施的情况。对活动项目的实施管理和监督检查形式包括资料核查、电话督导、现场抽查等。对于在实施管理和监督检查中出现严重问题的资源单位，要求其限期整改，如仍未达标，将取消资源单位资格。

北京市教育委员会

关于遴选第四批北京市中小学名师培养对象的通知

京教函〔2016〕267号

各区教委、北京市教育科学研究院、首都师范大学附属中学、首都师范大学附属育新学校、北京学生活动管理中心：

根据中共北京市委教育工作委员会、北京市教育委员会《关于实施北京市中小学名师名校长发展工程的意见》（京教工〔2012〕48号）有关精神要求，现将遴选第四批北京市中小学名师培养对象推荐工作通知如下：

一、范围与对象

截至2016年6月30日，北京市中小学、中小学教师培训机构、教研机构、少年宫（含少年之家，科技馆、站）等在职的北京市中小学学科教学带头人、骨干教师（含市级农村骨干教师）和农村专项特级教师。

北京市中小学校正职校长、书记、幼儿园和职业学校教师不在遴选范围内。

二、推荐条件

1. 热爱教育事业，教书育人，为人师表，爱岗敬业，事业心强，模范履行教师职责，有较强的奉献精神和开拓创新精神，有较强的学习愿望和培养潜质。

2. 有较为扎实的教育教学理论功底和较为丰富的教育教学经验，人文社科知识比较丰富。

3. 教育教学能力较强，有研究意识和研究能力，在本学科建设中能发挥重要作用，在本学科领域具有一定知名度，具有较大的发展潜力。教学改革成果突出，在学科教学中具有引领示范作用，积极承担指导青年教师的任务。

4. 具有一线教学 10 年以上经验；遴选的教师年龄一般不超过 45 岁（1971 年 1 月 1 日之后出生）。

5. 身心健康，自我发展提升意识强烈，在学校的支持下能够合理安排好学习与工作的关系，保证规定的出勤率和学习质量，在两年的培养期间能够完成正常的教育教学工作。

三、推荐名额

第四批计划遴选名师培养对象 60 名左右。按照 1∶1.5 下达推荐指标，各区推荐名额详见《第四批北京市中小学名师发展工程培养对象名额分配表》（见附件 1）。

四、推荐程序

推荐北京市中小学名师培养对象，采取个人自荐与学校推荐相结合的办法，具体做法如下：

1. 所在单位推荐或个人自荐，并填写《第四批北京市中小学名师培养对象推荐表》或《第四批北京市中小学名师培养对象自荐表》（见附件2、3）。凡自荐人员须由两位在职特级教师或高校、教育研究机构的具有正高级专业技术职务的专家进行推荐。

2. 区教委组织专家对自荐或推荐人选进行综合评议，确定推荐人选名单并在其所在学校公示，公示期为5天。区教委确定推荐人选后填写《第四批北京市中小学名师培养对象推荐名册》（见附件4）择优排序报发展工程办公室。

3. 发展工程办公室组织专家进行综合评议，根据专家综合评议意见，确定最终培养人选。

五、报送材料要求

（一）报送时间：请各区教委于6月28日17：00之前报送申报材料。材料包括：

1.《第四批北京市中小学名师培养对象推荐表》或《第四批北京市中小学名师培养对象自荐表》，纸介版一式3份；

2. 代表本人教学和研究水平的论文或论著不超过5项（所交成果一律不再退还，可提交复印件。论文提交期刊封页、目录页及论文全文；论著提交论著封页，版权页、目录页），一式3份；

3. 代表本人教学和研究水平的证书不超过3项（所交证书一律不再退还，可提交复印件），一式3份；

4.《第四批北京市中小学名师培养对象推荐表》或《第四批北京市中小学名师培养对象自荐表》上要求的相关材料的复印件一式3份；

5.《第四批北京市中小学名师培养对象推荐名册》，纸质版一式2份。

所有复印件请各区审核并加盖人事科公章，并请同时将《第四批北京市中小学名师培养对象推荐名册》、《第四批北京市中小学名师培养对象推荐表》或《第四批北京市中小学名师培养对象自荐表》的电子版发送至电子邮箱：bjmsgcbgs@163.com。

（二）报送地点：北京市教育科学研究院教师研究中心103办公室（北京市海淀区北三环西路11号，首都体育学院院内北京教育科学院楼 1 层，城铁 13 号线大钟寺站东侧路北，北三环蓟门桥西北角，进校门 50 米西侧）。

六、工作要求

实施北京市中小学名师发展工程工作，是北京市教委贯彻落实国家和北京市《中长期教育改革与发展规划纲要（2010－2020）》及《首都教育系统人才发展改革与规划纲要（2010－2020）》精神要求，各区教委领导和中小学校长要高度重视北京市中小学名师培养对象的选拔推荐工作，将名师培养工作与本区教师队伍建设相结合，认真组织好本区中小学名师培养对象的选拔推荐工作。推荐坚持公开、公平、公正的原则，严格推荐程序，兼顾学科与学段的实际，推荐时要注重向一线教师倾斜，教研员和培训者不得超过推荐人数的 20％。推荐的人选要具备发展潜力和强烈的学习内驱力，能够坚持完成培养和教学任务，不得中途放弃。对无正当理由中途放弃的，次年减少所在区相应推荐名额。

附件：1. 第四批北京市中小学名师发展工程培养对象名额分配表

2. 第四批北京市中小学名师培养对象推荐表（略）

3. 第四批北京市中小学名师培养对象自荐表（略）

4. 第四批北京市中小学名师培养对象推荐名册（略）

2016 年 6 月 13 日

附件 1

第四批北京市中小学名师发展工程培养对象名额分配表

区、单位	推荐名额
东城	7
西城	9
朝阳	13
海淀	14
丰台	7
石景山	3
门头沟	1
昌平	6
大兴	6
房山	4
通州	6
顺义	5
怀柔	2
密云	3
平谷	3
延庆	2

续表

区、单位	推荐名额
燕山	1
市教科院	2
首师大附属中学	1
育新学校	1
北京学生活动管理中心	1
合计	97

北京市教育委员会

关于公布第十二届北京市高等学校教学名师奖获奖名单的通知

京教函〔2016〕331号

各普通高等学校：

根据北京市教育委员会《关于开展第十二届北京市高等学校教学名师奖评选工作的通知》（京教函〔2016〕183号），经学校推荐、现场教学观摩课评价、评审专家组评议、评审委员会投票、市教委审核并公示，决定授予北京大学乔杰等88名教师第十二届北京市高等学校教学名师奖，现将获奖名单予以公布。

各高等学校要深入贯彻落实国家和北京市教育综合改革要求，积极发挥教学名师的示范榜样作用和对年轻教师的传、帮、带作用，激励和帮助年轻教师成长发展，引导广大教师积极投身教育教学改革，增强师资队伍水平，提高人才培养质量。

附件：第十二届北京市高等学校教学名师奖获奖名单

2016 年 7 月 19 日

附件

第十二届北京市高等学校教学名师奖获奖名单

北京大学
　乔杰　刘凯湘　苏彦捷
中国人民大学
　龚群
清华大学
　彭刚　于歆杰
北京交通大学
　张晓冬　胡健
北京科技大学
　夏德宏　申亚男
北京化工大学
　王淑慧　张丽丹
北京邮电大学
　刘培植　郭莉
中国农业大学
　张宾　王建华
北京林业大学
　翁强
北京中医药大学
　贺娟
北京师范大学
　张润枝　张雁云　保继光
北京外国语大学
　李英桃
中国传媒大学
　周涌　曾志华
中央财经大学
　许飞琼
对外经济贸易大学
　吴革　江春

中国政法大学

李居迁　邰丽华

国际关系学院

梁晓晖

中央音乐学院

郭伟国

中央美术学院

乔晓光

中央戏剧学院

郝戎

华北电力大学

李彦斌

中国矿业大学（北京）

童磊

中国石油大学（北京）

杨胜来　赵秀凤

中国地质大学（北京）

褚宝增　程捷

北京电子科技学院

孙宝云

北京航空航天大学

曹庆华　杨超　王之栎

北京理工大学

郝群　彭熙伟　刘莉

中央民族大学

周宜君

中国人民公安大学

毛欣娟

北京协和医学院

李汉忠

北京体育大学

武冬

中国劳动关系学院

乔健

中国青年政治学院

李伟

中华女子学院

刘明辉

北京工业大学

冯士维　范周田

北方工业大学

曲洪权

北京工商大学

祝钧

首都医科大学

刘慧荣

首都师范大学

黄延敏　刘丽珍

首都经济贸易大学

谢海霞　蔡秀云

北京联合大学

鲍新中　李伟

北京服装学院

安佳

北京农学院

李瑞芬

中国音乐学院

范建明

中国戏曲学院

马路

北京电影学院

张辉

北京舞蹈学院

万素

北京信息科技大学

陈昕

北京城市学院

赵记同

北京青年政治学院

张红琴

北京政法职业学院

颜九红

北京社会管理职业学院

杨根来

北京京北职业技术学院

刘琼

北京信息职业技术学院

林广梅

北京电子科技职业学院

王晓杰

北京农业职业学院

张红

北京卫生职业学院

蒋爱品

北京戏曲艺术职业学院

祝真伟

北京汇佳职业学院

张惜萍

北京工业职业技术学院

冯素芬

北京经济管理职业学院

宋磊

北京体育职业学院

鹿国晖

北京医药集团职工大学

梁丽芝

北京市东城区职工业余大学

金琰

北京市崇文区职工大学

郭汝惠

北京市教育委员会

关于印发《北京市中小学体育教师教学技能考核内容及评分标准（试行）》的通知

京教体艺〔2016〕15号

各区教委，北京教育科学研究院：

根据市教委《关于开展中小学体育教学质量提升计划启动年有关工作的通知》（京教函〔2016〕253号）对开展中小学体育教师教学技能考核的要求，我委委托北京教育科学研究院基教研中心研制了《北京市中小学体育教师教学技能考核内容及评分标准（试行）》（以下简称《技能标准》）。现印发给你们，并提出以下要求，请认真贯彻落实：

一、《技能标准》适用于“十三五”期间本市中小学体育教师教学技能考核。不同组别的年龄要求按《北京市中小学体育教师教学技能考核与提升工作实施方案》执行。

二、《技能标准》是依据《体育与健康课程标准》和教育部中小学教材审定委员会审定通过的教材制定，涵盖了中小学体育教学中涉及到的主要内容，各区教研部门及中小学校要高度重视，利用教研活动等时间组织教师认真学习。

三、各区在理解和执行《技能标准》过程中遇到问题，请及时与北京教育科学研究院基教研中心沟通。

2016年8月29日

北京市中小学体育教师教学技能考核内容及评分标准（试行）

一、教学设计答辩或微格教学

考核对象为组别1的教师。内容涵盖教师所报运动专项和该学段所用教材中涉及到的教学内容，具体内容由区考核工作领导小组指定或统一组织抽签确定。考核方式由各区考核领导小组从教学设计答辩或微格教学中任选一种。

进行教学设计答辩者，根据教学内容提前录制1节完整的体育课，并根据要求完成答辩工作；进行微格教学者，现场进行指定教学内容的关键环节展示。

两种展示方式均需提交教学设计。教学设计撰写占30分；教学设计答辩或微格教学展示占70分。

评价采用等级赋分的方式。A为最高评价等级，A级的实际得分应小于或等于对应分值；B、C、D三个等级的对应分值为起评分，实际得分应大于或等于对应分值。具体标准如下：

（一）教学设计撰写评价标准

评价指标	评分要点	等级及分值			
		A	B	C	D
设计思路	1. 思路清晰，与教学内容结合紧密； 2. 对教学指导思想与理论依据的阐述简明、正确，与教学内容和过程联系紧密。	4	3	2	1
教学背景分析	1. 对教学内容的特点、锻炼价值和育人功能分析准确，重点和难点描述准确； 2. 学生情况分析涉及学生心理特征、体质健康状况和运动技能基础等，并对学生前期的学习状况、存在的问题及解决对策进行说明。	4	3	2	1

续表

评价指标	评分要点	等级及分值			
		A	B	C	D
教学目标	1. 难度适宜，针对性强，具体、可操作； 2. 体现“三维目标”的思想，并有所侧重。	3	2	1	0.5
教学过程设计	1. 各教学环节内容安排及其内在逻辑关系清晰； 2. 明确每个练习的时间和数量，突出教学重点、突破教学难点； 3. 教学方法、手段及设计目的说明详细、合理，能够关注到教和学两个方面； 4. 所需教学资源、场地器材的布置及教学指导策略表达清楚； 5. 教学分组和组织形式、讲解示范的位置和方向符合教学内容的特点，并充分考虑学校场地、器材和班级人数等实际； 6. 能预测和分析教学过程中可能出现的问题，并说明相应的教学对策。	13	10	7	4
学习效果评价	1. 方式实用，目的性和可操作性强； 2. 实事求是，有改进思路。	3	2	1	0.5
教学设计特点	1. 教学特色鲜明，体现出新的教学理念和指导思想； 2. 语言简练、概括性强，逻辑清晰。	3	2	1	0.5

（二）微格教学展示及教学设计答辩评价标准

评价内容	评分要点		等级及分值			
			A	B	C	D
教学过程	教师基本素质（25分）	示范：动作正确、路线清晰，示范站位要便于学生学习和观察。	8	5	4	2
		讲解：精炼、准确，与所教内容联系紧密。	5	3	2	1
		教态：精神饱满、自然亲切、仪表大方、富有激情。	4	3	2	1
		安全意识：预案全面、周密、科学。	4	3	2	1
		其他：口令、哨音、调队等。	4	3	2	1
	教学技能及目标达成（35分）	教学过程：紧密围绕教学目标展开，主线突出，结构合理，环节清晰，有针对性地采用适宜的教学方式。	10	7	6	4
		教学方法：灵活得当，运用合理，符合学生实际，激发兴趣，突出实效，有助于突出重点，突破难点，体现运动技能的实践性。	10	7	6	4
		教学分组：分组合理，能够根据教学需要，练习队形调动合理。	5	3	2	1
		关注学生：重视学生的课堂表现，引导学生体验运动乐趣，提高学生的学习动机，促进每一位学生的进步和发展。	7	4	3	2
		教学目标：按时完成教学任务，达到预期的教学目标。	3	2	1	0.5
答辩	表达清楚、回答准确、简明扼要、观点明确，有理有据。		10	7	6	4

二、运动技能项目

运动技能的考核对象为组别2和3的教师。

内容涉及田径（跳高、跳远、跨栏跑）、体操（技巧、单杠、双杠、支撑跳跃）、武术（健身长拳、健身南拳、形神拳、健身短棍、少年拳）、足球、篮球、排球和健美操。

（一）田径（跳高）

1. 考核内容

跨越式或背越式跳高。

2. 考核方式

教师自己选择考核的具体内容，每人3次测试机会，计最好成绩。选择背越式跳高时，女教师起评高度为1.20米，男教师起评高度为1.30米；选择跨越式跳高时，女教师起评高度为1.10米，男教师起评高度为1.20米。背越式的评分可达优秀级，跨越式的评分在良好及以下。

3. 评分办法

以动作规范性与运用效果评分。突出在具体教学过程中，技术动作的示范效果。

（1）单个动作分值：共7分，其中，助跑2分、起跳2分、腾空过杆2分、落地1分。

（2）动作衔接与整体效果分值：3分。

（3）技评分值与标准

等级	分值	标准
优秀	9.0～10	动作规范，关键环节正确，动作熟练连贯，运用效果好。
良好	8.0～8.9	动作规范，关键环节正确，动作较协调连贯，运用效果较好。
中等	7.0～7.9	动作基本规范，关键环节基本正确，运用效果一般。
及格	6.0～6.9	能基本完成动作，伴有一般的错误动作，运用效果较差。
不及格	5.9及以下	不能完成动作或动作错误严重，运用效果差。

（二）田径（急行跳远）

1. 考核内容

蹲踞式或挺身式跳远。

2. 考核方式

男教师和女教师都用 3M 板，每人 3 次测试机会，计最好成绩。挺身式的评分可达优秀级，蹲踞式的评分在良好及以下。

3. 评分办法

以动作规范性与运用效果评分。突出在教学过程中，技术动作的示范效果。

（1）单个动作分值：共 7 分，其中，助跑 2 分、起跳 2 分、腾空 2 分、落地 1 分。

（2）动作衔接与整体效果分值：3 分。

（3）技评分值与标准

等级	分值	标准
优秀	9.0～10	动作规范，关键环节正确，动作熟练连贯，运用效果好。
良好	8.0～8.9	动作规范，关键环节正确，动作较协调连贯，运用效果较好。
中等	7.0～7.9	动作基本规范，关键环节基本正确，运用效果一般。
及格	6.0～6.9	能基本完成动作，伴有一般的错误动作，运用效果较差。
不及格	5.9 及以下	不能完成动作或动作错误严重，运用效果差。

（三）田径（跨栏跑）

1. 考核内容

跨栏跑。

2. 考核方式

在直道中进行，男教师和女教师均跨过 3 个栏。男教师，起跑至第一栏距离 13.72m，栏高 0.914m，栏间 8.7m；女教师，起跑至第一栏距离 13m，栏高 0.762m，栏间 8.0m。每人只测试一次。

3. 评分办法

以动作规范性与运用效果评分。突出在具体教学过程中，技术动作的示范效果。

（1）单个动作分值：共 7 分，其中，起跑到第一栏 1 分，过栏 3 分，栏间跑 3 分。

（2）动作衔接与整体效果分值：3 分。

（3）技评分值与标准

等级	分值	标准
优秀	9.0～10	动作规范，关键环节正确，动作熟练连贯，运用效果好。
良好	8.0～8.9	动作规范，关键环节正确，动作较协调连贯，运用效果较好。
中等	7.0～7.9	动作基本规范，关键环节基本正确，运用效果一般。
及格	6.0～6.9	能基本完成动作，伴有一般的错误动作，运用效果较差。
不及格	5.9 及以下	不能完成动作或动作错误严重，运用效果差。

（四）体操（技巧）

1. 考核内容

（1）女教师

第一套：前滚翻交叉腿转体 180 度（1 分）——后滚翻（1 分）——前滚翻直腿坐（2 分）——肩肘倒立（稍停）（2 分）——经单肩后滚翻成单膝跪撑平衡（3 分）——跪立——跪跳起（1 分）

第二套：前滚翻直腿坐（2 分）——肩肘倒立（稍停）（2 分）——经单肩后滚翻成跪撑平衡（3 分）——一脚蹬地一腿上摆成蹲撑（2 分）——挺身跳（1 分）

（2）男教师

第一套：侧手翻（3 分）——鱼跃前滚翻（2 分）——立转 180 度（1 分）——头手倒立（稍停）接前滚翻（3 分）——挺身跳（1 分）

第二套：侧手翻（3 分）——转体 90 度后腿前并成直立（1 分）——直腿后滚翻（3 分）——鱼跃前滚翻（2 分）——挺身跳

（1 分）

2. 考核方式

（1）按顺序在规定区域等候出场，出场时，面向评委右手上举示意动作开始，动作完成后，面向评委站立，两臂侧上举示意动作结束。

（2）应连贯完成规定组合动作，动作失败，在评委示意允许的情况下，可从失败动作处继续，但一个动作反复失败达三次，此动作计零分。

（3）应着简洁运动装和体操鞋，禁止佩戴项链、戒指、手镯、手表等饰物参赛。

3. 评分办法

（1）评委独立评分，最终得分为评委的平均分，减去评审组长扣分。分值保留至小数点后一位，扣分以 0.1 分为最小单位。

（2）评审组长针对参赛者的着装、场地利用、考核过程中违纪等情况进行扣分。着装问题最多扣 0.5 分；场地利用最多扣 0.3 分。

（3）动作完成情况评分标准

扣分	标准
轻微错误 扣 0.1～0.2 分	与正确动作稍有出入。 在完成动作时，姿势不准确；动作幅度轻微不够；过渡过程中轻微犹豫或调整；平衡动作中的轻微不稳定；为了控制动作腿有轻微弯曲或分开；转体轻微过多或过少；平衡动作或动力性动作或落地动作有多余动作，但未移动。
中等错误 扣 0.3～0.4 分	与正确动作有出入，但不明显。 动作幅度较小，身体不紧，身体欠舒展；动作有明显晃动；动作姿势较差，但保持了动作特色；动作中有明显的调整或小跳；为了控制动作腿有明显的弯曲或分开；腾空高度稍不足，落地过重，分腿大至 20 度；落地后跨出 1 大步；动作方位不准确。

续表

扣分	标准
显著错误 扣 0.5～0.6 分	与正确动作有明显出入。 动作幅度明显不够；腿弯曲或分腿明显不合要求；动作造型明显差；为维持动作平衡轻触器械或地面；维持平衡或下法落地后跨出 2 大步，单膝跪地，或一手撑地。
严重错误 扣 0.7～1 分	与正确动作有很大差别。 动作幅度严重不足；为了维持平衡移动 3 步，或 4 步以上；从器械上掉下；落地时明显地失去控制，跌倒、坐地、做向前或向后的滚翻动作，双手和双膝，双手或双膝着地。
扣完动作分值	动作失败或漏做动作。

（五）体操（单杠）

1. 考核内容

（1）女教师

第一套：单足蹬地翻身上成支撑（3 分）——单腿向前摆越成骑撑（1 分）——骑撑后倒挂膝摆动上（3 分）——单腿向后摆越成支撑（1 分）——后摆转体 90 度下（2 分）

第二套：跳上成支撑（1 分）——单腿摆越成骑撑（1 分）——后倒单挂膝摆动 2～3 次挂膝上（3 分）——右手换反握，右肩为轴转体 180 度（3 分）——后摆挺身下（2 分）

（2）男教师

第一套：双足蹬地翻身上成支撑（3 分）——单腿向前摆越成骑撑（1 分）——挂膝后回环一周半挂膝上（3 分）——单腿向后摆越成支撑（1 分）——后摆转体 90 度下（2 分）

第二套：双足蹬地翻身上成支撑（3 分）——支撑后回环（3 分）——单腿摆越成骑撑（1 分）——右手换反握，右肩为轴转体 180 度成支撑（1 分）——后摆挺身下（2 分）

2. 考核方式、评分办法与体操（技巧）一致。

（六）体操（双杠）

1. 考核内容

（1）女教师

第一套：跳上成分腿坐（2 分）——前进一次（3 分）——外侧坐（2 分）——越两杠前摆挺身下（3 分）

第二套：跳上成外侧坐（2 分）——弹杠进杠，前后摆动成分腿坐（1 分）——前进一次（2 分）——支撑后摆转体 180 度成分腿坐（3 分）——弹杠并腿前摆，进杠——支撑前摆挺身下（2 分）

（2）男教师

第一套：跳上成分腿坐（1 分）——前滚翻成分腿坐（3 分）——前进一次（2 分）——支撑后摆转体 180 度成分腿坐（2 分）——弹杠并腿前摆，进杠——支撑后摆挺身下（2 分）

第二套：挂臂摆动屈伸上成分腿坐（3 分）——前进一次（2 分）——支撑后摆转体 180 度成分腿坐（3 分）——弹杠并腿进杠前摆，后摆——前摆挺身下（2 分）

2. 考核方式、评分办法与体操（技巧）一致。

（七）支撑跳跃

1. 考核内容

（1）横箱分腿腾越（10 分）。

（2）横箱屈腿腾越（10 分）。

（3）纵箱分腿腾越（仅限男教师，10 分）。

2. 考核方式、评分办法与体操（技巧）一致。

（八）武术

1. 考核内容

中学：

（1）健身长拳。动作方法参照义务教育教科书《体育与健康》（七年级、全一册），人民教育出版社，2012 年 6 月出版，教师用书。

（2）健身南拳。动作方法参照义务教育教科书《体育与健康》（八年级、全一册），人民教育出版社，2013 年 6 月出版，教师用书。

（3）形神拳。动作方法参见普通高中课程标准实验教科书《体育与健康（必修）》全一册，人民教育出版社，2007 年 1 月出版，教师用书。

（4）健身短棍。动作方法参见义务教育教科书《体育与健康（九年级）》全一册，人民教育出版社，2014 年 6 月出版，教师用书。

小学：

（1）少年拳第一套。动作方法参照义务教育教科书《体育与健康》（5 至 6 年级、全一册），人民教育出版社，2014 年 3 月出版，教师用书。

（2）少年拳。义务教育教科书《体育与健康》（五年级、全一册），北京出版社，2014 年 7 月出版，教师用书。

2. 考核方式

参加考核的教师必须单人独立完成比赛规定套路。套路未完成者，不予评分。

3. 评分办法

从动作规格和套路演练水平两个方面评判。评委独立评分，最终得分为评委的平均分。

（1）动作规格分值为 5 分。根据套路规格的规范性，确定扣分，从该类分值中减去应扣分数，即为该教师的动作规格评分。动作规格评分标准：凡手型、步型、身型、手法、步法、身法、腿法、跳跃、平衡和各种器械的方法与规格不符，每出现一次扣 0.1 分；一个动作出现多种错误时，最多扣分不得超过 0.3 分。

（2）套路演练水平分值为 5 分，其中功力水平分值为 2 分（劲力、协调各占 1 分），演练技巧分值为 3 分（精神、节奏、风格各占 1 分）。根据套路功力和演练技巧的标准，整体比较，确定级别，从该级别分数段中确定得分，即为该教师的演练水平得分。演练水平的评分标准：演练水平分为 3 档，其中：4.21～5.00 分为好；3.01

～4.20 分为一般；1.51～3.00 分为不好。

（3）重做

由于客观原因造成比赛套路中断者，经评审组长允许，可重做一次，不予扣分；因遗忘、失误、器械损坏等原因造成比赛套路中断者，可重做一次，扣 1 分；教师临场受伤不能继续比赛者，评审组长可令其中止，经过简单治疗即可继续比赛的，应安排在该组最后一名上场，按重做处理，扣 1 分。

（九）足球

1. 考核内容

双脚脚背颠球、双脚内侧、外侧颠球、大腿颠球、头部颠球、脚内侧踢球、脚内侧接球、脚内侧运球、脚背正面运球、脚背外侧运球、脚背正面踢球。

2. 考核方式

从中线出发，行进间颠球（除手以外的身体任何部位触球），球落地后，用脚内侧传地滚球的方式，与助传者进行踢墙式二过一配合，受试者用脚内侧接助传者传过来的地滚球后依次运球过障碍，过完最后一个障碍用脚背正面射门。运球过障碍的动作方法不限。每人两次测试机会，计最好成绩。

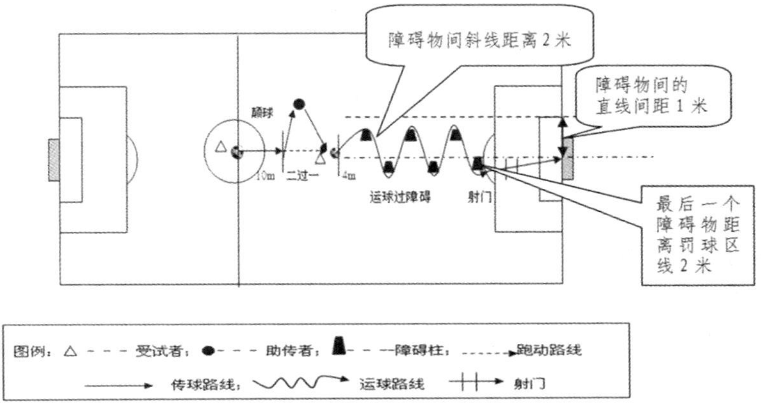

3. 评分办法

以动作规范性与运用效果评分。按 10 分制评分，参与评分裁判的平均分为最后得分。

（1）单个动作分值：共 6 分。其中，颠球 2 分，脚内侧传球 1 分，脚内侧接球 1 分，运球过障碍 1 分，脚背正面射门 1 分。

（2）动作衔接与整体效果分值：4 分。

（3）技评分值与标准

等级	分值	标准
优秀	9.0～10	动作规范，各项技术环节正确连贯、正确无误，动作协调熟练，运用效果好。
良好	8.0～8.9	动作规范，各项技术环节较正确连贯，动作较协调，运用效果较好。
中等	7.0～7.9	动作基本规范，关键环节基本正确连贯，伴有一般的失误，运用效果一般。
及格	6.0～6.9	能基本完成技术动作，关键环节伴有一般的错误动作或失误，运用效果一般。
不及格	5.9 及以下	动作不规范，不能完成技术动作，伴有严重的错误或失误。

（十）篮球

1. 考核内容

行进间高运球、体前变向换手运球、后转身运球、行进间单手肩上（高手）投篮、行进间单手低手投篮、行进间双手胸前传接球、侧身跑。

2. 考核方式

在端线后持球静止站立，右手运球出发至第一障碍柱前，做后转身运球，换左手运球至第二障碍柱前，做体前变向换手运球，换右手运球，接行进间单手肩上（高手）投篮或行进间单手低手投篮。无论投中与否均自抢篮板球，双手胸前传球给助传者，并在侧身跑过程中，用行进间双手胸前传球经与助传者传接球后，接行进间投篮结束（如图所示）。每人两次测试机会，计最好成绩。

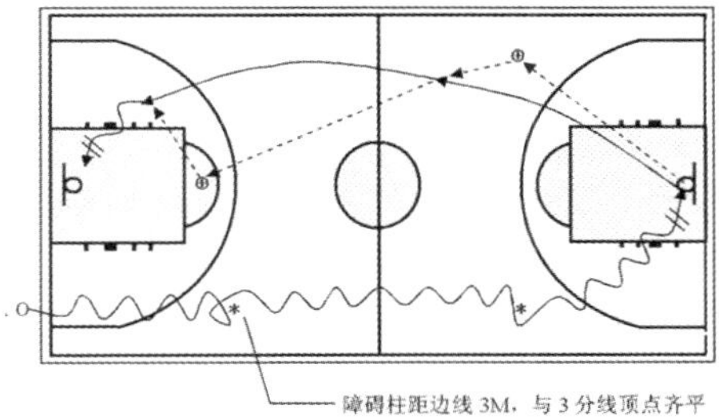

图例：O．——参赛教师；⊕——助传者；*——障碍柱；———→ 徒手跑动路线

- - - - → 传球路线；～～→ 运球路线；～～‖→ 行进间投篮

3. 评分办法

以动作规范性与运用效果评分。按10分制评分，参与评分裁判的平均分为最后得分。

（1）单个动作分值：共6分。行进间高运球1分，后转身运球1分，体前变向换手运球1分，行进间双手胸前传接球1分，行进间投篮1分，侧身跑1分。

（2）动作衔接与整体效果分值：4分。

（3）技评分值与标准

等级	分值	标准
优秀	9.0～10	动作规范，关键环节正确，动作熟练连贯，运用效果好。
良好	8.0～8.9	动作规范，关键环节正确，动作较协调连贯，运用效果较好。
中等	7.0～7.9	动作基本规范，关键环节基本正确，运用效果一般。
及格	6.0～6.9	能基本完成动作，伴有一般的错误动作，运用效果较差。
不及格	5.9及以下	不能完成动作或动作错误严重，运用效果差。

（十一）排球

1. 考核内容

上手发球（上手飘球）、接推攻球、自传、自垫、正面扣球、拦网。

2. 考核方式

展示者在发球区持球听指令发球，发球后进入场区，接对方推攻球（下手发球或抛球）后连续进行自传、自垫，至前场区连接一次扣球技术，再在网前做一拦网（模拟）动作。每人两次测试机会，计最好成绩。

每个步骤为一项技术，第 2～5 步骤 4 项技术（接推攻球、自传、自垫、扣球技术）是一组连贯的击球动作，球不准落地，自传、自垫没有次数限制。

3. 评分办法

以动作规范性与运用效果评分。按 10 分制评分，参与评分裁判的平均分为最后得分。

（1）单个动作分值：共 6 分。发球 1 分，接对方推攻球 1 分，自传 1 分，自垫 1 分，扣球 1 分，拦网 1 分。

（2）动作衔接与整体效果分值：4 分。

（3）技评分值与标准

等级	分值	标准
优秀	9.0～10	动作规范，各项技术环节正确连贯、正确无误，动作协调熟练，运用效果好。
良好	8.0～8.9	动作规范，各项技术环节较正确连贯，动作较协调，运用效果较好。
中等	7.0～7.9	动作基本规范，关键环节基本正确连贯，伴有一般的失误，运用效果一般。
及格	6.0～6.9	能基本完成技术动作，关键环节伴有一般的错误动作或失误，运用效果一般。
不及格	5.9 及以下	动作不规范，不能完成技术动作，伴有严重的错误或失误。

（十二）健美操

1. 考核内容

配合规定动作的音乐，完成《全国健美操大众锻炼标准第三套动作》二级成套动作（地面动作除外）。具体动作说明可参看2009年8月中国健美操协会审定的《全国健美操大众锻炼标准第三套动作图解》及官方认可的相关视频资料。

2. 考核方式

可多人同时考核，但每组不得超过3人，且成左右间隔两臂以上距离，一列横队站立。每人一次测试机会，因客观原因干扰，如场地、音响等出现不可抗拒的问题造成参赛者动作停顿或中断，经评审组长同意后，可以重做。

3. 评分办法

评委独立评分，最终得分为评委的平均分。

具体评分因素为：动作规范性与正确性（2分）、身体的协调性（2分）、连接动作的流畅性（2分）、动作的力度与幅度（2分）、动作节奏感与表现力（2分）。同时评审组长将对以下情况进行减分：

（1）被叫或示意后30秒未出场，减0.5分；超过60秒，取消参赛资格。

（2）未按要求着运动装或运动鞋，佩戴项链、戒指、手镯、手表等饰物，减0.5～1分。

北京市教育委员会

关于做好2016年秋季北京地区高等学校教师资格认定工作的通知

京教函〔2016〕428号

各高等学校：

2016年秋季高校教师资格认定工作即将开始。为了保证此项工作的顺利进行，现将有关事项通知如下：

一、认定范围

北京地区高等学校中专门从事教学工作，拟受聘于高校教师职务的在编在岗教师（含北京大学、北京协和医学院、首都医科大学附属医院临床教学人员）及高校专职辅导员。

二、时间安排

10月10日至14日，申请人登录www.jszg.edu.cn（中国教师资格网）进行网上申报；

10月17日至23日，非授权委托认定高校对申请人员进行公示；

10月25日至28日，非授权委托认定高校集体报送申请人员材料；

11月1日前，授权委托认定高校完成对申报人员的公示、体检、认定材料审核、教育教学能力测试、专家审查委员会表决等相关工作；

11 月 1 日至 3 日，授权委托认定高校集体报送申请人员材料；

11 月 11 日起，非授权委托认定高校申请人员教育教学能力测试准考证下载打印；

11 月 17 日至 18 日，非授权委托认定高校申请人员教育教学能力测试（以准考证上测试时间为准）；

11 月 25 日，非授权委托认定高校申请人员教育教学能力测试成绩查询（查询网址为 http://www.bjtcc.org.cn）；

12 月底，发放教师资格证书。

三、报送材料要求

（一）授权委托认定高校

1.《教师资格认定申请表》（含思想品德鉴定表）原件一式 2 份；

2.《北京市申请高等学校教师资格人员情况汇总表》一式 1 份（见附件 1，略）；

3. 高校申请认定教师资格人员公示名单（见附件 4，略）；

4. 高校申请认定教师资格人员公示结果（见附件 5，略）。

（二）非授权委托认定高校

1.《教师资格认定申请表》（含思想品德鉴定表）原件一式 2 份；

2. 修学高等教育学、高等教育心理学证明原件及复印件；

3. 学历证明复印件；

4. 体检证明原件及复印件；

5. 普通话水平证明原件及复印件；

6. 身份证明复印件；

7. 标准一寸证件照 1 张；

8. 北京市申请高等学校教师资格人员情况汇总表一式 1 份（见附件 1，略）；

9. 提供申请人 1 年内列入教学计划的教学工作量统计及计划表（加盖教务部门和人事部门公章）（见附件 2、3，略）；

10. 高校专职辅导员需提供学校人事部门出具的相关证明；

11. 高校申请认定教师资格人员公示名单（见附件4，略）；

12. 高校申请认定教师资格人员公示结果（见附件5，略）；

遗失和毁损的证书需要补发和换发的，相关材料于秋季集体报送认定申请时一并报送。

四、工作要求

（一）教师资格认定作为教育行政许可事项，程序合法性、办结时效性强，各高校要高度重视，加强组织领导，要确定专人负责，严格按照全市统一部署精心组织，周密安排，积极做好相关政策的宣传和解释工作，对申请人员进行必要的教育教学能力测试指导，保证质量，确保认定工作的顺利开展。

（二）各授权委托高校要严格按照教师资格认定工作程序，制定本年度的教师资格认定工作方案，做好本校申请人员的申请及受理、面试与试讲、审核与认定等相关工作。各类表格填报内容完整，资料齐全。

（三）各非授权委托高校要做好信息发布，人员组织管理等工作，做好申请资格审查、材料收集及初审等，掌握各时间节点，及时通知本校需要参加教育教学能力测试人员按时参加测试并做好后期测试结果的反馈。

（四）各高校应安排专人作为网络系统管理员负责核实和确认本校申请人的网报信息。按要求规范操作，核实和确认本校申请人员网报信息的真实性以及与报送的《教师资格认定申请表》内容的一致性。妥善保管登录账户和密码，确保申请人信息安全。

《教师资格认定申请表》中“现从事职业”一栏，高校教师应填写“在职教学人员”；高校专职辅导员应填写“其他专业技术和管理人员”，申报学科只能是“思想政治教育”或“马克思主义哲学与思想政治教育”。

（五）各高校要做好申请人申请认定资料整理归档工作，及时将《教师资格认定申请表》归入个人人事档案。

（六）各高校在开展教师资格认定工作中，须严肃纪律、依法实施，严禁弄虚作假。特别是对申请人是否具备申请资格进行严格自查。对违反规定，损害申请人利益、甚至影响教师资格制度依法实施，并造成严重后果的，将按照相关法律、法规追究有关人员的责任。对授权委托高校弄虚作假，违反政策规定的，将按照《教师资格条例》和《〈教师资格条例〉实施办法》取消其授权委托资格。

（七）教师资格认定的相关政策请查询北京市教师资格网（http://www.bjtcc.org.cn）。

五、联系方式

北京市教师资格认定事务中心地址：西城区德外黄寺大街什坊街2号北京教育学院内。

附件：1. 北京市申请高等学校教师资格人员情况汇总表（略）
2. 申请高校教师资格人员2015—2016学年第二学期教学工作量统计表（样表，略）
3. 申请高校教师资格人员2016—2017学年第一学期教学计划表（样表，略）
4. 高校申请认定教师资格人员公示名单（样表，略）
5. 高校申请认定教师资格人员公示结果（公示无异议模板，略）

2016年9月9日

北京市教育委员会

关于遴选第二批北京市中小学名校长（幼儿园名园长）发展工程学员的通知

京教人〔2016〕21号

各区委教育工委、区教委，各有关单位：

为深入贯彻落实习近平总书记2016年教师节重要讲话精神，扎实推进北京市中小学（幼儿园）干部教师队伍做“四有”教师，做好“引路人”，根据中共北京市委教育工作委员会、北京市教育委员会《关于实施北京市中小学名师名校长发展工程的意见》（京教工〔2012〕48号）有关精神要求，现将遴选第二批北京市中小学名校长（幼儿园名园长）发展工程学员的有关事项通知如下。

一、遴选范围

北京市公立普通中小学校长、公立幼儿园园长

二、遴选条件

（一）热爱教育事业，教书育人，为人师表，事业心强，具有较高的政治素养、奉献精神和时代精神，能够开拓创新、锐意改革，能够积极参与首都基础教育均衡发展和教育综合改革。

（二）具有比较扎实的教育教学理论功底、丰富的学校管理经验和突出的办学业绩，具有较大的发展潜力，任职期间，学校办学实践特色鲜明，善于关注和分析学生，服务学生成长，能够以自身

创新实践引领本地区学校的发展。

（三）具有一定的学术素养和研究能力，积极开展和引领学校的教改实验和课题研究，能够深度参与课题研究，善于把研究成果转化为学校办学实践探索，进而促进全体学生的全面成长。

（四）身心健康，具有强烈的学习与研究愿望，理解学习对学校发展和个人发展的重要性；能够坚持正常的工作和学习，合理安排时间、全程参与学习与研究，能够以自己的学习与研究带领学校教职员工的学习与研究。

（五）一般具有 3 年以上正职校长（园长）的任职工作经验，年龄一般不超过 50 岁。

三、遴选及推荐名额

第二批中小学名校长发展工程学员为 20 名左右（中小学各 10 名左右），第二批幼儿园名园长发展工程学员 8 名左右。

各区推荐名额依据各区公立中小学校（公立幼儿园）数量和校（园）长队伍实际确定，详见第二批北京市中小学名校长（幼儿园名园长）发展工程学员推荐名额分配表（见附件 1），按 1∶2 比例下达推荐指标。

四、遴选方式

遴选方式采取个人自荐、组织推荐、专家评审、座谈评议等方式，确定最后人选。

（一）所在区委教工委、区教委推荐或自荐，并填写《北京市中小学名校长（幼儿园名园长）发展工程学员推荐表》（附件 2）或《北京市中小学名校长（幼儿园名园长）发展工程学员自荐表》（见附件 3，略）。凡自荐人员须由两位知名中小学校长（园长）或高校、教育研究机构的具有正高级专业技术职务的专家进行推荐。

（二）区委教工委、区教委组织评选小组对推荐人或自荐人选进行评议。确定推荐人选后择优排序，按程序上报。

（三）发展工程办公室组织专家进行评审，根据专家综合评审意见，确定初步培养人选。

（四）市教委组织召开初步培养人选专题座谈会，对初步培养人选进行综合评议，最终确定人选。

五、报送材料要求

（一）报送时间：请各区教委于 9 月 28 日（周三）17：00 之前报送申报材料。材料包括：

1.《北京市中小学名校长（幼儿园名园长）发展工程第二批学员推荐表》或《北京市中小学名校长（幼儿园名园长）发展工程第二批学员自荐表》，纸质版一式 3 份。

2. 代表本人教学和研究水平的论文或论著不超过 5 项（所交成果一律不再退还，可提交复印件。论文提交期刊封页、目录页及论文全文；论著提交论著封页，版权页、目录页。），一式 3 份。

3. 代表本人能力、水平的证书不超过 3 项（所交证书一律不再退还，可提交复印件），一式 3 份。

4.《北京市中小学名校长（幼儿园名园长）发展工程（第二期）学员推荐名册》（附件 4），纸质版一式 2 份。

所有纸质材料请各区委教工委审核并加盖公章。同时将推荐表、自荐表、推荐名册电子版发送至电子邮箱：jiaoshiyanjiu001@126.com。

（二）报送地点：北京市教育科学研究院教师研究中心 103 办公室（北京市海淀区北三环西路 11 号，首都体育学院院内北京教育科学院楼 1 层）。

六、工作要求

实施北京市中小学名校长（幼儿园名园长）发展工程，是北京市教委贯彻落实国家和北京市《中长期教育改革与发展规划纲要（2010—2020）》《首都教育系统人才发展改革与规划纲要（2010—2020）》的精神要求，各区委教工委、区教委和中小学校长要高度重视培养对象的选拔推荐工作，认真组织好本区培养对象的选拔推荐工作。推荐坚持公开、公平、公正的原则，严格推荐程序。特别注意推荐的人选要有强烈的学习内驱力，能够坚持完成培养和教学任务，不得中途放弃。

附件：1. 北京市中小学名校长（幼儿园名园长）发展工程第二批学员推荐名额分配表

2. 北京市中小学名校长（幼儿园名园长）发展工程第二批学员推荐表（略）

3. 北京市中小学名校长（幼儿园名园长）发展工程第二批学员自荐表（略）

4. 北京市中小学名校长（幼儿园名园长）发展工程第二批学员推荐名册（略）

2016 年 9 月 22 日

附件 1

北京市中小学名校长（幼儿园名园长）发展工程第二批学员推荐名额分配表

区属	推荐名额	
	中小学	幼儿园
东城	3	2
西城	3	2
朝阳	4	2
海淀	4	2
丰台	3	2

续表

区属	推荐名额	
	中小学	幼儿园
石景山	2	1
昌平	2	1
顺义	2	1
大兴	2	1
通州	2	1
房山	2	1
怀柔	2	1
密云	2	1
平谷	2	1
延庆	2	1
门头沟	2	1
燕山	1	1
合计	40	22

北京市教育委员会

关于公布入选第四批北京市中小学名师发展工程培养对象人选的通知

京教函〔2016〕460号

各区教委、燕山教委，各有关单位：

根据市委教工委市教委《关于实施北京市中小学名师名校长发展工程的意见》（京教工〔2012〕48号）要求，经区教委推荐，市教委组织专家进行综合评议，2016年北京市教育委员会第19次主任办公会研究通过，确定了第四批北京市中小学名师发展工程培养对象人选（以下简称：被培养对象），现予以公布。

各区教委要充分认识名师发展工程的重大意义，定期了解被培养对象的学习情况。被培养对象所在学校要创造条件，支持其参加工程的所有活动，适当核减其在校的工作量。被培养对象要投入充分的时间和精力，圆满完成培养任务。具体培养时间、培养地点和培养方案另行通知。

附件：第四批北京市中小学名师发展工程培养对象人选名单

2016年9月28日

附件

第四批北京市中小学名师发展工程培养对象人选名单

区、单位	姓名	工作单位
东城区	刘志江	北京景山学校
东城区	计静晨	北京市东城区教师研修中心
东城区	向瑞方	北京市第二中学
东城区	吴建成	北京市东城区府学胡同小学
东城区	孙彩墨	北京第一师范学校附属小学
东城区	王文彦	北京市第五中学分校
西城区	樊颖	北京育才学校
西城区	王忠亚	北京市回民学校
西城区	韩帅	北京市第八中学
西城区	魏华	北京市第四中学
西城区	李梁	北京市西城区教育研修学院
西城区	李春红	北京教育学院宣武分院
西城区	庄婕	北京市西城区育民小学
西城区	李雪峰	北京第二实验小学
西城区	吴宁	北京市西城区厂桥小学
西城区	胡秀荣	北京第一实验小学

续表 1

区、单位	姓名	工作单位
朝阳区	姚咏梅	北京教育学院朝阳分院
朝阳区	李良益	北京市陈经纶中学
朝阳区	周明芝	北京市陈经纶中学
朝阳区	韩宏杰	北京市第八十中学
朝阳区	孙静	北京市日坛中学
朝阳区	王丽颖	朝阳区芳草地国际学校
朝阳区	张荣华	朝阳区芳草地国际学校世纪小学
朝阳区	王薏	北京市朝阳区芳草地国际学校
朝阳区	古丽	清华大学附属中学朝阳学校
朝阳区	孙卫华	北京市朝阳区教育研究中心
海淀区	王金玉	清华附中上地学校
海淀区	赵钰莲	北京市海淀区教师进修学校
海淀区	宓奇	中国人民大学附属中学
海淀区	徐帆	北方交通大学附属中学
海淀区	朱培	清华附中
海淀区	陈颖	海淀区教师进修学校
海淀区	王严	海淀区教师进修学校附属实验学校
海淀区	刘莉	北京市海淀区万泉小学
海淀区	申春娟	北京市海淀区五一小学

续表 2

区、单位	姓名	工作单位
海淀区	刘莹	北京师范大学实验小学
海淀区	梁丽霞	北京市海淀区中关村第三小学
海淀区	商红领	北京市海淀区中关村第一小学
海淀区	林秋伶	海淀区中关村第一小学
丰台区	谢政满	北京教育学院丰台分院
丰台区	齐静	北京教育学院丰台分院
丰台区	潘丽丽	北京市丰台区丰台第五小学
石景山	陈芳	北京教育学院石景山分院
门头沟	刘文波	门头沟区大峪第一小学
昌平区	卢海燕	昌平区城关小学
大兴区	刘秀华	兴华中学
大兴区	巴德新	北京小学大兴分校
房山区	焦红艳	北京市房山区良乡第二中学
房山区	孙雪娜	北京小学长阳分校
通州区	马耀国	北京市通州区教师研修中心
通州区	任孝勇	北京市通州区潞河中学
通州区	孙玉莲	北京市通州区玉桥小学
顺义区	周海燕	顺义区李桥中学
怀柔区	崔海明	怀柔区长哨营满族乡中心小学

续表 3

区、单位	姓名	工作单位
密云区	张永	密云区太师屯镇中心小学
平谷区	任冬红	平谷区峪口中学
延庆区	于新玲	北京市延庆区第四中学
燕山	崔宁	北京市燕山向阳小学
教科院	丁明怡	教科院基础教育教学研究中心
教科院	耿鑫	教科院基础教育教学研究中心
育新学校	见海荣	首都师范大学附属育新学校
首师大附中	任海霞	首都师范大学附属中学

北京市教育委员会

关于选派第 17 批博士服务团成员的通知

京教人〔2016〕24 号

东城区教委、西城区教委、朝阳区教委、海淀区教委：

根据市委组织部、市委教育工委通知，中共中央组织部和共青团中央开展的第 17 批博士服务团成员选派工作日前正式启动，要求我市负责选派的 15 名成员中，至少选派 5 名知名中学的在职博士（职称、性别、党派、学科、学段、岗位均无要求）参加服务锻炼工作。经研究，现将我市普教系统选派第17批博士服务团成员工作有关事项通知如下。

一、选派数量

根据全市中学在职博士（含博士后）数量，拟选派参加第17批博士服务团成员数量为5人，服务锻炼工作年限为一年。

根据各区中学在职博士数量分布情况，确定选派名额为：海淀2人，东城1人，西城1人，朝阳1人。

二、选派条件

政治素质好，理想信念坚定，拥护党的路线方针政策，模范遵守国家法律法规。

组织纪律性强，为人师表，团结协作；事业心和责任感强，不怕吃苦，甘于奉献。

具有博士学位，2年以上工作经历；身心健康，一般在45周岁以下。

三、管理与待遇

北京市普教系统第17批博士服务团成员的管理考核和有关待遇参照以下原则执行。

（一）由接收单位和选派单位按照干部管理权限共同管理，接收单位负责日常管理；考核工作由选派单位会同接收单位在成员服务锻炼结束后一个月内完成。

（二）服务锻炼期间不转行政关系和工资关系，原职务予以保留，职务晋升、职称评聘、工资福利等享受派出单位同级同类人员待遇。

（三）按照有关规定享受探亲、休假、补贴等待遇，到西藏、新疆、青海等艰苦边远地区服务锻炼的，可参照我委选派援疆教师的待遇标准执行。

（四）服务锻炼期间发生的医疗费用，按本人医疗关系和有关规定办理；成员所在区教委和市教委分别为其办理为期一年的保额不低于 100 万元的人身意外伤害保险。

四、工作要求

（一）选派工作由市教委统一部署，相关区教委统一选派。

（二）派出单位要关心参加第 17 批博士服务团服务锻炼的成员，帮助他们解决工作和生活中的困难，妥善安排好他们的工作和生活，如遇其子女就学等实际问题时，有关单位应在政策允许范围内给予协调照顾。

（三）各有关区在选派工作中，要加强领导，精心组织；密切协作，狠抓落实；严肃纪律，保证质量。选派单位组织人事部门要在充分动员的基础上，采取自愿报名与组织选派相结合的办法，严格选派标准和条件。

（四）材料（附件 2）于 10 月 31 日前报送市教委人事处。先报送电子版材料，发至：gxm@bjedu.gov.cn，纸质材料一式 2 份随后报送。本通知和表格请在 sjwrsc000@163.com 下载，密码 66074298。

附件：1. 中组部团中央《博士服务团工作管理办法》（组通字〔2015〕9 号）

2. 第 17 批博士服务团成员推荐表（略）

2016 年 10 月 27 日

附件 1

博士服务团工作管理办法

第一章　总　则

第一条　博士服务团工作是支持西部等地区经济社会发展的重

要措施，是培养锻炼优秀人才的有效途径。为进一步提高工作科学化规范化水平，制定本办法。

第二条 博士服务团成员（以下简称成员），是指每年从中央有关单位和东部有关省市选派到西部等地区服务锻炼的具有博士学位的优秀人才。

第三条 博士服务团工作坚持按需选派、人岗相适、重在服务、加强锻炼的原则。

第四条 中央组织部、共青团中央（以下简称中央主管部门）主管博士服务团工作，主要负责宏观指导、政策制定、组织实施和督促检查；有关省区市党委组织部、团委，中央有关单位组织人事部门，负责本地区本单位成员的综合管理和协调服务工作。

第二章 选派接收

第五条 成员应具备以下基本条件：

（一）政治素质好，理想信念坚定，拥护党的路线方针政策；

（二）作风扎实，吃苦耐劳，有奉献精神；

（三）具有博士学位，2 年以上工作经历，一般应具有高级专业技术职务或具有一定行政管理经验；

（四）年龄一般在 50 周岁以下；

（五）身体健康。

对西部等地区急需紧缺的专门人才，可适当放宽条件。赴高海拔地区的，应具有良好的身体素质和适应能力。

第六条 选派接收工作程序：

（一）接收单位提出人才需求和岗位意向报中央主管部门；

（二）中央主管部门商接收单位、选派单位确定下达工作计划；

（三）选派单位按照工作计划推荐成员人选，报中央主管部门；

（四）中央主管部门商接收单位和选派单位确定成员和服务锻炼岗位；

（五）中央主管部门组织开展行前培训，培训结束后成员应及时到接收单位报到。

第七条　选派单位要根据接收单位提出的人选条件和岗位意向，严格把关，切实做好选派工作。

第八条　接收单位根据成员专业特长、职务职级、工作经历等，经商选派单位同意后安排合适岗位。要充分发挥成员作用，为成员开展工作创造必要条件。

第三章　管理考核

第九条　成员服务锻炼期为1～2年。服务锻炼期间，由接收单位和选派单位按照干部管理权限共同管理，日常管理以接收单位为主。是中共党员的，应按有关规定转移组织关系，参加党的组织生活。接收单位要严格要求、严格管理、严格监督。

第十条　成员服务锻炼结束时的考核，由选派单位会同接收单位在成员服务锻炼结束后一个月内完成。要认真了解成员德能勤绩廉各方面表现，重点考核思想作风、工作实绩和依法办事、履职尽责情况，需进行经济责任审计的，按有关规定进行审计。考核结果归入成员档案，并报中央主管部门。

第十一条　成员要严格自律，自觉遵守、严格执行请销假等各项规章制度，不提不适当要求，依法办事，扎实工作，做出实绩。应定期向选派单位和接收单位汇报思想和工作情况。

第十二条　成员违反党纪政纪，由接收单位与选派单位沟通后，按照有关规定处理，处理结果报中央主管部门备案。

第十三条　成员因身体或其他原因不适合继续服务锻炼的，由接收单位商选派单位提出处理意见，报经中央主管部门同意后，可提前结束服务锻炼，选派单位应予妥善安排。

第十四条　对接收单位需要、成员表现优秀且愿意延长服务锻炼期或留在当地工作的，应予鼓励和支持，由接收单位商选派单位同意后办理相关手续，报中央主管部门备案。

第四章　有关待遇

第十五条　服务锻炼期间，成员不转行政关系和工资关系，原职务予以保留，职务晋升、职称评聘、工资福利等享受派出单位同级同类人员待遇。

第十六条　成员按规定参加接收单位组织的学习培训等，不再承担选派单位的学习培训等任务。

第十七条　成员按照有关规定享受探亲、休假、补贴等待遇；到西藏、新疆、青海等艰苦边远地区服务锻炼的，可参照援藏、援疆、援青干部有关待遇规定执行。

第十八条　选派单位应为成员办理服务锻炼期间人身意外伤害保险。

第十九条　选派单位和接收单位要深入了解成员工作、生活情况，及时帮助解决实际困难和问题。

第二十条　成员德才表现、服务锻炼业绩，应作为干部选拔和职称评定的重要依据。重视总结工作经验，宣传先进典型。

第二十一条　本办法由中央组织部负责解释。

第二十二条　本办法自印发之日起施行。

北京市教育委员会

关于印发《北京市教师管理信息系统部署与启用工作实施方案》的通知

京教人〔2016〕25号

各有关高校，各区教委、燕山教委：

按照《教育部办公厅关于做好全国教师管理信息系统部署与启用工作的通知》（教师厅〔2016〕3号）的要求，我委制定了《北京市教师管理信息系统部署与启用工作实施方案》并经2016年第23次主任办公会讨论通过。

现印发给你们，请遵照执行。

2016年10月27日

北京市教师管理信息系统部署与启用工作实施方案

根据国家教育信息化工作总体部署，为建立和完善国家教育管理公共服务平台，教育部启动全国教师管理信息系统建设。按照《教育部办公厅关于做好全国教师管理信息系统部署与启用工作的通知》（教师厅〔2016〕3号）的要求，为推动北京市教师管理信息系统部署与启用工作，制定本方案。

一、总体目标

教师管理信息系统是国家教育管理公共服务平台的核心组成部分，具备教师基础信息管理和业务管理两项基本功能。北京市教师管理信息系统旨在为市、区、校进行教育决策提供信息服务，为推进教师工作管理信息化提供支持，进一步提升决策水平、优化管理流程、提高管理效率，更好地开展教师队伍建设工作。

北京市教师管理信息系统建设与应用的具体目标包括三项：一是采集北京市各级各类教师基础信息，实现联网运行，为每一名教师建立电子档案，确保教师“一人一号”；二是推动教师信息动态更新，确保信息准确有效；三是推进教师系统应用，实现基础信息管理、业务管理与教师工作的深度融合。

二、重点任务

依托国家教师管理信息系统，做好北京市教师管理信息系统建设与应用的整体规划、开发建设、等级保护备案、组织部署和统筹协调工作，明确系统建设与应用的目标任务，确定教师基础信息指标体系和业务管理功能使用路径，做好系统启用部署、人员培训、信息采集、督促审核、系统应用指导服务工作，确保教师系统部署与启用工作有序开展。

建立教师信息更新、审核和上报的长效机制，确保信息真实有效。建立一把手负责制度，日常维护工作责任到岗到人，做好信息安全工作，为市区校三级使用和教育决策提供常态服务。

三、采集范围

（一）学校范围

由政府、企业事业组织、社会团体、其他社会组织及公民个人依法举办的幼儿园、中小学校、教师研修（培训）机构、校外教育机构、中等职业学校、特殊教育学校、高等学校（具体范围见附件1）。

（二）教师范围

学校在编教职工，签订一年以上合同的教师岗位、其他专业技术岗位和管理岗位教职工。离退休教职工信息不采集。

（三）信息范围

根据学校类别不同，相应采集教师基本信息、学习经历、工作经历、岗位聘任、教育教学、培训研修、交流轮岗、获奖情况等方面的基础信息。市教委在国家对教师核心信息要求的基础上，根据北京市实际，选定我市填报的教师基础信息指标，并根据需要逐步拓展信息指标及采集的范围。先期拓展基础教育学校的基本信息（名称、地址、所在区）、办学类型、（驻地）城乡类型、举办单位、举办者类型，教师继续教育编号、各级骨干教师类型等。

四、推进实施

（一）机制与分工

按照教育部要求，市教委成立由人事处牵头，发展规划处、财务处、市教育系统人才交流服务中心、市中小学中等职业学校教师培训中心、市幼教师资培训中心、市教科院职业教育与成人教育研究所、市教育网络和信息中心组成的工作协调小组，各成员单位（处室及机构）负责人任工作协调小组成员（成员名单见附件 2），工作协调小组办公室设在市教委人事处，办公室成员由工作协调小组各部门相关负责人组成。负责组织开展本市教师信息采集和系统应用工作，具体承担市级教师系统建设与管理，组织开展区级和市属高校系统应用的培训工作，组织市属高校教师信息采集的布置与审核工作，全市教师信息向教育部的上报工作，推进系统建设与应用等（各成员单位具体职责见附件 3）。

各区教委成立相应的工作协调小组并设置相应的办公室，负责具体组织本区辖域内幼儿园、中小学校、教师研修（培训）机构、校外教育机构、中等职业学校、特殊教育学校等机构的教师信息采集工作和信息审核工作，对更新的数据进行管理审核并推进系统在本区的应用。

各学校校长（各单位主要领导）作为教师管理信息系统采集、

审核、更新工作的第一负责人，按照市区两级教育行政部门的要求确定专人担任信息管理员，具体承担该项工作，做好本校教师信息的采集、审核和实时更新工作，确保信息真实准确。

其中非教育行政部门举办的在采集范围内的学校要高度重视此项工作，对采集的人员范围和信息进行严格把关审核，确保信息准确。

（二）初始与准备

按照教育部要求，同时结合北京市现有教职工系统实际情况，教师管理信息系统启用前需进行数据初始化和系统配置等前期准备工作，包括初始化学校（机构）代码信息、建立市区校三级用户账号和分配教师账号权限等工作。

1. 初始化学校（机构）代码信息

目前系统内已包含中小学、特殊教育、中等职业、直属机构约2000余所学校、机构的信息，在此基础上，新增幼儿园、教师研修（培训）、校外教育机构、高等学校等类型的机构信息。各级学校（机构）如发生变化，按照管理权限，及时联系主管机构负责规划的部门变更信息，教师管理信息系统将适时更新。

2. 建立市区校用户账号

教师管理信息系统分别为市、区、校三级用户设立账号。设置系统管理员和信息管理员。市、区、校三级用户根据职责具备不同的权限。

市级管理员可以管理维护系统内本市所有教育单位的信息，为区级、校级管理员分配相应管理权限，维护市级层面教师培训项目，查询全市教育单位教师的基本信息、统计信息、进行数据分析等。

区级管理员可以管理维护本区教育单位的信息，为本区的所有学校管理员设置账号，管理本区所有学校管理员的账号信息、权限，同时对本区教育单位的人员调动和交流轮岗进行审核，维护区级层面教师培训项目，查询本区教育单位教师的基本信息、统计信息、进行数据分析等。

校级管理员可以管理维护本校所有教师的各项信息，对教师调动、交流轮岗、校本培训等情况进行维护，查询本校教师基本信息、统计信息、进行数据分析等。

3. 确定教师账号权限

市教委在国家对教师核心信息要求的基础上，根据北京市实际，选定我市填报的教师基础信息指标，并按学校类别设定可由教师个人填报的信息指标。为确保信息准确，按照教育部要求，教师考核结果、待遇、师德和专业技术职务等核心基础信息由学校负责填报并经主管部门审核。

（三）部署与培训

市教委负责做好系统启用部署和培训工作，按照教育部的培训要求统一组织各区教委和市属高校相关业务负责人和技术负责人的专项培训，内容包括教师系统管理与应用总体要求、教师系统核心功能、教师基础信息指标、数据采集与业务应用流程、系统运维和系统安全等。各区教委要按照市教委部署，及时完成辖域内学校相关负责人培训。

（四）采集与更新

我市采取由学校管理员和教师个人共同填报信息、学校和区教委（市教委）审核的方式进行信息采集，具体流程如下。

1. 账号登录

学校管理员账号为原北京市教职工基础信息平台学校管理员账号，忘记账号及新增机构的账号可通过登录页找回账号的链接进行查询。教师个人以统一认证登录方式（即教育 ID）登录系统，填报、查询个人相关信息。

2. 录入教师信息

学校信息管理员负责本校教师信息的采集，可采取批量导入信息表或在线填报方式进行。

3. 审核教师信息

信息录入后，学校负责人对信息进行审核，确认无误后报至区教委；区教委对本地学校上报的教师信息进行审核，特别要对采集人员范围进行核实，无误后确认生效并上报给市教委。市属高校负责人对信息进行审核并报市教委。

4. 做好监控管理

市区两级信息管理员要有效利用系统，及时掌握下级单位数据采集情况，做好督促监管工作，确保信息采集按进度开展。

5. 及时更新信息

教师信息生效后，如发生变化应及时更新。新信息添加可由教师本人操作，经审核后生效；已审核通过的信息如需变更，需由学校信息管理员提交申请，经区教委审核后变更（市属高校经市教委审核后变更）。

6. 有效应用信息

市区两级教委和学校按权限开展信息查询、统计分析、生成报表等方面的应用工作。

（五）管理与应用

教师管理信息系统内教师变动管理、交流轮岗管理和培训学分（学时）管理等业务管理功能模块，将于信息采集完成后，先期在基础教育阶段各学校和单位使用。各区教委和学校要推动各项功能的信息化应用，各项工作程序在线下完成后，须在系统内做相应的操作，具体流程如下。

1. 教师变动管理

教师调动或教师在职情况发生变化时，各区各校应按如下流程进行变动管理。

（1）关于教师调动。由调入校发起申请，经主管教育行政部门确认后发出，由调出学校及其主管教育行政部门确认后，调入学校进行调档，完成调动。如教师调动属于交流轮岗，则在交流轮岗管理功能模块中进行操作。

（2）关于在职情况变动。对长期不在岗、离职、离退休等情况的教师，学校信息管理员应及时对其在职情况进行变更。

2. 交流轮岗管理

交流轮岗如不变更人事关系，由派出学校发起申请，经派出学校主管教育行政部门确认后完成。教师交流轮岗如变更人事关系，则在此功能模块中按教师调动流程操作。

3. 培训学分（学时）管理

教师培训学分（学时）管理实行分级管理，具体流程如下。

（1）项目登记。市区两级教育行政部门（或委托教师培训基地）在北京市中小学教师继续教育管理系统中录入本级教师培训项目、培训机构和学员信息，确定学时学分转化规则，生成培训计划。校本研修项目登记需由学校操作并经主管教育行政部门审核确认。

（2）考核评价。培训机构对教师参训情况进行考核评价，项目结束后及时将考核结果提交至系统。

（3）学分确认。按照市区两级管理权限，对培训机构提交信息进行审核后，确认教师参训学分。国家级教师培训项目培训学分确认由市教委负责，按我市学时学分转化规则确认培训学分。校本研修学分和教师自主研修学分由学校操作并经主管教育行政部门审核后确认。

其他应用的管理流程将根据系统后续功能拓展的要求另行规定。

（六）时间与节点

1. 市区两级培训阶段

根据教育部培训情况，于 2016 年 11 月上旬完成市级培训，11 月中旬完成区级培训。

2. 学校信息采集和初审阶段

2016 年 12 月中旬完成学校信息采集和学校审核工作。

3. 市区两级审核阶段

2016 年 12 月底完成区级审核上报和市教委审核工作，并报教育部。

4. 完善市级系统建设阶段

2017 年 1 月底初步完成市级系统拓展功能的建设和大数据分析功能的研发。

5. 推动应用阶段

按照教育部要求，2017 年起将全面推动系统各项功能的使用，落实信息更新和应用工作。教师管理信息系统将服务各区教委和市属高校人才工作，市区两级将定期发布数据分析报告。今后，与教师相关政策的落实、检查、管理、分析将以系统数据信息作为决策依据。

五、组织保障

（一）组织领导

市区两级教委和市属高校要高度重视系统部署与启用工作，加强组织领导，严格按照时间节点，做好统筹协调和督促监管工作，有力推进各项工作。

（二）技术保障

市教委按要求完成系统软硬件环境准备工作，确保系统安装部署到位、运行顺畅、安全可靠。北京教育网络和信息中心及系统承建单位将为各区教委和市属高校提供必要的技术支持，各区教委和市属高校信息中心同时做好对学校的技术支持。

（三）经费保障

市教委按照教育部要求配套市级系统建设与运维经费、对区教委及市属高校相关人员的培训经费，区教委要落实学校相关人员的培训经费，为系统建设与应用提供有力保障。

（四）安全保障

各区各校要高度重视系统信息安全工作，建立安全保障体系和管理制度，明确安全责任，强化技术安全保障，确保信息安全。市教委要按国家和教育部相关要求做好市级系统信息安全等级保护定级备案工作。

（五）机制保障

1. 建立分层管理机制

各区教委和学校要根据北京市教师管理信息系统部署与启用工作实施方案，结合实际分层制定各自的实施方案，积极动员组织学校和教师如实填报信息。

2. 建立数据核实更新机制

建立数据核实更新机制，制定工作流程守则，保证专人负责，将及时更新审核数据工作常态化、制度化。

3. 建立考核评价机制

建立考核机制，对各校各区系统管理员、信息部门、人事部门工作情况进行定期考核，纳入个人岗位考核和单位职责考核范围，并纳入各区落实教育信息化和教育人才发展战略的督导评价与绩效考核范围。

4. 建立激励机制

建立多元评价机制，对于工作落实到位、形成数据定期更新审核机制、应用完备的区教委和市属高校通过简报、通报的方式进行典型宣传。

5. 建立监督机制

市工作协调小组建立监督检查专家组，对教师管理信息系统工作相关环节进行监督，考核各区教委和市属高校工作落实情况。对于信息数据准确性出现严重问题、专人负责落实不到位、安全保密措施不到位等问题，要求限期整改并与考核评价挂钩。

附件：1. 北京市教师管理信息系统信息采集学校范围

2. 北京市教师管理信息系统工作协调小组成员名单

3. 北京市教师管理信息系统工作协调小组成员单位职责

附件 1

北京市教师管理信息系统 信息采集学校范围

所属学段	办学类型代码	办学类型名称
幼儿园	111	幼儿园
	119	附设幼儿班
中小学校	211	小学
	218	小学教学点
	219	附设小学班
	221	职工小学
	222	农民小学
	228	小学班
	229	扫盲班
	311	初级中学
	312	九年一贯制学校
	319	附设普通初中班
	321	职业初中
	329	附设职业初中班
	331	成人职工初中
	332	成人农民初中
	341	完全中学

续表 1

所属学段	办学类型代码	办学类型名称
	342	高级中学
	345	十二年一贯制学校
	349	附设普通高中班
	351	成人职工高中
	352	成人农民高中
	371	工读学校
中等职业学校	361	调整后中等职业学校
	362	中等技术学校
	363	中等师范学校
	364	成人中等专业学校
	365	职业高中学校
	368	附设中职班
	369	其他中职机构
特殊教育学校	511	盲人学校
	512	聋人学校
	513	弱智学校
	514	其他特教学校
	519	附设特教班

续表 2

所属学段	办学类型代码	办学类型名称
高职（专科）院校、本科院校	411	大学
	412	学院
	413	独立学院
	414	高等专科学校
	415	高等职业学校
	419	其他普通高教机构：分校、大专班
	421	职工高校
	422	农民高校
	423	管理干部学院
	424	教育学院
	425	独立函授学院
	426	广播电视大学
	429	其他成人高教机构

附件2

北京市教师管理信息系统工作协调小组成员名单

组　长：李奕　北京市教育委员会副主任

副组长：杨江林　北京市教育委员会人事处处长

崔超　北京市教育系统人才交流服务中心书记

武装　北京教育网络和信息中心主任

汤丰林　北京教育学院副院长（北京市中小学中等职业学校教师培训中心主任）

成　员：姚林修　北京市教育委员会发展规划处处长

李艳春　北京市教育委员会财务处处长

王建平　首都师范大学学前教育学院院长（北京市幼教师资培训中心主任）

吉利　北京市教育科学研究院职业教育与成人教育研究所所长

附件3

北京市教师管理信息系统工作协调小组成员单位职责

市教委人事处负责牵头工作，具体组织开展信息系统使用的培训，组织各区教委、市属高校教师信息采集、更新、上报教育部和系统应用工作；

市教委发展规划处负责教师信息与教育事业统计数据标准的衔接；

市教委财务处负责市级系统建设与运维经费、市教委对区教委及市属高校相关人员的培训经费；

市教育系统人才交流服务中心负责协助市教委人事处对市属高校上报的信息进行审核，与市教育网络和信息中心共同协助市教委人事处组织开展对各区和市属高校相关人员的培训和相关数据的分析，形成分析报告；

市教育网络和信息中心负责系统部署、等级保护备案、技术支持和日常运维，开发北京市教师管理信息系统拓展的模块和内容，与全国系统进行定期数据对接；

市中小学中等职业学校教师培训中心、市幼教师资培训中心、市教科院职业教育与成人教育研究所分别负责中小学、幼儿园、中等职业教育教师培训项目和学分的审核认定。

北京市教育委员会

关于印发北京市中小学教师校本培训示范学校的通知

京教函〔2016〕553号

各区教委：

为进一步加强北京市中小学教师校本培训工作，提高校本培训的针对性和实效性，有效促进教师专业发展。依据《中共北京市委教育工作委员会、北京市教育委员会关于“十二五”时期中小学干部教师培训工作的意见》（京教工〔2011〕55号）的精神和要求，结合北京市基础教育综合改革的实际情况，北京市教育委员会于2015年印发了《关于加强中小学教师校本培训工作的意见》（京教函〔2015〕190号）《关于开展中小学教师校本培训示范学校遴选的通知》（京教函〔2015〕285号），面向全市开展了校本培训示范学校的遴选工作。

依据《北京市中小学教师校本培训示范学校评估标准》，按照学校申报、区级推荐、市级评审的程序，遴选出100所北京市中小学（幼儿园）教师校本培训示范学校，其中中学44所，小学37所，幼儿园19所，现予公布。（名单见附件）

特此通知。

附件：北京市中小幼教师校本培训示范学校名单

2016年11月25日

附件

北京市中小幼教师校本培训示范学校名单

东城区

北京市东城区史家胡同小学

北京市第五中学

北京市东城区和平里第四小学

北京市东城区府学胡同小学

北京第一师范学校附属小学

北京市第一六六中学

北京市第一幼儿园

西城区

北京市第三十五中学

北京市北海幼儿园

北京市第五十六中学

北京师范大学附属实验中学

北京市第十四中学

北京小学

北京市育才学校

朝阳区

北京市陈经纶中学

北京市和平街第一中学

北京市朝阳区酒仙桥中心小学

北京市朝阳区白家庄小学

北京市东方德才学校

北京市陈经纶中学分校

北京市朝师师范学校附属小学

北京市朝阳区芳草地国际学校富力分校

北京市朝阳区花家地实验小学

北京市朝阳区枣营幼儿园

北京市朝阳区劲松第一幼儿园

海淀区

北京市十一学校

清华大学附属中学

北京市海淀区教师进修学校附属实验学校

北京实验学校（海淀）

北京市育英学校

北京市第一〇一中学

北京理工大学附属中学

中国人民大学附属小学

北京市海淀区翠微小学

北京师范大学实验小学
北京大学附属小学
北京石油学院附属小学
北京市海淀区中关村第一小学
北京师范大学实验幼儿园
空军直属机关蓝天幼儿园

丰台区

北京第十八中学
中国人民解放军总后勤部六一幼儿园
北京市第十二中学
北京市首都师范大学附属丽泽中学
北京市丰台区丰台第一小学
北京市丰台区师范学校附属小学

石景山区

北京市第九中学分校
北京市京源学校
北京市石景山区实验小学
北京市石景山区幼儿园

门头沟

北京市大峪中学
北京第二实验小学永定分校

昌平区

北京市昌平区第一中学
北京市昌平职业学校
北京市昌平区回龙观镇中心幼儿园
北京市昌平区南口镇小学
北京市昌平区前锋学校

大兴区

北京第二实验小学大兴实验学校

北京小学大兴分校
北京市大兴区第一中学
北京市大兴区第九幼儿园
北京师范大学大兴附属小学
北京市大兴区兴华中学
北京市大兴区第二幼儿园

房山区

北京师范大学良乡附属中学
北京市房山区城关第二小学
北京市房山区琉璃河镇琉璃河中心小学
北京市房山区北潞园学校
北京市房山区良乡小学

通州区

北京小学通州分校
北京教育科学研究院通州区第一实验小学
北京市第二中学通州分校
北京市通州区潞河中学
北京市通州区大方居幼儿园
北京市通州区运河中学
北京市通州区第六中学
北京市通州区张家湾镇张家湾中心幼儿园

顺义区

北京市顺义区第一中学
北京市顺义区第八中学
北京市顺义区东风小学
北京市顺义区杨镇中心小学校
北京市顺义区金汉绿港幼儿园
北京市顺义区杨镇中心幼儿园

怀柔区

北京市怀柔区实验小学
北京市怀柔区第三中学
北京市怀柔区第一中学
北京市怀柔区第二幼儿园

密云区

密云区第二小学
首都师范大学附属密云中学
北方交通大学附属中学密云分校
密云区第六幼儿园
密云区季庄小学

平谷区

北京师范大学附属中学平谷第一分校
北京市平谷区金海湖第二小学
北京市平谷区第八小学
北京市平谷区幼儿园

延庆区

延庆区第一幼儿园
延庆区第一小学
延庆区十一学校

燕山

北京市燕山东风中学

中共北京市委教育工作委员会
北　京　市　教　育　委　员　会

关于对"十二五"时期中小学干部教师培训工作成绩突出的集体和个人进行通报表扬的决定

京教函〔2016〕556号

各区委教育工委、区教委、市教委相关直属单位：

根据《中共北京市委教育工作委员会、北京市教育委员会关于北京市中小学教师"十二五"时期干部教师培训工作的意见》（京教工〔2011〕55号）中"建立和完善培训检查评估验收、总结交流制度和对先进培训单位和个人予以表彰的制度，保障中小学干部教师培训工作的有效实施"的工作要求，市教委组织相关部门和专家对各区"十二五"时期中小学干部教师培训工作进行了总结评估，在此基础上评选出一批培训工作成绩突出的集体和个人。经北京市教育委员会第26次主任办公会研究，决定对"十二五"时期中小学干部教师培训工作成绩突出的集体和个人进行通报表扬（具体内容见附件1—5）。

希望受到通报表扬的集体和个人在今后的工作中继续努力，不断提高干部教师培训工作质量和水平，按照《中共北京市委教育工作委员会、北京市教育委员会关于“十三五”时期中小学干部教师培训工作的意见》（京教工〔2016〕6号）的精神和要求，继续做好中小学干部教师培训工作，为北京市建设一支高素质、专业化的干部教师队伍做出新贡献。

附件：1. 北京市“十二五”时期中小学干部培训工作成绩突出的集体
2. 北京市“十二五”时期中小学干部培训工作成绩突出的个人
3. 北京市“十二五”时期中小学干部培训优秀科研成果
4. 北京市“十二五”时期中小学教师培训工作成绩突出的集体
5. 北京市“十二五”时期中小学教师培训工作成绩突出的个人

2016年11月25日

附件1

北京市“十二五”时期中小学干部培训工作成绩突出的集体

优秀集体（7个）

中共北京市东城区教育工作委员会
中共北京市西城区教育工作委员会
中共北京市朝阳区教育工作委员会
中共北京市海淀区教育工作委员会
中共北京市房山区教育工作委员会

中共北京市通州区教育工作委员会
中共北京市顺义区教育工作委员会

创新集体（7个）

中共北京市丰台区教育工作委员会
中共北京市石景山区教育工作委员会
中共北京市门头沟区教育工作委员会
中共北京市昌平区教育工作委员会
中共北京市大兴区教育工作委员会
中共北京市平谷区教育工作委员会
中共北京市密云区教育工作委员会

规范组织集体（2个）

中共北京市怀柔区教育工作委员会
中共北京市延庆区教育工作委员会

附件2

北京市“十二五”时期中小学干部培训工作成绩突出的个人

优秀教师（29人）

区属	姓名	单位
东城区	徐宪敏	东城区教育研修学院
东城区	张清华	东城区教育研修学院
西城区	刘穆立	西城区教育研修学院
西城区	邓从真	西城区教育研修学院
西城区	杨春茂	西城区教育研修学院

续表1

区　属	姓　名	单　位
朝阳区	刘　岩	北京教育学院朝阳分院
海淀区	王　钢	海淀中小学干部研修中心
海淀区	孙　哲	海淀中小学干部研修中心
海淀区	李　帅	海淀中小学干部研修中心
丰台区	王春平	北京教育学院丰台分院
石景山区	张　坤	北京教育学院石景山分院
门头沟区	康丽红	门头沟区教师进修学校
房山区	白永然	房山区教师进修学校
通州区	张春明	通州区教师研修中心
顺义区	西胜男	顺义区教育研究考试中心
昌平区	姜玉霞	昌平教师进修学校
昌平区	王学梅	昌平教师进修学校
大兴区	王新民	大兴教师进修学校
大兴区	吴宏伟	大兴教师进修学校
平谷区	于晓漫	平谷区教育研修中心
平谷区	周士英	平谷区教育研修中心
怀柔区	龚玉石	怀柔区教科研中心
北京教育学院	杨雪梅	校长研修学院
北京教育学院	石英德	校长研修学院
北京教育学院	王淑娟	校长研修学院
北京教育学院	何育萍	督学研修中心
北京教育学院	杨秀治	学前教育学院
首都师范大学	傅树京	教育学院

续表 2

区　属	姓　名	单　位
首都师范大学	李　靖	教育学院

优秀管理者（18 人）

区　属	姓　名	单　位
东城区	夏　珺	东城区教育研修学院
东城区	张惠敏	东城区教育研修学院
西城区	何　暄	西城区教育研修学院
西城区	王秀梅	西城区教育研修学院
朝阳区	文必勇	北京教育学院朝阳分院
海淀区	宋　清	海淀中小学干部研修中心
丰台区	汪东京	北京教育学院丰台分院
石景山区	张怀忠	北京教育学院石景山分院
门头沟区	周　强	门头沟区教师进修学校
通州区	李万峰	通州区教师研修中心
顺义区	张文利	顺义区教育研究考试中心
大兴区	王宪福	大兴教师进修学校
平谷区	吕艳青	平谷区教育研修中心
密云区	郭立增	密云区教师研修学院
延庆区	王和宽	延庆区教育科学研究中心
燕　山	张　昊	燕山地区教委
北京教育学院	柳立涛	北京市普教系统干部培训中心办公室
北京教育学院	李　雯	校长研修学院

附件3

北京市“十二五”中小学干部培训优秀科研成果

一等

海淀区中小学干部研修中心

基于“时十实”的海淀区中小学新任校长培训课程的深入研究

北京教育学院校长研修学院

中小学校长培训模式：从分类归纳到系统构建

北京教育学院校长研修学院

互动式校长培训的特征和应用

北京教育学院朝阳分院

朝阳区中小学校长境外培训需求及资源选择调研分析报告

海淀区中小学干部研修中心

海淀区中小学校长（书记）专业发展个性化需求与培训对策调研报告

东城区教育研修学院

“基于实践改进的小组问题研究”在德育干部培训中的应用

二等

通州区教师研修中心

教师研修中心“研修一体”制度体系与运行机制研究

顺义区教育研究考试中心

对话培训法在中小学校长培训中的应用研究

通州区教师研修中心

通州区农村中小学校级干部队伍现状与培训需求调研报告

东城区教育研修学院

东城区学校干部提高培训“菜单”课程的研究

西城教育研修学院

北京市西城区中小学校长课程领导力现状研究

北京教育学院校长研修学院

校长的教育叙事："叙什么"与"怎么叙"

北京教育学院石景山分院

借用课堂观察技术，提升中学副校长教学领导力研究成果推广

三等

东城区教育研修学院

在干部培训班中实施"三联培训"方法的研究

顺义区教育研究考试中心

基于问题的中小学校长培训模式研究——以顺义区为例

北京教育学院宣武分院

西城区新任校长培训课程设置的研究报告

海淀区中小学干部研修中心

培养"成长中的教育家"：培训者何为？

房山区教师进修学校

初任校长"导师带培"的深入探索

通州区教师研修中心

"通州区'十二五'时期中小学校长提高培训课程设置研究"报告

附件4

北京市“十二五”时期中小学教师培训工作成绩突出的集体

优秀集体（6个）

东城区教育委员会

西城区教育委员会

朝阳区教育委员会

海淀区教育委员会

通州区教育委员会

密云区教育委员会

创新集体（9个）

丰台区教育委员会

石景山区教育委员会

门头沟区教育委员会

昌平区教育委员会

大兴区教育委员会

房山区教育委员会

顺义区教育委员会

延庆区教育委员会

燕山教育委员会

组织管理集体（2个）

平谷区教育委员会

怀柔区教育委员会

附件 5

北京市“十二五”时期中小学教师培训工作成绩突出的个人

优秀教师（113 人）

区 属	姓 名	单 位
东城区	王秀新	东城区教师研修中心
东城区	贾逸敏	东城区教师研修中心
东城区	孟胜修	东城区教师研修中心
东城区	李志	东城区教师研修中心
东城区	饶芳	东城区教师研修中心
东城区	宋浩志	东城区教师研修中心
东城区	张杰	东城区教师研修中心
东城区	路虹剑	东城区教师研修中心
东城区	孙红芬	东城区教师研修中心
东城区	闫化宇	东城区教师研修中心
西城区	曾阳	西城区教育研修学院
西城区	张晶	西城区教育研修学院
西城区	翟欣	西城区教育研修学院
西城区	张旌	西城区教育研修学院
西城区	雷文虹	西城区教育研修学院

续表 1

区　属	姓　名	单　位
西城区	张平	西城区教育研修学院
西城区	冯品钰	北京教育学院宣武分院
西城区	袁志勇	北京教育学院宣武分院
西城区	付　雁	北京教育学院宣武分院
西城区	陈　慧	北京教育学院宣武分院
朝阳区	张秀红	朝阳区教育研究中心
朝阳区	侯广旭	朝阳区教育研究中心
朝阳区	王艳云	北京教育学院朝阳分院
朝阳区	苗沐霖	北京教育学院朝阳分院
朝阳区	蔡益	北京教育学院朝阳分院
朝阳区	胡秋萍	北京教育学院朝阳分院
海淀区	梁华	海淀区教师进修学校
海淀区	王秀英	海淀区教师进修学校
海淀区	迟淑玲	海淀区教师进修学校
海淀区	牛永生	海淀区教师进修学校
海淀区	王永祥	海淀区教师进修学校
海淀区	马虹	海淀区教师进修学校
海淀区	崔莹莹	海淀区教师进修学校
丰台区	宗文革	北京教育学院丰台分院

续表 2

区 属	姓 名	单 位
丰台区	付绘	北京教育学院丰台分院
丰台区	孙建	北京教育学院丰台分院
丰台区	齐静	北京教育学院丰台分院
丰台区	陈磊	北京教育学院丰台分院
丰台区	李小春	北京教育学院丰台分院
石景山区	韩晓京	北京教育学院石景山分院
石景山区	武瑞	北京教育学院石景山分院
石景山区	李琳	北京教育学院石景山分院
石景山区	张福芝	北京教育学院石景山分院
门头沟区	曹云梅	门头沟区教师进修学校
门头沟区	周全	门头沟区教师进修学校
门头沟区	刘海燕	门头沟区教师进修学校
门头沟区	艾艳敏	门头沟区教师进修学校
门头沟区	郑春雷	门头沟区教师进修学校
门头沟区	张慧萍	门头沟区教师进修学校
昌平区	陈丽	昌平区教师进修学校
昌平区	张丽芳	昌平区教师进修学校
昌平区	李珍珠	昌平区教师进修学校
昌平区	崔云松	昌平区教师进修学校

续表 3

区　属	姓　名	单　位
昌平区	杨剑英	昌平区教师进修学校
昌平区	税燕	昌平区教师进修学校
大兴区	刘志莉	大兴区教师进修学校
大兴区	贾富华	大兴区教师进修学校
大兴区	毕洪强	大兴区教师进修学校
大兴区	魏巍	大兴区教师进修学校
大兴区	刘伟	大兴区教师进修学校
大兴区	胡秀荣	大兴区教师进修学校
房山区	郑伟	房山区教师进修学校
房山区	余悦平	房山区教师进修学校
房山区	李青梅	房山区教师进修学校
房山区	任全霞	房山区教师进修学校
房山区	赵常索	房山区教师进修学校
房山区	项立军	房山区教师进修学校
通州区	刘振凤	通州区教师研修中心
通州区	邓立平	通州区教师研修中心
通州区	王靖	通州区教师研修中心
通州区	马桂梅	通州区教师研修中心
通州区	徐岩	通州区教师研修中心

续表 4

区属	姓名	单位
通州区	朱桂友	通州区教师研修中心
顺义区	杜学芬	顺义区教育研究和教师研修中心
顺义区	侯庆辉	顺义区教育研究和教师研修中心
顺义区	赵艳兵	顺义区教育研究和教师研修中心
顺义区	穆怀茹	顺义区教育研究和教师研修中心
顺义区	王众敬	顺义区教育研究和教师研修中心
顺义区	祁静	顺义区教育研究和教师研修中心
怀柔区	静玮	怀柔区教科研中心
怀柔区	李莉	怀柔区教科研中心
怀柔区	徐娜	怀柔区教科研中心
怀柔区	丁强	怀柔区教科研中心
怀柔区	高海玲	怀柔区教科研中心
怀柔区	杨彩红	怀柔区教科研中心
密云区	李廷会	密云区教师研修学院
密云区	崔永学	密云区教师研修学院
密云区	王颖	密云区教师研修学院
密云区	师会芳	密云区教师研修学院
平谷区	关向东	平谷区教育研修中心
平谷区	李国平	平谷区教育研修中心

续表 5

区　属	姓　名	单　位
平谷区	李鹏飞	平谷区教育研修中心
平谷区	李慧囡	平谷区教育研修中心
平谷区	李智勤	平谷区教育研修中心
平谷区	张小梅	平谷区教育研修中心
延庆区	魏丽华	延庆区教育科学研究中心
延庆区	谢立新	延庆区教育科学研究中心
延庆区	刘彩云	延庆区教育科学研究中心
延庆区	谢谊	延庆区教育科学研究中心
延庆区	闫凤云	延庆区教育科学研究中心
燕山	石贺文	燕山教研中心
燕山	王晓云	燕山教研中心
燕山	温健	燕山教研中心
燕山	元丽平	燕山教研中心
市级培训机构	刘晓玫	首都师范大学
市级培训机构	关永春	首都师范大学
市级培训机构	刘昊	首都师范大学
市级培训机构	刘琳娜	北京教育学院
市级培训机构	胡春梅	北京教育学院
市级培训机构	季苹	北京教育学院
市级培训机构	崔艳丽	北京教育学院
市级培训机构	杨宣	北京教育学院
市级培训机构	张锋周	北京教育学院

优秀管理者（59人）

区属	姓名	单位
东城区	丁雁玲	东城区教师研修中心
东城区	黄亮	东城区教师研修中心
东城区	王彤	东城区教师研修中心
西城区	侯昳丽	西城区教育研修学院
西城区	孟欣	北京教育学院宣武分院
朝阳区	王志斌	朝阳区教育委员会
朝阳区	杨碧君	朝阳区教育研究中心
朝阳区	秦春梅	北京教育学院朝阳分院
海淀区	罗滨	海淀区教师进修学校
海淀区	申军红	海淀区教师进修学校
海淀区	李雅萍	海淀区教师进修学校
丰台区	崔志钢	北京教育学院丰台分院
丰台区	王冬梅	北京教育学院丰台分院
丰台区	吴萃萍	北京教育学院丰台分院
石景山区	刘红	北京教育学院石景山分院
石景山区	任瑞芬	北京教育学院石景山分院
门头沟区	胡国友	门头沟区教师进修学校
门头沟区	周强	门头沟区教师进修学校
门头沟区	韩英	门头沟区教师进修学校

续表1

区属	姓名	单位
昌平区	尼腾	昌平区教师进修学校
昌平区	刘淑芳	昌平区教师进修学校
昌平区	王君	昌平区教师进修学校
大兴区	王云阁	大兴区教师进修学校
大兴区	韩志超	大兴区教师进修学校
大兴区	贾士莹	大兴区教师进修学校
房山区	田小将	房山区教师进修学校
房山区	任国青	房山区教师进修学校
房山区	姚丽辉	房山区教师进修学校
通州区	李万峰	通州区教师研修中心
通州区	马耀国	通州区教师研修中心
通州区	刘永民	通州区教师研修中心
顺义区	李树栋	顺义区教育研究和教师研修中心
顺义区	方树东	顺义区教育研究和教师研修中心
顺义区	冯军	顺义区教育研究和教师研修中心
怀柔区	于晓龙	怀柔区教科研中心
怀柔区	杜连清	怀柔区教科研中心
怀柔区	杜连艳	怀柔区教科研中心
密云区	郭立增	密云区教师研修学院
密云区	李金凤	密云区教师研修学院

续表 2

区 属	姓 名	单 位
密云区	唐和平	密云区教师研修学院
平谷区	张国弘	平谷区教育研修中心
平谷区	吕艳青	平谷区教育研修中心
平谷区	刘立辛	平谷区教育研修中心
延庆区	吴连民	延庆区教育科学研究中心
延庆区	史宏科	延庆区教育科学研究中心
延庆区	王秋华	延庆区教育科学研究中心
燕山	来淑英	燕山教研中心
燕山	夏永	燕山教研中心
市级培训机构	王海燕	首都师范大学
市级培训机构	周梅林	首都师范大学
市级培训机构	赵春梅	首都师范大学
市级培训机构	邸磊	北京教育学院
市级培训机构	钟亚妮	北京教育学院
市级培训机构	王翠萍	北京教育学院
市级培训机构	张金秀	北京教育学院
市级培训机构	陈艳芳	北京教育学院
市级培训机构	冯华	北京教育学院
市级管理机构	石燕	北京市中小学中等职业学校教师培训中心
市级管理机构	邹雪梅	北京市中小学中等职业学校教师培训中心

北京市教育委员会

关于印发“十二五”时期区级教师培训机构建设水平评估结果的通知

京教函〔2016〕552号

各区教委：

为了促进各区进一步加强中小学教师培训机构建设，提高教师培训者素质，满足中小教师继续教育工作的需要，按照《中共北京市委教育工作委员会、北京市教育委员会关于北京市中小学教师“十二五”时期干部教师培训工作的意见》（京教工〔2011〕55号）和《北京市教育委员会关于开展“十二五”期间区县教师培训机构建设水平评估暨教师培训总结评估工作的通知》（京教函〔2014〕303号）的精神和要求，要求各区依据《北京市区县教师培训机构建设标准》对本区教师培训机构的建设水平进行自我评估。在各区自评的基础上，市教委组织专家评议组深入各区，通过听取各区汇报、查阅资料、召开座谈会、个别访谈和实地考察等方式，对各区教师培训机构的建设水平进行了现场评估。最后专家评议组依据《北京市区县教师培训机构建设标准》对各区教师培训机构的建设水平进行了综合分析，形成最终评估结果。评估结果如下：

示范性机构（6个）

北京教育学院朝阳分院

海淀区教师进修学校

西城区教育研修学院（国家级）

通州区教师研修中心

密云区教师研修学院

东城区教师研修中心（国家级）

达标机构（8 个）

北京教育学院丰台分院

门头沟区教师进修学校

昌平区教师进修学校

大兴区教师进修学校

房山区教师进修学校

顺义区教育研究考试中心

延庆区教育科学研究中心

燕山教研中心

基本达标机构（3 个）

平谷区教育研修中心

怀柔区教科研中心

北京教育学院石景山分院

特此通知。

2016 年 11 月 26 日

财　务

北京市教育委员会文件选编

(2016)

北京市教育委员会
北京市人力资源和社会保障局
北京市财政局

关于印发《北京市中小学教师绩效奖励激励机制项目管理补充办法》的通知

京教人〔2016〕9号

各区人民政府：

现将《北京市中小学教师绩效奖励激励机制项目管理补充办法》印发给你们，请结合实际，认真贯彻执行。

2016年4月28日

北京市中小学教师绩效奖励激励机制项目管理补充办法

为落实《关于印发建立我市中小学教师绩效奖励激励机制实施方案及配套文件的通知》（京教人〔2014〕10号）等文件精神和要求，健全和完善中小学教师绩效奖励激励机制，根据新增加的教育综合改革项目的需要，增加绩效奖励资金总体额度，鼓励优质教育资源学校和干部教师积极支持参与北京市教育综合改革，充分发挥引领示范和辐射带动作用，促进教育公平，提高教育质量，推进教育现代化进程。结合实际，制定本办法。

一、实施范围

新增加的绩效奖励资金主要用于奖励本市优质中小学校跨区承办分校、市级高中统筹项目学校、体验式培训项目学校等承担的教育教学管理与改革等工作任务的干部教师。

二、发放办法

（一）在新增加的绩效奖励资金总体额度范围内，市教委会同市人力社保局、市财政局统筹考虑，按照各项目参与学校数、每所学校参与的干部教师数、每所学校所承担的工作任务和取得的成效等因素，确定每个项目学校绩效奖励激励机制所需资金额度。

（二）市教委根据每个区属地项目学校数核定出相关区绩效奖励激励机制所需资金额度。同级人力社保部门依据相关区教育部门办学的额度调整相关区绩效工资总额。

（三）市财政局会同市教委确定相关预算金额，再由相关区定向拨到相关项目学校。其他部门举办项目学校的绩效奖励资金，由区财政局会同区教委确定相关项目学校预算金额。

（四）各项目学校根据参与相关工作的干部教师人数、任务量和取得成效等因素，坚持示范引领和激励导向，体现绩效工资分配的原则和要求，制定分配办法，自行发放。

三、管理要求

（一）市教委、市人力社保局、市财政局，相关区教委、区财政局和相关学校要建立健全经费管理制度，严格执行国家和北京市有关财务管理规定。适时对相关区和项目学校的项目执行情况进行检查或抽查，加强对新增绩效奖励资金使用情况的监管。

（二）对于弄虚作假、截留、挪用、挤占项目经费等违反财经纪律的行为，财政部门会同相关部门依据有关法律、法规处理，依法追究相关责任人的行政责任；构成犯罪的，依法追究刑事责任。

四、本办法由市教委、市人力社保局、市财政局按照各自职责分工解释。

五、本办法自2016年1月1日起施行。

北京市教育委员会
北京市人力资源和社会保障局
北京市财政局

关于印发《北京市乡村教师岗位生活补助发放办法》的通知

京教人〔2016〕10号

各相关区人民政府：

现将《北京市乡村教师岗位生活补助发放办法》印发给你们，

请结合实际，认真贯彻执行。

2016 年 4 月 28 日

北京市乡村教师岗位生活补助发放办法

为落实北京市人民政府办公厅关于印发《北京市乡村教师支持计划（2015—2020 年）实施办法》的通知（京政办发〔2016〕8 号）提出的“进一步提高乡村教师待遇，建立市级财政对乡村教师岗位实施生活补助政策”要求，依据北京市人民政府关于研究《北京市〈乡村教师支持计划（2015—2020 年）〉实施办法》起草有关工作意见，结合相关区乡村学校和乡村教师的实际情况，研究制定本办法。

一、实施范围

本市乡村教师支持计划的实施范围只含乡村中小学教师（即教育部教育事业统计分类中的“乡村”中小学教师，以下简称“乡村教师”）。北京市有教育部门举办的乡村普通中、小学校 291 所，占教育部门举办普通中小学校总数（1479 所）的 19.7%；另有乡村特殊教育学校 5 所（以下均简称“乡村学校”）。

二、发放办法

（一）由相关区教委依据教育部教育事业统计标准，核准各自乡村学校和乡村教师岗位总数，报市教委审核。

（二）由市教委根据北京市城市功能区的划分，结合山区和平原区的条件差异，将有乡村学校的区划分为三大类（见表 1），制定差别化的乡村教师岗位生活补助标准。市财政局根据市教委核定的各区乡村教师总数和乡村教师岗位生活补助的额度，下达各区预算。同级人力社保部门按照额度计算总量并调整。

表1　乡村学校分类统计表

类别	区	标准〔元/（人·月）〕
一类	门头沟、怀柔区、平谷区、密云区、延庆区、房山区、昌平区	2100
二类	通州区、顺义区、大兴区	1900
三类	海淀区、朝阳区	1800

（三）相关区教委在各自的额度范围内，根据乡村学校的远近、乡村教师岗位和任教年限等因素制定差别化的乡村教师岗位生活补助标准，落实到每一个乡村教师岗位，并向专任教师岗位和骨干教师倾斜（原则上应高于本区标准5%）。

（四）相关区已经实施的相关乡村教师补助政策继续执行，不得用乡村教师岗位生活补助替代本区已经实施的相关补助。边远地区的其他农村教师岗位生活补助问题由区政府参照解决。

（五）鼓励城区、镇区优秀教师到乡村学校全职交流轮岗（不少于一年），并享受当地乡村教师同等待遇。

（六）相关区要依据本办法研究制定各自的发放细则，报市教委审核，同时将各自实施的相关农村教师补助政策材料报市教委备案。

（七）本办法自2016年9月1日起施行。

北 京 市 教 育 委 员 会
北 京 市 财 政 局
北 京 市 统 计 局
北京市发展和改革委员会
北京市科学技术委员会

关于本市2015年教育经费执行情况的公告

京教财〔2016〕18号

《中华人民共和国教育法》第五十五条规定："全国各级财政支出总额中教育经费所占比例应当随着国民经济的发展逐步提高"，第五十六条规定："各级人民政府教育财政拨款的增长应当高于财政经常性收入的增长，并使按在校学生人数平均的教育费用逐步增长，保证教师工资和学生人均公用经费逐步增长"。根据北京市教育经费执行情况监测制度（试行）的规定，现将2015年北京市教育经费执行情况公告如下：

一、教育经费执行总体情况

本市地方各级政府公共财政教育支出（包括公共财政预算教育事业费拨款、基建拨款、教育费附加）847.43亿元，比上年增长0.15%。财政部于2004年1月印发了《关于统一界定地方经常性收入口径的意见》（财预〔2004〕20号），对财政经常性收入口径做出了界定，按此口径调整2015年财政经常性收入3834.93亿元，比上年增长19.10%，公共财政教育支出增长比例低于财政经常性收入增长比例18.95个百分点。

2015年公共财政预算支出5737.62亿元，公共财政教育支出占公共财政预算支出的比例为14.77%，比上年下降了3.64个百分点。

二、各级教育生均公共财政预算教育事业费支出增长情况

（一）普通小学：生均公共财政预算教育事业费支出23757.49元，比上年的23441.78元增长1.35%。

（二）普通初中：生均公共财政预算教育事业费支出40443.73元，比上年的36507.21元增长10.78%。

（三）普通高中：生均公共财政预算教育事业费支出42192.74元，比上年的40748.25元增长3.54%。

（四）职业高中：生均公共财政预算教育事业费支出36599.25元，比上年的26292.06元增长39.2%。

（五）普通高等学校：生均公共财政预算教育事业费支出61343.96元，比上年的58548.41元增长4.77%。

（六）中等职业学校：生均公共财政预算教育事业费支出34433.36元，比上年的28765.51元增长19.7%。

三、各级教育生均公共财政预算公用经费支出增长情况

（一）普通小学：生均公共财政预算公用经费支出9753.38元，比上年的9950.95元下降1.99%，主要是因为小学学生人数增加，导致普通小学生均公共财政预算公用经费支出下降。

（二）普通初中：生均公共财政预算公用经费支出15945.08元，比上年的14127.64元增长12.86%。

（三）普通高中：生均公共财政预算公用经费支出14807.38元，比上年的16716.08元下降11.42%，主要由于开展优质高中资源统筹，导致市属普通高中生均公共财政预算公用经费支出下降。

（四）职业高中：生均公共财政预算公用经费支出 9808.04 元，比上年的 7207.54 元增长 36.08％。

（五）普通高等学校：生均公共财政预算公用经费支出 32147.32 元，比上年的 34710.96 元下降 7.39％，主要由于支持高精尖创新中心建设，导致市属普通高等学校生均公共财政预算公用经费支出下降。

（六）中等职业学校：生均公共财政预算公用经费支出 14945.67 元，比上年的 13473.07 元增长 10.93％。

特此公告。

2016 年 7 月 27 日

北京市教育委员会
北 京 市 财 政 局

关于印发 2017 年度教育部门预算重点投入方向与项目指南的通知

京教计〔2016〕26 号

各区教委、区财政局，市属高等学校、中等职业学校，市教委直属单位：

为充分反映教育事业发展对公共财政的需求，明确年度部门预算投入，发挥预算计划对资金安排的指导作用，提高资金使用效益，结合“十三五”时期首都教育改革和发展的总目标和年度工作思路，特编制《2017 年度北京市教育部门预算重点投入方向与项目指南》。现印发给你们，请遵照执行。

2016 年 9 月 29 日

2017 年度北京市教育部门预算重点投入方向与项目指南

为增强预算编制前瞻性、预算决策科学性和预算执行准确性，结合“十三五”时期首都教育改革和发展的总目标和年度工作思路，特编制 2017 年教育预算重点投入方向与项目指南。

一、指导思想

全面贯彻党的十八大，十八届三中、四中、五中全会和习近平总书记系列重要讲话精神，落实创新、协调、绿色、开放、共享的发展理念，充分发挥公共财政的保障、支撑作用和引导、激励作用，加大市级统筹力度，突出重点，解决难点，分类投入，提质增效，全面深化教育领域综合改革，积极推进教育现代化，为实现首都教育事业科学发展和京津冀教育协同发展，不断提高人民群众的教育满意度和获得感提供强有力的财力支持。

二、基本原则

——坚持目标引领，突出质量。年度预算要以全面推进实现教育现代化为根本目标，紧紧围绕提高教育质量这一战略主题，在把握首都城市战略定位，巩固教育优先发展地位，全面深化教育综合改革上做好谋划，提供保障。要稳定改革预期，健全改革体系，完善改革举措，确保各项任务圆满完成。

——坚持规划引导，保障重点。年度预算项目要与“十三五”教育规划的年度任务紧密结合，重点向重大改革项目、最急需领域和最薄弱环节倾斜，着重解决中小学幼儿园学位不足、师资短缺、部分农村教育发展落后等问题，着力提高中小学德育和大学生思想政治教育的实效性。进一步优化投入结构，把教育资源配置集中到强化教学环节和提高教育质量上来，增加人才培养和教师队伍建设等软性投入。

——坚持持续投入，分步推进。根据教育发展总体目标以及教育周期性长的特点，对跨年度的项目在制定好分年度投资计划的基础上，分步推进，确保资金投入效益的整体性和连续性。

——坚持绩效优先，精细管理。要把巡视整改任务要求贯彻落实到教育经费管理全过程，严格执行财经纪律，完善经费内控制度。落实厉行勤俭节约长效机制，切实控制和降低行政运行成本。推进信息公开，加强资金和资产的监督管理。全面推进预算绩效管理，强化预算约束力，提高预算执行力。

三、2017 年度预算重点投入方向与项目

（一）全面深入实施素质教育

1. 深入推进社会主义核心价值观教育。继续实施中小学生培育和践行社会主义核心价值观“一十百千”工程，组织“四个一”活动。实施中小学中华优秀传统文化素养提升工程。继续实施中小学生语言表达能力提升项目。深入开展中小学文明校园创建活动，深化“中国梦”主题教育，组织爱学习、爱劳动、爱祖国和节水、节电、节粮教育。研究构建课程设计、教学实践、教育评价相结合的学生发展核心素养培养体系，促进学生全面发展。加强思想政治理论课建设，成立高等学校思想政治理论课程资源共享联盟。构建大学生服务保障体系，继续实施新生引航工程。实施高校辅导员专业素养提升计划，评选建设一批辅导员工作室。

2. 进一步完善实践育人体系。推进北京市学生综合素质提升工程。全面开展初中综合社会实践和开放性科学实践活动。拓展学农教育基地，在中小学积极推进学农实践体验活动。组织郊区学生到城区学校游学活动。持续推进社会大课堂建设和常态化应用，深化资源单位课程开发，丰富资源类型。开展“文明风采”竞赛活动，提升中职学生职业素养。全力推广青少年校园足球和冰雪运动。推广实施“小足球、小篮球、小排球”计划。大力开展体育节，艺术节，科技节，民族艺术、高雅艺术进校园等普惠计划。深入开展高等学校和社会力量支持小学体育、美育发展工作和义务教育阶段课外活动计划。推行校外教育公益行动计划。完善大中小学生志愿服务长效机制。加强生命教育和可持续发展教育。

3. 推进学校文化传承与创新。实施校园文化建设精品工程，评选一批校园文化建设精品项目。开展农村学校文化建设支持项目。优化中小学图书馆建设和资源应用，推进校园阅读促进项目。推动大学文化建设，支持鼓励高校建设并开放专业博物馆。继续推进中华优秀传统文化研究，加大对文史哲等传统学科的支持力度。开展大学生艺术展演、非物质文化遗产进校园、青少年艺术周等系列活动。

（二）拓展基础教育优质资源

1. 提升学前教育保障能力。深入实施第二期学前教育三年行动计划。推进幼儿园新建改扩建、民办幼儿园奖励扶持、社区学前教育服务中心建设等项目落地，缓解入园压力。实施幼儿园办园条件提升、幼儿园园长教师培训、学前教育质量提升等项目，全面促进幼儿园内涵发展。

2. 推进义务教育优质均衡发展。统筹城乡义务教育一体化发展，均衡配置资源，加强标准化建设，改善农村学校、薄弱学校办学条件。结合新城建设、中心城区人口疏解、城乡结合部重点村改造，新建一批优质中小学。持续推进扩大优质资源改革项目，支持集团化办学、学区制改革、教育集群发展和九年一贯制办学探索，颁发中小学教师专项绩效奖励。深入推进高校办附中附小项目。全面推进全市各区教科研部门支持中小学发展。继续鼓励民办教育机构参与中小学学科教学改革，进一步扩大政府向民办教育机构购买服务内容。加大引进外教工作力度，探索建立全市中小学外教引进、服务和管理平台。切实加强教育装备安全与质量管理工作。

3. 促进普通高中多样化特色发展。完善市级优质高中教育资源统筹工作机制，支持做好“1＋3”、校额到校等改革项目，引导学校通过内部初高中结构调整和新校区扩建等方式，进一步扩大全市普通高中优质资源，确保校额到校计划实施。继续推进考试招生制度改革，鼓励自主探索多样化办学模式，引导构建高中学校多样化人才培养体系。深入探索拔尖创新人才培养模式，统筹推进“雏鹰计划”“翱翔计划”。加强高中学生生涯规划指导。

4. 深化基础教育课程和教材相关改革。深化义务教育阶段课程改革，深入推进“遨游计划”。加强中小学课程教材监督管理。加强首都特色课程教材及配套资源体系建设。推进北京市地方教材精品化建设，完善北京市中小学课程教材资源网。配合考试招生制度改革，建设高中学业水平考试题库，支持高中教学组织形式改革，完善考试招生技术设备配备，做好命题中心和标准化考点建设。

5. 加强特殊教育、民族教育和专门教育。实施特殊教育学校质量达标工程，支持筹建特教学校，积极扩大特殊教育学位供给，丰富安置形式。支持市区两级特殊教育中心，区级、学区级资源中心建设与运行。加强自闭症儿童少年教育工作。深入推进民族教育提升工程，改善承办“内地民族班”学校和民族中小学办学条件。改善专门教育办学条件，提升教育教学工作水平。全面整治外来务工人员子女就读的自办学校，推动学校改善办学条件，确保安全。

（三）完善现代职业教育体系

1. 畅通人才培养渠道。鼓励优质学校通过兼并、托管、合作办学等形式，整合优化中等职业教育资源。深化“3＋2”中高职衔接改革，探索“3＋4”中职与本科衔接、“3＋2”高职与本科衔接的人才培养模式改革试点。实施北京市高端技术技能人才贯通培养计划。大力支持7所职业院校开展汽车维修专业胡格教育模式改革试验。

2. 提高人才培养质量。适应产业升级和技术进步需要，实施精品特色专业建设计划。形成对接紧密、特色鲜明、动态调整的职业教育课程体系，建设数字化课程资源库。支持职业院校技能大赛、教师信息化教学大赛。

3. 深化办学模式改革。推动校企共建技术工艺和产品开发中心、实验实训平台、技能大师工作室，促进技术技能积累与创新。加快建设若干服务新兴产业和主导产业的职业教育集团。

（四）强化高等教育内涵发展

1. 提高高校学科专业水平。深化市属高校与国内外知名高校、科研院所、行业企业的合作交流，强化优势特色学科专业建设。实施“一流大学和一流学科建设”，研究启动北京市属高校一流本科专业建设计划。引导部分市属本科高校向应用型转变，重点培养服务城市建设的应用型、复合型、技能型人才。

2. 提高高校人才培养质量。继续实施北京市高等学校高水平人才交叉培养计划。深化“双培计划”“外培计划”和“实培计划”内涵建设，完善项目管理。加强教育教学改革与实践，组织开展教学成果奖评审等项目，引导高校创新人才培养模式。开展示范性教师教学发展中心建设，鼓励引导教师为学生提供高质量的教学。积极推进本科教育教学基础信息平台建设，实现对北京高校本科教学质量的常态监测。持续推进专业群、卓越人才培养计划，重点建设北京学院，进一步加强优秀教学团队和虚拟教研室建设。开展北京高校产学研联合培养研究生培养基地建设和国内外联合研究生培养基地建设。

3. 提高高校创新服务能力。深入推进“北京高等学校高精尖创新中心建设计划”，完善高精尖创新中心建设，深入实施卓越青年科学家项目，培养行业领军人才。深化科研计划项目管理改革，加强北京实验室、北京市重点实验室、北京市哲学社会科学重点研究基地等的建设与管理。加强智库研究人员建设，推动高校智库开展国际交流合作。深入推进高校创新创业教育改革，整合创新创业资源，继续开展大学生科研与创新行动计划，组织“互联网＋”大学生创新创业大赛等学科竞赛，扩大学生参与面。继续推进高校“一街三园”建设，进一步拓展大学生创业园孵化体系。支持北京地区高校示范性中心校建设，不断提升创业教育、创业服务水平。

（五）推进学习型城市建设

1. 完善终身教育体系。重点建设一批有特色、受社区群众欢迎的“市民终身学习示范基地”。依托北京开放大学建好终身学习系统——京学网，为市民提供公益性的开放学习服务。

2. 积极创建学习型组织。评选首都市民学习之星，重点打造有北京特色的首都市民学习品牌。建设市民语言文化大讲堂。

（六）推动京津冀教育协同发展

1. 有序疏解部分教育功能。聚焦非首都功能疏解重点项目，加快推进部分高校新校区建设和良乡、沙河高教园区建设，支持高校采取部分搬迁、联合办学等方式，有序向外疏解。鼓励城六区公办高中寄宿部、国际部向外转移。

2. 服务北京城市副中心建设。通过重点扶持、联合办学、加强培训等方式，增加通州区优质教育资源供给，提升教育配套保障水平。

3. 深化京津冀区域教育合作。落实数字学校资源共享、中小学教师校长培训、教育督导协作等相关京津冀教育合作协议。支持在京高等学校在京津冀区域内合作办学、学科共建，成立学校联盟。支持职业学校合作办学、组建联盟。推动优质基础教育学校通过一体化学校、集团学校、联盟学校等方式辐射带动周边地区发展。加强教育对口支援。

（七）深化教育国际交流合作

1. 优化首都教育交流合作格局。加强首都教育发展水平和教育环境的国际推介宣传。鼓励建立区域和校际联盟合作，搭建双边、多边教育合作与交流平台，研究探索在境外设立教育合作联络、教师培训、学生交流基地。深入推进京港澳台地区教育合作。

2. 创新国际化人才培养模式。重点提高北京学生、教师和管理人员赴境外学习、交流、研修的规模和质量，加大对出国留学人员的引导和服务。加强引进国外智力工作，积极引进海外著名学者来京开展教学科研活动；加强紧缺急需人才培养。支持高校提高教学、科研和管理人员的国际化素质，加强与国外知名大学开展合作办学和高水平科研合作。鼓励中小学开展多种形式的对外交流，推进国际理解教育。

3. 提升首都教育国际影响力。积极举办和参加国际高水平学术会议和论坛，丰富交流内容，展示首都教育形象。深入推进“留学北京行动计划”，实施北京市留学生奖学金和“一带一路”留学生奖学金项目，继续扩大留学生整体规模。积极开展汉语国际推广，扩大教师和志愿者境外任教规模。

（八）深入推进教育督导改革

1. 建立现代教育督导体系。加强教育督导重大政策规划研究，推动教育督导改革各项任务落实。全面推进教育督导标准体系和工具研发，推进各项标准实施。开展教育督导立法调研。加强教育督导国际交流合作。

2. 全面推进督导工作。重点针对培育践行社会主义核心价值观、义务教育优质均衡发展、实现首都教育现代化、高校师德建设、思政理论课建设、就业创业能力建设等开展综合督导。委托第三方研究制定评估监测暂行办法，全面推进第三方评估监测工作。开展教育工作公众满意度调查、中小学生学业质量、高中多样化特色发展、职业院校评估、高等教育评估评价、硕士学位论文抽检等评估监测工作。全面推进国家级责任督学挂牌督导创新区建设，完成国家级义务教育质量监测、专项督导评估等评估监测工作。

3. 加强教育督导保障。加强督学队伍建设与管理，开展督学大讲堂等督学培训，开发培训课程，编写培训教材，建立督学教育平台。推进督导信息化建设，做好运行维护。

（九）加强教师队伍建设

1. 加强基础教育教师队伍建设。落实《北京市乡村教师支持计划（2015—2016 年）实施办法》，支持乡村教师队伍建设和乡村学校发展。筹办“北京市小学干部教师专业发展促进中心”，支持中小学干部教师体验式培训基地建设。重点实施“首都名师、名校长（园长）、乡村教师素质提升计划、中小学教师开放型教学实践活动计划”等各级各类干部教师培训，支持远郊区教师到城区优质资源校参加免费的跟岗脱产培训等。开展教师在线辅导，促进教育基本公共服务转型升级。

2. 加强职业教育教师队伍建设。继续推进职业院校教师素质提高工程。支持职教名师、专业带头人、优秀青年骨干教师、专业创新团队培养。开展职业院校校长和教学管理人员培训，实施教师企业实践计划、教师国内培训计划和教师国外培训计划。实施“校外职教名师讲学计划”，支持国内外高端技术技能人才到职业院校访学。加快“双师型”教师队伍建设。

3. 加强高等教育教师队伍建设。做好高层次引进人才、长城学者、创新团队、青年拔尖人才和青年英才选拔资助培养工作。加强高校教师基础能力建设，继续开展多方位培训，支持更多人才参与国际交流。继续选派百名优秀青年教师到北京大学、清华大学等校研修。

（十）强化教育发展保障措施

1. 加强学校基础设施建设。改善各级各类学校教学、科研环境。基本完成市属高校三年建设规划单体项目建设。规范中小学合成材料运动场地建设。

2. 推进依法治教。落实《依法治教实施纲要》和“七五”普法规划，实施教育系统法治观念提升工程，推动依法治校示范校、“法治教育进课堂”基地校和法治教育实践基地建设，建立教育法治智库。依法规范民办高校办学行为，促进特色发展。

3. 加强学校后勤建设。落实北京市节能减排和环境治理全民行动计划，支持节约型学校建设与公共建筑节能改造，完善节能减排能源使用监测平台建设。推进中小学校食堂改扩建，逐步解决大部分学校没有食堂或食堂不达标问题。在有需求的中小学推行学生供餐“基地直供”原材料采购方式。推进高校后勤标准化建设。建立全市统一的学校后勤信息化服务管理系统。推进大中小学校“平安校园”建设，支持设备设施安全标准达标。

4. 加强教育信息化建设。依托中小学名校名师资源，继续推进北京数字学校建设。加强教育信息化对教育综合改革的保障力度，优化北京教育云计算中心架构，改造数据交换中心和统一认证中心。加快义务教育入学、电子学籍管理、教育资源平台、综合素质管理平台、学生卡管理平台等系统的性能提升和升级改造。

5. 加强教育新闻宣传。构建大宣传格局，拓展与新闻媒体的合作，强化宣传优秀典型与改革成果的舆论阵地。健全教育舆情监测体系，建立更加完善的舆情预警机制。加强网络评论员队伍建设，强化首都教育正面声音。加强首都教育新媒体服务型传播平台建设，不断提升服务与引导能力。

北京市教育委员会

关于普通高等学校招生艺术专业加试美术类统考及校考收费的通知

京教函〔2016〕548号

市教育考试院、各有关院校：

根据市财政局、市发展和改革委《关于同意增加普通高校招生艺术专业加试费执收单位的函》（京财综〔2016〕165号）和《关于普通高校招生艺术专业加试美术类统考及校考收费标准的复函》（京发改〔2016〕1828号）精神，现就2017年普通高校招生艺术专业加试美术类统考及校考收费情况通知如下。

一、将原由全市各校自行组织的美术类专业加试一试调整为由北京教育考试院统一组织考试（以下简称“美术类统考”）。北京教育考试院作为执收单位，收取“普通高校招生艺术专业加试费（美术类统考费）”（收费编码173055010），收费标准为100元/生。统考科目为素描、速写和色彩三科。凡北京市美术统考涉及到的专业，民办高校、独立学院的美术类本科专业及所有高校的美术类高职（专科）专业均应直接使用美术统考成绩，学校不得再组织校考并收取费用。

将原普通高校招生艺术专业加试中美术类加试的复试和三试合

并为美术类加试的校考，取消美术类加试三试考试。其他各相关院校进行美术类本科专业招生，可根据专业需要在美术类统考合格考生范围内组织校考，并作为执收单位收取“普通高校招生艺术专业加试费（美术类校考费）”（收费编码173055011），收费标准为160元/生。

二、执收单位在收取考试费时，应严格按照上述收费项目的名称、收费范围和收费标准收费，并使用财政部门统一印制的收费票据。

三、上述收费应按规定纳入同级财政专户，实行“收支两条线”管理。

四、要认真做好教育收费公示工作，在单位网站、报考简章及收费场所显著位置公示收费项目、收费标准、收费范围和收费依据等相关内容，不得擅自增加收费项目、扩大收费范围、提高收费标准，并自觉接受价格、财政、审计等部门和社会的监督。

五、本通知自发文之日起执行。

2016年11月24日

北京市教育委员会
北 京 市 统 计 局
北 京 市 财 政 局

转发《教育部国家统计局财政部关于加强和完善教育经费统计工作的意见》的通知

京教财〔2016〕29 号

各区教委、区统计局、区财政局：

为进一步加强和完善教育经费统计工作，规范统计行为，提高统计质量，教育部、国家统计局、财政部制定了《关于加强和完善教育经费统计工作的意见》（教财〔2016〕6 号），现转发给你们，并结合我市具体情况提出如下贯彻意见，请一并执行。

一是加强组织领导，健全工作机制。各区要高度重视教育经费统计工作，把教育经费统计工作作为教育财务管理工作的一个重要抓手。教育、统计、财政等部门要健全工作机制，加强沟通协调，密切配合支持，及时研究解决教育经费统计工作中的问题。教委内部各部门要加强分工合作，财务、规划、民办、学前等部门充分沟通，共同协作，确保教育经费统计工作顺利开展。

二是注重队伍建设，提高统计水平。各区教委和各教育经费统计调查对象要明确相关部门和专人负责教育经费统计工作，并保持统计人员的稳定性。在国家和市级培训的基础上，各区教委要认真开展本区教育经费统计培训工作，做到培训对象全覆盖，提高统计人员的整体水平。鼓励利用信息化手段，提高统计工作效率和水平。

三是强化分析研究，加强结果应用。各区要加强教育经费统计分析，特别是围绕教育经费投入、使用和管理等关键领域的分析，深层次剖析统计结果反映的问题，提出合理化建议，为宏观决策提供参考，推进制度政策的完善。

四是完善公告机制，做好应对准备。我市将完善教育经费统计公告制度，在 2017 年公告我市 2016 年教育经费执行情况时，公告各区教育经费执行情况。公告内容参考全国教育经费统计公告，重点反映教育经费财政投入情况等；公告通过市教委门户网站发布，接受全社会的监督。请各区认真做好教育经费统计工作各项基础工作，提前进行舆情预测，做好应对准备，及时回应公开中出现的情况和问题。

附件：教育部、国家统计局、财政部关于加强和完善教育经费统计工作的意见

2016 年 12 月 22 日

附件

教　育　部
国家统计局
财　政　部

关于加强和完善教育经费统计工作的意见

教财〔2016〕6号

各省、自治区、直辖市教育厅（教委）、统计局、财政厅（局）：

为进一步加强和完善教育经费统计工作，规范统计行为，提高统计质量，根据《中华人民共和国教育法》《中华人民共和国统计法》和《国务院办公厅转发国家统计局关于加强和完善部门统计工作意见的通知》（国办发〔2014〕60号）等法律法规及有关规定，提出以下意见：

一、充分认识加强教育经费统计工作的重要意义

教育经费统计工作是适应教育事业发展和国家管理决策需要而开展的。近年来，我国教育经费统计体系不断完善、调查制度不断健全、数据质量不断提高、统计成果运用能力不断提升，为制定完善教育财政政策、落实教育投入责任提供了有力支撑，为优化教育资源配置、加强教育经费管理提供了坚实依据，为开展教育研究工作、进行社会宣传监督提供了丰富资料。

但是，当前教育经费统计工作还存在重视程度不够、统计队伍不稳定、统计数据公布制度不健全、数据分析应用不深入等问题，直接影响了教育经费统计工作质量和统计结果的运用。新形势下加强和完善教育经费统计工作，是服务教育财政投入决策、完善教育治理体系和提高教育治理能力现代化水平的内在要求，必须坚持问题导向，依法规范教育经费统计行为，建立制度规范统一、流程分工合理、行为严谨细致、数据质量可控、数据公布及时、结果有效运用、保障措施有力的教育经费统计工作体系。

二、进一步完善教育经费统计工作

（一）严格依法统计。严格按照《中华人民共和国统计法》等法律法规和教育经费统计调查制度，实施教育经费统计工作。教育部按照国家有关规定，结合我国教育事业发展和财政体制改革的要求，借鉴国际通用统计标准，牵头负责设计科学规范、统一完整的指标体系，制定全国统一的年度、季度教育经费统计报表制度，全面反映教育经费规模、结构、特点和使用效益。报表制度报经国家统计局批准后，供全国填报使用。各省级教育部门可在执行全国统一的教育经费统计报表制度基础上，根据实际工作和管理需要，细化和扩充本省份报表信息，报经省级人民政府统计机构批准后，供本省份填报使用。

（二）明确责任分工。教育部门、财政部门组织实施教育经费统计工作，根据“分级负责、属地管理”和“谁主管、谁审核，谁填报、谁负责”的原则履行教育经费统计职责。各级教育部门主要负责人对教育经费统计组织工作负总责，各教育经费统计调查对象主要负责人对本部门（单位）教育经费统计填报工作负总责。各级教育部门要严格执行资料采集、数据审核与汇总、情况分析、报表报送以及统计资料归档等工作流程；各教育经费统计调查对象要依法依规履行教育经费统计报表填报义务，对其填报、审核、签署的统计资料的真实性、准确性和完整性负责，并确保统计工作有序开展。有关部门和学校应当按照经批准的统计调查制度及时向本级教育经费统计部门提供教育经费统计所需的资料。

（三）规范统计行为。各教育经费统计调查对象应当依法真实、准确、完整、及时地报送统计资料，不得迟报、拒报统计资料。统计人员应当坚持实事求是，恪守职业道德，对其负责采集、审核、录入的教育经费统计资料与教育经费统计调查对象报送的统计资料的一致性负责。各教育经费统计部门和统计人员对在统计工作中知悉的国家秘密、商业秘密和个人信息，应当予以保密。任何部门和单位的负责人，不得自行或授意他人修改统计人员依法采集、整理的教育经费统计资料，不得对依法履行职责的统计人员打击报复。

（四）提高数据质量。教育经费统计数据必须客观、真实地反映填报单位教育经费收入支出等情况，不得虚报漏报瞒报，确保数据质量。各地要建立健全教育经费统计数据质量控制制度，明确各环节、各岗位工作责任，实现统计全流程制度化、程序化、规范化，保障统计数据的真实、准确、完整。要建立和完善层层负责、层层把关的统计数据分级审核制度，确保方法科学、审核全面、数据精准；建立与财政财务预决算和事业统计等数据的衔接协调机制，做到源头可控，信息互通；建立健全教育经费统计基本单位名录库，做到应统尽统，不重不漏。

（五）完善发布程序。全国年度教育经费统计数据分三次发布：第一次由教育部在门户网站上公布全国年度教育经费初步统计情况；第二次由教育部、国家统计局和财政部以公告形式公布全国及各省份年度教育经费统计总体情况；第三次由教育部和国家统计局以《中国教育经费统计年鉴》形式公布全国及各省份年度教育经费统计最终数据。各地可根据实际情况，制定本地区年度教育经费统计数据的发布程序。

（六）健全公告机制。教育部、国家统计局和财政部将不断完善全国教育经费统计公告制度。各省级教育、统计和财政部门必须在 2017 年年底前建立教育经费统计公告制度，公告所辖每个地级、县级地区的年度教育经费执行情况。公告内容可参照全国教育经费统计公告，并结合本地实际，重点反映教育经费总体投入情况、财政投入情况等；公告发布应通过单位门户网站以及报纸、网络等新闻媒体向社会公开，接受全社会的监督，原则上应在每年全国教育经费统计公告发布后 30 个工作日内完成。

三、加强教育经费统计信息应用和研究

（一）注重分析应用。各地要切实提高教育经费统计分析水平，重视统计成果的运用，为有关方面科学决策提供咨询服务。要运用科学方法，深入分析统计结果反映的问题，从体制机制等层面研究提出解决问题的意见建议，为宏观决策提供重要参考，推进政策制度完善。各地可结合本地实际综合运用多种方法，撰写教育经费分析资料，向本级政府及有关部门报告，并编印《教育经费统计年鉴》和《教育经费统计发展报告》等统计资料。

（二）强化监测功能。各地要通过对教育经费统计数据的深入分析，加强教育经费投入和使用管理监测，重点监测教育经费总体投入、财政投入情况，多渠道筹措教育经费情况，教育经费预算执行情况，各级各类教育经费投入水平、支出结构和使用绩效情况等。密切关注各项政策措施的落实情况，准确把握改革和发展中出现的新情况、新问题，对不合时宜、阻碍改革、制约发展、影响稳定的制度规定和工作状况，及时反映并推动改进完善。

（三）加强科学研究。各地要充分利用教育经费统计数据，组织开展教育财政科学研究工作，特别是要围绕教育经费投入、使用和管理等方面的关键领域和薄弱环节开展研究，提升科学研究水平，发挥科学研究成果的指导作用。鼓励各级教育、统计、财政等部门、有关高校、科研机构和广大统计人员积极开展课题研究。

四、切实加强教育经费统计工作保障

（一）加强组织领导。各地要进一步提高认识，切实把教育经费统计工作摆到重要位置，健全工作机制，完善工作制度，为统计工作提供设备、物资、经费等必要的保障。教育部门要会同统计、财政等部门建立健全教育经费统计工作部门间协调机制，定期研究教育经费统计工作，及时解决工作中遇到的困难和问题，保证教育经费统计工作顺利开展。

（二）强化队伍建设。各级教育部门和学校要根据统计任务的需要，明确相关机构和专人负责教育经费统计工作。完善统计培训

制度，按照“分级负责、分级培训”的原则，建立国家、省、市、县四级培训体系，实现统计人员培训全覆盖，提高统计人员专业胜任能力和职业道德水平。要关心统计人员成长，研究建立激励机制，在评优评先和学习深造等方面对统计人员给予倾斜。

（三）重视信息化建设。教育部将研究建立全国教育经费管理信息系统，对教育经费统计数据的采集、填报、审核、传输、存储、应用和管理等进行全过程管控，提高教育经费统计数据共享共用水平，实现数据互联互通，消除信息“孤岛”。各地要将教育经费统计信息化工作纳入教育信息化整体工作统筹规划、同步实施。要加强信息安全管理和系统运维能力建设，保障信息系统和数据安全。要采取切实措施，提高教育经费统计信息化应用能力，提高工作整体水平。

（四）完善评价监督和问责机制。教育部、国家统计局、财政部对各地教育经费统计工作开展情况进行综合评价和专项检查，对成绩突出的地区和个人予以通报表扬；对工作开展不力的地区进行约谈、通报批评，要求限期整改。各地要加强对教育经费统计工作考核监督，探索建立内部监督、外部监督和社会监督相结合的监督体系。对教育经费统计工作中的违法违纪行为，根据《中华人民共和国统计法》等法律法规的有关规定，依法追究相关单位和人员责任。

2016 年 9 月 14 日

学校后勤

北京市教育委员会文件选编
（2016）

北京市教育委员会

关于做好本市教育系统2016年烟花爆竹安全管理工作的通知

京教函〔2016〕16号

各区教委，各高等学校、中等职业学校，各直属单位：

2016年是实施《北京市烟花爆竹安全管理规定》的第十一年，根据市烟花爆竹安全管理工作领导小组的工作部署，按照“各级政府组织实施，职能部门全程监管，行业系统监督指导，属地全面管理，责任单位自行看护，广大市民自觉遵守”的原则，以确保本市教育系统不因燃放烟花爆竹引发重大事故为目标，全力保障校园和广大师生员工安全。为此，现将做好2016年教育系统烟花爆竹安全管理工作有关要求通知如下：

一、高度重视，加强组织领导

按照市政府部署，各单位要成立以主管领导为组长、各部门（院、系）为成员的烟花爆竹安全管理领导小组。负责本单位烟花爆竹安全管理，组织本单位对烟花爆竹安全管理工作进行动员部署、宣传教育、禁放点看护、防火巡视等工作，加强与本单位防火组织的联动，确保本单位安全。

二、提高认识，落实管理责任

目前，本市面临的形势一是维护稳定和反恐防暴的形势面临严峻挑战，二是城市建设快速推进城市安全风险逐步递增，三是社会高度关注环保问题，对烟花爆竹燃放提出更高要求。为此，各单位要进一步提高对烟花爆竹安全管理工作的认识，严格落实安全主体责任，明确责任单位、责任领导、责任部门、责任力量、责任时间、责任岗位、责任措施、责任效果“八个责任”。以实现“确保禁放点、燃放点安全”为目标，落实“组织部署、宣传发动、安全管理、隐患排查、秩序维护、禁放看护、应急处置”等规定动作，确保依法、文明、安全燃放，确保校园安全。

三、开展宣传教育，提升环保、安全意识

2016年全市烟花爆竹安全管理宣传工作的主题是“依法、文明、安全燃放”，提倡“少燃放一组烟花爆竹，多呼吸一口新鲜空气”的环保理念。宣传中要从环保角度出发，教育师生勤俭节约，少放、不放烟花爆竹；要重点宣贯《北京市空气重度污染应急预案》，当本市启动空气质量预警相应等级时，教育师生自觉遵守市政府要求，停止燃放烟花爆竹。

各单位充分利用校内电视台、广播、报纸、论坛、宣传栏、板报等各种宣传手段和召开专题工作会、校会、班会及《致家长的一封信》等形式开展宣传教育活动，提高广大师生员工的自律意识、公德意识、安全意识和环保意识。

按照“依法、文明、安全燃放”要求，寒假放假前集中进行宣传教育，一是让师生做到“知禁放部位、知责任领导、知落实部门、知看护力量、知看护措施”；二是把正确的燃放方法、禁放时间、禁放点作为宣传教育的主要内容，通过案例、图片、现身说法等多种形式开展，告知师生违法违章燃放烟花爆竹的严重危害性，引导广大师生员工远离非法、伪劣超标品种；三是加强对在校未成年人及其家长的安全燃放知识的教育、宣传，敦促家长尽到监护义务，防止青少年、儿童因燃放烟花爆竹致伤事故的发生。

四、加强安全管理，确保禁放点安全

按照《北京市烟花爆竹安全管理规定》和市政府公告发布的十

六类禁放点的要求，其中中小学校、幼儿园为禁放点，建筑工地、设有外墙保温材料的建（构）筑物为禁放范围，10 层以上或高于 24 米以上的建（构）筑物周围 30 米范围内是禁放区域。根据《关于梳理核对禁放点的通知》（烟花办字〔2015〕8 号）的要求，请各区教委对本区教育系统禁放点进行梳理核对，填写《行业部门禁放点调查统计表》（见附件，略），并于 1 月 14 日 17：00 前将电子版报市教委学校后勤处邮箱：jyaq@bjedu.gov.cn。

各相关单位要加强对禁放点和禁放区域的看护，一是坚决杜绝禁放点储存、燃放烟花爆竹；二是在禁放点安全距离内设立统一、永久的禁放标识；三是有家属区的校园，要按规定划定可燃放区域；四是与消防、医疗部门和周边社区建立协作配合机制，组织人员劝阻群众，不要在禁放点安全距离内燃放；五是及时清理禁放点周边烟花爆竹残屑，防止引发火情；六是成立火灾事故处置队，组织消防灭火演练，要在发现火情的第一时间进行控制、扑救。

五、强化隐患整改，严防发生火灾

在春节前集中开展隐患排查，一是及时清理可燃物，适时采取浇湿阻燃措施；二是确保疏散通道和消防通道畅通；三是对各类消防设施设备进行全面检查，确保消防设施设备齐全、完好有效。

六、完善应急预案，提高应急能力

结合自身特点，制定和完善燃放烟花爆竹安全管理应急工作预案，加强重点时段秩序的维护。组织单位内部安全保卫力量和居（家）委会等社会组织，及时查处违规燃放行为，配备扫帚、沙袋、铁锹等器具，遇有火情，第一时间进行扑救。

七、加强值班和信息报送

严格值班制度，坚持应急值班和领导 24 小时带班制度，并全天候值守，加强巡逻检查，做好应急准备。信息报送要按照“先口头，后书面”的原则立即报告有关部门和上级教育部门，严禁漏报、瞒报事件发生。

烟花爆竹安全管理工作中出现的情况、存在的问题和遇到的困难要及时报告市教委。

附件：行业部门禁放点调查统计表（略）

2016 年 1 月 8 日

北京市教育委员会

关于组织餐饮服务单位替代无照无证学校食堂的通知

京教函〔2016〕9 号

各区教委：

接市政府《关于研究无照无证餐饮单位监管和整治工作的会议纪要》（第 163 号），会议纪要要求“对于因学校未取得合法办学资质且暂时无法取缔，导致无照无证的学校食堂，由教育部门会同属地政府组织符合条件的餐饮服务单位替代学校食堂。”

请各区教委配合区政府，加强部门之间的协调配合，创新工作方法，共同做好无合法办学资质学校餐饮无照无证的整治和监管工作。具体由各区教委牵头，会同属地政府组织符合条件的餐饮服务单位替代这些学校的食堂，为学生供餐。

附件：市政府关于研究无照无证餐饮单位监管和整治工作的会议纪要（略）

2015 年 1 月 16 日

北 京 市 教 育 委 员 会
北京市卫生和计划生育委员会

关于开展“食育课堂、助力成长”北京市校园营养师宣讲团进校园活动的通知

京教函〔2016〕210号

各区教委、卫生计生委：

为贯彻落实《中国食物与营养发展纲要（2014—2020年）》提出的对重点人群儿童青少年全面普及膳食营养和健康知识、加强营养和健康教育的要求，助力“营在校园”——北京市平衡膳食校园健康促进行动，更广泛、深入地开展学生营养宣传教育工作，科学引导和有效改善北京市中小学生营养健康状况和饮食行为习惯，市教委和卫生计生委拟自2016年起，委托北京营养师协会开展“食育课堂 助力成长”为主题的北京市校园营养师宣讲团进校园活动。具体安排如下：

一、活动主题

食育课堂、助力成长

二、活动目的

帮助学生树立科学的营养健康观念，掌握实用的营养信息。纠正学生偏食挑食习惯，减少校外购买零食、碳酸饮料等不科学的行

为，养成科学的饮食习惯。控制“小胖墩”和“豆芽菜”体型，促进学生的身体健康，提升学生的运动能力。同时，通过学生自身营养理念、认知水平的提升，带动家庭成员健康素养的提升。

三、活动内容

以 2015 年 12 月首届北京市校园营养师技能大赛获奖的优秀校园营养师为核心组建校园营养师宣讲团，入校为师生和家长提供以获奖内容为主的精品营养宣讲内容。

2016 年全年拟举办 30 场，每个区平均 2 场。入校宣讲内容主要包括 16 个主题（附件 1）。

四、活动方式

区教委和学校以点餐式预约宣讲内容和时间，可由区教委同时组织一校或几校的学生及家长，根据约定的时间、对象、宣讲主题等组织落实。

五、预约方式

区教委和卫生计生委组织填写《2016 年“食育课堂 助力成长”北京市校园营养师宣讲团进校园活动报名表》（附件 2），发送到北京营养师协会秘书处。

六、联系人（略）

附件：1. 2016 年“食育课堂 助力成长”北京市校园营养师宣讲团进校园宣讲主题

2. 2016 年“食育课堂 助力成长”北京市校园营养师宣讲团进校园活动报名表（略）

2016 年 5 月 16 日

附件 1

2016 年“食育课堂　助力成长”
北京市校园营养师宣讲团
进校园宣讲主题

营养膳食，幼儿健康成长
饮料——甜蜜的陷阱
营养午餐与食品安全
原来是这样啊——认识“水医生”
吃动平衡，远离肥胖
让孩子们和蔬菜宝宝做朋友
科学选择零食
我的彩虹餐盘
科学饮水，健康生活
营养均衡，向偏食说“不”
让孩子远离重口味
认识营养标签，理性选择食品
补充水分喝什么?
牛奶——怎么选?
好习惯、好营养、好视力
平衡膳食、合理营养、促进健康

北京市教育委员会
北京市质量技术监督局

关于2016年北京高校学生公寓床上用品质量监管工作的通知

京教勤〔2016〕8号

各高校、各相关企业：

学生公寓床上用品的质量安全涉及学生切身利益和身体健康。2016年，市教委与市质监局将以贯彻《国家质检总局、教育部关于进一步落实学生床上用品集团购买质量监控制度的通知》（国质检执联〔2014〕475号）和国家质检总局《纤维制品质量监督管理办法》（总局令第178号）要求为契机，进一步加强高校学生公寓床上用品质量监管，现就2016年秋季开学高校学生公寓床上用品质量监管工作通知如下：

一、工作要求和改进办法

2016年高校学生公寓床上用品采购继续沿用原办法，由学校经过招投标确定企业进校销售，学生自愿购买。各校要严肃学校收费监督管理，禁止任何单位或个人为谋取私利收取进校销售企业的场地费、管理费，或以“试用”“为贫困生发放”等理由变相索要企业床上用品。根据国家和北京市有关文件要求和指示精神，今后每年春季不再举办全市高校学生公寓床上用品现场和网上展示活动。原北京高校学生公寓床上用品工作组委会相关工作移至北京学校后勤事务中心（以下简称学校后勤中心）。

二、建立进货检查验收制度

高校作为学生公寓床上用品采购方，应进一步完善本校学生公寓床上用品招标、验货和现场销售等环节工作。要按照 2016 年 3 月 31 日起实施的国家质检总局《纤维制品质量监督管理办法》（总局令第 178 号）第二十条“将生活用絮用纤维制品用于经营性服务或者公益活动的，应当建立并执行进货检查验收和记录制度，并保证产品合格”的要求，建立并执行进货检查验收和记录制度，保证所采购的学生床上用品质量合格。

三、完善产品质量监管措施

（一）生产环节质量监督

市质监局负责对我市供应高校床品的生产企业开展产品质量专项检查和监督抽查，同时协调外埠质监部门对供应我市高校床品的生产企业进行质量监督。对本市生产企业抽查情况应及时通报市教委和生产企业，并通过市质监部门官方网站予以公示。

（二）销售现场质量抽检

自 2016 年起，学校后勤中心将委托第三方检验机构于秋季开学时随机入校抽取企业现场销售的产品，每个被抽检企业均抽取 4 件产品（被子、床单、被罩、枕巾），按照国家标准和相关要求进行质量检验。抽检结果应及时通报市质监局和学校、生产企业，并通过市质监部门官方网站予以公示。

（三）质量检验结果的运用

学校后勤中心及时将销售现场质量抽检结果暨国家质监部门出具的床上用品质量检验报告反馈学校。如检出质量问题或发现不符合双方合同约定的质量标准的情况时，由学校与企业双方根据合同自行处理解决。检出产品存在不符合国家标准或行业标准中保障人身安全要求的情形时，学校应立即通知企业停止销售。市质监局应跟踪追查本市生产企业质量违法行为。

四、重视合同签订与管理

2016年，市教委会同北京市纺织纤维检验所根据最新国家标准，重新审核修订了《北京市学校学生公寓床上用品销售服务合同》(2016范本)，为学校与企业签约提供服务。

（一）各校要重视合同的签订。2016年通过招投标选择进校销售的企业，必须与之签订合同，如数量不易确定，可不用写明数量，但质量和规格要求根据本校实际需求必须填写清晰明确，作为日后发生产品质量纠纷时的处理依据。

（二）学校签订合同需一式三份，合同双方各执一份，为配合质量抽检，另一份于签订合同后5个工作日内由学校送学校后勤中心备案。学校于2016年8月15日前，向学校后勤中心告知本校入校销售企业售卖时间、售卖地点、招标部门联系人等信息，配合质监部门到销售现场抽检。

五、持续开展专项治理

近年开学期间，少数游商和个人在高校周边和校内销售床品，扰乱开学秩序，致使学校招标入围企业无法正常销售服务，也为劣质床品流入学校创造了机会。对此现象学校要加强重视，相关部门要加强销售环节的管理，在进一步加强对校内学生销售行为的管理的同时，学校要积极与当地政府及相关执法部门、管理部门协调配合，打击个人或游商在学校周边向学生销售劣质床上用品的行为。

市教委也将根据学校的请求，协调相关部门，开学期间开展专项整治活动，整顿校园周边秩序，确保学生购买和使用放心床品。相关学校如有整治需求，请于8月1日前书面向学校后勤中心提供相关地点和整治需求，以便有针对性地组织开展专项整治。

六、加强工作经验交流

北京高校后勤研究会学生公寓专业委员会组织高校进一步加强学生公寓床上用品工作经验交流，总结成功经验，创新采购模式。

本文及合同范本可从北京学校后勤网（http://gxhq.bjedu.cn）“政务通知”栏目下载。

附件：《北京市学校学生公寓床上用品销售服务合同》（2016范本，略）

2016年5月16日

北京市教育委员会

关于开展2016年北京市教育系统食品安全监测工作定向入校检查的通知

京教函〔2016〕215号

各区教委、市教委直属单位、各有关高校：

为充分发挥食品安全检测设备效用，做好学校食堂食品安全风险防控工作，按照《北京市教育系统食品安全快速检测设备使用管理办法（试行）》（京教勤〔2014〕6号）要求，市教委定于2016年5月至6月对各区教委、市教委直属单位以及部分高校食品安全监测工作组织开展定向入校检查，现将有关事项通知如下：

一、检查内容

各单位执行落实使用管理办法相关情况，包括食品安全快检设备的日常管理、使用和数据上报以及运行保障、人员配备和实际操作等内容。

二、检查时间

本次检查由市教委学校后勤处统一部署，北京学校后勤事务中心组织落实，市教育系统食品安全中心检测室配合开展。检查分为学校自查、检查组入校检查、总结反馈三个阶段。

自查阶段：5 月 26 日至 6 月 3 日。请各校对照评分表在规定时间内认真完成自查，并形成自查报告。

检查组入校检查阶段：6 月 6 日至 6 月 17 日。请各校自行联系所在组的联系人确定具体入校检查时间。分组安排及检查评分表见附件。

总结反馈阶段：检查结束后，市教委将于 6 月下旬将检查结果以书面形式反馈各受检单位。

三、检查方式

本次入校检查覆盖所有区教委、市教委直属单位食品安全检测设备所在单位；对于高校采取定向检查方式，重点对去年入校检查中存在问题较多的高校进行检查。

本次检查共有五个检查组，由市教委学校后勤处、学校后勤中心带队，组员由市教育系统食品安全中心检测室及开展食品安全监测工作较好学校的检测人员组成。检查采取现场查看的方式，检查完毕后，由组长在评分表上进行现场打分，各受检单位相关负责人需在评分表上签字确认。

为确保检查效果，入校检查时间为两个小时。检查组在检查期间如需用餐，请在受检学校食堂用餐。

四、工作要求

（一）各受检单位要高度重视食堂食品安全监测工作，认真开展自查并配合检查组入校检查，及时发现问题和隐患，及时整改，以检查促进工作，保障检测设备正常运转并发挥实效，确保检测工作持续稳定。

（二）各受检单位需安排专人负责本次检查工作。

（三）各受检单位需按时完成自查报告并在入校检查时交于组长。

（四）检查结束后，对经检查问题较多的单位，将责令其限期整改。对食品安全检测设备尚未启动的单位，必须承诺启动时间和计划安排。

本通知电子版及《北京市教育系统食品安全快速检测设备使用管理办法（试行）》（京教勤〔2014〕6号）可从“北京学校后勤网”——“政务通知”栏目下载，网址：http://gxhq.bjedu.cn。

附件：1. 受检单位名单及分组情况表（略）

2. 北京市教育系统食品安全监测工作定向入校检查评分表（略）

3. 各检查组成员情况表（略）

2016年5月19日

北京市教育委员会
北京市卫生与计划生育委员会
北京市食品药品监督管理局

关于开展教育系统食品安全专项检查的通知

京教函〔2016〕232号

各区教委、卫生计生委、食品药品监管局，各普通高等学校，各学生餐企业（学生营养配餐单位）：

为贯彻落实新实施的《中华人民共和国食品安全法》，进一步落实学校食品安全主体责任，提升教育系统食品安全管理水平，做好学校食品安全工作，我委与市卫生计生委、市食品药品监管局联合对教育系统相关单位开展食品安全专项检查，现将有关事宜通知如下：

一、检查对象

全市各级各类学校学生食堂和中小学供餐企业。

二、检查时间

本次专项检查时间从6月1日至6月24日，分两个阶段进行。第一阶段（6月1日至6月12日）为自查阶段；第二阶段（6月13日至6月24日）为市级抽查阶段。

三、检查重点内容

（一）是否建立健全学校食品安全监管责任体系，建立健全食品安全管理制度。

（二）是否建立自查制度。根据新《食品安全法》第四十七条，“食品生产经营者应当建立食品安全自查制度，定期对食品安全状况进行检查评价。”各相关单位应当建立食品安全自查制度，并在自查阶段指定时间重点开展自查。

（三）落实《食品安全法》第三十三条要求，重点检查：

1. 原材料采购

食品原材料采购情况，包括索证索票、进货查验和采购记录制度等。

2. 加工制作

食品加工、制售、包装、贮存等生产经营设备设施及场所环境卫生状况；食品加工设备布局和工艺流程是否合理；食品、工用具是否生熟分开；餐具容器的清洗消毒情况 。

3. 人员管理

是否建立对食堂从业人员开展培训、考核和健康检查制度，从业人员个人卫生状况等。

四、组织实施

1. 各单位自查完毕后，形成自查报告，上传至电子邮箱 gxhq

@bjedu.gov.cn。

2.6月13日至6月24日期间，市教委、市卫计委、市食品药品监管局组成市级联合检查组，抽取适当比例的学校和供餐单位进行检查。

附件：1. 教育系统食品安全专项检查人员分工（略）

2. 教育系统食品安全专项检查表（略）

2016年5月31日

北京市教育委员会

关于进一步改善校园餐饮供给杜绝在校就餐浪费的通知

京教函〔2016〕315号

各区教委：

为贯彻落实好中央、教育部和市委市政府领导批示精神，针对当前我市部分中小学食物浪费和一些学生节俭意识缺乏的问题，市教委决定在全市中小学幼儿园中继续深入推进节俭养德节约行动。现将有关工作通知如下：

一、高度重视，加强领导，全面落实管理责任

勤俭节约是中华民族的传统美德，是社会主义核心价值观的重要内容。要从国家战略高度和立德树人的根本任务出发，充分认识杜绝在校就餐食物浪费的重要性。在校就餐食物浪费不仅对学生自身体质健康和校园风气产生不良影响，更危及国家资源和阻碍国民素质的提高。中小学是青少年世界观、人生观、价值观形成和良好品德习惯养成的关键阶段，加强对青少年学生的教育引导，改善校园餐饮供给，杜绝学生在校就餐浪费，既是节约国家资源的要求，也是培育践行社会主义核心价值观，培养学生勤俭节约传统美德的重要手段，意义深远、责任重大。

各区教委要切实负起组织领导和统筹管理责任。要在全区中小学幼儿园深入推进节俭养德节约行动，开展以节约粮食为重点的“三节”教育主题实践活动。要深入研究分析学生在校就餐食物浪费现象产生的原因，采取切实有效措施，加强教育和引导，改善校园餐饮供给，不断完善在校就餐管理办法，提升学生在校就餐的满意度，坚决刹住在校就餐食物浪费之风。要建立长效工作机制，将此项工作与食品安全工作一起长抓不懈，做到同计划、同部署、同检查、同管理。

各中小学幼儿园要切实负起主体责任。要认真制定本校开展节俭养德节约行动工作的方案，全面查找在校就餐食物浪费方面存在的问题，提出改进在校就餐管理的措施，加强在校就餐的精细化管理，杜绝本校在校就餐食物浪费现象的发生。要坚持一切以学生身体健康为出发点，提升校园餐饮供给质量，注重营养、卫生、安全、可口、适量，提高家长和学生对在校就餐工作的满意度。

二、切实加强教育和引导，增强德育的针对性和有效性

各区要将勤俭节约教育作为中小学幼儿园培育社会主义核心价值观的重要内容，将节约粮食作为中小学生践行社会主义核心价值观的具体行动，通过各种途径和方式，运用各种宣传手段，切实加强对学生的教育和引导，从小树立节约光荣、浪费可耻的思想观念，增强德育的针对性和有效性，将俭以养德的人生必修课落到实处。

各中小学校幼儿园要落实全员育人、全程育人的要求，将勤俭节约教育渗透到教学、管理、服务的全方面，融入到学校教育教学的全过程，保证勤俭节约等传统美德教育取得良好效果。要将在校就餐食物浪费纳入到学生日常行为规范管理中，采取日常检查评比、设立“学生监督岗”、班级或个人量化考核等形式，加强勤俭节约等传统美德方面的养成教育，对学生在校就餐全过程进行教育和管理。

要结合不同学段学生特点开展丰富多彩的勤俭节约教育实践活动，特别是在推进本市初中生到郊区学农教育基地进行实践体验式学习中，通过劳动实践加深学生对农业生产知识的了解，促使学生懂得一粥一饭来之不易，养成勤俭节约和珍惜粮食的良好习惯。

三、改进学校供餐方式，满足不同学段、不同年龄、不同口味学生的就餐需求

要针对学校外供餐“盒饭”和自办食堂营养“套餐”浪费较为突出的问题，进一步改进供餐方式。一是采取外供餐桶装运输到校，再进行二次分餐的方式，做到吃多少盛多少、盛多少吃多少，避免浪费发生。二是采取丰富饭菜花色品种、增加“套餐”选择内容、卖半份菜、小份饭、提前预定餐品餐量等方式，方便学生选择。三是采取自助餐模式，让学生按需取餐，最大限度防止因学生年龄、体质等个体差异造成的就餐浪费。四是结合餐饮业机械化现代化程度的不断提高和中式快餐标准化的不断完善，因地制宜创新学校供餐方式。如，建立学区中心厨房，采取半成品供应与校内加工相结合的快捷终端方式生产学生餐；或借鉴西式快餐的模式，开展中餐菜品研究等，为没条件自建食堂自办食堂的学校提供管理规范、安全放心、可口营养的学生营养餐等。

四、提高学校食堂供餐比例，加强食堂条件保障

各区要切实落实政府责任，保障资金投入，将新建和改扩建学校食堂的规划纳入本区教育布局总体规划和学校建设计划，有条件的学校和新建改建学校应在校内开办学生食堂。大力提高学校食堂供餐比例，改善校内就餐条件和环境，让尽可能多的学生能够在校内食堂就餐。各区要制定统一政策，解决好本区中小学幼儿园自办食堂炊管人员的配备及经费来源问题。学校食堂要配备专职食品安全管理人员以及稳定的专业人员队伍，原则上每100名学生配备1名餐厨人员，经费由区教委予以保障。

各区各校要重视食堂食品原材料采购工作，实施大宗食品原材料“四统一”即统一招标、统一采购、统一分配、统一运送，减少中间环节，降低采购成本，确保采购质量。同时应按照国家新《食品安全法》的相关要求，建立食品进货查验制度，实现全过程检测和可追溯，从源头保障食品安全和降低风险。

五、提高校园餐饮制作水平，提升学生就餐满意度

做好学生在校就餐工作，是办好人民满意教育的重要组成部分。各区各校要全面提高校园餐饮管理水平，彻底改进低质量的学生餐和低水平的供餐办法。充分考虑学生的多元化需求，丰富校园菜品种类，定期变换口味风格，满足不同年龄阶段学生的口味需求，杜绝学生用餐时因饭菜不可口等原因造成的食物浪费。各区要定期组织和指导区内学校食堂开展营养学、烹饪方法等知识和技能培训。积极开展不同学校食堂员工间的技术交流，组织校园餐饮制作技术和管理经验交流，不断提高学校厨师烹饪水平，改善饭菜品质，实现学生在校就餐的营养、卫生、安全、可口、适量，不断提升在校就餐学生的满意度。

六、充分发挥校园营养师作用，大力开展食育教育

各有食堂集中供餐的学校须配备一名专（兼）职校园营养师。校园营养师须参加市级培训并发挥指导作用，能够依据《北京市中小学生健康膳食指引》，针对不同年龄阶段学生餐饮的营养特点和规律，制定本校学生营养带量食谱，指导学校食堂合理搭配食物种类，制作味道可口、营养均衡的学生餐；同时，承担起对本校学生的食育教育工作。

各区各校要倡导开展“均衡营养与平衡膳食”“零米粒行动”“从我做起，杜绝浪费”等主题宣传活动及节约粮食评比活动，对活动开展好的班级和个人进行表扬奖励。要组织学校参加全市中小学“食育教育助力成长”校园营养师宣讲团入校宣讲活动，以学生喜闻乐见的形式宣传食品安全和食育教育知识，帮助学生纠正挑食、偏食习惯，教会学生营养搭配、合理膳食，树立节约理念。

七、成立膳食委员会，建立公开透明的监督机制

各中小学校要成立由校领导、学生、家长、教师、食堂或供餐企业管理人员组成的学校膳食委员会，定期召开会议，研究学生餐的安全、营养、质量、价格、服务监督等问题，参与供餐单位选择与评议、每周带量食谱审定、原材料采购评议、饭菜质量评议、食品安全管理等工作，发挥日常监督作用，提出意见建议，解决合理诉求。要建立校园餐饮问题反馈机制，随时了解学生就餐时遇到的问题并及时解决。要建立学校负责人和班主任轮流陪餐制度，做好陪餐记录，监督餐饮质量，关注学生需求，及时发现和解决问题。学校应聘请学生家长作为学生在校就餐义务监督员，设立家长开放日等，建立公开透明的监督机制。

各区各校要做到学生在校就餐信息和监督管理工作全面公开透明，主动向学生、家长公开包括供餐单位选择、饭菜成本核算、带量食谱、原材料采购、从业人员健康证明等相关信息。要建立菜谱公开制度，无论自办食堂或外供餐，学校均需每周提前公布带量食谱，一周内的食谱不应重复。带量食谱要在食堂或校园显著位置并通过校园网、信息平台等途径公布。

八、加强对外供餐企业和单位的动态监督管理

各区要按照《北京市学生营养餐供餐服务单位选择暂行办法》要求，严格把好本区学校外供餐企业和单位的入口关，选择资质信誉良好、社会责任感强、用心经营、管理过硬并能兼顾营养、卫生、安全、可口、适量的外供餐企业或单位提供外供餐服务。要制定完善外供餐企业或单位的退出办法，对存在食品安全隐患、师生家长反映强烈、质价不符、投诉率高等问题的外供餐企业和单位，要坚决退出。

各区对学校供餐企业和单位实行动态监督管理机制。除定期和不定期开展检查抽查外，每学期要对外供餐企业和单位至少开展一次满意度测评，督促外供餐企业和单位提高餐饮质量，并根据测评结果对外供餐企业和单位实行优胜劣汰。

请各区教委认真落实通知要求，全面查找存在问题，研究制定本区整体工作方案，指导所属中小学幼儿园根据自身实际一校一案，切实将改善校园餐饮供给、杜绝在校就餐浪费工作落到实处。各区教委须及时将本区工作方案及有关工作开展情况上报市教委，市教委将对此项工作进展情况进行专项督促检查。

2016 年 7 月 4 日

北京市教育委员会

关于做好 2016－2017 学年度校方责任保险及附加无过失责任保险工作的通知

京教函〔2016〕472 号

各区教委，各中等专业学校：

为贯彻落实《北京市中小学生人身伤害事故预防与处理条例》和教育部等三部委《关于推行校方责任保险完善校园伤害事故风险管理机制的通知》（教体艺〔2008〕2 号）要求，进一步加强教育风险管理，现将做好 2016－2017 学年度校方责任保险及附加无过失责任保险工作的有关事项通知如下：

经公开招标，2015—2018学年度校方责任保险及附加无过失责任保险由中国人寿财产保险股份有限公司北京市分公司（以下简称“人寿财险北京市分公司”）和中国太平洋财产保险股份有限公司北京分公司（以下简称“太平洋财险北京分公司”）承保，校方责任保险及附加无过失责任保险经纪机构由北京联合保险经纪有限公司北京分公司（以下简称“联合北分”）承担。为了确保工作的连续性，东城区、朝阳区、丰台区、石景山区、门头沟区、房山区、顺义区、延庆区及中等专业学校由人寿财险北京市分公司承保；西城区、海淀区、通州区、昌平区、大兴区、平谷区、怀柔区、密云区、燕山由太平洋财险北京分公司承保。

一、投保程序

（一）各区教委投保校方责任保险程序

10月18日至19日，向联合北分提交如下材料并缴纳保费：

1. 加盖区教委公章的北京市中小学、幼儿园校方责任保险名册（在册学生人数截止到10月10日）；

2. 投保单（加盖区教委公章）；

3. 区教委与确定的承保机构签订的协议书（一式4份）；

4. 保费（5元/生）。

（二）各区教委投保附加无过失责任保险程序

10月18日至19日，向联合北分提交如下材料并缴纳保费：

1. 加盖区教委公章的北京市中小学附加无过失保险名册（在册学生人数截止到10月10日）；

2. 投保单（加盖区教委公章）；

3. 区教委与确定的承保机构签订的协议书（一式4份）；

4. 保费（5元/生）。

（三）中等专业学校投保校方责任保险程序

10月20日至21日，向联合北分提交如下材料并缴纳保费：

1. 加盖学校公章的北京市中等专业学校校方责任保险名册（在册学生人数截止到10月10日）；

2. 投保单（加盖区教委公章）；

3. 学校与确定的承保机构签订的协议书（一式 4 份）；

4. 保费（5 元/生）。

二、有关事项

（一）按照市教委、市财政局《关于调整北京市基础教育公用经费定额标准的通知》（京教财〔2010〕50 号）规定，公办中小学、幼儿园校方责任保险保费在公用经费中列支，中等专业学校校方责任保险保费由中等专业学校承担。

经批准的社会力量办学、办园单位校方责任保险保费由举办者承担。

（二）附加无过失责任保险投保范围是公办的中小学（普通中小学、职业高中、特教学校、工读学校），保险保费在公用经费中列支。

经批准的社会力量办学单位可参照投保，保费由举办者承担。

（三）按照《政府采购法》等有关法律规定，各区教委和各中等专业学校在协议期内只能与负责本区、本学校中标承保机构或授权的保险公司签订有关校方责任保险及附加无过失责任保险协议并投保。

三、工作要求

（一）投保校方责任保险及附加无过失责任保险是建立并不断完善教育风险管理服务体系、保障学校及学生合法权益的一项重要工作，各区教委、各中等专业学校、中小学和幼儿园要进一步加强对此项工作的领导，明确职能部门的具体职责，加强监督，严肃纪律，认真组织好投保工作，及时总结工作经验和解决存在的问题，不断提高工作服务水平。

（二）各区教委、各中等专业学校要在本学期专门开展关于校方责任保险及附加无过失责任保险的宣传和培训活动，要让每一位校长、班主任、教师、学生知晓校方责任保险及附加无过失责任保险，会用校方责任保险及附加无过失责任保险。

（三）各区教委、各中等专业学校、中小学和幼儿园要坚持预防为主的原则，一是进一步落实安全工作责任，完善安全工作制度，消除各类安全隐患，有效预防学生人身伤害事故的发生；二是要加强对学生的安全教育，不断提升安全教育的针对性和有效性，切实提高学生的安全意识和防范能力。

（四）为及时有效发挥校方责任保险及附加无过失责任保险的作用，保障学校和学生合法权益，各区教委、各中等专业学校要确保按时足额缴纳保费。

2016 年 10 月 10 日

北京市教育委员会
北京市财政局
北京市环境保护局
北京市卫生和计划生育委员会
北京市质量技术监督局

关于在中小学幼儿园开展安装空气净化设备试点工作的通知

京教勤〔2016〕16 号

各区教委、财政局、环保局、卫生计生委、质监局：

为进一步加强中小学幼儿园空气重污染应对工作，探索空气重污染条件下中小学生和幼儿健康成长的有效途径，回应社会各方面关切，经研究，拟在部分中小学幼儿园开展安装空气净化设备（包括新风净化设备等）试点工作。现将有关事项通知如下：

一、各区要根据本区实际情况，按照“以生为本、安全有效，科学设计、经济适用，结合实际、分类施治”的原则组织开展试点工作，具体试点范围和数量由各区确定。

二、各区教委统筹负责本区的试点工作，试点工作经费按照市、区两级财政分摊的原则予以保障。各区财政局、环保局、卫生计生委、质量技术监督局要协助做好试点中有关经费管理保障、空气重污染监测预报、室内环境监测、产品质量标准等工作，提供专业的咨询、指导。

三、试点工作要切实将学生安全放在第一位，积极稳妥组织实施，保证对室内有害空气净化效果明显，安装空气净化设备后，教室室内环境及室内空气质量各项指标要符合国家有关标准规范要求，有利于学生和幼儿的健康。

四、各区要建立由区教委牵头的协同工作机制，统筹加强对试点工作的组织领导，及时发现和解决存在的矛盾与问题，确保试点工作的顺利实施。要认真听取各方面意见建议，强化对设备安全性、可行性、经济性、适用性、功能效果及潜在风险的评估，严格设备生产企业和产品的准入条件，认真开展质量追踪和运行监测，并将试点中出现的问题及时反馈。

五、市区两级财政、教育部门要按照相关规定做好试点工作经费保障，加强对经费的监督检查和绩效管理，提高资金使用效益。

六、此通知自印发之日起执行。

2016 年 11 月 4 日

北京市教育委员会

关于转发《教育部关于新形势下进一步做好普通中小学装备工作的意见》的通知

京教基二〔2016〕18号

各区教委：

现将《教育部关于新形势下进一步做好普通中小学装备工作的意见》（教基一〔2016〕3号）转发给你们，结合我市实际，提出如下贯彻要求。

一、加强对装备工作的领导

各区教育行政部门要高度重视普通中小学装备工作，坚持以办好人民满意的首都教育为宗旨，自觉将装备工作列入教育工作的重要议事日程，与贯彻落实《北京市"十三五"时期教育改革和发展规划（2016—2020年）》一同研究部署，一同检查落实。要进一步健全装备机构建设，建立起统一规范、充满活力的装备工作体系和工作机制。要以促进学生健康成长和全面发展为根本，从关注配备工作向关注管理与应用工作转变，从关注数量向关注质量与效益转变。实现装备工作内涵发展，促进装备工作与各项工作协调发展，推动装备工作与教育教学的全面深度融合，注重培养学生的科学思想、科学精神、创新能力与合作探究能力。

二、加强装备建设配置工作

（一）加强实验室、专用教室建设工作。中小学实验室、专用教室建设要坚持“够用、好用、实用”的原则，努力做到实验室功能齐备，仪器设备种类、数量、质量满足教学需求，实验耗材与药品供应及时、充足，为师生创设安全、环保、现代化的实验环境。仪器设备的配置要以《北京市中小学校办学条件标准细则》为基础，以满足学校实际需要为目标，采取必配、选配、定制、自制等方式实现。进一步落实北京市义务教育部分学科教学改进意见的精神，推进新一轮中小学办学条件的标准化、现代化建设，提高义务教育基本公共服务水平，推进义务教育优质均衡发展。加大学校办学自主权，支持学校特色发展，为不同潜质的学生提供更多选择空间和发展环境，促进普通高中多样化特色发展。

（二）加强图书馆建设工作。中小学图书馆建设，要以满足师生阅读需求，服务学生综合素质提升为中心，逐步建立市、区、校三级图书准入机制和更新机制，优化藏书结构和质量。要提倡打破传统边界，充分发挥信息化手段，补充完善中小学数字图书馆资源，多种形式促进图书资源有效流通，鼓励配置图书到学生身边，以学生有效阅读作为评价图书馆工作的主要标准。加强对“书香燕京”阅读活动的指导，促进学生阅读活动开展，不断提升学生母语素养。加强标准化建设，建成一批市级示范性中小学图书馆，推动图书馆成为学生阅读资源中心和活动成长中心。

三、加强装备管理工作

（一）加强装备产品招标采购环节管理。严格执行《中华人民共和国政府采购法》《中华人民共和国招标投标法实施条例》，严格执行相关国家标准、行业标准，建立投标人带样品参加评审、中标样品封存等常态化制度。全面建立装备产品到货验收制度，加强入校环节管理，不符合安全、质量要求的产品，坚决不允许进入学校。对于在使用中发现安全隐患和质量问题的装备，坚决对采购、管理、使用等环节进行责任倒查追究。建立中小学装备教育教学适用性评估机制，全面评估装备产品的安全性能、节能环保、材料工艺、结构设计、教学效果等方面，定期公布评估结果，接受社会监督。

（二）加强装备安全管理工作。健全实验室、实验仪器管理制度，完善实验室用水、用电安全制度，强化危险品监管。加强装备安全教育，特别关注实验室、体育设施、用水用电等方面，确保教师学生规范使用教育装备。要切实改善教室空气质量，多种举措加强通风换气，努力为学生提供空气清新的学习环境。

（三）加强装备质量管控。建立完善装备质量管理体系，实施有效管理，形成市、区、学校三级装备质量监测网络，推动解决社会关注的中小学学生用品安全、质量问题。加强与质量监督、工商管理等部门的沟通合作，探索建立装备产品质量抽查监督机制，推动规范装备市场。面向装备采购、入校、使用全过程，开展装备安全与质量追踪监督，定期抽查在中小学配备量大、与学生安全健康高度相关的装备，并向全市通报结果。

四、加强装备应用工作

（一）加强实验教学管理工作。根据教育部《中小学实验室规程》，建立健全学校装备管理制度，明确职责，落实措施，使装备管理工作制度化、规范化和科学化。按照新课程标准要求，指导中小学开齐开好实验课；积极创造条件，向学生开放实验室，提高实验教学水平；研究建立健全实验操作考核、评价制度，探索将实验操作考核纳入学生综合素质评价体系的办法，发挥实验室装备的最大效益。

（二）加强装备队伍专业化建设。加强对实验员、图书馆员、资产管理员的培训，加强教师实验教学技能培训，切实提高教师专业技术水平，确保实验教师和管理员队伍的稳定，促进装备与教育教学的深度融合。

（三）加强对装备工作的检查和督导。各区要加强对中小学装备工作的检查和督导，保障学校教学、实验等资源配置，确保装备工作取得实效。各级教育装备部门要加强对中小学校装备与应用的监督检查，督促学校在日常教学工作中充分发挥教育技术装备的作用。要建立中小学装备水平的监测和评估机制，监测装备发展水平，为我市全面实现教育现代化提供技术支撑和服务保障。

2016 年 12 月 14 日

附件

教育部

关于新形势下进一步做好普通中小学装备工作的意见

教基一〔2016〕3 号

各省、自治区、直辖市教育厅（教委），新疆生产建设兵团教育局：

为深入贯彻党的十八大和十八届三中、四中、五中全会精神，落实“四个全面”战略布局，明确“十三五”期间中小学装备改革发展任务，提升基础教育质量，加快推进实现教育现代化，现就新形势下加强普通中小学装备（以下简称装备）工作提出如下意见。

一、重要意义

教育教学装备是教书育人的必要条件，是实现教育现代化的重要支撑，是培养学生创新精神和实践能力、促进学生全面发展的重要载体。改革开放以来，装备工作为基础教育跨越式发展提供了物质条件和技术支持，做出了不可替代的重要贡献。但目前还存在装备标准体系不健全，区域、城乡、校际之间发展不平衡，一些地方还存在产品质量把关不严，重建设配备轻管理应用，不适应教育教学的需要，适用性评价体系不健全等问题，制约了装备与教育教学及课程的深度融合，不利于学生创新精神和实践能力培养，不利于素质教育的实施和教育质量的提高。

当前，我国已进入全面建成小康社会的决定性阶段。以“互联网+”和“中国制造2025”战略为引领的新型城镇化、工业化、信息化建设进入关键时期，为装备工作改革发展提供了新的机遇、新挑战。迅猛发展的信息技术，丰富了装备的品种，优化了装备的结构，极大地提升了装备的品质。以云计算、物联网、虚拟现实及大数据等为代表的新兴信息技术在教育中广泛应用，促进了教育模式、教学方法和办学方式的转变。

加强装备工作是推进义务教育均衡发展、促进教育公平的必然要求，是实施素质教育、促进学生全面发展的重要基础，是提高教育质量、加快推进教育现代化的重要举措。各级教育部门和学校要充分认识新形势下进一步做好装备工作的重要性和紧迫性，将先进的教育思想、办学理念、科学技术融入装备和教育教学工作，加快形成新的教育发展驱动力，推动基础教育变革与创新，为全面建成小康社会提供有效支撑和服务。

二、总体要求

（一）主要目标

贯彻创新、协调、绿色、开放、共享发展理念，建立与基础教育改革发展相适应，与学生发展核心素养培育相协调，与国家课程标准相匹配的国家装备配备和质量标准体系。推动实现装备配备标准化、管理信息化和使用常态化。建立完善规范的国家、省、市、县、校装备治理工作体系与机制。建立教育行政部门牵头，政府相关部门、学校、事业、科研、企业等各要素深度参与、相互促进的装备发展格局。

（二）工作原则

统筹规划、分类指导。在教育部统一部署下，各地因地制宜确定装备发展路径。发达地区，重在优化结构，实现装备与教育教学有机结合。欠发达地区，重在均衡提高配备和管理水平，并向农村、边远、贫困、民族地区倾斜。重视支持信息化教学装备发展。

育人为本、深度融合。全面实施素质教育，推进装备与课程建设和学校文化深度融合，装备与师资培养和教学实践深度融合，装备与教育教学和管理服务深度融合，满足促进学生全面发展的学习需要。

标准引领、专业支撑。以课程标准规定、装备标准体系和规范工作机制为引领，强化法治意识、规范意识和专业意识，坚持推进装备规划、实施、管理的制度化和专业化。注重专业工作队伍建设，发挥专业技术力量作用，注重基础设施、数字资源、师生应用能力协同，实现教育技术装备专业化发展。

鼓励创新、特色发展。支持基层进行实施模式创新、管理方式创新、应用技术创新。在标准化的基础上，鼓励学校充分发挥装备作为课程资源的作用，实行特色化发展，实现标准化与特色化的有机统一。

各方联动、协同推进。立足获得优质产品和服务，培育、引导、规范装备市场，充分发挥其在资源配置中的决定性作用。加强指导和监管，更好地发挥政府各部门作用，形成有效配置资源机制。强化社会监督和用户导向，最大限度吸收教师、家长、学生及社会各方代表参与装备工作。

三、主要任务

（一）做好配备工作

健全装备标准。充分发挥全国教育装备标准化技术委员会及其分委会等相关专业机构的作用，加快标准制定步伐，形成规范完整的国家装备标准体系。编制全国装备分类目录，逐步统一装备分类。编制装备名称词典，清理当前不规范的装备项目与名词，优化装备管理。鼓励各省（区、市）结合实际健全本地装备标准体系。

加强设施建设。各地要用好“全面改薄”及其他中央和地方与装备相关的资金和项目，按照标准建设实验教学和音体美装备和场所。支持探索建设综合实验室、特色实验室、学科功能教室、教育创客空间等教育环境。鼓励对现有教室进行多功能技术改造，适应学生学习需求。推进宽带网络校校通，实现校园无线网络全覆盖。鼓励探索建设智慧校园。

科学配置装备。各地要遵循装备和技术生命周期规律，实现装备的可持续发展，减少“运动式”、机械达标性配备。要按照标准配齐配足各类装备，保障学校教育教学及学生生活基本需要。保质保量配好图书。鼓励配备可升降、可灵活分组拼合的课桌椅。鼓励教师学生自制教具，提高装备适用性。鼓励结合本地文化、劳动技术、民间艺术教育配备装备。根据教学活动需求加快配备多媒体教学和终端设备，鼓励配备便携式终端。

（二）提升管理水平

规范配备机制。各地要建立装备配备工作技术规范和专业规程，科学规划设计装备项目，统筹实施计划预算、配备方案、政府采购、合同履约、质量管理、风险防控、资产监管与运维服务等。招投标要严格按照《招投标法》规定的原则和程序执行，确保采购达标合规，满足质量要求。建立装备配备优质典型案例与政府采购案例数据库，为装备采购配备提供参考。

构建质量体系。采购装备时要将国家标准或地方标准写入招标文件和采购合同，确保装备产品质量和中小学生身心健康。建立装备新技术、新产品进入学校的科学实验和论证机制，经过危害性测试和教学适应性评价的技术与产品方可进入学校。充分发挥专业检测机构作用，对进入校园的产品进行质量抽查。建立装备质量内部通报制度，并及时向生产和市场监管部门报告情况。要对易燃易爆危险品定期开展风险排查，确保安全使用。

打造管理平台。利用现代信息技术手段提升装备管理能力。制订装备管理办法，规范装备管理基本流程。建设相关管理信息系统，以产品信息、采购信息、学校装备管理和使用信息为内容，提升装备管理信息化水平。各地要积极部署实施、推动应用，加强装备产品质量追溯与资产运维管理，保障装备资产与资源充分发挥效益。

（三）推动全面应用

服务教育教学。强化实验教学，推动装备在教育教学中的深度应用，服务教育教学各个环节，推动教学和育人方式改革。推行实验室、专用教室全天向学生开放，建立有利于学生自主探究与合作学习的管理制度。鼓励各地立足促进学生发展和提升学校管理水平，应用装备积极开展科学、实践活动。创新图书馆、体育场馆、校外综合社会实践基地等各类资源使用方式，充分发挥其育人功能。

提高教师应用水平。各地要制订培训计划，对相关专业教师、实验教学人员、管理人员定期进行装备应用与管理培训，特别是加强教师的装备通用技能与专业技能培训，着力提高教师应用水平。积极开展装备应用与学科教学教研活动，推动实验管理、实验教学与课程教学融为一体，提高教师教育教学水平。

健全考评机制。各地要建立配备质量与效益评价指标体系，指导审计与评价。建立装备建设及其应用效果的动态调查、监测与评估制度。将学校和地区装备建设、实验和实践教学的开展情况纳入办学水平督导评估体系，将教师装备应用能力纳入教师考核体系，健全绩效考核办法，发挥考核评价的导向作用。

（四）增强创新能力

加强科研工作。完善装备科研体系，围绕装备各个层面开展理论与实践研究，为装备发展提供创新动力。设立全国基础教育装备研究专项课题，全方位推动基础教育装备领域的科学研究。开展国家、区域、学校装备发展规划、发展战略和推进策略的研究。进行装备与教育教学过程深度融合的方法与策略研究。开展装备应用效果的评价指标体系研究。定期发布装备发展研究报告。

探索社会联动。各地要加强宣传引导，做好政策解读，结合相关热点问题，以生动的实例，引导学校、家长、学生及社会各界更加重视装备工作，充分调动社会参与的积极性。及时总结推广各地的有益探索和成功经验，推动装备工作不断创新发展。发挥社会监督、舆论监督的积极作用，促进产品质量、生产采购等工作水平不断提升。

推动开放合作。充分发挥行业协会和企业作用，理顺行业协会与装备部门之间的关系，加强行业自律，规范行业管理。鼓励社会力量创建教育装备设计研究院、装备产业园、产业基地，完善装备研究、设计、开发、生产、建设、运行维护与技术支持服务体系。鼓励教育专家参与装备的设计开发。推动装备对外开放合作，开展先进装备理念、产品、标准体系、应用、管理、服务的国际交流合作。

四、保障措施

（一）健全管理机制

各级教育行政部门要加强和规范装备职能机构建设，合理确定职责任务，科学安排人员，确保相关工作顺利开展。各地装备部门要与教学管理、教学研究等部门建立密切协作机制，形成合力。加快构建教育行政部门和学校之间的管办分离、权责明晰、运转高效的新型装备治理工作机制。探索建立专业咨询、第三方服务、装备部门管理的现代服务机制。建立技术专家团队，加强对各级装备工作的指导与咨询服务。

（二）保障日常运维

各地要结合教育改革发展需求，按照国家标准及时更新设备设施，确保消耗性材料的补充与供给，确保每个班级都能按照教学进度开齐开足实验，最大限度满足学生动手实践活动的需要。加强日常运行维护服务，采取多种措施，降低运维成本。鼓励多渠道筹措装备资源，引导和鼓励社会、企业公益支持装备事业发展。

（三）建好管理队伍

各地教育行政部门、中小学要配好装备专业工作人员，为其提供有利工作和发展环境。鼓励省级教育行政部门制订实施实验室、专用教室管理员专业标准。鼓励创造条件，促进使装备工作人员专业发展，评聘相应的专业技术职务。探索与有关高校合作开展相关学科专业的研究生培养，为装备科学发展培养高端和后续人才。建立健全装备采购的廉政风险防控机制，定期开展廉政警示教育，强化责任追究，管好装备队伍。

（四）切实抓好实施

各地要把装备发展纳入“十三五”教育发展规划，抓紧制定本地区实施意见或方案。明确具体部署、具体要求、具体项目、具体时限、具体责任，有计划、有步骤地推进装备工作。要突出重点，瞄准薄弱环节，有针对性地改进装备工作。要把装备工作纳入教育督导，定期开展专项督查，推动各项工作任务落到实处。

2016 年 7 月 13 日

安全·保卫

北京市教育委员会文件选编

（2016）

北京市教育委员会

转发进一步做好岁末年初火灾防控工作等两个文件的通知

京教勤〔2016〕1号

各区教委，各高等学校、中等职业学校，各直属单位：

现将《北京市防火安全委员会办公室关于进一步做好岁末年初火灾防控工作的通知》（防安办字〔2015〕32号）和《北京市安全生产委员会办公室关于切实做好岁末年初及2016年元旦春节期间安全生产工作有关文件的通知》（京安办发〔2015〕69号）转发给你们，请结合实际贯彻落实。

2016年1月11日

北京市防火安全委员会办公室

关于进一步做好岁末年初火灾防控工作的通知

防安办字〔2015〕32号

各区县人民政府，各地区管委会、办事处，中央在京单位主管部门，市属相关委、办、局（总公司）：

近日，国务院安委会办公室、公安部下发《关于切实做好岁末年初及2016年元旦春节期间安全生产工作的通知》《关于云南、河南和福建等地发生爆炸爆燃以及火灾事故情况的通报》，传达中央、国务院领导重要指示批示精神，通报近期全国发生易燃易爆以及火灾事故，分析研判当前安全生产和消防安全形势，就做好岁末年初火灾防控工作再强调、再部署。市政府领导高度重视，王小洪副市长多次召开专门会议进行部署，并专门批示要求进一步抓好贯彻落实。为落实国务院安委会、公安部通知和市政府领导批示要求，深刻吸取近期其他省市和我市发生的火灾事故教训，进一步严密火灾防控措施，全力确保首都消防安全形势稳定，现将有关要求通知如下：

一、进一步增强做好消防工作责任感。岁末年初，天气寒冷，用火、用电、用油、用气量剧增，加之圣诞、元旦、春节等节日即将来临，人流、物流、客流、交通流高度聚集，生产经营活动频繁，容易引发火灾的不稳定、不确定因素增多，稍有疏忽极易发生火灾事故。冬季以来，我市居民住宅“小火亡人”事故和部分场所起火冒烟事故时有发生，引起了各级领导和社会各界的高度重视和广泛关注。12 月 18 日，清华大学何添楼无机实验室发生爆炸引发火灾，造成 1 人死亡。为此，各部门、各区县、各地区要高度重视，认真贯彻国务院安委会和公安部文件精神，切实认清当前严峻消防安全形势，深刻吸取近期火灾事故教训，全面查找火灾防控薄弱环节和影响消防安全突出问题，研究制定有针对性防控措施，进一步加大火灾防控力度，坚决维护首都消防安全形势稳定。

二、进一步加大火灾隐患排查整治力度。要针对圣诞、元旦、春节节庆场所人员密集特点，商务、文化、旅游、广电、宗教以及公安治安、消防、内保、人口等部门和警种要加强协同配合，围绕公共娱乐、宾馆饭店、商场市场、宗教活动等场所开展检查和错时检查，指导单位落实主体责任，强化人防、物防、技防措施，坚决确保消防安全。要针对教学、科研机构、医院医疗使用化学危险品场所，属地党委政府和相关部门要开展针对性排查，指导单位严格化学危险品管理，及时消除可能引发火情的不安全问题。各属地政府、行业部门、公安警种要结合实际，加大对首都政治中心区、公众聚集场所、春运场所、易燃易爆危险品场所、城市大型综合体、国计民生单位、施工现场、城乡接合部、农村社区、小单位、小场所的消防安全检查力度，指导加强消防安全管理，开展火灾隐患自查自改，落实各项火灾防范措施，安装独立式火灾报警装置。

三、进一步做好消防宣传培训工作。要继续推进消防宣传“进社区、进学校、进企业、进农村、进家庭、进机关、进网站”和“除火患、送温暖、保平安”社区宣传活动，利用各类载体，采取多种形式，最大限度普及防火灭火和自救逃生知识。要针对不同群体特别是外来务工人员、老弱病残等弱势群体特点，研究制定易于接受、通俗易懂、喜闻乐见“个性化”宣传内容，依靠属地党委政府，发动居民（村）委员会、派出所、网格等力量，采取上门入户宣传、面对面讲解提示、手把手培训指导等形式，开展触动性、实用性、针对性宣传培训，普及与其需求相匹配消防知识。

各部门、各区县、各地区要及时总结工作情况，纳入冬春火灾防控情况信息一并报送至 bjsfhb@126.com 邮箱。

特此通知。

附件：1.《国务院安委会办公室关于切实做好岁末年初及 2016 年元旦春节期间安全生产工作的通知》（略）

2.《公安部关于云南、河南和福建等地发生爆炸爆燃以及火灾事故情况的通报》（略）

2015 年 12 月 19 日

北京市安全生产委员会办公室

转发国务院安委会办公室关于切实做好岁末年初及 2016 年元旦春节期间安全生产工作有关文件的通知

京安办发〔2015〕69 号

各区安全生产委员会，市安委会有关成员单位，市属国有企业，各有关单位：

为认真贯彻落实党中央、国务院领导同志重要批示精神，切实做好岁末年初及 2016 年元旦、春节期间安全生产工作，国务院安委会办公室下发《关于切实做好岁末年初及 2016 年元旦春节期间安全生产工作的通知》（安委办明电〔2015〕30 号，以下简称《通知》），对岁末年初安全生产工作提出要求。现将《通知》转发给你们，并提出以下要求，请结合实际一并贯彻落实。

一、进一步强化落实属地和部门监管责任，加强安全监管。

要清醒认识当前安全生产面临形势，按照“党政同责、一岗双责、失职追责”的要求，全面落实安全生产监管责任，确保岁末年初和“两节”期间安全平稳。要注重从源头加强监管，坚持预防为主，加大执法检查力度，督促企业落实安全生产主体责任，严厉打击各类非法违法生产经营建设行为。

二、突出重点行业领域，持续深入开展安全隐患排查整治。

针对元旦、春节期间安全生产特点，认真贯彻落实国务院安委会督查组来京督查反馈意见，切实抓好安全生产大检查“回头看”、危险化学品和易燃易爆物品安全专项整治。加强交通运输、消防、烟花爆竹和人员密集场所等重点领域的安全监管，全面排查整治各类隐患，严格落实安全防范措施。

三、加强应急值班值守，健全完善预测预警和应急联动机制。

要进一步完善安全生产应急预案，建强应急救援队伍，加强应急演练，做好装备物资准备。要严格执行领导干部带班、关键岗位24小时值班制度和事故信息报告制度，确保遇有重要紧急情况，及时妥善应对和处置。

附件：国务院安委会办公室关于切实做好岁末年初及2016年元旦春节期间安全生产工作的通知（略）

2015年12月23日

北　京　市　教　育　委　员　会
北京市卫生和计划生育委员会
北京市食品药品监督管理局

关于贯彻落实新食品安全法促进北京市中小学食品安全保障和营养改善工作的通知

京教勤〔2016〕2号

各区教委、卫生计生委、食品药品监管局：

为贯彻落实新《中华人民共和国食品安全法》《中国食物与营养发展纲要（2014—2020年）》和教育部《关于贯彻落实新食品安全法进一步提升营养改善计划食品安全保障水平的通知》精神，进一步提升我市中小学校食品安全保障能力，稳步推进“营”在校园——北京市平衡膳食校园健康促进行动，提高学生健康水平，现就有关工作通知如下：

一、组织新《中华人民共和国食品安全法》学习培训

各区要将学习贯彻落实新《中华人民共和国食品安全法》作为2016年上半年的一项重要工作。组织学校负责人、学生就餐管理人员、食堂负责人、炊事人员以及学校供餐企业相关人员开展新食品安全法和营养改善专题培训，人员参训率达到95％以上。通过全员培训，准确把握国家新食品安全法的精神实质，坚持预防为主原则，树立风险防范意识，将各项食品安全措施落实到位。

二、落实食品安全管理制度

各区要全面落实学校的食品安全主体责任，完善以校长为第一责任人的学校食品安全责任制。建立健全学校自查、责任约谈、风险分级管理等食品安全管理制度，完善食品安全应急预案。学校食堂和供餐单位应严格遵守法律、法规和食品安全标准，确保食品安全。完善供餐单位准入和退出机制，落实供货商评议“黑名单”制度、从业人员健康检查制度和学校负责人陪餐制度。鼓励各区推行大宗食品原材料“四统一”政府采购，即统一招标、统一采购、统一分配、统一运送，减少中间环节，降低采购成本，确保采购质量，实现全过程检测和可追溯，从源头保障食品安全和降低风险。

三、加强从业人员队伍建设

学校食堂从业人员每人每年接受食品安全知识、营养配餐、消防知识、职业道德和法制教育培训累计不少于20小时，食堂专（兼）职食品安全管理员不少于40小时。严格执行食堂从业人员考核和聘用制度，对食堂从业人员每年进行2次及以上考核。有食堂集中供餐的学校应配备一名专（兼）职校园营养师，校园营养师应参加市级培训并发挥指导作用。各区要充分利用北京市平衡膳食校园行动专家团队，为学校食品安全和学生餐工作提供技术支撑。

四、努力提高中小学食堂供餐比例

提高学校食堂供餐比例，改善学生在校就餐条件。有条件的学校或新建改建学校应尽量在校内开设学生食堂，使学生能够在学校食堂就餐。寄宿制学校要100%建设规范的学生食堂。参照《北京市餐饮服务单位明厨亮灶建设指导意见（试行）》，所有食堂力争实现明厨亮灶。学校应组织校园营养师和食堂炊管人员依据《北京市中小学生健康膳食指引》合理搭配食物种类，制作味道可口、营养均衡的学生餐，满足学生营养健康需要。目前北京市正在研究制定中小学校食堂管理标准，各区也要积极打造既有食品安全保障又能促进学生营养健康的食堂。

五、开展学校食品安全科普宣传教育活动

在“营”在校园多媒体信息宣传平台基础上，进一步拓展宣传途径和范围，普及新食品安全法和营养膳食知识。针对中小学生特点，通过组织专家专题讲座、主题班会、知识竞赛，制作漫画、动画等宣传手册等多种形式，激发学生参与热情，广泛开展食品安全基础知识和风险防范教育，引导学生科学选择食品，提升食品安全意识、辨别能力和自我保护能力，预防食源性疾病，形成健康饮食方式。

六、推进营养监测和信息公开

2015 年我市已开展中小学生营养状况监测和评估工作，各区卫生计生和教育部门要做好组织协调工作，确定为监测哨点的学校要按照全市监测工作实施方案落实各项工作任务，为制定促进学生健康成长的有效措施提供依据。学校要建立健全膳食委员会，将学校食品安全和在校就餐相关工作主动向家长和社会公开。做好供餐单位相关信息、饭菜价格、带量食谱、原材料采购情况、从业人员健康证明、食品安全管理岗位职责等内容上墙公示，积极引导社会力量共同参与和监督学校食品安全和学生在校就餐工作。

七、加大督导检查力度

各区要督促学校定期检查食品安全状况和学生营养餐工作情况，并做好记录。要和食品药品监督管理部门密切配合，加大定期检查和随机抽查频次，加强对学生营养餐食材采购、加工制作、餐品配送等过程的监管，及时发现和消除食品安全隐患。放假前，各学校、各单位要根据新食品安全法标准开展一次食品安全自查。新学期开学后，北京市将开展一次贯彻落实新食品安全法食品安全和营养改善工作全面检查，检查结果将在全市进行通报。各区要重点督查学校贯彻落实新食品安全法的情况，对发现的突出问题，责令整改并进行通报。

2016 年 1 月 15 日

北京市教育委员会办公室

转发教育部基础教育一司关于做好2016年中小学生安全教育工作文件的通知

京教办函〔2016〕9号

各区教委：

现将《教育部基础教育一司关于做好2016年中小学生安全教育工作的通知》（教基一司函〔2016〕8号）转发给你们，请结合实际贯彻落实。

2016年3月23日

教育部基础教育一司

关于做好2016年中小学生安全教育工作的通知

教基一司函〔2016〕8号

各省、自治区、直辖市教育厅（教委），新疆生产建设兵团教育局：

为进一步提升中小学校安全教育水平和中小学生安全素养，进一步减少安全事故起数和非正常死亡学生人数，更好地保障中小学生安全健康成长，维护教育系统和谐稳定，现就做好2016年中小学生安全教育工作通知如下：

一、组织好安全教育日活动。2016年3月28日是第21个全国中小学生安全教育日。各地教育部门要立足本地实际，针对安全事故规律特点，指导本行政区域内中小学校开展一次专门安全教育活动。有条件的地方可以把安全教育日拓展为“安全教育周”“安全教育月”，实现安全教育常态化。各地教育部门要加强对安全教育日活动的组织领导，明确职责分工，制订活动方案，提供经费保障，加大宣传力度，确保取得实效。各地活动开展情况请于4月1日前报我司。我司将于3月28日18：00～18：30在湖南卫视《新闻大求真》栏目播出安全教育日专题节目，请组织中小学生届时收看。

二、不断深化日常安全教育。各地教育部门要按照《中小学公共安全教育指导纲要》要求，把安全教育纳入日常教育教学活动之中，贯穿于学校教育各个环节，结合各种教育日、纪念日等，推动安全教育实现制度化。要充分利用地方课程、校本课程时间，定期开设安全教育课，努力实现安全教育“有课时、有教材、有师资、有培训、有教研、有评价”，推动安全教育实现课程化。要突出安全教育重点，加强防溺水、交通安全、消防安全、应对自然灾害、防范校园伤害等方面教育，让安全知识入脑入心。

三、积极开展安全教育活动。各地教育部门要充分利用互联网安全教育平台，努力提高安全教育的针对性和有效性。要积极参加我司委托中国教育学会开展的安全教育实验区试点工作，扩大实验区覆盖范围，提高安全教育信息化水平。要继续积极组织参加第四届全国中小学生安全知识网络竞赛公益活动，不断扩大竞赛覆盖面，增加竞赛参与人数。要认真贯彻《中小学幼儿园应急疏散演练指南》，落实中小学校每月一次、幼儿园每季度一次应急疏散演练的要求，做好演练准备工作，坚决防止发生拥挤踩踏、烟雾中毒等安全事故。要组织教师积极参与 2016 年度中小学“安全教育精品课程”征集展示活动。

四、推动落实监护人安全责任。各地教育部门要指导和督促中小学校密切家校联系，定期召开专题家长会，开展教师家访活动，告知家长认真落实监护人职责，切实承担起学生脱离学校监管后的看护责任，使安全意识深入人心、家喻户晓，确保孩子离校后有人管。对于留守儿童，学校要给予更多的关心和爱护，采取适当的方式与家长取得联系，督促家长或其他监护人履行好监护职责。溺水仍是导致中小学生非正常死亡的第一杀手，要继续做好预防溺水《致全国中小学生家长的一封信》（附件）的复印发放、回执回收保管工作，上报溺亡情况时必须附溺亡学生家长签字的该信回执。

附件：致全国中小学生家长的一封信

2016 年 2 月 27 日

附件

致全国中小学生家长的一封信

尊敬的中小学生家长朋友：

溺水是造成中小学生意外死亡的第一杀手。春季以后，天气逐渐变热，溺水又将进入高发季，希望广大家长务必增强安全意识和监护意识，切实承担起监护责任，加强对孩子的教育和管理，特别是加强放学后、周末、节假日期间和孩子结伴外出游玩时的管理，经常进行预防溺水等安全教育，给孩子传授相关知识和技能，不断加强孩子安全意识和自我保护意识，提高孩子们的避险防灾和自救能力，严防意外事故的发生。要重点教育孩子做到“六不”：不私自下水游泳；不擅自与他人结伴游泳；不在无家长或教师带领的情况下游泳；不到无安全设施、无救援人员的水域游泳；不到不熟悉的水域游泳；不熟悉水性的学生不擅自下水施救。尤其要教育孩子遇到同伴溺水时避免手拉手盲目施救，要智慧救援，立即寻求成人帮助。

学生安全工作需要各方面尽心尽责、密切配合、齐抓共管。让我们携起手来，共同为保障广大中小学生平安健康成长而努力。

祝您的孩子平安、健康、快乐！

2016 年 2 月 27 日

北京市教育委员会

关于印发2016年北京市教育系统“安全生产月”活动实施方案的通知

京教勤〔2016〕7号

各区教委，各高等学校、中等职业学校，市教委直属单位：

现将《2016年北京市教育系统“安全生产月”活动实施方案》印发给你们，请结合本单位实际贯彻落实。

2016年4月18日

2016年北京市教育系统“安全生产月”活动实施方案

为认真贯彻落实党中央、国务院和市委、市政府关于安全生产工作的一系列重大决策部署，进一步提高广大师生的安全意识，确保我市教育系统安全生产形势的持续稳定，根据教育部和北京市安全生产委员会办公室关于印发《2016年北京市“安全生产月”活动方案的通知》（京安办发〔2016〕4号）要求，结合教育系统工作实际，经研究，决定于6月1日至6月30日间，在全市教育系统广泛深入开展以“筑牢安全基础，促进协同发展”为主题的2016年“安全生产月”（以下简称“安全月”）活动，特制定本活动方案。

一、指导思想

以党的十八届三中、四中、五中全会精神和习近平总书记关于安全生产工作系列重要讲话精神为指导，以宣传贯彻新修订的《安全生产法》和《北京市生产安全事故隐患排查治理办法》为主线，以落实学校安全工作“党政同责，一岗双责”规定为重点，创新安全生产宣传教育的方式方法，深入开展一系列贴近实际、贴近生活、贴近师生的安全生产宣传教育活动，为学校安全提供强大舆论支持，促进教育系统安全生产形势持续稳定好转。

二、活动主题

筑牢安全基础，促进协同发展。

三、活动时间

2016年“安全月”活动于6月1日至6月30日在全市教育行政部门，各级各类学校和幼儿园同时开展。

四、活动内容

“安全月”分为四周，每周一个活动主题。

第一周（6月1日至6月7日）为用电安全警示教育周。各学校结合典型案例，综合利用校园广播、电视台、黑板报、宣传栏和微信公众号等新型传播工具，集中开展校园安全警示宣传教育活动，组织观看安全警示教育片或安全教育讲座。重点对防溺水和游泳安全事故、交通安全、食品卫生及拥挤踩踏等典型校园安全事故进行剖析，及时宣传普及安全知识，进一步增强师生的安全防范意识，提高自救自护能力。

第二周（6月8日至14日）为事故隐患排查治理周。针对夏季安全工作的规律和特点，尤其是事故预防重点和难点，突出抓好学生宿舍、学校食堂、图书馆、锅炉房、实验室、危化品室、煤气燃气设施、消防设施、供电设备和电梯等重点要害部位及学校门卫、校园周边的全面排查整治，进一步推动学校安全主体责任的落实，有效促进学校安全管理工作深入扎实开展。

第三周（6月15日至21日）为法治宣传周。继续以宣传贯彻新《安全生产法》为重点，同时对新颁布的《北京市生产安全事故隐患排查治理办法》《北京市安全生产信用体系建设管理办法》等法规标准进行校园安全宣传，通过制作安全展板、发放宣传资料等多种手段，为学生及家长提供校园安全政策法规咨询与服务，使学校及师生及时了解安全生产有关法律法规的内容，促进各项标准规范的顺利实施。

第四周（6月22日至30日）为特色活动展示周。各级各类学校要不断丰富活动的形式和内容，组织开展符合本校实际、有特色、有亮点的“安全月”活动，重点开展安全应急疏散演练活动，要认真按照有关规定要求，结合本校（园）地理条件、建筑分布、学生人数、通道疏散能力等实际情况，组织开展应急疏散演练，并在演练结束后认真总结分析，及时调整补充完善应急预案，提高师生防灾避险、应急逃生和自救互救能力。

五、工作要求

（一）加强领导，精心组织

要把组织开展好“安全月”活动作为一项重要工作来抓，加强领导，科学谋划，明确责任，狠抓落实，切实有效地推进此次活动的开展；要及时召开专题会议，制定活动方案，认真动员部署；层层开展活动督导检查，将“安全月”活动开展情况纳入年度学校综治安全目标管理责任制考核内容，确保活动顺利开展。

（二）创新形式，丰富内容

要把“安全月”活动与日常安全教育管理工作紧密结合起来，在总结以往“安全月”活动经验的基础上，结合自身实际，努力创新活动方式和安全生产宣传形式，提高活动的针对性和有效性。要紧紧围绕“筑牢安全基础，促进协同发展”这一主题，突出安全生产法律法规的教育和宣传，坚持正面引导，坚持贴近实际、贴近生活、贴近师生，增强活动的趣味性、吸引力和感染力，营造浓厚的“安全月”活动氛围，通过广泛深入的宣传发动和形式多样的社会教育活动，增强广大师生的安全法制意识，引起全社会对学校安全管理工作的关注和重视。

（三）认真总结，及时报送

要加强对“安全月”活动的信息跟踪，掌握相关动态，认真做好“安全月”活动有关文字、影音资料的收集整理工作。请各区教委、各高校于 5 月 15 日前将“安全月”活动方案报送市教委学校后勤处；7 月 25 日前将活动总结（包括活动图片、文字材料等）报送市教委。

北　京　市　教　育　委　员　会
首都社会治安综合治理委员会办公室
北　京　市　公　安　局
北京市卫生和计划生育委员会
北京市食品药品监督管理局

关于联合开展2016年全市教育系统校园安全工作大检查的通知

京教勤〔2016〕13号

各区教委、综治办、公安分局、卫生计生委、食品药品监管局：

为进一步贯彻落实中央和市领导批示精神，全面深入推进全市中小学校节俭养德节约行动，督促检查学校安全和校园食品安全工作情况，夯实校园安全工作基础，落实校园安全主体责任，市教委会同首都综治办、市公安局、市卫生计生委、市食药监局将于10月至11月对各区教育系统校园安全工作开展联合大检查。现将有关工作通知如下：

一、检查对象

全市中小学、幼儿园。

二、检查时间

本次专项检查时间自10月14日至11月4日，分两个阶段进行。第一阶段（10月14日至10月23日）为自查阶段；第二阶段（10月24日至11月4日）为市级抽查阶段。

三、检查重点内容

（一）各区中小学、幼儿园落实校园安全管理、学校传染病防控工作，确保校园安全情况。

（二）各区中小学、幼儿园和中小学供餐企业加强校园食品安全管理工作情况。

（三）各区中小学、幼儿园深入推进学校节俭养德节约行动，开展勤俭节约教育、杜绝在校就餐浪费工作情况。

四、组织实施

本次校园安全工作大检查成立工作领导小组，组长由市教委主任刘宇辉担任，副组长由市教委副主任付志峰、委员王定东担任，成员由市教委、首都综治办、市公安局、市卫生计生委、市食品药品监管局相关处室和北京学校后勤事务中心负责人组成。检查分为各区自查阶段和市级抽查阶段。

（一）各区自查阶段：10月14日至10月23日，各区组织本区中小学、幼儿园和中小学供餐企业对照检查项目开展全面自查，形成各自的自查报告。在区内单位自查报告的基础上，各区就自查情况形成情况分析报告，于10月23日前上传至gxhq@bjedu.gov.cn。

（二）市级抽查阶段：10月24日至11月4日期间，市教委、首都综治办、市公安局文保总队、市公安局消防局、市交管局、市卫生计生委、市食品药品监管局组成市级联合检查组，抽取适当比例的学校进行检查，现场反馈检查意见。到达每个受检查单位时，该单位所在地食药监部门要陪同检查。

附件：1. 校园安全联合检查人员分组

2. 校园安全专项检查表（略）

3. 学校食品安全专项检查表（略）
4. 学校传染病防控工作检查表（略）
5. 学校杜绝在校就餐浪费专项检查表（略）

2016 年 10 月 10 日

附件 1

校园安全联合检查人员分组

检查成员组成：

检查组成员由市教委、首都综治办、市公安局文保总队、市公安局消防局、市公安局交管局、市卫生计生委、市食品药品监管局、市疾病预防控制中心、市教委学校后勤中心相关人员组成。

以上单位人员共分 4 组，每个检查组检查 4 个区。每区抽查一所中学、一所小学、一所幼儿园、一个供餐企业。具体分组情况另行通知。

每个检查组设 1 名联络员，负责与被检查区的教委联系，确定抽检学校和企业。请各区教委于 10 月 18 日前将本区此次迎检工作成员及联络人信息表上报市教委学校后勤处。

北京市教育委员会

关于开展高校实验室危险化学品使用安全专项整治工作的通知

京教函〔2016〕559号

各市属高等学校：

为认真贯彻落实党中央、国务院和北京市委、市政府关于加强安全生产工作的一系列重大决策部署，深刻吸取天津港“8·12”特别重大事故教训，根据北京市安全生产委员会的统一部署，市教委决定在北京高校集中开展实验室危险化学品使用安全专项整治工作。现将有关事项通知如下：

一、工作目标

通过开展危险化学品安全专项整治，进一步落实学校安全管理责任，牢固树立安全发展观念，坚守安全红线，全面排查治理学校危险化学品安全隐患和安全管理工作的薄弱环节，认真研究解决存在的突出问题，降低危险化学品采购、储存、使用、处置等环节安全风险，提高危险化学品安全监督管理能力，坚决杜绝学校危险化学品事故发生，确保师生人身财产安全，维护校园和谐稳定。

二、主要任务

（一）立即开展易燃易爆危险化学品安全隐患全面排查整治。各市属高校要按照“全覆盖、零容忍”的总体要求，针对实验实训基地、实验研究场所、教学实验室和实验用品仓库等重点危化品区域，横向到边、纵向到底，不留死角、不余盲区，立即组织开展一次全方位、立体式的安全隐患排查整治工作，排查出的安全隐患、问题要逐项制表列出清单，建立台账，明确整改时限、隐患责任和隐患预案，切实落实整改措施，彻底堵塞漏洞，坚决予以消除。

（二）深入开展危险化学品各环节安全整治工作。各高校要开展风险辨识，重点开展对学校剧毒、易制毒、易制爆试剂采购、储存、使用、废弃物处置等环节的专项整治工作。要建立完善危险化学品安全管理规章制度和操作规程，制定事故应急救援预案，加强对涉及危险化学品人员的相关安全知识和应急能力培训，提高安全意识；严格有毒有害化学品试剂购买、领用、登记制度，规范设置、严格管理校园内部危险化学品仓库，完善实验室安全设施及个人防护器材的配备，保证重点部位自动监控、泄漏检测报警、实验用品仓库通风、防火防爆设施设备维护及运行良好；要建立完善实验用废弃危化品处置备案制度，联系有资质的危化品处置企业尽快将高校积压的危废品予以分批处理，并逐步建立高校和危废处置企业长期合作、定向处理机制。

三、工作要求

（一）统一思想，提高认识加强组织领导，加强协调配合，确保安全专项整治工作顺利开展。

（二）高度重视安全专项整治工作，结合实际，制定安全专项整治实施方案，对照《高校科研实验室安全对照表（2016）》进行全面检查和自查，对自查中发现的问题隐患要建立台账，明确风险等级，落实整改责任人和整改时限，对短期无法整改的要制定切实可行的整改方案，确保整治工作取得实效。

（三）明确任务，落实责任，切实做到人员落实、任务落实、责任落实，确保安全隐患彻底消除。

请各市属高校于12月13日前将《高校实验室危险化学品使用安全专项整治工作联络表》（附件1）和《高校实验室危险化学品

使用安全专项整治安全隐患台账》报送至市教委科研处，市教委将适时开展抽查工作（本文相关表格可在首都高校科研网 http://www.usrn.edu.cn下载）。

附件：1. 高校实验室危险化学品使用安全专项整治工作联络表（略）

2. 高校实验室危险化学品使用安全专项整治安全隐患台账（略）

2016 年 11 月 28 日

监察·审计

北 京 市 教 育 委 员 会
北京市发展和改革委员会
北 京 市 财 政 局
北京市新闻出版广电局

转发教育部等四部门关于2016年规范教育收费治理教育乱收费工作实施意见的通知

京教办〔2016〕21号

各区教委、燕山教委，各区发展改革委、财政局、文委，各高等学校，各有关单位：

现将教育部等四部门《关于2016年规范教育收费治理教育乱收费工作的实施意见》（教办〔2016〕4号）转发给你们，并提出如下要求请一并贯彻落实。

一、进一步认清规范教育收费治理教育乱收费工作的重要意义

全面实施素质教育、大力促进教育公平、办好人民满意的教育是教育事业改革发展的重要目标。教育收费工作事关教育改革发展，事关教育公平，事关人民群众的切身利益。各级教育行政部门和各级各类学校以及有关部门，要坚持把教育行风建设列入教育系统全面从严治党和教育改革发展的重要内容，把治理发生在群众身边的不正之风和腐败问题作为重要政治责任，作为推进依法治教、提升教育治理体系和治理能力现代化的具体举措；同时要进一步统一思想，提高认识，切实增强责任感和紧迫感，以鲜明的态度、务实的作风和有力的措施，扎实抓好工作部署，认真组织实施，确保全年治理工作任务顺利完成。

二、突出工作重点，狠抓工作落实

（一）继续深化中小学有偿补课问题治理

各级教育行政部门要将治理中小学有偿补课问题，作为2016年教育行风突出问题治理工作重点，作为教育行政部门、学校负责人业绩考核重要指标。全面落实《严禁中小学校和在职中小学教师有偿补课的规定》（教师〔2015〕5号），中共北京市委教育工作委员会、北京市教育委员会、北京市人民政府教育督导室《关于建立健全北京市中小学师德建设长效机制实施意见》（京教人〔2016〕4号），北京市教育委员会、北京市人民政府教育督导室《关于进一步规范义务教育阶段教学行为的意见》（京教基一〔2014〕4号）等文件精神，开展有偿补课专项治理，坚决制止有偿补课。将治理有偿补课纳入专项督导和责任督学挂牌督导，建立完善日常监督工作机制。对群众反映、媒体曝光、检查发现的有偿补课问题，要建立工作台账，加大重点督办和直查直办工作力度，对典型问题公开通报，及时回应社会关切。对于在课堂上故意不完成教育教学任务、课上不讲课后讲并收取补课费的，以及打击报复不参与有偿补课学生等严重违纪、败坏师德的行为要重点查办，实行“零容忍”。对于顶风补课的在职中小学教师，在年度考核、职务评审、岗位聘用、实施奖惩中一票否决，并依纪依规给予党政纪处分。对违规学校，有关部门要给予通报批评、取消评奖资格、撤销荣誉称号等处罚，并追究学校领导责任及相关部门的监管责任。

（二）继续巩固义务教育阶段择校乱收费治理成果和严格教辅用书管理

继续巩固义务教育择校乱收费治理成果。各级教育行政部门要认真落实《教育部办公厅关于做好2016年城市义务教育招生入学工作的通知》（教基一厅〔2016〕1号）精神和北京市教育委员会《关于2016年义务教育阶段入学工作的意见》（京教基二〔2016〕3号）要求，坚持免试就近入学，2016年各区招收特长生比例要降到各区初中招生总数的5%以内。全市使用统一的小学和初中入学服务系统，全程记录每一个学生入学途径和方式；教育行政部门要依据权限进行查询和监控。北京市中小学学籍管理系统依据小学和初中入学服务系统建立新生学籍，杜绝择校问题发生。各区教育行政部门要制定并公布本区义务教育阶段入学工作实施细则，坚决禁止在义务教育阶段入学工作中组织任何形式的考试、测试和面试选拔学生，严禁以各种竞赛成绩、奖励证书作为入学依据；坚决禁止初中校违规在小学非毕业年级提前招生；坚决查处“以钱择校，以优择生、以权入学”行为。严禁以任何名义收取与入学挂钩的费用。

继续严格教辅用书管理。各区教育行政部门及义务教育阶段各学校要继续严格执行北京市教育委员会、北京市人民政府教育督导室《关于切实减轻中小学生过重课业负担的通知》（京教基一〔2013〕2号），北京市教育委员会《关于中小学教辅材料使用规范的通知》（京教基二〔2012〕14号）文件精神，严格教辅用书管理。凡确属教育教学所需的练习册、寒暑假作业等资料，学校应免费提供，市、区教育行政部门不统一推荐中小学教辅材料。严格禁止学校和教师向学生推荐或推销任何教辅资料，不得为学生购买教辅材料提供服务。坚决查处中小学校强制学生订购教辅材料的行为。

（三）规范各级各类教育收费行为

进一步规范普通高等学校收费行为，各学校要按照相关规定严格履行教育收费审批和管理规定，不得超范围、超标准收费。要严格按照北京市发展和改革委员会、北京市财政局、北京市教育委员会《关于北京地区研究生教育学费标准等有关问题的通知》（京发改〔2013〕2587号）文件要求，合理确定研究生教育收费标准，坚决纠正MBA、EMBA等专业学位研究生学费标准虚高等群众反映强烈的突出问题。

进一步规范普通高中招生及收费行为。加强招生和学籍管理，普通高中学校要严格执行经核定的年度招生计划，严格按照规定录取新生，不得未经批准擅自追加计划招生、超计划招生和无计划招生。严肃查处违规招收借读生、择校生等行为。

规范各级各类学校服务性收费和代收费行为，严格执行《北京市公办学校代收费、服务性收费管理办法》（京教财〔2010〕29号）的规定。严禁将教育教学活动、教学管理范围内的事项纳入服务性收费和代收费。不得将图书馆查询和电子阅览费、午休管理服务费、自行车看管费等作为服务性收费和代收费事项。严禁各级各类学校代收商业保险费，严禁学校在军训期间向学生收取军训费、住宿费、交通费、照相费等费用。

继续落实《教育收费公示制度》及有关文件精神，做好教育收费公示工作。

（四）规范民办教育办学和收费行为

切实规范民办教育办学行为，坚决纠正过度追求经济利益等突出问题。民办学校要按照教育行政部门的指导和管理切实规范办学和收费行为，落实相关事项审批、备案等规定。义务教育阶段民办学校不得举办、参与或委托举办各种培训班选拔生源，不得使用社会培训机构的测试成绩、排名作为入学、考核的依据，不能以入学为名违规收取任何费用。

全面规范公参民办学校。公办学校参与举办民办学校，不得利用国家财政性经费，不得影响公办学校正常的教育教学活动，并应当经主管部门批准。公办学校参与举办的民办学校应当具有独立的法人资格，具有与公办学校相分离的校园和基本教育教学设施，实行独立的财务会计制度，独立招生，独立颁发学业证书。按照教育部的要求，对公办学校利用国家财政性经费、非闲置性国有资产举办民办学校的行为进行清理规范，逐步规范公办教师到民办学校任教行为。严禁以改革为名乱收费，坚决纠正公办学校变相以民办学校名义收费、“校中校”等违规行为，防止公办学校优质办学资源异化和流失。

（五）严肃惩治虚报冒领民生资金问题

开展中职学生学籍管理和资助工作专项治理，全面应用全国中等职业学校学生管理信息系统和全国学生资助管理信息系统中职子系统，继续加强学籍审核管理和重点信息监控，及时开展受助学生信息清理核查；及时发现问题学籍、双重学籍以及虚假信息注册中职学生学籍的问题，及时在信息系统中注销流失学生学籍。对信访集中、问题较多的地区和学校进行重点核查。

健全“精准助学”工作机制，要加强财务管理，坚持阳光操作，完善资金下拨机制，推广集中发放办法，减少资金拨付中间环节，做到按月发放；强化资金管理，建立结余资金清退和抵扣制度，明确结余资金清退程序，实现学生资助的全过程管理及资助资金的精准管理，确保国家资助资金及时足额准确到校、到人，杜绝将结余资金抵顶地方配套或挪作他用。加大对资金使用过程中违规违纪行为的查处力度，对虚报骗取、克扣冒领、贪污挪用等行为和权力寻租问题，发现一起，查处一起，严肃追责问责，保证惠民政策落到实处、惠及学生。

三、严格责任落实，全力抓好规范教育收费治理教育乱收费工作

（一）加强组织领导，完善责任落实机制。各级教育行政部门和学校要切实承担起治理工作的主体责任，继续强化“管行业必须管行风”“谁主管谁负责”的责任意识和担当意识，完善责任落实和倒查追责的有效机制。业务主管部门要承担起治理工作的主体责任，加强职责范围内工作的监管，深入推进重点问题专项治理，不断强化行风建设；教育纪检监察部门要负起监督责任，督促业务主管部门及时纠正教育领域存在的突出问题。要进一步完善定期会商、信息发布、督查督办、公开通报及约谈机制，形成责任明晰、协作联动、互相促进的治理工作格局。

（二）加大监督检查力度，严肃查处教育乱收费行为。要把规范教育收费治理教育乱收费工作作为各级政府教育督导评估的重要内容。要抓住重要时间节点开展教育收费专项检查，对发现的问题要严肃追究责任，督促整改到位。要进一步优化信访受理办理机制，加大查处力度，对群众反映的每一件举报都要落实查办和督办责任，做到件件有落实、事事有回音。加大直查直办比例，加强通报力度，对情节典型、性质严重的问题进行公开通报，强化警示震慑功能。

（三）严明工作纪律，强化责任追究。要始终保持治理教育乱收费的高压态势。各级教育行政部门和教育纪检监察部门要对乱收费禁而不绝、群众反映集中强烈、造成恶劣影响的部门和单位，既要追究直接责任，也要实行“一案双查”，对履行“两个责任”不力的单位和个人严肃追责，始终保持高压严管、正风肃纪的氛围，坚决遏制乱收费屡禁不止的局面，推动全面从严治党向基层延伸。

各级教育行政部门要高度重视《实施意见》的贯彻落实工作，及时将文件要求传达到基层每一所学校和全体教职员工，加强对教育收费政策及相关规定的学习和培训，引导广大干部和教职员工提高执行教育收费政策的自觉性，进一步增强依法收费意识，全力抓好规范教育收费治理教育乱收费工作。

2016 年 7 月 25 日

教　　　育　　　部
国家发展改革委
财　　　政　　　部
国家新闻出版广电总局

教育部等四部门关于2016年规范教育收费治理教育乱收费工作的实施意见

教办〔2016〕4号

各省、自治区、直辖市教育厅（教委）、发展改革委、物价局、财政厅（局）、新闻出版广电局，新疆生产建设兵团教育局、发展改革委、财务局、新闻出版广电局，有关部门（单位）教育司（局），教育部直属各高等学校：

为深入贯彻党的十八大及十八届三中、四中、五中全会精神和习近平总书记系列重要讲话精神，全面落实中央巡视整改任务要求，按照国务院第四次廉政会议工作部署，着力解决损害群众利益的乱收费、乱办学等不正之风，营造风清气正的育人环境，推动教育事业科学发展、健康发展，现就做好2016年规范教育收费治理教育乱收费工作提出如下意见。

一、主要任务

（一）继续深化中小学有偿补课问题治理

各地教育部门要将治理中小学有偿补课问题，作为2016年教育行风突出问题治理工作的重点，作为教育行政部门、学校负责人业绩考核的重要指标。要全面落实《严禁中小学校和在职中小学教师有偿补课的规定》，以省（区、市）为单位，开展有偿补课专项治理，紧盯寒暑假、法定节假日等易发多发期，加大查处力度，坚决制止有偿补课。

各地要结合实际，尽快制定具体的实施方案和细化违规处理办法，组织开展《规定》执行情况的专项检查，对敷衍塞责、屡推不动、治理不力的部分地区，约谈有关教育部门主要负责人，督促落实治理主体责任。要将治理有偿补课纳入专项督导和责任督学挂牌督导，建立完善日常监督工作机制。对群众反映、媒体曝光、检查发现的有偿补课问题，要建立工作台账，加大重点督办和直查直办工作力度，对典型问题公开通报，及时回应社会关切。对于在课堂上故意不完成教育教学任务、课上不讲课后讲并收取补课费的，以及打击报复不参与有偿补课学生等严重违纪、败坏师德的行为要重点查办，实行“零容忍”。

对于顶风补课的在职中小学教师，在年度考核、职务评审、岗位聘用、实施奖惩中一票否决，并依纪依规给予党政纪处分。对违规学校，有关部门要给予通报批评、取消评奖资格、撤销荣誉称号等处罚，并追究学校领导责任及相关部门的监管责任。

（二）深入推进义务教育阶段择校乱收费和中小学教辅材料散滥问题治理

继续巩固义务教育择校乱收费治理成果。各地要认真落实《教育部办公厅关于做好 2016 年城市义务教育招生入学工作的通知》要求，制定并公布 2016 年义务教育招生入学工作实施方案，全面落实并不断完善划片就近入学机制，坚持实行阳光招生，在教育资源配置不均衡、择校冲动强烈的地方，因地制宜推进多校划片，落实随机派位机制，降低特长生、推优生等其他招生比例，各区（县）经省级教育行政部门批准招收的特长生比例，要降到总招生人数的 5%以内。要全面应用、继续完善中小学生学籍信息管理系统的招生功能，控制无序流动，实现招生秩序更加科学规范，有效杜绝择校问题发生。要尽快梳理针对特定人群的优惠招生政策，取消不必要的特殊政策；确有必要保留的，要对社会公布，并在学生所在片区内统筹保障，不得跨片区择校。坚决查处“以钱择校，以优择生、以权入学”行为。地方各级教育行政部门和公办、民办学校均不得采取考试方式选拔学生。严禁以任何名义收取与入学挂钩的费用。

继续深化中小学教辅材料散滥问题治理。各地要严格落实《中小学教辅材料管理办法》，不断完善教辅材料评议公告工作机制。各地都要组织成立中小学教辅材料评议委员会，下设学科组负责进行初评排序，提出初选意见，由中小学教辅材料评议委员会审议后进行公告。对于一个学科每个版本教科书配套同步练习册送评数少于 3 种的，该版本该学科不予评议。省级教育行政部门要严格控制评议教辅材料的种类、范围。未评议的学科、年级的教辅材料，地方有关部门和学校不能推荐及统一代购。要采取有效措施，确保中小学教辅材料评议公告工作顺利开展。任何单位和个人不得进入学校宣传、推荐和推销任何教辅材料。坚决查处违背自愿原则以及在评议公告范围之外强制订购教辅材料的行为。

（三）规范各级各类教育收费行为

各省（区、市）要进一步规范普通高等学校收费行为，根据办学成本、群众经济承受能力，建立健全高校收费标准动态调整机制，认真履行成本监审、听证、公示等规定程序，并提前向社会广泛告知。严格审批研究生学费标准，认真落实国家发展改革委、财政部、教育部《关于加强研究生教育学费标准管理及有关问题的通知》（发改价格〔2013〕887 号），坚决纠正 MBA、EMBA 等专业学位研究生学费标准虚高等群众反映强烈的突出问题。省级价格、财政和教育行政部门要充分听取有关方面意见，加强教育培养成本监审，严格审批和管理程序，坚决杜绝各种违规行为发生。

进一步规范普通高中招生及收费行为。各地要逐步建立健全普通高中生均拨款制度，合理制定普通高中学费标准，取消普通高中“三限”政策。加强招生和学籍管理，普通高中学校要严格执行经核定的年度招生计划，严格按照规定录取新生，不得未经批准擅自追加计划招生、超计划招生和无计划招生。严肃查处违规招收借读生、择校生等行为。

规范各级各类学校服务性收费和代收费行为，严禁将教育教学活动、教学管理范围内的事项纳入服务性收费和代收费，严禁越权设立收费项目、未经审批收费或突破已经审批的收费标准收费。不得将图书馆查询和电子阅览费、午休管理服务费、课后看护费、自行车看管费等作为服务性收费和代收费事项。严禁各级各类学校代收商业保险费，严禁学校在军训期间向学生收取军训费、住宿费、交通费、照相费等费用。

（四）规范民办教育办学和收费行为

切实规范民办教育办学行为，坚决纠正过度追求经济利益等突出问题。民办学校要按照县级以上教育行政部门的指导和管理，切实规范办学和收费行为。义务教育阶段民办学校不得举办、参与或委托举办各种培训班选拔生源，不得使用社会培训机构的测试成绩、排名作为入学、考核的依据，不能以入学为名违规收取任何费用。

全面规范公参民办学校。公办学校参与举办民办学校，不得利用国家财政性经费，不得影响公办学校正常的教育教学活动，并应当经主管部门批准。公办学校参与举办的民办学校应当具有独立的法人资格，具有与公办学校相分离的校园和基本教育教学设施，实行独立的财务会计制度，独立招生，独立颁发学业证书。各地要按照教育部的要求，对公办学校利用国家财政性经费、非闲置性国有资产举办民办学校的行为进行清理规范。逐步规范公办教师到民办学校任教行为。严禁以改革为名乱收费，坚决纠正公办学校变相以民办学校名义收费、“校中校”等违规行为，防止公办学校优质办学资源异化和流失。

（五）严肃惩治虚报冒领民生资金问题

各地要落实中央纪委六次全会关于坚决整治和查处侵害群众利益的不正之风和腐败问题的工作部署，以中职资助领域为重点，坚决惩治虚报冒领套取各级各类教育资助资金问题。

开展中职学生学籍管理和资助工作专项治理，全面应用全国中等职业学校学生管理信息系统和全国学生资助管理信息系统中职子系统，加强学籍审核管理，加强重点信息监控，集中开展受助学生信息清理核查，挤压数据“水分”；特别是做好对问题学籍、双重学籍以及虚假信息注册中职学生学籍的核查工作，及时在信息系统中注销流失学生学籍。对信访集中、问题较多的地区和学校进行重点核查。

健全“精准助学”工作机制，要加强财务管理，坚持阳光操作，完善资金下拨机制，推广集中发放办法，减少资金拨付中间环节，做到按月发放；强化资金管理，建立结余资金清退和抵扣制度，明确结余资金清退程序，实现学生资助的全过程管理及资助资金的精准管理，确保国家资助资金及时足额准确到校、到人，杜绝将结余资金抵顶地方配套或挪作他用。加大对资金使用过程中违规违纪行为的查处力度，对虚报骗取、克扣冒领、贪污挪用等行为和权力寻租问题，发现一起，查处一起，严肃追责问责，保证惠民政策落到实处、惠及学生。

二、工作要求

（一）加强组织领导，完善责任落实机制。各地教育行政部门要坚持把教育行风建设列入教育系统全面从严治党和教育改革发展的重要内容，把治理发生在群众身边的不正之风和腐败问题作为重要政治责任，进一步完善“管行业管行风”的责任落实和倒查追责的有效机制，层层传导压力，把治理工作责任层层落实到行政部门和各级各类学校。业务主管部门要承担起治理工作的主体责任，加强职责范围内工作的监管，深入推进重点问题专项治理，以点带面，保持抓常的韧劲和抓长的耐心，不断强化行风建设。教育纪检监察部门要负起监督责任，加强监督检查和组织协调，督促业务主管部门及时纠正教育领域存在的突出问题。要进一步完善定期会商、信息发布、督查督办、公开通报及约谈机制，形成责任明晰、协作联动、互相促进的治理工作格局。

（二）加大监督检查力度，严肃查处教育乱收费行为。要继续保持治理教育乱收费的高压态势，把规范教育收费治理教育乱收费工作作为各级政府教育督导评估的重要内容，突出重点、巩固成果、不断深化，通过专项检查、公开曝光、重点约谈、行政问责等手段，推动治理工作取得明显成效。对发现的乱收费问题要严肃追究责任，督促整改到位。要进一步优化信访受理办理机制，对群众反映教育乱收费的每一件举报都要落实查办和督办责任。加大直查直办比例，加强通报力度，对情节典型、性质严重的问题进行公开通报，强化警示震慑功能。

（三）严明工作纪律，强化责任追究。各地要严格执行历年来国家及各省（区、市）出台的规范教育收费治理教育乱收费的各项政策规定，不断完善监管制度，深入总结近年来治理成果，形成长效机制，切实规范收费行为，让群众更多地共享教育改革发展的成果。各地教育行政部门和教育纪检监察部门要自觉维护国家政策的严肃性和权威性，敢于动真碰硬、真抓严管，对乱收费禁而不绝、群众反映集中强烈、造成恶劣影响的地方、部门和单位，既要追究直接责任，也要实行“一案双查”，对履行“两个责任”不力的单位和个人严肃追责，始终保持高压严管、正风肃纪的氛围，坚决遏制乱收费屡禁不止的局面，推动全面从严治党向基层延伸。

2016 年 5 月 12 日

北京市教育委员会

转发教育部办公厅关于开展治理中小学有偿补课和教师违规收受礼品礼金问题自查工作文件的通知

京教函〔2016〕370号

各区教委：

为深入贯彻落实《教育部关于印发〈严禁教师违规收受学生及家长礼品礼金等行为的规定〉的通知》（教监〔2014〕4号）和《教育部关于印发〈严禁中小学校和在职中小学教师有偿补课的规定〉的通知》（教师〔2015〕5号），进一步深化中小学有偿补课和教师违规收受礼品礼金问题治理，加强中小学师德师风建设，教育部决定自2016年7月中旬起，开展为期3个月的治理中小学有偿补课和教师违规收受礼品礼金问题自查工作。

现将教育部办公厅《关于开展治理中小学有偿补课和教师违规收受礼品礼金问题自查工作的通知》（教师厅函〔2016〕14号）转发给你们，请各区教委按照文件要求和自查主要内容开展自查工作。为开展好自查工作，现提出如下要求：

一、自查工作以区为单位，深入开展中小学有偿补课、教师违规收受礼品礼金问题治理。要紧盯暑假、学生毕业、教师节及学校开学等重要节点，开展有针对性的专项治理。

二、坚持以查促建、以查促改、边查边建、边查边改，通过全面自查，建立健全规章制度，完善责任督学日常监督工作机制，推进整改落实。

三、落实领导主体责任和相关部门、相关人员责任，确保自查实效，避免走过场。

四、自查工作自 2016 年 7 月中旬开始，为期 3 个月。请各区教委认真组织自查，并形成自查报告，于 2016 年 10 月 12 日前报市教委人事处。

2016 年 8 月 16 日

教育部办公厅

关于开展治理中小学有偿补课和教师违规收受礼品礼金问题自查工作的通知

教师厅函〔2016〕14 号

各省、自治区、直辖市教育厅（教委），新疆生产建设兵团教育局：

为贯彻落实中央纪委六次全会精神，推动各地深入落实《教育部关于印发〈严禁教师违规收受学生及家长礼品礼金等行为的规定〉的通知》（教监〔2014〕4号）和《教育部关于印发〈严禁中小学校和在职中小学教师有偿补课的规定〉的通知》（教师〔2015〕5号），进一步深化中小学有偿补课和教师违规收受礼品礼金问题治理，加强中小学师德师风建设，根据《中共教育部党组关于印发2016年党风廉政建设工作要点的通知》（教党〔2016〕13号）部署，决定自2016年7月中旬起，开展为期3个月的治理中小学有偿补课和教师违规收受礼品礼金问题自查工作。现将有关事宜通知如下：

一、主要内容

1. 建章立制情况。各地治理中小学有偿补课、教师违规收受礼品礼金实施方案和处理规定的制定情况。

2. 开展专项治理与专项督查情况。开展专项治理的主要举措、突出成效、存在问题。开展专项督导检查的重点内容、方法，发现的问题及处理情况。

3. 日常监督与查处情况。监督方式、问题受理、案件查处以及责任督学督导工作等情况。

4. 宣传教育情况。开展严禁中小学校和教师有偿补课、违规收受礼金等方面内容的宣传教育工作情况，包括举措、反响和成效等。

二、工作要求

1. 各地要以省（区、市）为单位，以自查工作为契机，深入开展中小学有偿补课、教师违规收受礼品礼金问题治理。要紧盯暑假、学生毕业、教师节及学校开学等重要节点，开展有针对性的专项治理。

2. 坚持以查促建、以查促改，边查边建、边查边改，通过全面自查，建立健全规章制度，完善责任督学日常监督工作机制，推进整改落实。

3. 落实领导主体责任和相关部门、相关人员责任，确保自查实效，避免走过场。

三、进度安排

1. 自查工作自2016年7月中旬开始，为期3个月。请各省级教育部门认真组织自查，并形成自查报告，于2016年10月15日前报教育部教师工作司。

2. 2016年10月下旬起，教育部将组建督查组，选取部分省份进行重点督促检查，并对督查情况进行反馈和通报。

2016年7月13日

交流合作

北京市教育委员会文件选编
(2016)

北京市教育委员会

关于公布2016和2017年度北京市外国留学生“一带一路”奖学金入选项目的通知

京教外〔2016〕11号

各有关高校、科研院所：

为了贯彻落实教育部《推进“一带一路”教育行动》，推进我市高校与沿线国家开展人才培养合作，促进我市来华留学工作整体发展，根据《北京市外国留学生“一带一路”奖学金项目管理办法（试行）》（京教外〔2016〕8号），我委组织开展了2016和2017年度北京市外国留学生“一带一路”奖学金项目的申报评审工作。我委共接收2016和2017年度申请项目106项。经过专家评审，结合我市实际情况，2016、2017年度共有64个项目入选（名单详见附件）。请各单位严格按照项目管理办法，做好项目实施工作。

附件：1. 2016年度北京市外国留学生“一带一路”奖学金入选项目清单

2. 2017年度北京市外国留学生“一带一路”奖学金入选项目清单

2016年12月2日

附件 1

2016 年度北京外国留学生
“一带一路”奖学金入选项目

项目名称	学校	资助年限
巴基斯坦航空航天类研究生培养	北京航空航天大学	3～4 年
中俄本科“2＋2”双学位联合培养项目	对外经济贸易大学	2 年
华北电力大学一蒙古科技大学联合培养高端电气工程人才项目	华北电力大学	5 年
中俄硕士“1＋1”双学位联合培养项目（全英文授课）	对外经济贸易大学	1 年
北京交通大学与圣彼得堡国立交通大学双学位项目	北京交通大学	3 年
海洋科学斯里兰卡硕士项目	中国科学院大学	3 年
“第三极环境”研究创新型人才培养项目	中国科学院大学	3 年
建筑学英文授课项目及国际经济与贸易汉语零基础项目	北方工业大学	4～5 年
东南亚生物多样性研究中心英文授课硕士项目	中国科学院大学	3 年
首都医科大学留学生“一带一路奖学金”	首都医科大学	3～6 年
中亚地区硕士全英文授课项目	北京联合大学	3 年
“一带一路”沿线国家作物分子育种博士教育项目	中国农业科学院研究生院	3 年

续表 1

项目名称	学校	资助年限
“一带一路”法律外交精英人才	中国政法大学	3～4 年
面向“一带一路”沿线国家理工科专业的留学生培养项目	北京理工大学	4 年
校际合作本科 2+2 双学位项目	北京联合大学	2 年
“一带一路”沿线国家学历生专项奖学金	北京第二外国语学院	2～4 年
面向老挝籍人文经管类专业的留学生培养项目	北京理工大学	4 年
中亚、独联体国家汉语人才培养项目	北京语言大学	3～4 年
全英文硕士“一带一路”奖学金项目	中国人民大学	2 年
中亚地区本科全英文授课项目	北京联合大学	4 年
“一带一路”国际商务复合型人才培养项目（硕士）	北京外国语大学	2 年
北京工商大学“一带一路”国家优秀学生奖	北京工商大学	2～4 年
北京石油化工学院本科留学生“一带一路”奖学金	北京石油化工学院	4 年
“一带一路”外交学复合型人才奖学金项目（本科）	北京外国语大学	4 年
“一带一路”国际商务复合型人才培养项目（本科）	北京外国语大学	4 年
北京化工大学“大化工行业特色留学生培养”奖学金	北京化工大学	3～4 年
面向“一带一路”国家的国际政治、国际事务与国际关系人才培养项目	北京语言大学	3～4 年
“一带一路”沿线矿业大国高层次留学生奖学金	中国地质大学（北京）	4 年

续表 2

项目名称	学校	资助年限
北京市外国留学生“一带一路”奖学金项目	首都师范大学	4 年
北京市外国留学生“一带一路”奖学金	中央民族大学	4 年
北京市外国留学生“一带一路”奖学金	北京电影学院	4 年
北京市外国留学生“一带一路”奖学金项目（新生）	北京大学	4 年

附件 2

2017 年度北京外国留学生“一带一路”奖学金入选项目

项目名称	学校	资助年限
铁道运营与管理特色专业项目	北京交通大学	2 年
中俄硕士“1＋1”双学位联合培养项目(全英文授课)	对外经济贸易大学	1 年
中哈油气领域高层次专业人才培养项目	中国石油大学（北京）	3 年
东南亚、西亚地区国际政治（英文授课国际经济方向）硕士生培养项目	北京语言大学	2 年
2＋2 联合培养项目	北方工业大学	2 年
电子信息工程（卫星、通信导航）培养项目	北京航空航天大学	4 年

续表 1

项目名称	学校	资助年限
“一带一路”法律外交高端人才	中国政法大学	3～4 年
“一带一路”舞蹈类人才来华留学生奖学金项目	北京舞蹈学院	4 年
北京中医药大学“一带一路”奖学金英文授课中医本科专项	北京中医药大学	5 年
建筑类国际化人才培养	北京建筑大学	4～5 年
“一带一路”沿线国家农业大数据挖掘与利用博士教育项目	中国农业科学院研究生院	3 年
北京市外国留学生“一带一路”奖学金项目	北京林业大学	3 年
综合型卓越金融硕士留学生人才培养项目	中央财经大学	3 年
全英文硕士“一带一路”奖学金项目	中国人民大学	2 年
与波兰格但斯克大学联合培养硕士项目	中国青年政治学院	3 年
面向老挝籍人文经管类专业的留学生培养项目	北京理工大学	4 年
华北电力大学—蒙古科技大学联合培养高端电气工程人才项目	华北电力大学	5 年
“格鲁吉亚—乌克兰”项目	中央戏剧学院	4
北京化工大学与恒顺众昇集团印尼工业园人才培养项目	北京化工大学	3～4 年
“中国与国际关系”联合培养硕士项目	国际关系学院	1 年
马来西亚中学师资培养本科生项目	北京师范大学	4 年

续表 2

项目名称	学校	资助年限
北京工商大学“一带一路”国家优秀学生奖	北京工商大学	2～4 年
国际新闻与传播及新媒体英文授课硕士项目	中国传媒大学	2 年
面向“一带一路”战略的水利国际研究生学位项目	清华大学	3～4 年
旅游管理/MBA 英文授课硕士专项奖学金	北京第二外国语学院	2 年
首都体育学院 2017 年北京市外国留学生“一带一路”奖学金	首都体育学院	4 年
北京市外国留学生“一带一路”奖学金	首都经济贸易大学	4 年
信息类专业留学生教育建设	北京市信息科技大学	4 年
北京市外国留学生“一带一路”奖学金项目	首都师范大学	4 年
首都医科大学留学生“一带一路奖学金”	首都医科大学	3～6 年
北京工业大学“一带一路”博士研究生奖学金	北京工业大学	4 年
2017 年北京市外国留学生“一带一路”奖学金项目（新生）	北京大学	4 年

北京市教育委员会

关于做好2017年国家留学基金资助出国留学人员选拔工作的通知

京教函〔2016〕621号

各有关单位：

2017年国家留学基金受理工作即将开始，为保障选拔工作顺利进行，现将有关事宜通知如下：

一、选派名额

按照国家公派出国留学选派方针和年度选派计划，国家留学基金管理委员会2017年将在全国选拔各类出国留学人员32500名，其中“国家建设高水平大学公派研究生项目”9500人（其中攻读博士学位研究生3000人，联合培养博士研究生6500人），国家公派硕士研究生项目800人，国家公派高级研究学者项目、访问学者（含博士后研究）项目3500人，博士生导师短期出国交流项目500人，优秀本科生国际交流项目5000人，国际区域问题研究及外语高层次人才培养项目和政府互换项目（与有关国家互换奖学金计划）2300人，艺术类特别培养项目300人，国外合作项目3300人，高校合作项目（青年骨干教师出国研修项目）3900人，其它项目3400人。

二、申报程序

（一）申报受理：受国家留学基金管理委员会委托，北京市教委所属北京市国际教育交流中心负责受理“211 工程”建设高校外的北京地区高等院校、科研院所的申报、受理工作。

（二）政策咨询：北京市教委所属北京市国际教育交流中心从即日起接受咨询。

（三）各受理项目网上报名时间及录取时间：

1. 国家公派高级研究学者及访问学者（含博士后研究）项目：2017 年 1 月 5 日—1 月 15 日；3 月下旬公布录取结果。

2. 国家建设高水平大学公派研究生项目、国家公派硕士研究生项目、艺术类人才特别培养项目：2017 年 3 月 20 日—4 月 5 日；5 月公布录取结果。

3. 国外合作项目：北京市教委所属北京市国际教育交流中心负责部分国外合作项目的受理，请根据各项目选派类别的不同按照规定时间进行网上报名。

请各单位申请人在以上期限内登录国家公派留学基金管理信息平台（http://apply.csc.edu.cn）进行网上报名。

（四）提交材料及工作要求：

请各单位做好宣传、指导、咨询工作，并根据各项目受理时间做好网上报名工作，同时请各单位在各项目的网上报名时间内将申请人的书面材料按照各项目要求整理好后统一交到北京市国际教育交流中心。

三、文件查阅

国家留学基金管理委员会《2017 年国家基金资助出国学人员选拔简章》等相关文件及项目指南可登陆国家留学基金委网（http://www.csc.edu.cn）查阅。

2016 年 12 月 28 日

语言文字

北京市教育委员会文件选编

(2016)

北京市教育委员会
中共北京市委宣传部
北京市人力资源和社会保障局
北京市文化局
北京市新闻出版广电局
北京市语言文字工作委员会
北京卫戍区政治部
共青团北京市委

关于开展第19届全国推广普通话宣传周活动的通知

京教语〔2016〕1号

各区教委、党委宣传部、人力社保局、文委、广电局（广电中心）、语委，北京卫戍区政治部，团委，各市属高校：

根据全国推普周领导小组工作安排，第19届全国推广普通话宣传周活动时间定于2016年9月8日至14日。现将教育部等九部门《关于开展第19届全国推广普通话宣传周活动的通知》（教语用函〔2016〕2号）转发给你们，并就有关事项通知如下：

一、突出主题

本届推普周活动要紧紧围绕“大力推行和规范使用国家通用语言文字，助力全面建成小康社会”的宣传主题，以宣传国家通用语言文字的法律法规、方针政策和语言文字规范标准知识为主要内容，全面贯彻落实国家语言文字事业规划纲要，充分认识国家通用语言文字的法律地位，推广和规范使用国家通用语言文字，提升国民语言能力，弘扬中华民族优秀传统文化。为建设与综合国力相适应的语言强国、全面建成小康社会提供语言文化的有力支撑。

二、创新方式

各单位、各部门要依托学校、党政机关、新闻媒体、公共服务行业等重点领域，广泛发动社会各界群众，组织开展具有地方或行业特色的宣传教育活动，进一步加大郊区推普工作力度，实施精准推普。充分利用各种媒体加大宣传力度，拓宽覆盖面，扩大影响力，切实增强宣传效果。同时注重拓展活动的载体和途径，创新工作方式，积极运用网络、微信、微博、手机报等新媒体，特别重视发挥“互联网＋”对于推普工作的重要作用，探索开展投入少、效果好、人民群众乐于接受的活动形式。要贯彻落实中央八项规定，厉行节约，反对浪费，节俭举办各项活动。

三、注重实效

各单位、各部门要高度重视，认真策划，精心组织，使广大群众通过活动增强依法、规范应用国家通用语言文字的意识，不断提高国家通用语言文字应用水平。各区语委、市语委各成员单位应结合本地区、本系统实际制定推普周活动方案。各高校推普周活动由本校语言文字工作领导小组负责组织实施。推普周活动方案于8月30日前报市语委办公室。

四、做好总结

市语委决定9月11日为全市集中宣传活动日。请各区语委、市语委各成员单位、各高校积极开展各具特色的宣传教育活动，自行设计制作宣传品。市语委将制作本届推普周主题宣传画，与光明日报《教育家》杂志社联合推出《北京市语言文字工作三十年暨语言文字规范化示范创建成果巡礼》专刊，领取时间另行通知。推普周活动结束后，请及时总结并于9月30日前报市语委办公室。

2016年7月21日

教育部
中央宣传部
人力资源社会保障部
文化部
新闻出版广电总局
国家语委
国家公务员局
中央军委政治工作部
共青团中央

教育部等九部门关于开展第19届全国推广普通话宣传周活动的通知

教语用函〔2016〕2号

各省、自治区、直辖市教育厅（教委）、党委宣传部、人力资源社会保障厅（局）、文化厅（局）、新闻出版广电局、语委、公务员局、团委，各战区、各军兵种、军委机关各部门、军事科学院、国防大学、国防科学技术大学、武警部队政治工作部（政治工作局、政治部），各军区善后工作办公室政工组，新疆生产建设兵团教育局、党委宣传部、人力资源社会保障局、文化局、新闻出版广电局、语委、公务员局、团委，教育部直属各高等学校：

经国务院批准，自1998年起，每年9月第三周为全国推广普通话宣传周（以下简称推普周）。经研究，定于2016年9月8日至14日举办第19届全国推普周。为做好本届推普周的相关工作，现就有关事项通知如下：

一、指导思想

全面贯彻党的十八大和十八届三中、四中、五中全会精神，深入学习贯彻习近平总书记系列重要讲话精神，坚持“五位一体”总体布局和“四个全面”战略布局，树立和贯彻创新、协调、绿色、开放、共享的发展理念，全面落实国家语言文字方针政策和法律法规，大力推行和规范使用国家通用语言文字，提升国民语言能力，弘扬中华民族优秀传统文化，为建设与综合国力相适应的语言强国、全面建成小康社会提供有力支撑。

二、活动主题

“十三五”时期是全面建成小康社会决胜阶段，今年是“十三五”开局之年，本届推普周主题定为：大力推行和规范使用国家通用语言文字，助力全面建成小康社会。

三、主要内容

（一）推普周期间，全国推普周领导小组将继续组织推普周开幕式及重点宣传活动，并组织领导小组成员单位赴有关重点城市和重点行业进行巡视、观摩、检查。

（二）各省级语言文字工作、宣传、教育、人力资源和社会保障、文化、新闻出版广电、共青团、少先队等部门、组织，部队各级政治机关，都应结合本届推普周主题及各自的特点和实际情况，开展各具特色的宣传活动。

（三）全国推普周领导小组办公室（教育部语用司）继续制发宣传海报和公益广告，各省（区、市）和各行业系统也可结合本届推普周主题及各自特色，自行设计制作各种宣传品，并通过各类媒体进行广泛宣传。

四、工作要求

（一）紧扣主题，切实增强宣传效果。今年是国务院发布《关于推广普通话的指示》60周年和《国家通用语言文字法》实施15周年，又适逢中国共产党成立95周年和红军长征胜利80周年，各地要充分认识国家通用语言文字的法律地位，准确把握语言文字法律法规赋予的重要职责，紧扣主题，大力宣传国家语言文字方针政策和法律法规，坚定理想信念，弘扬爱国主义精神和革命传统。要加强舆论引导，充分利用各种媒体加大宣传力度，拓宽覆盖面，扩大影响力，切实增强宣传效果。

（二）城乡协调，服务普通话普及攻坚。要加强领导，统筹谋划，坚持协调发展，建立和完善分工协作、齐抓共管、准确有效的工作机制。充分发挥推普周整合引领作用，将推普周宣传活动与日常工作有机结合。要坚持共享发展，在夯实城市推普工作基础的同时，实施国家通用语言文字普及攻坚工程，加大农村、边远、民族地区推普工作力度，实施精准推普，不断提高城乡人民群众对学习掌握国家通用语言文字重要性的认识，提升依法规范使用国家通用语言文字的意识和水平。

（三）创新驱动，提升推普活动效能。要将全面贯彻落实《国家语言文字事业“十三五”发展规划》作为当前最重要的工作和抓手，坚持创新发展，不断推进宣传手段、监管机制、活动形式和服务方式等各方面创新，运用法治思维和法治方式来推动语言文字工作的科学发展。创新活动内容、载体和方式，特别重视发挥“互联网＋”对于推普工作的重要作用，探索开展投入少、效果好、人民群众乐于接受的活动形式。要严格贯彻落实中央八项规定精神，坚持绿色发展，厉行节约，反对浪费，节俭举办各项活动。

五、相关事项

（一）各省级语言文字工作部门，要根据本通知要求，积极会同宣传、教育、人力资源和社会保障、文化、新闻出版广电、共青团、少先队等部门、组织，尽快制订本地区推普周活动方案，并于推普周后对活动成效及时总结。请将活动方案和活动总结分别于7月30日前、10月15日前报送全国推普周领导小组办公室。

（二）各省级宣传、人力资源和社会保障、文化、新闻出版广电、共青团等部门、组织，军队相关部门，请将各自活动方案及有关总结情况及时报中央各部门和中央军委政治工作部宣传局，并抄送全国推普周领导小组办公室。

（三）各地教育和语言文字工作部门要大力支持、配合相关部门和行业系统开展推普周宣传活动。各级各类学校要根据自身特点认真组织开展推普周宣传活动，充分发挥学校主阵地作用。

2016年5月3日

教育督导

北京市教育委员会文件选编

(2016)

中共北京市委教育工作委员会
北　京　市　教　育　委　员　会
北京市人民政府教育督导室

关于印发2016年教育督导工作要点的通知

京教督〔2016〕2号

各高等院校，各区委教工委、区教委、区政府教育督导室，两委一室机关各处室，各直属单位：

《中共北京市委教育工作委员会北京市教育委员会北京市人民政府教育督导室2016年教育督导工作要点》已经市委教育工委2016年第4次工委委员会议审议通过，现印发给你们，请结合实际，认真贯彻落实。

2016年3月3日

2016年教育督导工作要点

2016年教育督导工作的总体要求是：以党的十八大和十八届三中、四中、五中全会精神为指导，紧紧围绕“办人民满意教育”的宗旨和深化首都教育综合改革的目标任务，坚持立德树人，按照“加强统筹，创新推动，把握重点，全面履职，务实高效”的工作思路，强化监督监管，加快健全现代教育督导体系，创新教育督导体制机制，改革教育督导方式方法，有效发挥教育督导职能，不断提升教育督导工作法制化、专业化、现代化水平，有力保障和促进首都教育改革与发展。

一、深入落实教育督导改革各项任务

1. 健全完善教育督导体制机制。做好北京市人民政府教育督导委员会办公室日常工作，统筹推动教育督导各项工作落到实处。印发《关于深化北京市教育督导改革的意见》，通过任务分解、责任分工，有效推动和落实教育督导改革的各项任务。依法依规做好政府信息公开和教育督导报告发布工作，强化督导评估与监测结果的使用。加强对各区教育督导工作指导，推动区级教育督导机构职能建设。

2. 健全完善教育督导职能体系。加强督政、督学、评估监测三位一体的教育督导职能体系建设，健全各级各类教育督导评估与质量监测制度，明确重点、统筹实施教育督导评估与质量监测。加强对北京市教育督导与教育质量评价研究中心、北京市督学研修中心的建设和指导，提升研究、评价与研修服务支持能力。积极培育第三方教育评估监测机构，印发实施《北京市人民政府教育督导室委托第三方机构开展教育评估监测工作暂行办法》。成立教育督导评估专家委员会，建立教育督导评价智库。

3. 加快研究制定北京市教育督导规划、政策、标准和规程。

编制《北京市“十三五”教育督导规划》。研究制定《区级政府履行教育职责督导评估暂行办法》《学校督导工作规程》《关于规范实施教育评估与质量监测的意见》和《进一步加强督导队伍建设意见》等制度文件，研究制定对政府履行教育职责、各级各类教育发展状况和各级各类学校教育教学质量开展督导评估与监测评价的政策、标准、工具和规程，切实加强教育督导的制度保障和工作基础。

二、加强对政府履行教育职责的督导

4. 切实做好政府依法履行教育职责的督导工作。认真落实国家教育督导部门关于强化政府履行教育职责的部署要求，重点围绕市政府相关委办局和区政府落实教育发展政策、履行办学职责、执行法律法规情况开展督导评估和监测，切实推进教育政策规划、法定职责和法律法规的贯彻执行。继续开展对部分行业企业履行法定教育职责和办学状况的督导评估。加强对各区教育行政与督导工作的督导和调研指导。

5. 积极探索开展综合督政工作。研究制定培育和践行社会主义核心价值观、区域教育发展水平、首都教育现代化发展的督导评估与监测评价的指标、工具与规程，结合研制工作试点开展综合督导调研。研究制定《北京市义务教育优质均衡发展督导评估办法》，推进市委市政府《关于推进义务教育优质均衡发展的意见》的进一步落实。继续跟踪监测各区通过国家级义务教育基本均衡区县验收后的发展状况，组织开展对各区办学条件相对薄弱学校的专项督导调研。

6. 有效开展专项督导工作。落实国家教育督导部门的工作部署要求，开展幼儿园规范办园行为专项督导。跟踪督导第二期学前教育三年行动计划的实施情况，研究制定学前教育督导评估与监测评价的指标、工具与规程，实时动态监控。印发实施《中小学校开放性实践活动督导方案》，调研中小学校综合实践育人工作开展情况，研究制定相关督导评估办法。继续围绕办学模式改革、“高参小”实施情况、优质教育资源扩大等基础教育改革重点、难点、热点问题开展专项督导调研。研究制定《重大教育突发事件专项督导实施办法》，探索建立应急督导工作机制。共同研究制定《北京市语言文字督导评估实施办法》和督导指标与工具，协同开展中小学体育、美育、特殊教育、条件装备适用与使用状况等专项督导工作，共同完成国家教育督导部门开展的“护校安园”等专项督导工作。

三、围绕重点开展学校督导工作

7. 加强学校督导的基础工作。深入开展学校督导工作调研，落实国家教育督导部门关于中小学校素质教育督导的部署要求，总结固化我市素质教育综合督导工作的经验成果，研究制定《中小学校素质教育督导评估办法》。深入开展学校督导工作调研，研究制定《进一步加强对中小学校经常性督导工作的意见》《北京市责任督学挂牌督导工作评价标准》《进一步加强学校内部督导工作的意见》等制度文件，统筹指导、规范实施、宣传推介各级各类学校内部督导与评价工作，夯实教育督导的基层基础工作。

8. 分类开展学校督导工作。以规范办学行为、德育、课程建设等为重点加强中小学校督导工作，针对学校问题和需求探索开展诊断性督导。继续开展培育践行社会主义核心价值观和基础教育学科教学改进工作督导调研。聚焦职业技能人才培养，探索运用信息技术手段开展中等职业学校综合督导，协同开展职业院校贯通培养情况督导调研。开展对市属高校进行师德建设情况督导调研，研究制定高等学校师德建设督导评估办法。共同组织开展北京高等学校高水平人才交叉培养计划执行情况督导调研。完成国家教育督导部门开展的基础教育、职业教育相关督导工作。

9. 扎实推进责任督学挂牌督导。统筹推动中小学校督学责任区建设，鼓励各区创新督学责任区建设模式，有效落实督学责任区各项职责。召开北京市中小学校责任督学挂牌督导工作会，深入推进中小学校责任督学挂牌督导工作。进一步推进责任督学挂牌督导创新区建设，做好全国责任督学挂牌督导创新区评估认定和全国推进会工作。强化区级督导责任，围绕规范办学行为、减轻课业负担、落实教育教学改革任务等重点工作，有效实施责任督学挂牌经常性督导。鼓励各区建立中等职业学校责任督学挂牌督导制度，逐步实现全覆盖。切实加强责任督学挂牌督导的基础保障工作。

四、切实加强教育评估监测体系的建设与实施

10. 切实加强中、高等职业学校和市属高等学校的评估工作。落实国家教育督导部门关于对中高等职业学校评估办法和要求，重点开展中等职业学校办学能力评估和高等职业院校适应社会需求能力评估，试点开展高等职业院校专业评估。依据国家教育督导部门开展普通高校本科质量评估的要求，研究制定市属高校专业评估方案，适时开展专业评估试点工作；组织开展普通高校审核评估和新建本科院校教学工作合格评估。继续做好研究生论文抽检工作。

11. 切实加强教育质量监测工作。根据教育督导评估重点工作的需要，统筹做好相关监测评价工作。开展学前教育发展状况监测。充分运用中高考成绩和各区相关测试成绩，探索研究实施中小学生学业质量监测评价，有效推进学生综合素质评价。根据教育质量评估监测重点项目，研究制定关于相关指标、工具与规程，探索开展义务教育优质均衡发展监测评价、中小学生非智力因素影响监测评价，开展高中普及化发展水平评估监测调研。继续完成高等学校教育质量年报。继续做好区域教育工作公众满意度调查。适时开展针对教育重点、难点、热点问题的舆情监测。完成国家教育督导部门部署的国家义务教育语文、艺术学科质量监测以及基础教育、职业教育相关监测工作。

五、着力加强教育督导履职能力建设

12. 着力加强督学队伍专业化建设。贯彻落实国家督学管理的意见办法，研究制定《北京市督学管理办法》，探索建立督学任职资格认证制度，逐步实施督学队伍的分级管理。做好北京市第十届督学换届工作，进一步加强市区两级督学队伍的选配，优化队伍结构。研究制定《北京市督学培训大纲》，编写出版督学培训教材，完善培训师资库和课程库，创新开展责任督学培训工作，办好督学大讲堂，增强督导培训的针对性和实效性。

13. 加快推进教育督导信息化建设。搭建教育督导信息化整体架构，以数据整合与资源共享为基础，完善数据采集和数据库建设，强化数据应用分析和安全系统的建设，积极推进教育督导信息管理应用系统的整体建设与应用。指导各区加强教育督导信息化建设，推进市区两级教育督导信息管理应用系统的有效衔接。

14. 加强教育督导合作交流与宣传。建立京津冀教育协同发展督导协同协作机制，签署京津冀教育督导交流合作协议，构建以京津冀教育督导交流合作为基础的跨区域合作交流平台。与国家教育督导办联合举办全国教育督导研讨会和京津冀区域教育督导工作研讨会。创新宣传、信息与报告工作机制，充分发挥多渠道、多媒体作用，用好教育督导“一网三刊”，加大重点工作、重要节点教育督导新闻宣传力度，积极促进全市教育督导的改革与发展。

六、继续做好教育机关干部联系中小学工作

15. 务实推动教育机关干部联系中小学校工作取得新成效。认真做好联系中小学校领导小组办公室的工作，健全机制，做好沟通、交流和服务。围绕基础教育改革重点工作，深入宣传，加强指导，推进各项改革政策落实。围绕转变作风、服务基层，深入了解基层需求，帮助基层解决实际问题。围绕提升自身素质，深入开展调查研究，准确把握基层实际，提升业务素质和能力。围绕提升联系工作水平，鼓励进一步开拓思路、创新方法、深化工作、破解难题，不断增强工作实效。

中共北京市委教育工作委员会
北 京 市 教 育 委 员 会
北京市人民政府教育督导室

关于印发2016年教育机关干部联系中小学校工作要点的通知

京教督〔2016〕3号

各区委教育工委、区教委、区政府教育督导室，两委一室机关各处室：

《中共北京市委教育工作委员会北京市教育委员会北京市人民政府教育督导室2016年教育机关干部联系中小学校工作要点》已经市委教育工委2016年第4次工委委员会议审议通过，现印发给你们，请结合实际，认真贯彻落实。

2016年3月3日

中共北京市委教育工作委员会
北　京　市　教　育　委　员　会
北京市人民政府教育督导室

2016年教育机关干部联系中小学校工作要点

2016年联系工作的总体要求是：以党的十八大和十八届三中、四中、五中全会精神和习近平总书记系列重要讲话精神为指导，紧紧围绕“办人民满意教育”的宗旨和立德树人的根本任务，准确把握首都基础教育综合改革的方向和重点，紧密结合各区教育发展和中小学校育人工作实际，进一步巩固党的群众路线教育活动和“三严三实”专题教育活动成果，切实转变工作作风，增强服务意识，广泛深入开展联系中小学校工作，积极培育和践行社会主义核心价值观，深入推动基础教育综合改革，促进重点难点问题解决，为实现首都教育改革发展“十三五”规划良好开局和现代化发展贡献力量。

一、加强联系工作的组织领导

完善联系工作组织管理，建立联系组干部及时补充机制，根据教育机关干部调整情况适时补充，确保联系工作有序进行；按照两年一个联系周期的原则，对联系工作方案进行调整优化，根据干部调整变动的总体情况，考虑公车改革等实际因素，按照区域交叉、相对就近、统筹安排的原则，确定第二批联系学校，适度扩大联系工作的覆盖面。召开总结推进工作会，全面总结两年来机关干部联系中小学校工作，健全完善相关工作机制，深化部署和推动联系工作取得新成效。

二、完善联系工作机制制度建设

健全问题反馈处理回应制度，针对联系工作中掌握的情况和问题，进一步完善及时分类处理和分层协调解决的工作机制，确保学校反映的诉求得到及时回应、发现问题得到有效解决。健全联系组通报沟通制度，各组及时通报反映联系工作的动态和重要进展情况，吸纳处级以下年轻干部，承担联络、沟通、信息服务等工作，促进联系工作顺畅运转。进一步完善总结交流机制，通过定期例会、专题研讨、现场观摩、经验交流等形式，深入交流研讨联系工作开展情况、典型做法和先进经验，不断提升联系工作的效果。

三、鼓励联系工作方式方法创新

各联系组要深入把握联系工作的宗旨，把做好联系工作与落实"三严三实"专题教育活动要求、转变机关作风、提升自身素质、服务基层、推进改革发展紧密联系起来，进一步开拓思路，创新方式方法，加大解决问题力度，增强联系工作实效。鼓励各联系组优化联系小组分工，方便联系学校，多种方式开展联系工作，增强联系工作的广度和深度。鼓励各联系组带着问题开展联系工作，围绕问题深入调研，提出有针对性、实效性、建设性的意见建议。注重在联系工作中发现优秀典型和先进经验，加强宣传和推介工作，扩大联系工作的效果。

四、积极主动服务学校发展

高度重视联系工作，充分利用联系工作机会，切实深入学校开展联系工作，多种形式了解学校的办学发展状况、教师队伍建设情况、教育教学质量情况、教学资源配置与利用情况、学校安全管理情况和师生诉求与舆情状况等。全面掌握学校改革发展的总体情况和进展成效，准确把握教育教学中的突出情况和重点问题，充分听取广大师生意见建议，深入思考提出改进工作和解决问题的措施和办法。充分发挥联系工作和自身优势，针对学校和师生诉求反应和需求，通过政策建议、报告工作、反映问题、协调解决等多种途径，切实帮助学校解决实际困难和问题，为服务学校改革发展出主意、想办法、增实效。

五、深入宣传教育改革发展

在联系工作中，把宣传十八大，十八届三中、四中、五中全会和市委历次全会精神，积极培育和践行社会主义核心价值观，宣传首都教育综合改革的系列政策和措施，宣传首都教育“十二五”规划成果、“十三五”规划目标措施作为当前的主要任务。通过宣讲、座谈、研讨、交流等形式，向学校领导和师生宣传解读北京市关于基础教育改革的方针、政策、措施，指导学校准确把握和贯彻落实好各项政策与工作要求，结合学校实际推动各项改革政策有效实施、各项措施落到实处，努力形成宣传改革、凝聚共识、共谋发展的良好格局。

六、深入推动重点工作落到实处

在联系学校工作中，检查、督促、指导学校及时学习传达和贯彻落实重要会议、重要文件精神、重要政策部署，确保教育系统政令畅通、政策落地。围绕市教育两委一室工作要点强调的坚持全面从严治党，加强中小学校基层党组织建设，坚持全面深化综合改革、进一步扩大优质教育资源、着力落实考试招生制度改革实施方案，坚持深入实施素质教育、促进学生全面个性发展，坚持优化教育供给结构体系、着力提升教育质量，坚持全面推进依法治教、提升教育治理能力，深化教育督导改革、有效履行督政督学和评估监测职能等重点领域，把握规范中小学校治理结构和办学行为、培育践行社会主义核心价值观、学科改革和课程建设、全面实施素质教育、实践育人与开放性实践活动、德育体育美育、校园文化建设与安全管理等重点工作内容，准确了解情况、深入指导工作，有效推动各项重点工作落到实处。

七、加大机关干部业务培训交流力度

结合联系工作重点和机关干部实际，制定研讨交流和培训计划，为机关干部自主学习和有效开展联系工作提供支持服务。坚持每月组织一次工作例会和业务专题培训，邀请两委一室各业务处室、区教委、学校负责人和相关专家为机关专题报告业务工作、政策要求和改革实践情况，拓宽机关干部的工作视野，提升联系工作的基础素质和能力。围绕重点工作和问题加强研讨交流，相互学习、相互借鉴、相互促进，不断提升联系工作的水平。

八、加强联系工作的服务保障

进一步明确联系工作办公室的工作责任和工作分工，切实增强工作力量，提高工作水平。推进联系工作简报工作规范化、常态化，及时有效宣传和反映各方工作动态。进一步加强工作研究，积极探索新的工作机制和形式，努力做到谋划有度、统筹有序、协调有力，为统筹推动联系工作当好参谋，为各组联系工作做好服务。做好重要文件通知和工作信息的上传下达，做好重要资料的整理、分类和归档，提升联系工作基础保障水平。

北 京 市 教 育 委 员 会
北京市人民政府教育督导室

关于转发《北京市人民政府办公厅关于深化教育督导改革的实施意见》的通知

京教督〔2016〕9号

各区教委、区政府教育督导室，各直属单位，各有关院校：

现将《北京市人民政府办公厅关于深化教育督导改革的实施意见》转发给你们，请结合实际，认真贯彻落实。各区教委、区政府教育督导室要将《北京市人民政府办公厅关于深化教育督导改革的实施意见》转发至所属各级各类学校，并适时研究制定本区深化教育督导改革的实施意见。各单位贯彻落实《实施意见》情况动态请及时报市政府教育督导室。

2016年5月24日

北京市人民政府办公厅

关于深化教育督导改革的实施意见

京政办字〔2016〕21号

各区人民政府，市政府各有关委、办、局，各有关市属机构：

为认真贯彻落实国务院《教育督导条例》和《国家中长期教育改革和发展规划纲要（2010—2020）》精神，根据国务院教育督导委员会办公室《关于深化教育督导改革转变教育管理方式的意见》有关要求，经市政府同意，现就深化本市教育督导改革工作提出如下实施意见。

一、总体思路和工作目标

（一）总体思路

深入贯彻落实党的十八大和十八届三中、四中、五中全会精神，深入学习贯彻习近平总书记系列重要讲话和对北京工作的重要指示精神，紧紧围绕立德树人的根本任务，按照政府统筹、强化职能、多元参与、权威高效的要求，坚持教育决策、执行、监督既相互协调又相互制约的原则，深入推进管办评分离，加强教育督导法制化、专业化和现代化建设，创新教育督导体制机制与模式，构建督政、督学、评估监测三位一体的现代教育督导体系，不断提升教育督导工作水平和效能，为办好人民满意的首都教育提供有力支撑。

（二）工作目标

督政。建立健全市政府相关部门和区政府及其相关部门依法履行教育职责督导评价制度，督促政府及其相关部门切实履行教育职责，提高教育公共服务能力和水平。

督学。建立健全各级各类学校（含民办，下同）教育教学工作督导评价制度，监督、指导、促进学校依法自主办学，规范办学行为，全面实施素质教育，努力提高教育质量。

评估监测。建立健全政府教育督导部门归口管理、专业机构提供服务、社会组织多方参与的竞争性、专业化第三方评估监测机制，全面提升对全市和区域教育发展状况、各级各类学校办学及教育教学质量的评估监测水平。

二、主要任务

（一）创新完善教育督导体制机制与模式

1. 健全完善教育督导体制机制。落实国务院《教育督导条例》，加快推进本市教育督导立法调研。按照管办评分离原则，强化政府教育督导，统筹实施教育监督、检查、评估与监测，有效履行政府教育监督监管职能。加强政府教育督导机构建设，成立市、区两级政府教育督导委员会及办事机构，合理划分市、区教育督导职责权限，强化区级教育督导部门职能；同时，加强学校内部督导机制建设，形成市、区、校统筹协调的教育督导工作体系，分层次开展各级各类教育督导评估工作。

2. 建立实施更加科学高效的教育督导模式。根据教育督导内容和工作需要，以经常性督导为基础，以专项督导为重点，以教育质量监测信息数据为依据，由市、区两级教育督导部门统筹，组织实施 3～5 年为周期的综合督导。同时，创新开展诊断式督导等工作，加强学校内部督导与自我评价，不断丰富教育督导方式和手段。

3. 建立第三方教育评估监测机制和社会力量参与监督机制。制定实施第三方教育评估监测办法，依托高等学校、教育科研机构、教育学术团体和其他符合条件的社会组织，通过政府购买服务的方式开展教育评估监测工作，构建专业化教育督导评估和监测评价体系。聘请人大代表、政协委员等作为政府特约教育督导员，充分发挥新闻媒体等社会力量监督作用，形成多元参与教育监督评价的局面。

（二）全面开展政府履行教育职责督导

1. 开展对市政府相关部门和区政府及其相关部门履行教育职责情况的综合督导。市级教育督导部门负责组织实施对市政府相关部门、市属行业企业履行教育有关职责情况的督导检查；负责组织开展对区政府履行教育职责情况的综合督导，重点开展推动义务教育优质均衡发展、高中教育多样化特色化发展等方面的综合督导。区级教育督导部门负责组织实施对区政府相关部门及下级政府落实教育法律、法规、规章和国家教育方针、政策的督导。

2. 开展对区政府履行教育职责情况的专项督导。市级教育督导部门负责组织开展对区政府统筹各级各类教育协调发展和教育改革发展有关重大问题、重点工作的专项督导，重点组织开展对区域学前教育、特殊教育、民族教育等方面的专项督导；组织开展对区教委及教育督导部门履职情况的督导。建立应对教育突发事件专项督导制度，有效开展应急督导。

3. 开展对市政府相关部门、市属行业企业和区政府、区政府相关部门及乡镇政府等单位执行教育领域法律法规情况的督导检查，由市级教育督导部门统筹，市、区两级教育督导部门分工负责。

（三）有效开展学校教育教学工作督导

1. 开展对学校教育教学工作的综合督导。市级教育督导部门负责统筹组织开展对市属各级各类学校的综合督导，重点开展对高等学校师德建设、学风建设、思想政治理论课教学、创业就业能力培养和职业院校职业技能人才培养等情况的综合督导。区级教育督导部门负责实施对所属中等及以下各级各类学校全面实施素质教育情况的综合督导。

2. 开展对各级各类学校的专项督导。市级教育督导部门负责依法组织实施对高等学校办学管理、贯彻执行教育领域法律法规等情况的专项督导。区级教育督导部门负责实施对所属中等及以下各级各类学校办学管理、教育教学、贯彻执行教育领域法律法规等情况的专项督导。

3. 开展经常性督导。市级教育督导部门研究制定进一步加强经常性督导工作的意见，推动各区创新督学责任区建设，构建覆盖中等及以下各级各类学校的责任督学挂牌督导工作体系，健全完善经常性督导工作机制。各区结合实际建立健全经常性督导的制度与运行保障体系，落实工作责任，努力争创国家责任督学挂牌督导工作创新区。建立民办高校经常性督导检查制度，聘请督导专员，切实加强经常性督导和工作指导。

4. 开展各级各类学校内部督导。市级教育督导部门研究制定进一步加强学校内部督导工作的意见，指导学校加强内部督导制度、机制与队伍建设，充分发挥学校自主办学、自我评价的主体作用，加强学校教育教学工作的内部管理与评价。市、区教育督导部门负责对学校内部督导建设工作加强检查指导和督促落实。

（四）科学开展教育发展水平和教育质量评估监测

1. 开展对全市教育发展状况和质量的评估监测。市级教育督导部门负责统筹组织开展对全市、区域义务教育优质均衡发展、高中教育普及化发展、职业教育创新发展、高等教育内涵式发展等方面的评估监测；区级教育督导部门可直接组织或委托第三方开展区域教育发展状况和质量的评估监测。认真组织实施国家级教育质量监测项目，积极参与国际组织教育质量监测项目，构建开放型教育评估监测体系。

2. 开展对各级各类学校办学状况、教育教学质量的评估监测。市、区教育督导部门统筹组织开展对中等及以下各级各类学校办学管理、教育教学质量的评估监测；探索开展中小学生综合素质与非智力因素影响评价、学业水平增值性评价、课业负担动态监测等监测评价工作。市级教育督导部门根据国家教育督导部门部署，组织实施高等学校相关评估工作，以及高等学校研究生学位论文抽检工作，探索开展研究生培养方面的评估监测。建立完善高等学校教育质量年报制度，探索建立高等教育质量监测体系。组织开展对民办高等学校办学状况与质量和职业院校职业技能人才培养质量的评估监测。

（五）建立健全教育督导和评估监测结果使用制度

1. 建立健全教育督导和评估监测结果报告及问责机制。市、区教育督导部门要及时向同级政府报告重要教育督导和评估监测结果。强化教育督导和评估监测结果使用，健全奖惩、问责和综合运用机制，切实提高教育督导评估和监测结果的使用效能。

2. 建立健全教育督导和评估监测报告发布相关制度。坚持“谁组织、谁发布、谁负责”的原则，明确载体，规范流程，由市、区教育督导部门分级发布教育督导评估监测报告，接受社会公众监督。建立健全教育督导和评估监测工作的公示、公告、反馈、约谈、预警、限期整改和复评复查等制度，及时发现问题，督促整改落实。

（六）着力加强教育督导队伍专业化建设

1. 强化督学队伍的选配、选聘与管理。研究制定进一步加强督学队伍建设的实施意见，按照数量充足、结构合理、责任心强、业务精湛的要求，逐步建立以专职为主、专兼职结合的专业化督学队伍。科学规划和设置市、区两级教育督导部门的人员编制，配齐配强专职督学队伍；按照任职条件要求选聘具有相关经验的教学科研骨干、学科带头人等作为兼职督学，建好兼职督学队伍。强化督学队伍聘任与管理，探索实施督学职级制，建立健全督学资格准入、持证履职、聘任考核、聘期管理、奖惩问责等相关制度和机制。

2. 建立教育督导评估专家委员会和专家库制度。依托教育社会团体选聘相关领域专家，成立基础教育、职业教育、高等教育、民办教育等不同类别的教育督导评估专家委员会，开展教育督导评估有关工作。建立教育督导评估专家库，实现动态管理。

3. 强化教育督导队伍的教育培训。完善教育督导队伍教育培训制度，健全市、区两级培训体系，围绕提升队伍综合素质、履职能力和专业化水平，创新教育培训方式方法，通过督导论坛、督学大讲堂等形式，充分运用现代技术手段，提升教育督导培训的系统性、针对性与实效性。

三、保障措施

（一）加强组织领导

深入贯彻落实国家教育领域综合改革部署和教育督导改革工作要求，将教育督导改革纳入全市教育领域综合改革工作统筹推进。市教育督导委员会要组织有关部门定期研究教育督导改革重大事项，及时解决改革中遇到的困难和问题；市级教育督导部门要结合实际，不断研究完善本市教育督导制度体系，并加强对各区教育督导改革工作的指导和协调；各区要加强组织领导，研究制定具体实施方案，推动各项任务落实。

（二）强化基础保障

建立健全教育督导经费和条件保障机制，有效支持和保障教育督导工作开展。加强北京市教育督导与教育质量评价研究中心、北京市督学研修中心等专业机构建设，切实提升教育督导专业支撑能力。加强教育督导信息化建设，以数据资源整合与共享为基础，构建高水平的教育督导信息管理应用系统。

（三）加大宣传力度

充分利用报刊、电视、互联网等媒体，广泛宣传国家及本市有关教育改革及教育督导改革的法律法规和政策，积极开展政策解读，回应社会关切，努力营造全社会关心支持教育督导改革发展的良好氛围。

2016 年 4 月 29 日

文件字拼音索引

说明：本索引依据文件字第一个拼音字母，按汉语拼音字母顺序排列（相同文件字以编号为序）。文件字后用“/”隔开标明该文件所在的页码。

京教督（JJD）

京教高（JJG）

京教高办（JJGB）

京教函（JJH）

京教基二（JJJE）

京教基一（JJJY）

后　　记

《北京市教育委员会文件选编》为各级各类教育机构从事教育教学活动及行政管理提供政策指导，也为北京教育系统史志部门存史修志工作提供重要资料信息。

该书出版工作由北京市教育委员会主持，市教委办公室负责文件的搜集、筛选和终审；北京教育志编纂委员会办公室负责编辑、出版和发行工作。参加2016卷文件选编组稿、编审、编校、索引等工作的有周彤、钱进军、许鸿弘、王永刚、张晓兰及北京教育志编纂委员会办公室的有关同志。

该书入选文件范围广、数量多，在文件核对过程中难免有疏漏和错误的地方，敬请使用单位和读者原谅，并提出宝贵意见。

《北京市教育委员会文件选编》编写组

2017年9月

声　　明

本书如有印刷、装订等质量问题，请与《北京市教育委员会文件选编》编写组联系调换。

编写组地址：北京市东城区夕照寺街
东玖大厦 B 座 802 室

邮 政 编 码：100061

电　　话：87194371

传　　真：87194370

图书在版编目（CIP）数据

北京市教育委员会文件选编．2016／北京市教育委员会办公室编．—北京：方志出版社，2017.11

ISBN 978-7-5144-2700-4

Ⅰ.①北… Ⅱ.①北… Ⅲ.①教育工作—文件—汇编—北京—2016 Ⅳ.①G527.1

中国版本图书馆CIP数据核字（2017）第281240号

北京市教育委员会文件选编（2016）

编　　者：北京市教育委员会办公室
责任编辑：齐　笑

出 版 人：冀祥德
出 版 者：方志出版社
　　　　　地址　北京市朝阳区潘家园东里9号（国家方志馆4层）
　　　　　邮编　100021
　　　　　网址　http://www.fzph.org
发　　行：方志出版社图书经销中心
　　　　　电话（010）67110500
经　　销：各地新华书店
印　　刷：北京华联印刷有限公司

开　　本：850×1168　　1/32
印　　张：36.875
字　　数：1128千字
版　　次：2017年11月第1版　　2017年11月第1次印刷
印　　数：0001～2500册

ISBN 978-7-5144-2700-4　　定价：150.00元